Literarischer Anzeiger
zu den
Entscheidungen des Reichsgerichts.
Verlag von **Veit & Comp.** in Leipzig.

№	Der „Literarische Anzeiger" erscheint in zwanglosen Nummern und bildet eine unentgeltliche Beilage der Entscheidungen des Reichsgerichts in Zivilsachen und in Strafsachen. Für seinen Inhalt ist ausschließlich die Verlagsbuchhandlung verantwortlich. Preis der einmal gespaltenen Petitzeile 60 ₰.	60.

Druck von Metzger & Wittig in Leipzig.

Entscheidungen

des

Reichsgerichts.

Herausgegeben

von

den Mitgliedern des Gerichtshofes
und der Reichsanwaltschaft.

Entscheidungen in Zivilsachen.

Neue Folge.

Zehnter Band.

Der ganzen Reihe sechzigster Band.

Leipzig,
Verlag von Veit & Comp.
1905

Entscheidungen

des

Reichsgerichts

in

Zivilsachen.

Neue Folge.

Zehnter Band.

Der ganzen Reihe sechzigster Band.

Leipzig,
Verlag von Veit & Comp.
1905

Druck von Metzger & Wittig in Leipzig.

Inhalt.

I. Reichsrecht.

II. Gemeines Recht.

III. Preußisches Recht.

IV. Rheinisches Recht.

V. Prozeßrecht.

1. Begründet eine abfällige öffentliche Kritik eines sog. Geheimmittels, insbesondere eines kosmetischen Mittels, einen Anspruch auf Unterlassung und Unterdrückung der Veröffentlichung und auf Schadensersatz?

VI. Zivilsenat. Urt. v. 2. Januar 1905 i. S. W. A., G. m. b. H. (Kl.) w. Br. (Bekl.). Rep. VI. 262/03.

I. Landgericht I Berlin.
II. Kammergericht daselbst.

Im 7. Bande der 14. Auflage des von der Beklagten herausgegebenen Brockhaus'schen Konversations-Lexikons fand sich ein Artikel über Geheimmittel, der im allgemeinen eine abfällige Kritik über dieselben enthielt und in einer Übersicht „über die landläufigsten Geheimmittel und pharmazeutischen Spezialitäten" auch das von der Klägerin hergestellte „Javol" unter Angabe der Bestandteile desselben aufführte. Die Klägerin hielt sich durch diesen Artikel in ihrer geschäftlichen Ehre verletzt und in ihrem Erwerbe geschädigt und erhob demgemäß auf Grund des § 823 B.G.B. Klage, mit dem Antrage, die Beklagte zu verurteilen a) zur Unterlassung der Behauptung und Verbreitung folgender Angaben: das von der Klägerin hergestellte Haarwasser „Javol" gehöre zu den Geheimmitteln, bezüglich deren die wissenschaftliche Untersuchung bisher fast stets ergeben habe, daß sie, wenn nicht aus ganz wirkungslosen Substanzen, so doch aus längst bekannten Arzneistoffen bestehen, die sich nur durch ihren enormen Preis von den sonst gebräuchlichen unterscheiden; wer sich des Javols bediene, fördere daher eine verwerfliche Industrie und verschwende sein Geld, weil er dasselbe Mittel zu einem viel geringeren Preis in jeder Apotheke erhalten könne; außerdem setze er sich der Gefahr aus, etwas Schädliches zu gebrauchen oder wenigstens über der Quacksalberei den Zeitpunkt zu verpassen, bis zu dem vielleicht noch ärztliche Hilfe möglich wäre; das Javol bestehe aus einer Mischung von Chinatinktur, Zitronenöl und Wasser mit etwas Talgseife; b) zur Sistierung der weiteren Ausgabe des betreffenden Bandes und zur Zurückziehung der in den Verkehr gegebenen Exemplare des Bandes, soweit er das Javol betreffe.

Die Klage wurde abgewiesen; die Berufung und die Revision der Klägerin wurden zurückgewiesen, letztere aus folgenden

Gründen:

... „Die Klage ist als Schadensersatzklage auf Grund des § 823 B.G.B. erhoben und erst in zweiter Linie auf die §§ 824 und 826 B.G.B. gestützt. Die Geltendmachung des erlittenen Schadens ist vorbehalten, und vorläufig die Antragstellung auf die Abwendung künftigen Schadens a) durch Unterlassung der Behauptung und Verbreitung der zum Gegenstande der Klage gemachten Angaben, b) durch Sistierung der weiteren Ausgabe des 7. Bandes der 14. Auflage des Brockhaus'schen Konversations-Lexikons, c) durch Zurückziehung der in den Verkehr gegebenen Exemplare des 7. Bandes beschränkt.

Das Berufungsgericht hat den Antrag a zurückgewiesen, weil die Beklagte der Formulierung des Antrags entsprechende Behauptungen nicht aufgestellt habe. Die Klägerin hat allerdings den von ihr aus dem Artikel gezogenen Folgerungen eine positive, unmittelbar auf das Javol gerichtete Fassung gegeben, die mit der allgemeinen Fassung des Artikels nicht übereinstimmt. Wäre die Klägerin als berechtigt zu erachten, die Unterlassung der Behauptung und Verbreitung in dem Artikel enthaltener Angaben zu verlangen, so würde nur die Fassung des Antrags in Frage kommen, und allenfalls eine Richtigstellung zu veranlassen gewesen sein. Die Anträge b und c würden die Berechtigung des Antrags a zur Voraussetzung haben. Läge in der Tat ein unerlaubtes Verhalten der Beklagten im Sinne der §§ 823. 826. 824 B.G.B. vor, so wäre die rechtliche Zulässigkeit der erhobenen Klage auf Unterlassung nicht zu beanstanden.

Vgl. Urteil des erkennenden Senats vom 11. April 1901, Rep. VI. 443/00, Entsch. des R.G.'s in Zivils. Bd. 48 S. 114.

Als den Gegenstand der Rechtsverletzung hat die Klägerin in den Verhandlungen ihre geschäftliche Ehre und das aus der Ausübung ihres Gewerbebetriebs entfließende Recht auf Erwerbung von Kundschaft bezeichnet; ihre geschäftliche Ehre sei verletzt, das Recht auf Erwerbung von Kundschaft geschädigt.

Der den Gegenstand der Klage bildende Artikel beginnt mit einer Definition der „Geheimmittel" („Arcana") als wirklicher oder angeblicher Arzneimittel, deren Zusammensetzung geheim gehalten werde. Hieran schließt sich die Erörterung über die Wertlosigkeit und Überteuerung der Mittel, die Förderung einer verwerflichen Industrie und die Gefährdung des Publikums. Auf die Einleitung „Von den bekannten Geheimmitteln und pharmazeutischen Spezialitäten sind besonders die folgenden hervorzuheben" folgt ein umfassendes Verzeichnis solcher Mittel, und unter diesen „Javol, Haarwasser", mit der oben angeführten Analyse. Bei einer großen Anzahl dieser Mittel ist der Verkaufspreis und im Gegensatz dazu der wirkliche Wert angegeben. Bei sehr vielen ist die Schädlichkeit oder Gefährlichkeit des Mittels bezeichnet, vor einzelnen geradezu gewarnt (vgl. z. B. Morrison-Pillen, Schweizerpillen von Brandt, La médecine nouvelle, Pélagine). Beim Javol findet sich kein derartiger Zusatz.

Der Artikel ist nicht logisch durchgeführt, insofern nach der an die Spitze gestellten Definition anzunehmen wäre, daß das Verzeichnis nur Waren enthalten werde, die unter diese Definition fielen, während die Einleitung des Verzeichnisses n e b e n die „Geheimmittel" — wohl im Sinne der gegebenen Definition — „pharmazeutische Spezialitäten" stellt. Die unterschiedslose Anreihung der angeführten „Geheimmittel und pharmazeutischen Spezialitäten" kann auch auf den ersten Blick die Vermutung erwecken, daß die zwischen der Definition und der Einleitung zum Verzeichnis stehenden kritischen Bemerkungen und Erörterungen sich unterschiedslos auf alle im Verzeichnisse aufgeführten Waren, und zwar ihrem ganzen Inhalte nach, bezögen. Die Behandlung, die der Verfasser aber den von ihm für gefährlich erachteten Waren zuteil werden läßt, die besondere Kennzeichnung der Gefährlichkeit bestimmter Mittel, die insbesondere bei Haarwassern, allerdings Haarfärbemitteln, wie bei dem Eckert'schen Kopfwasser, dem Eau de Lapille, dem Eau des Fées hervortritt, läßt bei aufmerksamer Durchsicht des Artikels erkennen, daß das Javol von dem Vorwurfe der Gefährlichkeit nicht betroffen ist.

Insoweit das Fabrikat herabsetzende Kennzeichnungen aus dem

Artikel gefolgert werden müßten, erschiene es gleichgültig, ob anzunehmen wäre, daß die Beklagte Javol als Geheimmittel habe bezeichnen wollen, sowie ob es unter den Begriff der Geheimmittel fällt, oder nicht. Ob kosmetische Mittel hierunter fallen, ist zweifelhaft. Die Entscheidungen des Reichsgerichts in Bd. 4 S. 512 und Bd. 9 S. 625 der Rechtspr. des R.G.'s in Straff. und in Bd. 16 S. 359 der Entsch. des R.G.'s in Straff. betreffen Heilmittel. Nach den Motiven der Novelle zur Gewerbeordnung von 1883 S. 44 hat die Regierung auch Schönheitsmittel unter die Geheimmittel einbegriffen.

Vgl. v. Landmann-Rohmer, Gewerbeordnung 4. Aufl. Bd. 1 S. 463.

Nach der Einleitung des Artikels hat aber die Beklagte nur Arzneimittel als Geheimmittel, das Javol somit nicht als Geheimmittel im engeren Sinne bezeichnet.

Das Berufungsgericht schließt ein vorsätzliches Handeln der Beklagten, und damit von vornherein die Anwendung des § 826 B.G.B. aus. Welche Willensbestimmung dem Handeln der Klägerin zugrunde gelegen, gehört zunächst dem Gebiete der tatsächlichen Feststellung an. Ein auf die Belehrung der Allgemeinheit gerichteter Wille schlösse zwar nicht aus, daß die Bekämpfung für schädlich erachteter Geschäfte auch von dem Willen des Verfassers umfaßt würde. Ein Unternehmen, das offensichtlich in erster Linie den Zweck verfolgt, angesichts die Allgemeinheit gefährdender Erscheinungen das Publikum in breiten Schichten zu warnen und zu belehren, kann aber nicht als ein gegen die guten Sitten verstoßendes Handeln erachtet werden.

Die Schädigung der geschäftlichen Ehre wäre eine unmittelbare, die Schädigung des Erwerbsrechts eine mittelbare. Es liegt kein Eingriff in den Erwerb, keine unmittelbare Hinderung oder Hemmung des Anbietens und Abschließens von Verkäufen und dergleichen oder irgendwelcher Be- oder Vertriebshandlungen vor. Die Schädigung könnte lediglich darin bestehen, daß durch die Verbreitung der in dem Artikel behaupteten Tatsachen der Verteuerung und Gefährdung die Kauflust abgeschwächt würde. Hinsichtlich des Javols würde aber, wie bereits erörtert, ohnedies nur die Überteuerung in Betracht kommen.

Was nun die Schädigung der geschäftlichen Ehre betrifft, so fällt die Ehre, wie der erkennende Senat in seiner Entscheidung

vom 29. Mai 1902, Rep. VI. 50/02 (Entsch. des R.G.'s in Zivils. Bd. 51 S. 369), ausgesprochen hat, nicht unter die „sonstigen Rechte“ im Sinne des § 823 Abs. 1 B.G.B. Die Verfolgung aus § 823 Abs. 2 B.G.B. wegen Verletzung der als Schutzgesetze zu erachtenden Vorschriften des Strafgesetzbuchs, welche die Beleidigung mit Strafe bedrohen (§§ 186. 187 St.G.B.), erscheint aber dadurch ausgeschlossen, daß, abgesehen von der Ausnahme des § 193 St.G.B., die Verfolgung einer Verletzung des Rechts auf Ehre nur den hiervon betroffenen individuellen Personen, und nicht einer unter dem Namen einer Handelsgesellschaft zusammengefaßten Personenmehrheit zusteht.
Vgl. Entsch. des R.G.'s in Strafs. Bd. 1 S. 178, Bd. 4 S. 75.

Hiernach käme nur eine mittelbare Schädigung des Erwerbsrechts durch die angebliche Behauptung und Verbreitung von, die Beschaffenheit der Ware und die Vertrauenswürdigkeit der Firma herabsetzenden Tatsachen, mit anderen Worten: eine fahrlässige Kreditgefährdung im Sinne des § 824 B.G.B., in Frage. In dieser Beziehung fehlt es aber schon an dem Nachweise, daß die Beklagte der Wahrheit zuwider schädigende Tatsachen behauptet oder verbreitet habe. In Frage kommt, wie schon erörtert ist, nur die Minderwertigkeit der Ware und die Überteuerung des Publikums. Die Klägerin hat weder hinsichtlich der Qualität, noch hinsichtlich des Preises der Ware etwas vorgebracht, woraus die Unwahrheit einer Behauptung der Beklagten folgern würde.

Hiernach verbleibt lediglich die Qualifikation der Industrie als einer verwerflichen. Hierin liegt zweifellos ein Urteil, das wiederum nur unter den Gesichtspunkt der Beleidigung gestellt werden könnte. Abgesehen von dem Mangel der Klageberechtigung der Klägerin, stände der Beklagten der Schutz des § 193 St.G.B. zur Seite. Denn es muß als ein gutes Recht eines literarischen Unternehmens, das sich die große und verdienstliche Aufgabe stellt, auf allen Gebieten des menschlichen Wissens eine der allgemeinen Durchschnittsbildung zugängliche und entsprechende Unterweisung zu geben, erachtet werden, auch auf dem Gebiete des Geheimmittelwesens im weitesten Sinne nach der wirtschaftlichen, wie nach der Seite der Gesundheitspflege aufklärend und belehrend einzugreifen. Das Vorhandensein einer Beleidigung ist aber weder aus der Form der Äußerung, noch aus den Umständen, unter denen sie geschehen, zu entnehmen.“ ...

2. Berechtigt ein nur objektiv widerrechtlicher Eingriff in ein vom Gesetze geschütztes Recht zu einer Klage auf Unterlassung, wenn weitere Eingriffe zu befürchten sind? Kann in letzterer Beziehung das Verhalten des Beklagten, wie es möglicherweise als Folge des zu erlassenden Urteils hervorgerufen werden könnte, berücksichtigt werden?

VI. Zivilsenat. Urt. v. 5. Januar 1905 i. S. Schr. & St., Ges. m. b. H. (Kl.) w. K. (Bekl.). Rep. VI. 38/04.

I. Landgericht Leipzig.
II. Oberlandesgericht Dresden.

Im Oktober 1902 erschien ein von dem Beklagten verfaßtes Buch, das Behauptungen enthält, die geeignet waren, den Kredit der Klägerin zu gefährden und Nachteile für ihren Erwerb herbeizuführen. Infolgedessen beantragte und erlangte die Klägerin eine einstweilige Verfügung, inhalts deren dem Beklagten bei Strafe verboten wurde, jene Behauptungen weiter zu verbreiten. Hiergegen erhob dieser Widerspruch. Das Landgericht hielt die einstweilige Verfügung aufrecht; auf die Berufung des Beklagten wurde sie jedoch aufgehoben. Die hiergegen gerichtete Revision hatte Erfolg aus folgenden

Gründen:

„Das Berufungsgericht nimmt als glaubhaft gemacht an, daß die sämtlichen von der Klägerin beanstandeten Behauptungen unwahr seien, und daß der Beklagte ihre Unwahrheit zwar nicht gekannt habe, jedoch hätte kennen müssen; es nimmt aber weiter als glaubhaft gemacht an, daß sowohl er selbst, wie der Stand der Kunstmaler und überhaupt das ganze Publikum an der Aufstellung jener Behauptungen ein berechtigtes Interesse gehabt habe. Es verneint daher die Anwendbarkeit der §§ 823 Abs. 1. Abs. 2 (§§ 185. 186 St.G.B.). 824 Abs. 1. 826 B.G.B. auf den vorliegenden Fall und führt aus, die Bestimmung in § 824 Abs. 2 habe nicht etwa die Bedeutung, nur die Schadensersatzpflicht desjenigen, der gegen Abs. 1 verstoße, zu verneinen, ohne an der Natur der Handlung als einer unerlaubten etwas zu ändern; vielmehr wolle sie, wie die des § 193 St.G.B., die Rechtswidrigkeit der Handlung ausschließen, und demzufolge sei die fahrlässige Verbreitung einer schädigenden unwahren Behauptung dann, wenn die Voraussetzungen des § 824 Abs. 2 vorlägen, ungeeignet, dem Geschädigten irgendeinen Anspruch, sei es auf Schadensersatz, sei es auf Beseitigung des bestehenden schädigenden Zustandes, sei es auf künftige Unterlassung, zu geben; eine andere Vorschrift als die des § 824 könne aber als Grundlage von Ansprüchen der Klägerin nicht in Betracht kommen.

Die Revision greift diese Ausführungen an. Es kann dahingestellt bleiben, ob die Annahme richtig ist, daß durch das Vorhandensein eines berechtigten Interesses die subjektive Rechtswidrigkeit ausgeschlossen werde, oder ob nicht vielmehr anzunehmen wäre, daß nur die Schadensersatzpflicht wegfalle, daß aber trotzdem eine unerlaubte Handlung vorliege, daß daher dem durch die unwahren Behauptungen Betroffenen alle aus einer unerlaubten Handlung entspringenden Rechtsbehelfe zustehen würden mit Ausnahme des Anspruchs auf Schadensersatz. Denn rechtsirrig sind jedenfalls die weiteren Ausführungen des Berufungsgerichts. Der Anspruch auf Unterlassung der Vornahme von Handlungen beschränkt sich nicht auf das Gebiet der unerlaubten Handlungen. Jeder auch nur objektiv widerrechtliche Eingriff in ein vom Gesetz geschütztes Recht berechtigt zu einer Klage auf Unterlassung, wenn weitere Eingriffe zu befürchten sind; das Schuldmoment kommt bei einer solchen Klage nicht in Betracht, ebensowenig die Wahrnehmung berechtiger Interessen.

Vgl. Planck, B.G.B. Bd. 2 Vorbemerkung zum 25. Titel S. 601 unter II; Fuld, im Sächs. Archiv f. bürgerl. Recht und Prozeß Bd. 12 S. 260flg.

Die Billigkeit mag erfordern, die Schadensersatzpflicht nur beim Vorhandensein eines Verschuldens anzuerkennen; es ist aber ein Gebot der Gerechtigkeit, daß auch ohne ein solches gegen die Wiederholung auch nur objektiv widerrechtlicher Eingriffe ein Schutz gegeben werde (vgl. Jurist. Wochenschr. Jahrg. 1899 S. 749 Nr. 26), damit der Zufügung weiteren Schadens vorgebeugt werde, dessen Ersatz sonst, wenn nicht nachträglich ein Verschulden hinzutreten sollte, ebenfalls nicht gefordert werden könnte. Seine gesetzliche Grundlage findet jener Schutz in der analogen Anwendung der Vorschriften der §§ 12. 862. 1004 B.G.B.; dem durch einen widerrechtlichen Eingriff in ein durch das Gesetz geschütztes Rechtsgut Betroffenen steht eine actio quasi negatoria zu, wenn weitere Beeinträchtigungen zu besorgen sind. Das

Bürgerliche Gesetzbuch schützt, wie sich aus § 824 ergibt, den Kredit, den Erwerb und das Fortkommen einer Person als ein besonderes, der Verletzung zugängliches Rechtsgut. Nach den Feststellungen des Berufungsgerichts ist glaubhaft gemacht, daß der Beklagte in dieses Rechtsgut der Klägerin objektiv widerrechtlich eingegriffen hat; der Anspruch auf Unterlassung würde daher glaubhaft gemacht sein, wenn weitere Eingriffe zu besorgen sein sollten.

In dieser Beziehung könnte in Frage kommen, ob die vom Berufungsgericht erkannte Aufhebung der einstweiligen Verfügung dann als gerechtfertigt sich darstellen würde, wenn der Beklagte im Laufe des Rechtsstreites von der Unwahrheit der von ihm behaupteten Tatsachen sich überzeugt und dieser Überzeugung Ausdruck gegeben hätte, wenn also die bei der Erlassung der einstweiligen Verfügung vorhanden gewesene Befürchtung der Wiederholung jener Eingriffe im Laufe des Rechtsstreites wieder weggefallen sein sollte. Allein es bedarf der Beantwortung dieser Frage nicht, weil das Berufungsgericht festgestellt hat, daß der Beklagte „im gegenwärtigen Verfahren mit äußerster Zähigkeit und Beharrlichkeit seinen Standpunkt und die Richtigkeit seiner Angaben zu vertreten gesucht hat". Aus diesem Verhalten des Beklagten hat das Berufungsgericht den Schluß gezogen, es sei die Befürchtung begründet, daß er seine Vorwürfe gegen die Klägerin wiederholen werde. Gleichwohl hat es am Schlusse seiner Ausführungen angenommen, daß eine solche Befürchtung „für die Zukunft" kaum noch gerechtfertigt sei; es sei als das Wahrscheinlichere anzusehen, daß der Beklagte, nachdem auch das Berufungsgericht die Auffassung des Landgerichts in Ansehung der Grundlosigkeit seiner gegen die Klägerin erhobenen Beschuldigungen gebilligt habe, dessen Gründen Rechnung tragen und sich entweder davon, daß er zu weit gegangen sei, überzeugen, oder doch sich jedenfalls hüten werde, durch weitere Verfechtung seines Standpunktes und fernere Verbreitung der gerügten Behauptungen sich der Gefahr auszusetzen, als böswilliger Verbreiter unwahrer und in ihrer Unwahrheit erkannter Tatsachen behandelt und haftbar gemacht zu werden. Durch diese Ausführungen . . . hat das Berufungsgericht den Grundsatz verletzt, daß das Gericht seiner Entscheidung nur den Sachstand zugrunde legen darf, der ihm am Schlusse der mündlichen Verhandlung unterbreitet war; es war nicht berechtigt, das Verhalten des

Beklagten, wie es möglicherweise infolge des zu erlassenden Urteils hervorgerufen werden könnte, zu berücksichtigen. Maßgebend allein kann nur die Feststellung sein, die es auf Grund des Verhaltens des Beklagten während des Prozesses getroffen hat. Da nach dieser Feststellung zu besorgen ist, daß der Beklagte seine objektiv widerrechtlichen Eingriffe in die durch § 824 B.G.B. geschützten Rechtsgüter der Klägerin wiederholen werde, so ist ein Anspruch der Klägerin auf Unterlassung dieser Eingriffe glaubhaft gemacht. In Vorausnahme einer auf die Klage auf Unterlassung ergehenden Entscheidung durfte daher auch eine einstweilige Verfügung erlassen werden, deren Voraussetzungen auch noch am Schlusse der mündlichen Verhandlung vor dem Berufungsgericht gegeben waren. Hiernach mußte das angefochtene Urteil aufgehoben werden." . . .

---

3. Begriff der Ausbeutung im Sinne des § 138 Abs. 2 B.G.B. Genügt die Ausnutzung der Unerfahrenheit eines anderen zur Erlangung eines übermäßigen Vermögensvorteils, oder ist eine besonders hierauf gerichtete Absicht erforderlich?

II. Zivilsenat. Urt. v. 7. Januar 1905 i. S. M. (Bekl.) w. Aktiengesellsch. S. L. A. (Kl.). Rep. II. 344/04.

I. Landgericht Flensburg.
II. Oberlandesgericht Kiel.

Die klagende Gesellschaft verlangte Empfangnahme und Bezahlung von Kadaverdünger, welchen ihr Reisender dem Beklagten verkauft hatte. Letzterer wendete gegenüber der erhobenen Klage Nichtigkeit des Kaufgeschäftes ein, weil beim Abschluß desselben klägerischerseits seine Unerfahrenheit in wucherischer Weise ausgebeutet worden sei. In erster Instanz wurde die Klage abgewiesen, in der zweiten Instanz der Beklagte nach dem Klagantrage verurteilt. Auf Revision des Beklagten ist das Berufungsurteil aufgehoben, und die Sache an das Berufungsgericht zurückverwiesen worden, soweit es hier interessiert, aus folgenden

Gründen:

„Das Berufungsgericht erachtet die an sich unbestrittenen Klagansprüche für begründet und den von dem Beklagten erhobenen, auf die Behauptung des Vorliegens eines Verstoßes gegen die guten Sitten, insbesondere eines Sachwuchers, . . . gestützten Einwand der Nichtigkeit des Kaufvertrages für ungerechtfertigt. Hinsichtlich der angeblichen Bewucherung des Beklagten hält dasselbe zwar für bewiesen, daß der für den Kadaverdünger vereinbarte Kaufpreis dessen Wert fast um das Doppelte übersteige und daher in einem auffälligen Mißverhältnis zu dem Werte stehe, sowie daß der Beklagte, ein einfacher Arbeiter ohne Erfahrung und kaufmännische Bildung als unerfahren im Sinne des Gesetzes zu erachten sei. Es vermißt aber den für die Anwendung des § 138 Abs. 2 B.G.B. außerdem noch erforderlichen Nachweis einer Ausbeutung der Unerfahrenheit des Beklagten, sowie den Nachweis eines sonstigen Verstoßes gegen die guten Sitten (§ 138 Abss. 1 u. 2 B.G.B.). . . . Zu erheblichen rechtlichen Bedenken gibt nun die von dem Beklagten mit der Revision angegriffene Annahme des Berufungsgerichts Anlaß, daß das Erfordernis des Ausbeutung hier nicht gegeben sei. Diese Annahme ist auf die Erwägungen gestützt: Ausbeutung verlange die zur Verwirklichung gebrachte Absicht, die Unerfahrenheit eines anderen auszunutzen. In der allgemein gehaltenen Anpreisung an Interessenten zum Zwecke des Verkaufs der Waren liege auch dann, wenn der gesetzte Preis ein hoher sei, und der Käufer anderweit erheblich billiger kaufen könne, noch kein Verstoß gegen die guten Sitten und gegen Treu und Glauben, und besondere Umstände, die im vorliegenden Falle das Vorgehen und den Vertragsabschluß als eine Ausbeutung oder als einen anderen Verstoß gegen die guten Sitten erscheinen ließen, seien nicht nachgewiesen. Die Äußerungen des Reisenden der Klägerin, der das Geschäft mit dem Beklagten abgeschlossen hat, dieser könne mit dem Kadaverdünger mehr verdienen als mit Chilisalpeter, und es sei für ihn bei dem Geschäfte kein Risiko, seien Redensarten und Anpreisungen allgemeiner Art, die an sich keinen Wert und keine Bedeutung hätten. Die weitere Äußerung des Reisenden, er habe mit einigen namentlich bezeichneten Firmen keine Geschäftsverbindung angeknüpft, weil sie an Konkurrenzgeschäfte gebunden seien, sei, abgesehen davon, daß die Unrichtigkeit der Angabe nicht behauptet worden, ebenfalls ohne Bedeutung. In der Erklärung des Reisenden, die Firma N. & R. habe bei der letzten Lieferung 200 Sack bekommen, wobei der Reisende verschwiegen habe, daß es sich hierbei um eine andere, gleichwertige Sorte Dünger gehandelt habe, sei ein Verstoß gegen die guten Sitten nicht zu finden. Auch sei nicht ersichtlich, inwieweit diese Erklärung für den Beklagten zum Kaufabschlusse bestimmend gewesen sei.

Diese Ausführungen ergeben, daß das Berufungsgericht den Begriff der Ausbeutung zu eng auffaßt, auch nicht deutlich zwischen den Persönlichkeiten unterscheidet, welche als Ausbeuter des Beklagten in Betracht kommen können, nämlich zwischen der klagenden Aktiengesellschaft, als deren Willensorgane ihre Vertreter als Ausbeuter gehandelt haben könnten, und dem Reisenden, welcher der Gesellschaft als einem „Dritten" im Sinne des § 138 Abs. 2 B.G.B. einen übermäßigen Vermögensvorteil durch das Kaufgeschäft könnte von dem Beklagten haben versprechen lassen, indem er die Unerfahrenheit desselben ausbeutete. Endlich vermischt das Berufungsgericht bei seinen Erörterungen die gesetzlichen Voraussetzungen einer Ausbeutung nach § 138 Abs. 2 und einer arglistigen Täuschung im Sinne des § 123 B.G.B. Zur Erfüllung des Begriffes der Ausbeutung wird mit Unrecht die Absicht der Ausnutzung der Unerfahrenheit erfordert. Es genügt dazu schon die bewußte Ausnutzung der Unerfahrenheit zur Erlangung eines übermäßigen Vermögensvorteils. Dieses Erfordernis liegt schon vor, wenn jemand in Kenntnis oder in der Überzeugung von der Unerfahrenheit des anderen, sowie von dem auffälligen Mißverhältnis zwischen der Leistung und den ihr gegenüberstehenden Vermögensvorteilen mit dem Vorsatz handelt, die Unerfahrenheit des anderen zur Gewinnung der übermäßigen Vermögensvorteile für sich oder einen Dritten zu benutzen. Diese Voraussetzungen sind allerdings nicht, wie der Vertreter des Revisionsklägers meint, bei der klagenden Gesellschaft schon deshalb gegeben, weil sie Reisende mit der Weisung ausgesandt habe, auf Grund mitgegebener Preisverzeichnisse zu so hohen Preisen Kaufverträge abzuschließen, daß nur unerfahrene oder leichtsinnige Personen sich zum Abschluß bereit finden lassen könnten. Denn es würde bei den Vertretern der Klägerin mangels Kenntnis der Person des einzelnen Käufers von einer Kenntnis seiner Unerfahrenheit und von einem Vorsatz der Benutzung derselben keine Rede sein können, diese Erfordernisse können nicht durch einen allgemeinen Bewucherungsvorsatz ersetzt werden. Bezüglich der Person des Reisenden der Klägerin ist aber jedenfalls das Fehlen der Erfordernisse einer Ausbeutung der Unerfahrenheit des Beklagten nicht genügend festgestellt. Mit Unrecht legt das Berufungsgericht der für bewiesen erachteten Äußerungen desselben bei dem Vertragsabschluß deshalb keine Bedeutung bei, weil die eine bloß eine allgemeine Anpreisung, die andere möglicherweise richtig, und die dritte vielleicht für den Vertragsabschluß nicht bestimmend gewesen sei. Diese Erwägungen mögen für die Frage nach dem Vorhandensein einer arglistigen Täuschung und der darauf beruhenden Nichtigkeit des Vertrages von Wichtigkeit sein. Sie sind aber nicht geeignet, die Annahme einer Ausbeutung auszuschließen. Zu prüfen wäre gewesen, ob aus den Äußerungen des Reisenden für sich allein oder in Verbindung mit anderen Umständen entnommen werden kann, daß der Reisende bei dem Abschlusse des Kaufvertrages mit dem Beklagten in Kenntnis oder in der Überzeugung von dessen Unerfahrenheit und mit dem Vorsatze der Benutzung derselben zur Gewinnung des Kaufpreises für die Klägerin gehandelt hat, und daß dessen festgestelltes auffälliges Mißverhältnis zu dem Werte des verkauften Kadaverdüngers ihm bewußt war. Für diese Beurteilung können auch allgemeine Redensarten und Anpreisungen, sowie andere Angaben, gleichviel ob sie wahr, oder unwahr sind, und ob die einzelne Angabe den Beklagten zum Abschluß des Vertrages bestimmt hat, von Bedeutung sein. Denn es kommt dabei entscheidend auf die Beurteilung der Handlungsweise des angeblichen Ausbeuters, nicht aber darauf an, welchen Eindruck der angeblich Ausgebeutete von dieser empfangen hat, wenn, wie hier, die Tatsache feststeht, daß jener durch sein Vorgehen den Abschluß des Vertrages mit dem unerfahrenen Beklagten zustande gebracht hat." ...

---

4. Kann von dem durch ein Zeitungsinserat Beleidigten im Wege des Zivilprozesses der öffentliche Widerruf von seiten des Beleidigers erzwungen werden? Entziehung der eheweiblichen Schlüsselgewalt durch den Ehemann; Bekanntgebung durch Zeitungsinserate.

VI. Zivilsenat. Urt. v. 9. Januar 1905 i. S. N. (Bekl.) w. seine Ehefrau (Kl.). Rep. VI. 104/04.

I. Landgericht Straßburg.
II. Oberlandesgericht Colmar.

Der Beklagte, der am 2. November 1901 die Ehe mit der Klägerin geschlossen hatte, verließ im Mai 1903 die gemeinschaftliche Wohnung und ließ in sieben Elsässer Tageszeitungen ein Inserat folgenden Inhalts zum Abdruck bringen: „Warnung. Ich erkläre hiermit, für Schulden meiner Ehefrau Maria, geb. S., in keiner Weise aufzukommen. J. J. N." Die Parteien lebten seit dieser Zeit getrennt. Im Mai 1903 erhob die Klägerin Klage auf Gewährung von Unterhalt und auf Unterlassung ähnlicher Bekanntmachungen, sowie darauf, daß der Beklagte in die Blätter, in denen das erwähnte Inserat gestanden hatte, eine Erklärung einrücken lasse, durch die er seine frühere Kundgebung als unberechtigt und unbegründet zurücknehme.

Das Landgericht sprach der Klägerin eine Rente, wenn auch in wesentlich geringerer Höhe, als sie gefordert war, zu und wies die Klage im übrigen ab. Dagegen verurteilte das Berufungsgericht den Beklagten, in die sieben in Betracht kommenden Blätter ein dem Klagantrage entsprechendes Inserat einrücken zu lassen.

Das Reichsgericht stellte auf die Revision des Beklagten die erstinstanzliche Entscheidung wieder her.

Aus den Gründen:

„Die Klägerin hat, was ihr Verlangen auf Erlassung einer Bekanntmachung, in welcher der Beklagte sein im Mai 1903 veröffentlichtes Zeitungsinserat als unberechtigt erklären soll, anlangt, angeführt, sie sei durch dasselbe in den Ruf einer Verschwenderin gebracht worden; das Inserat enthalte eine öffentliche Beleidigung und habe sie an ihrem Kredit und sonst geschädigt. Sie hat sich auf die Vorschriften in §§ 823, 824, 826 B.G.B. berufen und geltend gemacht, der ihr erwachsene Schaden müsse nach § 249 B.G.B. durch Naturalrestitution ersetzt werden.

Von dem Beklagten ist nicht behauptet worden, daß die Klägerin durch Vernachlässigung der ihr nach § 1357 Abs. 1 B.G.B. zugewiesenen Geschäfte oder durch Mißbrauch der ihr dort übertragenen Vertretungsbefugnis oder sonst durch unwirtschaftliches Gebaren Anlaß zu der von ihm erlassenen Bekanntmachung gegeben habe; wohl aber hat er geltend gemacht, daß er durch Schuld der Klägerin mit ihr in Unfrieden gelebt und deshalb das Zusammenleben mit ihr aufgegeben habe. Er sei mit Rücksicht hierauf berechtigt gewesen, ihr die Schlüsselgewalt zu entziehen und, um dem, gegenüber dritten Personen Wirksamkeit zu verschaffen, das in Rede stehende Inserat zu erlassen. Eine Beleidigung sei darin nicht enthalten, und wenn die Klägerin die Entziehung der Schlüsselgewalt als ungerechtfertigt ansehe, so hätte sie sich nach § 1357 Abs. 2 B.G.B. an das Vormundschaftsgericht wenden müssen.

Das Berufungsurteil nimmt an, daß das vom Beklagten erlassene Zeitungsinserat die Klägerin bloßstelle und herabwürdige, also eine Beleidigung enthalte, daß der Beklagte auch bei seiner Kundgebung beabsichtigt habe, die Klägerin an ihrer Ehre zu kränken, namentlich sie in den Ruf einer Verschwenderin zu bringen und ihr dadurch Kummer und Verlegenheiten zu bereiten. Die Kundgebung habe auch, wie nach Form und Inhalt des Inserates zweifellos sei und keines Nachweises bedürfe, diese Wirkungen gehabt. Somit sei der Beklagte nach § 823 Abs. 2 B.G.B. der Klägerin zum Schadensersatze verpflichtet; ob ihr materieller Nachteil erwachsen sei, könne dahingestellt bleiben, da insoweit kein Schadensersatz gefordert werde; wohl aber müsse der Beklagte zur Restitution wegen des durch die Beleidigung der Klägerin verursachten immateriellen Schadens, den sie durch Einbuße an Ansehen, Achtung und Vertrauen erlitten habe, verpflichtet erachtet werden; die Bestimmung in § 253 B.G.B. stehe dem nicht entgegen; denn sie schließe nur aus, daß außerhalb der vom Gesetze besonders erwähnten Fälle wegen immateriellen Schadens Geldentschädigung beansprucht werden könne. Im übrigen bestehe auch bei immateriellem Schaden der Grundsatz des § 249, daß jeder Schaden durch Wiederherstellung des früheren Zustandes beseitigt werden solle. Das habe bei der Beleidigung durch Widerruf zu geschehen, welcher die durch die Beleidigung zugefügte Kränkung zwar nicht vollständig beseitigen könne, wohl aber durch die dem Beleidigten zuteil werdende Genugtuung einen gewissen Ersatz für den ihm zugefügten Schmerz bilde. Dem in Frage stehenden Verlangen könne sich der Beklagte nicht durch Berufung auf § 226 B.G.B. entziehen, weil mit der Erfüllung des von der Klägerin gestellten Antrags ein wesentliches Interesse derselben verbunden sei oder mindestens verbunden sein könne.

Die Revision ist als zulässig anzusehen, da anzunehmen ist, daß der jetzt allein noch streitige Anspruch auf Widerruf der vom Beklagten veröffentlichten Kundgebung, auch soweit dessen Interessen in Frage kommen, jedenfalls nicht ein bloß vermögensrechtlicher ist; sie ist auch als begründet zu erachten gewesen.

Den Hauptinhalt der vom Beklagten erlassenen Bekanntmachung bildet die Mitteilung, daß der Klägerin die ihr an sich nach § 1357 Abs. 1 B.G.B. zustehende Befugnis, innerhalb ihres häuslichen Wirkungskreises die Geschäfte des Beklagten zu besorgen und ihn zu vertreten, nicht mehr zustehe. Diese Mitteilung entsprach dem wirklichen Sachverhalt. Es kann dahingestellt bleiben, ob die erwähnte Befugnis der Klägerin ohne weiteres durch die Trennung der Parteien erloschen war; denn jedenfalls stand dem Beklagten das Recht zu, diese Befugnis in der Weise auszuschließen, daß sie zunächst und so lange nicht bestand, bis die Klägerin eine richterliche Aufhebung der vom Beklagten getroffenen Verfügung erreicht hatte. Das war nicht geschehen; die Klägerin hat, wie nach ihrem Verhalten im Prozesse angenommen werden muß, Schritte nach dieser Richtung überhaupt nicht getan und strebt eine Wiederherstellung ihrer Schlüsselgewalt wenigstens für jetzt gar nicht an. Mit Rücksicht auf die Vorschrift im letzten Satze des zweiten Absatzes des § 1357 kann ferner eine Rechtswidrigkeit des Beklagten auch nicht schon darin erblickt werden, daß er die von ihm getroffene Maßregel veröffentlichte, dies auch dann nicht, wenn das bisherige Verhalten der Klägerin keinen gegründeten Anlaß zu der Befürchtung geboten hatte, daß sie in unwirtschaftlicher Weise verfahren werde. Denn immerhin bestand die Möglichkeit, daß sie einen Aufwand machen werde, der über das, was der Beklagte für angemessen hielt, hinausgehe; der gegenwärtige Prozeß zeigt, daß die beiderseitigen Meinungen insoweit wesentlich auseinander gingen, und daß die Klägerin bezüglich des Betrags, den sie für ihren Unterhalt verbrauchen dürfe, Ansprüche gemacht hat, die auch von beiden Vorinstanzen als das rechte Maß erheblich übersteigend angesehen worden sind; es bedarf daher keiner Erörterung, ob nicht der Beklagte, auch abgesehen von diesen Umständen, berechtigt gewesen sein würde, die Entziehung der Schlüsselgewalt unter einfacher Mitteilung des Sachverhalts bekannt zu machen.

Aus dem Vorstehenden ergibt sich, daß das angefochtene Urteil jedenfalls zu weit geht, wenn es den Beklagten verurteilt hat, seine Kundgebung schlechthin und nach ihrem gesamten Inhalt als unberechtigt nnd unbegründet zurückzunehmen. In Frage kann somit nur kommen, ob er durch die Ausdrucksweise, deren er sich bei seiner Bekanntmachung bediente, eine unerlaubte Handlung begangen hat. Insoweit liegt kein Anlaß vor, der Annahme des Berufungsgerichts entgegen zu treten, daß das Inserat in den Lesern die Meinung habe begründen müssen, der Beklagte habe sich durch unwirtschaftliches, verschwenderisches Gebaren der Klägerin genötigt gesehen, ihr die an sich den Ehefrauen gesetzlich zustehenden Befugnisse zu entziehen, und ebensowenig unterliegt die Feststellung der Vorinstanz, daß der Beklagte bei seiner Kundgebung die Absicht gehabt habe, seine Frau bloß zu stellen, ihren guten Namen zu schädigen und ihr Kummer und Verlegenheiten zu bereiten, einem in der jetzigen Instanz beachtlichen Bedenken. Es ist somit davon auszugehen, daß der Beklagte sich einer Beleidigung der Klägerin im Sinne von § 186, bzw. § 187 St.G.B. schuldig gemacht hat und deshalb gemäß § 823 Abs. 2 B.G.B. zum Schadensersatze verpflichtet ist. Von der Klägerin ist in dieser Richtung geltend gemacht worden, daß ihr auch Vermögensschaden erwachsen, insbesondere ihr Kredit beeinträchtigt worden sei; sie hat aber zugleich erklärt, sie sei außerstande, diesen Schaden zu beziffern, und verlange deshalb nur Zurücknahme des beleidigenden Inserats, damit dadurch ihr guter Ruf wieder hergestellt werde.

Bei Beurteilung dieses Verlangens ist die Vorinstanz mit Recht davon ausgegangen, daß ihm die Bestimmung in § 253 B.G.B. nicht entgegensteht; dagegen hat der Annahme nicht beigepflichtet werden können, daß der Beklagte nach § 249 B.G.B. zum Widerruf seiner Kundgebung verpflichtet sei und dazu im Wege des Zivilprozesses genötigt werden könne.

Es kann dahingestellt bleiben, ob der von der Vorinstanz hervorgehobene Erfolg des Widerrufs, nämlich die Ausgleichung des durch die Beleidigung erlittenen Schmerzes durch die Genugtuung, welche der Widerruf der Beleidigten bereite,

vgl. Dernburg, Bürgerl. Recht Bd. 2 Abt. 2 § 390 S. 632; Neumann, Handausgabe des bürgerl. Gesetzbuchs 3. Aufl. Anm. 2b zu § 253,

an sich im Sinne des § 249 als eine Wiederherstellung des Zustandes, der ohne die Ehrverletzung bestehen würde, aufgefaßt werden könnte; denn jedenfalls ist nicht zu bestreiten, daß, wenn jemand durch eine seiner Ehre nachteilige unwahre Mitteilung, die ein anderer dritten Personen gemacht hat, beleidigt worden ist, der Widerruf durch den Beleidiger, sofern er zur Kenntnis dritter Personen gebracht wird, recht wohl eine Wiederherstellung des früheren Zustandes im Sinne der angezogenen Gesetzesvorschrift herbeiführen kann, insofern dadurch das ungünstige Urteil, das die dritten Personen sich infolge der falschen Mitteilung über den Beleidigten gebildet haben, eine Berichtigung erfährt, und die Achtungsminderung, die er erlitten hat, wieder beseitigt wird. Es mag auch sein, daß der Rechtsentwicklung, welche früher dazu geführt hat, den Beleidiger zum Widerruf oder zur Abbitte oder Ehrenerklärung zu zwingen, zunächst der Gedanke zugrunde gelegen hat, daß dem Beleidigten das ihm widerrechtlich Entzogene wieder verschafft, eine restitutio famae herbeigeführt werden müsse.

Vgl. die rechtsgeschichtlichen Darlegungen von v. Wallenrodt in der Zeitschrift für Rechtsgeschichte Bd. 3 S. 239 flg., insbes. S. 259. 272 flg. 276 flg.

Indes hat schon früh die Erkenntnis, daß die Leistung des Widerrufs, namentlich wenn sie das Bekenntnis der Lüge enthält oder öffentlich zu erfolgen hat, in dem Widerrufenden das Gefühl großer Demütigung und Beschämung hervorrufen muß, dazu geführt, den Widerruf ebenso wie die Abbitte und die Ehrenerklärung als Strafen, die den Beleidiger treffen, aufzufassen. Dieser Gesichtspunkt ist, namentlich bezüglich der Abbitte und des Widerrufs, gegenüber der restitutio famae durchaus in den Vordergrund getreten, so daß beide Maßnahmen, obschon fortgesetzt auch der Zweck, dadurch von dem Beleidigten den wider ihn erhobenen Vorwurf abzuwenden, verfolgt wurde, doch hauptsächlich dazu bestimmt waren, den Beleidiger durch Zufügung eines Übels, das durch besondere Formen des Widerrufs und der Abbitte noch erschwert werden konnte, zu strafen und dem Beleidigten auf diese Weise eine Genugtuung zu verschaffen.

Vgl. v. Wallenrodt, a. a. O. S. 292. 296; Weber, Über Injurien 2c 4. Aufl. Bd. 2 S. 27 flg., insbes. S. 47; v. Quistorp, Grundsätze des peinlichen Rechts 6. Aufl. Bd. 1 S. 136 (der den öffentlichen Widerruf unter den „Leibesstrafen" unmittelbar nach der „Stellung am Pranger und Schandpfahl" aufführt), und die bei diesen Schriftstellern ersichtlichen Nachweisungen.

Dementsprechend sind, soweit partikularrechtlich Bestimmungen über Widerruf und Abbitte bei Injurien getroffen worden sind, diese regelmäßig in Gesetze aufgenommen worden, welche die Bestrafung verbotener Handlungen regeln, so schon in die Sächsischen Konstitutionen von 1572 pars IV const. 42; vgl. weiter aus späterer Zeit das bayerische Strafgesetzbuch vom 6. Mai 1813 Art. 285, das oldenburgische Strafgesetzbuch vom 10. September 1814 Artt. 290. 404, das Kriminalgesetzbuch für das Königreich Hannover vom 8. August 1840 Artt. 266 u. 18, und bezüglich der Ehrenerklärung und der Abbitte das preußische Allgemeine Landrecht Tl. II. Tit. 20 §§ 586. 595. 601.

Ebenso ist, nachdem allgemein die Überzeugung durchgedrungen war, daß die Auferlegung der Strafe des Widerrufs, der Abbitte und der Ehrenerklärung schweren Bedenken unterliege, in fast allen neueren partikularen Strafgesetzbüchern Deutschlands für diese Maßnahmen zugunsten des Beleidigten ein Ersatz in der Weise geschaffen worden, daß unter gewissen Umständen auf Verlangen des Beleidigten die Veröffentlichung der Verurteilung zu erfolgen hatte, oder dem Beleidigten die Befugnis zuzusprechen war, die Verurteilung auf Kosten des Schuldigen öffentlich bekannt zu machen.

Den letzterwähnten Weg hat auch das Strafgesetzbuch für das Deutsche Reich eingeschlagen; dabei ist durch die Bestimmung in § 6 des Einführungsgesetzes, wonach vom 1. Januar 1871 ab nur noch auf die in dem Strafgesetzbuch enthaltenen Strafarten erkannt werden darf, die Verhängung der Strafen des Widerrufs, der Abbitte und der Ehrenerklärung noch besonders ausgeschlossen worden. Weiter ist bei Erlaß der Strafprozeßordnung für das Deutsche Reich in das Einführungsgesetz (§ 11) die Bestimmung aufgenommen worden, daß die Verfolgung wegen Beleidigungen . . . nur nach den Vorschriften der Strafprozeßordnung stattfinde, und es hat hiermit, wie die Verhandlungen der Reichstagskommission ergeben, „die in einzelnen Rechtsgebieten entwickelte actio recantatoria, wie überhaupt jede Klage auf Widerruf, Abbitte, Ehrenerklärung u. dgl." beseitigt werden sollen. Vgl. Hahn, Materialien zur Strafprozeßordnung Abt. 1 S. 1172. Unter Bezugnahme hierauf ist in den Motiven zu dem Entwurfe eines Bürgerlichen Gesetzbuches in der Vorbemerkung zu dem Abschnitt über die unerlaubten Handlungen (Bd. 2 S. 750) hervorgehoben worden, daß der Anspruch des Beleidigten auf Ehrenerklärung, Widerruf und Abbitte, soweit er partikularrechtlich noch bestanden habe, jedenfalls durch die Bestimmung in § 11 Einf.-Ges. zur St.P.O. beseitigt sei.

In der Tat muß es als ausgeschlossen angesehen werden, daß nach dem Willen des Gesetzgebers der Beleidigte unter Berufung auf § 249 B.G.B. im Wege des Zivilprozesses den Beleidiger zu einer Maßnahme zwingen dürfe, die nach allgemeiner, wohlbegründeter Meinung eine öffentliche Demütigung in sich schließt und, wie vorstehend dargelegt ist, seit langem von der Gesetzgebung Deutschlands ganz überwiegend als eine den Beleidiger treffende Strafe aufgefaßt und behandelt wurde, als solche aber in das jetzige Strafsystem nicht aufgenommen, vielmehr als mit dem modernen Rechtsbewußtsein unvereinbar durch besondere Bestimmungen ausgeschlossen worden ist.

Hiernach erscheint der in Rede stehende Klaganspruch zweifellos unstatthaft, soweit er den vom Oberlandesgerichte dargelegten Zweck verfolgt, der Klägerin Genugtuung für den ihr durch das Inserat des Beklagten bereiteten Kummer zu verschaffen. Insoweit stand ihr, wie das Landgericht mit Recht angenommen hat, allein der Weg strafrechtlicher Verfolgung des Beklagten offen, der ihr, sofern von dem Strafgericht eine strafbare Ehrverletzung als vorliegend angenommen wurde, auch die Möglichkeit gewährte, den in jenem Inserat wider sie erhobenen Vorwurf durch die Veröffentlichung des den Beklagten verurteilenden Richterspruchs erfolgreich öffentlich zurückzuweisen und zu entkräften.

In Frage könnte allein kommen, ob eine, wenn auch gegenüber der in dem Berufungsurteil vorgeschriebenen Fassung wesentlich modifizierte, öffentliche Kundgebung dem Beklagten deshalb anzusinnen sei, weil dies erforderlich erscheine, um der Klägerin nachteilige Folgen des Inserates für die Zukunft von ihr abzuwenden.

Wenn jemand einen Zustand schafft, dessen Fortbestand als dauernde, sich immer erneuernde Wirkung die Verletzung der Ehre eines anderen oder eine Schädigung seines Kredites mit sich bringt, so wird grundsätzlich dem Verletzten das Recht nicht abzusprechen sein, auch im Wege der Zivilklage Beseitigung des diese Wirkung äußernden Zustandes zu verlangen. Vgl. die von Cosack in dem Lehrbuche des Deutschen bürgerl. Rechts 3. Aufl. § 91 unter 7d und von Albrecht Fischer in dem Buche „Der Schaden nach dem Bürgerlichen Gesetzbuche" S. 318 erwähnten Beispiele: Einreihung des Bildes einer anständigen Frau in eine Gruppe von Dirnenbildern in einem Schaufenster, Anbringung eines bestimmte Personen beleidigenden Anschlags an einem Dritten zugänglichen Orte. Es mögen sich nun auch Fälle denken lassen, in denen ein solcher Zustand mit fortdauernder Wirkung durch eine in einer Druckschrift veröffentlichte unwahre Mitteilung geschaffen wird, die Beseitigung der Druckschrift tatsächlich unausführbar ist, und die schädigende Wirkung der Mitteilung für die Zukunft nicht wohl anders als durch eine von ihrem Urheber ausgehende Rücknahme mit Erfolg verhütet werden kann.

Ob in solchen Fällen, der oben dargelegten Bedenken ungeachtet, der Widerruf der beleidigenden Mitteilung wird verlangt werden können, braucht jetzt nicht erörtert und entschieden zu werden, weil hier eine solche Sachgestaltung keineswegs vorliegt. Dadurch, daß eine beleidigende Behauptung in einer oder mehreren Tageszeitungen veröffentlicht worden ist, wird noch keinesfalls ein Zustand im vorstehend bezeichneten Sinne, mit fortgesetzt sich erneuernder den Beleidigten schädigender Wirkung, geschaffen; es würde auch, wenn man allgemein in solchen Fällen die Zivilklage auf Widerruf zulassen wollte, der Erfolg herbeigeführt, daß immer bei öffentlicher Beleidigung durch unwahre tatsächliche Behauptungen eine für den Beleidiger als Strafe wirkende Maßnahme desselben erzwungen werden könnte, die der Gesetzgeber als solche in bestimmter Weise reprobiert, und für deren Wegfall er zur Wahrung der Interessen des Beleidigten durch Einführung der Nebenstrafe des § 200 St.G.B. Vorsorge getroffen hat. Es kann nicht zweifelhaft sein, daß dies dem Willen des Gesetzgebers zuwiderlaufen würde.

Übrigens hat auch die Klägerin zureichende Behauptungen dahin, daß sie durch das Inserat des Beklagten fortdauernd geschädigt werde, gar nicht aufgestellt; die Wirkung, daß ihr fortan nicht mehr möglich ist, in Vertretung des Beklagten Rechtsgeschäfte im Sinne von § 1357 Abs. 1 B.G.B. zu schließen, kommt insoweit nicht in Betracht, da ihr, wie eben dargelegt ist, das Recht hierzu mindestens in zunächst rechtswirksamer Weise entzogen ist." . . .

5. Welchen Einfluß hat es, wenn die über ein Rechtsgeschäft ausgestellte Urkunde mit dem Willen der beiden Beteiligten tatsächlich unrichtige Angaben über die abgegebenen Willenserklärungen enthält? Ist das beurkundete Rechtsgeschäft alsdann als Scheingeschäft anzusehen?

B.G.B. §§ 117. 405.

VI. Zivilsenat. Urt. v. 12. Januar 1905 i. S. Sch. Wwe. (Bekl.) w. M. (Kl.). Rep. VI. 109/04.

I. Landgericht Frankfurt a. M.
II. Oberlandesgericht daselbst.

Die Beklagte hatte in einer notariell beglaubigten Schuldurkunde vom 26. April 1900 bekannt, von dem Kaufmann S. ein Darlehn von 6000 *M* erhalten zu haben, und sich zur Verzinsung und Rückzahlung dieser Summe in näher angegebener Weise verpflichtet. Der Kläger, auf den die Forderung durch notariell beurkundete Abtretung übergegangen war, klagte gegen die Beklagte auf Zahlung der Darlehnsschuld nebst Zinsen.

Der weitere Sachverhalt ergiebt sich aus den

Gründen:

„In dem Berufungsurteile ist einwandfrei festgestellt worden, auf Grund welcher Abmachungen mit dem Kaufmann S. die Beklagte diesem die Schuldurkunde vom 26. April 1900 übergeben hat, worin sie sich zu dem Empfang eines von S. ihr gegebenen Darlehns bekennt und zu dessen Verzinsung und Rückzahlung verpflichtet. Danach haben die Beteiligten folgendes gewollt und ausgeführt. S. brauchte Barmittel, und die Beklagte, die solche ebenfalls nicht zur Verfügung hatte, wollte sie ihm durch ihren Kredit verschaffen. Zu dem Zwecke wurde zwischen ihnen vereinbart, daß die Beklagte den Schuldschein über ein von S. ihr angeblich ausbezahltes Darlehn von 6000 *M* ausstellen, und durch die Abtretung dieser verbrieften Forderung an einen Dritten S. sich das Geld verschaffen solle, das die Beklagte ihm leihen wollte, und das er, wenn die Beklagte von dem Dritten in Anspruch genommen werde, ihr ersetzen sollte. Zur Sicherung dieses Ersatzanspruchs stellte S. der Beklagten einen Schuldschein aus, worin er den Empfang eines von der Beklagten ihm gegebenen Darlehns von ebenfalls 6000 M bekannte. S. hat danach die Darlehnsforderung gegen die Beklagte durch Abtretung an die offene Handelsgesellschaft B. & Co. veräußert, die wieder die Forderung an den jetzigen Kläger abgetreten hat.

Die Revision hat diese Feststellungen nicht bemängelt; ihre Angriffe richten sich gegen die rechtliche Würdigung des Tatbestandes durch das Berufungsgericht.

Das Landgericht hatte angenommen, die Beklagte habe durch die Ausstellung der Schuldurkunde ein abstraktes Schuldversprechen gegenüber S. abgegeben und nur überflüssigerweise einen bewußt unrichtigen Schuldgrund hinzugefügt. Das Berufungsgericht ist dieser Auffassung nicht beigetreten, weil sie mit dem klaren Inhalte der Urkunde nicht vereinbar sei. Dem ist zuzustimmen, weil auch die Umstände, unter denen der Vertrag zwischen der Beklagten und S. zustande kam, und der Zweck, zu dem er abgeschlossen wurde, nicht dazu nötigen, die Willenserklärung der Beklagten im Widerspruch mit der schriftlichen Beurkundung in dem Sinne auszulegen, daß eine abstrakte Schuldverbindlichkeit habe begründet werden sollen. Die Beklagte hat vielmehr den ernstlichen Willen gehabt, Darlehnsschuldnerin zwar nicht des S., aber doch eines etwaigen dritten Erwerbers der Schuldurkunde zu werden. Darum kann es aber auch nicht für richtig erachtet werden, wenn das Berufungsgericht den Vertrag als ein Scheingeschäft auffaßt und annimmt, die Beklagte habe sich zum Schein S. gegenüber als Darlehnsschuldnerin bekannt. Das von der Revision angeregte prozessuale Bedenken gegen diese Auffassung ist freilich nicht begründet. In der ersten Instanz hat sich allerdings die Beklagte zunächst nur mit dem Einwand verteidigen wollen, sie habe das Darlehn noch nicht ausbezahlt erhalten, und das sei dem Kläger bekannt gewesen. Aber in der zweiten Instanz haben die Parteien auf der Grundlage des jetzt vorliegenden Tatbestandes verhandelt, und es ist Sache des Berufungsgerichts gewesen, zu beurteilen, welche rechtliche Bedeutung die festgestellten Abmachungen und Vorgänge haben. Dagegen hat die Revision mit der Bemerkung Recht, daß die Unwahrheit dessen, was in dem Schuldschein beurkundet sei, noch nicht den Schluß begründe, daß ein Scheingeschäft abgeschlossen sei. In der Tat liegt auch die Sache so, daß die zunächst Beteiligten,

S. und die Beklagte, alles das ernstlich gewollt haben, was zur Ausführung gelangt ist. Die Beklagte verpflichtete sich, dem S. leihweise Barmittel zu verschaffen. Sie übernahm nicht die Verbindlichkeit, ihm einen Betrag bar auszuzahlen, sondern in Erfüllung ihrer dem S. gegebenen Zusage stellte sie ihm den Schuldschein aus, zu dessen Veräußerung durch Abtretung der Forderung an einen Dritten sie ihn ermächtigte. S. hat demnach bei der Abtretung ihren Willen ausgeführt und, indem er die Zahlung des Erwerbers entgegennahm, sie als das von der Beklagten ihm versprochene Darlehn bekommen, wogegen letztere wieder Darlehnsschuldnerin des Erwerbers werden wollte und wurde. Hier liegt also nirgend eine Willenserklärung vor, die von der Beklagten nicht ernstlich gemeint, von ihr im Einverständnis mit S. nur zum Schein abgegeben wäre. Nur der Inhalt des Schuldscheins hat eine absichtlich unwahre Angabe enthalten, und diese Unwahrheit hat lediglich den Zweck verfolgt, die Anschaffung des baren Geldes für S. zu erleichtern, nicht aber die Verbindlichkeit der Beklagten gegenüber dem dritten Erwerber auszuschließen. Der hier zu entscheidende Fall liegt also, was die Ernstlichkeit des Vertragswillens anlangt, sachlich nicht anders, als wenn die Beklagte an S. einen von ihr ausgestellten Schuldschein gegeben hätte, worin der Platz für den Namen des Darlehnsgebers offen gelassen war, mit der Ermächtigung für S., den Namen dessen, der das Darlehn hergeben würde, einzufügen. Nur in der Form ist hier anders verfahren; aber die tatsächlich unrichtigen Angaben über die voraufgegangene Zahlung der 6000 ℳ an die Ausstellerin des Schuldscheins haben den rechtlichen Kern des Vorgangs unverändert bestehen lassen. Die Beklagte hat sich durch Vermittlung des von ihr ermächtigten S. dem Erwerber des Schuldscheins als Darlehnsschuldnerin verpflichten wollen, und das, was der Erwerber an S. zahlte, ist nach ihrem Willen die Valuta gewesen, zu deren Zahlung sie sich in dem Schuldschein verpflichtet hatte. Deswegen steht ihr, nachdem der neue Erwerber die Zahlung an S. geleistet hat, nicht mehr die Einrede zu, daß sie die Urkunde in der Erwartung einer noch nicht erfolgten Zahlung des Darlehns von sich gegeben habe. Und weil sie ferner nicht auf Grund einer Zahlung des S., sondern auf Grund der Zahlung des Erwerbers der Forderung diesem den verschriebenen Betrag schuldig werden wollte, stehen ihr auch nicht die Einreden der

Aufrechnung und Zurückbehaltung zu, die sie etwa gegen S. hätte geltend machen können, wenn dieser die Rückzahlung des Darlehns von ihr gefordert hätte." ...

---

6. Ist, wenn ein Postbeamter in seiner amtlichen Eigenschaft eine Postanweisung unter der Adresse einer Person, der er Geld schuldet, abfertigt, ohne den angewiesenen Betrag bei der Postkasse einzuzahlen, der Postfiskus berechtigt, den an den Adressaten gezahlten Betrag von diesem wegen ungerechtfertigter Bereicherung zurückzufordern?

VI. Zivilsenat. Urt. v. 12. Januar 1904 i. S. Reichsfiskus (Kl.) w. Leipziger Vereinsbank (Bekl.). Rep. VI. 111/04.

I. Landgericht Leipzig.
II. Oberlandesgericht Dresden.

Aus den Gründen:

„Am 13., 14. und 16. April 1902 hat der damalige Verwalter des Postamtes in B., Ernst T., neun Postanweisungen über zusammen 7000 ℳ an die Adresse der verklagten Bank als Absender ausgefertigt und bei dem genannten Postamte aufgegeben. Die angewiesenen Beträge sind der Beklagten zum Teil bar durch das Postamt Leipzig-Plagwitz ausgezahlt, im übrigen auf ihren Wunsch durch Überweisung an ihr Girokonto bei der Reichsbank gewährt worden. Nach den einwandfreien und nicht angegriffenen Feststellungen der Vorinstanz hat T. die Postanweisungen aufgegeben, weil er von der Beklagten unter Bürgschaft der Nebenintervenienten ein Darlehn von 7000 ℳ erhalten hatte, und der darüber von ihm akzeptierte Wechsel am 13. April 1902 fällig wurde; diese Schuld sollte durch die angewiesenen Beträge getilgt werden. Eine besondere Bemerkung hierüber enthielten die Anweisungen nicht.

Der Kläger behauptet, T., der inzwischen wegen Verbrechen im Amte zu Zuchthausstrafe verurteilt worden ist, habe die Anweisungen in seiner Eigenschaft als Annahmebeamter abgefertigt, die angewiesenen Summen nicht eingezahlt, sie aber als eingezahlt in die Bücher des damals von ihm verwalteten Postamtes eingetragen. Der Kläger hält sich deswegen für berechtigt, die 7000 ℳ von der Beklagten zurückzufordern; seine Klage ist indes von beiden Vorinstanzen abgewiesen worden.

Das Berufungsgericht läßt dahingestellt, wie Postanweisungsgeschäfte rechtlich aufzufassen seien, und führt aus: zweifellos entstehe für die Post eine Verpflichtung zur Auszahlung des auf der Postanweisung angegebenen Betrages nicht, wenn dieser bei Aufgabe der Anweisung nicht an die Post gezahlt worden sei; es habe also, wenn die Angaben des Klägers über das Verfahren des T. wahr seien, eine Verpflichtung der Post, die 7000 *M* an die Beklagte auszuzahlen, nicht bestanden. Im Sinne von § 812 B.G.B. sei indes im Verhältnis zur Post nicht die Beklagte, sondern allein T. Empfänger der durch die Auszahlung des Geldes bewirkten Leistung, da der Postanweisungsvertrag ein Schuldverhältnis nur zwischen dem Absender und der Post begründe, diese also durch die Auszahlung des Geldes an den Adressaten nur eine ihr gegenüber dem Empfänger obliegende Verpflichtung erfülle, sonach ihm in der Person des Adressaten leiste.

Die gegen diese Ausführungen erhobenen Angriffe konnten keinen Erfolg haben.

Zutreffend erscheint es allerdings, wenn die Revision annimmt, es sei, sofern man die Angaben des Klägers als wahr unterstelle, überhaupt gar kein Anweisungsvertrag zustande gekommen. Ob dies aus § 181 B.G.B. abzuleiten sein würde, kann dahingestellt bleiben; denn wenn T. so, wie vom Kläger behauptet ist, gehandelt hat, so kann nicht angenommen werden, daß er die Absicht gehabt habe, als Vertreter der Post mit sich selbst einen Vertrag abzuschließen, vermöge dessen diese verpflichtet sein sollte, 7000 *M* an die Beklagte auszuzahlen; der Natur der Sache entspricht es vielmehr allein, anzunehmen, daß er lediglich beabsichtigt habe, durch Ausfertigung und Absendung der Anweisungen in den Postbeamten des Ortes, wo die Auszahlung erfolgen sollte, den Irrtum zu erregen, daß ein Vertrag über Vermittlung der Zahlung der angewiesenen Beträge unter Einzahlung derselben an die Postkasse zwischen dem Absender und dem die Anweisungen entgegennehmenden Beamten abgeschlossen worden sei. Es ist dann bezüglich dieser Anweisungen gar kein Vertrag, auch kein Scheinvertrag, geschlossen worden; es liegt vielmehr bloß eine von T. gegenüber den Beamten der Auszahlungsstelle verübte betrügliche Handlung vor.

Indes sind hieraus keine dem Kläger günstigere Folgerungen herzuleiten, als sie sich auch bei der Annahme ergeben würden, daß formell ein Postanweisungsvertrag zwischen T. und dem Postfiskus zustande gekommen sei, aber aus materiellem Rechtsgrunde — wegen Nichteinzahlung der angewiesenen Beträge — die einem solchen Vertrage an sich zukommenden Rechtswirkungen nicht gehabt habe. Denn immerhin sind Urkunden hergestellt und an die Auszahlungsstelle gesendet worden, die sich nach Form und Inhalt als Postanweisungen darstellten und den Auftrag des Absenders enthielten, daß die Post die angewiesenen Beträge an die Beklagte auszahlen solle, und die Auszahlung ist vermöge dieses Auftrags erfolgt, weil die damit befaßten Organe des Postfiskus irrigerweise annahmen, daß den Anweisungen auch entsprechende rechtsgültige Einzahlungsverträge zugrunde lägen. Entscheidend ist bei beiden vorstehend erwähnten Auffassungen, welcher Charakter der infolge dieses Irrtums bewirkten Verabfolgung der angewiesenen Beträge an die Beklagte zukommt, ob sie rechtlich bloß eine Leistung der Post an den Absender T., oder zugleich auch eine solche an die Beklagte darstellt.

Die Revision will das letztere angenommen wissen, weil der Vertrag zwischen dem Absender und der Post, sofern nicht etwa Absender und Adressat identisch seien, auch als ein Vertrag zugunsten des Adressaten anzusehen sei, durch welchen dieser, wenn auch nicht sofort, so doch unter der Voraussetzung, daß der Absender die Postanweisung nicht vor der Auszahlung des Betrags zurücknehme, das Recht auf Zahlung des angewiesenen Betrags gegen die Post erwerbe. Hierfür spreche namentlich auch die Erwägung, daß das Postanweisungsgeschäft wirtschaftlich auf ein Beförderungsgeschäft hinauslaufe (vgl. Schmidt, in Gruchot's Beiträgen Bd. 34 S. 180), und daß dasselbe Verkehrsbedürfnis, das bei den handelsrechtlichen Transportgeschäften zur gesetzlichen Statuierung des Auslieferungsrechtes für den Empfänger geführt habe (§ 435 H.G.B.), bei den Postbeförderungsverträgen mindestens in gleichem Maße vorhanden sei. ...

Was die Sache selbst anlangt, so hat unter der Herrschaft des Allgemeinen Deutschen Handelsgesetzbuchs allerdings die Meinung Vertretung gefunden, daß die Bestimmung in Art. 405 dieses Gesetzes auch auf Postsendungen Anwendung finde, und dazu auch die Post anweisungen zu rechnen seien.

Vgl. Mittelstein, in Gruchot's Beiträgen Bd. 36 S. 578 flg. und in seinen Beiträgen zum Postrecht S. 63 flg.

Indes ist schon vor dem Inkrafttreten des Handelsgesetzbuchs vom 10. Mai 1897 von dem Reichsgericht dahin entschieden worden, daß nach den Vorschriften in Art. 421 Abs. 2 H.G.B. a. F. und § 35 der Postordnung vom 11. Juni 1892 das postalische Sonderrecht einen selbständigen Auslieferungsanspruch des Adressaten gegenüber der Post ausschließe (Entsch. in Zivils. Bd. 43 S. 98 flg.). Inzwischen ist durch § 452 des Handelsgesetzbuchs vom 10. Mai 1897 bestimmt worden, daß auf die Beförderung von Postgütern durch die Postverwaltungen des Reichs und der Bundesstaaten die Vorschriften des vom Frachtgeschäft handelnden Abschnittes keine Anwendung finden; es ist dies geschehen, weil die Rechte und Pflichten der Post aus den von ihr übernommenen Beförderungen durch die Bestimmungen des Reichspostgesetzes und der auf Grund desselben erlassenen Postordnung eine eingehende Regelung erfahren hätten, und ein Bedürfnis für die Anwendung der handelsgesetzlichen Bestimmungen über den Frachtvertrag nicht mehr bestehe.

Vgl. Denkschrift, Bemerkungen zu § 444 des Entwurfs.

Hiernach erscheint jede, auch eine nur analoge, Anwendung des dem älteren Art. 405 entsprechenden § 435 H.G.B. n. F. ausgeschlossen. Die Postordnung aber bestimmt auch in ihrer neuen Fassung vom 20. März 1900 in § 33, daß der Absender eine Postsendung zurücknehmen oder ihre Aufschrift ändern lassen kann, solange sie dem Empfänger noch nicht ausgehändigt ist. Hieraus muß in Übereinstimmung mit der vorstehend erwähnten Entscheidung des Reichsgerichts (Entsch. in Zivils. Bd. 43 S. 98 flg.) entnommen werden, daß ein selbständiger Auslieferungsanspruch des Adressaten einer Postsendung gegenüber der Postanstalt nicht besteht, und diese daher auch bei Auszahlung des auf einer Postanweisung angegebenen Betrags an den Adressaten lediglich den mit dem Aufgeber der Anweisung geschlossenen Vertrag erfüllt.

Die Revision meint, daß auch bei dieser Auffassung die Beklagte im Sinne von § 812 B.G.B. als Empfängerin der auf die Anweisungen gezahlten Beträge anzusehen sei, da die Post nicht als Beauftragte oder Vertreterin des Absenders an den Adressaten zahle, sondern für sich und aus ihrem Vermögen.

Auch hierin kann jedoch der Revision nicht beigetreten werden. Allerdings beschränkt sich bei dem Postanweisungsverkehr die Aufgabe der Post darauf, den Übergang der angewiesenen Summe in den Besitz des Adressaten zu vermitteln; welcher Grund den Absender dazu veranlaßt, diesen Übergang unter Inanspruchnahme der Post herbeizuführen, und welchem rechtlichen Zwecke die angewiesene Summe dienen soll, ist für die Post ohne Bedeutung; dies auch dann, wenn der Zweck der Sendung unter richtiger Benennung des Absenders auf dem für dessen Mitteilungen bestimmten Teile des Anweisungsformulars genau angegeben ist. Denn die auf dem Anweisungsabschnitt stehenden Notizen sind bloß für den Adressaten bestimmt und kommen für die Post nur insoweit in Betracht, als sie bei Unbestellbarkeit der Anweisung zur Ermittlung der Person dienen, an welche der eingezahlte Betrag zurückzuzahlen ist (vgl. Entsch. des R.G.'s in Zivils. Bd. 41 S. 107). Es ist daher, auch abgesehen davon, daß im vorliegenden Falle die Anweisungsabschnitte über den Zweck der Geldübersendung keine Angaben enthielten, richtig, daß die Postanstalt nicht in Vertretung des T. eine Schuld desselben an die Beklagte bezahlt hat, es vielmehr ihr unbekannt und für sie bedeutungslos war, zu welchem Zwecke die angewiesenen Beträge bestimmt waren. Allein andererseits erfolgt im Postanweisungsverkehr die Zahlung, welche die Post dem Adressaten leistet, mit dem Willen, daß dieser sie als eine ihm von dem Absender durch Vermittlung der Post übersendete empfange; sie geschieht daher für Rechnung des Absenders (vgl. dazu Entsch. des R.G.'s in Zivils. Bd. 18 S. 309 flg.). Dementsprechend ist der Empfänger auch der Post gegenüber berechtigt, das ihm von dieser ausgehändigte Geld so zu verwenden, wie es dem zwischen ihm und dem Absender bestehenden Rechtsverhältnisse entspricht. Ist daher der Empfänger Gläubiger des Absenders, und war nach dessen ausdrücklich erklärten oder aus den Umständen zu entnehmenden Willen der angewiesene Betrag zur Tilgung von dessen Schuld bestimmt, so erlischt zu dem entsprechenden Betrage die Forderung des Empfängers, sofern auch er den Willen hat, das ihm von der Post überantwortete Geld als Zahlung auf seine Forderung anzunehmen und zu verwenden. Die Überantwortung des Geldes von seiten der Post wirkt daher, obwohl diese in eigenem Namen, nicht als Vertreterin des Absenders zahlt, wie eine Zahlung, die der Schuldner durch einen Vertreter oder Boten an den Gläubiger leistet, und das Rechtsverhältnis ist in derselben Weise zu beurteilen, wie in dem Falle, wenn jemand, weil er einem anderen hierzu verpflichtet zu sein glaubt, eine Schuld desselben an dessen Gläubiger bezahlt.

Für diesen Fall war nach gemeinem Recht, sofern der Zahlende sich bezüglich seiner Verpflichtung, den andern von seiner Schuld zu befreien, in Irrtum befunden hatte, als der rechtlos Bereicherte nicht der Empfänger des gezahlten Betrages, sondern der, dessen Schuld getilgt worden war, anzusehen.

Vgl. die bereits von der Vorinstanz angezogene Entscheidung des Reichsgerichts in Seuffert's Archiv Bd. 44 Nr. 257; Windscheid, Pandektenrecht, Aufl. 6 Bd. 2 § 424 unter 2; Dernburg, Pandekten, Aufl. 5 Bd. 2 § 141 unter II; Witte, Bereicherungsklagen S. 76. 81; Erxleben, Condictiones sine causa S. 171 flg.; Oertmann, im Archiv für civilist. Praxis Bd. 82 S. 457 flg.

Dafür, daß diese der Natur der Sache entsprechende Auffassung für das gegenwärtige Recht keine Geltung mehr habe, bietet weder der Wortlaut der einschlagenden Bestimmungen des Bürgerlichen Gesetzbuchs, noch deren Entstehungsgeschichte einen Anhalt.

Vgl. auch die Lehrbücher des bürg. Rechts von Dernburg, Bd. 2 Abt. 2 § 375 unter III 2; Goldmann u. Lilienthal, 2. Aufl. § 225 unter 3; Enneccerus u. Lehmann § 352 unter 2b; ferner Mayr, Bereicherungsanspruch S. 219 flg. 225; Jung, Bereicherungsansprüche S. 82 flg. 88 flg.

Im vorliegenden Falle ist von der Vorinstanz einwandfrei festgestellt, daß T. die in Frage stehenden Postanweisungen angefertigt und abgesendet hat, damit die Beklagte das ihr durch die Postanstalt zugehende Geld zur Ausgleichung der Darlehns- und Wechselforderung, welche ihr gegen ihn und die Bürgen zustand, verwende, und die Beklagte hat das Geld auch zu diesem Zwecke angenommen; sie hat dies auch nach dem Inhalt ihrer Briefe vom 15. und 16. April 1902 dem T. noch besonders mitgeteilt. Ihre Forderung an diesen und ebenso die an die Bürgen ist daher erloschen; sie hat nicht mehr als ihr zukam erhalten und ist nicht rechtlos bereichert." ...

7. Sind die von einem Testamentsvollstrecker eingegangenen Wechselverbindlichkeiten und die Kosten des wegen einer solchen Verbindlichkeit gegen den Nachlaßverwalter geführten Prozesses Masseschulden?[1]

K.O. § 224 Ziff. 5.

I. Zivilsenat. Urt. v. 21. Januar 1905 i. S. Nachlaß O. Konkursverw. (Bekl.) w. F. (Kl.). Rep. I. 412/04.

I. Landgericht Breslau.
II. Oberlandesgericht daselbst.

Im Januar 1902 hatte die Klägerin mit dem Generalagenten O. einen Vertrag geschlossen, nach welchem sie die Bauholzlieferung für die von O. für das Jahr 1902 geplanten Bauten übernahm, und der Preis zu $^2/_3$ in bar, zu $^1/_3$ in einer zweiten Hypothek auf ein bereits fertig gestelltes und bezogenes Grundstück berichtigt werden sollte.

Bevor die Holzlieferung beendet war, starb O. Die Klägerin ersuchte nunmehr den Testamentsvollstrecker, den Kaufmann H., die verabredete Hypothek eintragen zu lassen, einigte sich dann aber mit diesem dahin, daß letzterer hinsichtlich der Restlieferung von Bauholz eine Schadensersatzforderung der Klägerin in Höhe von 500 ℳ anerkannte, Klägerin von der Hypothekbestellung absah und dafür Wechsel erhalten sollte. Es fand eine Abrechnung zwischen beiden statt, und H. erkannte eine Forderung der Klägerin in Höhe von 4973,10 ℳ durch von ihm in seiner Eigenschaft als Testamentsvollstrecker ausgestellte Wechselakzepte an.

Nach mehrfacher Prolongation und Abzahlung verblieb ein Akzept vom 9. September 1903 über 2000 ℳ, auf Grund dessen die Klägerin gegen den Beklagten als Nachlaßverwalter, zu welchem er inzwischen bestellt worden war, ein landgerichtliches Versäumnisurteil vom 5. Januar 1904 erwirkte, durch das der Beklagte zur Zahlung von 2000 ℳ nebst Zinsen zu 6 Prozent seit 11. September 1903 und 16,40 ℳ Wechselunkosten und in die Prozeßkosten verurteilt wurde.

Es wurde sodann über den Nachlaß des O. das Konkurs-

[1] Vgl. Jaeger, Kommentar zur K.O. 2. Aufl. Anm. 21 zu § 6, Anm. 9 zu § 324; Petersen u. Kleinfeller, K.O. 4. Aufl. Bem. II 4 zu § 59; v. Sarwey-Bossert, K.O. 4. Aufl. Bem. 2[3] zu § 59. D. E.

verfahren eröffnet, und der Beklagte zum Konkursverwalter bestellt. Die gegen ihn in dieser Eigenschaft erhobene Klage ging darauf, ihn zu verurteilen, anzuerkennen, daß die von der Klägerin gegen den Beklagten als Nachlaßverwalter durch das erwähnte Urteil erstrittene Forderung von 2016,40 ℳ nebst Zinsen und von 106,85 ℳ Kosten des Vorprozesses Masseschuld sei.

Der Beklagte verlangte die Abweisung der Klage, weil nur Konkursforderungen vorlägen.

Vom Landgericht wurde der Klage gemäß erkannt, und vom Oberlandesgericht die Berufung des Beklagten zurückgewiesen.

Auch die Revision wurde zurückgewiesen aus folgenden

Gründen:

„Im Falle eines Nachlaßkonkurses sind nach § 224 Ziff. 5 K.O. Masseschulden auch die Verbindlichkeiten aus den von einem Nachlaßpfleger oder einem Testamentsvollstrecker vorgenommenen Rechtsgeschäften. Dieser Gesetzesvorschrift liegt der Gedanke zugrunde, daß bei Geschäften, die im Interesse der Nachlaßgläubiger vorgenommen werden, die aus ihnen Berechtigten nicht auf die Konkursdividende verwiesen werden dürfen.

Hier handelt es sich um eine vom O.'schen Testamentsvollstrecker eingegangene Wechselverbindlichkeit und um die Kosten eines wegen dieser Verbindlichkeit gegen den Nachlaßverwalter geführten Prozesses.

Von der Wechselverbindlichkeit steht fest, daß sie aus einem Akzept des Testamentsvollstreckers herrührt, das neben anderen Akzepten für eine in Höhe von 4973,10 ℳ anerkannte Forderung der Klägerin an den Erblasser gegeben worden ist.

Von Wechseln, die ein Konkursverwalter für eine Konkursforderung ausstellt, indossiert oder akzeptiert, ist behauptet worden (Wolff, Konkursordnung S. 227), daß sie für den ersten Wechselnehmer eine Masseforderung nicht begründeten. Wäre das zutreffend, so müßte das nämliche gelten von Wechseln, die ein Testamentsvollstrecker für eine von ihm anerkannte Forderung an den Erblasser gibt. Jene Ansicht kann aber nicht für richtig erachtet werden, da sie mit dem klaren Wortlaut des Gesetzes in Widerspruch steht. Eine Ausnahme hinsichtlich der „Rechtsgeschäfte" wird im Gesetze nicht gemacht, und die Ausstellung, Indossierung oder Akzeptierung eines Wechsels ist eben ein Rechtsgeschäft. Zu beachten ist nur, daß, wie die Befugnis des Liquidators eines Vereins zur Eingehung neuer Rechtsgeschäfte durch den in § 49 B.G.B., die gleiche Befugnis des Liquidators einer offenen Handelsgesellschaft durch den in § 149 H.G.B. bezeichneten Zweck begrenzt wird, so auch die Berechtigung des Konkursverwalters zur Eingehung von Verbindlichkeiten für die Konkursmasse und die Berechtigung des Testamentsvollstreckers und des Nachlaßpflegers zur Eingehung von Verbindlichkeiten für den Nachlaß kausal beschränkt ist. Für den Testamentsvollstrecker ergibt sich diese Beschränkung aus § 2206 B.G.B., wonach er nur insoweit berechtigt ist, Verbindlichkeiten für den Nachlaß einzugehen, als die ordnungsmäßige Verwaltung des Nachlasses dies erfordert. Im gegenwärtigen Prozeß sind indes Zweifel in dieser Richtung nicht erhoben worden, und wären sie erhoben worden, so hätte ihnen mit Erfolg das gegen den Nachlaßverwalter ergangene und rechtskräftig gewordene Urteil vom 5. Januar 1904 entgegen gehalten werden können.

Hiernach ist unbedenklich hinsichtlich des der Klägerin durch das eben erwähnte Urteil zuerkannten Anspruchs selbst die Entscheidung des Berufungsgerichts aufrecht zu erhalten. Zu dem gleichen Ergebnis muß man aber auch gelangen in betreff der Kosten des Vorprozesses. Daß die dem Konkursverwalter auferlegten Kosten eines von ihm oder gegen ihn geführten Prozesses eine Masseschuld bilden, ist unzweifelhaft, da nach § 59 Ziff. 1 K.O. Ansprüche, welche aus Geschäften oder Handlungen des Konkursverwalters entstehen, Masseschulden sind. Die Bestimmung des § 224 Ziff. 5 K.O. beschränkt sich darauf, die Verbindlichkeiten aus den von einem Nachlaßpfleger oder einem Testamentsvollstrecker vorgenommenen Rechtsgeschäften für Masseschulden zu erklären; sie rechtfertigt aber dennoch das Klagebegehren auch bezüglich der erwähnten Kosten. Wird wegen einer vom Testamentsvollstrecker durch Rechtsgeschäft übernommenen Verbindlichkeit gegen ihn oder gegen den Nachlaßpfleger ein Prozeß geführt, und legt das ergehende Urteil jenem oder diesem die Kosten des Rechtsstreites auf, so ist die Verbindlichkeit zur Kostenerstattung eine mittelbar aus dem Rechtsgeschäfte des Testamentsvollstreckers entstandene, und deshalb gehört sie zu den Verbindlichkeiten „aus den von einem Testamentsvollstrecker vorgenommenen Rechtsgeschäften“ im Sinne des § 224 Ziff. 5 K.O.“ . . .

8. Kann es schlechthin als eine Außerachtlassung der im Verkehr erforderlichen Sorgfalt angesehen werden, wenn der Zessionar einer Hypothekenforderung es unterläßt, das Grundbuch einzusehen?
B.G.B. § 276.

V. Zivilsenat. Urt. v. 21. Januar 1905 i. S. A. (Kl.) w. Vorschußbank in F. (Bekl.). Rep. V. 321/04.

I. Landgericht Dresden.
II. Oberlandesgericht daselbst.

Bei der am 25. März 1901 erfolgten Zwangsversteigerung eines Grundstücks in D. fiel der Kläger mit einer für ihn auf diesem Grundstück haftenden Hypothek von 25050 *M* vollständig aus. Die Hypothek war ihm am 15. Januar 1901 von der Beklagten abgetreten und auf ihn am 6. Februar 1901 im Grundbuch umgeschrieben worden. Er hatte selbst die Abtretungsurkunde mit dem Antrage auf Umschreibung zu den Grundakten überreicht. Damals war bereits die Zwangsversteigerung über das Grundstück angeordnet; der Zwangsversteigerungsvermerk war am 30. November 1900 eingetragen worden. Die Beklagte hatte davon, daß das Zwangsversteigerungsverfahren schwebte, dem Kläger keine Mitteilung gemacht; sie hatte auch die ihr vom Vollstreckungsgericht am 15. Februar 1901 zugegangene Bekanntmachung des Versteigerungstermins und die ihr am 14. März 1901 zugegangene Mitteilung über die beteiligten Gläubiger (§ 41 Abss. 1 u. 2 Zw.V.G.) dem Kläger nicht übermittelt, sondern hinter sich behalten. Infolgedessen behauptete der Kläger ohne Kenntnis von der Zwangsversteigerung geblieben zu sein, woraus es sich erkläre, daß er im Bietungstermin nicht erschienen sei und seine Rechte als Hypothekengläubiger im Zwangsversteigerungsverfahren nicht wahrgenommen habe. Er machte hierfür die Beklagte verantwortlich, weil sie es durch ihr untätiges Verhalten und namentlich dadurch, daß sie die beiden erwähnten amtlichen Mitteilungen des Versteigerungsgerichts hinter sich behalten, verschuldet habe, daß er ohne Kenntnis von der Zwangsversteigerung geblieben sei. Er verlangte daher Ersatz des ihm hieraus entstandenen Schadens, nämlich des Ausfalls von 25050 *M* nebst Zinsen seit der Klagezustellung. Die Beklagte bestritt, daß ihr ein

Versehen zur Last falle, und daß der Kläger vor dem Versteigerungstermin davon, daß das Grundstück unter Zwangsversteigerung stehe, keine Kenntnis erlangt habe. Sie maß, wenn dies der Fall sein sollte, die Schuld hieran ihm selbst bei, weil er es bei der Zession und namentlich bei der Überreichung der Zessionsurkunde behufs Umschreibung zu den Grundakten unterlassen habe, das Grundbuch einzusehen. Hätte er dies getan, so würde er den Zwangsversteigerungsvermerk gesehen haben, der damals bereits eingetragen stand. Sie bestritt außerdem auch die Höhe des vom Kläger beanspruchten Schadens. Der erste Richter legte dem Kläger einen Eid dahin auf, daß er vor dem Bietungstermin davon, daß sich das Grundstück im Zwangsversteigerungsverfahren befand, keine Kenntnis gehabt habe. Für den Fall der Eidesleistung sollte „die Verpflichtung der Beklagten, dem Kläger wegen des Ausfalles seiner Hypothek von 25 050 *M* bei der erwähnten Zwangsversteigerung Schadensersatz zu leisten, dem Grunde nach festgestellt werden". Für den Fall der Eidesweigerung sollte die Klage abgewiesen werden.

Auf Berufung der Beklagten wurde, unter Zurückweisung derselben im übrigen, dieses Urteil dahin abgeändert, daß die Klage insoweit unbedingt abgewiesen wurde, als mit ihr der Kläger mehr als die Hälfte des Schadens aus dem Ausfall der Hypothek von der Beklagten verlangte; im übrigen sollte es bei dem dem Kläger auferlegten Eide unter entsprechender Abänderung der Folgen seiner Leistung oder Verweigerung verbleiben. Die Revision des Klägers wurde zurückgewiesen.

Aus den Gründen:

. . . „Es handelt sich für die Revisionsinstanz ausschließlich darum, ob auch den Kläger der Vorwurf des Verschuldens trifft, ob also — wie das Gesetz (§ 254 B.G.B.) sagt — „bei der Entstehung des Schadens ein Verschulden des Beschädigten mitgewirkt hat", und ob, wenn dies der Fall ist, der Annahme des Berufungsgerichts, daß die beiderseitigen Verschulden gleich schwer wiegen, beigetreten werden kann. In beiden Beziehungen handelt es sich nicht um rein tatsächliche Feststellungen, die der Nachprüfung durch das Revisionsgericht entzogen wären; dies wenigstens insoweit nicht, als die Frage, ob in den festgestellten Vorgängen ein Verschulden im Sinne des § 276 B.G.B. zu finden ist, sich zugleich als Rechtsfrage darstellt, und auch die Abwägung des Verschuldens nach der Richtung hin, ob es vorwiegend im Sinne des § 254 B.G.B. dem einen oder dem anderen zur Last fällt, auf rechtlichem Gebiete ruht. Was nun die erste Frage anlangt, also die Frage, ob auch der Kläger die im Verkehr erforderliche Sorgfalt außer acht gelassen hat, so würde ihre Bejahung allerdings erheblichen Bedenken unterliegen, wenn der Berufungsrichter angenommen haben sollte, daß jeder, der eine Hypothek durch Zession erwerben will, verpflichtet sei, das Grundbuch vorher einzusehen, so zwar, daß es ihm als Außerachtlassung der im Verkehr erforderlichen Sorgfalt angerechnet werden dürfe, wenn er die Einsichtnahme unterläßt. In dieser Allgemeinheit ist eine Verpflichtung, Einsicht in das Grnndbuch zu nehmen, nicht anzuerkennen. Aber im vorliegenden Falle liegen die tatsächlichen Umstände anders. Wie aus dem Tatbestande des erstinstanzlichen Urteils hervorgeht, auf welchen der Berufungsrichter als „in allen seinen Teilen" dem Berufungsgericht vorgetragen Bezug nimmt, wußte der Kläger bereits vor der Zession, daß die Zinsen der Hypothek rückständig waren; er rechnete damit, daß das Grundstück zur Subhastation kommen werde, und er hat sich selbst dafür, daß er dies wünschte, und daß dies die Beklagte aus seinen Schreiben vom 26. und 30. Oktober 1900 hätte ersehen müssen, auf diese Schreiben berufen. Es steht ferner fest, daß der Besitzer des Grundstücks mit der Zinszahlung auch anderen Hypothekengläubigern gegenüber im Rückstande war. Wenn unter solchen Umständen der Berufungsrichter ein Verschulden des Klägers darin findet, daß er sich das Grundbuch zur Einsicht nicht vorlegen ließ, obwohl er selbst die Abtretungsurkunde behufs Umschreibung der Hypothek auf dem Grundbuchamte überreichte, so kann demselben der Vorwurf, daß er die im Verkehr erforderliche Sorgfalt zu hoch gespannt und dadurch den Begriff des Verschuldens verkannt habe, nicht gemacht werden. Vergeblich weist die Revision auch darauf hin, daß der Kläger Ende Oktober 1900 das Grundbuch eingesehen und dabei gefunden habe, daß ein Zwangsversteigerungsvermerk nicht eingetragen war. Bei einem Grundstück, von welchem der Kläger wußte, daß der Besitzer mit Zahlung der Hypothekenzinsen nicht Ordnung hielt, ließ sich jeden Tag die Einleitung der Zwangsversteigerung erwarten, und der Kläger kann sich daher, um sein Verschulden auszuschließen, nicht darauf berufen, daß er etwa drei Monate vor der Zession das Grundbuch eingesehen habe. Eine Verletzung des § 276 B.G.B. fällt daher dem Berufungsgericht nicht zur Last. Ebensowenig läßt sich die Annahme des Berufungsgerichts beanstanden, daß die beiderseitigen Verschulden gleich schwer wiegen, und daß der Schaden vorwiegend weder von dem einen noch von dem anderen Teile verursacht worden ist (§ 254 Abs. 1 B.G.B.)." ...

---

9. Inwieweit ist für das ordentliche Gericht die Entscheidung bindend, welche in dem durch das Gewerbe-Unfallversicherungsgesetz geordneten Verfahren über die Frage ergeht, ob ein Unfall vorliegt, für den aus der Unfallversicherung Entschädigung zu leisten ist?

Gewerbe-Unfallversicherungsgesetz § 135 Abs. 3.

VI. Zivilsenat. Urt. v. 23. Januar 1905 i. S. Straßenbahn Hannover (Bekl.) w. Br. (Kl.). Rep. VI. 137/04.

I. Landgericht Hannover.
II. Oberlandesgericht Celle.

Der Kläger, der bei der Beklagten als Bureaubeamter angestellt war, kam eines Abends im März 1902, als er auf dem Heimwege einen Motorwagen der von der Beklagten betriebenen Straßenbahn besteigen wollte, zu Fall. Der von ihm aus § 1 des Haftpflichtgesetzes erhobenen Schadensersatzklage setzte die Beklagte den Einwand aus § 135 Abs. 1 des Gewerbe-Unfallversicherungsgesetzes entgegen. Das Berufungsgericht verwarf diesen Einwand, und das ist vom Reichsgericht gebilligt worden aus folgenden

Gründen:

... „Die Beklagte hatte in der Berufungsinstanz geltend gemacht, daß der Anspruch des Klägers durch § 135 des Gewerbe-Unfallversicherungsgesetzes vom 5. Juli 1900 ausgeschlossen sei. Das Berufungsurteil führt aus: jene Gesetzesvorschrift stehe der Klage nicht entgegen; die in ihr enthaltene Einschränkung der Geltendmachung von Ersatzansprüchen wegen des infolge eines Unfalls erlittenen Schadens beziehe sich nur auf solche Unfälle, gegen deren Folgen das Unfallversicherungsgesetz überhaupt Schutz gewähre; das seien nach § 1 des Gesetzes nur diejenigen, welche der Versicherte bei dem Betriebe des Gewerbes erleide, in dem er versichert sei. Ein derartiger Unfall liege nicht vor, weil, wie durch das vorgetragene Urteil des Reichsversicherungsamtes vom 17. April 1903 rechtskräftig festgestellt sei, der Unfall des Klägers mit seiner Betriebstätigkeit nicht im Zusammenhange gestanden habe. Die Revision meint, das Berufungsgericht halte sich rechtsirrtümlich durch die Entscheidung des Reichsversicherungsamtes für gebunden. Das Reichsgericht habe in ständiger Rechtsprechung daran festgehalten, daß die Entscheidungen, welche in dem durch das Unfallversicherungsgesetz geregelten Verfahren ergehen, die ordentlichen Gerichte nicht binden, vielmehr bei angeregtem Zweifel eine Nachprüfuug durch das Gericht zu erfolgen habe.

Der Revision kann zu diesem Punkte nicht Recht gegeben werden. Das von ihr speziell angezogene Urteil des jetzt erkennenden Senates vom 19. Oktober 1903 in Sachen der landwirtschaftlichen Berufsgenossenschaft für die Provinz Sachsen gegen P., Rep. VI. 47/03, abgedruckt in den Entsch. des R.G.'s in Zivils. Bd. 55 S. 385 flg., betrifft einen Fall, in dem die Berufsgenossenschaft, gestützt auf § 151 des Unfallversicherungsgesetzes für Land- und Forstwirtschaft vom 5. Juli 1900 (welcher dem § 140 des Gewerbe-Unfallversicherungsgesetzes entspricht), den Schadensersatzanspruch gegen einen haftpflichtigen Dritten, d. h. eine nicht unter die §§ 146. 147 des landwirtschaftlichen Unfallversicherungsgesetzes (§§ 135. 136 des Gewerbe-Unfallversicherungsgesetzes) begriffene Person, in jenem Falle einen Tierhalter, verfolgte. Es ist in dem genannten Urteil gesagt, daß an der Rechtsprechung des Reichsgerichts, wie sie dort angeführt ist, festzuhalten sei, soweit nicht die neuen Bestimmungen der Unfallversicherungsgesetze vom 5. Juli 1900 (§§ 135 Abs. 3. 138 Abs. 2 des Gewerbe-Unfallversicherungsgesetzes, §§ 146 Abs. 4. 149 Abs. 2 des Unfallversicherungsgesetzes für Land- und Forstwirtschaft, §§ 45 Abs. 2. 48 Abs. 2 des Bau-Unfallversicherungsgesetzes) in Betracht kommen. Im gegenwärtigen Fall handelt es sich um die Klage eines Verletzten gegen den Betriebsunternehmer, und für einen derartigen Anspruch kommt die Bestimmung des § 135 Abs. 3 des Gewerbe-Unfallversicherungsgesetzes in Betracht.

Der § 135 des Gewerbe-Unfallversicherungsgesetzes behandelt die privatrechtliche Haftung des Betriebsunternehmers, seiner Bevollmächtigten oder Repräsentanten, Betriebs- oder Arbeiteraufseher gegenüber den auf Grund des Unfallversicherungsgesetzes versicherten Personen. Im ersten Absatz wird ausgesprochen, daß diese Versicherten und deren Hinterbliebene einen Schadensersatzanspruch gegen den Betriebsunternehmer 2c nur dann geltend machen können, wenn durch strafgerichtliches Urteil festgestellt worden ist, daß der in Anspruch Genommene den Unfall vorsätzlich herbeigeführt hat. Der zweite Absatz enthält die Beschränkung dieses Anspruchs auf die Differenz zwischen dem Betrag der den Berechtigten nach anderen gesetzlichen Vorschriften gebührenden Entschädigung und derjenigen, auf welche sie nach dem Unfallversicherungsgesetze Anspruch haben. Nach Abs. 3 ist „für das über einen solchen Anspruch erkennende ordentliche Gericht die Entscheidung bindend, welche in dem durch dieses Gesetz geordneten Verfahren über die Frage ergeht, ob ein Unfall vorliegt, für welchen aus der Unfallversicherung Entschädigung zu leisten ist, und in welchem Umfang Entschädigung zu gewähren ist". Der Wortlaut „über einen solchen Anspruch" und die Stellung der Vorschrift unmittelbar hinter dem zweiten Absatz könnten nun zu der Ansicht führen, daß sie sich lediglich auf den Fall beziehe, wo ein auf strafgerichtlich festgestellte vorsätzliche Schadenszufügung gestützter Anspruch vor dem ordentlichen Gerichte verfolgt wird. Allein es scheint nicht gerechtfertigt, die fragliche Vorschrift auf diesen Fall zu beschränken. Wollte man dies tun, so bliebe für die Bestimmung des Abs. 3 (wenn von § 136 abgesehen wird) nur ein sehr beschränkter Anwendungsbereich übrig; denn die Fälle einer vorsätzlichen Herbeiführung eines Betriebsunfalls werden selten vorkommen.

Vgl. Laß u. Maier, Haftpflichtrecht 2. Aufl. S. 166 Anm. 91.

Und doch ist von dem Gesetzgeber auf die fragliche, neu eingeführte Bestimmung erhebliches Gewicht gelegt worden. In der Begründung der Gesetzesnovelle von 1900 (Drucksachen des Reichstags 1898/1900 N. 523 zu § 95 S. 118) ist ausgeführt: die Frage, ob ein nach dem Unfallversicherungsgesetze entschädigungspflichtiger Betriebsunfall vorliege, könne vor den ordentlichen Gerichten zur Sprache kommen, wenn ein auf Schadensersatz verklagter Betriebsunternehmer 2c seine persönliche Ersatzpflicht mit der Begründung in Abrede stelle, daß ein von der Genossenschaft zu entschädigender Betriebsunfall vorliege. Wenn die Entscheidung auch in diesem Punkte dem ordentlichen Gerichte überlassen bleibe, so könne es sich ereignen, daß Verletzte bei verschiedener Beurteilung der Frage durch die Gerichte einerseits und die Genossenschaft, das Schiedsgericht und das Versicherungsamt andererseits ungerechtfertigterweise entweder keine, oder eine doppelte Entschädigung erstreiten. Diesem Mißstande sollte die Zusatzbestimmung in Abs. 3 entgegentreten. „Die gleichen Gesichtspunkte" wurden (Motive a. a. O.) bei § 96, jetzt § 136, als zutreffend erachtet und dort in § 96 Abs. 5 des Entwurfs, späterhin in § 138 Abs. 2 des Gesetzes berücksichtigt.

Vgl. auch v. Woedtke-Caspar, Kommentar zum Gewerbe-Unfallversicherungsgesetz 5. Aufl. § 135 Bem. 10. § 138 Bem. 3.

Die in § 135 Abs. 3 enthaltene Bestimmung hat hiernach offenbar eine weitergehende Bedeutung. Dem § 135 des Gewerbe-Unfallversicherungsgesetzes liegt eine, wenn auch nicht ausdrücklich von ihm ausgesprochene, Regel zugrunde: daß alle Entschädigungsansprüche, welche in Veranlassung eines Betriebsunfalles den Versicherten und deren Hinterbliebenen gegen den Betriebsunternehmer und dessen Angestellte auf Grund des allgemeinen Schadensersatz- und Haftpflichtrechtes zustehen, ausgeschlossen sind.

Vgl. Laß u. Maier, a. a. O. S. 156 flg.

Als Ausnahme von der Regel ist die Schadensersatzforderung für den Fall der vorsätzlich herbeigeführten Verletzung zugelassen. Die Voraussetzungen für einen Entschädigungsanspruch der versicherten Personen gegen den Betriebsunternehmer ꝛc sind sonach durch § 135 in Verbindung mit §§ 1 flg. des Gewerbe-Unfallversicherungsgesetzes normiert; auf diese Schadensersatzansprüche bezieht sich die Vorschrift des § 135 Abs. 3, welche nach positiver wie negativer Richtung die Maßgeblichkeit der von den berufsgenossenschaftlichen Instanzen erlassenen Entscheidung festsetzt. In dem Verhältnisse zwischen dem gegen Unfall versicherten Verletzten (und dessen Hinterbliebenen) zu dem Betriebsunternehmer und dessen Angestellten ist also für das über Ersatzansprüche des ersteren erkennende Gericht die rechtskräftig ergangene Entscheidung der Unfallversicherungsinstanzen bezüglich der Frage, ob ein nach dem Unfallversicherungsgesetz zu entschädigender

Unfall vorliegt, schlechthin bindend. Das ist auch in dem Urteil des Reichsgerichts vom 19. Februar 1903, Rep. VI. 345/02 (Entsch. in Zivils. Bd. 54 S. 33 flg.) nicht verneint worden; es ist dort nur ausgesprochen, daß, solange eine Entscheidung in dem durch das Unfallversicherungsgesetz geordneten Verfahren gar nicht ergangen ist, der § 135 Abs. 3 nicht Platz greife, bzw. das ordentliche Gericht nicht zur Aussetzung des Verfahrens nach § 148 Z.P.O. verpflichte." ...

---

10. Inwieweit unterliegen uneigentliche Leih- und ähnliche Geschäfte dem Anschaffungsstempel?

Reichsstempelgesetz Tarifnummer 4a.

VII. Zivilsenat. Urt. v. 24. Januar 1905 i. S. G. C. (Kl.) w. die hamburgische Deputation f. indir. Steuern u. Abg. (Bekl.). Rep. VII. 290/04.

I. Landgericht Hamburg.
II. Oberlandesgericht daselbst.

Der Kläger schloß am 30. April 1903 mit der Firma S. M. ein Geschäft ab; die darüber an demselben Tage ausgestellte Schlußnote lautete:

„Depot ohne Einschuß- und Nachschuß-Verpflichtung.

Herrn G. C. hier.

Auf Grund des heute mit mir geschlossenen Depotgeschäfts empfing ich von Ihnen einen Vorschuß von ℳ 34000, den ich mich verpflichte am 30. April 1904 prompt zurückzuzahlen.

Gegen diesen Vorschuß empfingen Sie als Sicherheit ℳ 15000 Laurahütte-Aktien Zs. ab 1. 7. 02, und verpflichten Sie sich, mir dieselben am 30. April 1904 gegen Empfang obiger ℳ 34000 auszuliefern.

Im Sinne des § 2 des Bankdepotgesetzes vom 5. Juli 1896 ermächtige ich Sie, gleichartige Wertpapiere zurückzugewähren oder über die verpfändeten Papiere zu Ihrem Nutzen zu verfügen.

Sobald einer der Kontrahenten im Sinne des § 12 der allgemeinen Usancen für den Effektenhandel der Hamburger Börse in Verzug gerät, ist der andere zur sofortigen Abwickelung des obigen Geschäfts in der Weise berechtigt, daß er die ihm verpfändeten Effekten ohne gerichtliches Verfahren entsprechend dem Art. 311 A.D.H.G.B. zu verkaufen, bzw. die von ihm verpfändeten Effekten zum laufenden Preise einzukaufen befugt sein soll, und bleibt der Gegenkontrahent für eine entstehende Differenz an Kapital, Zinsen und Kosten haftbar. Dieses Depotgeschäft ist auch vor Ablauf gegenseitig mit achttägiger Frist kündbar.

S. M."

Die verpfändeten 15000 ℳ Laurahütten-Aktien wurden dem Kläger ausgehändigt, und für das in dem geschlossenen Vertrage enthaltene Anschaffungsgeschäft wurde der Reichsstempel entrichtet. Von Zeit zu Zeit, und zwar bei Gelegenheit der monatlichen Zinszahlungen, sollte nach den Absichten der Vertragschließenden, jedoch nach Angabe des Klägers ohne rechtliche Verpflichtung, die Höhe des Vorschusses mit dem Tageswerte der „geliehenen" Effekten in Einklang gebracht werden, und zwar dergestalt, daß beim Sinken ihres Kurses ein entsprechender Teil des Vorschusses zurückbezahlt, beim Steigen der Vorschuß entsprechend erhöht würde. Auch sollte namentlich der Zinsbetrag für den folgenden Monat festgesetzt werden.

Dementsprechend zahlte S. M. dem Kläger Ultimo Mai 1903 gemäß der bei den Akten befindlichen Rechnung von dem empfangenen Vorschuß 1100 ℳ zurück, wobei gleichzeitig vereinbart wurde, daß die restlichen 32900 ℳ für den Monat Juni mit 68,54 ℳ zu verzinsen seien.

Die verklagte Behörde erblickte hinsichtlich dieses Geschäfts und dreier anderer gleichliegender Geschäfte in der nach Ablauf des Monats erfolgten Verrechnung und Zinsvereinbarung ein neues reichsstempelpflichtiges Anschaffungsgeschäft oder die Prolongation des alten Geschäfts und forderte die Abgabe dafür mit zusammen 31,50 ℳ vom Kläger, der sie auch bezahlte. Der Kläger verlangte mit der Klage die Rückzahlung der entrichteten Stempelabgabe. Das Landgericht wies dieselbe ab. Die vom Kläger eingelegte Berufung wurde zurückgewiesen.

Die Revision des Klägers ist zurückgewiesen aus folgenden

Gründen:

„Die Parteien streiten nicht über die Stempelpflichtigkeit des durch die Schlußnote vom 30. April 1903 beurkundeten Geschäfts und der drei gleichliegenden, ebenfalls durch Schlußnoten beurkundeten Geschäfte, sondern lediglich über die Stempelpflichtigkeit der einen Monat nach dem Abschluß jener Geschäfte erfolgten Geschäfte, durch die infolge des Fallens des Kurses der an den Kläger zur Deckung wegen seiner Vorschüsse gegebenen Wertpapiere die Zurückzahlung eines entsprechenden Teils des Vorschusses und die Verzinsung des Restes für den folgenden Monat in einem bestimmten Betrage vereinbart worden ist. Die Annahme des Berufungsrichters, diese Geschäfte seien reichsstempelpflichtige Anschaffungsgeschäfte, d. h. Geschäfte, die auf den Erwerb von Eigentum an beweglichen Sachen gerichtet sind, ist nicht zu beanstanden. Der Berufungsrichter führt, im Gegensatz zu der Auffassung des Landgerichts, aus, das ursprüngliche vom Kläger mit S. M. geschlossene, durch die Schlußnote vom 30. April 1903 beurkundete Geschäft hätten die Vertragschließenden genau so gewollt, wie es in der Schlußnote beurkundet worden sei. Ob diese Annahme des Berufungsrichters in der Sachlage ihre Rechtfertigung findet, oder ob nicht vielmehr anzunehmen wäre, die Vertragschließenden hätten unter sich rechtlich bindend etwas anderes, zur Vermeidung der Stempelpflichtigkeit, vereinbart, als beurkundet ist, muß dahingestellt bleiben; denn die vom Berufungsrichter auf Grund tatsächlicher Erwägungen getroffene Feststellung des Vertragswillens ist für das Revisionsgericht bindend. Auf Grund dieser Feststellung führt der Berufungsrichter aus:

Wenn Ende Mai 1903 der Betrag von 1100 ℳ auf den als Kaufpreis anzusehenden Vorschuß von S. M. an den Kläger zurückbezahlt und dabei ausgemacht wurde, daß S. M. die Laurahütte-Aktien für 32900 ℳ zurückerlangen könne, so habe darin die Vereinbarung eines anderen Rückkaufpreises als des ursprünglich vereinbarten, mithin auch die Eingehung eines neuen Anschaffungsgeschäfts gelegen, dessen Stempelfreiheit mit der Bestimmung des § 11 Abs. 2 des Reichsstempelgesetzes vom 14. Juni 1900 nicht begründet werden könne, das vielmehr einer erneuten Stempelpflicht unterliege. Als eine bloße Abschlagszahlung auf den im übrigen unverändert bleibenden Kaufpreis von 34000 ℳ könne die Rückzahlung der 1100 ℳ nicht angesehen werden, denn die Rückzahlung habe darauf beruht, daß nach den Absichten der Vertragschließenden der Vorschuß mit dem jeweiligen Kurse der Effekten in Einklang gebracht werden sollte.

Der für die Papiere zu zahlende Gegenwert sollte also monatlich von neuem vereinbart werden, und es sei etwas rein Zufälliges gewesen, daß in dem vorliegenden Falle das Entgelt sich auf eine geringere Summe belaufen habe als die ursprünglich vorgesehenen 34000 *M*; beim Steigen des Kurses der Papiere würde es sich auf mehr als 34000 *M* belaufen haben.

Diese Ausführungen sind nicht zu beanstanden. Da die in der Schlußnote vom 30. April 1903 vorgesehene Kündigung des Vertragsverhältnisses bis Ultimo Mai 1903 unstreitig nicht erfolgt war, blieb das ursprüngliche Rechtsverhältnis unverändert, außer wenn es die Parteien durch eine neue Vereinbarung, zu der eine rechtliche Verpflichtung nach der eigenen Angabe des Klägers nicht vorlag, beseitigten oder abänderten. Diese neue Vereinbarung ist Ende Mai 1903 erfolgt, und sie ist ein neues und selbständiges Rechtsgeschäft. Ob es stempelpflichtig ist oder nicht, richtet sich nach seinem Inhalte. Dieser ging dahin, daß der Kläger am 30. April 1904 an S. M. gegen Zahlung von 32900 *M* die empfangenen Aktien oder an deren Stelle Aktien in gleicher Art und zu gleichem Betrage zu liefern hatte. Hierin ist ein auf den entgeltlichen Erwerb der Aktien gerichtetes neues Vertragsgeschäft zu erblicken. Ein neues selbständiges Geschäft und nicht etwa bloß eine Wiederholung und Anerkennung des früheren Geschäfts ist es, abgesehen von dem oben angeführten Grunde, schon deshalb, weil das Entgelt auf einen anderen Geldbetrag als den früher vereinbarten, nämlich auf 32900 *M* statt 34000 *M*, festgesetzt wurde. Daß der neue Lieferungspreis sich nicht als identisch mit dem früheren, nur um eine Abschlagszahlung von 1100 *M* verminderten Entgelt darstellt, hat der Berufungsrichter in seinen oben mitgeteilten Ausführungen zutreffend dargelegt, in denen er darauf hinweist, daß beim Steigen des Kurses der Aktien der Kläger zu dem Betrage von 34000 *M* den Betrag des Kursunterschiedes hätte zuzahlen müssen. Die Zahlung der 1100 *M* hatte nicht die Natur einer Abschlagszahlung auf den ursprünglichen Lieferungspreis, diente vielmehr zur völligen, wenn auch vorzeitigen Abwickelung des früheren Geschäfts. Das letztere galt unter den Vertragschließenden als durch die Zahlung der Kursdifferenz von 1100 *M* erledigt und durch ein neues, dem früheren gleichartiges ersetzt, kraft dessen der Kläger verpflichtet war, gegen Überlassung der noch in seinem Besitze befindlichen fremden Aktien an ihn dem S. M. den diesem gezahlten Vorschuß, soweit er ihn noch in Händen hatte, ebenfalls zu belassen und gegen dessen spätere Rückzahlung die erhaltenen Papiere oder solche gleicher Art und Zahl an S. M. zurückzugeben. Daß zur Zeit des neuen Geschäfts der Kläger bereits von seinem vertragsmäßigen Rechte, die Papiere sich anzueignen, Gebrauch gemacht hätte, ist nirgends behauptet. Das neue Geschäft hatte hiernach dieselbe, aus Kauf und Rückkauf von Effekten sich zusammensetzende Natur eines uneigentlichen Leihgeschäfts, wie das durch die Schlußnote beurkundete; es unterlag daher dem Stempel der Tarifnummer 4a des Reichsstempelgesetzes, und zwar gemäß der Vorschrift des § 11 Abs. 3 daselbst nur dem einmaligen Stempel. Nimmt man aber an, daß das Eigentum an den Aktien zur Zeit des neuen Geschäfts schon durch den Kläger erworben war, so stellt sich das neue Geschäft nicht als Kauf und Rückkauf, sondern als einfacher Kauf von 15000 ℳ Aktien durch S. M. gegen ein Entgelt von 32900 ℳ bar, und es unterliegt auch in diesem Falle dem einmaligen Anschaffungsstempel.

Die Ausführung der Revision, das in der Schlußnote vom 30. April 1903 beurkundete Geschäft sei kein Kauf- und Rückkaufsgeschäft, sondern sei und bleibe eine bloße Darlehnshingabe von Effekten und unterliege deshalb nicht dem Anschaffungsstempel, setzt sich in Widerspruch mit der Vorschrift des § 13 Abs. 2 des Reichsstempelgesetzes und der ständig für das Reichsstempelgesetz vom 27. April 1894 ergangenen Rechtsprechung, nach der uneigentliche Lombardgeschäfte, also auch diejenigen Geschäfte unter den Begriff des Anschaffungsgeschäfts fallen, bei denen der zu seiner Sicherheit Wertpapiere erhaltende Darlehnsgeber befugt ist, an Stelle dieser Wertpapiere andere von gleicher Art zurückzugewähren. Durch das jetzige Reichsstempelgesetz ist hieran nichts geändert worden."

---

11. Tragweite der Verjährungsvorschriften der §§ 414. 423 H.G.B. Zum Begriff des Lagerhalters.

I. Zivilsenat. Urt. v. 25. Januar 1905 i. S. D. & G. (Bekl.) w. P. (Kl.). Rep. I. 423/04.

I. Landgericht Mannheim.
II. Oberlandesgericht Karlsruhe.

Der Kläger beauftragte durch Schreiben vom 29. August 1898 die Beklagte, eine Partie Weizenmehl (2 × 775 Sack), die auf das der Firma K. & Co. in Mannheim gehörende Schiff „Allemannia" nach Mannheim verladen worden war, für ihn auf Lager zu nehmen und zu seiner Verfügung zu stellen, wenn er inzwischen nicht anders disponiere.

Die Beklagte beauftragte ihrerseits die Lagerhausverwaltung der badischen Staatsbahnverwaltung, die Entlöschung und Lagerung dieser Mehlsendung vorzunehmen, und zwar nach neun Sorten gesondert. Die Entlöschung fand am 10. September 1898 statt. Die Säcke waren in zwei durch eine Schose getrennte Räume verladen. Nachdem der erste Raum, der etwa 950 Sack faßte, entladen und mit Entladung des zweiten begonnen war, bemerkten die Bediensteten der Lagerhausverwaltung, daß die Säcke aus diesem letzteren Raum nach Lorbeer rochen: das Mehl war hier auf Ballen mit Lorbeer gelagert worden.

Der Expeditionsassistent Z. stellte als aufsichtführender Beamter der Lagerhausverwaltung sofort die Entlöschung ein und benachrichtigte telephonisch die Beklagte. Diese schickte alsbald einen Kommis, der Muster zog und die Weisung erteilte, mit der Entlöschung einzuhalten, bis die Beklagte sich schlüssig gemacht habe, und es traf dann, wie die Klägerin behauptet, nach einiger Zeit die telephonische Weisung der Beklagten ein, mit der Entlöschung fortzufahren. Die Entlöschung erfolgte, und zwar, entsprechend der früher erteilten Weisung, in neun Sorten gesondert.

Inzwischen hatte die Beklagte der Firma K. & Co. erst telephonisch, dann brieflich mitgeteilt, das Mehl sei verdorben, sie behalte sich vor, den Schaden gerichtlich feststellen zu lassen und die genannte Firma verantwortlich zu machen.

Nachdem die Beklagte sich auch mit dem Kläger ins Benehmen gesetzt und von diesem telephonisch die Weisung erhalten hatte: „Ware nicht empfangen, Schiffahrtsgesellschaft zur Verfügung stellen", erklärte die Beklagte der Firma K. & Co. in einem zweiten Briefe vom 10. September 1898, sie stelle ihr die ganze Partie Mehl aus s/s Allemannia wegen starker Beschädigung infolge Zusammenlagerns mit Lorbeer im Lagerhause der badischen Staatsbahn zur Verfügung und verlange vollen Ersatz des Wertes der Ware.

Nach weiteren Verhandlungen, bei denen die Firma K. & Co. sich auf den Standpunkt stellte, daß die Ware abgenommen, und deshalb ein etwaiger Schadensersatzanspruch nach § 61 des Binnenschiffahrtsgesetzes verwirkt sei, beantragte der Kläger am 24. September 1898 beim Amtsgerichte M. die Feststellung des Zustandes der Ware durch gerichtlich ernannte Sachverständige, und diese fand im Laufe des Monats Oktober statt. Nunmehr erklärte sich die Beklagte durch Schreiben an die Firma K. & Co. vom 17. Oktober 1898 vorbehaltlich aller Ersatzansprüche zur Abnahme der Ware bereit, und am 31. Oktober 1898 ließ der Kläger die Ware versteigern.

Eine sodann von ihm gegen die Firma K. & Co. erhobene Schadensersatzklage wurde auf Grund des § 61 B.Sch.G. abgewiesen, und dieses Urteil wurde rechtskräftig.

Der vom Kläger nunmehr gegen die Beklagte erhobene, vorbehaltlich einer Mehrforderung auf Zahlung von 1550 ℳ nebst 5 Prozent Zinsen seit dem 31. Oktober 1898 gerichtete Schadensersatzanspruch wurde darauf gestützt, daß die Beklagte

1. ohne vorgängige Wahrnehmung der Rechte des Empfängers gegenüber dem Frachtführer und überdies gegen die Weisung des Klägers die Ware angenommen habe, und
2. durch Zusammenlegen des beschädigten Teils der Ware mit dem unbeschädigten im Lagerhause den Schaden noch vergrößert habe.

Das Landgericht wies die Klage, die am 18. Dezember 1901 erhoben worden war, auf Grund der von der Beklagten erhobenen Einrede der Verjährung ab. Auf die Berufung des Klägers erklärte das Oberlandesgericht den Klaganspruch, soweit dieser auf Verletzung der schuldigen Sorgfalt der Beklagten durch nicht gehörige Wahrung der Rechte des Empfängers der Ware gegenüber dem Frachtführer gestützt wurde, dem Grunde nach bis zum Höchstbetrag von 1550 ℳ für gerechtfertigt. Die Revision der Beklagten führte zur Wiederherstellung des ersten Urteils aus folgenden

Gründen:

„Unbedenklich ist davon auszugehen, daß die Übergangsvorschriften des Einführungsgesetzes zum Bürgerlichen Gesetzbuch auch für das Handelsgesetzbuch vom 10. Mai 1897 gelten.

Nach Maßgabe des Art. 169 jenes Einführungsgesetzes fanden daher auf die geltend gemachten Ansprüche vom 1. Januar 1900 an, sofern sie damals noch nicht verjährt waren, die Verjährungsvorschriften des neuen Rechts Anwendung, und zwar diejenigen Verjährungsvorschriften, welche Anwendung finden würden, wenn die Tatbestände, aus denen die Ansprüche hergeleitet werden, sich nach dem Inkrafttreten des neuen Rechts verwirklicht hätten.

Danach kommen hier in Frage die Verjährungsvorschriften des § 414 und des § 423 H.G.B. Unbestritten ist und war die Beklagte auch schon am 29. August 1898 Spediteurin. Von dem dem § 414 H.G.B. entsprechenden Art. 386 A.D.H.G.B. ist indes vom Reichsgericht (Entsch. in Zivils. Bd. 11 S. 136) in Übereinstimmung mit dem vormaligen Reichsoberhandelsgericht (dessen Entsch. Bd. 24 S. 306) angenommen worden, daß er nicht Anwendung finde, wenn der Spediteur Güter nur zur Aufbewahrung, nicht auch zur Besorgung einer Versendung erhalten habe. War dies richtig, so wird es auch von dem § 414 gelten müssen, nur daß dann, wenn der Spediteur, sei es auch nur im Nebengewerbe, zugleich Lagerhalter ist, nunmehr der § 423 H.G.B. eingreift.

Das Berufungsgericht legt dar, daß hier die Beklagte nur beauftragt gewesen sei, die 1550 Sack Weizenmehl auf Lager zu nehmen, stellt aber andererseits fest, daß die Beklagte damals gewerbsmäßig die Lagerung und Aufbewahrung von Gütern übernahm, und diese Feststellung unterliegt keinem rechtlichen Bedenken. Allerdings benutzte, wie feststeht, die Beklagte für die Lagerung und Aufbewahrung nicht eigene Räumlichkeiten, sondern sie beauftragte jedesmal, und so auch im gegenwärtigen Fall, mit der Lagerung und Aufbewahrung die Lagerhausverwaltung der badischen Statsbahn. Allein unbestritten tat sie dies für eigene Rechnung, nicht für Rechnung ihrer Kunden; sie besorgte also nicht für andere, sondern sie übernahm selbst die Lagerung und Aufbewahrung von Gütern und erfüllte diese von ihr übernommene Verpflichtung dadurch, daß sie die Lagerung und Aufbewahrung von der genannten Lagerhausverwaltung vornehmen ließ.

Deshalb unterlag der Verjährungsvorschrift des § 423 H.G.B. vom 1. Januar 1900 an, wie auch das Berufungsgericht annimmt, unzweifelhaft der Anspruch auf Ersatz des Schadens, der durch Zusammenlagern der geruchsfrei aus dem Schiff gekommenen 950 Sack

Weizenmehl mit den nach Lorbeer riechenden 600 Sack in dem Lagerraum der badischen Staatsbahn entstanden sein soll. Dieser Anspruch ist „ein Anspruch gegen den Lagerhalter wegen Beschädigung". Mit Unrecht aber glaubt das Berufungsgericht diese Eigenschaft dem Anspruch, der sich auf die 600 Sack bezieht, absprechen zu müssen. Denn auch mit diesem Anspruch will der Kläger für die Folge einer Beschädigung des Gutes den Lagerhalter verantwortlich machen; die Beklagte soll haftbar sein für den Vermögensnachteil, der dem Kläger durch die im Schiff erfolgte Beschädigung der 600 Sack Weizenmehl entstanden ist.

Für die hier vertretene Auslegung der in Betracht kommenden Verjährungsvorschrift ist zu verweisen auf

Burchard, Das Recht der Spedition (1894) S. 436 flg.; Denselben, Das Speditionsgeschäft des neuen Deutschen Handelsgesetzbuchs, in Eger, Eisenbahnrechtl. Entsch. Bd. 14 S. 284; Lehmann u. Ring, Handelsgesetzbuch § 414 Nr. 6; Makower, Handelsgesetzbuch 12. Auflage Bem. I a 1 zu § 414; vgl. auch Düringer u. Hachenburg, Handelsgesetzbuch § 414 Note II 2 c und d Abs. 3, und Staub, Kommentar zum Handelsgesetzbuch 6./7. Aufl. Anm. 1 zu § 414, frühere Aufl. § 1 zu Art. 386, auf den sich irrigerweise das Oberlandesgericht glaubt berufen zu können.

Somit steht der ganzen Klage, da sie erst am 18. Dezember 1901 erhoben worden ist, die geltend gemachte Einrede der Verjährung entgegen." ...

---

12. 1. Darf der Zuschlagsbeschluß hinsichtlich der Bedingungen, unter denen der Richter den Zuschlag erteilt hat, aus dem Versteigerungsprotokolle durch Hinübernahme einer Bedingung aus diesem in den Beschluß ergänzt werden?

2. Rangverbesserung des bei der Zwangsversteigerung bestehen bleibenden Altenteils.

3. Auch nach gemeinem Rechte haftet der Grundstückseigentümer für die während seiner Besitzzeit fällig werdenden Altenteilsleistungen persönlich.

Zw.V.G. §§ 82. 88. 97 Abs. 1. 100 Abs. 1.

Einf.=Ges. zum Zw.V.G. § 9.

Preuß. Ausf.=Ges. zum Zw.V.G. Art. 6 Abs. 2.

V. Zivilsenat. Urt. v. 28. Januar 1905 i. S. Ferdinand B. (Kl.) w. Heinrich B. (Bekl.). Rep. V. 339/04.

I. Landgericht Altona.
II. Oberlandesgericht Kiel.

Für den Kläger haftete auf einem Grundstück in E. ein lebenslänglicher Abschied, bestehend aus freier Wohnung, Beköstigung und sonstigen Bezügen. Der Auszug war in Abteilung II des Grundbuchs unter Nr. 1 mit dem Bemerken eingetragen, daß er „im Range nach Nr. 5 Abteilung III“ stehe. Das Grundstück kam im Jahre 1901 zur Zwangsversteigerung. Im Bietungstermin beantragten drei dem Rechte des Klägers in der Rangordnung vorgehende Hypothekengläubiger, deren Hypotheken durch das geringste Gebot nicht gedeckt wurden, das Erlöschen des Abschieds des Klägers als Versteigerungsbedingung festzusetzen. Das Grundstück wurde infolgedessen doppelt ausgeboten, und zwar, wie es im Versteigerungsprotokoll wörtlich hieß:

„I. unter folgenden Bedingungen:
1. der Abt. II Nr. 1 für Ferdinand B. eingetragene Abschied bleibt bestehen;
2. bar zu zahlen sind (5 unter a bis d näher bezeichnete Beträge) 300 *M*;
3. das Bargebot ist im Verteilungstermin zu erlegen und vom Zuschlag ab mit 4 Prozent zu verzinsen;
4. die Kosten des Zuschlagsbeschlusses fallen dem Ersteher zur Last;

II. unter folgenden Bedingungen:
1. bar zu zahlen sind die unter Nr. I 2 aufgeführten Ansprüche von 300 *M*;
2. das gesamte Bargebot ist im Verteilungstermine bar zu zahlen und bis dahin vom Zuschlage ab mit 4 Prozent zu verzinsen;
3. die Kosten des Zuschlagsbeschlusses fallen dem Ersteher zur Last.“

Das Protokoll ergab nicht, daß ein Gebot unter den Bedingungen zu I abgegeben worden wäre, sondern es war über die abgegebenen Gebote nur folgendes protokolliert:

„Es boten, und zwar unter der Bedingung zu II (ohne Übernahme des Abschieds)

Schmiedemeister Wilhelm S. hier 3800 *M*;
B. . . . . 4000 *M*;
S. . . . . 4050 *M*."

Weitere Gebote wurden als abgegeben nicht festgestellt. Der Zuschlag wurde durch Beschluß vom 5. Dezember 1901, nachdem S. seine Rechte aus dem Meistgebot dem Beklagten abgetreten hatte, diesem für den „durch Zahlung zu berichtigenden Betrag von 4050 *M* unter folgenden Bedingungen" erteilt:

1. das Bargebot von 4050 *M* ist von heute ab mit 4 Prozent zu verzinsen;
2. der Schmiedemeister Wilhelm S. in E. wird für die Erfüllung der sich aus dem Zuschlage ergebenden Verpflichtungen für mithaftend erklärt;
3. die Kosten des Beschlusses fallen dem Ersteher zur Last.

Beschwerde wurde gegen den Zuschlag nicht eingelegt. Auf Grund desselben wurde nach Abhaltung des Verteilungstermins das Grundbuch berichtigt, der Beklagte als Ersteher eingetragen, und der Abschied des Klägers gelöscht.

Die Löschung wollte der Kläger sich nicht gefallen lassen. Er wies darauf hin, daß der Zuschlagsbeschluß so wie er lautet das Erlöschen seines dinglichen Rechtes als Versteigerungsbedingung nicht aufstelle, und führte aus, daß sich hieraus dessen Bestehenbleiben ergebe. Er verlangte, daß der Beklagte verurteilt werde, in die Wiedereintragung des Abschiedes nach Maßgabe des denselben konstituierenden Vertrags zu willigen, und ihm diesen lebenslänglichen Abschied — und zwar auch bei Vermeidung der Zwangsvollstreckung in das für ihn dinglich haftende Grundstück — zu gewähren. Der Beklagte beantragte Abweisung der Klage; er hielt für entscheidend, daß das Meistgebot, für das ihm nach erfolgter Abtretung der Rechte der Zuschlag erteilt wurde, nach den nicht mißzuverstehenden Feststellungen des Versteigerungsprotokolls ohne Übernahme des Abschiedsrechts abgegeben war; eventuell machte er geltend, daß Kläger für eine Wiedereintragung seines Rechts nur denjenigen Rang beanspruchen könne, der ihm vor der Zwangsversteigerung zugestanden habe.

Der erste Richter wies die Klage insoweit ab, als der Beklagte für den Abschied auch als persönlich verhaftet in Anspruch genommen wurde; im übrigen gab er der Klage statt, verurteilte also den Beklagten, die Wiedereintragung des Abschieds zu dulden und für ihn dem Kläger mit dem Grundstück zu haften. Gegen dieses Urteil legten beide Teile, soweit zu ihren Ungunsten erkannt war, Berufung ein. Der Kläger wiederholte seinen Antrag mit der Einschränkung, daß der Beklagte zur Gewährung des Abschieds nur so lange, als er Eigentümer des belasteten Grundstücks sei, verpflichtet sein solle. Der zweite Richter wies die Berufung des Klägers zurück und erkannte auf die Berufung des Beklagten unter Abänderung des ersten Urteils auf Abweisung der Klage. Dieses Urteil wurde auf Revision des Klägers aufgehoben, und in der Sache selbst das Urteil erster Instanz unter Zurückweisung der Berufung des Beklagten auf die Berufung des Klägers dahin abgeändert, daß der Beklagte verurteilt wurde, dem Kläger auf dessen Lebenszeit, solange der Beklagte Eigentümer des Grundstücks bleibe, den Abschied zu gewähren, und zwar auch bei Vermeidung der Zwangsvollstreckung in das Grundstück.

Gründe:

„Daß der Zedent des Beklagten das Meistgebot von 4050 *M*, für welches dem Beklagten der Zuschlag erteilt ist, wie es im Versteigerungsprotokoll wörtlich heißt: „ohne Übernahme des Abschieds", d. h. unter der Bedingung, daß das Abschiedsrecht des Klägers erlöschen solle, abgegeben hat, ist nach den getroffenen Feststellungen außer Zweifel. Ebenso steht andererseits fest, daß im Zuschlagsbeschluß, obwohl er die Bedingungen festsetzt, unter denen der Zuschlag erteilt wird, die Bedingung, daß das Abschiedsrecht des Klägers erlösche, keine ausdrückliche Aufnahme gefunden hat; der Zuschlagsbeschluß erwähnt das Abschiedsrecht des Klägers überhaupt nicht. Es fragt sich nun, ob es rechtlich zulässig ist, den Zuschlagsbeschluß hinsichtlich der Bedingungen, unter denen der Zuschlag erteilt wird, derartig aus dem Versteigerungsprotokoll zu ergänzen, daß eine Bedingung, unter der das den Zuschlag findende Meistgebot nach dem Versteigerungsprotokoll abgegeben worden ist, auch für den Zuschlag gilt, obwohl sie aus dem Zuschlagsbeschluß als gestellt nicht zu ersehen ist. Es handelt sich aber, wie gleich vorweg bemerkt werden mag, nicht um eine Auslegung des Zuschlagsbeschlusses; denn ausgelegt kann nur werden, was der Zuschlagsbeschluß enthält, nicht aber, was er nicht enthält. Es handelt sich auch nicht um eine „offenbare Unrichtigkeit" im Sinne des § 319 Z.P.O., wofern diese Vorschrift, wie allgemein angenommen wird, auf Zuschlagsbeschlüsse anwendbar sein sollte. Die Voraussetzungen einer bloßen Berichtigung liegen nicht vor, sondern es handelt sich geradezu um eine Ergänzung des Zuschlags aus dem Versteigerungsprotokoll und um die Frage, ob eine solche Ergänzung zulässig ist. Der Berufungsrichter hält sie für zulässig; darin aber kann ihm nicht beigetreten werden.

Der vom Berufungsrichter für seine Meinung hauptsächlich verwertete Grund wäre überzeugend, wenn er richtig wäre. Er geht dahin, daß Beklagter überhaupt nicht berechtigt gewesen sei, den Zuschlagsbeschluß anzufechten, weil die Beschwerde gegen den Zuschlag nach § 100 Abs. 1 Zw.V.G. nur darauf gestützt werden dürfe, daß eine der Vorschriften der §§ 81. 83—85 daselbst verletzt, oder daß der Zuschlag unter anderen als den der Versteigerung zugrunde gelegten Bedingungen erteilt sei, und keine dieser Voraussetzungen hier vorliege. Letzteres ist unrichtig. Wenn der Zuschlag die Bedingungen nicht enthält, unter denen die Versteigerung stattgefunden hat, so ist er eben unter anderen als den der Versteigerung zugrunde gelegten Bedingungen erteilt. Daß der Beklagte als Ersteher (§ 97 Abs. 1 Zw.V.G.) zur Beschwerde berechtigt gewesen wäre und diese nach § 100 Abs. 1 hätte begründen können, läßt sich daher nicht bezweifeln. In Wahrheit liegt in dem Grunde des Berufungsrichters eine petitio principii, d. h. der Berufungsrichter nimmt das, was er erst dartun will, schon vorweg, indem er davon ausgeht, daß der Zuschlagsbeschluß nur dann unter anderen als den der Versteigerung zugrunde gelegten Bedingungen erteilt sei, wenn er ausdrücklich eine der Versteigerung nicht zugrunde gelegte Bedingung festsetze. Dies entspricht aber weder dem Wortlaute noch dem Sinne des § 100 Abs. 1 und verkennt die selbständige Bedeutung des Zuschlagsbeschlusses. An den Zuschlag knüpfen sich rechtliche Folgen der verschiedensten Art; sie sind im Gesetz selbst festgelegt und teils solche, von denen, weil sie mit den Grundprinzipien des Verfahrens zusammenhängen, die Beteiligten nicht abweichen dürfen, teils solche, deren Abänderung den Beteiligten durch aufzustellende Versteigerungsbedingungen freisteht. Werden vom Gesetz abweichende Versteigerungsbedingungen nicht gestellt, so treten mit Notwendigkeit die gesetzlichen Versteigerungsbedingungen ein. Und wenn nun § 82 Zw.V.G. vorschreibt: „In dem Beschlusse, durch welchen der Zuschlag erteilt wird, sind das Grundstück, der Ersteher, das Gebot und die Versteigerungsbedingungen zu bezeichnen", so kann dies nur dahin verstanden werden, daß, insoweit der Beschluß Versteigerungsbedingungen nicht bezeichnet, die gesetzlichen Bedingungen eintreten müssen. Man braucht nicht erst darauf Gewicht zu legen, daß dies die Motive zum Zw.V.G. (S. 243. 260) ausdrücklich hervorheben; auch wenn dies nicht der Fall wäre, könnte man nach dem Zusammenhange des Gesetzes (§ 82. § 91 Abs. 1. § 100 Abs. 1) zu keinem anderen Ergebnis kommen. Es darf dabei die Lage derjenigen Beteiligten, die im Versteigerungstermin nicht erschienen sind, nicht außer acht gelassen werden. Unrichtig wäre es, in ihrem Nichterscheinen eine Nachlässigkeit zu finden und sich etwa ihnen gegenüber mit der Erwägung zu beruhigen, daß sie es sich selbst zuzuschreiben haben, wenn sie von dem Inhalt der Verhandlung im Versteigerungstermin keine Kenntnis erhalten. Von einer Säumigkeit ist hier keine Rede; ob ein Beteiligter Veranlassung nehmen will, seine Rechte wahrzunehmen, bleibt im Zwangsversteigerungsverfahren seiner Beurteilung überlassen. Er braucht nicht teilzunehmen, weil er sich darauf verlassen darf, daß gesetzmäßig verfahren wird, und daß ihm Mitteilung über das Ergebnis des Verfahrens zugeht. Deshalb ist in § 88 Zw.V.G. vorgeschrieben, daß der Beschluß, durch welchen der Zuschlag erteilt wird, den Beteiligten, soweit sie weder im Versteigerungstermine noch im Verkündungstermine erschienen sind, zuzustellen ist. Sie sollen dadurch in die Lage gebracht werden, zu prüfen, ob der Beschluß sie in ihren Rechten verletzt und von ihnen etwa mit der Beschwerde zu beseitigen ist. Dadurch wird die Bedeutung der Vorschrift des § 82, daß im Zuschlagsbeschluß auch die Versteigerungsbedingungen zu bezeichnen sind, ins richtige Licht gestellt: der Beschluß selbst muß die Bedingungen, unter denen der Zuschlag erteilt wird, ersehen lassen. Mit Notwendigkeit folgt auch hier wieder, daß, wenn er keine angibt, die gesetzlichen Bedingungen gelten müssen.

Der Berufungsrichter hat sich ferner auf ein Erkenntnis des vormaligen Obertribunals vom 21. April 1879 (bei **Gruchot**, Beitr. Bd. 23 S. 744) und auf ein Urteil des Reichsgerichts vom 16. September 1882 (preuß. J.M.Bl. 1883 S. 13) bezogen. Beide sind noch unter der Herrschaft der preußischen Subhastationsordnung von 1869 ergangen, stehen aber der Meinung des Berufungsgerichts nicht zur Seite. Das erste spricht sogar direkt das Gegenteil aus, und die reichsgerichtliche Entscheidung beruht auf einer hier nicht in Betracht kommenden Verwendung des Zubehörbegriffs. Es braucht indes hierauf nicht eingegangen zu werden; denn wäre selbst nach früherem Recht die gegenteilige, vom Berufungsgericht vertretene Meinung begründet, so darf doch nicht außer acht bleiben, daß damals der Zuschlag nur eine deklaratorische Bedeutung hatte. Der Richter stellte durch ihn fest, daß im Versteigerungstermine durch Willensübereinstimmung der Beteiligten ein Kaufvertrag bestimmten Inhalts zustande gekommen sei. Das heutige Recht erkennt dagegen dem Zuschlage eine konstitutive Bedeutung zu. Der Zuschlag ist im heutigen Recht keine bloße Bestätigung eines Kaufvertrages; er entnimmt seine Kraft überhaupt nicht einer im Versteigerungstermin zustande gekommenen Willenseinigung der Beteiligten, die er als erfolgt feststellt; sondern durch ihn überträgt der Richter kraft der ihm vom Gesetz gegebenen Macht im gesetzlich geordneten Verfahren das Grundstück des Schuldners zu eigen auf den Ersteher für einen bestimmten Preis und unter bestimmten Bedingungen. Diese mehr publizistische Auffassung des Zuschlags, wonach er seine Kraft nicht in einem mit dem Ersteher abgeschlossenen Kaufvertrage, sondern in dem vom Richter zu gewährenden exekutorischen Rechtsschutze findet, hat nach und nach Eingang in die Rechtslehre gefunden, und sie liegt, mochten ihr auch für das landrechtliche Gebiet, wie wenigstens behauptet wird, Bedenken entgegenstehen, dem heute geltenden Reichsgesetze über die Zwangsversteigerung und die Zwangsverwaltung vom 24. März 1897 in der Fassung vom 20. Mai 1898 zugrunde. Hierüber kann nach der selbständigen Ausgestaltung, die in ihm der Zuschlag und seine Wirkungen erfahren haben, und bei der ersichtlich das in den Motiven (S. 118. 259) noch besonders gerechtfertigte Bestreben hervortritt, die Wirkungen des Zuschlags nicht als Folgen eines nach privatrechtlichen Normen zu beurteilenden Kaufvertrages erscheinen zu lassen, kaum noch ein Zweifel sein. Dies wird auch in der neueren Literatur überwiegend — wenngleich nicht ohne Widerspruch — angenommen. Von diesem Standpunkt aus erscheint nun aber ein Zurückgehen auf die Versteigerungsverhandlung, um aus ihr die Bedingungen zu entnehmen, unter denen der Zuschlag gelten soll, erst recht unzulässig. Ist der Zuschlag ein selbständiger Akt der richterlichen Gewalt, so muß er auch selbst die Bedingungen ergeben, unter denen er erteilt ist. Es dürfen in ihn nicht Bedingungen hineingelegt werden, die er selbst nicht erkennen läßt, mögen sie auch die der Versteigerung zugrunde gelegten sein. Dies wäre für das heute geltende Recht auch dann anzunehmen, wenn es im bisherigen preußischen Recht anders gewesen sein sollte; in Wahrheit aber war es in diesem ebenso. Das auf der gegenteiligen Meinung beruhende Berufungsurteil war daher aufzuheben.

Einer Zurückverweisung der Sache in die Vorinstanz bedarf es nicht. Ist der Zuschlag, weil er hinsichtlich der Bedingungen aus dem Versteigerungsprotokoll nicht so, wie der Berufungsrichter mit dem Beklagten will, ergänzt werden darf, nur unter den in ihm ausgesprochenen und im übrigen unter den gesetzlichen Bedingungen erteilt, so muß das Abschiedsrecht des Klägers nach § 9 Einf.-Ges. zum Zw.V.G. in Verbindung mit Art. 6 Abs. 2 preuß. Ausf.-Ges. dazu bestehen bleiben. Der Beklagte hätte dies abwenden können, wenn er gegen den Zuschlag Beschwerde eingelegt und die Erteilung unter richtigen, d. h. unter den der Abgabe des Meistgebots entsprechenden, Bedingungen verlangt hätte. Er hat dies nicht getan, sondern den Zuschlag rechtskräftig werden lassen. Die Folge muß sein, daß die in den Zuschlagsbeschluß nicht aufgenommene Bedingung wegfällt, nicht anders, wie wenn sie überhaupt nicht gestellt worden wäre. Der Beklagte hat daher als Ersteher auch keinen Anspruch darauf, daß die dem Abschiedsrecht in der Rangordnung vorgehenden, bei der Zwangsversteigerung aber ausgefallenen Hypotheken, oder vielmehr die Stellen, an denen sie gestanden haben, ihm zur Verfügung (vielleicht mit Hilfe eines Rangvorbehalts, vgl. § 881 Abs. 1 B.G.B.) offen gehalten werden. Denn die ausgefallenen Hypotheken sind nach gesetzlicher Vorschrift zu löschen (§ 130 Abs. 1 Zw.V.G.), und daraus ergibt sich von selbst, daß das bestehenbleibende Abschiedsrecht im Range aufrückt. Sowenig ein Ersteher, wenn die Bedingung des Erlöschens für das Abschiedsrecht überhaupt nicht gestellt worden ist, die Rangverbesserung, die das bestehenbleibende Recht dann gewinnt, für sich verwerten darf, sowenig darf dies der Beklagte, da ihm gegenüber der rechtskräftige Zuschlag gilt. Und wenn endlich der erste Richter den Beklagten wenigstens persönlich für die während seiner Besitzzeit fällig werdenden Abschiedsleistungen nicht für verhaftet erklärt, so ist auch dies nicht richtig. Es mag sein, daß die Frage der persönlichen Haftung hier nach gemeinem Recht zu entscheiden ist, unter dessen Herrschaft das Abschiedsrecht begründet wurde (Art. 184 Einf.-Ges. zum B.G.B.); denn durch den Zuschlag wird eine persönliche Haftung des Erstehers nur in Ansehung der bestehenbleibenden Hypotheken, Grundschulden und Rentenschulden nach Maßgabe des § 53 Zw.V.G. begründet, während eine entsprechende Vorschrift für Reallasten nicht gegeben ist, weil sie sich für diese, soweit auf sie das neue Recht zur Anwendung kommen kann, durch § 1108 B.G.B. erübrigt. Im gemeinen Rechte ist die Frage, ob der Eigentümer eines mit einer Reallast belasteten Grundstücks für die während seiner Besitzzeit fällig werdenden Leistungen aus der Reallast auch persönlich haftet, allerdings streitig.

Vgl. hierüber Eccius, Preuß. Privatrecht Bd. 3 § 188 unter 1 und Dernburg, Preuß. Privatrecht Bd. 1 § 305. § 308.

Das Reichsgericht hat sich aber bereits früher (Urt. v. 9. Juli 1886, Entsch. in Zivils. Bd. 16 S. 141) für die persönliche Haftung entschieden, und davon abzugehen liegt jetzt um so weniger Veranlassung vor, als nunmehr auch das Gesetz (§ 1108 B.G.B.) die persönliche Haftung prinzipiell anerkennt. Daß sie den Beklagten nur für die während der Dauer seines Eigentums am Grundstück fällig werdenden Leistungen trifft, ist richtig, und dem entspricht die Einschränkung, unter der der Kläger in zweiter Instanz seinen Antrag aufrecht erhalten hat." ...

---

13. Sind die Versicherungsnehmer berechtigt, vom Vertrage zurückzutreten, wenn der Versicherer, eine ausländische Aktiengesellschaft, sein Vermögen im Wege der Verschmelzung (Fusion) auf eine andere ausländische Versicherungsgesellschaft überträgt, und diese die Erfüllung der Versicherungsverträge übernimmt?

VII. Zivilsenat. Urt. v. 28. Januar 1905 i. S. Schm. u. Gen. (Kl. u. Widerbekl.) w. The L. Comp. (Bekl. u. Widerkl.). Rep. VII. 554/04.

I. Landgericht Straßburg i. E.
II. Oberlandesgericht Colmar.

Die Revisionsbeklagte war eine englische, durch Erlaß vom 28. Mai 1880 in Elsaß-Lothringen autorisierte Aktiengesellschaft mit dem Sitz in London und mit einer Zweigniederlassung in Straßburg i. E., die sich mit der Versicherung gegen Feuerschaden befaßte. Die Revisionskläger hatten auf Grund von Policen, die teils vor teils nach dem 1. Januar 1900 ausgefertigt waren, Versicherungsverträge mit der Revisionsbeklagten geschlossen, und zwar auf eine Reihe von Jahren. Die Policen liefen sämtlich noch für längere oder kürzere Zeit. Unter dem 28. Februar 1902 schlossen die beiden Gesellschaften: The L. Comp. und The Y. Comp., einen auf ihre Verschmelzung (Fusion) abzielenden Vertrag (agreement), dem nach der Genehmigung durch die Generalversammlungen ein ferneres Abkommen zwischen dem Liquidator der L. und der Y. Comp. vom 14. April 1902 folgte. Durch Rundschreiben vom 14. Juni 1902 teilten der Liquidator B. und der Generaldirektor der Y. für Deutschland den Versicherten der L. mit, daß die Y. Comp. die vollständige Erfüllung aller Verpflichtungen garantiere, welche für The L. aus den in Elsaß-Lothringen durch ihre Generalagenten unterzeichneten Policen sich ergeben, und zwar mit ihrem ganzen in Deutschland und im Auslande befindlichen Vermögen, und daß sie sich zu diesem Zwecke den Gerichten in Elsaß-Lothringen in demselben Umfang unterwerfe, wie ... The L. Die Y. Comp. war zu jener Zeit in Deutschland nur für die Hansestädte zugelassen. Sie wurde im Laufe des Prozesses nach Bestellung einer Sicherheit von 560000 ℳ zum Geschäftsbetrieb im Deutschen Reiche zugelassen, und dies im Reichsanzeiger vom 5. März 1904 bekannt gemacht.

Die Revisionskläger weigerten die Zahlung der in den Jahren 1902 und 1903 fällig gewesenen Prämien, indem sie sich an die mit der L. geschlossenen Versicherungsverträge nicht mehr für gebunden erachteten, weil diese Gesellschaft nach Übertragung ihres Vermögens an die Y. nur noch ein Scheindasein führe, auch zur Einziehung der Prämien nicht mehr befugt sei; die Aktionäre der L. Comp. seien durch Aktien der Y. Comp. abgefunden und hafteten nicht mehr für die rückständigen Einlagen auf das Aktienkapital der ersteren Gesellschaft. Diese behauptete die fortdauernde Rechtsbeständigkeit der Versicherungsverträge und ihre Befugnis, die Prämie einzuziehen. Es wurden wechselseitig Klagen und Widerklagen erhoben einerseits auf Zahlung der Prämien und Feststellung der Gültigkeit der Verträge, andererseits auf deren Auflösungserklärung und — soweit es sich um die nach dem 1. Januar 1900 geschlossenen Verträge handelte — auf Feststellung des Rücktrittsrechts sowie auf Feststellung der Nichtberechtigung der L. Comp., die Prämien einzuziehen. Das Landgericht verurteilte, dem Verlangen der Revisionsbeklagten entsprechend, die Revisionskläger zur Zahlung der geforderten Prämienbeträge und stellte die Rechtsbeständigkeit der Versicherungen fest, während es die Klagen bzw. Widerklagen der Versicherten abwies. Die von diesen erhobene Berufung wurde vom Oberlandesgericht zurückgewiesen Der Revision der Versicherten ist stattgegeben aus folgenden, den näheren Sachverhalt ergebenden

Gründen:

„Der Berufungsrichter, der sich im wesentlichen die Gründe des ersten Richters zu eigen macht, gesteht den Versicherten in Ansehung der vor dem Inkrafttreten des Bürgerlichen Gesetzbuchs geschlossenen Verträge das Auflösungsrecht nach Maßgabe des Art. 1184 Code civil, und in Ansehung der später genommenen Versicherungen das Rücktrittsrecht auf Grund des § 325 B.G.B. zu. Er verneint aber das Vorliegen der Voraussetzungen für die Anwendbarkeit des Art. 1184 Code civil und des § 325 B.G.B. Der richtige Ausgangspunkt für die zu treffende Entscheidung ist indessen nicht von den allgemeinen Normen des bürgerlichen Rechts aus zu gewinnen. Die Frage der Lösung der Versicherungsverträge wegen der Fusion der The L. Comp. mit der Y. Comp. ist nach den Grundsätzen des Versicherungsrechts zu beantworten. Es handelt sich nicht sowohl um das dem französischen Recht eigentümliche, durch die Nichtgewährung der Gegenleistung bei synallagmatischen Verträgen bedingte Resiliationsrecht oder um das durch das deutsche Recht gewährte Rücktrittsrecht wegen Unmöglichkeit der Erfüllung eines gegenseitigen Vertrags seitens des einen Teils, wie um die Bedeutung der veränderten Umstände für den Bestand des Versicherungsverhältnisses. Es herrscht darüber kein Streit, daß die sog. clausula rebus sic stantibus im allgemeinen weder nach dem Code civil noch nach dem Bürgerlichen Gesetzbuche Anspruch auf Geltung hat, daß also insbesondere eine ungünstige

Änderung in der Vermögenslage des einen Kontrahenten dem anderen grundsätzlich noch kein Recht gibt, von dem Vertrage zurückzutreten. Nur ausnahmsweise wird einer solchen Änderung ein Einfluß auf die Gültigkeit oder Wirksamkeit des Vertrags eingeräumt (vgl. §§ 321. 610 B.G.B.; Crome, System des deutschen bürgerlichen Rechts Bd. 1 § 78 Anm. 5). Damit ist jedoch die Prüfung nicht ausgeschlossen, ob nicht im einzelnen Falle oder auch bei einer ganzen Gattung von Verträgen nach der Absicht der Parteien und nach der Natur der Verträge ein Rücktrittsrecht wegen veränderter Umstände gegeben ist.

Vgl. Motive zum 1. Entwurf des Bürgerlichen Gesetzbuchs Bd. 2 S. 199; Entsch. des R.G.'s in Zivils. Bd. 50 S. 257.

Hierbei wird bei Handelsgeschäften auf die im Handelsverkehre herrschenden Gewohnheiten und Gebräuche und überhaupt auf das, was Treu und Glauben mit Rücksicht auf die Verkehrssitte fordern, Gewicht zu legen sein (Artt. 278. 279 A.D.H.G.B., §§ 133. 157 B.G.B., Art. 1156 Code civil). Faßt man demgemäß das Versicherungsgeschäft ins Auge, so geht der erkennbare Zweck des Versicherungsnehmers, den er durch die fortlaufende Zahlung der Prämie zu erreichen hofft, dahin, sich gegen die Folgen eines irgendwie wirtschaftlich nachteiligen Ereignisses zu schützen, die Gewißheit zu haben, daß er durch die Versicherung gegen die befürchteten Nachteile bei deren Eintritt ohne weiteres Deckung finde. Dieser Zweck bleibt, wenn die Versicherung, wie es ausnahmslos geschieht, bei einer auf den planmäßigen Großbetrieb gerichteten Anstalt (Gesellschaft) genommen wird, regelmäßig nur erreichbar, solange die wirtschaftlichen und rechtlichen Grundlagen, auf denen sich der Großbetrieb aufbaut, im wesentlichen erhalten bleiben. Er ist gefährdet, wenn jene Grundlagen durch Handlungen der Gesellschaft erschüttert werden, welche auf eine Beseitigung oder erhebliche Veränderung derjenigen Verhältnisse abzielen, auf deren Fortbestand der Versicherte bei Eingehung der Versicherung rechnen durfte. Dieser Fortbestand ist deshalb die selbstverständliche Voraussetzung fortdauernder Wirksamkeit des Versicherungsvertrags. Es würde wider die denselben im weitesten Umfange beherrschenden Grundsätze von Treu und Glauben verstoßen, wenn man den Versicherten an einem Vertrage festhalten wollte, den er mit der Gesellschaft in ihrer gegenwärtigen Lage niemals abgeschlossen haben würde. Es verhält sich ähnlich, wie mit der Kreditzusage, die unter der stillschweigenden Bedingung unveränderter Kreditwürdigkeit des anderen Teils steht.

Vgl. Entsch. des R.O.H.G.'s Bd. 23 S. 137; § 610 B.G.B.

Wer in dem Rufe einer bestimmten Gesellschaft, in deren Vermögen sowie in der Kundschaft und der dadurch herbeigeführten Verteilung der Gefahr auf eine große Anzahl von Personen Sicherung gegen drohende Nachteile sucht, schließt den Vertrag in der auch dem Versicherer nicht verborgenen Annahme ab, daß die durch jene Umstände gewährleistete Sicherung auch ferner andauern solle und nicht durch das Verhalten des Gegners geschmälert werde. In der Natur des Versicherungsgeschäfts liegt es, daß es vom Versicherten aufgelöst werden kann, wenn der Versicherer selbst unsicher wird.

Vgl. Ehrenberg, Versicherungsrecht Bd. 1 § 32 S. 383.

Wann eine derartige, zum Rücktritte berechtigende Unsicherheit des Versicherers anzunehmen ist, wird im wesentlichen Tatfrage sein, und darum wäre das Berufungsurteil, obwohl es die den Fall nicht treffenden, bereits erwähnten gesetzlichen Bestimmungen zum Ausgangspunkte nimmt, aufrecht zu erhalten, wenn in rechtlich bedenkenfreier Weise festgestellt wäre, daß eine solche Unsicherheit nicht gegeben sei. Dies ist indessen nicht der Fall. Auf der Auslegung des nicht revisibeln englischen Rechts beruht die Annahme, daß die Gesellschaft L. (eine englische Aktiengesellschaft) infolge des rechtsgültig zustande gekommenen Fusionsvertrages vom Februar (März und April) 1902 als Liquidationsgesellschaft bis zu ihrer nach Beendigung der Liquidation und nach Eintragung des Schlußberichts des Liquidators zu bewirkenden Löschung im Handelsregister und mithin als rechts- und parteifähiges Gebilde fortbestehe. Weiter stellt der Berufungsrichter fest, daß nach den maßgebenden Grundsätzen des englischen Rechts zwar eine Fusion zweier Aktiengesellschaften mit sofortiger Verschmelzung im Sinne des § 306 H.G.B. ausgeschlossen sei, daß jedoch die nach jenem Rechte zu bewirkende Liquidation der im deutschen Recht — auch im Falle des § 306 — sich findenden Vorschriften zum Schutze der Gläubiger entbehre, daß es vielmehr im Ermessen des Liquidators liege, auch ohne Befriedigung oder Sicherstellung der Gläubiger der aufgelösten Gesellschaft deren Vermögen auf die übernehmende Gesellschaft zu übertragen. Der Schutz der Gläubiger bestehe, wofern sie nicht eine Beschlagnahme der Vermögensstücke vor ihrer Übertragung erzielten (was anscheinend die Regel bilde), lediglich darin, daß sie innerhalb eines Jahres nach der die Fusion bestätigenden Spezialresolution bei dem zuständigen Gerichte die Fortsetzung der Liquidation durch das Gericht oder unter Aufsicht desselben erwirkten. Im gegenwärtigen Falle hat weder eine Beschlagnahme noch eine gerichtliche Liquidation der L.-Gesellschaft stattgefunden. Nach der ferneren Feststellung des Berufungsrichters hat dagegen der Liquidator der L. die Liquidation im wesentlichen beendet. Den Streit der Parteien über die dingliche oder bloß obligatorische Wirkung des „agreement“ und des sich daran schließenden Abkommens vom 14. April 1902 entscheidet der Berufungsrichter nicht ausdrücklich. Als wahrscheinlich bezeichnet er, daß das zu London belegene Grundstück der Gesellschaft der aufnehmenden Y. Comp. dinglich übereignet worden sei. Der Umtausch der Aktien ist, wie weiter angenommen wird, erfolgt; die Aktien der abgefundenen L.-Aktionäre sollen in den Händen des Liquidators sein. Ob diese der aufgelösten Gesellschaft noch auf Leistung der rückständigen Einlagen haften, läßt der Berufungsrichter dahingestellt. Die Aktiven der L. bestehen hiernach, wenn von diesen Rückständen und dem Grundstück in London abgesehen wird, einmal in den Ansprüchen auf die Prämien aus den deutschen (elsaß-lothringischen) Versicherungsverträgen, die nach der Auslegung des Berufungsrichters von dem Fusionsabkommen nicht umfaßt sind — soweit sie nicht mit dem ganzen Versicherungsverhältnis (unter Zustimmung der Versicherten) auf die Feuerversicherungsgesellschaft N. B. and M. übergegangen sind —, und sodann in dem Anspruche gegen die aufnehmende Y.-Gesellschaft auf Deckung der noch zu Lasten der L. bestehenden Verbindlichkeiten aus den deutschen Policen. Die produktive Tätigkeit der L. hat aufgehört. Ihr Vermögen ist im wesentlichen in den Händen der Y.; soweit es noch nicht der Fall, besteht kein Hindernis, daß der Liquidator den Rest der aufnehmenden Gesellschaft ausantworte, nicht etwa zur getrennten Verwaltung, wie dies im Falle des § 306 H.G.B. vorgeschrieben ist, sondern damit es, wie die übrigen Vermögensstücke der L., Bestandteil des einheitlichen Vermögens der Y. werde. Ob der Liquidator nach vollzogenem Umtausch der L.-Aktien in Y.-Aktien die Aktionäre zur Zahlung der auf die ersteren rückständig gebliebenen Beträge noch anhalten wird oder kann, ist völlig ungewiß. Reserven oder sonstige Realsicherheiten, aus denen die deutschen Versicherten Befriedigung suchen könnten, sind nicht vorhanden. Daß die eingehenden Prämien, für die ein Konto der L. bei der Mülhausener und der Oberrheinischen Bank bestehen soll, eine solche Sicherheit nicht darstellen, bedarf keiner Erörterung. Als das einzige, greifbare Aktivum von Bedeutung kommt, wie anscheinend auch der Berufungsrichter anerkennt, nur die Garantiepflicht der Y. in Betracht. Wenn dennoch der Berufungsrichter „die durch die Fusionsliquidation veränderte und durch deren Fortschritt sich mehr und mehr verändernde Lage der L.-Gesellschaft" — welche, wie angegeben, zwar rechtlich noch besteht, aber wirtschaftlich keine dem Fortbetriebe des Versicherungsgeschäfts gewidmete Gesellschaft und nach dem zutreffenden Ausdrucke des Berufungsrichters der eigenen Mittel mehr und mehr beraubt ist — nicht als einen Grund für die Auflösung der Versicherungsverträge ansieht, so beruht diese Anschauung einmal auf rechtlich nicht zutreffenden Erwägungen und sodann auf der Außerachtlassung des Satzes, daß sich kein Gläubiger, von den besonders geregelten Fällen der Gesamtrechtsnachfolge abgesehen, einen neuen, wenn auch zahlungsfähigen und vielleicht zahlungsfähigeren Schuldner an Stelle des alten aufdrängen zu lassen braucht. Der Berufungsrichter führt aus, daß das deutsche und das englische Recht die Fusion im Interesse der Erhaltung wirtschaftlicher Werte begünstigten, und daß deshalb die Fusion als solche ein Auflösungs- oder Rücktrittsrecht nicht begründen könne, auch dann nicht, wenn die Gläubigerschutzvorschriften des englischen Rechts für minderwertig gegenüber denen des deutschen Rechts erachtet würden, weil die Versicherten sich gesagt hätten oder doch hätten sagen müssen, daß eine etwaige Liquidationsfusion — die zudem im Gesellschaftsstatut ausdrücklich als zulässig bezeichnet sei — nach den Bestimmungen des maßgebenden englischen Rechts vor sich gehen werde. Hieran ist richtig, daß das deutsche Recht eine die Rechte der Gläubiger nicht gefährdende Fusion zweier Aktiengesellschaften mit und ohne Liquidation zuläßt (§§ 304—306 H.G.B.). Unrichtig ist aber, daß der deutsche Versicherte sich ohne weiteres eine Fusion gefallen zu lassen brauche, die, wenn schon unter dem Schutze des englischen Rechts vollzogen, seine Interessen nicht genügend berücksichtigt. Daß die Fusion statutenmäßig vorgesehen ist, erscheint so lange gleichgültig, als nicht der Inhalt der Statuten einen Bestandteil der Versicherungsbedingungen bildet. Dies trifft nach den Policen nicht zu. Es läßt sich daher auch nicht sagen, daß die Versicherten sich den Statuten unterworfen und vertragsmäßig die Fusion nach englischem Rechte gebilligt hätten. Anders lag die Sache in dem einen deutschen Gegenseitigkeitsverein betreffenden Falle der Abtretung des ganzen Portefeuilles, der durch das Urteil des erkennenden Senats vom 29. Dezember 1903 erledigt wurde.

Vgl. Entsch. des R.G.'s in Zivils. Bd. 56 S. 292.

Ebensowenig ist festgestellt, daß die Versicherten auch nur das englische Recht gekannt haben. Die Anforderung aber, daß sie es hätten kennen müssen, daß also ihre Unkenntnis auf Fahrlässigkeit beruhe und darum nicht zu beachten sei, ist nicht zu billigen. Die unstreitig innerhalb des deutschen Reiches geschlossenen und dort von beiden Teilen zu erfüllenden Verträge (vgl. Artt. 17. 28 der Versicherungsbedingungen) unterstehen dem deutschen Recht. Ihm hat sich die englische Gesellschaft unterworfen, und es kann davon keine Rede sein, daß die Versicherten sich mit der englischen Rechtsordnung bekannt zu machen gehabt hätten. Lediglich nach deutschem Recht ist zu beurteilen, ob eine zum Rücktritte berechtigende Veränderung in den Umständen des Versicherten eingetreten ist, gleichviel ob sich die Gläubiger nach englischem Rechte diese Veränderung gefallen lassen müssen. Die abweichende Auffassung des Berufungsrichters würde dem Kredit der ausländischen Versicherungsgesellschaften eher nachteilig, als förderlich sein. Es kann demnach dahingestellt bleiben, ob die Fusionsliquidation in der Art, wie sie geschehen ist, nach englischem Rechte statthaft war. Vom Standpunkte des deutschen Rechtes aus ist mit ihrer Vollziehung den Versicherten ein anderer Schuldner wider ihren Willen aufgedrängt, zwar nicht der Form, wohl aber der Sache nach. Rechtlich mag es zutreffen, daß die L. Comp. als Liquidationsgesellschaft bis zur Löschung im Handelsregister fortbesteht und nach wie vor ihren Gläubigern haftet. Aber es ist dies eine Haftung ohne Inhalt. Die bisherige Schuldnerin ist durch die von ihr beschlossene und ins Werk gesetzte Liquidation in der Hauptsache von eigenen, greifbaren Mitteln entblößt. Es ist zu besorgen und keinesfalls ausgeschlossen, daß der Liquidator mit der Übereignung des Vermögens der L. an die aufnehmende Gesellschaft fortfährt, und daß die für die Gläubiger in Frage kommende vermögensrechtliche Grundlage des Versicherungsunternehmens, einer juristischen, nur für den Liquidationszweck ihr Dasein noch fristenden Person, auf die Garantie zusammenschrumpft, welche die aufnehmende Gesellschaft durch das Versprechen bietet, den Versicherten der L. ihrerseits gerecht zu werden. Daraus ergibt sich, daß die letzteren in Verfolg der Fusion trotz formeller Weiterhaftung des ursprünglichen Schuldners in Wahrheit an einen anderen Schuldner gewiesen werden, was ohne ihre Zustimmung nicht geschehen kann. Darauf kommt es nicht an, daß die Rechtslage der Versicherten durch die Fusion der L. mit der anscheinend kapitalkräftigen Y. Comp., die jetzt nach Hinterlegung einer beträchtlichen Kaution zum Geschäftsbetrieb im ganzen Deutschen Reiche zugelassen ist, nicht verschlechtert, vielleicht sogar verbessert ist, und daß es in ihrem Interesse liegen oder mindestens ihm nicht widerstreiten würde, wenn sie ihre Verträge aufrecht erhielten. Sie haben mit der L. Comp. kontrahiert und dadurch zu erkennen gegeben, daß sie gerade dieser Gesellschaft mit ihrer zur Zeit des Abschlusses der Versicherungsverträge bestehenden wirtschaftlichen Grundlage ihr Vertrauen geschenkt haben. Diese Grundlage ist aber durch die eigenen Handlungen der Gesellschaft derart verändert, daß an ihre Stelle im wesentlichen eine andere Gesellschaft getreten ist, auf deren Kreditwürdigkeit die Versicherten verwiesen werden. Die Fusion bedeutet materiell einen Wechsel in der Person des Schuldners. Sie gestaltet die Verhältnisse des Versicherers derart um, daß sich mit Bestimmtheit sagen läßt, die Versicherten würden mit ihm, wenn er schon zur Zeit des Geschäftsschlusses in dieser Lage gewesen wäre, nicht in Verbindung getreten sein. Eine Verpflichtung, mit der aufnehmenden Gesellschaft zu kontrahieren, besteht nicht, und daß die letztere den Versicherten vermöge der Erfüllungsübernahme vielleicht auch haftet, ist für die Frage ohne Belang, ob diese ferner an den ursprünglichen Vertrag gebunden sind. Wenn die Vorinstanzen betonen, daß die Liquidation und die Fusion an sich keine die Lösung der Versicherungsverträge rechtfertigenden Vorgänge seien, so mag dies unter der Voraussetzung zutreffen, daß die Rechte der Gläubiger ausreichende Berücksichtigung finden. Daran fehlt es aber, wenn die übertragende Gesellschaft sich ihres Vermögens entäußert und an dessen Stelle lediglich die Garantie der anderen Gesellschaft setzt.

Demgemäß mußte den in der Richtung vorstehender Erwägungen sich bewegenden Ausführungen der Revision beigetreten werden. Auch die Literatur steht auf diesem Boden (vgl. Ehrenberg, a. a. O. § 32 S. 384; Wiener, in der Zeitschrift für Handelsrecht Bd. 27 S. 348; der letztere Schriftsteller betont ausdrücklich, daß der Grundsatz von der Einflußlosigkeit der Gesellschaftsauflösung auf die bestehenden Verträge nur gelte, wenn die Interessen der Gläubiger gewahrt würden, also ein zur Erfüllung der eventuellen Verpflichtungen aus dem betreffenden Vertragsverhältnis ausreichender Vermögensbetrag als Vermögensobjekt der Gesellschaft erhalten werde; geschehe dies nicht, so verschwinde damit dem Gegenkontrahenten der Schuldner aus dem Rechtsbereich, und jener brauche sich die Substitution eines anderen Vertragsgegners nicht gefallen zu lassen, wofern dies nicht in der Verfassung der aufgelösten Gesellschaft ausdrücklich vorgesehen sei — und, wie unbedenklich im Sinne des Verfassers hinzuzufügen ist, der Gegenkontrahent sich der Verfassung in diesem Punkt unterworfen habe). Das Berufungsurteil mußte sonach aufgehoben werden. Die Entscheidung zur Hauptsache ergibt sich von selbst; die Klagen und Widerklagen der Gesellschaft L. erscheinen unbegründet, während der Feststellungsanspruch der Versicherten gerechtfertigt ist. Da der Art. 1184 Code civil außer Anwendung bleibt, war auch für die vor dem 1. Januar 1900 geschlossenen Verträge das Rücktrittsrecht der Versicherten festzustellen. Auf die Frage der Aktivlegitimation der L. Comp. in Ansehung der Einziehung der Prämien brauchte unter diesen Umständen nicht eingegangen zu werden." ...

---

14. Welche Bedeutung hat es für die Anwendung des § 833 B.G.B., wenn ein äußeres Ereignis auf den Körper oder die Sinne des Tieres eingewirkt und hierdurch Anlaß zur Schadenszufügung gegeben hat?

VI. Zivilsenat. Urt. v. 30. Januar 1905 i. S. L. (Bekl.) w. M. (Kl.). Rep. VI. 150/04.

I. Landgericht Naumburg a. S.
II. Oberlandesgericht daselbst.

Die Ehefrau des Klägers war von einem steinernen Torpfeiler, welcher durch die Wagenpferde des Beklagten umgestürzt wurde, getroffen worden und an den Folgen der Verletzung gestorben. Der gegen den Beklagten als Tierhalter erhobene Schadensersatzanspruch wurde für begründet erklärt, die Revision zurückgewiesen.

Gründe:

„Über den Hergang ist folgendes festgestellt. Der Beklagte hatte am fraglichen Tage auf seinem, mit zwei ihm gehörigen Pferden bespannten, Wagen Feuerungsmaterial auf ein Gehöft . . . gefahren. Nachdem der Wagen abgeladen war, wollte der Beklagte ihn durch die Pferde rückwärts auf die Straße schieben lassen. Hierbei scheuten plötzlich die Pferde; sie prallten zurück und vor, drängten den Wagen gegen den noch nicht gehörig geöffneten Torflügel und drückten diesen derart auf den steinernen Torpfeiler, daß der Pfeiler umstürzte; er traf die Ehefrau des Klägers, welche beim Abladen geholfen hatte, auf den Oberkörper und drückte ihr die Brust ein.

Der Beklagte bestreitet seine Haftpflicht aus § 833 B.G.B. mit dem Vorbringen: seine Pferde, ruhige und folgsame Tiere im Alter von 16—18 Jahren, seien dadurch plötzlich scheu geworden, daß während des Zurückschiebens des Wagens ein Windstoß Wäschestücke, die auf dem Hofe gehangen hätten, aufgebläht habe; die flatternde Wäsche habe auf die Sinne der Pferde mit solcher Gewalt eingewirkt, daß sie, zur Seite scheuend, den Beklagten, der sie an den Köpfen gehalten, mit sich gerissen und den Wagen gegen das Tor gedrängt hätten.

In Übereinstimmung mit dem ersten Richter hat das Berufungsgericht angenommen, daß die Pferde des Beklagten durch ihr — willkürliches — Tun den Torpfeiler zu Fall gebracht haben, dessen Umstürzen den Tod der Frau herbeiführte; eine mittelbare Verursachung, welche zur Anwendung des § 833 B.G.B. genüge, liege danach vor. In letzterer Beziehung wird im Berufungsurteil unter Hinweis auf die Urteile des Reichsgerichts in den Entsch. in Zivils. Bd. 54 S. 73. S. 407 für den vorliegenden Fall verneint, daß hier ein äußeres Ereignis auf die Sinne der Tiere mit einer Gewalt eingewirkt habe, welcher Pferde dieser Art nach physiologischen

Gesetzen nicht widerstehen können. Das treffe nicht zu, sofern derartige Tiere durch das Flattern von Wäsche in der Regel nicht zum Scheuen gebracht würden, also in den Umständen keine zwingende Veranlassung zum Scheuen gegeben gewesen sei, insbesondere nicht für ruhige, ältere Tiere, wie sie hier in Frage ständen. Jene Einwirkung sei eine ganz gewohnte für Arbeitspferde, die an den verschiedensten Orten verwendet, namentlich von einem Fuhrwerksbesitzer zum Hinschaffen von Feuerungsmaterial nach kleinen Ortschaften benutzt würden.

Die Revision rügt Verletzung des § 833 B.G.B. Das Berufungsgericht übersehe bei seinen Ausführungen, daß nach Behauptung des Beklagten ein plötzlicher Windstoß die Wäsche gebläht und vor den Augen der Pferde habe flattern lassen, während diese von dem Führer am Kopf gehalten worden seien, um den Wagen rückwärts aus dem Tore zu schieben. Das Außergewöhnliche sei die besondere hier vorliegende Situation gewesen. Die allgemeine Erörterung, daß Arbeitspferde auf den Höfen flatternde Wäsche vertrügen, treffe hier also nicht zu. Wenn die 16—18 Jahre alten Pferde, welche der mit der Behandlung von Pferden vertraute Beklagte seit mehreren Jahren besessen habe, an sich ruhige Tiere gewesen seien, die sonst nicht scheuten, so ergebe sich schon hieraus, daß im vorliegenden Falle das plötzlich aufgetretene Ereignis auf ihre Sinne übermächtig eingewirkt haben müsse. Der Beklagte hat sich nötigenfalls auf Sachverständigengutachten dafür berufen, daß plötzlich aufflatternde Wäsche mit gleicher unwiderstehlicher Gewalt auf die Sinne der Pferde wirke, wie ein niederfahrender Blitz. Die Revision verweist auf ein Urteil des Reichsgerichts vom 26. März 1901 (i. S. Kl. w. Kr. Rep. II. 5/01), in welchem der Umstand, daß die Pferde eines Wagens durch das plötzlich ausflatternde Kleid einer vorüberfahrenden Radfahrerin scheu geworden waren, als eine die Haftpflicht aus Art. 1385 Code civil beseitigende höhere Gewalt angesehen sei. Es liege kein Grund vor, dem — den Tierhalter ohnedies schwer belastenden — § 833 B.G.B. eine noch weiter reichende, noch strengere Haftpflicht zu entnehmen.

Die unter der Herrschaft des Code civil für die Anwendung des Art. 1385 von der Rechtsprechung aufgestellten Grundsätze können für die Auslegung des § 833 B.G.B. nicht maßgebend sein. Übrigens ist die von der Revision angezogene Entscheidung des II. Zivilsenats des Reichsgerichts wesentlich in Beachtung der damals vom Berufungsgericht getroffenen tatsächlichen Feststellungen hinsichtlich des Zutreffens von höherer Gewalt ergangen. Vom Standpunkte des jetzt geltenden Gesetzes (§ 833) aus erweisen sich die Einwendungen der Revision gegen das Berufungsurteil als unbegründet.

Das Berufungsgericht hat sich bei seinen Erwägungen an die von dem erkennenden Senat in Ansehung des § 833 B.G.B. befolgten rechtlichen Gesichtspunkte,

vgl. Entsch. des R.G.'s in Zivils. Bd. 50 S. 180 flg. 219 flg., Bd. 54 S. 73 flg. S. 408,

gehalten, und nach diesen Grundsätzen kann keine Rede davon sein, daß der von dem Beklagten vorliegend behauptete tatsächliche Verlauf die Haftung des Tierhalters ausschließen würde. Das Merkmal eines willkürlichen Tuns des Tieres, welches einen „durch das Tier" verursachten Schaden bedingt, trifft im gegebenen Falle zweifellos zu; einmal nach der Richtung einer selbständigen, nicht lediglich unter menschlicher Leitung und dieser entsprechend ausgeführten Bewegung des Tieres: unstreitig haben die Pferde des Beklagten gescheut und aus eigenem Antrieb, nicht der Hand des Lenkers folgend, sondern im Gegenteil dessen Gewalt sich entreißend, vorwärts und rückwärts gedrängt. Sodann aber ist ein selbständiges, willkürliches Tun der Pferde auch nicht durch das äußere Ereignis, welches sie nach der Behauptung des Beklagten zum Scheuen gebracht hat, in Frage gestellt. Derartige Vorkommnisse des täglichen Lebens, wie das Aufflattern von Wäschestücken vor den Augen eines Pferdes, gehören nicht zu denjenigen „mit unwiderstehlicher Gewalt über das Tier hereinbrechenden äußeren Ereignissen", welchen nach der Ausführung des reichsgerichtlichen Urteils vom 26. Februar 1903 die Wirkung, ein selbständiges Verhalten des Tieres auszuschließen, beikommen würde. Es liegt in der tierischen Natur namentlich der Pferde, daß sie durch plötzliche Einwirkungen auf ihre Sinne erschreckt und scheu gemacht werden, und daß solche Erregung sie zu jähen, gewaltsamen Bewegungen veranlassen kann, zu einem Verhalten, das zwar durch den äußeren Anreiz geweckt und von dem Naturtrieb beherrscht, aber — von bloßen Reflexbewegungen abgesehen — immerhin als ein willkürliches und jedenfalls als „tierisches" anzusehen ist.

Gerade darin, daß das scheu gewordene Tier die Bande des Gehorsams und der Dressur durchbricht und selbständig seine, nach Richtung und Wirkung unberechenbare, Energie entfaltet, zeigt sich ein besonders gefährlicher Ausbruch der tierischen Natur oder eine „spezifische Tiergefahr" (Litten, Die Ersatzpflicht des Tierhalters S. 79 flg.), also eben die Gefahr, gegen welche das Gesetz durch Haftbarmachung des Tierhalters Schutz gewähren will. Würde man aus dieser Haftung die Fälle ausscheiden, in welchen das Tier durch eine plötzliche Einwirkung auf seine Sinne scheu geworden ist, so wäre die Vorschrift des § 833 tatsächlich zu einem großen Teile ihres Anwendungsgebietes lahm gelegt.

Wenn in dem Urteil des erkennenden Senats vom 26. Februar 1903 gesagt wird, ein willkürliches Tun des Tieres liege in dem Falle nicht vor, wo „ein äußeres Ereignis auf den Körper oder die Sinne des Tieres mit einer Gewalt eingewirkt hat, welcher Tiere der in Frage kommenden Art nach physiologischen Gesetzen nicht widerstehen können", so ist dabei, wie die übrigen Ausführungen erkennen lassen, an Einwirkungen von außergewöhnlicher Art gedacht, ein ganz besonderes Maß der einwirkenden Gewalt vorausgesetzt, durch welches das tierische Tun ausgeschaltet würde. Im übrigen ist dort eine bestimmte Grenze nicht gezogen, und der Satz, daß es für die Haftung des Tierhalters gleichgültig sei, wodurch das willkürliche Tun des Tieres veranlaßt ist,

vgl. auch Goldmann u. Lilienthal, B.G.B. Bd. 1 2. Aufl. § 237 S. 914 Ziff. 4 u. Anm. 12,

würde neben der Auffassung wohl bestehen können, wonach bei einem von außen unwiderstehlich auf das Tier einwirkenden Zwang die Willkürlichkeit seines Tuns und damit die Verursachung durch das Tier ausgeschlossen wird. Ob und inwieweit der Begriff der höheren Gewalt für die Zurechnung des Erfolgs im Falle des § 833 B.G.B. von Bedeutung sei, braucht hier nicht erörtert zu werden; denn der plötzliche, die Wäsche aufblähende Windstoß, welcher nach der Darstellung des Beklagten das Scheuen der Pferde veranlaßt haben soll, würde keinenfalls als ein Ereignis gelten können, das jenen Begriff erfüllt. Es handelt sich hier nicht um ein ganz ungewöhnliches, außerhalb der Berechnung liegendes Vorkommnis, sondern um einen im ordentlichen Leben häufig eintretenden und vom Tierhalter zu gewärtigenden Zufall.

Mit Unrecht meint die Revision, das Berufungsgericht hätte aus der Eigenschaft der Pferde des Beklagten als ruhiger, älterer Tiere in Verbindung mit der außerordentlichen Wucht, mit der sie gegen den Pfeiler andrängten, den Schluß ziehen sollen, daß das Verhalten der Pferde seine Ursache in einem übermächtig einwirkenden Ereignis gehabt haben müsse. Der Berufungsrichter seinerseits hat jene Beschaffenheit der Pferde zu einer Folgerung in anderem Sinne verwertet. In Wahrheit kommt auf dieses Moment hier gar nichts an. Es mag unter Umständen für die Beurteilung der Frage, ob eine Schadenszufügung auf einen tierischen Verletzungsakt, oder auf eine andere Ursache zurückzuführen sei, im Einzelfall auch die normale Anlage oder Gewöhnung der betreffenden Tiergattung eine gewisse Bedeutung erhalten; allein grundsätzlich kann für die Anwendung des § 833 B.G.B. weder der Umstand entscheidend sein, ob das Verhalten des Tieres mit der allgemeinen Natur seiner Gattung im Widerspruch steht, noch auch (wie nach dem römischen Rechte der actio de pauperie,

vgl. Entsch. des R.G.'s in Zivils. Bd. 48 S. 260),

ein Fehler (vitium) des betreffenden Tieres als gesetzliche Voraussetzung betrachtet werden. Daß aber die größere oder geringere Empfindlichkeit der bestimmten Tierart oder Spezies allgemein den Maßstab für die rechtliche Bedeutung äußerer Einwirkungen auf das Tier abgebe, ist auch in der mehrerwähnten reichsgerichtlichen Entscheidung nicht ausgesprochen." ...

---

15. Kann ein Pfändungspfandrecht, wenn sich zur Zeit der Vornahme der Pfändung der Gegenstand derselben nicht im Eigentum des Schuldners befindet, durch späteren Eigentumserwerb des Schuldners konvaleszieren?

VII. Zivilsenat. Urt. v. 31. Januar 1905 i. S. v. A. (Kl. u. Widerbekl.) w. L. (Bekl. u. Widerkl.). Rep. VII. 321/04.

I. Landgericht Magdeburg.
II. Oberlandesgericht Naumburg a. S.

Gründe:

„Behufs Ausbeutung eines Kalkwerks auf einem Grundstücke, welches der Kläger an die Firma L. & M. verpachtet hatte, war von dieser Firma dort eine Lokomobile aufgestellt, welche jene von der Firma R. W. käuflich geliefert erhalten hatte, jedoch unter Vorbehalt des Eigentums der Verkäuferin bis zur völligen Tilgung des Kaufpreises. Dessen letzte Rate wurde am 27. Mai 1903 gezahlt. Am 7. Januar 1903 war die Lokomobile zugunsten des Beklagten als Gläubigers der Firma L. & M. gepfändet. Den Beklagten hat im April 1903 die Firma W. bei Vermeidung der Interventionsklage aufgefordert, die Lokomobile frei zu geben oder ihr Recht auf vorzugsweise Befriedigung aus dem Erlöse anzuerkennen. Der Beklagte tat dies letztere, und die Interventionsklage unterblieb. Nach dem 27. Mai 1903, also nach vollständiger Befriedigung der Firma W., wurde die Lokomobile, die inzwischen noch von anderen Gläubigern der Firma L. & M. gepfändet worden war, im Wege der Zwangsvollstreckung versteigert, und der Erlös mit 3158,75 *M* hinterlegt. Der Kläger hat wegen angeblich ihm geschuldeter Pachtraten, gestützt auf sein Verpächterpfandrecht, die Einwilligung der verschiedenen Pfandgläubiger zur Auszahlung des ganzen Versteigerungserlöses an ihn mit der gegenwärtigen Klage verlangt, während vom Beklagten L. im Wege der Widerklage die Befriedigung seiner durch die Pfändung gesicherten Forderung im Betrage vom 2548,40 *M* aus dem Erlöse begehrt ist. Das Landgericht hat die Klage gegen L. abgewiesen und der Widerklage stattgegeben. Diese Entscheidung ist vom Berufungsgericht bestätigt, welches hierfür zwei selbständige Gründe gegeben hat. Zunächst ist ausgeführt, auch an nicht im Eigentum des Schuldners stehenden Gegenständen werde durch die Pfändung sofort gegen jeden Nichtwiderspruchsberechtigten vollwirksames Pfandrecht für die Gläubiger erworben; das gesetzliche Pfandrecht des Verpächters gelange dagegen nicht schon mit der Illation, sondern erst mit dem Eigentumserwerbe seitens des Pächters zur Entstehung; deshalb gehe das zugunsten des Beklagten schon am 7. Januar 1903 entstandene Pfandrecht, da der Kläger nicht zu den Widerspruchsberechtigten zu jenem Zeitpunkt gehört habe, dem erst am 27. Mai 1903 dem Kläger erworbenen Verpächterpfandrechte vor. Sodann ist gesagt, durch nachträgliche Genehmigung der erfolgten

Pfändung seitens des Eigentümers, wie solche in dem Übereinkommen zwischen dem Beklagten und der Firma W. vom April 1903 zu finden sei, oder auch durch nachträglichen Eigentumserwerb seitens des Schuldners (27. Mai 1903) konvaleszierε das Pfändungspfandrecht mit Rückbeziehung auf den Bestellungszeitpunkt, weil Vollstreckungsakte den rechtsgeschäftlichen Verfügungen gleichstünden und danach auch unter den § 185 B.G.B. fielen; nicht dagegen trete die Konvaleszenz ein bezüglich des gesetzlichen Pfandrechts, weil § 1257 a. a. O. ein bereits entstandenes gesetzliches Pfandrecht voraussetze, und die Illation kein rechtsgeschäftlicher Akt sei. Auch deshalb gehe das auf den 7. Januar 1903 zurückzudatierende Pfändungspfandrecht des Beklagten dem erst mit dem 27. Mai 1903 zur Entstehung gelangten, damals aber schon mit dem Pfändungspfandrechte des Beklagten belasteten Verpächterpfandrechte des Klägers vor.

Die Revision, mit der der Klagantrag aufrecht erhalten wird, ist beiden Gründen des Berufungsurteils entgegen getreten. Derselben kann in gewissem Umfange der Erfolg nicht versagt werden.

Das Pfändungspfandrecht unterliegt in betreff seiner Voraussetzungen und Wirkungen den allgemeinen Vorschriften über Pfandrechte. Danach greift der Satz Platz, daß die Sache, damit das Pfandrecht zur Entstehung gelange, zu dem Vermögen des Schuldners gehören muß.

Vgl. Entsch. des R.G.'s in Zivils. Bd. 22 S. 270.

Es ist demnach, da die Nichtwirksamkeit eines Pfändungspfandrechts, welches sich auf einen nicht im Eigentum des Schuldners stehenden Gegenstand bezieht, nach dem Gesagten nicht bloß gegenüber den Widerspruchsberechtigten, sondern allgemein Bedeutung hat, der erste Entscheidungsgrund der Vorinstanz für hinfällig zu erachten.

Was die weitere Begründung des Berufungurteils betrifft, so kann die Annahme nicht gebilligt werden, daß der § 185 B.G.B. auch auf den Erwerb eines Pfändungspfandrechts Anwendung finde. Nur rechtsgeschäftliche Verfügungen stehen bezüglich der an jenem Orte gegebenen Vorschriften in Frage, wie sich klar aus den Worten und daraus ergibt, daß an dieser Stelle nicht wie in vielen anderen Fällen der rechtsgeschäftlichen Verfügung eine solche gleichgestellt ist, welche im Wege der Zwangsvollstreckung, der Arrestvollziehung oder durch den Konkursverwalter erfolgt.

Vgl. Neumann, B.G.B. 2. Aufl. Bd. 1 S. 45 unter 5c. Dennoch muß die Annahme als geboten erscheinen, daß ein Pfändungspfandrecht, welches sich auf eine bei Vornahme der Pfändung dem Schuldner nicht gehörige Sache bezieht, für den Fall, daß dieses Hindernis während Bestehens der Pfändung wegfällt, mit dem Zeitpunkt dieses Wegfallens wirksam wird. Es kommt hierbei in Betracht, daß es sich in dem in Rede stehenden Falle nicht um eine vom Gesetz für unzulässig erklärte Pfändung handelt, die eine Wirkung zu äußern überhaupt nicht imstande ist, wie solches sich bezüglich der im Widerspruch mit § 865 Abs. 2 Z.P.O. vorgenommenen Pfändung verhält (Jurist. Wochenschr. 1904 S. 575 Nr. 10). Eine gegenteilige, die Konvaleszenzmöglichkeit mit der hervorgehobenen beschränkten Wirkung ausschließende Auffassung würde allgemeinen Rechtsanschauungen, sowie dem oben hervorgehobenen Satze widersprechen, daß das Pfändungspfandrecht in betreff seiner Voraussetzungen den für alle Pfandrechte geltenden Vorschriften unterliegt. Ob von diesem Standpunkte aus auch anzunehmen ist, daß die gleichzeitige oder nachträgliche Genehmigung der an einer dem Schuldner nicht gehörigen Sache vorgenommenen Pfändung durch den Eigentümer das Wirksamwerden des Pfandrechts hervorruft, kann dahingestellt bleiben. Es hat nämlich die Vorinstanz zwar eine solche Genehmigung mit Rücksicht auf die im April 1903 zwischen dem Beklagten und W. stattgehabten Verhandlungen, die oben dargestellt sind, als vorliegend angenommen. Jedoch kann in dem, was damals vorgekommen, die erforderliche bedingungslose Genehmigung im Hinblick auf den bezüglich seiner Befriedigung seitens des W. gemachten Vorbehalt nicht gefunden werden. Jedenfalls tritt nun aber die Konvaleszenz mit dem Zeitpunkt ein, in welchem der Schuldner das Eigentum an der fraglichen Sache erwirbt. Speziell dann muß dies gelten, wenn der Schuldner, wie hier, die Sache vor der Pfändung mit Vorbehalt des Eigentums für den Verkäufer gekauft, also unter einer Suspensivbedingung erworben hatte, und diese alsdann eintritt. Dies lag hier mit dem Augenblick vor, in welchem W. die letzte Rate des Kaufpreises für die Lokomobile erhielt, also mit dem 27. Mai 1903. Im gleichen Zeitpunkte wurde aber auch dem Kläger das Verpächterpfandrecht zur Sicherung seines angeblichen Anspruchs erworben. Die danach vorliegende Konkurrenz der Pfandrechte sowohl des Klägers als des Beklagten hat zur Folge, daß eine der Größe ihrer Forderungen entsprechende Verteilung des bei der Versteigerung der Lokomobile erzielten Erlöses unter den Parteien stattzufinden hat." ...

---

16. 1. Ist bei Anwendung des Art. 169 Satz 1 Einf.-Ges. zum B.G.B. auf einen vor dem Inkrafttreten des Bürgerlichen Gesetzbuches entstandenen, zu diesem Zeitpunkte noch nicht verjährten Anspruch für Ausführung von Arbeiten oder Besorgung fremder Geschäfte die für die Anwendung der Nr. 1 statt der Nr. 7 des § 196 Abs. 1 B.G.B. maßgebende Frage, ob der Anspruch der eines Kaufmanns ist, nach dem früheren oder dem jetzt geltenden Rechte zu beurteilen?

2. Fällt ein Vertrag wegen Übernahme von Bohrungen für bergbauliche Zwecke unter die in Art. 275 des früheren Handelsgesetzbuchs bezeichneten Verträge?

III. Zivilsenat. Urt. v. 31. Januar 1905 i. S. Kl. (Kl. u. Widerbekl.) w. Kr. (Bekl. u. Widerkl.). Rep. III. 301/04.

I. Landgericht Hannover.
II. Oberlandesgericht Celle.

Die Beklagte hatte Anfang Oktober 1902 in einem an den Kläger gerichteten Briefe behauptet, daß ihr aus der Übernahme einer Bürgschaft des Klägers für die Verbindlichkeiten des Dr. Sch. in H. gegen sie aus der Ausführung von Bohrungen ein Anspruch von insgesamt 4443,83 ℳ gegen ihn, den Kläger, zustehe. Der Kläger bestritt das Bestehen eines solchen Anspruchs und erhob Klage auf Feststellung dahin, daß der Beklagten keine Forderung, insbesondere keine in Höhe jenes Betrages aus Bohrungen, gegen ihn zustehe.

Die Beklagte behauptete hiergegen, sie habe vom Dezember 1898 bis April 1899 im Auftrage des Dr. Sch. in N.-V. Bohrungen ausgeführt, und Anfang 1899 habe dieser ihr Bohrungen nach Steinkohlen in der Gemarkung D. übertragen. Für diese Arbeiten habe sie mit Einschluß der Kosten zweier im April 1899 und im Dezember 1900 gegen Sch. erwirkter Zahlungsbefehle von diesem an vereinbartem und angemessenem Lohn insgesamt 4092,90 M zu fordern. Wegen dieser Schuld nahm sie auf Grund der behaupteten Bürgschaftsübernahme, da Sch. gänzlich vermögenslos sei, den Kläger in Anspruch und beantragte widerklagend, ihn zur Zahlung jenes Betrages nebst Zinsen zu 4 Prozent seit dem 13. Februar 1903 zu verurteilen.

Der Kläger verteidigte sich hiergegen unter anderem mit der Einrede der Verjährung, da die Forderungen der Beklagten nach ihrer eigenen Angabe 1899 entstanden seien, die Widerklage aber erst am 13. Februar 1903 erhoben, mithin damals die sowohl nach dem hannoverschen Verjährungsgesetze wie nach dem Bürgerlichen Gesetzbuche zwei Jahre betragende Verjährungsfrist abgelaufen gewesen sei.

Die Beklagte hielt die Einrede der Verjährung nicht für begründet. Sie selbst sei als Kaufmann oder doch als Handwerker gemäß § 196 Abs. 1 Nr. 1 B.G.B. zu betrachten. Ihr Geschäft bestehe darin, daß sie in nicht unerheblichem Umfange Bohrungen für andere übernehme. Ihre Firma sei mindestens schon seit 1897 im Handelsregister eingetragen. Die Bohrungen für Dr. Sch. seien aber für dessen Gewerbebetrieb, der in bergbaulichen Unternehmungen zur Gewinnung von Kali, Steinkohlen, Eisenerzen und Erdöl bestanden habe, ausgeführt. Ihre Forderungen unterlägen deshalb nicht der zwei-, sondern der vierjährigen Verjährung.

Das Landgericht wies, indem es die Einrede der Verjährung für durchgreifend erachtete, die Widerklage ab und stellte auf die Klage fest, daß der Beklagten gegen den Kläger keine Ansprüche aus Bohrungen in D. und N.-B. zuständen.

Zur Begründung der hiergegen eingelegten Berufung machte die Beklagte noch geltend, sie halte auch ein Lager von Pumpen aller Art, Feuer- und Gartenspritzen 2c, sie kaufe diese Waren gewerbsmäßig in der Absicht ein, sie weiter zu veräußern; andererseits sei sie zur Zwangsinnung der Klempner herangezogen worden.

Das Oberlandesgericht hat die Berufung zurückgewiesen.

Die hiergegen von der Beklagten und Widerklägerin eingelegte Revision wurde zurückgewiesen aus folgenden

Gründen:

„Das Berufungsgericht hat in wesentlicher Übereinstimmung mit dem Landgericht die Einrede der Verjährung dem Widerklaganspruche gegenüber für durchgreifend erachtet, indem es angenommen hat, daß die angebliche Hauptschuld des Dr. Sch. der zweijährigen Verjährung unterworfen, diese aber schon vor der Erhebung der Widerklage abgelaufen gewesen sei, und hierauf auch der als Bürge in Anspruch genommene Kläger sich einredeweise zu berufen befugt sei. Die Begründung des angefochtenen Urteils läßt keinen Rechtsirrtum erkennen.

Da die Forderungen der Beklagten gegen Sch. nach ihrer Behauptung spätestens im Jahre 1899 entstanden waren, so unterlagen sie zunächst auch in Ansehung der Verjährung dem früheren Rechte, und zwar fanden darauf, wie das Berufungsgericht annimmt, § 2 Nr. 1 und § 5 des hannoverschen — nicht revisibelen — Gesetzes über die Verjährung vom 22. September 1850 Anwendung, wonach „die Forderungen der Handel- und Gewerbetreibenden"... „für Waren und Arbeiten in zwei Jahren verjährten, und die Verjährung „mit dem auf den festgesetzten Zahlungstag"... folgenden letzten Dezember, und, wenn ein Zahlungstag nicht verabredet war, mit dem letzten Dezember desjenigen Jahres, in welchem die Klage entstanden" war, zu laufen begann. Die Ansprüche der Beklagten gegen Sch. hatten demnach, wie auch das Berufungsgericht weiter annimmt, zwar gerade noch vor dem Inkrafttreten des Bürgerlichen Gesetzbuchs zu verjähren begonnen, die Verjährung war aber in diesem Zeitpunkte noch nicht vollendet. Es griff deshalb in bezug auf sie von da ab der Art. 169 Einf.-Ges. zum B.G.B. Platz, wonach die Vorschriften dieses Gesetzbuchs über die Verjährung auf die vor dessen Inkrafttreten entstandenen, noch nicht verjährten Ansprüche Anwendung finden. Demgemäß bestimmte sich vom 1. Januar 1900 ab die Verjährung der Ansprüche der Beklagten nach den Vorschriften des § 196 B.G.B. Bei deren Anwendung kommen nun zwei Bestimmungen denkbarerweise in Betracht. Nach Abs. 1 Nr. 1 verjähren „die Ansprüche der Kaufleute, Fabrikanten, Handwerker und derjenigen, welche ein Kunstgewerbe betreiben, für Lieferung von Waren, Ausführung von Arbeiten und Besorgung fremder Geschäfte" in zwei Jahren, „es sei denn, daß die Leistung für den Gewerbebetrieb des Schuldners erfolgt", ein Fall, in welchem nach Abs. 2 die Ansprüche erst in vier Jahren verjähren. Die Nr. 7 dagegen unterwirft die Ansprüche „derjenigen, welche, ohne zu den in Nr. 1 bezeichneten Personen zu gehören, die

Besorgung fremder Geschäfte oder die Leistung von Diensten gewerbsmäßig betreiben, wegen der ihnen aus dem Gewerbebetriebe gebührenden Vergütungen" der zweijährigen Verjährung schlechthin, also ohne jene bei Nr. 1 gemachte Ausnahme zuzulassen.

Das Berufungsgericht hat nun für die mögliche Anwendung der Nr. 1 in Abs. 1 des § 196 B.G.B. zuvörderst geprüft, ob die Beklagte als Fabrikant, Handwerker oder Kunstgewerbetreibender zu betrachten sei, und ist ohne ersichtlichen Rechtsirrtum zur Verneinung dieser Fragen gelangt, indem es namentlich die Handwerkereigenschaft der Beklagten deshalb geleugnet hat, weil nach ihren eigenen Anführungen ihr Betrieb über den Umfang des Handwerks hinausgehe. Die Revision hat hiergegen auch keinen besonderen Angriff gerichtet. Sodann hat das Gericht untersucht, ob die Beklagte als Kaufmann im Sinne des § 196 Abs. 1 Nr. 1 anzusehen sei, und hat mit Rücksicht darauf, daß dieser Begriff im neuen Handelsgesetzbuche durch die Vorschriften seiner §§ 2 und 3 eine beträchtliche Erweiterung gegenüber demjenigen nach dem früheren Handelsgesetzbuche erfahren hat, und die Beklagte sich für ihre Kaufmannseigenschaft gerade auf den § 2 des neuen Handelsgesetzbuchs berufen hat, erörtert, ob für den vorliegenden Fall der Begriff nach dem früheren, oder dem jetzt geltenden Handelsgesetzbuche zu bestimmen sei. Es hat diese Frage zugunsten der ersten Alternative entschieden, und auch darin ist ihm, entgegen den Ausführungen der Revision, beizutreten. Um die Bedeutung der Worte des Gesetzes: „In zwei Jahren verjähren die Ansprüche der Kaufleute ... für Lieferung von Waren, Ausführung von Arbeiten und Besorgung fremder Geschäfte" a. a. O. für den vorliegenden Fall richtig zu würdigen, muß zunächst ermittelt werden, welcher Sinn dieser Vorschrift für die Fälle zukommt, die ausschließlich nach dem neuen bürgerlichen Rechte zu beurteilen sind, bei denen also die Frage, ob und inwieweit etwa das frühere Recht anzuwenden ist, gar nicht aufgeworfen werden kann. Für diese Fälle aber läßt sich nicht daran zweifeln, daß der Anspruch eines Kaufmanns für Leistungen jener Art nur dann vorliegt, wenn der Leistende zur Zeit der Lieferung der Waren, zur Zeit der Ausführung der Arbeiten oder der Besorgung fremder Geschäfte, also zur Zeit der Entstehung der Forderung, Kaufmann war. Denn die besondere gesetzgeberische Behandlung dieser

Ansprüche beruht eben wesentlich mit darauf, daß der Leistende gerade zu dieser Zeit einer der in der Nr. 1 bezeichneten Gruppen von Gewerbetreibenden angehörte, weil es sich nur bei solchen Forderungen regelmäßig um Ansprüche des täglichen Verkehrs handelt, die eine rasche Abwicklung erheischen. Der nachträgliche Erwerb der Kaufmannseigenschaft durch den, der zur Zeit der Lieferung der Waren oder der Ausführung der Arbeiten noch nicht Kaufmann war, kann nicht rückwirkend die Forderung zu einer solchen eines Kaufmanns machen; denn es gehört eben zum rechtlichen Charakter der Forderung im Sinne des § 196 Abs. 1 Nr. 1, daß sie als die eines Kaufmanns entstanden ist. Was aber hiernach von dem nachträglichen Erwerbe der Kaufmannseigenschaft in Fällen der soeben bezeichneten Art auf Grund einer und derselben Gesetzgebung gilt, das muß auch von der nachträglichen Erlangung dieser Eigenschaft Geltung haben, die erst durch einen Wechsel in der Gesetzgebung ermöglicht worden ist. Denn entscheidend muß immer bleiben, daß für die Kaufmannseigenschaft im Sinne jener Vorschrift die Zeit der Entstehung des Anspruchs maßgebend ist. Daraus folgt, daß die rechtlichen Erfordernisse zur Erfüllung des Begriffes „Kaufmann" nach dem zur Zeit der Entstehung der Ansprüche in Geltung gewesenen Rechte zu bestimmen sind. Wollte man hierbei die Änderung der Gesetzgebung, die — wie im vorliegenden Falle — später eintrat, und vermöge deren der Gläubiger die ihm bis dahin fehlende Eigenschaft eines Kaufmanns erlangte, berücksichtigen, so würde damit, wie das Berufungsgericht mit Recht ausführt, auch den außerhalb der Lehre von der Verjährung stehenden Bestimmungen des Bürgerlichen Gesetzbuchs, sofern sie nur zu jener in irgendwelcher Beziehung stehen, rückwirkende Kraft für die Zeit vor Eintritt der Geltung des Bürgerlichen Gesetzbuchs beigelegt werden. Daß dies nicht der Absicht entspräche, die bei Aufstellung der Vorschrift des Art. 169 Einf.-Ges. zum B.G.B. obgewaltet hat, ergibt eine Bemerkung aus der Begründung zu Art. 102 des Entwurfs des Einführungsgesetzes, der — und darauf beruht die Verwertbarkeit dieser Bemerkung auch für die Absicht des Gesetzes selbst — demnächst in der Hauptsache unverändert zu Art. 169 des Einführungsgesetzes erhoben ist:

„Der unter der Herrschaft des bisherigen Rechts abgelaufene Teil der Verjährung kann, soweit er überhaupt zu berücksichtigen ist, worüber das neue Recht entscheidet, nur so Berücksichtigung finden, wie er gemäß dem bisherigen Rechte sich gestaltet hat. Dem Bürgerlichen Gesetzbuche darf nicht Geltung für eine Zeit beigelegt werden, in welcher es nicht gegolten hat."

Demgemäß ist die für die Anwendung des § 196 Abs. 1 Nr. 1 B.G.B. maßgebende Frage, ob die Ansprüche der Beklagten gegen Sch. als Ansprüche eines Kaufmanns zu betrachten sind, nach dem früheren, nicht nach dem Rechte des Bürgerlichen Gesetzbuchs zu beurteilen. Auch in bezug auf die Beantwortung der Frage selbst aber ist den Ausführungen des Berufungsgerichts durchweg beizupflichten. Daß die Ausführung von Bohrungen für bergbauliche Zwecke sich insbesondere weder als Betrieb eines sog. absoluten Handelsgeschäfts nach Art. 271, noch als der eines sog. relativen nach Art. 272 des früheren Handelsgesetzbuchs darstellt, bedarf keiner Ausführung. Daß die Beklagte ferner zwar in Ansehung des von ihr betriebenen Handels mit Pumpen, Feuer- und Gartenspritzen u. dgl. als Kaufmann anzusehen war, hat auch das Berufungsgericht mit Recht angenommen. Es hat aber zugleich zutreffend ausgeführt, daß hieraus noch nicht ihre Eigenschaft als Kaufmann auch für das von ihr betriebene Tiefbohrgeschäft folge, daß vielmehr hiernach die Beklagte mehrere Gewerbe betrieben habe, das eines Bohrunternehmers und das eines Händlers mit Geräten verschiedener Art, und daß sie nur für dieses, nicht aber auch für jenes als Kaufmann anzusehen gewesen sei.

Vgl. Staub, 4. Aufl., § 4 zu Art. 4 des früheren Handelsgesetzbuchs.

Diese rechtliche Auffassung entspricht ersichtlich um so mehr der Sachlage, als hiernach das Tiefbohrgeschäft gerade den Hauptteil des ganzen Gewerbebetriebes der Beklagten bildete.

Ohne Rechtsirrtum hat das Berufungsgericht auch die Frage verneint, ob etwa mit Rücksicht darauf, daß hiernach die Beklagte für das eine der beiden von ihr betriebenen Gewerbe die Eigenschaft als Kaufmann besessen habe, vermöge der gesetzlichen Vermutungen der Artt. 273 und 274 für die hier vorliegenden Ansprüche der Beklagten anzunehmen sei, daß sie aus sog. akzessorischen Handelsgeschäften herrührten und deshalb als Ansprüche eines Kaufmanns zu betrachten seien. Mit Recht hat es in dieser Beziehung den Art. 275

des früheren Handelsgesetzbuchs für entscheidend erklärt, weil hiernach der in Art. 274 vorausgesetzte Zweifel, ob der von einem Kaufmann geschlossene Vertrag zum Betriebe seines Handelsgewerbes gehöre, überhaupt nicht bestehe, da Verträge über unbewegliche Sachen nach jener Vorschrift absolute Nichthandelsgeschäfte seien. Die Revision hat zwar diese Ausführung als rechtlich unhaltbar angegriffen. Indessen mit Unrecht. Sie meint, es handle sich dabei um die Übernahme von Arbeiten, die für eine unbewegliche Sache nur bestimmt seien, aber nicht um Verträge über eine unbewegliche Sache selbst. Allein in Wirklichkeit stehen dabei Arbeiten an einem Grundstücke in Frage, die, auch wenn ihre Übernahme sich nicht gerade als ein Werkvertrag darstellt, durch die Dienstleistung also kein bestimmter Erfolg herbeigeführt werden soll — wie es bei Bohrungen vielfach der Fall ist, wenn das Maß der Arbeiten lediglich von dem Ermessen des Dienstberechtigten abhängt —, doch in jedem Falle den Zweck verfolgen, die Substanz des Grundstücks, wenn auch nur in geringem Maße, zu verändern.

Vgl. Staub, a. a. O. § 5 zu Art. 275 § 3 zu Art. 272 des früheren Handelsgesetzbuchs.

Dem Umstande endlich, daß die Beklagte, wie sie behauptet, schon seit dem Jahre 1897, und zwar, wie anzunehmen, in bezug auf ihren gesamten Gewerbebetrieb, im Handelsregister eingetragen war, hat das Berufungsgericht mit Recht keine Bedeutung für die Entscheidung der Frage beigelegt, ob die Beklagte zur Zeit der Ausführung der Bohrarbeiten die Eigenschaft als Kaufmann besessen habe. Das maßgebende frühere Handelsgesetzbuch enthielt keine dem § 2 des neuen entsprechende Bestimmung, wonach ein gewerbliches Unternehmen, das nach Art und Umfang einen in kaufmännischer Weise eingerichteten Geschäftsbetrieb erfordert, auch wenn die Voraussetzungen des § 1 Abs. 2 nicht vorliegen, also kein sog. reines Handelsgewerbe betrieben wird, als Handelsgewerbe im Sinne dieses Gesetzes gilt, sofern die Firma des Unternehmers in das Handelsregister eingetragen ist, wonach also unter dieser Voraussetzung auch dem Unternehmer nach § 1 Abs. 1 die Eigenschaft als Kaufmann zukommt. Unbedenklich erlangte zwar infolge jener schon vor dem Inkrafttreten des neuen Rechts erfolgten Eintragung im Handelsregister die Beklagte ohne weiteres mit dem Eintritte der Geltung des neuen Handelsgesetzbuchs auf Grund des § 2 und des § 1 Abs. 1 des letzteren jene Eigenschaft, und insofern ist der Hinweis der Revision auf das Urteil des I. Zivilsenats des Reichsgerichts vom 25. Januar 1902,

vgl. Entsch. des R.G.'s in Zivils. Bd. 50 S. 154,

zutreffend. Allein daraus folgt nicht, daß auch für die hier allein maßgebende frühere Zeit die Beklagte bereits als Kaufmann zu betrachten, oder daß die Frage, ob sie diese Eigenschaft erworben habe, auch für Fälle der vorliegenden Art, wie die Revision meint, nur nach dem neuen Rechte zu beurteilen wäre. Vielmehr war für die frühere Zeit die Eintragung der Beklagten im Handelsregister, soweit es sich dabei um das Tiefbohrgeschäft handelte, rechtlich bedeutungslos und nicht geeignet, ihr die materiell fehlende Kaufmannseigenschaft zu verleihen.

Daraus folgt, daß das Berufungsgericht mit Recht die Anwendung des § 197 Abs. 1 Nr. 1 B.G.B. auf die Ansprüche der Beklagten gegen den Hauptschuldner Sch. für ausgeschlossen, dagegen den Fall der Nr. 7 dort für gegeben erachtet hat. Dann unterlagen aber die Ansprüche, auch wenn die Leistungen für den Gewerbebetrieb des Dr. Sch. erfolgt waren, der zweijährigen Verjährung, und diese war, da sie spätestens mit dem 31. Dezember 1899 begonnen hatte (Art. 169 Abs. 1 Satz 2 Einf.-Ges. zum B.G.B.), vor dem 13. Februar 1903, dem Tage der Erhebung der Widerklage, abgelaufen." ...

---

17. Verstößt derjenige, der nicht in die Liste der Patentanwälte eingetragen und auch gemäß § 17 des Reichsgesetzes, betr. die Patentanwälte, vom 21. Mai 1900 von dem Vertretungsgeschäft vor dem Patentamte ausgeschlossen ist, gegen § 19 dieses Gesetzes, wenn er seine zur Besorgung fremder, zum Geschäftskreise des Patentamts gehöriger Angelegenheiten bestimmte Geschäftsstelle als „Patentbureau" bezeichnet?

Patentanwaltsgesetz § 19.

II. Zivilsenat. Urt. v. 31. Januar 1905 i. S. Dr. W. u. Gen. (Kl.) w. W. (Bekl.). Rep. II. 345/04.

I. Landgericht Dresden.
II. Oberlandesgericht daselbst.

Die Frage wurde in Übereinstimmung mit den Vorinstanzen verneint.

Aus den **Gründen**:

„Das Oberlandesgericht hat nicht verkannt, daß § 19 des Patentanwaltgesetzes vom 21. Mai 1900, worauf die Klage an erster Stelle gestützt ist, wie der Wortlaut und die Motive ergeben, dem § 147 Ziff. 3 Gew.O. nachgebildet ist, und es daher nahe liegend sei, die zu diesem letzteren Gesetze ergangene Rechtsprechung zu berücksichtigen, welche die Benutzung eines arztähnlichen Titels schon in der Ankündigung eines Gewerbebetriebes oder Instituts in Verbindung mit dem Namen des Ankündigenden gefunden hat; allein es hat eine Ausdehnung dieser Rechtsprechung auf § 19 wegen der Verschiedenheit der Sachlage bei einerseits geprüften Medizinalpersonen und andererseits Patentanwälten zur Zeit nicht als angängig erachtet. Es hat in dieser Beziehung ausgeführt, seit Geltung des Patentgesetzes von 1877 seien eine große Zahl von Patentbureaus entstanden, deren Inhaber im freien Gewerbebetriebe allgemein zur Vertretung der Interessenten vor dem Patentamte und zur Wahrnehmung ihrer Geschäfte daselbst zugelassen gewesen seien, und von denen sich einzelne schon damals, wenn auch ohne rechtliche Bedeutung, Patentanwälte genannt hätten, daß auch jetzt noch Patentanwälte, die in die Liste eingetragen seien, die Bezeichnung „Patentbureau“ benutzten und dabei nicht nur die Vertretung vor dem Patentamte, sondern auch sonstige vor demselben zur Erledigung kommende Geschäfte für andere betrieben, und daß endlich das Vertretungsgeschäft nach § 17 des Patentanwaltgesetzes auch von solchen Personen ausgeübt werden dürfe, welche nicht die Vorbedingungen für die Erlangung des Titels eines Patentanwalts erfüllt hätten und nicht in die Liste eingetragen seien. Die Sachlage sei daher eine ganz andere als bei § 147 Ziff. 3 der Gewerbeordnung. Dort handele es sich um den festen Begriff einer geprüften Medizinalperson; hier dagegen hätten zwei Klassen von Personen die Befugnis, andere vor dem Patentamte zu vertreten, und die Bezeichnung „Patentbureau“ sei mehrdeutig, sie könne dahin verstanden werden, daß der Inhaber ein Patentanwalt sei; sie könne aber und werde vom Publikum häufig lediglich so aufgefaßt werden, der Inhaber sei befugt, vor dem Patentamte zu vertreten; ob er in die Liste eingetragen sei, werde einem großen Teil des Publikums ganz gleichgültig sein. Diese tatsächlichen und rechtlichen Ausführungen sind nicht zu beanstanden. Wenn nun hieran anschließend das Oberlandesgericht als entscheidend den Satz ausgesprochen hat: „Nach alledem muß davon ausgegangen werden, daß der Titel Patentanwalt zur Zeit wenigstens noch nicht die Bedeutung gewonnen hat, die dem Arzttitel beigelegt wird, und schon aus diesem Grunde ist es bedenklich, die Bezeichnung Patentbureau im Anschluß an die zu § 147 Ziff. 3 der Gewerbeordnung ergangene Judikatur als einen patentanwaltähnlichen Titel anzusehen", und letzteres verneint hat, so ist den Klägern (Revisionsklägern) allerdings zuzugeben, daß das Oberlandesgericht übersehen hat, daß der Begriff „Patentanwalt" in § 1 des Gesetzes vom 21. Mai 1900 gesetzlich festgelegt ist, demgegenüber eine anderweite Auffassung des Publikums von dem Worte Patentanwalt nicht in Betracht kommen kann. Allein in gegenwärtiger Sache handelt es sich nicht um diese Bezeichnung, sondern darum, ob das Wort „Patentbureau" eine dem Titel „Patentanwalt" ähnliche Bezeichnung enthält. Dieses hat aber das Oberlandesgericht mit Recht verneint. Denn wie seine oben angeführten, nicht zu beanstandenden Darlegungen ergeben, versteht das Publikum den durch „Patentbureau" zur allgemeinen Kenntnis gebrachten Geschäftsbetrieb nicht als einen solchen, der nur den Patentanwälten im gesetzlichen Sinne vorbehalten ist, und dabei kann nicht von Erheblichkeit sein, daß vielleicht der eine oder andere eine abweichende Auffassung hat. Auch sprachlich enthält die Bezeichnung „Patentbureau" keinen Hinweis auf „Patentanwalt", sie deutet nur auf jemanden hin, der sich gewerblich mit Patentangelegenheiten beschäftigt. Anders könnte die Rechtslage zu beurteilen sein, wenn, was gegenwärtig nicht der Fall ist, es sich um die Bezeichnung Patentanwaltsbureau handelte. Das gewonnene Resultat steht übrigens, wie auch der Berufungsrichter hervorgehoben hat, im Einklang mit den Motiven zu § 19, worin ausdrücklich gesagt ist, Bezeichnungen, die zwar auf eine Tätigkeit in Patentangelegenheiten, nicht aber auf einen anwaltschaftlichen Verkehr mit der Behörde hinweisen, z. B. Patentagent, Patentbureau, müßten der freien Benutzung überlassen bleiben." ...

---

18. Ist die Bestimmung in einem Sukzessivlieferungsvertrage, daß die Zahlung am Ende jeder Empfangswoche zu erfolgen habe, eine Bestimmung nach dem Kalender im Sinne des § 284 Abs. 2 Satz 1 B.G.B., die zur Folge hat, daß der Schuldner ohne Mahnung in Verzug kommt?

II. Zivilsenat. Urt. v. 31. Januar 1905 i. S. B. (Kl.) w. F. (Bekl.). Rep. II. 205/04.

I. Landgericht Dortmund.
II. Oberlandesgericht Hamm.

Die Frage wurde verneint aus folgenden

Gründen:

„Die Annahme und Begründung im Eingang des Urteils, daß der Beklagte sich im Zahlungsverzug befunden habe, und der Kläger daher mit Recht auf Grund des § 326 B.G.B. von den fraglichen Abschlüssen zurückgetreten sei, kann jedenfalls, was den Zahlungsverzug anlangt, nicht gebilligt werden. Der Beklagte war allerdings nach den getroffenen Feststellungen dauernd mit den Zahlungen, die nach den Verträgen am Ende jeder Empfangswoche erfolgen mußten, im Rückstand. Wenn das Oberlandesgericht aber den Zahlungsverzug auf Grund des § 284 Abs. 2 Satz 1 B.G.B., wonach es zum Eintritt des Verzuges einer besonderen Mahnung nicht bedarf, wenn für die Leistung eine Zeit nach dem Kalender bestimmt ist, annimmt, so kann dem nicht beigepflichtet werden. Die Bestimmung, daß die Zahlung am Ende jeder Empfangswoche zu erfolgen habe, ist keine Zeitbestimmung nach dem Kalender im Sinne der erwähnten Vorschrift, weil sie einen bestimmten, an sich nach dem Kalender zu berechnenden Tag nicht ergibt, vielmehr noch von dem Eintritt eines sonstigen Ereignisses abhängig ist. Die Bestimmung in Satz 2 des § 284 Abs. 2 a. a. O., wonach das gleiche wie nach Satz 1 gilt, wenn der Leistung eine Kündigung vorauszugehen hat, und von dieser ab die Leistungszeit kalendermäßig zu berechnen ist, ist nicht ausdehnend auszulegen und nicht auf Fälle anzuwenden, in denen die Berechnung des Tages nach einem anderen, an sich ungewissen Ereignis erfolgen kann, wie dies sowohl in der Begründung des ersten Entwurfs (Bd. 2 S. 57), wie namentlich auch bei den Beratungen der II. Kommission (Metallographierte Protokolle S. 8421) unzweideutig zum Ausdruck gebracht wurde. Auch die vornehmlichsten Kommentare zum Bürgerlichen Gesetzbuch stehen auf dem hier vertretenen Standpunkt.

Vgl. u. a. Planck zu § 284 Nr. 6; Rehbein, S. 120 Nr. 111. Einen Verzug auf Grund einer besonderen Mahnung hat aber das Oberlandesgericht nicht festgestellt, und dem Revisionsgericht ist es entzogen, in dieser Hinsicht in eine Prüfung des vorliegenden tatsächlichen Materials einzutreten.“ . . .

---

19. Bedeutung des Zusatzes „im Beistande des Ehemannes“ zu der Klage einer Ehefrau im gesetzlichen Güterstande bezüglich eines zum eingebrachten Gute gehörenden Rechts.

Z.P.O. § 253 Ziff. 1.
B.G.B. § 1400 Abs. 2.

V. Zivilsenat. Urt. v. 1. Februar 1905 i. S. Sk. und Gr. (Bekl.) w. Ehefr. F. im Beistand ihres Ehemannes (Kl.). Rep. V. 344/04.

I. Landgericht Beuthen O./S.
II. Oberlandesgericht Breslau.

In einer Klage, die bezeichnet war als Klage „der Frau Fleischermeister F. im Beistand ihres Ehemannes Josef F.“, focht die Klägerin den von ihr vorgenommenen Verkauf eines Grundstücks an die beiden Beklagten wegen Betrugs an. Sie wollte durch arglistige Täuschung über das Rangverhältnis einer ihr in Zahlung gegebenen Hypothek zur Auflassung ihres Grundstücks an die Käufer bewogen worden sein; namentlich behauptete sie, daß die Beklagten ihre Bedenken gegen die Auflassung einige Zeit vorher durch die Versicherung, daß die Hypothek den versprochenen Rang haben werde, beschwichtigt, ihr dann aber bei der Auflassung arglistig verschwiegen hätten, daß dies nicht der Fall war. Darüber war ihr in der Berufungsinstanz ein richterlicher Eid auferlegt worden. Die Revision der Beklagten wurde vom Reichsgericht zurückgewiesen.

Aus den Gründen:

... „Daß in der Tat die Beklagten die Klägerin in der erwähnten Weise beschwichigt haben, sieht der Berufungsrichter auf Grund der Aussage des als Zeugen vernommenen Ehemannes der Klägerin für so weit bewiesen an, daß er zur Ergänzung des Beweises der Klägerin darüber noch einen richterlichen Eid anvertraut. Auch darüber beschwert sich die Revision; sie hält die Aussage des Mannes für unbeachtlich, weil der Mann Prozeßpartei sei und darum gar nicht als Zeuge habe vernommen werden dürfen. Das ist jedoch ein Irrtum; der Ehemann der Klägerin ist nicht Partei in diesem Prozesse. Die Revision will ihre Annahme damit begründen, daß die Klage erhoben sei für die Frau F. „im Beistand ihres Ehemannes". Das ist zwar richtig, und der Klageschrift folgend haben noch verschiedene andere Schriftsätze und die Urteile erster wie zweiter Instanz, auch dieses Revisionsurteil bei der Bezeichnung der klagenden Partei, dem Namen der klagenden Ehefrau hinzugefügt „im Beistand ihres Ehemannes". Aber in Wirklichkeit hat der Mann der Frau keinen Beistand im Prozesse geleistet; er hat am Prozeß überhaupt nicht teilgenommen; die Prozeßvollmacht ist allein von der Frau ausgestellt, und der Mann ist weder jemals zu den Verhandlungen geladen worden noch in ihnen durch einen Prozeßbevollmächtigten vertreten gewesen. Als Prozeßpartei würde er unter diesen Umständen nur dann angesehen werden können, wenn etwa die Frau für ihn, in seiner Vertretung, oder doch zugleich mit für ihn geklagt hätte. Für eine solche Annahme bieten jedoch die Prozeßakten keinen Anhalt. Allerdings ist unter der Herrschaft des preußischen Allgemeinen Landrechts wiederholt angenommen worden, wenn in Prozessen über das Eingebrachte der Frau die Klage der Frau mit dem Zusatz „im Beistand des Ehemannes" rubriziert worden war, daß die Frau den Mann im Prozesse mitvertrete; es beruhte das darauf, daß nach Landrecht die Ehefrau nicht für legitimiert angesehen wurde, wenn es sich um ihr Eingebrachtes handelte, im Gegensatz zu vorbehaltenem Gut, allein, ohne Zuziehung des Mannes, zu klagen oder verklagt zu werden. Das verhält sich jetzt aber anders. Nach § 52 Abs. 2 Z.P.O. wird die Prozeßfähigkeit der Frau dadurch, daß sie Ehefrau ist, nicht beschränkt, und wenn nun der § 1400 Abs. 2 B.G.B. für den auch im vorliegenden Fall maßgebenden gesetzlichen Güterstand bestimmt, daß die Frau ein zum eingebrachten Gut gehörendes Recht im Wege der Klage nur mit Zustimmung des Mannes geltend machen könne, so folgt daraus zwar, daß die Aktivlegitimation der Ehefrau zu solchen Klagen von der Voraussetzung abhängig ist, daß der Mann mit der Klagerhebung durch sie einverstanden ist, dagegen nicht, daß der Mann selbst als Partei an dem Prozesse teilnehmen müsse. Der Mann kann seine Zustimmung durch Teilnahme am Prozesse als Mitkläger oder Nebenintervenient betätigen; er stimmt der Prozeßführung aber auch dann zu, wenn er sich außerhalb des Prozesses damit einverstanden erklärt. Darum zwingt jetzt der Zusatz „im Beistande des Ehemannes" nicht mehr zu der Auslegung, daß der Mann durch die Frau im Prozeß vertreten sein wolle, sondern dieser Zusatz besagt an sich nichts weiter, als daß der Mann mit der Klage einverstanden sei.

Vgl. auch das Urteil des IV. Zivilsenats des Reichsgerichts vom 22. Oktober 1903 zur Sache Rep. IV. 295/03, mitgeteilt in der Jurist. Wochenschr. 1903 Beil. S. 147.

Die Beklagten hätten die hiernach zunächst bloß von der klagenden Ehefrau behauptete Zustimmung ihres Ehemannes bestreiten können, aber das haben sie so wenig getan, daß sie sogar jetzt behaupten, der Mann sei selbst mit Partei gewesen. Ist dies, wie gezeigt, unrichtig, so haben also die Beklagten nicht bestritten, daß der Mann — da es nicht im Prozeß geschehen ist — außerhalb des Prozesses seine Zustimmung zu der Klagerhebung erteilt hat. Dadurch ist aber der Mann nicht Partei in diesem Prozesse geworden." . . .

---

20. Ist die Pflicht zur Unterhaltung einer zur Ausübung einer Grunddienstbarkeit auf dem belasteten Grundstücke vorhandenen Anlage eine Reallast, auf die der § 91 des preußischen Ablösungsgesetzes vom 2. März 1850 Anwendung findet?

V. Zivilsenat. Urt. v. 1. Februar 1905 i. S. preuß. Fiskus (Kl.) w. E. (Bekl.). Rep. V. 367/04.

I. Landgericht Braunsberg.
II. Oberlandesgericht Königsberg.

Als der klagende Fiskus in der Mitte des vorigen Jahrhunderts den O. Kanal anlegte, wurde es notwendig, den Wasserspiegel des P. Sees um etwa 22 Fuß zu senken. Der D. Bach, der das Gelände des den Beklagten gehörenden Ritterguts Adl. P. durchströmt und sich in den nördlichen Teil des P. Sees ergießt, erhielt infolge der Senkung des Seespiegels bei seiner Mündung ein sehr starkes Gefälle. Dadurch entstand ein großer Ausriß, der in die trocken gelegten Seelande und in das Gelände von P. eine tiefe Schlucht öffnete, wodurch Stücke Land verloren gingen. Auch wurde die Bewirtschaftung der östlich vom Bache liegenden Ländereien und der Verkehr dadurch erschwert. Da der D. Bach im Frühjahr und Herbste und auch sonst bei großen Regengüssen bedeutende Wassermassen hinabführte, entstand für den P. See, der dem Kläger gehörte, die Gefahr der Versandung. Zur Verhütung und Beseitigung dieser Schädlichkeiten wurde vom Kläger die 1856 vollendete Stauschleuse gebaut. Zwischen dem Kläger und den Adjazenten des O. Kanals, insbesondere auch dem damaligen Besitzer von Adl. P., dem Nebenintervenienten S., entstanden jahrelang Erörterungen und Streitigkeiten, die dazu führten, daß S. 1860 verurteilt wurde, mit dem Kläger einen Vertrag in beglaubigter Form nach Maßgabe und Inhalt des Übereinkommens vom 15. November 1854 zu errichten.

Nachdem der Minister für Handel rc durch Reskript vom 11. Dezember 1863 die Vergleichsvorschläge des S. vom 14. Juli 1863 genehmigt und auf Abschluß eines förmlichen Vergleichs gedrängt hatte, erklärte S. am 7. März 1864 vor Notar, daß er die durch das mit der Regierung am 14. Juli 1863 geschlossene Übereinkommen eingegangenen Verpflichtungen anerkenne, und verpflichtete sich demgemäß, die Stauschleuse im Ausflusse des D. Baches auf seine alleinigen Kosten für ewige Zeiten zu unterhalten und auch den etwa notwendig werdenden Neubau der Schleuse auf seine alleinigen Kosten nach seinem Ermessen in der Art zu bewirken, daß der O. Kanal durch die Anlegung der Schleuse oder einer entsprechenden Anlage vor jeder Versandung geschützt werde, wenn er vom Kläger auf einmal die Summe von 300 Talern ausgezahlt erhalte. S. bewilligte die Eintragung dieser Verpflichtung auf sein Gut P. Die Regierung nahm die Erklärungen des S. auf Grund der Genehmigung des Ministers vom 11. Dezember 1863 am 23. März 1864 an. Die Eintragung wurde unter Nr. 2 in Abteilung II des Hypothekenbuchs von P. auf Grund des Übereinkommens vom 7./23. März 1864 ex decreto vom 5. April 1864 mit dem Wortlaut bewirkt: „Die Verpflichtung des Besitzers, auf alleinige Kosten die im Ausflusse des D. Baches liegende Stauschleuse für ewige Zeiten zu unterhalten, auch den etwa notwendig werdenden Neubau unter bestimmten Maßgaben zu bewirken" ꝛc. Die 300 Taler sind dem S. vom Kläger gezahlt. Im Jahre 1888 wurde die Stauschleuse durch Hochwasser stark beschädigt. Da die Beklagten sich weigerten, die Stauschleuse wiederherzustellen und zu unterhalten, erhob Kläger mit dem Antrage Klage, die Beklagten als Eigentümer des Gutes Adl. P. zu verurteilen, die am Ausflusse des D. Baches liegende Stauschleuse ordnungsmäßig wiederherzustellen und zu unterhalten. Der erste Richter wies die Klage ab. Auf die Berufung des Klägers wurden die Beklagten nach dem Klagantrage verurteilt. Die Revision der Beklagten wurde zurückgewiesen aus folgenden

Gründen:

„Das Berufungsgericht hat seine Entscheidung auf zwei Gründe gestützt: 1. daß vom Kläger und vom Nebenintervenienten S. nach dem Hauptgegenstande des Rechts nicht eine selbständige Reallast begründet sei, sondern eine Grundgerechtigkeit mit der nebensächlichen Verpflichtung des Eigentümers des belasteten Grundstücks, eine zur Ausübung der Grundgerechtigkeit erforderliche Anlage zu erhalten; 2. daß von ihnen auch bezüglich der Stauschleuse ein Sozietätsverhältnis vereinbart sei; daß aber der wirksamen Begründung der Grundgerechtigkeit wie des Sozietätsverhältnisses ein gesetzliches Hindernis nicht entgegengestanden habe.

Es nimmt zum ersten Grunde an, daß zwar bei abstrakter Wortinterpretation des Eintragungsvermerks zweifellos eine Reallast im technisch-juristischen Sinne zur Eintragung gelangt sei, und zwar eine ablösbare Reallast, die nach § 91 des Gesetzes vom 2. März 1850 einem Grundstücke nicht mehr habe auferlegt werden können; daß aber, wenn zur Feststellung des Inhalts und Umfangs des eingetragenen Rechts die Bestimmungen des in dem Eintragungsvermerk in bezug genommenen Übereinkommens vom 7./23. März 1864 herangezogen würden, das eingetragene Recht als eine Grunddienstbarkeit aufzufassen sei, zu deren Ausübung eine Anlage auf dem belasteten Grundstücke gehöre, die dessen Eigentümer zu erhalten und unter Umständen zu erneuern habe. Unter eingehender Prüfung der örtlichen Verhältnisse stellt es folgendes fest. Vom Kläger sei mit dem Nebenintervenienten S. als dem damaligen Besitzer des Gutes P. ein Vertrag geschlossen, wodurch S. zugunsten des Klägers als des Eigentümers des P. Sees und des Kanalgrundstücks sein Gut P. in der Weise belastet habe, daß der Kläger sein Grundstück in einzelnen Beziehungen benutzen, nämlich auf ihm eine Stauschleuse errichten und das Wasser des D. Baches in der durch die Kanalerhaltung gebotenen Weise aufstauen und regulieren dürfe, und daß S. auf seinem Grundstücke gewisse Handlungen, insbesondere die Herstellung ungehinderten Wasserlaufs im D. Bache, nicht vornehmen dürfe und sich insoweit des Rechts begebe, von seinem höher liegenden Grundstücke dem tiefer liegenden See- und Kanalgrundstücke des Klägers das Bachwasser frei und ungehindert zulaufen zu lassen. Auf Grund dieses Vertrags seien die der Eintragung der streitigen Last in das Grundbuch des Gutes P. zugrunde liegenden, vom Kläger akzeptierten Erklärungen des S. verlautbart worden, wonach S. die Stauschleuse auf alleinige Kosten auf ewige Zeiten unterhalten und einen etwa notwendig werdenden Neubau herstellen müsse gegen eine einmalige Abfindung von 300 Talern. Das Berufungsgericht führt weiter aus, mit dem Wesen einer Grunddienstbarkeit sei es durchaus verträglich, daß die Instandhaltung der zur Ausübung der Dienstbarkeit erforderlichen Anlage durch den Eigentümer der belasteten Sache so weit zu leisten sei, als das Interesse des Berechtigten es fordere. Das von S. dem Kläger eingeräumte Recht gehe im wesentlichen nicht über ein Dulden und Unterlassen hinaus, nämlich den Einbau der Stauschleuse geschehen zu lassen und den freien Abfluß des D. Baches in den Kanal und den P. See zu unterlassen. Demgegenüber trete die Unterhaltungspflicht der Beklagten verhältnismäßig weit in den Hintergrund; sie sei nur nebensächlicher Natur und bilde nicht den wesentlichen Inhalt des Rechts des Klägers. Stehe aber eine Grunddienstbarkeit, nicht eine Reallast, in Frage, so könnten die Vorschriften des Ablösungsgesetzes vom 2. März 1850 keine Anwendung finden. Durch Art. 184 Einf-Ges. zum B.G.B. seien die bestehenden Grundgerechtigkeiten mit ihrem bisherigen Inhalte aufrecht erhalten; nur gälten dafür seit dem Inkrafttreten des

Bürgerlichen Gesetzbuchs die Vorschriften der §§ 1020—1028 B.G.B. über die Unterhaltungspflicht in Ansehung der zur Ausübung einer Grunddienstbarkeit dienenden Anlagen auf dem belasteten Grundstücke.

Die gegen diese Begründung gerichteten Angriffe der Beklagten können keinen Erfolg haben.

Das Berufungsgericht nimmt zwar an, daß nach dem Wortlaute des Eintragungsvermerks eine ablösbare Reallast eingetragen ist; es folgt aber der Rechtsprechung des Reichsgerichts, wonach das unter Bezugnahme auf den Titel eingetragene Recht in seinem in Gemäßheit seines Titels festzustellenden Umfange durch die Eintragung auch gegen Dritte gesichert, und bei entstehendem Streite der Inhalt und Umfang des eingetragenen Rechts nicht ausschließlich nach dem Eintragungsvermerke, sondern durch entsprechende Interpretation des Titels festzustellen ist,

vgl. Entsch. des R.G.'s in Zivils. Bd. 20 S. 274, Bd. 33 S. 229; Gruchot, Beiträge Bd. 32 S. 1072; Jurist. Wochenschr. 1889 S. 33 Nr. 52,

und es kommt auf dem Wege der Auslegung zu dem Ergebnis, daß nach dem im Eintragungsvermerke bezogenen Übereinkommen vom 7./23. März 1864 und dem darin anerkannten Übereinkommen vom 14. Juli 1863, welche Kläger mit S., dem Besitzer des Gutes P., getroffen hat, das eingetragene Recht als eine Grunddienstbarkeit mit einer Anlage auf dem belasteten Grundstücke aufzufassen sei und von den Kontrahenten aufgefaßt ist. Der Angriff, hierbei sei gegen den Rechtssatz verstoßen, daß bei Verträgen der Sinn jeder ausdrücklichen Willenserklärung nach der gewöhnlichen Bedeutung der Worte und Zeichen verstanden werden müsse (A.L.R. § 65 I. 4), geht fehl. In dem Übereinkommen ist die übernommene Verpflichtung weder als Reallast noch als Grunddienstbarkeit bezeichnet. Wenn darin die Verpflichtung übernommen ist, die unstreitig vom Kläger auf dem Gute P. errichtete Stauschleuse für ewige Zeiten zu erhalten, so ist damit zugleich, ohne daß es besonders zum Ausdrucke zu bringen war, die Verpflichtung anerkannt, die Stauschleuse auf dem Gute P. zu dulden. Ausdrücklich ist dabei bemerkt, ein erforderlicher Neubau der Schleuse sei in der Art auszuführen, daß der O. Kanal, in den der D. Bach mündet, durch die Anlegung der Schleuse oder einer entsprechenden Anlage vor jeder

Versandung geschützt werde. Damit ist zugleich die Verpflichtung ausgesprochen, alles zu unterlassen, was zur Versandung des Kanals führen könne. Dies hat das Berufungsgericht in dem Übereinkommen ausgedrückt gefunden, ohne daß es seinem Wortlaut eine abweichende Bedeutung beigelegt hat.

Weiter werfen die Beklagten dem Berufungsgerichte vor, es habe, indem es das streitige Realrecht mit der Grunddienstbarkeit in Verbindung gebracht, die Rechtsnorm nicht angewendet, daß zu einer Gesamtheit von Rechten nur solche Einzelrechte gehörten, die untereinander in einem rechtlichen Zusammenhange ständen und den Gegenstand desselben Vertrags bildeten. Auch dieser Vorwurf ist nicht berechtigt. Wenn bei einer Grundgerechtigkeit der Besitzer des belasteten Grundstücks die Verpflichtung übernimmt, eine zur Ausübung der Grundgerechtigkeit erforderliche Anlage zu erhalten und nötigenfalls zu erneuern, so erhellt ohne weiteres, daß beide Rechte miteinander so enge verknüpft sind, daß sie voneinander abhangen. Sie werden zwar regelmäßig in einem Vertrage verbunden sein; daß aber der Vertrag gleichzeitig durch eine Urkunde verlautbart werde, ist nicht erforderlich. Es ist keineswegs ausgeschlossen, daß zunächst die Grundgerechtigkeit vereinbart, und die Pflicht zur Erhaltung der Anlage späterer Vereinbarung vorbehalten wird. Kommt dann später eine Einigung über die Erhaltungspflicht zustande und wird diese unter Voraussetzung der Grundgerechtigkeit durch einen Vergleich erledigt, so bilden Grundgerechtigkeit und Anlage ein einheitliches Ganzes, und von der Begründung zweier selbständiger Rechte, einer Grundgerechtigkeit und einer Reallast, kann nicht die Rede sein. So sind die Ausführungen des Berufungsgerichts zu verstehen, wodurch es unter Erwägung aller in Betracht kommenden tatsächlichen und rechtlichen Verhältnisse zu der Feststellung gelangt, daß in dem Übereinkommen vom 7./23. März 1864 beide sich gegenseitig bedingenden Rechte zu einem rechtlichen Ganzen, zu einer Grundgerechtigkeit mit einer Anlage auf dem belasteten Grundstücke, zusammengefaßt sind.

Die Beklagten versuchen ferner die Sache so darzustellen, daß nicht die Grundgerechtigkeit überwiege, sondern daß die Unterhaltungspflicht mit ihren Leistungen weit über die in Duldung und Unterlassung bestehende Grundgerechtigkeit an Wichtigkeit hinausrage. Hiermit greifen sie aber in einer der Revision nicht zustehenden Weise die

Beweiswürdigung und Feststellung an, womit das Berufungsgericht zu dem Ergebnis kommt, daß die auf die Unterhaltungspflicht der Anlage sich beziehenden Leistungen nur nebensächlicher Natur sind und nicht den wesentlichen Inhalt des klägerischen Rechts ausmachen. Daß vom Berufungsgerichte hierbei wesentliches nicht oder nicht zutreffend gewürdigt sei, ist nicht dargetan und nicht ersichtlich.

Wenn endlich geltend gemacht wird, das Berufungsgericht habe übersehen, daß nach § 1021 Abs. 2 B.G.B. auf die Unterhaltungspflicht der Anlage die Vorschriften über die Reallasten entsprechende Anwendung finden, indem es die für Reallasten geltende Vorschrift des § 91 des preußischen Ablösungsgesetzes vom 2. März 1850 nicht angewendet habe, so erledigt sich dies dadurch, daß in jener Bestimmung nur die Anwendung der Vorschriften des Bürgerlichen Gesetzbuchs über Reallasten in den §§ 1105 flg., nicht aber die Anwendung der landesgesetzlichen Vorschriften über Reallasten gemeint ist. Durch Art. 116 Einf.-Ges. zum B.G.B. ist ausdrücklich bestimmt, daß die landesgesetzlichen Vorschriften, die in den Artt. 113 bis 115 das. aufrecht erhalten sind, auf die in den §§ 1021. 1022 B.G.B. bestimmten Unterhaltungspflichten keine Anwendung finden, daß also die Unterhaltungspflichten, betreffend die zur Ausübung einer Grunddienstbarkeit auf dem belasteten Grundstücke gehörenden Anlagen, nicht den Landesgesetzen, sondern den Vorschriften des Bürgerlichen Gesetzbuchs über Reallasten unterworfen sind, die eine dem § 91 des Gesetzes vom 2. März 1850 entsprechende Vorschrift nicht enthalten. Die vom Kläger und S. begründete Grunddienstbarkeit besteht nach Art. 184 Einf.-Ges. zum B.G.B. mit ihrem sich aus den bisherigen Gesetzen ergebenden Inhalt und Range fort; nur gelten vom Inkrafttreten des Bürgerlichen Gesetzbuchs an für die Unterhaltungspflicht der Anlagen die Vorschriften der §§ 1020 bis 1028 B.G.B.

Die Entscheidung des Berufungsgerichts wird durch den ersten Grund selbständig getragen. Es bedarf deshalb des Eingehens auf den zweiten Grund nicht." . . .

21. 1. Beurteilung der Frage, ob eine Personenvereinigung als Gesellschaft, oder als ein nicht rechtsfähiger Verein, der als verklagte Partei Parteifähigkeit hat, anzusehen ist.

B.G.B. §§ 54. 705 flg.

2. Stellt es sich als eine wider die guten Sitten verstoßende Handlung (§ 826 B.G.B.) dar, wenn sich eine größere Zahl Gewerbetreibender eines Geschäftszweiges zur Erzielung vorteilhafteren Gewerbebetriebes zusammenschließt, einzelne Gewerbetreibende des Geschäftszweiges aber, um deren Konkurrenz zu beseitigen, zu der Vereinigung nicht zuläßt und dadurch deren Gewerbebetrieb wesentlich erschwert? Ist eine solche Handlung darin zu finden, daß ein Gewerbetreibender, oder eine Vereinigung von solchen einen Verband von Arbeitnehmern vorsätzlich dazu bestimmt, über einen anderen Gewerbetreibenden die Sperre zu verhängen, um diesem seinen Gewerbebetrieb unmöglich zu machen oder zu erschweren?

VI. Zivilsenat. Urt. v. 2. Februar 1905 i. S. Feingoldschläger-Vereinigung Deutschlands u. Gen. (Bekl.) w. H. u. B. (Kl.). Rep. VI. 153/04.

I. Landgericht Nürnberg.
II. Oberlandesgericht daselbst.

Zu Anfang des Jahres 1902 fanden zwischen Feingoldschlägereibesitzern Nürnbergs und Schwabachs Verhandlungen über die Bildung einer Vereinigung statt, durch die eine Regelung der Produktion, sowie die Einhaltung gewisser Mindestverkaufspreise erreicht werden sollte. Zugleich wurde versucht, mit den in der Feingoldschlägerei beschäftigten Gewerbegehilfen eine Einigung über die Grundsätze zu erzielen, die fortan im Verhältnis zwischen den Arbeitgebern und Arbeitnehmern gelten sollten.

Die Verhandlungen hatten nach beiden Richtungen Erfolg. Es wurde eine Vereinigung von Feingoldschlägereibesitzern gegründet, deren Verhältnisse in einer Urkunde vom 18. März 1902 eingehend geregelt wurden. Ebenso kam eine das gleiche Datum tragende, als „Tarif" bezeichnete Vereinbarung zwischen den Arbeitgebern

gebern und Arbeitnehmern zustande, welche Normen über die Arbeitszeit, über die Löhne und deren Berechnung, sowie über das Lehrlingswesen, die Arbeitsvermittlung und die Austragung etwa entstehender Streitigkeiten enthielt. In den §§ 15 und 16 des Tarifs war bestimmt, daß organisierte Arbeiter und Arbeiterinnen der Feingoldschlägerbranche nur in „tariftreuen Betrieben" Beschäftigung nehmen dürften, andererseits die Inhaber der tariftreuen Geschäfte verpflichtet sein sollten, Arbeiter und Arbeiterinnen anderer Schlägergewerbe, sowie nichtorganisierte Arbeiter nicht einzustellen. Die Aufnahme neuentstehender Betriebe in die Tarifgemeinschaft sollte während des ersten Jahres der Vertragsdauer unstatthaft sein. Als Vertragschließende waren in § 1 des Tarifs genannt: „die dem Feingoldschlägereigewerbe Deutschlands angehörenden Prinzipale" einerseits und die in diesem Gewerbe beschäftigten Arbeiter und Arbeiterinnen, vertreten durch den Deutschen Metallarbeiterverband, andererseits. In § 22 war bestimmt, als Organe zur Durchführung des Tarifs sollten gelten „die beiderseitigen Organisationen, seitens der Prinzipale: die Feingoldschlägervereinigung Deutschlands, seitens der Arbeiter und Arbeiterinnen: der Deutsche Metallarbeiterverband, bzw. die von beiden Organisationen ernannten Vertreter". Der Tarif sollte zunächst auf die Dauer eines Jahres vom 20. März 1902 ab gelten, seine Dauer sich aber stets um ein Jahr verlängern, sofern er nicht mindestens zwei Monate vor Ablauf gekündigt sei. Die Vereinigung der Feingoldschläger erwählte statutengemäß vier Mitglieder, darunter die beiden Mitbeklagten Br. und T., zu Geschäftsführern.

Die beiden Kläger hatten vor der Begründung der Vereinigung in Schwabach je ein Feingoldschlägereigeschäft betrieben, im Jahre 1901 aber wegen der damals in der Branche bestehenden ungünstigen Verhältnisse, und weil über ihre Betriebe wegen Herabsetzung der Gehilfenlöhne von dem Deutschen Metallarbeiterverbande die Sperre verhängt worden war, den Betrieb eingestellt. Sie trugen im Jahre 1902, unter der Mitteilung, daß sie ihren Geschäftsbetrieb wieder aufnehmen würden, auf Aufnahme in die Vereinigung an; es wurde diese aber für die Dauer des ersten Geschäftsjahres der Vereinigung abgelehnt. Sie waren der Meinung, daß dieses Verhalten der Vereinigung und ihrer Mitglieder eine unerlaubte Handlung im Sinne von § 826 B.G.B. darstelle, und forderten Schadensersatz, indem sie Klage gegen die Vereinigung und gegen die beiden Mitglieder derselben, Br. und T., als Gesamtschuldner erhoben.

Von den Beklagten wurde geltend gemacht, daß die Vereinigung kein parteifähiges Rechtssubjekt, eine Klage wider sie also rechtlich nicht möglich sei; übrigens bestritten sie, daß gegen die Kläger eine rechtswidrige Handlung vorgenommen worden sei.

Die erste Instanz wies die Klage ab; dagegen erklärte das Oberlandesgericht den Klaganspruch dem Grunde nach für berechtigt. Das Reichsgericht hob das Berufungsurteil auf und verwies die Sache an das Berufungsgericht zurück.

Aus den Gründen:

„Das Berufungsgericht nimmt an, daß die mitverklagte Vereinigung ein nicht rechtsfähiger Verein im Sinne von § 54 B.G.B. sei, obwohl sie in der als Gesellschaftsvertrag bezeichneten Urkunde vom 18. März 1902 Gesellschaft, und die Mitglieder Gesellschafter genannt seien. Denn die Vereinigung stelle sich nicht als eine zwischen bestimmten Personen unter Ausschluß anderer erfolgter Zusammenschluß dar, der keinen Wechsel der Personen ohne dadurch bedingte Änderung oder Erneuerung des Vertrages zuließe, wie es den Regeln der Gesellschaft entspreche; sie sei vielmehr satzungsgemäß vom Wechsel der Mitglieder unabhängig. Ebenso sei sie durch die Bestimmungen, welche in den Satzungen über die Funktionen und Befugnisse der Geschäftsführer und diejenigen der Versammlung der Mitglieder und über die Einberufung der Versammlungen getroffen seien, körperschaftlich organisiert. . . .

Der hiergegen gerichtete Angriff war nicht als begründet anzuerkennen. Allerdings ist die über die Errichtung der Vereinigung aufgesetzte Urkunde als Gesellschaftsvertrag bezeichnet, und es ist darin immer nur von einer Gesellschaft und Gesellschaftern die Rede, und in allen Einzelbestimmungen sind, wie nicht verkannt werden soll, konsequent Ausdrücke und Wendungen gebraucht, die an sich für die Annahme sprechen, daß die Beteiligten nicht einen Verein, sondern eine Gesellschaft ins Leben zu rufen gewillt gewesen seien. Indes ist hieraus ein durchschlagender Grund für die Annahme, daß die zu der Vereinigung zusammengetretenen Personen bewußtermaßen ihrer Verbindung den rechtlichen Charakter einer Gesellschaft im Sinne von §§ 705 flg. B.G.B., im Gegensatze zu einem nicht eingetragenen Vereine, zu verleihen beabsichtigt hätten, nicht zu entnehmen. Denn da, wie die Beklagten selbst angegeben haben, die Vereinigung nicht in das Vereinsregister eingetragen werden sollte, auf sie also nach § 54 B.G.B. grundsätzlich die rechtlichen Vorschriften über die Gesellschaft Anwendung zu finden hatten, so erscheint hierdurch die gewählte Ausdrucksweise hinreichend erklärt. Als entscheidend für die Beurteilung der rechtlichen Natur der Vereinigung ist deshalb der sachliche Inhalt der Urkunde vom 18. März 1902 anzusehen; nach diesem aber ist die Vereinigung als ein Verein im Sinne von § 54 B.G.B. und § 50 Z.P.O. (vgl. auch § 213 K.O.) anzusehen.

Wie sich aus § 6 des Vertrages vom 18. März 1902 ergibt, ist die Vereinigung zunächst von Feingoldschlägern der Städte Nürnberg, Schwabach und Fürth begründet worden; es ist aber in § 14 bestimmt, daß jeder Inhaber einer zur Zeit in Deutschland bestehenden Feingoldschlägerei in die Vereinigung aufgenommen werden könne, und zwar durch einfachen Majoritätsbeschluß der Versammlung der Mitglieder, und diese ist nach § 9 beschlußfähig, wenn mehr als die Hälfte der Gesellschafter anwesend sind. Andererseits ist nach § 9 Abs. 4 und § 10 die Ausschließung von Gesellschaftern ebenfalls durch Majoritätsbeschluß der Gesellschafterversammlung zulässig. Nach den weiteren Bestimmungen in § 13 soll die Gesellschaft weder durch den Tod, noch durch die Ausschließung eines Gesellschafters, noch durch die Eröffnung des Konkurses über das Vermögen eines solchen aufgelöst, vielmehr unverändert unter den verbliebenen Gesellschaftern fortgesetzt werden.

Durch diese Bestimmungen ist der verklagten Vereinigung der Charakter einer Verbindung mit veränderlichem Personenbestande verliehen worden, und die ganze Sachlage weist darauf hin, daß durch diese Bestimmungen nicht etwa bloß Fürsorge für zwar mögliche, aber nicht zu erwartende Fälle getroffen werden sollte, sondern daß bei einigermaßen längerem Bestande der Vereinigung mit Veränderungen in dem Personenbestande bestimmt gerechnet wurde. Schon in der Versammlung vom 16. März 1902, in welcher der mit dem Deutschen Metallarbeiterverbande vereinbarte Tarif zur Annahme gelangte, waren 54 Besitzer von Feingoldschlägereien vertreten; weitere Mitglieder traten am 14. und 21. April 1902 bei. Da ferner der Zweck der Gesellschaft dahin geht, die Produktion in der Branche der Feingoldschlägerei unter Anpassung an die mit den Arbeitnehmern abgeschlossene Tarifgemeinschaft der Nachfrage entsprechend zu regeln, sowie bestimmte Mindestpreise festzuhalten, so mußte naturgemäß die Absicht der zu der Vereinigung zusammengetretenen Feingoldschläger darauf gerichtet sein, die überwiegende Mehrzahl der ihrer Branche angehörenden Industriellen, vor allem die Inhaber der größeren Betriebe Deutschlands, für die Vereinigung zu gewinnen, da nur dann Aussicht dafür vorhanden war, die von ihr in Aussicht genommenen Maßnahmen erfolgreich durchführen zu können, und dadurch günstigere Verhältnisse in dem Gewerbebetriebe der an der Vereinigung beteiligten Unternehmer zu schaffen. Dementsprechend ist von der Vereinigung beschlossen worden, einzelne Feingoldschlägereibesitzer zum Beitritt aufzufordern; auch sind Verhandlungen mit den Dresdener Feingoldschlägern, unter der Aufforderung, der „Konvention" beizutreten, angeknüpft worden. Bei der Ausdehnung, die hiernach der Vereinigung gegeben werden sollte und zur Erreichung des angestrebten Zwecks gegeben werden mußte, war der Natur der Sache nach mit Sicherheit darauf zu rechnen, daß ein Wechsel in dem Bestande der zahlreichen Mitglieder nicht ausbleiben könne. Dem steht nicht entgegen, daß, gleichwie die „Tarifgemeinschaft", so auch der Gesellschaftsvertrag vom 18. März 1902 zunächst nur für die Dauer eines Jahres geschlossen war. Denn die Fortdauer über diesen Zeitpunkt hinaus war in beiden Verträgen in Aussicht genommen. . . .

Die verklagte Vereinigung stellt sich somit als eine Verbindung dar, für welche ein Wechsel in dem Mitgliederbestande nach ihrem Wesen und ihrer Gestaltung von selbst und mit Notwendigkeit gegeben war und sich auch durch einfache Majoritätsbeschlüsse der Mitgliederversammlung sollte vollziehen können.

Was die Organisation der Vereinigung betrifft, so ist auch sie in einer Weise geregelt, die derjenigen eines Vereins entspricht. Die Leitung der Geschäfte und insbesondere die Vertretung nach außen ist vier aus dem Kreise der Vereinigung von der Mitgliederversammlung zu erwählenden Geschäftsführern übertragen, während die diesen nicht zugewiesenen Angelegenheiten der Mitgliederversammlung vorbehalten sind, die nach einfacher Majorität entscheidet, und deren Beschlüssen sich jedes Mitglied unterwerfen muß. Wenn bei Regelung der Vertretungsmacht der Geschäftsführer nicht von Prozessen der Gesellschaft, sondern von solchen der Gesellschafter gesprochen wird, so findet dies ebenfalls seine Erklärung darin, daß die Vereinigung nicht die Eigenschaft einer juristischen Person erlangen sollte, und somit für alle Fälle, wo die Vereinigung klagend aufzutreten hatte, davon auszugehen war, ein Prozeß werde nur in der Weise geführt werden können, daß dabei alle Mitglieder der Vereinigung als Kläger auftreten.

Von der Revision ist für die von ihr vertretene Meinung der Umstand verwertet worden, daß in dem Vertrag vom 18. März 1902 der Vereinigung kein Name, unter dem sie nach außen als Einheit erscheinen könnte, beigelegt worden ist. In der Tat ist mehrfach die Ansicht vertreten, daß für einen Verein, im Gegensatz zu einer Gesellschaft im Sinne der §§ 705 flg. B.G.B., eine die verbundenen Einzelpersonen als Einheit zusammenfassender und bezeichnender Name unentbehrlich sei.

Vgl. Dernburg, Bürgerl. Recht Bd. 1 § 79 unter II; Gierke, Vereine ohne Rechtsfähigkeit S. 10; Eck, Vorträge S. 49; andererseits Nußbaum, im Sächs. Archiv Bd. 10 S. 345.

Indes würde sich, auch wenn man dies als richtig anzuerkennen hätte, daraus kein durchschlagender Grund gegen die jetzt in Rede stehende Annahme der Vorinstanz ergeben. Denn jedenfalls ist nicht als erforderlich anzusehen, daß ein solcher Name durch das Statut der Vereinigung bestimmt sein müsse; es genügt vielmehr, wenn diese bei ihrem Auftreten nach außen sich tatsächlich eines die Gesamtheit der Mitglieder bezeichnenden Namens bedient. Dies muß bezüglich der verklagten Vereinigung angenommen werden. . . .

Nach alledem stellt sich die verklagte Vereinigung als eine dauernde Verbindung einer größeren Anzahl von Personen zur Erreichung eines ihnen gemeinsamen Zwecks dar, die sich eine die wesentlichen Merkmale korporativer Organisation enthaltende Gestaltung gegeben hat, einen Gesamtnamen führt, und bei welcher ein Wechsel in dem Mitgliederbestande, und zwar nicht vermöge besonderen Ausnahmerechts, sondern naturgemäß infolge des Wesens der Vereinigung, stattfindet.

Damit sind alle Merkmale gegeben, welche für einen Verein im Sinne von § 50 Abs. 2 Z.P.O. erfordert werden können. Da, wie oben bemerkt worden ist, nicht anzunehmen ist, daß die Beteiligten durch die bei der Redigierung des „Gesellschaftsvertrages" gewählte Ausdrucksweise bewußt ihrer Vereinigung den Charakter einer Gesellschaft, nicht eines Vereins, zu verleihen beabsichtigt hätten, kann unerörtert bleiben, ob ein solcher Wille für eine Verbindung, bei welcher die für einen Verein charakteristischen Merkmale vorliegen, dergestalt als maßgebend anzusehen sein würde, daß damit auch die Anwendung der öffentlichrechtlichen Vorschrift in § 50 Abs. 2 Z.P.O., wonach ein nicht rechtsfähiger Verein verklagt werden kann, ausgeschlossen werden könnte.

Auch der Zweck, den die verklagte Vereinigung verfolgt, und die Art, wie das geschieht, spricht für die Annahme, daß sie ein Verein sei. Das ihr gesetzte Ziel, die Produktion der deutschen Feingoldschlägerei auf das durch die Nachfrage gegebene Maß einzuschränken und die Preise und die Verkaufsbedingungen angemessen zu gestalten, soll nicht durch einen gemeinsamen Geschäftsbetrieb erreicht werden; jedes Mitglied soll vielmehr völlig selbständig und in Konkurrenz mit den übrigen sein Geschäft weiter betreiben und sich nur nach den bezeichneten Richtungen gewissen, durch die Vereinigung jeweilig festzusetzenden Beschränkungen unterwerfen. Von Erzielung eines Gesellschaftsgewinnes ist hiernach nicht die Rede; ebensowenig ist die Bildung eines Gesellschaftsvermögens vorgesehen; die Mitgliederbeiträge sollen vielmehr, soweit sie nicht zur Bestreitung der Auslagen der Vereinigung selbst gebraucht werden, an eine gewerbliche Unterstützungskasse abgeführt werden.

Die verklagte Vereinigung ist hiernach von der Vorinstanz mit Recht als parteifähig angesehen worden.

Was den von den Klägern erhobenen Schadensersatzanspruch selbst anlangt, so hat das Berufungsgericht folgendes festgestellt.

Die beiden Kläger hätten sich, auch nachdem sie ihre Geschäftsbetriebe eingestellt gehabt — B. im März, H. im Juni 1901 —, nach wie vor zur Genossenschaft der Schwabacher Feingoldschläger gehalten und seien von diesen auch als Genossen betrachtet worden; B. sei sogar Schriftführer der Genossenschaft gewesen und habe als solcher das Antwortschreiben verfaßt, durch das die Schwabacher

Genossenschaft der von der Nürnberger Feingoldschlägereigenossenschaft im Januar 1902 ausgegangenen Anregung zur Gründung einer auf Hebung des Gewerbes gerichteten Vereinigung zugestimmt habe. Beide Kläger seien auch durch den Vorstand der Schwabacher Genossenschaft H. zu einer am 24. Februar 1902 in Nürnberg abgehaltenen Versammlung, in welcher über die Begründung einer solchen Vereinigung verhandelt worden sei, eingeladen worden, und ebenso sei ihnen, wie den übrigen Schwabacher Feingoldschlägern, das Protokoll über die in jener Versammlung gefaßten Beschlüsse mitgeteilt worden; von beiden sei auch um diese Zeit ein Beitrag zur Bestreitung der entstandenen Druckkosten erhoben worden.

In der Hoffnung, daß die geplante Vereinigung zustande kommen, und dadurch eine Besserung der Geschäftsverhältnisse ihrer Branche eintreten würde, hätten sich beide Kläger entschlossen, ihre Geschäfte wieder zu eröffnen. ... Hiervon hätten die Mitglieder der Schwabacher und der Nürnberger Genossenschaft Kenntnis erlangt. Gleichwohl sei das Gesuch der beiden Kläger, in die zu bildende Vereinigung aufgenommen zu werden, abgelehnt worden.

Die Vertreter der Arbeitnehmer seien bei Eröffnung der von ihnen mit den vereinigten Arbeitgebern angeknüpften Verhandlungen über den Tarif bereit gewesen, die über die Betriebe der Kläger früher verhängte Sperre aufzuheben, und hätten das auch den mit ihnen verhandelnden Arbeitgebern mitgeteilt. Von diesen sei aber verlangt worden, daß die Sperre aufrecht erhalten bleibe, und zwar in der Weise, daß davon der Abschluß des Tarifvertrages zwischen den Arbeitgebern und den Arbeitnehmern abhängig gemacht worden sei. Die Vertreter der letzteren hätten sich bemüht, die Aufnahme der Kläger in die Tarifgemeinschaft herbeizuführen, sich aber schließlich genötigt gesehen, um im Interesse der Arbeiter das Zustandekommen des Tarifes nicht zu gefährden, in die Aufrechterhaltung der über die Kläger verhängten Sperre zu willigen.

Durch das Verhalten der Arbeitgeber, nämlich durch die Verweigerung der Zulassung der Kläger zu der Vereinigung der Feingoldschläger und durch die Aufrechterhaltung der von dem Metallarbeiterverbande über die Kläger verhängten Sperre, seien diese an ihrem Vermögen geschädigt worden, indem ihnen die Gewinnung brauchbarer Gewerbegehilfen zeitweilig unmöglich gemacht oder doch ungemein erschwert worden sei, und die vereinigten Arbeitgeber seien sich auch wohl bewußt gewesen, daß ihr Vorgehen gegen die Kläger diese Folge haben müsse.

Die beiden Beklagten T. und Br. hätten an dem Beschluß, den Klägern die nachgesuchte Aufnahme in die Vereinigung der Arbeitgeber zu verweigern, teilgenommen. Der Ausschluß der Kläger aus der Tarifgemeinschaft und die damit veranlaßte Geschäftssperre habe nur den Zweck gehabt, die Konkurrenz der Kläger zu beseitigen und dadurch den eigenen Gewerbebetrieb der vereinigten Feingoldschläger günstiger zu gestalten. Der Grund, den man den Klägern gegenüber und auch bei den Verhandlungen mit den Vertretern der Arbeitnehmer für ihre Ausschließung von der Tarifgemeinschaft angegeben habe, daß diese „Neuanfänger" seien, die für das erste Jahr des Bestehens der Tarifgemeinschaft von dieser ferngehalten werden müßten, sei tatsächlich unzutreffend gewesen, da es sich um alte Betriebe gehandelt habe, die nur infolge der ungünstigen Verhältnisse zeitweilig eingestellt gewesen seien, und es sei das auch gar nicht der wahre Grund der vereinigten Arbeitgeber gewesen; diese hätten vielmehr nur die momentane Geschäftsniederlegung der Kläger unter Vorschützung des formalen Grundes, daß diese Neuanfänger seien, benutzt, um deren fernere Konkurrenz zu verdrängen.

Diese Feststellungen reichen nicht aus, die angefochtene Entscheidung zu rechtfertigen; es bedarf vielmehr noch einer weiteren Klarstellung des Sachverhalts.

Von den Klägern ist in den Vorinstanzen die Meinung vertreten worden, es sei eine unerlaubte Handlung im Sinne von § 826 B.G.B. schon darin zu befinden, daß ihnen der Beitritt zu der verklagten Vereinigung grundlos verweigert, und hierdurch in Verbindung mit dem Abschluß der Tarifgemeinschaft die Ausübung ihres Gewerbebetriebes unmöglich gemacht worden, und daß dieser Erfolg von der verklagten Vereinigung beabsichtigt gewesen sei. Die Beklagten haben demgegenüber geltend gemacht, daß die erwähnten Maßnahmen der verklagten Vereinigung sich als Ausübung eines Rechts im Sinne von § 226 B.G.B. darstellten, und aus ihnen ein Schadensersatzanspruch der Kläger nur dann abgeleitet werden könnte, wenn jene Maßnahmen **nur** den Zweck haben könnten, den Klägern Schaden zuzufügen.

Diese letztere Auffassung, der sich die erste Instanz im wesentlichen angeschlossen hat, ist zweifellos unbegründet, und zwar schon deshalb, weil es sich bei der Nichtaufnahme der Kläger in die verklagte Vereinigung und bei dem Abkommen mit den Arbeitnehmern vom 18. März 1902 lediglich um eine kraft der allgemeinen Freiheit an sich erlaubte Handlung, keineswegs um die Ausübung eines besonderen Rechts handelt. Außerdem ist die ihr zugrunde liegende Auslegung des § 826 und die Auffassung des Verhältnisses dieser Vorschrift zu der in § 226, wie das Reichsgericht schon öfter ausgesprochen hat (vgl. Entsch. in Zivils. Bd. 58 S. 214 flg.), unrichtig.

Dagegen ist von den Beklagten mit Recht in Abrede gestellt worden, daß in den vorstehend erwähnten Akten der verklagten Vereinigung und ihrer Mitglieder eine unerlaubte Handlung im Sinne von § 826 B.G.B. überhaupt enthalten sei. Wenn sich eine größere Anzahl Gewerbetreibender zu einer Vereinigung zusammenschließt, um durch von ihnen getroffene Maßregeln den an der Vereinigung Beteiligten Vorteile für ihren Gewerbebetrieb zu erzielen, so enthält es keinen Verstoß gegen die guten Sitten, wenn einem oder mehreren Gewerbetreibenden derselben Branche der nachgesuchte Beitritt zu der Vereinigung und dadurch die Teilnahme an den durch diese gebotenen Vorteilen versagt wird, und zwar auch dann nicht, wenn die Verweigerung der Aufnahme für die davon Betroffenen erhebliche Nachteile für ihren Gewerbebetrieb zur Folge hat. Hierbei ist es auch ohne Bedeutung, ob diese Aufnahme nach den Satzungen der Vereinigung zulässig wäre, oder nicht, und die Nichtaufnahme nimmt auch nicht dadurch den Charakter einer wider die guten Sitten verstoßenden Handlung an, daß sie deshalb erfolgt, weil die der Vereinigung angehörenden Gewerbetreibenden den Wettbewerb derjenigen, deren Zulassung zu dem Vereine abgelehnt wird, fürchten und durch die Fernhaltung von diesem beseitigen oder abschwächen wollen. Es ist daher im vorliegenden Falle unerheblich, ob die Kläger im Sinne der Satzungen des verklagten Vereins Neuanfänger waren; war dies, wie die Vorinstanz annimmt, nicht der Fall, so folgt daraus nur, daß die verklagte Vereinigung nach ihren Satzungen die Kläger aufnehmen durfte, keineswegs aber stand diesen ein Recht auf die Aufnahme zu; dies würde selbst dann nicht der Fall sein, wenn bei richtiger Handhabung der Satzungen die Aufnahme der Kläger hätte erfolgen sollen, da diese als, außerhalb des Vereins stehend, keinen Anspruch auf Einhaltung der Satzungen haben.

An der vorstehenden Beurteilung kann auch der Umstand nichts ändern, daß gleichzeitig mit der Begründung der Vereinigung das als Tarifgemeinschaft bezeichnete Abkommen mit den Arbeitnehmern der Branche getroffen worden ist. Wenn dort in § 15 vereinbart ist, daß die durch den Deutschen Metallarbeiterverband vertretenen Arbeiter und Arbeiterinnen nur in „tariftreuen" Betrieben Beschäftigung nehmen sollten, so ist damit nicht bestimmt, daß diese Arbeitnehmer ausschließlich bei den der verklagten Vereinigung angehörenden Industriellen arbeiten dürften, sondern nur, daß sie auf Arbeitgeber beschränkt sein sollten, die sich bezüglich ihres Verhältnisses zu den Arbeitern den in dem Tarif getroffenen Bestimmungen unterwerfen würden. Es kann deshalb dahingestellt bleiben, ob es als Verstoß gegen die guten Sitten betrachtet werden könnte, wenn die Vereinbarung dahin gegangen wäre, daß die von dem Metallarbeiterverband vertretenen Arbeitnehmer ausschließlich bei der verklagten Vereinigung angehörenden Feingoldschlägern arbeiten dürften; eine Frage, gegen deren Bejahung übrigens wesentliche Bedenken erhoben werden könnten.

Es kommt hiernach nur noch die Behauptung der Kläger in Betracht, daß bei den mit den Vertretern der Arbeitnehmer über den Tarif gepflogenen Verhandlungen von den Vertretern der Arbeitgeber verlangt und durchgesetzt worden sein soll, daß die von dem Deutschen Metallarbeiterverbande im Jahre 1901 über die Betriebe der beiden Kläger verhängte Arbeitersperre noch für die Dauer eines Jahres, von dem Inkrafttreten des Tarifs an gerechnet, aufrecht erhalten blieb. Dieses Anführen erscheint an sich geeignet, einen Schadensersatzanspruch aus § 826 B.G.B. zu begründen. Wenn ein Gewerbetreibender oder eine Mehrzahl von solchen einen Verband von Arbeitnehmern, insbesondere einen solchen von dem Umfang und dem Einfluß wie der Deutsche Metallarbeiterverband, vorsätzlich dazu bestimmt, den an dem Verbande beteiligten Arbeitnehmern zu verbieten, bei einem bestimmten Arbeitgeber Beschäftigung zu nehmen, und wenn dies geschieht zu dem Zwecke, um diesem Arbeitgeber den Betrieb seines Geschäfts unmöglich zu machen oder zu erschweren und dadurch dessen Konkurrenz zu beseitigen, so verstößt dieses Verhalten der betreffenden Gewerbetreibenden nicht etwa bloß gegen die Grundsätze, von denen sich Männer von vornehmer Denkungsart und feinem Anstandsgefühl im geschäftlichen Leben leiten lassen, sondern es geht auch weit über das hinaus, was nach dem allgemeinen Volksbewußtsein und nach der sittlichen Auffassung aller billig und gerecht Denkenden im geschäftlichen Wettbewerb als erlaubt gilt.

Im vorliegenden Falle ist von dem Berufungsgerichte festgestellt, daß die beiden Kläger im Jahre 1901 ihre Geschäftsbetriebe eingestellt hatten, weil die Geschäfte schlecht gingen, und die bei ihnen damals tätigen Arbeiter auf eine Herabsetzung der Löhne nicht eingehen wollten, und daß damals über ihre Betriebe von dem Deutschen Metallarbeiterverbande die Sperre verhängt worden ist.

In den ersten Monaten des Jahres 1902 haben, so stellt das Berufungsgericht weiter fest, die Kläger den Entschluß gefaßt, ihre Betriebe wieder aufzunehmen, und Maßregeln zur Ausführung dieses Entschlusses getroffen, und sie sind dabei bereit gewesen, in ihren Geschäften sich ganz den Normen anzupassen, die bei den Verhandlungen zwischen den Nürnberger und Schwabacher Feingoldschlägereibesitzern einer- und den in dieser Branche tätigen Arbeitnehmern andererseits festgestellt werden würden. Hiervon haben sowohl die ersteren als auch die Vertreter der Arbeitnehmer Kenntnis erlangt. Diese sind deshalb bereit und entschlossen gewesen, die Aufhebung der im Jahre 1901 über die Geschäfte der Kläger vom Metallarbeiterverbande verhängten Sperre herbeizuführen; es ist dies aber, und zwar allein deshalb unterblieben, weil bei den Verhandlungen zwischen den Vertretern der Arbeitgeber und denjenigen der Arbeitnehmer von den ersteren verlangt worden ist, daß die über die Kläger verhängte Arbeitersperre noch ein Jahr aufrecht erhalten werde, und davon, daß dies geschehe, das Zustandekommen des Tarifvertrages geradezu abhängig gemacht worden ist. Es ist dies von seiten der Vertreter der Arbeitgeber, wie das Berufungsgericht ebenfalls als erwiesen erachtet, geschehen, um unter Benutzung der zeitweiligen Betriebseinstellung der Kläger deren Konkurrenz zu verdrängen.

Nach diesen an sich einwandfreien Feststellungen des Berufungsurteils kann kein Zweifel darüber bestehen, daß bei jenen Verhandlungen durch Vertreter der Arbeitgeber in einer den guten Sitten zuwiderlaufenden Weise vorsätzlich den Klägern Schaden zugefügt worden ist. Die Feststellungen reichen aber nicht aus, die Annahme zu begründen, daß für den den Klägern entstandenen Schaden die jetzigen Beklagten aufzukommen haben.

Es ist, was die beiden Beklagten Br. und T. anlangt, nicht festgestellt, daß sie selbst bei den in Frage stehenden Verhandlungen in der vorstehend bezeichneten Weise auf die Vertreter der Arbeitnehmer eingewirkt haben, oder daß sie bezüglich dessen, was insoweit von anderen Personen geschehen ist, als Anstifter oder Gehilfen anzusehen seien.

Was aber die verklagte Vereinigung betrifft, so ist gleichfalls unaufgeklärt geblieben, inwiefern sie für jene rechtswidrige Beeinflussung der Vertreter der Arbeitnehmer verantwortlich zu machen sei. Es ist nicht festgestellt, daß durch einen einstimmig oder auch nur durch Majorität gefaßten Beschluß diejenigen Personen, welche die Verhandlungen mit den Arbeitnehmern führten, angewiesen oder ermächtigt worden seien, die Aufrechterhaltung der Sperre über die beiden Kläger zu verlangen, oder daß dies auch nur mit Vorwissen der Mitgliederversammlung geschehen sei. Ebensowenig ist aber auch festgestellt, daß diejenigen Personen, welche das erwähnte Verlangen gegenüber den Vertretern der Arbeitnehmer gestellt und durchgesetzt haben, Vertreter der Vereinigung gewesen seien; es steht nicht einmal fest, daß diese zu der in Betracht kommenden Zeit bereits bestanden hat. Es kann deshalb für jetzt unentschieden bleiben, ob, wenn die rechtswidrige Beeinflussung der Arbeitnehmer durch zu Geschäftsführern der Vereinigung bestellte Personen erfolgte, diese dabei aber auf eigene Hand ohne einen dahingehenden Beschluß der übrigen Vereinsmitglieder gehandelt haben, sich hieraus eine Haftung des verklagten Vereins ableiten ließe, ob insbesondere der von einzelnen Seiten vertretenen Meinung, daß die Bestimmung in § 31 B.G.B. auch auf nicht eingetragene Vereine anzuwenden sei, würde beigepflichtet werden können.

Das angefochtene Urteil mußte hiernach aufgehoben, und die Sache zur nochmaligen Verhandlung und Entscheidung an das Berufungsgericht zurückverwiesen worden." ...

22. Geht das Anfechtungsrecht des Konkursverwalters gegenüber dem Hypothekengläubiger verloren, wenn das zur Masse gehörige, mit Hypotheken belastete Grundstück von dem Verwalter dem Gemeinschuldner zur freien Verfügung überlassen wird, und dieser darauf solches veräußert und den Erlös unter die Hypothekengläubiger verteilt?

K.O. § 6.

VII. Zivilsenat. Urt. v. 3. Februar 1905 i. S. Verw. im M.'schen Konk. (Kl.) w. Westpreuß. Bank u. Gen. (Bekl.). Rep. VII. 497/04.

I. Landgericht Flensburg.
II. Oberlandesgericht Kiel.

Gründe:

„Der Landmann M., über dessen Vermögen am 14. Dezember 1903 die Eröffnung des Konkurses stattgefunden hat, in welchem der Kläger zum Verwalter bestellt ist, hat kurz vor dem erwähnten Zeitpunkte Hypotheken zum Betrage von 1000 ℳ, 1000 ℳ und 5000 ℳ zugunsten der Beklagten zu 1, derjenigen zu 2 und des zu 3 bestellt. Mit der Klage werden diese Hypothekbestellungen auf Grund der §§ 30 und 31 K.O. unter Aufstellung entsprechender Behauptungen angefochten, und es wird mit Rücksicht darauf, daß nach Eröffnung des Konkurses seitens der Beklagten zu 1 auf Grund einer ihr von dem Gemeinschuldner erteilten Vollmacht der Grundbesitz verkauft und die Verteilung des Ertrages unter die Hypothekengläubiger besorgt sei, verlangt, daß die eingenommenen Beträge zur Konkursmasse eingezahlt würden. Die Beklagten haben sich in erster Linie darauf als auf einen die Anfechtung ausschließenden Umstand berufen, daß der Grundbesitz behufs des dann vorgenommenen Verkaufs und der Verteilung des Kaufpreises dem Gemeinschuldner seitens des Konkursverwalters überlassen worden, welcher an jenen ein Schreiben gerichtet habe, in dem es heiße: „Nach dem Beschlusse des Gläubigerausschusses ist der Grundbesitz von der Masse ausgeschlossen und zu Deiner freien Verfügung; es bleibt den Hypothekengläubigern überlassen, ihre Ansprüche zu befriedigen." Vom Kläger ist der Inhalt des Schreibens nicht bestritten. Auf Grund dieses Vorbringens ist die Klage von den Vorinstanzen abgewiesen, und zwar von dem Landgericht mit der Ausführung, es müsse in dem Schreiben ein Verzicht des Klägers auf das ihm etwa zustehende Anfechtungsrecht gefunden werden. Das Berufungsgericht hat seine Entscheidung dahin begründet; das Anfechtungsrecht an einem von dem Konkursverwalter an den Gemeinschuldner zur freien Verfügung weggegebenen Gegenstande, an dem Absonderungsrechte beständen, von welchem man also nicht wisse, inwieweit sein Erlös zur Befriedigung der Konkursgläubiger dienen könne, müsse als begrifflich ausgeschlossen angesehen werden, weil anzunehmen, daß infolge jener Weggabe der Gegenstand aus der Konkursmasse ausgeschieden sei, und daher auch nicht mehr gesagt werden könne, daß durch die an ihm bestehenden Rechte einzelner der Konkursanspruch aller Gläubiger verletzt werde. Zu dem fraglichen Vorgehen erscheine der Konkursverwalter, unbeschadet der ihn treffenden persönlichen Verantwortlichkeit, nach den Bestimmungen der Konkursordnung befugt. Es könne sich nur fragen, ob er berechtigt sei, seine bezügliche Erklärung zu widerrufen. Dies müsse aber jedenfalls dann verneint werden, wenn inzwischen der Gemeinschuldner den Gegenstand anderweitig verwertet und den Erlös für sich eingezogen habe.

Mit der Revision ist zunächst der Auffassung entgegengetreten, daß durch den fraglichen Brief eine Verfügung in dem von der Vorinstanz angenommenen Sinne getroffen sei; es liege nur eine Mitteilung über einen Beschluß des Gläubigerausschusses vor, aus dem dann die Konsequenz gezogen worden, daß die Hypothekengläubiger sich aus dem Grundstück befriedigen könnten. Sodann ist bestritten, daß eine Ausscheidung des Grundbesitzes aus der Konkursmasse habe stattfinden können. Derselbe habe zur Masse gehört und bleibe Bestandteil derselben, bis das Verfahren beendigt sei. Wenn der Konkursverwalter einen Gegenstand in der Annahme weggebe, daß sein Wert von absonderungsberechtigten Gläubigern in Anspruch genommen werden würde, so würde dadurch nur ein tatsächlicher Zustand geschaffen, der nicht hindere, daß, falls der Verwalter zu einer anderen Ansicht gelange, derselbe die Sache selbst oder, falls sie veräußert sei, deren Erlös zur Konkursmasse heranziehe.

Der Revision ist der Erfolg zu versagen.

Zunächst erscheint die Annahme des angefochtenen Urteils durchaus bedenkenfrei, daß der Konkursverwalter mit seiner Erklärung in dem fraglichen Briefe die Absicht kundgegeben hat, den Grundbesitz aus der Konkursmasse dauernd auszuscheiden und dem Gemeinschuldner zur freien Verfügung zu überlassen. Es muß aber auch angenommen werden, daß der Konkursverwalter zu einer solchen Ausscheidung völlig befugt war. Er kann Gegenstände, aus denen nach seinem pflichtmäßigen Ermessen ein Reinertrag für die Masse nicht zu erwarten ist, namentlich Grundstücke, an denen Absonderungsrechte bestehen, dem Gemeinschuldner zur freien Verfügung überlassen. Es ergiebt sich solches aus der dem Konkursverwalter durch § 6 K.O. zugewiesenen Stellung. Mit einer derartigen Freigabe hört der Gegenstand auch rechtlich auf, zu der Konkursmasse zu gehören.

Vgl. Jaeger, K.O., 2. Aufl. Bem. 38 und 39 zu § 6; Petersen u. Kleinfeller, K.O., 4. Aufl. Bem. 21 zu § 6; v. Wilmowski, K.O., 6. Aufl. Bem. 4 zu § 6; Entscheidung des Reichsgerichts in der Jurist. Wochenschr. 1896 S. 601 Nr. 21; Oetker in der Zeitschrift für deutschen Zivilprozeß Bd. 25 S. 8 und 9.

Ist vorliegend eine derartige Rechtsveränderung bezüglich des zur Zeit der Konkurseröffnung zur Masse gehörigen Grundbesitzes, der mit den zugunsten der Beklagten bestellten Hypotheken belastet war, vorgegangen, so ergibt sich aber auch, daß eine Anfechtung der Hypothekenbestellungen von dem Konkursverwalter nicht mehr geltend gemacht werden kann. Denn als notwendige Voraussetzung der Konkursanfechtung stellt sich dar, daß durch die Rechtshandlung, vorliegend also die Hypothekbestellungen, gegen welche jene sich richtet, die Konkursmasse eine Minderung erfährt, so daß die Befriedigung der Konkursgläubiger nur noch in geringerem Umfange erfolgen kann. Dies ist aber bei den fraglichen Hypotheken nunmehr ausgeschlossen, da das durch sie belastete Grundstück nach seiner Freigabe aus der Masse nicht mehr zu deren Gunsten verwertet werden konnte.

Es kann sich danach nur noch fragen, ob ein Konkursverwalter berechtigt ist, seine auf Freigabe eines Gegenstandes aus der Masse gerichtete Handlung zu widerrufen. Dies muß jedenfalls für den vorliegenden Fall als ausgeschlossen erachtet werden, da der Gemeinschuldner den Grundbesitz inzwischen veräußert und den Erlös eingezogen hat.“

23. Ist eine Entscheidung, die über ein in der mündlichen Verhandlung angebrachtes Gesuch um Ablehnung eines Sachverständigen, anstatt durch Beschluß, in den Gründen des Berufungsurteils erfolgt, mit der Revision anfechtbar?

II. Zivilsenat. Urt. v. 7. Februar 1905 i. S. H. (Bekl.) w. H. (Kl.). Rep. II. 225/04.

I. Landgericht Münster.
II. Oberlandesgericht Hamm.

Die Frage ist bejaht worden aus folgenden

Gründen:

Mit Recht beschwert sich der Revisionskläger darüber, daß das Berufungsgericht über das Gesuch um Ablehnung des Sachverständigen nicht durch einen dem Urteile vorausgegangenen Beschluß, sondern erst in den Gründen des Urteils entschieden hat. Der Sachverständige ist nach Erstattung des schriftlichen Gutachtens erst in der mündlichen Verhandlung und im Zusammenhange mit dem Vortrage der Sache abgelehnt worden. Nach § 406 Z.P.O. hat die Entscheidung über das Ablehnungsgesuch durch Beschluß zu erfolgen, gegen den, wenn die Ablehnung für unbegründet erklärt wird, sofortige Beschwerde stattfindet. Die Beschwerde hat gemäß § 572 Z.P.O. nur in den hierin aufgeführten Ausnahmefällen aufschiebende Wirkung. Für die Fälle der sofortigen Beschwerde bestimmt das Gesetz nichts Abweichendes. Zu den Ausnahmefällen des § 572 gehört der Fall der Ablehnung eines Sachverständigen nicht. Hiernach wäre das Berufungsgericht gesetzlich nicht behindert gewesen, das Ablehnungsgesuch durch Beschluß zurückzuweisen und im Anschlusse hieran in der Sache weiter zu verhandeln und durch Urteil zu entscheiden. Ein solches Verfahren hätte allerdings tatsächlich die Folge gehabt, daß das Beschwerderecht des Beklagten vereitelt worden wäre, weil die Beschwerde durch das zwischenzeitliche Urteil zweck- und gegenstandslos geworden wäre. Auch wäre die Entscheidung über das Ablehnungsgesuch der Anfechtung in der Revisionsinstanz entzogen gewesen, da gemäß § 548 Z.P.O. der Beurteilung des Revisionsgerichts diejenigen Entscheidungen nicht unterliegen, die unanfechtbar oder mit der Beschwerde anfechtbar sind. Die erwähnte

Folge erweist sich als die notwendige Konsequenz des Grundsatzes, daß die Beschwerde keine aufschiebende Wirkung hat; dieser Grundsatz aber beruht auf dem gesetzgeberischen Gedanken, daß der regelmäßige Gang des Verfahrens durch das Rechtsmittel der Beschwerde gegen Zwischenentscheidungen nur in den dringendsten Fällen aufgehalten werden soll. Die nämlichen Erwägungen liegen der Entscheidung des V. Zivilsenats des Reichsgerichts (Jurist. Wochenschr. 1895 S. 539 Nr. 11) zugrunde. Verschieden von dem dort entschiedenen Falle liegt nun aber der gegenwärtige Fall insofern, als der Vorschrift des § 406 Z.P.O. zuwider ein besonderer Beschluß über das Ablehnungsgesuch nicht erlassen ist. Bevor das Ablehnungsgesuch in gesetzmäßiger Weise durch Beschluß zurückgewiesen war, durfte das Berufungsgericht das Gutachten des Sachverständigen nicht berücksichtigen. Mangels eines Beschlusses konnte ein Beschwerderecht des Beklagten nicht in Frage kommen. Folgeweise kommt auch § 548 Z.P.O. nicht in Betracht. Mithin muß die Rüge der Verletzung des § 406 Z.P.O. in der Revisionsinstanz zulässig erscheinen. Gegen diese Erwägungen kann nicht eingewendet werden, durch den gerügten prozessualen Verstoß sei der Revisionskläger aus dem Grunde nicht beschwert, weil selbst dann, wenn das Berufungsgericht in der vorangegebenen Weise gesetzmäßig verhandelt und entschieden und das Ablehnungsgesuch verworfen hätte, die Beschwerde zweck- und gegenstandslos, die Anfechtung der Entscheidung im Revisionswege nach § 548 Z.P.O. unzulässig gewesen wäre. Denn wenn auch diese Folge bei ordnungsmäßigem Prozeßgange eingetreten wäre, so braucht sie der Revisionskläger doch nicht als Wirkung eines gesetzwidrigen Verfahrens hinzunehmen. Die gesetzlichen Vorschriften, welche den Schutz der Parteirechte bezwecken, müssen von den Instanzgerichten genau befolgt und voll zur Geltung gebracht werden. Da es bisher an einer gesetzmäßigen Entscheidung über das Ablehnungsgesuch fehlt, die Entscheidung in den Gründen des Berufungsurteils als solche nicht anzusehen ist, so ist das Revisionsgericht nicht in der Lage, in eine Prüfung der Frage einzutreten, ob das Ablehnungsgesuch mit Recht für unbegründet erklärt worden ist, oder nicht. Vielmehr mußte das Berufungsurteil zur Herbeiführung einer gesetzmäßigen Entscheidung über das Ablehnungsgesuch aufgehoben werden." . . .

24. Ist die Revision zulässig, wenn sie zwar gegen Abweisung der Haupt- und Nebenforderung eingelegt ist, die Nebenforderung (Zinsen) über 1500 ℳ beträgt, die Zinsen aber nicht von dem den Betrag von 1500 ℳ nicht erreichenden Teil der Hauptforderung gefordert werden, wegen dessen Abweisung die Revision eingelegt ist?

Z.P.O. §§ 4. 546.

V. Zivilsenat. Urt. v. 22. Februar 1905 i. S. B. (Kl.) w. B. (Bekl.).
Rep. V. 53/05.

I. Landgericht Magdeburg.
II. Oberlandesgericht Naumburg a. S.

Der Sachverhalt ergibt sich, soweit erforderlich, aus den

Gründen:

„Die Revision war dem Gegenstande nach für zulässig zu erachten.

Die Klägerin hat gegen das Urteil erster Instanz, soweit es zu ihren Ungunsten ergangen ist, Berufung nicht eingelegt. Ihr Antrag ging in der Berufungsinstanz nur dahin, die von der Beklagten gegen das erste Urteil eingelegte Berufung zurückzuweisen, und diesen Antrag hat sie auch in der Revisionsinstanz wiederholt. Sie ficht also das Berufungsurteil insoweit an, als es zu ihren Ungunsten das erste Urteil abändert. Der Wert des Beschwerdegegenstandes für die Revision (§ 546 Z.P.O.) stellt sich mithin dann vor die Augen, wenn man feststellt, in welcher Höhe das erste Urteil zuungunsten der Klägerin durch das zweite Urteil abgeändert worden ist.

Nun hat der erste Richter der Klägerin zugesprochen:

1. unbedingt, a) die von der Beklagten eingezogenen Pachtgelder für die Jahre 1897, 1898 und 1899, mit zusammen . . . . 843,55 ℳ;

b) Zinsen von diesen eingezogenen Pachtgeldern vom Schlusse jedes Jahres ab;

c) die von der Beklagten eingezogenen Pachtgelder für die Jahre 1900, 1901 und 1902, mit zusammen . . . . 931,26 ℳ;

d) Zinsen von diesen eingegangenen Pachtgeldern vom Schlusse jedes Jahres ab;

2. bedingt durch den von der Beklagten zu leistenden Eid:

a) die von der Beklagten aus der früheren Zeit (von 1886 ab) eingezogenen Pachtgelder mit 3000 *M*;

b) Zinsen hiervon vom Schlusse jedes Jahres ab.

Der zweite Richter hat dieses Urteil zum Nachteil der Klägerin dahin abgeändert, daß er

1. der Klägerin schlechthin abgesprochen hat die vorstehend zu 1 b und 2 b erwähnten Zinsen. Er erkennt der Klägerin überhaupt nur Zinsen vom Tage der Klagezustellung ab zu. Die Klage ist im Januar 1903 (der Tag ist nicht festgestellt) zugestellt worden. Berechnet man die Zinsen, wie sie der erste Richter zu 1 b und 2 b vorstehend zugesprochen hat, aber auch nur bis zum 1. Januar 1903, so betragen sie nach der Aufstellung der Revision 1591,44 *M*,

2. diejenigen 931,26 *M*, welche vorstehend unter 1 c erwähnt und vom ersten Richter unbedingt zugesprochen sind, zu-ungunsten der Klägerin ebenfalls unter den von der Beklagten zu leistenden Eid gestellt und ferner auch die von den 936,26 *M* (vorstehend zu 1 d) zugesprochenen Zinsen in Wegfall gebracht hat.

Es ergibt sich somit, daß die Klägerin durch das zweite Urteil in doppelter Beziehung ungünstiger gestellt ist, als im ersten Urteil, nämlich:

a) in Beziehung auf den Hauptanspruch in Höhe von 931,26 *M*, weil dieser Betrag vom ersten Richter unbedingt, vom zweiten Richter nur für den Fall der Nichtleistung des Eides der Klägerin zugesprochen ist;

b) in Beziehung auf die Zinsen in Höhe von 1591,44 *M*, weil diese Zinsen vom ersten Richter zugesprochen, vom zweiten Richter aberkannt sind.

Diese Differenzpunkte sind zugleich die Beschwerdepunkte der Revision. Zu ihnen tritt als dritter Punkt die Rechnungslegung über die Jagdpachtgelder für die Jahre 1900, 1901 und 1902, zu der der erste Richter ebenfalls unbedingt, der zweite Richter aber nur für den Fall der Nichtleistung des Eides verurteilt hat. Dieser dritte Punkt kommt aber für die Berechnung des Revisionsobjekts nicht in

Betracht, da es an jedem Anhalt dafür fehlt, wie hoch die Jagdpachtgelder etwa zu veranschlagen sein möchten. Hierfür hätte es, wenn auch dieser Punkt hätte in Betracht gezogen werden sollen, der Glaubhaftmachung bedurft (§ 546 Abs. 3 Z.P.O.).

Was nun die beiden ersten Punkte anlangt, so ist ohne weiteres klar, daß ein revisibeles Objekt nur herauskommt, wenn die Zinsen (vorstehend zu 1b und 2b, die jetzt der Kürze halber immer nur als Zinsenanspruch bezeichnet werden sollen) für die Revisionsinstanz nicht als Nebenforderung im Sinne des § 4 Z.P.O. anzusehen sind. Das Wesen einer Nebenforderung besteht darin, daß sie von dem Bestehen einer Hauptforderung abhängig ist. Zinsen werden also als Nebenforderung geltend gemacht, wenn und soweit der Rechtsstreit zugleich über das Bestehen der Hauptforderung, von der die Zinsen verlangt werden, geführt wird. Daraus ist schon bisher in der Rechtsprechung des Reichsgerichts der Schluß gezogen worden, daß eine Zinsforderung, die noch in der Berufungsinstanz als Nebenforderung geltend gemacht worden ist, weil in dieser Instanz auch noch über die Hauptforderung gestritten wurde, für die Revisionsinstanz den Charakter als Nebenforderung verlieren kann, dies nämlich dann, wenn das Berufungsurteil die Hauptforderung zuspricht, die Zinsenforderung aber aberkennt, und die Revision nur wegen dieser Aberkennung der Zinsen eingelegt wird. Betragen in solchem Falle die vom Berufungsrichter aberkannten Zinsen mehr als 1500 ℳ, so ist die Revision zulässig.

Vgl. Urt. des VII. Zivilsenats Entsch. in Zivils. Bd. 47 S. 256 und die dort erwähnten älteren Entscheidungen.

Von dieser Auffassung abzuweichen, liegt keine Veranlassung vor. Andererseits freilich ist daran festzuhalten (wie dies auch in den Gründen des vorerwähnten Urteils vom VII. Zivilsenat hervorgehoben wird), daß die Revision unzulässig sein würde, wenn das Berufungsurteil sowohl die Hauptforderung, die den Betrag von 1500 ℳ nicht erreicht, wie auch die Zinsforderung, die diesen Betrag übersteigt, abgewiesen hat, und die Revision sowohl wegen der Hauptforderung wie auch wegen der Zinsforderung eingelegt wird. Denn dann tritt das Abhängigkeitsverhältnis, welches den Zinsenanspruch zur Nebenforderung macht, prozessual wieder in Wirksamkeit. Im vorliegenden Falle liegt die Sache nun so, daß die bedingt abgewiesene Hauptforderung 931,26 ℳ und der abgewiesene Zinsenanspruch 1541,44 ℳ beträgt, daß wegen beider (des Haupt- und des Zinsenanspruchs) die Revision eingelegt ist, daß aber der Zinsenanspruch nicht vom demjenigen Teile des Hauptanspruchs herrührt, dessen Abweisung mit der Revision angegriffen wird. Denn die abgewiesenen 1541,44 ℳ Zinsen werden gefordert von den für die Jahre 1886—1899 eingezogenen Pachtgeldern; der abgewiesene Hauptanspruch von 931,26 ℳ aber umfaßt die Pachtgelder der Jahre 1900, 1901 und 1902. Es ist also möglich, daß dieser (der Hauptanspruch) der Klägerin aberkannt wird, ohne daß hierdurch über das Bestehen der Zinsforderung entschieden, oder diese überhaupt von der Abweisung berührt würde. Ist dies der Fall, so müssen auch beide Ansprüche prozessual als selbständige gelten, und damit ist die Voraussetzung des § 4 Z.P.O., daß die Zinsen als Nebenforderung geltend gemacht werden, nicht gegeben." ...

---

25. Zur Frage, ob der von Ehegatten in einem gemeinschaftlichen Testament, durch das diese zunächst sich gegenseitig als Erben eingesetzt haben, auf den beiderseitigen Nachlaß eingesetzte Dritte nur Ersatzerbe, oder Ersatz- und Nacherbe ist. Berechnung der Erbschaftssteuer in solchen Fällen.

B.G.B. § 2269.

Preuß. Erbschaftssteuergesetz § 28.

VII. Zivilsenat. Urt. v. 7. Februar 1905 i. S. L. u. Gen. (Kl.) w. preuß. Fiskus (Bekl.). Rep. VII. 312/04.

I. Landgericht Breslau.
II. Oberlandesgericht daselbst.

Die Klägerin zu 1 und ihr am 7. März 1902 verstorbener Ehemann, der Schlossermeister O. L., hatten am 15. Mai 1897 ein gemeinschaftliches Testament errichtet, in welchem sie sich gegenseitig zu Universalerben einsetzten und bestimmten, daß nach beider Tode der gemeinschaftliche Nachlaß je zur Hälfte an den Schlossermeister O. L., den Sohn des Ehemanns erster Ehe, und den Kläger zu 2, K. L., den Sohn der Ehefrau erster Ehe, fallen solle. Die darauf folgenden Bestimmungen des Testaments haben nachstehenden Wortlaut:

§ 3: „Wir erkennen bei diesem Anlaß an, daß wir unser Vermögen mit gemeinschaftlichen Kräften und für gemeinsame Rechnung erworben haben, so daß jedem von uns eine gleiche Berechtigung daran zusteht. Somit erbt der Überlebende von uns von seinem Ehegatten nur die Hälfte unseres gemeinschaftlichen Vermögens mit der zugunsten des Kindes des Erstverstorbenen als Nacherben getroffenen Belastung; die andere Hälfte gehört ihm aus eigenem Recht."

§ 4: „Der Überlebende von uns soll alsbald nach dem Tode seines Ehegatten den Nachlaß in Gemeinschaft mit den Nacherben in zwei gleiche Teile teilen. Die eine Hälfte soll er in Gemeinschaft mit dem Schlossermeister O. L., die andere in Gemeinschaft mit dem Maurermeister K. L. verwalten, so daß die Nacherben hierdurch in die Lage versetzt werden, ein jeder für sich selbst für die Sicherung der auf ihn entfallenden Hälfte des gemeinschaftlichen Nachlasses zu sorgen.

Über die Erträge beider Vermögenshälften hat der Überlebende unter Lebenden freie Verfügung, während der davon erübrigte Betrag nach seinem Tode den Nacherben ebenfalls zu gleichen Rechten anfällt."

Da die Klägerin ihrem verstorbenen Ehemann nichts in die Ehe gebracht hatte, nahm die Steuerbehörde an, daß das ganze im Besitz der Eheleute L. befindlich gewesene, beim Tode des Ehemannes vorhandene Vermögen dem Ehemann gehört habe, und der Kläger L. nach § 28 des Erbschaftssteuergesetzes vom $\frac{\text{19. Mai 1891}}{\text{31. Juli 1895}}$ in bezug auf die ihm nach dem Testamente dereinst zufallende Hälfte dieses Vermögens als Erbe des Ehemanns L., seines Stiefvaters, anzusehen sei. Sie verlangte deshalb Sicherstellung der von L. eventuell zu zahlenden Erbschaftssteuer von 4 Prozent der auf 181916 ℳ berechneten Vermögenshälfte mit 7277 ℳ. Die Kläger leisteten diese Sicherung durch Bestellung einer Sicherungshypothek auf einem zum Nachlasse gehörigen Grundstück. Da sie indessen der Ansicht waren, daß sie zu dieser Sicherstellung nicht verpflichtet seien, weil L. nach dem Inhalt des Testaments und gemäß § 2269 B.G.B. als Erbe seiner rechten Mutter, der Klägerin zu 1, anzusehen, und der Anfall daher nicht steuerpflichtig sei, erhoben sie gegen den Beklagten Klage auf Einwilligung in die Löschung der Hypothek. Der erste Richter entsprach dem Klagantrage; der Berufungsrichter wies dagegen die Klage ab.

Die Revision der Kläger ist zurückgewiesen aus folgenden

Gründen:

„Wenn Ehegatten in einem gemeinschaftlichen Testament, durch das sie sich gegenseitig als Erben einsetzen, bestimmen, daß der beiderseitige Nachlaß nach dem Tode des Überlebenden an einen Dritten fallen soll, so kann ihr Wille ein verschiedener sein. Er kann dahin gerichtet sein, daß der Dritte nur Ersatzerbe beider Teile sein soll, so daß der Erbgang nach dem zuerst Versterbenden sich mit dessen Beerbung durch den Überlebenden völlig erschöpft, und der Dritte den ganzen Nachlaß, also auch das darin enthaltene Vermögen des zuerst Verstorbenen, nur als (Ersatz-) Erbe des Überlebenden und nur kraft seiner durch diesen erfolgten Einsetzung als Erbe erhält. Der Wille der Testatoren kann aber auch dahin gehen, daß der Dritte Ersatzerbe des Überlebenden hinsichtlich des von diesem herrührenden Vermögens und zugleich Nacherbe des zuerst Versterbenden in Ansehung des von diesem hinterlassenen Vermögens sein soll. Das Bürgerliche Gesetzbuch hat im § 2269 bestimmt, daß im Zweifel angenommen werden soll, der Dritte sei für den gesamten Nachlaß nur als Ersatzerbe des Überlebenden eingesetzt. Ist ein anderer Wille der Testatoren nachweisbar, so ist dieser maßgebend. Im gegenwärtigen Falle hat der Berufungsrichter aus dem Inhalt des Testaments den Willen der Testatoren einwandfrei dahin festgestellt, daß die beiden Söhne der Eheleute aus deren erster Ehe nicht nur Ersatzerben des überlebenden Teiles hinsichtlich seines Vermögens, sondern auch Nacherben des zuerst Versterbenden hinsichtlich des von diesem herstammenden Nachlasses sein sollen. Mit Recht konnte von diesem Standpunkt aus der Berufungsrichter die, vom Revisionsgericht übrigens bereits im Urteil vom 14. Oktober 1904 in Sachen T. u. Gen. wider den preußischen Fiskus (Rep. VII. 100/04) im Prinzip bejahte Frage unentschieden lassen, ob die Auslegungsregel des § 2269 B.G.B. auf die vor dessen Inkrafttreten errichteten Testamente anwendbar sei. Der Berufungsrichter gründet seine Feststellung auf die beiden Tatsachen, daß die Söhne der Testatoren im Testament ausdrücklich als „Nacherben“ bezeichnet sind und, daß die freie Verfügung des Überlebenden auf die Erträgnisse des Vermögens beschränkt, er im übrigen aber nur zur gemeinschaftlichen Verwaltung des Vermögens mit den Nacherben für berechtigt erklärt ist. Diese beiden Gründe sind durchaus geeignet, die Annahme des Berufungsrichters zu rechtfertigen; jedenfalls verstößt der Berufungsrichter durch ihre Verwendung für seine Feststellung gegen keine gesetzliche Bestimmung. Mit Unrecht bekämpft die Revision den zuletzt angegebenen Grund des Berufungsrichters, indem sie ausführt, die Einräumung einer dem Dritten zustehenden Mitverwaltung an dem ihm nach dem Tode des Überlebenden zufallenden Nachlasse zu Lebzeiten des Überlebenden schließe die Anwendung des § 2269 B.G.B. nicht aus. Hieran mag so viel richtig sein, daß die Einräumung einer solchen Mitverwaltung rechtlich nicht schlechthin unverträglich sein wird mit der Stellung des Dritten, wenn es unzweifelhaft ist, daß er nicht als Nacherbe des zuerst Versterbenden, sondern nur als Ersatzerbe des Überlebenden berufen ist. Allein nicht hierauf kommt es an, sondern auf den tatsächlichen Schluß, der aus solcher Bestimmung auf den Willen der Testatoren zu ziehen ist. In dieser Beziehung wird die Feststellung des Berufungsrichters durch die Ausführung der Revision nicht erschüttert.

Ist hiernach der Mitkläger L. als Nacherbe nach seinem verstorbenen Stiefvater L. anzusehen, so kann es sich nur noch um die Ermittlung des Umfanges des ihm nach diesem anfallenden Nachlasses handeln. Der § 28 des Erbschaftssteuergesetzes kommt hierbei nicht in Betracht, da er nur für Zweifelsfälle gilt; im übrigen würde auch seine Anwendung, wie das Berufungsurteil zeigt, das ihn für anwendbar erachtet, zu demselben Ergebnis führen, zu dem man auch ohne ihn gelangt. Der Berufungsrichter ist nun der Ansicht, daß das im Besitz der Eheleute L. bei dem Tode des Mannes vorhandene Vermögen zum weitaus größten Teile, nämlich soweit nicht das Eigentum der Ehefrau an einzelnen Mobilien sich aus gesetzlicher Vermutung ergibt oder besonders nachgewiesen wird, den Nachlaß des Mannes gebildet habe. Auch diese Feststellung des Berufungsrichters läßt sich mit Erfolg nicht anfechten. Sie findet ihre ausreichende tatsächliche Unterlage in dem unbestrittenen Umstande, daß die Ehefrau L. ihrem Ehemann nichts in die Ehe gebracht hat, in Verbindung mit der Bestimmung des § 211 A.L.R. II. 1, sowie darin, daß der größte Teil des Nachlasses aus Grundstücken bestand, die allein auf den Namen des Mannes eingetragen waren. Die Kläger berufen sich dem gegenüber zum Beweise der Behauptung, daß dem verstorbenen Ehemann nur die Hälfte des Vermögens gehört habe, auf den Inhalt des § 3 des gemeinschaftlichen Testaments, in welchem beide Testatoren „anerkennen", daß sie ihr Vermögen mit gemeinschaftlichen Kräften nnd für gemeinsame Rechnung erworben hätten, so daß jedem von ihnen eine gleiche Berechtigung daran zustehe. Allein diese Erklärung der Testatoren beweist nicht, was die Kläger daraus herleiten wollen. Daß sie nicht in dem Sinne von den Testatoren gemeint und gewollt ist, daß mit ihrer Abgabe, also mit dem Zeitpunkt der Testamentserrichtung ein neues eheliches Güterrechtsverhältnis zwischen ihnen eintreten sollte, ergibt ohne weiteres ihr Inhalt. Sie wollten nicht etwas Neues schaffen, dergestalt daß die Testamentserrichtung einen Abschnitt bedeutet, der die vorher und nachher vorhanden gewesenen güterrechtlichen Verhältnisse der Ehegatten zu verschiedenen macht, sondern sie erkennen etwas bereits Bestehendes als solches an. In Übereinstimmung hiermit steht es, daß die Kläger ausdrücklich geltend gemacht haben, die Eheleute L. hätten bereits längst vor der Errichtung des Testaments vereinbart, daß alles, was sie erwerben würden, gemeinschaftlich sein solle. Allein eine solche mündliche Vereinbarung war, auch wenn man von dem vom Berufungsrichter herangezogenen § 354 A.L.R. II. 1 ganz absieht, jedenfalls wegen Mangels der im § 356 a. a. O. vorgeschriebenen Form unfähig, die gewollte Wirkung rechtlich herbeizuführen. Nur die in den §§ 211. 544 a. a. O. aufgestellten Vermutungen durch ihre Vereinbarung auszuschließen, lag ersichtlich nicht in der Absicht der Eheleute, da ihr Wille weit hierüber hinausging. Hätte aber solche Absicht bestanden, so würde auch insoweit die mündliche Vereinbarung nicht genügt haben, um sie rechtlich zur Verwirklichung zu bringen. Es hätten vielmehr alsdann, wie der Berufungsrichter zutreffend darlegt, die Eheleute Sorge dafür treffen müssen, daß das Eigentum oder Miteigentum der Ehefrau an den erworbenen Gütern äußerlich in die Erscheinung trat. Ebensowenig kann davon die Rede sein, daß, wie die Revision meint, durch das im Testament abgegebene Anerkenntnis die Eheleute ohne die Notwendigkeit jeder weiteren Form über das bisher erworbene Vermögen gültig Verfügung getroffen hätten. Das bis dahin dem Manne gehörige Vermögen konnten sie lediglich durch solche allgemeine Erklärung nicht zum Miteigentum der Frau machen; dazu hätte es besonderer Übertragungsakte des Miteigentums hinsichtlich der einzelnen Vermögensgegenstände bedurft." ...

---

26. Liegt in Fällen, in denen der Beklagte zur Unterlassung übermäßiger Immissionen ohne nähere Begrenzung verurteilt ist, dem Kläger beim Betriebe der Zwangsvollstreckung die Verpflichtung ob, die zum Zwecke der Urteilsvollstreckung anzuwendenden Maßregeln im einzelnen anzugeben?

Z.P.O. §§ 887. 888.

V. Zivilsenat. Beschl. v. 8. Februar 1905 i. S. Sch. (Gläubigers) w. M. (Schuldner). Beschw.-Rep. V. 36/05.

I. Landgericht Wiesbaden.
II. Oberlandesgericht Frankfurt a. M.

Die obige Frage wurde vom Reichsgericht bejaht aus folgenden Gründen:

„Durch Urteil des Gerichts erster Instanz ist der Schuldner im Wege einer einstweiligen Verfügung verurteilt worden, Vorkehrungen zu treffen, durch die die beim Betriebe seiner Bäckerei entstehenden und auf das benachbarte Grundstück des Klägers einwirkenden Geräusche, soweit sie das erträgliche Maß übersteigen, beseitigt werden. Demnächst hat zur Vollstreckung dieses Urteils das Gericht auf Antrag des Klägers durch Beschluß dem Beklagten auf Grund des § 888 Z.P.O. eine Geldstrafe von 100 *M* für den Fall angedroht, daß er die ihm aufgegebenen Vorkehrungen nicht treffe, und zufolge erneuten Antrags des Klägers nach Anhörung des Beklagten durch weiteren Beschluß die angedrohte Strafe von 100 *M* festgesetzt und zugleich für den Fall fortgesetzter Nichterfüllung der gemachten Auflage eine fernere Strafe von 200 *M* angedroht. Das Gericht ist in eine sachliche Prüfung des von dem Beklagten erhobenen Einwandes, daß er alle zur Dämpfung des Geräusches ausführbaren Vorkehrungen inzwischen getroffen habe, eingetreten; es hat jedoch den Beweis hierüber für nicht geführt angesehen. Auf sofortige Beschwerde des Beklagten hat das Oberlandesgericht durch den angefochtenen Beschluß den Beschluß des erstinstanzlichen Gerichts aufgehoben. In den Gründen wird ausgeführt, Straffestsetzung und weitere Strafandrohung seien unzulässig, da die dem Schuldner gemachte Auflage in nicht genügend bestimmter Weise erkennen lasse, welche Handlungen oder Vorkehrungen er bei Meidung der angedrohten Geldstrafe vorzunehmen habe. Von dem Erfordernis der nötigen Bestimmtheit einer nach § 938 Z.P.O. erlassenen Anordnung könne nicht abgesehen werden. Der Schuldner, der zur Befolgung einer Anordnung unter Strafandrohung angehalten werde, müsse klar ersehen können, was er, um der Strafe zu entgehen, zu tun habe.

Gegen diese Entscheidung hat der Kläger weitere sofortige Beschwerde eingelegt. ... Der weiteren Beschwerde konnte jedoch kein Erfolg gewährt werden. Wie das Reichsgericht bereits wiederholt ausgesprochen hat, gilt der für die Urteilsfällung in Immissionsprozessen angenommene Grundsatz, wonach eine allgemein gefaßte Verurteilung zur Fernhaltung von Störungen zulässig und zur Vermeidung einer Verkümmerung des dem Verurteilten zustehenden Wahlrechts sogar geboten ist, nicht für das Zwangsvollstreckungsverfahren. Hier hat vielmehr der Gläubiger diejenige Maßregel, deren zwangsweise Durchführung er verlangt, zu bezeichnen.

Vgl. die Beschlüsse des entscheidenden Senats vom 8. April 1899 und vom 13. Mai 1903 in Gruchot's Beiträgen Bd. 43 S. 683, Bd. 47 S. 916.

Dies ist schon deshalb notwendig, weil es sonst an einer Grundlage für die Prüfung der Frage fehlen würde, ob die Voraussetzungen des § 887, oder des § 888 Z.P.O. vorliegen, oder etwa dem Gläubiger nur der Weg, sein Interesse nach § 893 Z.P.O. zu liquidieren, offen steht. Ganz besonders aber besteht die Notwendigkeit einer Individualisierung des Zwangsvollstreckungsantrags in Fällen der vorliegenden Art, wo der Schuldner alles in seinen Kräften Stehende zur Erfüllung der ihm gemachten Auflage bereits getan haben will. Dem gegenüber muß der Gläubiger, wenn er dies bestreitet, seinerseits den Weg angeben, auf dem seiner Ansicht nach der richterlichen Anordnung Genüge zu geschehen hat. In dieser Weise ist der durch den angefochtenen Beschluß zurückgewiesene Antrag des Klägers nicht begründet." ...

---

27. 1. Ist nach bewirkter Urteilszustellung das Gericht, welches das Urteil erlassen hat, oder das Gericht der höheren Instanz im Sinne des § 248 Z.P.O. das für die Aussetzung des Verfahrens zuständige „Prozeßgericht"?

2. Ist eine von einem unzuständigen Gericht angeordnete Aussetzung des Verfahrens auf erhobene Beschwerde noch besonders aufzuheben?

VI. Zivilsenat. Beschl. v. 9. Februar 1905 i. S. H. (Kl.) w. St. (Bekl.). Beschw.-Rep. VI. 322/04.

I. Oberlandesgericht Dresden.

Gegen ein Landgerichtsurteil, durch welches die Klaganträge zum größeren Teile zugesprochen, zum anderen Teile abgewiesen worden waren, hatten beide Parteien Berufung eingelegt. Das Oberlandesgericht erkannte am 21. Oktober 1904 durch Teilurteil zunächst nur über die Berufung des Beklagten, welche einen Betrag von 2000 *M* und ein vom Kläger zurückverlangtes, von demselben unterschriebenes Wechselformular betraf, indem es das Rechtsmittel als unbegründet zurückwies. Am 5. Dezember 1904 zeigte dann der Prozeßbevollmächtigte des Beklagten dem Berufungsgericht an, daß der Beklagte verstorben sei, und trug auf Aussetzung des Verfahrens an. Das Oberlandesgericht ordnete, indem es den Tod des Beklagten für glaubhaft gemacht erklärte, durch Beschluß vom 9. Dezember 1904 unter Bezugnahme auf § 246 Z.P.O. die Aussetzung des Verfahrens bis zu dessen Aufnahme durch die Rechtsnachfolger des Beklagten an. Hiergegen erhob der Kläger insoweit Beschwerde, als durch den Beschluß auch das Teilurteil vom 21. Oktober 1904 betroffen werde, welches, wie der klägerische Anwalt dabei versicherte, von ihm bereits am 9. November 1904 dem gegnerischen Anwalte zugestellt worden sei. Das Oberlandesgericht legte bei Übersendung der Akten an das Reichsgericht in einem Beschlusse vom 16. Dezember 1904 die Gründe dar, weshalb es der Beschwerde nicht abhelfe; es führte dabei aus, daß es nach seiner Ansicht auch noch nach der Zustellung des Teilurteils, solange nicht Revision dagegen eingelegt gewesen sei, auch für den von diesem Urteile betroffenen Teil des Prozeßstoffes das „Prozeßgericht“ gewesen sei, das nach § 248 Z.P.O. über die Aussetzung des Verfahrens zu entscheiden gehabt habe.

Das Reichsgericht hat den angefochtenen Beschluß insoweit aufgehoben, als durch ihn die Aussetzung des Verfahrens auch in Ansehung desjenigen Teiles des Streitgegenstandes, über den das Teilurteil vom 21. Oktober 1904 erkannt hatte, angeordnet wurde, aus folgenden

Gründen:

... „Bei der über die nach § 252 Z.P.O. zulässige Beschwerde abzugebenden Entscheidung hat der Tod des Beklagten als feststehend zu gelten, da der Beschwerdeführer die Tatsache auch nicht bestritten hat. Ferner wird die Versicherung des Anwaltes des letzteren, daß er das fragliche Teilurteil am 9. November 1904 dem Gegner zugestellt habe, durch die von dem hiesigen Gerichtsschreiber bei Gelegenheit der Nachsuchung eines Notfristzeugnisses bewirkten Aufzeichnungen bestätigt, so daß also am 9. Dezember 1904, als an dem Tage, von dem der Aussetzungsbeschluß datiert ist, die Berufungsfrist nach § 222 Abs. 1 Z.P.O. und § 187 Abs. 1. § 188 Abs. 2 B.G.B. noch nicht abgelaufen war, folglich auch in Ansehung des durch das Urteil vom 21. Oktober 1904 betroffenen Teils des Prozeßstoffes noch Raum für einen Aussetzungsbeschluß war.

Man könnte nun aber dennoch vielleicht der Meinung sein, daß die gegen den Beschluß erhobene Beschwerde als gegenstandslos verworfen werden müsse. Unterstellt man nämlich die Ansicht des Klägers, daß in Ansehung desjenigen Streitstoffes, über den durch das Teilurteil entschieden war, nach der Zustellung des letzteren das Oberlandesgericht nicht mehr für die Aussetzung des Verfahrens zuständig gewesen sei, als richtig, so würde in erster Reihe eigentlich nicht einmal ein Anlaß gegeben sein, den Aussetzungsbeschluß auf diesen Streitstoff mitzubeziehen.

Vgl. einen analogen Fall in den Entsch. des R.G.'s in Zivils. Bd. 16 S. 355.

Da jedoch das Oberlandesgericht in seinem oben erwähnten Beschlusse vom 16. Dezember 1904 deutlich zu erkennen gegeben hat, daß jedenfalls es selbst durch den Aussetzungsbeschluß auch den in seinem Teilurteile schon erledigten Teil des Streitstoffes hat treffen wollen, indem es in diesem Sinne den Aussetzungsbeschluß der Beschwerde gegenüber rechtfertigt, so erschien es als sachgemäßer, hier alsbald materiell über diesen Punkt zu entscheiden und, falls dem Oberlandesgerichte die Zuständigkeit, in Ansehung des bezeichneten Teils des Streitstoffes die Aussetzung des Verfahrens zu verfügen, abzusprechen sein sollte, insoweit den angefochtenen Beschluß formell wieder aufzuheben.

Es muß nun auch wirklich die Entscheidung in diesem Sinne ergehen. Es ist festzuhalten an der schon mehrfach vom Reichsgerichte betätigten Auffassung, wonach als das „Prozeßgericht“, bei welchem nach § 248 Abs. 1 Z.P.O. das Gesuch um Aussetzung des Verfahrens anzubringen ist, von der Urteilszustellung an, falls überhaupt gegen dieses Urteil ein Rechtszug an eine höhere Instanz gesetzlich zugelassen ist, nicht mehr das Gericht der unteren, sondern das der oberen Instanz zu gelten hat.

Vgl. das Urteil des V. Zivilsenats des Reichsgerichts bei Gruchot, Beiträge Bd. 34 S. 1160 flg. und Seuffert, Archiv Bd. 45 Nr. 276, des IV. Zivilsenats bei Gruchot, a. a. O. Bd. 39 S. 1136, des VI. Zivilsenates in den Entsch. in Zivils. Bd. 40 S. 370.

Daß in Rücksicht auf den Instanzenzug die Anhängigkeit der Sache bei der unteren Instanz überhaupt mit der Zustellung des Endurteils beendigt ist, ist auch außerdem öfter ausgesprochen worden.

Vgl. z. B. Entsch. des R.G.'s in Zivils. Bd. 13 S. 311 flg., Bd. 39 S. 398 flg.

Damit ist freilich noch nicht gesagt, daß nicht in anderen Beziehungen das Gericht, bei dem der Prozeß bis zur Urteilszustellung anhängig war, auch nachher noch „Prozeßgericht“ bleibt; vgl. z. B. die §§ 767 Abs. 1. 888 Abs. 1. 889 Abs. 1. 890 Abss. 1, 2. 893 Abs. 2 Z.P.O. Auch mag es sein, daß jene Erwägung nicht nötigt, auch im Falle der Unterbrechung des Verfahrens nach der Urteilszustellung als das für die die Aufnahme desselben betreffenden Prozeduren zuständige Gericht ohne weiteres, wie es allerdings der V. Zivilsenat des Reichsgerichts in der Entscheidung bei Gruchot, Beiträge Bd. 36 S. 472 flg., getan hat, das Gericht der oberen Instanz anzusehen; denn wenn einmal das Verfahren auf Grund einer Gesetzesbestimmung unterbrochen ist, so muß eben jede Partei, die überhaupt den Fortgang der Sache will, insbesondere auch eine solche, die nicht die Sache an die höhere Instanz bringen, sondern die Rechtskraft des Urteils zur Ermöglichung der Zwangsvollstreckung herbeigeführt wissen will, die Unterbrechung wieder zu beseitigen suchen, und es könnte vielleicht als widersinnig erscheinen, wenn die Partei genötigt sein soll, zu solchem Zwecke sich an die höhere Instanz zu wenden. Diese schwierige Frage soll hier nicht entschieden, und insoweit daher auch nicht denjenigen Schriftstellern entgegengetreten werden, die das Gericht der unteren Instanz auch für die Zeit nach der Urteilszustellung für diese Dinge für zuständig erklärt haben, wie Frank, in der Zeitschr. f. deutschen Zivilpr. Bd. 13 S. 238 Anm. 114; Neubauer, ebenda Bd. 19 S. 271 flg.; Kohler, Gesammelte Beiträge zum Zivilprozeß, S. 355 flg., und Gaupp-Stein, Z.P.O. (6. u. 7. Aufl.) Bem. IV 1, 2 u. 3 zu § 239 S. 506 flg. Diese haben aber jedenfalls den Fehler begangen, das, was sie für die Frage wegen der Aufnahme des Verfahrens nach vorgängiger Unterbrechung gefunden hatten, kurzerhand zu übertragen auf die wesentlich abweichend liegende Frage wegen des Antrags auf Aussetzung des Verfahrens; so Kohler, a. a. O. Anm. 15, und Gaupp-Stein, a. a. O. Bem. zu § 248. Einen solchen Antrag zu stellen kann nur derjenige ein berechtigtes Interesse haben, der Frist zur Überlegung wegen etwaiger Einlegung eines zulässigen Rechtsmittels gewinnen will, und in Beziehung auf den Instanzenzug ist eben dasjenige Gericht, dessen Endurteil bereits zugestellt ist, nicht mehr „Prozeßgericht". Allerdings ist die weitere Folge für solche Fälle die, daß hier kein Zweifel sein kann an der Zuständigkeit des Gerichts der oberen Instanz auch für das die Aufnahme betreffende Verfahren; aber hier liegt denn auch kein Grund vor, wie es das Oberlandesgericht laut seines Beschlusses vom 16. Dezember 1904 tut, Anstoß zu nehmen an der Möglichkeit, daß das höhere Gericht über die behauptete Rechtsnachfolge in einem Falle zu entscheiden habe, wo sodann von den Rechtsnachfolgern kein Rechtsmittel eingelegt werde. Mit Recht hebt übrigens Gaupp-Stein (a. a. O. Bem. IV 2 u. 3 zu § 239 S. 507 flg.) hervor, daß in solchem Falle dieses Urteil des höheren Gerichts, trotz der Abweichung des jetzigen § 239 Abs. 4 Z.P.O. von dem früheren § 217 Abs. 4, ein Zwischenurteil sein würde; aber diese Konsequenz hat der erkennende Senat laut der Entsch. des R.G.'s in Zivils. Bd. 58 S. 202 flg. in einer vor nicht langer Zeit entschiedenen Sache auch schon gezogen."[1] ...

---

28. **Kann ein Miterbe den Anspruch auf dasjenige, was ihm bei der Auseinandersetzung zukommt, auf einen anderen mit der Wirkung übertragen, daß der letztere mit dem Abschlusse des Vertrages an seine Stelle tritt und einem Gläubiger vorgeht, für welchen später der Anteil des Miterben an dem Nachlasse gepfändet worden ist?**
B.G.B. §§ 2033. 398.

IV. Zivilsenat. Urt. v. 9. Februar 1905 i. S. M. (Kl.) w. H. (Bekl.). Rep. IV. 423/04.

I. Landgericht I München.
II. Oberlandesgericht daselbst.

Die Ehefrau Eva M. war neben Geschwistern und Geschwisterkindern Erbin ihrer verstorbenen Mutter, der Witwe Schn., deren Nachlaß von dem in ihrem Testament berufenen Testamentsvollstrecker verwaltet und zur Bewirkung der Auseinandersetzung flüssig gemacht wurde. Währenddessen wurde durch Beschluß des Landgerichts M. I vom 21. Februar 1903 wegen einer Forderung des Klägers von 8311,05 ℳ nebst Zinsen der dingliche Arrest in das Vermögen der Ehefrau M. angeordnet, und in Vollziehung dieses Arrestes u. a. „der Anteil, welcher der Ehefrau M. als Miterbin an dem Nachlasse ihrer ver-

[1] Inzwischen hatte der Gerichtsschreiber des Oberlandesgerichts die vom Kläger begehrte Erteilung des Rechtskraftzeugnisses für das Urteil vom 21. Oktober 1904 abgelehnt, weil das Verfahren vor Ablauf der Revisionsfrist vom Oberlandesgericht ausgesetzt worden sei, und letzteres hatte diese Ablehnung bestätigt. Auch hiergegen erhob der Kläger Beschwerde, und der VI. Zivilsenat des Reichsgerichts entsprach dieser durch Beschluß vom 20. Februar 1905 (Beschw.-Rep. VI. 52/05) und wies jenen Gerichtsschreiber an, das Rechtskraftzeugnis zu erteilen, indem er dazu u. a. ausführte: ... „Aus den Gründen zu dem Beschlusse dieses Senats vom 9. Februar 1905 ergibt sich, daß das Oberlandesgericht zu dem Beschlusse vom 9. Dezember 1904 nicht zuständig war, und daß er deswegen keine Rechtswirkung haben konnte; wegen des letzteren Punktes vgl. Gruchot, Beiträge Bd. 34 S. 1161, bzw. Seuffert, Archiv Bd. 45 Nr. 276. Die Revisionsfrist ist also ungeachtet des Beschlusses vom 9. Dezember 1904 abgelaufen." ... D. E.

storbenen Mutter ... gegen die übrigen, namhaft gemachten, Miterben zustehe," gepfändet. Durch Beschluß des Amtsgerichts M. I vom 2. März 1903 wurde sodann diese Forderung dem Kläger bis zur vollen Deckung seiner Arrestforderung zur Einziehung überwiesen. Endlich wurde durch Beschluß des Amtsgerichts M. I, ebenfalls vom 2. März 1903, wegen einer Teilforderung des Klägers von 1000 ℳ u. a. „diejenige Geldforderung bzw. der Anspruch", „welche der Ehefrau M. als Miterbin an dem Nachlasse ihrer Mutter gegen die übrigen Miterben zustehe" gepfändet und zur Einziehung überwiesen. Der Testamentsvollstrecker bereitete die Teilung vor und stellte einen Plan auf, nach welchem auf die Ehefrau M. der Betrag von 10144,10 ℳ (und ein nach Erledigung verschiedener Gebührenfragen noch später zahlbarer geringer Betrag) entfiel. Die Ehefrau M. hatte jedoch von der aus dem Nachlaß ihrer Mutter ihr zukommenden Forderung am 6. November 1902 einen Betrag von 7500 ℳ an den jetzigen Beklagten abgetreten und diesen Betrag am 12. Januar 1903 auf 12000 ℳ erhöht. Überdies war ihre Forderung nicht bloß zugunsten des Klägers, sondern auch zugunsten anderer Gläubiger gepfändet. Der Testamentsvollstrecker hinterlegte deshalb den vorerwähnten Betrag von 10144,10 ℳ und gab hiervon der Miterbin, sowie den Gläubigern zur Wahrung ihrer Rechte Kenntnis.

Kläger, der der Ansicht war, daß in Höhe seiner Forderung, die er auf noch 8180,72 ℳ nebst Zinsen zu 4 Prozent seit dem 27. Mai 1903 bezifferte, der hinterlegte Betrag ihm zukomme, schritt zur Klage gegen den Beklagten und beantragte dessen Verurteilung, dies anzuerkennen und in die Auszahlung an den Kläger zu willigen. Der Beklagte nahm dagegen die hinterlegte Summe für sich in Anspruch, erhob Widerklage und beantragte, die Klage abzuweisen und den Kläger zur Einwilligung in die Auszahlung des hinterlegten Betrags an den Beklagten zu verurteilen. In erster Instanz wurde die Klage abgewiesen, und der Widerklage stattgegeben. Die Berufung des Klägers ward zurückgewiesen. Auf die Revision des Klägers wurde dagegen unter Aufhebung des angefochtenen Urteils abändernd erkannt, die Klage zugesprochen, und die Widerklage abgewiesen.

Gründe:

„Zur Rechtfertigung seines Anspruchs hatte der Kläger anfangs auch geltend gemacht, daß die Abtretungen, auf die der Beklagte sich stützt, nur zum Schein erfolgt seien. Allein bereits in erster Instanz ließ der Kläger, als eine Beweiserhebung über seine Behauptung stattgefunden hatte, jenen Einwand fallen und erkannte an, daß die Abtretungen an den Beklagten ernstlich gemeint gewesen seien. Als den Gegenstand der Abtretung haben beide Instanzgerichte nicht den Anteil der Eva M. an dem Nachlaß ihrer Mutter betrachtet, sondern ihre Forderung auf denjenigen Geldbetrag, der bei der Teilung des Nachlasses auf sie fallen werde. Beide Instanzgerichte sind sodann der Ansicht, daß die Abtretung einer solchen Forderung, auf welche § 2033 B.G.B. keine Anwendung finde, zufolge § 398 B.G.B. zulässig gewesen sei und keiner Form bedurft habe, im Hinblick hierauf aber der Kläger nicht auf Grund der Pfändungen Anspruch auf den hinterlegten Betrag erheben könne, weil der Gegenstand der Pfändungen bei Vornahme derselben schon aus dem Vermögen der Schuldnerin ausgeschieden gewesen sei.

Diese Entscheidung beruht auf Rechtsirrtum. Nicht zu beanstanden ist die Feststellung, daß Eva M. an den Beklagten den Anspruch auf dasjenige, was ihr bei der Auseinandersetzung zukomme, bis zum Betrage von 12000 ℳ abtreten wollte; der Inhalt ihrer oben erwähnten Erklärungen vom 6. November 1902 und vom 12. Januar 1903 stellt dies außer Zweifel. Durchaus richtig ist es ferner, daß von einer solchen Abtretung die in § 2033 B.G.B. bezeichnete Verfügung eines Miterben über seinen Anteil an dem Nachlasse wesentlich verschieden ist, und endlich wird zuzugeben sein, daß der Beklagte auf Grund jener Abtretungen, da sie vor den Pfändungen zugunsten des Klägers erfolgten, den Vorrang in Anspruch nehmen könnte, wenn jene Abtretungen in der Tat die in § 398 B.G.B. bezeichnete Wirkung gehabt hätten, daß der Beklagte an die Stelle der Eva M. getreten wäre. Daß letzteres geschehen konnte und geschehen sei, muß indes verneint werden.

Von dem Bürgerlichen Gesetzbuch ist die Erbengemeinschaft (§§ 2032 flg.) als Gemeinschaft zur gesamten Hand gestaltet, ebenso wie die Gesellschaft (§§ 705 flg.) und die eheliche Gütergemeinschaft (§§ 1442. 1519. 1549). Alle diese Verhältnisse stimmen darin überein, daß an den Sachen und Rechten, die zu dem gemeinsamen Vermögen gehören, keine Anteilsrechte bestehen und daher Verfügungen eines Teilhabers über Anteile an den einzelnen Gegenständen nicht möglich sind. Dagegen ist die Frage, ob und in welcher Form dem Teilhaber die rechtliche Macht gewährt werden solle, seine Anteilsberechtigung zur Beschaffung von Mitteln zu benutzen, verschieden geordnet. Bei der ehelichen Gütergemeinschaft ist jede Verfügung des Einzelnen ausgeschlossen (vgl. die erwähnten Bestimmungen und § 860 Z.P.O.); bei der Gesellschaft sind die Ansprüche, die den Gesellschaftern aus dem Gesellschaftsverhältnisse gegeneinander zustehen, nicht übertragbar, und ebensowenig kann von einem Gesellschafter über seinen Anteil am Gesellschaftsvermögen verfügt werden; dagegen ist die Übertragung der Ansprüche auf einen Gewinnanteil oder auf dasjenige, was dem Gesellschafter bei der Auseinandersetzung zukommt, gestattet (§§ 717. 719 B.G.B.); bei der Erbengemeinschaft ist jedem Miterben die Verfügung über seinen Anteil an dem Nachlaß erlaubt (§ 2033), dagegen wird eine Verfügung über andere Ansprüche, insbesondere über den Anspruch auf das Auseinandersetzungsguthaben, nicht erwähnt. Diese Verschiedenheit ist keineswegs eine zufällige. Bei der zweiten Lesung des Entwurfs des Bürgerlichen Gesetzbuchs wurde zur Sprache gebracht, ob nicht dem Miterben die Verfügung über seinen Anteil zu gestatten sei, und es wurde diese Frage trotz dagegen erhobener rechtlicher Bedenken aus Gründen der Zweckmäßigkeit bejaht, insbesondere im Hinblick darauf, daß die Zulässigkeit der Übertragung dem einzelnen Miterben eine Verwertung seines Anteils ermögliche und die Härten der Erbengemeinschaft mildere. Daneben war beantragt, die Vorschrift über das Verfügungsrecht dahin zu fassen, daß ein jeder Miterbe über das verfügen könne, was ihm aus dem Nachlaß an Früchten oder „bei der Auseinandersetzung zukommt". Dieser Antrag, für den auf Art. 119 A.D.H.G.B. Bezug genommen war, wurde indes zurückgezogen, nachdem dagegen eingewendet war, der Miterbe würde danach nicht die Stellung eines solchen, vielmehr nur einen Anspruch auf Auseinandersetzung erhalten (vgl. Protok. der 2. Lesung Bd. 5 S. 837—839 in Verbindung mit S. 842). Es geht hieraus hervor, daß es in der Absicht der Kommission gelegen hat, das Verfügungsrecht der Teilhaber verschieden zu gestalten und insbesondere bei der Gesellschaft anders zu ordnen, als bei der Erbengemeinschaft. Die danach beabsichtigte Unterscheidung ist aber auch innerlich begründet. Die Gesellschaft ist freilich, ebenso wie die eheliche Gütergemeinschaft, auf die Dauer berechnet; die Verbindung jedoch keine so enge, wie bei der Ehe (vgl. auch Protok. a. a. O. S. 838), und es liegt die Möglichkeit vor, das für Zwecke der Gesellschaft angelegte Vermögen auch anderen Zwecken dienstbar zu machen, dem Teilhaber freizustellen. Hierfür ist bei der Gesellschaft des Bürgerlichen Gesetzbuchs, dessen Bestimmungen zufolge § 105 Abs. 2 und § 161 Abs. 2 H.G.B. mit der dort bezeichneten Maßgabe auch für die offene Handelsgesellschaft, sowie für die Kommanditgesellschaft gelten, die Zulassung einer Abtretung des Anspruchs auf Gewinnanteile und auf das Auseinandersetzungsguthaben das geeignete Mittel. Die bezeichneten Ansprüche sind keineswegs künftige Forderungen, deren Entstehung nur als möglich vorausgesetzt wird, sondern es sind bereits bestehende Forderungen, deren Höhe freilich noch von künftigen Ereignissen abhängig ist, und die, weil sie bereits bestehen, auch nach dem gegenwärtig geltenden Recht (§ 400 B.G.B., § 851 Abs. 1 Z.P.O.) gepfändet und daher auch übertragen werden können. Hieraus aber wird gefolgert (vgl. Staub, Kommentar zum Handelsgesetzbuch 6./7. Aufl. Exkurs zu § 122 Anm. 26), daß derjenige, dem der Auseinandersetzungsanspruch abgetreten worden ist, einem Pfändungspfandgläubiger, der später (gemäß § 135 H.G.B.) denselben Anspruch pfänden ließ, vorzugehen hat. Und es wird sich diese Folgerung nicht ablehnen lassen, da der Abtretung jenes Anspruchs, sobald solche als möglich anerkannt wird, auch die mit der Übertragung zufolge § 398 B.G.B. verbundenen Wirkungen beigelegt werden müssen. Ein Gebrauch der im § 717 B.G.B. dem Gesellschafter gewährten rechtlichen Macht kann deshalb dazu führen, daß er seinen Gläubigern die Befriedigung aus dem Vermögenswert seines Anteils entzieht. Ebenso kann jene Macht von dem Gesellschafter dadurch mißbraucht werden, daß er den ihm zustehenden Auseinandersetzungsanspruch nacheinander verschiedenen Personen abtritt. Der Nachteil, der dadurch einem anderen zugefügt wird, kann indes stets nur darin bestehen, daß demselben die Vorteile, die aus der Verwirklichung jenes Anspruchs zu erzielen sind, entgehen. Und zwar gilt das auch von dem Pfändungspfandgläubiger; denn die bereits in § 725 B.G.B. als zulässig vorausgesetzte, in § 859 Abs. 1 Z.P.O. für statthaft erklärte Pfändung des Anteils eines Gesellschafters an dem Gesellschaftsvermögen, oder die in § 135 H.G.B. bezeichnete Pfändung des Auseinandersetzungsguthabens überträgt dem Pfandgläubiger, wie auch aus § 725 Abs. 2 B.G.B. hervorgeht, nicht die Stellung eines Gesellschafters und folgeweise auch nicht die Pflichten eines solchen, sondern dient dazu, die Kündigung und die Auseinandersetzung herbeizuführen (vgl. Staub, a. a. O. Anm. 27; Gaupp-Stein, Z.P.O. 4. Aufl. § 859 I, II). Mit einer Haftung für die Schulden der Gesellschaft kann daher der Pfändungspfandgläubiger nicht belastet werden, und ebensowenig der, dem ein Gesellschafter diejenigen Vermögensrechte, über welche er verfügen kann, überträgt, da ein Vertrag, zufolge dessen der Gesellschafter seinen Anteil an dem Gesellschaftsvermögen aufzugeben, und ein anderer an seine Stelle zu treten hätte, im Hinblick auf § 719 Abs. 1 B.G.B. rechtlich unmöglich ist.

Anders verhält es sich dagegen bei der Erbengemeinschaft. Die in § 2033 B.G.B. zugelassene Verfügung eines Miterben, deren rechtliche Natur freilich bestritten ist (vgl. u. a. Wendt, im Archiv für zivilist. Praxis Bd. 89 S. 455, andererseits Strohal, Erbrecht 3. Aufl. Bd. 2 § 64 S. 97), besteht, wie eine Vergleichung mit § 719 ergibt, nicht in der bloßen Abtretung des Auseinandersetzungsanspruchs, sondern in der Übertragung der Mitberechtigung, die dem Miterben an dem Gesamtvermögen zusteht, und zwar derart, daß der Erwerber an Stelle des ausscheidenden bisherigen Mitberechtigten in das Gesamthandverhältnis eintritt. Dann aber ist die Möglichkeit eröffnet, daß der Erwerber an Stelle des Miterben und in dem nämlichen Umfang wie dieser auch an der Haftung für die Erbschaftsschulden teilzunehmen hat, und die Begründung einer solchen Haftung ist in der Tat mit der Verfügung eines Miterben über seinen Anteil an dem Nachlaß freilich nicht stets, aber doch der Regel nach verbunden. Die Verfügung kann nicht bloß in der Übereignung des Anteils, sondern auch in der Bestellung eines Pfandrechts oder eines Nießbrauchs bestehen, und in den beiden letzteren Fällen kommt eine Haftung des Erwerbers für die Nachlaßschulden nicht in Frage, vielmehr ist derselbe nur verbunden, sich die Befriedigung der Nachlaßgläubiger aus den Nachlaßgegenständen gefallen zu lassen. Wird dagegen von dem Miterben dessen Anteilsrecht selbst durch Verfügung gemäß § 2033 B.G.B. übertragen, so haftet der Erwerber jedenfalls dann, wenn der Übertragung ein in der Form des § 2371 B.G.B. geschlossener Erbschaftskauf, oder ein anderes auf die Veräußerung gerichtetes Rechtsgeschäft zugrunde liegt (vgl. Strohal, a. a. O. § 92

S. 367; Eccius, in Gruchot's Beiträgen Bd. 43 S. 808), zufolge §§ 2382. 2385 B.G.B. für die Nachlaßschulden neben dem veräußernden Miterben, und zwar gemäß § 2383 in dem nämlichen Umfang, wie dieser. Für die Haftung der Miterben sind, abgesehen von den allgemeinen Vorschriften (vgl. besonders §§ 1967—2017 B.G.B., §§ 780—785 Z.P.O.), die in den §§ 2058—2063 B.G.B. gegebenen und in erster Linie geltenden Sonderbestimmungen maßgebend, wonach die Miterben einer ziemlich strengen Haftung unterworfen sind. Den hieraus drohenden Nachteilen können dieselben allerdings bei umsichtiger Handlungsweise, namentlich Beobachtung der in § 2046 Abs. 1 B.G.B. enthaltenen Vorschrift, daß die Nachlaßverbindlichkeiten vor der Teilung zu berichtigen sind, entgehen; es ist jedoch, wie einer weiteren Ausführung nicht bedarf, für den Käufer eines Nachlaßanteils, der diesen unter Einhaltung der in den §§ 2033 und 2371 B.G.B. bezeichneten Formen kauft und sich übertragen läßt, immerhin nicht ausgeschlossen, daß ihm eine Verpflichtung für Nachlaßschulden erwächst, zu deren Tilgung der Wert des übernommenen Anteils nicht ausreicht. Würde nun aber ein Miterbe nicht nur gemäß §§ 2033. 2371 B.G.B. seinen Anteil an dem Nachlaß verkaufen können, sondern überdies noch, ebenso wie der Gesellschafter zufolge § 717, die rechtliche Macht haben, seinen Auseinandersetzungsanspruch abzutreten, so würde die Möglichkeit vorhanden sein, daß er zunächst diesen Anspruch abtreten und dann über seinen Anteil im ganzen verfügen könnte, und das würde zu der Folge führen, daß der Käufer des Anteils nichts erhielte, dagegen vielleicht für Nachlaßverbindlichkeiten mit seinem eigenen Vermögen einzustehen hätte. Im Hinblick hierauf muß die oben erwähnte Unterscheidung, die während der Vorarbeiten zum Bürgerlichen Gesetzbuche bei den Beratungen der zweiten Kommission gemacht wurde, für durchaus berechtigt erachtet, und es muß ferner angenommen werden, daß die damals von der Kommission gehegte Absicht im Gesetz zum Ausdruck gelangt ist. Denn wenn dem Gesellschafter die Verfügung über seinen Anteil am Gesellschaftsvermögen versagt, aber die Abtretung seiner Ansprüche auf Gewinnanteile, sowie auf das Auseinandersetzungsguthaben gestattet (§§ 717. 719 B.G.B.), dagegen dem Miterben nur die Möglichkeit einer Verfügung über seinen Anteil am Nachlaß gewährt, an die Übereignung zu vollem Recht aber die Verpflichtung des Übernehmers für die Nachlaßschulden geknüpft wird (§§ 2033. 2371. 2382. 2384. 2385), so ist hieraus die Folgerung zu ziehen, daß wohl der Gesellschafter, nicht aber der Miterbe den Auseinandersetzungsanspruch mit der in § 398 B.G.B. bezeichneten Wirkung abtreten kann.

Hiermit ist freilich nicht gesagt, daß die trotzdem von einem Miterben erklärte Abtretung dessen, was ihm bei der Auseinandersetzung zufallen werde, ohne jede rechtliche Wirkung sei. Die Abtretung kann nicht zur Folge haben, daß der Auseinandersetzungsanspruch aus dem Vermögen des Miterben ausscheidet, ist jedoch wohl imstande, eine vertragsmäßige Verpflichtung zu erzeugen. Im vorliegenden Fall hat Eva M. nach Ausweis der überreichten Erklärungen vom 6. November 1902 und 12. Januar 1903 „von ihrer Erbschaft" oder „von ihrem Erbteil" „einen Betrag" von 7500 ℳ, später auf 12000 ℳ erhöht, an den Beklagten abgetreten. Sie hat den Testamentsvollstrecker hiervon in Kenntnis gesetzt und in dem Schreiben vom 6. November 1902 dem letzteren erklärt, daß dem Beklagten „mithin dieser Betrag — damals 7500 ℳ —, sobald die Mittel dazu vorhanden sind, ohne weiteres ausbezahlt werden darf". In dem Schriftstück vom 12. Januar 1903 hat sie sodann den Testamentsvollstrecker „ausdrücklich angewiesen", von ihrem Anteil „zunächst einen Betrag 12000 ℳ an den Beklagten auszuzahlen". Hierdurch wurde sie dem Beklagten gegenüber verpflichtet, den ihren Erklärungen entsprechenden Sachverhalt zu verwirklichen und insbesondere die von ihr dem Testamentsvollstrecker gegebene Anweisung aufrecht zu erhalten. Dagegen blieb der Erbteil in ihrem Vermögen, und Beklagter erlangte keinen gegen Dritte verfolgbaren Anspruch auf den ihm zugesagten Betrag. Es würde, wenn die Eva M. über ihren Erbteil später gemäß § 2033 B.G.B. verfügt hätte, nicht in seiner Macht gelegen haben, jenen Betrag auch gegen den Erwerber beizutreiben, und ebensowenig kann er dem Kläger gegenüber ein besseres Recht geltend machen. Die gemäß § 859 Abs. 2 Z.P.O. erfolgende Pfändung eines Erbteils läuft hinaus auf eine Pfändung des Anspruchs oder der Ansprüche, die aus dem Anteil hervorwachsen. Sie umfaßt den Erbteil, wie er zur Zeit der Pfändung dem Schuldner zusteht, gibt dem Gläubiger das Recht, die Auseinandersetzung zu beantragen (§ 86 Fr.G.G.), und gewährt ihm ein Pfandrecht an den bei der Teilung auf den gepfändeten Erbteil fallenden Gegenständen, aus denen er sich, wenn ihm der Erbteil überwiesen ist, auch befriedigen kann (vgl. Gaupp-Stein, a. a. O. § 859 III; Seuffert, Z.P.O. 8. Aufl. § 859 Anm. 2). Diese Folgen greifen im vorliegenden Falle Platz; denn die von dem Kläger bewirkten Pfändungen fanden und trafen den Erbteil der Eva M., als derselbe noch zu vollem Recht ihr gehörte, und gewährten deshalb dem Kläger ein Pfandrecht zunächst an dem Erbteil, dann an dem, was auf die Eva M. bei der Teilung entfiel. Die Überweisung an den Kläger zur Einziehung ist durch die Beschlüsse des Amtsgerichts M. I vom 2. März 1903 erfolgt. Alles dies ist unstreitig.

Bei solcher Sachlage ist der Antrag des Klägers begründet, und, da Aufklärungen tatsächlicher Art nicht mehr erforderlich sind, in der Sache selbst zu entscheiden. Selbstverständlich wirkt das Urteil nur unter den Parteien; die Rechte anderer Pfandgläubiger werden nicht berührt. Die Widerklage ist in vollem Umfang abzuweisen, da der Kläger auch auf den Betrag, der über 8180,72 M nebst Zinsen hinausgeht, keinen Anspruch macht."

29. Muß in dem Verfahren, welches eine Beschränkung oder die Entziehung des elterlichen Erziehungsrechts zum Gegenstande hat, vor der Entscheidung ein Pfleger für das Kind bestellt werden?

B.G.B. §§ 1666. 1909.

IV. Zivilsenat. Beschl. v. 9. Februar 1905 i. S. Zw. Beschw.-Rep. IV. 53/05.

I. Amtsgericht I München.
II. Landgericht daselbst.

Im März 1904 gelangte an das Amtsgericht eine von Franz R., Student der technischen Hochschule, unterzeichnete Eingabe, in welcher derselbe das Einschreiten des Vormundschaftsgerichts gegen den Packmeister Zw. beantragte, weil durch dessen Verhalten das sittliche Wohl seiner Kinder gefährdet sei. Der Packmeister Zw. ist Vater von sieben noch unmündigen Kindern, deren ältestes, seine Tochter Berta Zw., am 25. April 1885 geboren ist. Mit dieser hatte der R. sich verlobt. Das Amtsgericht ging auf die Anzeige ein, stellte umfassende

Ermittlungen an und entschied alsdann, daß eine vormundschaftliche Maßregel zur Abwendung der Gefährdung des geistigen oder leiblichen Wohles der Kinder des Packmeisters Zw. auf Grund des § 1666 B.G.B. nicht zu treffen sei, da eine Gefahr nicht vorliege. Gegen diesen Beschluß erhob Berta Zw. Beschwerde und vertrat die Anschauung, daß die Voraussetzungen dafür gegeben seien, ihrem Vater die elterliche Gewalt über seine Kinder zu entziehen. Das Landgericht beanstandete die Zulässigkeit der Beschwerde nicht, gelangte indes bei seiner Prüfung der Sache zu dem nämlichen Ergebnis, wie das Amtsgericht, und wies die Beschwerde als unbegründet zurück. Hiergegen legte Berta Zw. weitere Beschwerde ein, blieb dabei, daß die schlimmen Eigenschaften ihres Vaters für ihre Mutter, sowie für ihre Geschwister gefährlich seien, und beantragte, unter Aufhebung der Entscheidungen des Amtsgerichts und des Landgerichts, die erbetenen Maßregeln gemäß § 1666 B.G.B. zu treffen. Das Königlich bayerische Oberste Landesgericht in München, das zufolge Art. 42 Abs. 3 bayer. Ausf.-Ges. zum deutsch. G.V.G. zur Entscheidung berufen war, erachtete die Beschwerdeführerin im Hinblick darauf, daß sie selbst noch minderjährig, mithin in der Geschäftsfähigkeit beschränkt sei, zur Einlegung eines Rechtsmittels zum Schutz ihrer Geschwister nicht für befähigt und verwarf insoweit die Beschwerde als unzulässig. Dagegen nahm es an, daß die Beschwerdeführerin die ergangene Entscheidung auch in Ansehung ihrer eigenen Person anfechten wolle, und erkannte an, daß sie zufolge §§ 59. 63 Fr.G.G. hierzu befugt sei. Die danach erfolgte Prüfung führte zu dem Ergebnis, daß der Beschluß des Landgerichts nicht auf einer Verletzung des Gesetzes beruhe, wenn nicht eine solche darin gefunden werden müsse, daß der Beschluß, wie die Akten ergäben, ergangen sei, ohne daß zuvor ein Pfleger für die Beschwerdeführerin bestellt worden wäre. Die Bestellung eines Pflegers ist in dem Falle, daß die Anwendung des § 1666 B.G.B. in Frage steht, von dem Kammergericht in Berlin ständig für geboten erachtet worden (vgl. die Beschlüsse vom 11. November 1901 in der Rechtspr. der Oberlandesgerichte Bd. 4 S. 112 Nr. 29 b; vom 7. Januar 1901, 9. Dezember 1901, 15. Februar 1904 in den Entsch. in Angelegenheiten der freiwilligen Gerichtsbarkeit und des Grundbuchrechts Bd. 2 S. 3, Bd. 3 S. 3, Bd. 4 S. 137), und die Oberlandesgerichte zu Dresden (Beschluß vom 1. März 1901 und vom 21. August 1902, Rechtspr. Bd. 2 S. 515 Nr. 22, Bd. 6 S. 61 Nr. 11, c α) sowie zu Rostock (Beschluß vom 26. September 1901, Rechtspr. Bd. 3 S. 298 Nr. 77) sind hierin gefolgt. Das Königlich bayerische Oberste Landesgericht war geneigt davon abzuweichen, sah sich jedoch durch die Bestimmung in § 28 Abs. 2 Fr.G.G. an der Entscheidung behindert und traf deshalb in dem schon erwähnten Beschlusse die Anordnung, daß die Beschwerde insoweit, als es dieselbe nicht bereits als unzulässig verworfen habe, dem Reichsgericht vorzulegen sei.

Den Erwägungen, die für diesen Beschluß leitend waren, wurde zugestimmt. Es wurde daher die Beschwerde zurückgewiesen aus folgenden

Gründen:

... „Die vorerwähnten Entscheidungen haben die Billigung gefunden von Dernburg (Bürgerliches Recht Bd. 4 § 74 X Anm. 15. 16 S. 246. 247), Neumann (B.G.B. 3. Aufl. Bd. 2 S. 243 Anm. II. 2), Kuhlenbeck (B.G.B. 2. Aufl. Bd. 2 § 1666 S. 635), Fischer-Henle (B.G.B. 6. Aufl. § 1635 Anm. 5, § 1666 Anm. 7), Bendix (Das deutsche bürgerliche Recht, 2. Aufl., Bd. 2 § 91 S. 808), während eine abweichende Ansicht vertreten wird von Planck (B.G.B. Bd. 4 § 1909 Anm. 2 b), und zwar unter Hinweis darauf, daß die Voraussetzungen, unter denen die Bestellung eines Pflegers geboten ist, in Fällen der vorliegenden Art nicht zutreffen. Die Notwendigkeit, in einem Verfahren, das eine Beschränkung oder die Entziehung des dem Vater zustehenden Erziehungsrechts zum Gegenstande hat, einen Pfleger zu bestellen, wird daraus hergeleitet, daß es sich um eine Angelegenheit des Kindes handle, an deren Besorgung der Vater verhindert sei. Es wird hieraus gefolgert, daß freilich eine vorläufige Verfügung ohne die Zuziehung eines Pflegers getroffen werden könne (so: Kammergericht in dem Beschluß vom 7. Januar 1901, Entsch. Bd. 2 S. 3; Bendix, a. a. O.), aber vor der endgültigen Entscheidung ein solcher gemäß § 1909 B.G.B. bestellt werden müsse. Die Angelegenheiten, in Ansehung welcher die Bestimmung des § 1909 getroffen ist, sind indes solche, zu deren Besorgung an und für sich der Gewalthaber oder Vormund berufen ist, und für welche, weil diese Personen daran verhindert sind, ein Pfleger bestellt werden muß, während dem Vormundschaftsgericht die Betreibung nicht zusteht. Zu diesen Angelegenheiten gehören die Maßregeln, die auf Grund des § 1666 B.G.B. zu treffen sind, nicht; auch stehen der Vater und das Kind bei der Prüfung, ob solche Maßregeln geboten seien, sich nicht als Parteien gegenüber, deren Interessen einander widerstreiten. Das Kind ist vielmehr, sobald die Anwendung des § 1666 in Frage kommt, Gegenstand amtlicher Fürsorge, und dem entsprechend ist auch das Verfahren geordnet. Zufolge § 1675 hat der Gemeindewaisenrat dem Vormundschaftsgericht Anzeige zu machen, wenn ein Fall zu seiner Kenntnis gelangt, in welchem das Vormundschaftsgericht zum Einschreiten berufen ist, während das letztere selbstverständlich auch auf andere Anregungen hin, die ein Einschreiten angezeigt erscheinen lassen, hierzu verpflichtet ist. Vor der Entscheidung soll das Vormundschaftsgericht gemäß § 1673 B.G.B. den Vater sowie Verwandte des Kindes, insbesondere die Mutter, oder Verschwägerte hören, und zwar den Vater, wenn nicht dessen Anhörung untunlich ist, andere Verwandte, ebenso Verschwägerte, sofern es ohne erhebliche Verzögerung und ohne unverhältnismäßige Kosten geschehen kann. Das Verfahren aber ist von Parteianträgen nicht abhängig; das Vormundschaftsgericht wird vielmehr gemäß §§ 12. 15 Fr.G.G. auch behufs Feststellung der Tatsachen von Amts wegen tätig und kann jede ihm erforderlich erscheinende Beweiserhebung veranstalten. Zufolge § 57 Abs. 1 Ziff. 8. 9 und § 63 des nämlichen Gesetzes steht gegen eine Verfügung, durch welche die Anordnung einer der in den §§ 1665—1667 B.G.B. vorgesehenen Maßregeln abgelehnt, oder eine solche Maßregel aufgehoben wird, den Verwandten und Verschwägerten, daneben auch jedem, der ein berechtigtes Interesse hat, diese Angelegenheit wahrzunehmen, die Beschwerde zu, und endlich kann zufolge §§ 59. 63 das Kind, sofern es das vierzehnte Lebensjahr vollendet hat, in jenen Fällen selbst Beschwerde erheben. Daß für das Kind ein Pfleger zu bestellen sei, ist nirgends gesagt oder wenigstens angedeutet, die Notwendigkeit der Bestellung auch nicht als Regel anzuerkennen. Denn die Tätigkeit des Pflegers könnte doch nur in der Unterstützung des Vormundschaftsgerichts bei Ermittlung der Tatsachen und Erhebung der Beweise, in gutachtlicher Äußerung über die zu treffenden Maßregeln und in Einlegung der Beschwerde oder der Veranlassung einer solchen bestehen, und eine derartige Mitwirkung ist keineswegs schlechthin in jedem Falle geboten.

Hierdurch wird nicht ausgeschlossen, daß das Vormundschaftsgericht einen Pfleger bestellt, wenn besondere Gründe dies zweckmäßig erscheinen lassen; denn zufolge § 1666 B.G.B. hat es alle erforderlichen Maßregeln zu treffen, und hierzu kann auch die Bestellung eines Pflegers behufs Vorbereitung der Entscheidung gehören. Allein die Entschließung hierüber steht im Ermessen des Vormundschaftsgerichts, und die Unterlassung der Bestellung kann nicht als Verletzung des Gesetzes, die zufolge § 27 Fr.G.G. die weitere Beschwerde begründen könnte, angesehen werden. Es muß deshalb die Frage, ob ein Pfleger zu bestellen sei, den Gerichten, die über die Tatfrage zu entscheiden haben, überlassen bleiben, und es kann nicht als gesetzwidrig betrachtet werden, wenn die bayerischen Gerichte, wie das Königlich bayerische Oberste Landesgericht mitteilt, einen Pfleger nur bestellen, wenn ein besonderer Grund dazu vorhanden ist.

In dem gegenwärtig vorliegenden Fall kommt noch hinzu, daß die Beschwerdeführerin selbst die Beschwerde einlegen konnte und mit rechtlicher Wirkung eingelegt hat. Auch im übrigen gibt die angefochtene Entscheidung zu rechtlichen Bedenken keinen Anlaß.“ ...

---

30. 1. Begriff eines Werkes im Sinne von § 836 B.G.B. 2. Zu § 907 B.G.B.

VI. Zivilsenat. Urt. v. 9. Februar 1905 i. S. preuß. Fiskus (Bekl.) w. W. Ehel. (Kl.). Rep. VI. 168/04.

I. Landgericht Kiel.
II. Oberlandesgericht daselbst.

Die Kläger waren Eigentümer von Grundstücken, die nach dem Kaiser-Wilhelm-Kanal zu begrenzt wurden von einem Grundbesitz, der bis zum März 1901 dem Reichsfiskus eigentümlich zugestanden hatte und sich seitdem im Eigentum, und schon seit 1898 im Eigenbesitz des Beklagten befand. Auf diesem Grundbesitze hatte das Kanalamt in Anlaß des Kanalbaus Massen nassen Schlamms und ausgehobener Erde in Höhe von 10 Metern und darüber aufgetürmt.

Die Kläger behaupteten, daß von diesen Sandkippen bei jedem Wind außerordentliche Mengen Sand aufgewirbelt worden seien, die, auf ihre Grundstücke getragen, diese in ihrer Benutzbarkeit und Ertragsfähigkeit stark beschädigt hätten. Sie verlangten den auf diese Weise während der Jahre 1900 und 1901 entstandenen Schaden von dem Beklagten ersetzt.

Das Landgericht wies die Klage ab; das Oberlandesgericht erklärte den Klaganspruch dem Grunde nach für gerechtfertigt. Das Berufungsurteil ist aufgehoben worden.

Aus den Gründen:

... „Das Berufungsgericht erblickt in den Schlamm- und Erdmassen ... ein mit den Grundstücken des Beklagten verbundenes Werk im Sinne von § 836 B.G.B.; es führt aus, daß sich von diesem Werk infolge des Windes Teile, nämlich Sandkörner, abgelöst hätten, und daß diese Ablösung eine Folge fehlerhafter Einrichtung jener Sandkippen deswegen sei, weil keine Schutzvorrichtungen dagegen getroffen gewesen seien. Es hält daher auf Grund jener Bestimmung den Beklagten zum Ersatz des Schadens für verpflichtet, der den Klägern durch Hinüberwehen von Sand von den Sandkippen auf ihre Grundstücke entstanden ist. Der Revision ist nun darin beizutreten, daß die Auffassung, es handle sich hier um ein Werk im Sinne von § 836 B.G.B., nicht zutreffend ist. Sie wird weder durch die Höhe der Sandkippen, noch dadurch gerechtfertigt, daß diese, wie das Berufungsgericht hervorhebt, nicht den Zwecken der Grundstücke dienen, auf denen sie aufgeschüttet worden; auch ist es nicht richtig, wenn ausgeführt wird, die Sandkippen hätten ihren eigenen Zweck, nämlich die möglichst gedrängte Unterbringung und Verwahrung der Sandmassen; denn die Kippen sind die Sandmassen selbst. Gegen die Annahme eines „Werkes" spricht schon der Sprachgebrauch, der darunter einen einem bestimmten Zweck dienenden, nach gewissen Regeln der Kunst oder der Erfahrung hergestellten Gegenstand versteht; an einer solchen Zweckbestimmung fehlt es den Kippen nach den Feststellungen des Berufungsgerichts vollständig. Weiter spricht dagegen, daß § 836 ein Gebäude und ein anderes Werk zusammenstellt, endlich daß er die Möglichkeit einer fehlerhaften Errichtung und einer mangelhaften Unterhaltung voraussetzt; weder von dieser, noch von jener kann bei einem zusammengeschütteten Erdhaufen, gleichviel von welcher Höhe, die Rede sein. Ein solcher wird zu einem Werk erst durch die Bearbeitung zu einem bestimmten Zweck z. B. wenn eine Böschung hergestellt wird. Können daher die Sandkippen nicht als ein Werk im Sinne des § 836 angesehen werden, so erledigt sich ein Eingehen auf die weiteren Ausführungen des Berufungsgerichts, mit denen darzulegen versucht wird, daß die sonstigen Voraussetzungen jener Gesetzesbestimmung gegeben seien.

Der Klaganspruch ist aber nicht bloß auf § 836, sondern auch auf § 823 B.G.B. gestützt. Das Berufungsgericht hat einwandfrei festgestellt, daß die Grundstücke der Kläger durch das Hinüberwehen von Sand von den Sandkippen in doppelter Weise geschädigt worden sind: einmal durch das Hinüberwehen von Sand auf den Boden der Grundstücke selbst, dann durch die Anfüllung des über den Grundstücken befindlichen, nach § 905 B.G.B. zu diesen gehörigen Luftraums mit Sand dergestalt, daß die Arbeiter der Kläger genötigt waren, die Arbeit einzustellen. In beiden Beziehungen liegt eine Verletzung des Eigentums (§ 823 B.G.B.) vor. Diese Verletzung war auch eine widerrechtliche. Die Anwendung des § 906 auf den vorliegenden Fall versagt schon deswegen, weil nach den Feststellungen des Berufungsgerichts die Benutzung der Grundstücke der Kläger durch die Einwirkung *wesentlich* beeinträchtigt wird, und die Einwirkung auch nicht durch eine Benutzung des Grundbesitzes des Beklagten herbeigeführt wird, die nach den örtlichen Verhältnissen bei Grundstücken dieser Lage gewöhnlich wäre. Die Widerrechtlichkeit der Einwirkung ergibt sich aber unmittelbar aus § 907 B.G.B. Durch die Aufschüttung der Schlamm- und Sandmassen ist eine *Anlage* hergestellt worden, von der mit Sicherheit vorauszusehen war, daß ihr Bestand eine unzulässige Einwirkung auf die benachbarten Grundstücke zur Folge haben werde. Die Kläger waren daher berechtigt, auch vom Beklagten, der die Sandkippen zwar nicht errichtet hat, sie aber „hält", die Beseitigung der Sandkippen, soweit sie eine unzulässige Einwirkung auf ihre Grundstücke hervorrufen mußten, oder doch die Ergreifung von Maßregeln zu fordern, die eine solche Einwirkung hinderten. Sie sind aber auch nach § 823 B.G.B. berechtigt, vom Beklagten Schadensersatz wegen der widerrechtlichen Verletzung ihres Eigentums zu verlangen, *dafern* ihn der Vorwurf trifft, die im Verkehr erforderliche Sorgfalt bei dem Halten der Sandkippen nicht beobachtet zu haben, wenn er also diejenigen Maßregeln nicht oder nicht rechtzeitig getroffen haben sollte, die er bei billiger Rücksichtnahme auf die Interessen seiner Nachbarn hätte treffen sollen." ... (Es wird dann ausgeführt, daß in dieser Beziehung noch nicht genügende Feststellungen getroffen seien.)

31. Rechte eines Gemeindebeamten aus einer von der Gemeinde für ihn bewirkten Unfallversicherung.

VII. Zivilsenat. Urt. v. 10. Februar 1905 i. S. R. (Kl.) w. Gemeinde L. (Bekl.). Rep. VII. 316/04.

I. Landgericht Dortmund.
II. Oberlandesgericht Hamm.

Die Beklagte versicherte im Jahre 1898 auf ihre Kosten durch schriftlichen Versicherungsvertrag den bei ihr jeweils angestellten Polizeikommissar sowie 5 Schutzleute gegen Unfälle auf 10 Jahre bei dem Allgemeinen Deutschen Versicherungsverein in St., einer Gesellschaft auf Gegenseitigkeit, in Höhe einer jährlichen Rente von 10000 bzw. 6000 *M*. Der Kläger ist seit dem Jahre 1888 von der Beklagten als Polizeisergeant fest angestellt. Im Jahre 1898 erlitt er bei Ausübung seines Dienstes einen Unfall. Er wurde infolgedessen schwerhörig. Wegen dieses Unfalls beantragte die Beklagte bei dem Versicherungsverein eine Kapitalentschädigung und erhielt dieselbe in Höhe von 2500 *M* ausgezahlt. Sie legte diese Summe zugunsten der Kinder des Klägers bei der Sparkasse in L. verzinslich an, weigerte sich aber, dem Verlangen des Klägers, ihm einen Teilbetrag von 500 *M* zur Deckung von Schulden auszuzahlen, Folge zu geben. Der Kläger ist nach wie vor im Amte und hat durch den Unfall bisher eine Einbuße in seinem Diensteinkommen nicht erlitten. Auf seine Klage wurde die Beklagte durch das Landgericht verurteilt, darein zu willigen, daß der bei der Sparkasse angelegte Betrag nebst den Zinsen an den Kläger ausgezahlt werde. Auf die Berufung der Beklagten wies das Oberlandesgericht die Klage ab. Die Revision des Klägers wurde zurückgewiesen aus folgenden

Gründen:

„Die Ausführungen der Berufungsrichters, es sei vor dem Unfalle des Klägers zwischen diesem und der Beklagten ein besonderer Vertrag, inhalts dessen die letztere ihm zur Zahlung der eingeklagten Versicherungssumme verpflichtet wäre, nicht zustande gekommen und eine solche Verpflichtung sei auch aus dem Dienstanstellungsvertrage des Klägers nicht herzuleiten, der schon zehn Jahre vor der von der Beklagten vorgenommenen Versicherung ihrer Polizeibeamten abgeschlossen worden ist, sind nicht zu beanstanden, auch nicht angefochten. Es fragt sich aber, ob aus dem zwischen der Beklagten und dem Allgemeinen Deutschen Versicherungsverein abgeschlossenen Versicherungsvertrage sich der eingeklagte Anspruch herleiten läßt. Das ist zu verneinen. Der Kläger behauptet zwar, dieser Versicherungsvertrag sei zum Vorteil eines Dritten, nämlich zu seinem Vorteil in dem Sinne abgeschlossen worden, daß nur ihm das Recht auf die Zahlung der Versicherungssumme, sei es gegenüber dem Versicherungsverein, sei es gegenüber der zunächst empfangsberechtigten Beklagten, zustehen solle. Eine solche Auffassung des durch den Vertrag geschaffenen Rechtsverhältnisses ist aber mit seinem klaren Wortlaute unvereinbar. Nach § 1 der dem Versicherungsvertrage zugrunde liegenden allgemeinen Bedingungen wird die Mitgliedschaft des Versicherungsvereins mit Abschluß des Vertrages erworben, durch den der mit dem Verein Abschließende gegen Erwerbsverluste durch Unfall für seine Person oder für Dritte Versicherung nimmt. Der § 11 bestimmt dann unter der Überschrift: „Feststellung des Anspruchsberechtigten“ in Nr. 3, es könne, falls eine durch ein Mitglied beim Verein versicherte dritte Person von einem Unfalle betroffen werde, nur das Mitglied oder dessen Erben Anspruch auf Zahlung der zu leistenden Entschädigung erheben. Die Vertragschließenden haben hiernach offenbar gerade die Möglichkeit ausschließen wollen, daß die versicherte dritte Person die Versicherungssumme für sich beanspruchen dürfe. Die Beklagte insbesondere wollte freie Hand darüber behalten, wie die Versicherungssumme zu verwenden sei. Wenn in den allgemeinen Bedingungen die dritte Person als „versichert“ bezeichnet ist, so ist das nur in demselben Sinne zu verstehen, in dem z. B. bei einer Brandversicherung das den Gegenstand des Vertrages bildende Gebäude als versichertes genannt ist. Die Polizeibeamten der Beklagten sind im Vertrag als Versicherte hiernach nur aus dem Grunde bezeichnet, weil ein sie treffender Unfall den Anspruch auf die Versicherungssumme zur Entstehung bringen soll. Auch dafür, daß die Versicherungssumme zwar an die Beklagte zu zahlen sei, jedoch mit der Auflage, daß die Beklagte den empfangenen Betrag an den Kläger herauszugeben habe, bietet der Vertragsinhalt keinen Anhalt.

Die Revision erhebt Bedenken gegen die Feststellung des Berufungsrichters, die Beklagte habe lediglich ihr eigenes Vermögensinteresse an dem Ersatze der ihre Beamten treffenden Unfallsschäden versichert. Ob diese Feststellung einwandfrei ist, kann dahingestellt bleiben. Auch wenn die Beklagte die Versicherung abschloß nicht nur im eigenen vermögensrechtlichen Interesse, sondern auch um sich die Möglichkeit zu verschaffen, für die während ihrer Dienstzeit durch Unfall verunglückten Beamten oder deren Hinterbliebene nach ihrem Ermessen zu sorgen, würde die Versicherung eine gültige sein, da auch ein solches Interesse durch Versicherung geschützt werden darf. Nähme man das Gegenteil an und hielte die vorliegende Versicherung für eine sog. Wettversicherung, den Versicherungsvertrag also für ungültig, so würde, wie der Berufungsrichter zutreffend hervorhebt, hieraus nur zu folgern sein, daß der Beklagten ein Anspruch aus dem Versicherungsvertrage überhaupt nicht zusteht, nicht aber, daß der Kläger einen Anspruch auf die Versicherungssumme erheben dürfe.

Auch das Verhalten der Beklagten nach dem Eintritt des Unfalls kann dem Anspruche des Klägers nicht zur Stütze dienen. Wenn die Beklagte die Entschädigungssumme zugunsten der Kinder des Klägers bei der Sparkasse angelegt hat, so sind damit die Kinder noch nicht Gläubiger des Sparkassenguthabens geworden. Denn die einseitige Handlung der Beklagten — das Einzahlen des Geldes durch sie und der Auftrag an die Sparkasse, die Sparkassenbücher auf den Namen der Kinder des Klägers zu schreiben, — bringt ein Eigentumsrecht der Kinder an den Sparkassenbüchern oder den darin verbrieften Guthaben noch nicht zur Entstehung (vgl. Entsch. des R.G.'s in Zivils. Bd. 11 S. 239 flg.). Ein Rechtsakt, durch den das Eigentum auf die Kinder übertragen worden wäre, ist nirgends behauptet worden. Auch das aus der elterlichen Gewalt des Vaters fließende Recht des Klägers, für das Vermögen seiner Kinder zu sorgen (§ 1627 B.G.B.), begründet daher nicht den eingeklagten Anspruch. Hiernach mußte der Revision der Erfolg versagt werden. Ein Widerspruch dieser Entscheidung mit dem Urteil des Reichsgerichts vom 22. Februar 1883 (Entsch. in Zivils. Bd. 9 S. 314), das für den Bereich des französischen Rechts ergangen ist, besteht schon deshalb nicht, weil der Sachverhalt in jenem Falle ein anderer war als in dem jetzigen."

---

32. Ist die in § 51 Abs. 1 des Gesetzes, betr. die Gesellsch. m. b. H. vom 20. Mai 1898 vorgeschriebene Einladung der Gesellschafter mit Aufgabe des eingeschriebenen Briefes zur Post, oder erst mit Zustellung dieses Briefes als bewirkt zu erachten?

I. Zivilsenat. Urt. v. 11. Februar 1905 i. S. K. (Kl.) w. P. (Bekl.). Rep. I. 444/04.

I. Landgericht II Berlin.
II. Kammergericht daselbst.

Bei Erörterung der Frage, ob nach dem Statut eines nicht rechtsfähigen Vereins die Einladung der Mitglieder zur Generalversammlung dadurch bewirkt sei, daß ein an ihre Adresse gerichteter, die Einladung enthaltender eingeschriebener Brief zur Post aufgegeben wurde, wird ausgeführt in den

Gründen:

. . . „Der § 13 des alten Statuts besagt:

„Die Einladungen zu den Generalversammlungen erfolgen gültig durch Einschreibebriefe an die im Gesellschaftsregister eingetragenen Gesellschaftsmitglieder. Ändert ein Mitglied seinen Wohnsitz, so hat es dies dem Vorstande anzuzeigen."

Diese Vorschrift stimmt in ihrem ersten Teile in der Hauptsache überein mit der Bestimmung in § 51 des Gesetzes, betr. die Gesellschaften mit beschränkter Haftung, vom 20. Mai 1898: „Die

Berufung der Versammlung erfolgt durch Einladung der Gesellschafter mittels eingeschriebener Briefe." Es wird darüber gestritten, ob nach dieser Bestimmung die Einladung bereits mit der Aufgabe des eingeschriebenen Briefes zur Post, oder erst in dem Augenblicke bewirkt ist, wo der Brief dem Adressaten zugeht. Ersteres nehmen Staub, Kommentar § 51 Anm. 4, Parisius u. Crüger, Kommentar, und Simon, in Holdheim's Wochenschr. 1 S. 226, an. Die Kommentare von Förtsch, Neukamp, Birkenbiehl, Liebmann und Hergenhahn vertreten die zweite Ansicht. Die Auslegung dieses Gesetzes, bei der hauptsächlich der sich aus der Natur der Sache ergebende Zweck in Ermangelung besonderer in den Materialien enthaltener Direktiven in Betracht kommt, ist auch für die hier vorliegende Statutenbestimmung von Bedeutung, da auch bezüglich dieser, abgesehen von den Abweichungen im Texte der Vorschriften selbst, auf die noch einzugehen sein wird, besondere Umstände, die für die Auslegung von Bedeutung sein könnten, nicht hervortreten. Der Senat nimmt nun keinen Anstand, bei Auslegung des Gesetzes der ersteren, am ausführlichsten von Staub begründeten, Ansicht den Vorzug zu geben.

Offenbar wollte der Gesetzgeber für die Einladung eine leicht zu beobachtende Form, die aber doch eine im allgemeinen genügende Sicherheit für die Gesellschafter bietet, anordnen. Hierbei kam es zugleich darauf an, daß die Generalversammlung die Frage der legalen Berufung prüfen könne, um zu wissen, ob sie in der Lage sei, ohne Gefahr, ihre Beschlüsse mangels ordnungsmäßiger Einladung vernichtet zu sehen, vorzugehen. Diese Bedingungen erfüllt die Einladung mittels Einschreibebriefs ... aber nur unter der Voraussetzung, daß die Einladung als mit Aufgabe zur Post vollzogen gilt; denn weiteres als diese Aufgabe zur Post wird durch die Einschreibebescheinigung nicht nachgewiesen. Auch Förtsch, § 51 Bem. 2 Abs. 1, erkennt an, daß die Gesellschaft keinenfalls darunter leiden könne, wenn die Einladung dem Gesellschafter durch eigenes Verschulden, etwa durch Aufgeben einer unrichtigen Adresse, verspätet zugehe. Für derartige Fälle müßte also die Einladung als mit einem fingierten Zugehen bewirkt erachtet werden, was mißlich ist, da das Gesetz eine solche Ausnahme nicht vorsieht. Da die Bestellung sich aber auch ohne jedes Verschulden der Beteiligten verzögern kann, wäre jede General=

versammlung, wollte man der gegnerischen Ansicht folgen, der Gefahr ausgesetzt, daß ihre Beschlüsse sich nachträglich, vielleicht erst nach geraumer Zeit, wo sie zu einschneidenden Veränderungen der Sachlage geführt haben, als nichtig herausstellen, und zwar ohne daß die die Gefahr bedingenden Umstände für sie erkennbar sind. Demgegenüber erscheint es als das bei weitem kleinere Übel, dem einzelnen Gesellschafter die geringfügige und selbst bei Eintritt für ihn regelmäßig unschädliche Gefahr einer verzögerten Bestellung, sowie die bei der Sicherheit unseres Postdienstes kaum ernstlich in Betracht zu ziehende Gefahr einer gar nicht erfolgten Bestellung aufzubürden. Auch im Zivilprozesse trägt ja die Partei, abgesehen von der Möglichkeit der Wiedereinsetzung in den vorigen Stand bei Versäumung von Notfristen, die Gefahr, daß ein ihr ordnungsmäßig zugestelltes Schriftstück ohne ihr Verschulden nicht oder nicht rechtzeitig zu ihrer Kenntnis gelangt. Die hier vertretene Ansicht bietet endlich den Vorteil, daß die Gesellschaftsorgane sämtliche Einladungen einheitlich und mit sicherer Berechnung der Frist ergehen lassen können, während sie nach der gegnerischen Ansicht gezwungen wären, bei Aufgabe der Einladungen für entfernter wohnende Gesellschafter vorher eine Berechnung anzustellen, wann ihnen diese Einladungen nach Maßgabe der Entfernungen und der Posteinrichtungen der betreffenden Wohnorte mutmaßlich zugehen möchten. Dabei könnte sich vielleicht die Notwendigkeit von Fristen für die Anberaumung der Versammlungen ergeben, die zu der kurzen im Gesetze bestimmten Einladungsfrist von einer Woche in keinem Verhältnisse ständen und geeignet wären, eilige im Interesse der Gesellschaft gebotene Maßnahmen zu vereiteln." ...

33. Ist die in allgemeiner Gütergemeinschaft oder in Errungenschaftsgemeinschaft lebende Frau mit Zustimmung des Mannes berechtigt, Rechtsstreitigkeiten, die sich auf das Gesamtgut beziehen, im eigenen Namen zu führen?

VI. Zivilsenat. Urt. v. 13. Februar 1905 i. S. preuß. Eisenbahnfiskus (Bekl.) w. W. Ehefr. (Kl.). Rep. VI. 228/04.

I. Landgericht Limburg.
II. Oberlandesgericht Frankfurt a. M.

Das Reichsgericht hat die Frage bejaht aus folgenden

Gründen:

... „Das Berufungsgericht hat festgestellt, daß die Klägerin die Klagansprüche mit Zustimmung ihres Mannes, mit dem sie in Errungenschaftsgemeinschaft lebt, erhoben hat. Nach § 1443 in Verb. m. § 1519 Abs. 2 B.G.B. unterliegt zwar das Gesamtgut der Verwaltung des Mannes, und ist in der Regel nur dieser berechtigt, Rechtsstreitigkeiten, die sich auf das Gesamtgut beziehen, in eigenem Namen zu führen. Allein es steht nichts entgegen, daß er in einzelnen Fällen sein Verwaltungsrecht auf die Frau überträgt, oder vielmehr daß er „durch seine Zustimmung die Beschränkung aufhebt, der die Frau hinsichtlich der Ausübung des ihr ebenfalls zustehenden Verwaltungsrechts in der Regel unterliegt" (Hellwig, Anspruch und Klagerecht S. 341). Auf die Zulässigkeit einer solchen Übertragung weist auch der Umstand hin, daß die Frau nach § 1450 B.G.B. bei Verhinderung des Mannes berechtigt ist, einen sich auf das Gesamtgut beziehenden Rechtsstreit im eigenen Namen zu führen, wenn mit dem Aufschub Gefahr verbunden ist. Zwar muß der Beklagte vor der Gefahr einer nochmaligen Zahlung (an den Mann) geschützt sein; dem ist jedoch im vorliegenden Fall dadurch Rechnung getragen worden, daß die Klägerin inhalts des von ihr gestellten Antrags nach Wahl des Beklagten Zahlung an den Mann oder sich selbst verlangt." ...

---

34. Welche Rechtsfolgen hat es, wenn der bei einem Eisenbahnbetriebsunfalle an seiner Gesundheit Geschädigte sich weigert, sich ärztlicher Behandlung in einer geschlossenen Anstalt zu unterziehen, obwohl sie nach ärztlicher Erfahrung Aussicht auf Heilung oder wesentliche Besserung bietet? Verkehrung der Beweislast.

VI. Zivilsenat. Urt. v. 13. Februar 1905 i. S. preuß. Eisenbahnfiskus (Bekl.) w. M. (Kl.). Rep. VI. 226/04.

I. Landgericht Köln.
II. Oberlandesgericht daselbst.

Aus den Gründen:

... „Die Angriffe der Revision haben sich auf die Beurteilung beschränkt, welche ein vom Beklagten erhobener Einwand in der Vorinstanz gefunden hat. Vom Beklagten ist ... verlangt worden, daß der Kläger sich auf Kosten des Beklagten in einer Nervenheilanstalt behandeln lasse, weil hiervon eine völlige Heilung oder mindestens eine wesentliche Besserung seines krankhaften Zustandes zu erwarten sei. Diesem Verlangen hat der Kläger ... mit der Erklärung widersprochen, daß er nie und nimmer darin willigen werde, in eine Anstalt der vom Beklagten bezeichneten Art zu gehen; er habe ein Recht auf seine Freiheit und darauf, sich von einem Arzte behandeln zu lassen, dem er sein Vertrauen schenke.

Das Landgericht hat gegenüber dem Einwande des Beklagten, daß ihm im Hinblick auf dieses Verhalten des Klägers die Fortzahlung der Rente auf unbegrenzte Zeit und in der dem jetzigen Zustande des Klägers entsprechenden Höhe nicht anzusinnen sei, ausgeführt, ein Zwang gegen den Kläger, sich einer Behandlung der vom Beklagten bezeichneten Art zu unterziehen, könne nicht ausgeübt werden; sollte der Kläger aber bei seiner Weigerung stehen bleiben, so würde die momentan den Verhältnissen entsprechende Rente von 250 *M* monatlich nach einiger Zeit eventuell als nicht mehr der Bestimmung des § 254 B.G.B. entsprechend nach richterlichem Ermessen zu kürzen sein.

Das Berufungsgericht hat ausgesprochen, das vom Beklagten gemachte Angebot, unter Übernahme der Kosten den Kläger in die zweite Klasse des Krankenhauses B. bei B. aufnehmen zu lassen, habe allen Anforderungen, die der Kläger berechtigterweise habe stellen können, entsprochen, und die Ablehnung desselben enthalte an sich ein Verschulden des Klägers im Sinne von § 254 Abs. 2 B.G.B. Es lasse sich indes daraus für den gegenwärtigen Prozeß eine dem Beklagten günstige Folgerung nicht herleiten, weil nicht als dargetan erachtet werden könne, daß, wenn der Kläger das Angebot des Beklagten nicht ausgeschlagen hätte, jetzt seine Erwerbsfähigkeit, wenn auch nur teilweise, wiederhergestellt sein würde. Bei dem schweren, den ganzen Gesundheitszustand auf das heftigste ergreifenden Nervenleiden, von dem der Kläger befallen sei, spielten für die Behandlung seelische und gemütliche Unwägbarkeiten allerpersönlichster Art mit;

insbesondere vermöge auch ein persönlicher Widerwille des Patienten die bessernde Wirkung auch einer anerkannt guten Anstaltsbehandlung gerade bei dem vorliegenden Leiden, einer schweren Neurasthenie, auszuschließen. Es lasse sich also auch bei freier Würdigung aller Umstände nicht die Überzeugung gewinnen, daß der heutige Gesundheitszustand des Klägers ein besserer sein würde, wenn dieser dem Angebote des Beklagten entsprochen hätte. Es sei danach zwar dessen Ablehnung schuldhaft gewesen, aber ohne Einfluß auf die Höhe des vom Beklagten zu leistenden Schadensersatzes geblieben. Wenn der Kläger auch jetzt noch bei seiner Weigerung beharre, so könne das nach den beigebrachten ärztlichen Zeugnissen gegenwärtig nicht einmal mehr als schuldhaft bezeichnet werden. Hinzu komme, daß, auch wenn man annehmen wollte, das Befinden des Klägers würde eine Besserung erfahren haben, daraus noch nicht folgen würde, daß damit eine Wiedererlangung der Erwerbsfähigkeit, sei es auch nur einer verminderten, verbunden sein würde.

Die Auffassung, von welcher hiernach die Vorinstanz zunächst ausgegangen ist, erscheint zutreffend. Von demjenigen, welcher an seiner Gesundheit durch einen Unfall geschädigt worden ist, für dessen vermögensrechtliche Folgen ein anderer ersatzpflichtig ist, muß verlangt werden, daß er, soweit er dazu imstande ist, zur Heilung oder Besserung seiner Krankheit die nach dem jetzigen Stande der medizinischen Wissenschaft sich darbietenden Mittel zur Anwendung bringe, und es muß hierbei wenigstens als Regel gelten, daß der Verletzte in solchem Falle nicht anders handeln darf, als es bei gleicher Gesundheitsstörung ein verständiger Mensch tun würde, der nicht in der Lage ist, die Vermögensnachteile, die ihm bei Fortdauer der Krankheit erwachsen, auf einen anderen abzuwälzen. Unterläßt es der Verletzte, in dieser Weise auf Wiederherstellung oder Besserung seiner Gesundheit Bedacht zu nehmen, so ist hierin ein Verschulden im Sinne von § 254 Abs. 2 B.G.B. zu finden.

An dieser Beurteilung wird auch nichts geändert, wenn das in Betracht kommende Heilmittel mit Erfolg nur durch Behandlung in einer geschlossenen Anstalt angewendet werden kann, der Verletzte aber gegen eine solche Behandlung wegen der Beschränkungen in der Freiheit seines Tuns und Lassens, die sie notwendig mit sich bringt, Abneigung empfindet oder den Wunsch hegt, sich nur von bestimmten

Ärzten behandeln zu lassen. Derartige, naturgemäß bei fast allen Leuten vorhandene Wünsche und Abneigungen müssen für jeden verständigen Menschen gegenüber dem erstrebten Ziel, nämlich der Wiederherstellung der Gesundheit, völlig in den Hintergrund treten.

War daher, wie die Vorinstanz annimmt, die vom Beklagten dem Kläger angesonnene Anstaltsbehandlung eine Maßnahme, die nach ärztlicher Erfahrung begründete Aussicht auf Heilung oder wesentliche Besserung der Krankheit des Klägers bot, so war dessen Weigerung, sich einer solchen Behandlung zu unterziehen, jedenfalls durch die bisher von ihm dafür geltend gemachten Gründe nicht zu rechtfertigen, und ist mit Recht von der Vorinstanz als ein Verschulden im Sinne von § 254 B.G.B. angesehen worden. ...

Hiernach war nach den bisher erwähnten Richtungen der Vorinstanz beizutreten; dagegen haben die Erwägungen, aus denen diese gleichwohl zur Verwerfung der Berufung des Beklagten gelangt ist, beanstandet werden müssen.

Für die Beurteilung der Einrede, daß der Kläger, indem er böswillig oder in schuldhaftem Eigensinn unterlassen habe, eine Nervenheilanstalt aufzusuchen, die Fortdauer seiner Krankheit selbst verschuldet habe, ist nicht entscheidend, ob gegenwärtig von der Behandlung in einer solchen Anstalt ein wesentlicher Erfolg zu erwarten ist; es kommt vielmehr darauf an, welcher Erfolg eingetreten wäre, wenn der Kläger sich rechtzeitig einer Kur in einer geeigneten Anstalt unterworfen hätte. Es mußte sonach geprüft werden, zu welcher Zeit für den Kläger die Möglichkeit und Anlaß vorgelegen hat, dies zu tun, und welcher Erfolg eingetreten sein würde, wenn er zu der Zeit, wo dies der Fall war, eine Anstalt aufgesucht hätte. Insoweit kommt auch nicht bloß die vom Beklagten ausgesprochene Aufforderung in in Betracht. Der Kläger hat selbst angeführt, der ihn behandelnde Arzt Dr. P. habe in einem „vor zwei Jahren" ausgestellten Atteste bemerkt, es sei wünschenswert, daß der Kläger zur Linderung seines Leidens Aufenthalt in einer Nervenheilanstalt nehme. Dies kann nicht wohl anders als dahin verstanden werden, daß dem Kläger schon geraume Zeit vor dem Beginn des Prozesses von dem ihn behandelnden Arzte, dem er Vertrauen schenkt, der Rat erteilt worden ist, sich in eine Nervenheilanstalt zu begeben. Daß der Befolgung des Rates andere Umstände, als die in seiner ... Erklärung hervorgehobenen, entgegengestanden hätten, ist von ihm nicht behauptet worden, insbesondere nicht, daß etwa damals der Beklagte verweigert hätte, die durch einen solchen Heilungsversuch entstehenden Kosten zu tragen. Die Frage ist daher, sofern nicht etwa neu hervortretende Umstände eine andere Beurteilung bedingen sollten, dahin zu stellen, wie sich der Gesundheitszustand des Klägers annehmbar gestaltet hätte, wenn dieser zu der erwähnten früheren Zeit dem Rate seines Arztes Folge geleistet hätte.

Allein wenn man auch nur die Zeit in Betracht zieht, zu welcher der Beklagte verlangt hat, daß der Kläger eine Nervenheilanstalt aufsuche, stehen den Darlegungen der Vorinstanz Bedenken entgegen. Das Berufungsurteil stellt nicht fest, daß die in Rede stehende Kur, wenn sie alsbald nach der Aufforderung des Beklagten vom Kläger begonnen worden wäre, erfolglos geblieben sein würde; es erachtet bloß für nicht feststellbar, ob dann eine wesentliche Besserung des Zustandes des Klägers erreicht worden wäre. Mit Recht ist hierbei davon ausgegangen, daß an sich insoweit dem Beklagten die Beweislast obliege. Indes ist diese nicht so weit, wie die Vorinstanz annimmt, zu erstrecken; es muß vielmehr als ausreichend angesehen werden, wenn derjenige, welcher für die Folgen eines von einem anderen erlittenen Unfalls aufzukommen hat, dartut, daß es ein Mittel gegeben hat, welches nach den Ergebnissen der medizinischen Wissenschaft eine Heilung oder doch eine wesentliche Besserung der in Frage kommenden Krankheit herbeizuführen geeignet ist, daß dieses Mittel dem Verletzten auch bekannt geworden, und seine Anwendung für ihn möglich gewesen ist. Wird dies festgestellt, so ist es Sache des Verletzten, die Gründe darzulegen, die ihn von der Anwendung des Mittels abgehalten haben. Erweisen sich die von ihm vorgebrachten Gründe als bloße Vorwände oder doch als solche, durch die sich ein verständiger Mensch, der auch den Interessen des Schadensersatzpflichtigen in billiger Weise Rechnung trägt, von dem Gebrauch der betreffenden Kur nicht abhalten lassen würde, so ist der Nachweis, daß diese im gegebenen Falle keinen günstigen Erfolg gehabt haben würde, dem Verletzten aufzuerlegen.

Diese Verteilung der Beweislast ist jedenfalls gerechtfertigt in Fällen, in denen von der Anwendung des betreffenden Heilverfahrens erfahrungsgemäß ein günstiger Erfolg mit großer Wahrscheinlichkeit erwartet, dessen Eintritt als die regelmäßige Sachgestaltung angesehen werden darf; sie ist aber auch in Fällen, wo dies nicht zutrifft, berechtigt. Ein verständiger und billig denkender Mensch wird namentlich, wenn es sich um eine schwere, seine Erwerbsfähigkeit in hohem Grade beeinträchtigende Erkrankung handelt, eine ihm ärztlicherseits empfohlene Kur auch dann gebrauchen, wenn ein Erfolg nur als einigermaßen wahrscheinlich angesehen werden kann, und wird dies jedenfalls dann tun, wenn die Kur weder eine Steigerung der Gefahr für sein Leben, noch besonders heftige körperliche Schmerzen mit sich bringt und auf Kosten eines anderen unternommen werden kann.

In der Rechtsprechung ist nun der Grundsatz anerkannt, daß, wenn eine Partei dem Gegner eine ihm obliegende Beweisführung schuldhaft unmöglich macht, ihr gegenüber das in Frage kommende Anführen des Gegners als wahr anzunehmen ist, sofern sie nicht dessen Unrichtigkeit nachweist.

Vgl. Entsch. des R.G.'s in Zivils. Bd. 20 S. 6 und die dort ersichtlichen Nachweisungen.

Diese Verkehrung der Beweislast ist insbesondere in Fällen angenommen worden, wenn die Handlung, durch welche die Beweisführung dem Gegner unmöglich gemacht oder wesentlich erschwert worden war, gegenüber dem Prozeßgegner die Verletzung einer Vertragspflicht enthielt. Es liegt aber kein Grund vor, sie auf solche Fälle zu beschränken, da die dieser Rechtsprechung zugrunde liegenden Erwägungen auch dann zutreffen, wenn jemand außerhalb eines Vertragsverhältnisses dem Gegner eine diesem obliegende Beweisführung durch ein Verhalten vereitelt, das wider Treu und Glauben verstößt und nach dem allgemeinen Rechtsbewußtsein als verwerflich erscheint. Dies ist aber der Fall, wenn ein bei einem Unfall Verletzter, darauf pochend, daß ihm der durch den Fortbestand seines krankhaften Zustandes entstehende Schaden von einem anderen ersetzt werden müsse, die Anwendung von Heilmitteln verweigert, deren sich jeder verständige und billig denkende Mensch bei gleicher Sachlage bedienen würde.

Vgl. Seuffert, Archiv Bd. 46 Nr. 189 unter I und II.

Die erwähnte, der Billigkeit zweifellos entsprechende Verteilung der Beweislast stellt sich auch im Hinblick auf die erfahrungsgemäß nicht seltenen Fälle, in denen bei einem Unfall verletzte Personen in unlauterer Weise bemüht sind, sich auf Kosten des Ersatzpflichtigen dauernd eine hohe Rente zu verschaffen, geradezu als Bedürfnis dar.

Diese Erwägungen führen zur Aufhebung des angefochtenen Urteils und zur Zurückverweisung der Sache an das Berufungsgericht. Der Kläger hat durch seine während des Prozesses auf das bestimmteste erklärte Weigerung, sich einer Anstaltsbehandlung zu unterziehen, es dem Beklagten unmöglich gemacht, durch das Ergebnis eines praktischen Versuchs den Nachweis zu erbringen, daß die Krankheit des Klägers geheilt oder zum mindesten wesentlich gebessert werden könne, und es muß, wenigstens nach dem, was bisher vorliegt, angenommen werden, daß jene Weigerung des Klägers ein schuldhaftes Verhalten darstellt, das eine Verkehrung der Beweislast in dem oben dargelegten Sinne zur Folge hat.

Ist dies aber der Fall, so sind die Beweiswürdigungen, auf denen die angefochtene Entscheidung beruht, nicht maßgebend. Bemerkt mag übrigens werden, daß der Vorinstanz auch nicht beigepflichtet werden kann, wenn sie ausgeführt hat, nach allgemeiner Erfahrung werde bei Krankheiten der in Frage befangenen Art die Wirkung einer Anstaltsbehandlung durch die Abneigung des Kranken, sich einer solchen zu unterwerfen, ausgeschlossen oder doch so erschwert, daß dann regelmäßig auf einen günstigen Erfolg nicht zu rechnen sei. Ein Erfahrungssatz dieses Inhalts besteht als ein allgemeiner, auch in Laienkreisen anerkannter nicht. Wie schon oben erwähnt worden, ist die Aufsuchung einer geschlossenen Heilanstalt für die meisten Kranken eine Maßnahme, zu der sie sich nur ungern und schwer entschließen, und diese Abneigung tritt bei Kranken, die von einem Leiden befallen sind, das zugleich eine Schmälerung und Schwächung der Urteils- oder der Willenskraft zur Folge hat, noch besonders häufig und in verstärktem Maße hervor. Gleichwohl hat erfahrungsgemäß die Behandlung solcher Kranken in geschlossenen Anstalten in zahlreichen Fällen besten Erfolg; es hat ja auch, wie das eigene Anführen des Klägers . . . ergibt, der Arzt, der ihn behandelt hatte, die Aufsuchung einer Nervenheilanstalt für rätlich und aussichtsvoll angesehen." . . .

35. Erfordert die Unterlassungsklage aus § 12 des Warenzeichengesetzes den Nachweis, daß eine Wiederholung der widerrechtlichen Benutzung des Zeichens zu besorgen ist?

II. Zivilsenat. Urt. v. 14. Februar 1905 i. S. H. (Kl.) w. G. (Bekl.). Rep. II. 241/04.

I. Landgericht Nürnberg, Kammer für Handelssachen.
II. Oberlandesgericht daselbst.

Die Frage ist verneint worden aus folgenden

Gründen:

„Das Berufungsgericht hat . . . festgestellt, daß das von der Beklagten bei Verpackung oder Umhüllung leonischer Waren seit 1896 bis mindestens Mai 1900 benutzte Warenzeichen trotz einzelner Verschiedenheiten in dem seinen Mittelpunkt bildenden und für die Bestimmung des Gesamteindrucks maßgebenden Hauptbestandteile eines Stierkopfes mit dem zugunsten der Klägerin für leonische Waren eingetragenen Warenzeichen in Gestalt des Kopfes und des Rumpfes eines Stieres eine solche Ähnlichkeit aufweist, daß daraus die Gefahr einer Verwechselung im Verkehr entsteht. Wenn hierbei erwogen ist, das Gericht habe sich bei Beurteilung der Verwechselungsfähigkeit beider Zeichen in die Seele des ahnungslosen Käufers zu versetzen, so ist, wie der Zusammenhang der Entscheidungsgründe klar erkennen läßt, nicht an die Auffassung eines Käufers gedacht, der von dem einen und von dem anderen Zeichen keine Ahnung hat, sondern gemeint ist der Käufer, der weder veranlaßt noch in der Lage ist, die beiden Zeichen durch Nebeneinanderhalten genau zu prüfen, vielmehr die Prüfung mit Rücksicht auf die durch die Eile des Verkehrs bedingte Raschheit ohne weitere gründliche Durchforschung etwaiger Erkenntnisquellen auf Grund der ihm aus der Erinnerung oder aus Berichten anderer bekannten allgemeinen Umrisse vornehmen muß. Diese Entscheidung entspricht dem Sinne des § 20 des Warenzeichengesetzes und der ständigen Rechtsprechung des erkennenden Senats. Auch die weitere Erwägung, daß die durch die unbefugte Benutzung des Zeichens verübte Verletzung des Zeichenrechts der Klägerin ohne weiteres die Klage auf Untersagung des weiteren Gebrauchs des Zeichens gemäß § 12 a. a. O. rechtfertige, ist rechtlich nicht zu beanstanden. Zwar ist der Revisionsklägerin zuzugeben, daß die Unterlassungsklage aus § 12 a. a. O. ein Interesse an ihrer Erhebung voraussetzt und darum nicht länger statthaft ist, als die Besorgnis einer Wiederholung der Störung dauert. Daraus folgt aber nicht, daß der Zeicheninhaber im Falle einer rechtswidrigen Benutzung seines Zeichens zur Begründung der negatorischen Klage den Nachweis führen müsse, daß eine weitere Störung noch zu besorgen sei. Sache des Gegners ist es vielmehr, darzutun und zu beweisen, daß die Gefahr weiterer Störung nach den Umständen des Falles dauernd ausgeschlossen ist, sei es aus objektiven Gründen, z. B. wegen Aufgabe des betreffenden Geschäftsbetriebes, oder zufolge einer unzweideutigen Erklärung in Verbindung mit entsprechendem Verhalten. Ob die eine gewisse Zeit hindurch fortgesetzte Unterlassung der Benutzung eines Zeichens den Schluß rechtfertigen kann, daß eine dauernde Unterlassung mit Bestimmtheit zu erwarten steht, ist Gegenstand tatsächlicher Beurteilung. Regelmäßig wird dem Interesse des Zeicheninhabers an Beseitigung der durch den unbefugten Gebrauch seines Zeichens in dem Kundenkreise hervorgerufenen Verwirrung und Ungewißheit über die Herkunft des Zeichens nicht mit einer bloß außergerichtlichen Erklärung des Störers, daß er das Zeichen nicht weiter benutzen werde, sondern nur mit der förmlichen Anerkennung seines verletzten Zeichenrechts im Prozesse gedient sein. Im Sinne dieser Ausführung ist die Erwägung des erkennenden Senats in dem von dem Berufungsgericht bezogenen Urteile, Rep. II. 30/03, zu verstehen, daß im Falle einer stattgehabten Störung es nicht noch darauf ankomme, ob noch künftighin eine Störung zu befürchten sei. Im vorliegenden Falle hat nun das Berufungsgericht ausführlich begründet, daß ein Verdacht weiterer Eingriffe in das Zeichenrecht der Klägerin von seiten der Beklagten bestehe." ...

---

36. Ist die Vorschrift des § 738 Abs. 1 Satz 3 B.G.B. auch auf streitige Schulden zu beziehen?

I. Zivilsenat. Urt. v. 18. Februar 1905 i. S. B. (Kl.) w. F. (Bekl.). Rep. I. 468/04.

I. Landgericht Duisburg, Kammer für Handelssachen.
II. Oberlandesgericht Hamm.

Die Parteien waren früher unter der Firma B. & F. zu einer Gesellschaft (offenen Handelsgesellschaft) vereinigt. Als der Kläger B. aus dem Geschäft ausschied, übernahm der Beklagte in dem Auseinandersetzungsvertrag das Geschäft mit Aktiven und Passiven. Schon während Bestehens der Gesellschaft hatte der Architekt L. gegen sie Klage auf Zahlung von 2331,50 ℳ nebst Zinsen aus einem Schuldverhältnisse erhoben. Mit Schreiben vom 11. Januar 1904 richtete der Rechtsanwalt des Klägers an den Beklagten die Aufforderung, gemäß § 738 B.G.B. seinen Mandanten von dieser Schuld zu befreien oder Sicherheit zu leisten. Der Beklagte erwiderte mit Schreiben vom 15. gl. Mts., daß er wohl wisse, daß er die zahlreichen Prozesse der ehemaligen Firma B. & F. auszufechten habe und auch gern den Kläger von der Mithaftung im Prozesse L. befreie. Auf Grund dieses Sachverhalts erhob Kläger Klage mit dem Antrag, den Beklagten zu verurteilen, entweder den Kläger von der Forderung des Architekten L. zu befreien, oder gemäß §§ 232 flg. B.G.B. Sicherheit zu leisten. Der Beklagte beantragte Abweisung der Klage, indem er bestritt, daß L. eine Forderung gegen die Gesellschaft habe. Der erste Richter erkannte nach dem Klagantrag. Auf die Berufung des Beklagten wies das Oberlandesgericht die Klage ab. Die vom Kläger eingelegte Revision wurde zurückgewiesen aus folgenden

Gründen:

„Das Berufungsgericht wendet ohne nähere Begründung auf das vorliegende Streitverhältnis den § 738 B.G.B. an. Der in dieser Gesetzesbestimmung vorausgesetzte Fall, daß ein Gesellschafter aus einer im übrigen fortbestehenden Gesellschaft ausscheidet, liegt aber hier nicht vor. Die Gesellschaft B. & F. bestand nur aus dem Kläger und dem Beklagten, und als diese sich trennten, wurde die Gesellschaft notwendig aufgelöst. Von einer direkten Anwendung des § 738 B.G.B. kann also keine Rede sein. Wohl aber ist die entsprechende Anwendung seiner Grundsätze im vorliegenden Falle geboten. Der Beklagte hat nämlich durch den Auseinandersetzungsvertrag die Aktiven und Passiven des Geschäfts übernommen; der Kläger ist, wie der erste Richter feststellt, „aus dem Geschäft ausgeschieden." ... Es liegt also der Sachverhalt vor, daß, wie in den Fällen des § 142 H.G.B., ohne das Erfordernis einer Liquidation das Geschäft von der offenen Handelsgesellschaft auf den einen Teilhaber als Einzelkaufmann übergeht. Die analoge Anwendbarkeit des § 738 B.G.B. für das Verhältnis der früheren Gesellschafter zueinander hat der erkennende Senat für diese Fälle bereits in seinem Urteile vom 11. November 1903, Rep. I. 240/03 (Jurist. Wochenschr. 1904 S. 37 Nr. 4) ausgesprochen....

Nach § 738 Abs. 1 B.G.B. haben die Gesellschafter den Ausscheidenden von den gemeinschaftlichen Schulden zu befreien. Dem entspricht im vorliegenden Falle die Verpflichtung des Beklagten gegenüber dem aus dem Geschäft ausgetretenen Kläger. Der Beklagte bestreitet seine Verpflichtung im allgemeinen nicht. Er bestreitet aber, daß die Forderung des Architekten L. überhaupt bestehe, und weigert sich daher, den Kläger von dieser Schuld zu befreien oder ihm wegen dieser Schuld Sicherheit zu leisten. Der Revisionskläger macht geltend, daß Beklagter auf Grund des § 738 Abs. 1 Satz 3 B.G.B. wenigstens zur Sicherheitsleistung verpflichtet erscheine. Die hier gegebene Bestimmung:

> „Sind gemeinschaftliche Schulden noch nicht fällig, so können die übrigen Gesellschafter dem Ausscheidenden, statt ihn zu befreien, Sicherheit leisten",

hat unter den Bearbeitern des Bürgerlichen Gesetzbuchs zu Meinungsverschiedenheiten in der Richtung Anlaß gegeben, ob sie auch auf *streitige* Schulden auszudehnen sei. v. *Staudinger* (B.G.B. Bd. 2 § 738 II 3) erklärt, daß das Gesetz hierfür keinen Anhalt biete. *Goldmann* u. *Lilienthal* (B.G.B. § 200 Bem. 19) weisen darauf hin, daß die Sicherheitsleistung anstatt der Befreiung ein Recht, nicht eine Pflicht der Gesellschafter sei; bei bestrittenen Schulden könne von ihnen ebensowenig Sicherheitsleistung als Befreiung beansprucht werden. Im Gegensatz hierzu nimmt die in der Literatur herrschende Meinung nach dem Vorgange *Planck*'s an, daß, was in § 738 B.G.B. von den noch nicht fälligen Schulden gesagt sei, ob paritatem rationis auch von den bestrittenen Schulden gelten müsse, und der Ausscheidende hiernach berechtigt sei, von den übrigen Gesellschaftern Sicherheit dafür zu verlangen, daß er nicht in die Lage komme, solche Schulden demnächst bezahlen zu müssen.

Vgl. Planck, B.G.B. § 738 Bem. a. E.; Dernburg, Das Bürgerliche Recht Bd. 2 Abt. 2 § 362 Anm. 1; Crome, System des deutschen Bürgerlichen Rechts Bd. 3 § 285 Anm. 18; Cosack, Lehrbuch des deutschen Bürgerlichen Rechts 4. Aufl. Bd. 2 § 279 b δ (im Gegensatz zu den älteren Auflagen Bd. 2 S. 388); Matthias, Lehrbuch des Bürgerlichen Rechts Bd. 1 § 128; Enneccerus u. Lehmann, Das Bürgerliche Recht 2. Aufl. Bd. 1 § 314 S. 742; Knoke, Das Recht der Gesellschaft, in Fischer's Abhandlungen zum Privatrecht und Zivilprozeß Bd. 7 S. 129; Goldmann, Handelsgesetzbuch Bd. 2 § 138 Ziff. 17.

Der Senat vermochte bei eingehender Prüfung der in Betracht kommenden Gesichtspunkte sich der letzteren Ansicht nicht anzuschließen. Entscheidend kommt zunächst in Betracht, daß das Gesetz a. a. O. eben nur von dem Falle spricht, daß die (von ihm kurz vorher erwähnten) gemeinschaftlichen Schulden noch nicht fällig sind. Man muß annehmen, daß, wenn der Gesetzgeber eine gleiche Bestimmung für die bestrittenen Schulden hätte treffen wollen, er dies ausgesprochen hätte. Ein Übersehen darf bei ihm hierbei um so weniger unterstellt werden, als er wenige Paragraphen vorher eine gemeinsame Bestimmung hinsichtlich der noch nicht fälligen und hinsichtlich der streitigen Schulden der Gesellschaft für den Fall der Auseinandersetzung getroffen hat (vgl. § 733 Abs. 1 Satz 2). Die Beratungen in der II. Kommission für das Bürgerliche Gesetzbuch ergeben überdies mit Bestimmtheit, daß man den Fall des § 738 Abs. 1 Satz 3 völlig übereinstimmend mit den in § 257 Satz 2 und § 775 Abs. 2 B.G.B. geregelten Fällen entscheiden und die hier statuierte Befugnis des Ersatzpflichtigen bzw. des Hauptschuldners zur Sicherheitsleistung anstatt der Schuldbefreiung auf den Fall beschränken wollte, daß die Verbindlichkeit, bezüglich deren er zur Schuldbefreiung verpflichtet ist, noch nicht fällig ist.

Vgl. die Protokolle der Kommission für die zweite Lesung des Entwurfs eines Bürgerlichen Gesetzbuchs, bearbeitet von Achilles rc, Bd. 2 S. 366. 479. 518.

Es kommt dieser Standpunkt des Gesetzgebers auch in der Übereinstimmung der Fassung zum Ausdruck.

Man kann gegenüber der gesetzlichen Regelung sich für eine

ausdehnende Auslegung auch nicht auf Gründe der Billigkeit berufen, es sei denn, daß man sich einseitig auf den Standpunkt des Ausscheidenden stellt. Der Gefahr, für streitige Schulden der Gesellschaft Zahlung leisten zu müssen, ohne vorherige Deckung oder Sicherung von den Teilhabern der fortgesetzten Gesellschaft zu erlangen, kann der Ausscheidende durch prozessuale Rechtsbehelfe in gewissem Maße begegnen. Er kann, wenn er wegen solcher Schulden mit Klage in Anspruch genommen wird, den Gesellschaftern den Streit verkünden und wegen seiner Regreßansprüche unter den gesetzlichen Voraussetzungen Arrest erwirken. Er kann, ohne eine Klage abzuwarten, seinerseits durch negative Feststellungsklage die Entscheidung über die Existenz der streitigen Schulden herbeiführen. Die Gefahr, daß die Teilhaber der fortgesetzten Gesellschaft durch frivoles Bestreiten der früher gemeinschaftlichen Schulden sich ihrer Verpflichtung zur Schuldbefreiung gegenüber dem Ausgeschiedenen für längere Zeit entziehen können, besteht nicht; denn ein gegen Treu und Glauben verstoßendes Verhalten wird nicht den Schutz des Gesetzes finden. Auf der anderen Seite könnte die Notwendigkeit, für Schulden, mit deren alsbaldiger Berichtigung die Gesellschafter nicht gerechnet haben, weil sie sie dieselben mit gutem Grunde bestreiten können, Sicherheit zu leisten und dem Gesellschaftszwecke unter Umständen für längere Zeit bedeutende Mittel entziehen zu müssen, im einzelnen Falle zweifellos zu großen Härten und Unbilligkeiten führen.

Hiernach gelangt die entsprechende Anwendung des § 738 B.G.B. im vorliegenden Falle zu dem Ergebnisse, daß der Kläger Sicherheitsleistung wegen der von Architekt L. geltend gemachten Forderung überhaupt nicht, Schuldbefreiung aber nur unter der Voraussetzung verlangen kann, daß er die Existenz der (im Prozesse gegen L. von ihm selbst bestrittenen) Schuld nachweist. Auch auf das Schreiben des Beklagten vom 15. Januar 1904 kann der Klaganspruch nicht gestützt werden. Die Auslegung, welche das Berufungsgericht demselben gibt, ist frei von Rechtsirrtum. Selbst wenn man die vorausgegangene Aufforderung des klägerischen Vertreters zur Auslegung heranzieht, kann nicht angenommen werden, daß sich der Beklagte zu mehr verpflichten wollte, als was ihm nach dem Auseinandersetzungsvertrage und dem Gesetz obliegt, nämlich zur Befreiung des Klägers von den früher gemeinschaftlichen Schulden.

Der Nachweis, daß die Forderung des Architekten L. hierzu gehöre und zu Recht bestehe, liegt dem Kläger ob; er hat ihn in dem vorliegenden Prozesse nicht erbracht." ...

---

37. Darf, wenn der Käufer von Kuxen sich im Annahme- und Zahlungsverzug befindet, der Verkäufer, um sich von der Haftung für Zubußen zu befreien, die Kuxe nach § 130 preuß. Allg. Berggeſ. der Gewerkschaft zur Verfügung stellen?

I. Zivilsenat. Urt. v. 18. Februar 1905 i. S. U. (Kl.) w. L. & Co. (Bekl.). Rep. I. 433/04.

I. Landgericht Essen.
II. Oberlandesgericht Hamm.

Am 19. Februar 1900 kaufte der Handlungsgehilfe G. von der Beklagten 4 Kuxe des Bergwerks Desdemona für 683 ℳ. Auf die Kuxe waren gemäß Gewerkenbeschlusses vom 17. Februar 1899 Zubußen von je 850 ℳ ausgeschrieben, wovon 200 ℳ bei Abschluß des Kaufes bereits bezahlt, 400 ℳ in Raten von je 100 ℳ auf den 15. Februar, 15. April, 15. Juni und 15. August 1900 eingefordert waren, und über den Rest von 250 ℳ noch nichts bestimmt war. Zwei von den gekauften Kuxen wurden später im Auftrage des G. wieder verkauft und kommen hier nicht in Betracht. Die beiden verbleibenden Kuxe händigte die Beklagte nicht aus, da G. trotz Mahnung den Kaufpreis und die inzwischen fällig gewordenen, von der Beklagten entrichteten Zubußen nicht zahlte. Im Oktober 1900 forderte die Beklagte den G. nochmals auf, ihr jetzt auf 1619,20 ℳ berechnetes Guthaben gegen Aushändigung der als Nr. 721 und 804 bezeichneten beiden Kuxe zu begleichen und erwirkte im November 1900 Versäumnisurteil gegen den G., welches diesen zur Zahlung des genannten Betrages mit Zinsen verurteilte. Das Urteil wurde nicht zugestellt, nach Angabe der Beklagten aus dem Grunde, weil G. nicht aufzufinden war. Im Dezember 1900 stellte die Beklagte die beiden Kuxe in Gemäßheit des § 130 preuß. Allg. Berggeſ.

der Gewerkschaft zur Verfügung. Nach ihrer Angabe waren damals die Kuxe der Desdemona fast unverkäuflich und nur ab und zu mit 50—90 *M* unterzubringen. Später aber stieg der Wert derselben wieder bedeutend. In der Zeit bis zum Frühjahr 1903 wurden von G. keine Schritte getan. Im Mai 1903 übertrug er seine Ansprüche gegen die Beklagte auf den Kläger. Dieser forderte von der Beklagten, unter Fristsetzung, die Herausgabe der von G. gekauften beiden Kuxe gegen Berichtigung der darauf haftenden Schuld. Da die Beklagte ihre Verpflichtung bestritt, wurde er klagbar auf Zahlung des Mehrbetrags von 4308,59 *M*, der sich bei dem Ankaufe von zwei Kuxen des Bergwerks Desdemona an der Börse über die Schuld des G. hinaus ergeben haben sollte.

Die Klage wurde in beiden Vorinstanzen abgewiesen. Die Revision hat keinen Erfolg gehabt. Das Revisionsurteil beruht, soweit es hier interessiert, auf folgenden

Gründen:

„Das Berufungsgericht stützt seine Entscheidung auf folgende Erwägungen: der klägerische Zedent habe sich aus dem Kaufe der zwei Kuxe in Annahmeverzug und gleichzeitig wegen des Kaufpreises und der von der Beklagten bezahlten Zubußen in Zahlungsverzug befunden. Infolge davon sei die Beklagte der Gewerkschaft oder ihrem Vormanne für die noch nicht berichtigten Zubußen verhaftet geblieben. Sie habe aber dem G. gegenüber, der sich um die damals für ziemlich wertlos erachteten Kuxe gar nicht gekümmert, nicht durch Zahlung der noch ausstehenden Zubußen in weiteren Vorschuß zu gehen gebraucht. Um sich aus dieser Zwangslage zu befreien, sei ihr nur das Mittel übrig geblieben, die Kuxe, wie sie getan habe, in Gemäßheit des § 130 preuß. Allg. Bergges. zur Verfügung zu stellen, da eine Hinterlegung der Kuxscheine nach §§ 372 flg. B.G.B. ihr nicht geholfen haben, und ein Selbsthilfeverkauf nach § 373 H.G.B. bei dem niedrigen Kurse der Kuxe erfolglos geblieben sein würde. Unter diesen Umständen sei das Verhalten des Beklagten, wenn es sich auch auf keine bestimmte Gesetzesvorschrift stützen könne, doch nach dem allgemeinen Grundsatze des § 242 B.G.B. für gerechtfertigt anzusehen, da es ein Verhalten sei, wie es sich bei dieser Vertragslage für einen vernünftigen, billig denkenden und die konkreten Umstände würdigenden Mann gebühre. Daneben hat das Berufungsgericht noch auf die Zeugenaussage des Prokuristen L. hingewiesen, wonach der Zedent G. diesem erklärt hat, die Beklagte solle für seine Rechnung keine Zubuße bezahlen, und hat diese Erklärung des G. dahin ausgelegt, daß sie auch die Ermächtigung enthalten habe, die Kuxe der Gewerkschaft zur Verfügung zu stellen.

Diesen Ausführungen des Berufungsgerichts ist trotz der Einwendungen der Revision im Ergebnisse beizustimmen. . . .

Unbedenklich ist die Ansicht der Vorinstanz, daß G., der trotz wiederholter Mahnungen die Kuxe nicht abgenommen (§ 433 Abs. 2 B.G.B.) und seine Schuld an Kaufgeld und bezahlten Zubußen nicht berichtigt hatte, sich sowohl in Annahme-, wie in Leistungsverzug befand (§§ 284. 295 das.). Mindestens seit dem Schreiben vom Anfang Oktober 1900, worin die Beklagte durch ihren Anwalt dem G. gegen Zahlung seiner Schuld die Lieferung der beiden Kuxe 721 und 804 angeboten hat, ist die Gefahr in bezug auf die beiden angebotenen Kuxe auf G. übergegangen (§ 300 Abs. 2 das.). Von diesen Kuxen steht nun fest, daß sie nicht mehr geliefert werden können, da die Beklagte sie am 24. Dezember 1900 in Gemäßheit des § 130 Allg. Berggef. der Gewerkschaft behufs Befriedigung zur Verfügung gestellt hat. Dadurch ist für die Beklagte jedenfalls ein nachträglich eingetretenes Unvermögen zur Leistung herbeigeführt worden, das nach § 275 Abs. 2 B.G.B. wie die nachträglich eingetretene Unmöglichkeit wirkt. Demgemäß ist nach Abs. 1 das. die Beklagte von der ihr obliegenden Leistung dann frei geworden, wenn das Unvermögen seinen Grund in einem Umstande hatte, den sie nicht zu vertreten braucht. Der Umstand, welcher das Unvermögen herbeigeführt hat, ist vorliegend eine eigene, vorsätzliche Handlung der Beklagten. Es fragt sich, ob dies allein schon genügt, um die Beklagte dafür haftbar zu machen, oder ob nach der besonderen Gestaltung des Falles trotzdem anzunehmen ist, daß sie ihn im Sinne des Gesetzes nicht zu vertreten hat. Der erkennende Senat gelangt mit der Vorinstanz zu dem Ergebnisse, daß das Verfahren der Beklagten rechtmäßig gewesen ist.

Für Vorsatz haftet der Schuldner allgemein (§ 276 Abs. 1 B.G.B.), auch bei Verzug des Gläubigers (§ 300 Abs. 1 das.). Voraussetzung ist aber selbstverständlich, daß das vorsätzliche Handeln überhaupt gegen die Vertragspflicht verstößt; denn wenn es nach dem

Inhalte des Schuldverhältnisses gestattet ist, kann von einer Haftung für die Folgen nicht die Rede sein. Für die Frage nun, ob der Schuldner gegen seine Vertragspflicht gehandelt, diese verletzt hat, darf allerdings, wie die Vorinstanz getan hat, der § 242 B.G.B. herangezogen werden, insofern hier, neben der Auslegungsvorschrift des § 157 über den Inhalt des Vertrages, Bestimmung über die Art der Leistung des geschuldeten Gegenstandes getroffen wird, was auch das Verhalten des Schuldners im Hinblick auf die künftige Leistung umfaßt.

Nach §§ 102. 107 Allg. Berggeſ. war die Beklagte, obgleich sie im Gewerkenbuche noch nicht eingetragen war, der Gewerkschaft für die bereits beschlossene Zubuße verhaftet, also nicht bloß für die bereits fällige Augustzubuße, sondern auch für die noch nicht eingerufenen 250 ℳ (Brassert, Kommentar S. 305). Daneben haftete sie ihrem Verkäufer, wenn sich die Gewerkschaft an diesen hielt. Auf der anderen Seite konnte sie auf Grund des Kaufgeschäfts von G. verlangen, daß er sie durch Abnahme der Kuxe von der Notwendigkeit weiterer Zubußenzahlung befreie, und es ist ganz unbedenklich, wenn das Berufungsgericht annimmt, daß die Beklagte, nachdem G. mit der Abnahme in Verzug war und sich um die gekauften Kuxe trotz Mahnungen und Einklagung nicht mehr bekümmert hat, nicht mehr verpflichtet war, für die Zubußen in Vorschuß zu gehen, um so weniger, als sie in den Kuxen bei dem damaligen niedrigen Kursstande nicht einmal Deckung für die bereits vorgelegten Zubußen hatte. Wenn unter diesen Umständen die Beklagte dazu schritt, sich aus der unverschuldeten Notlage selbst zu befreien und sich vor weiterem Verluste zu schützen, so kann ihr der säumige Käufer keinen Vorwurf daraus machen, sofern das von ihr eingeschlagene Verfahren durch die Sachlage geboten war. Mit Recht aber hat das Berufungsgericht angenommen, daß ihr zur Erreichung dieses Ziels ein anderer als der eingeschlagene Weg nicht offen stand. Daß die Hinterlegung der Kurscheine nach §§ 372 flg. B.G.B. der Beklagten nicht geholfen haben würde, liegt auf der Hand. Durch die tatsächliche Feststellung, daß die Kuxe im Dezember 1900 nur einen Kurs von höchstens 100 gehabt hätten, während die gleich hohe Augustzubuße noch nicht bezahlt war, rechtfertigt sich die Annahme, daß auch von einem Selbsthilfeverkaufe nach § 373 H.G.B. kein Erfolg wäre zu erwarten gewesen. Allerdings hätte der Beklagten auch ein Vorgehen nach § 326 B.G.B. freigestanden. Sie hätte dem G. eine angemessene Frist zur Abnahme der Kuxe gegen Zahlung seiner Schuld bestimmen und nach fruchtlosem Ablaufe der Frist die Erfüllung ablehnen können. Um aber dann zu dem Ziele, der Befreiung von der Zubußenhaftung, zu gelangen, was nur auf dem Wege des § 130 Allg. Berggeſ. erreicht werden konnte, hätte sie nicht den Schadensersatz wegen Nichterfüllung wählen dürfen, sondern wäre ausschließlich auf den Rücktritt vom Vertrag angewiesen gewesen; denn nur so hätte sie die freie Verfügung über die Kuxe erhalten. Auf diesem Wege hätte sie also ihre Rechte aus dem Kaufvertrage aufgeben müssen. Dazu war sie nicht verpflichtet. Bei dieser Sachlage hat die Beklagte genug getan, wenn sie unter wiederholten Mahnungen und schließlich unter Klagerhebung die Kuxe so lange Zeit für G. bereit hielt, und es kann ihr nicht als eine Verletzung ihrer Vertragspflichten angerechnet werden, daß sie, nachdem alle Schritte gegen G. erfolglos geblieben, zu dem ihr allein noch möglichen Hilfsmittel griff, die Kuxe der Gewerkschaft zur Verfügung zu stellen. Es kann nicht die Absicht des Gesetzes sein, den vertragstreuen Teil gegenüber dem säumigen noch zu positiven Aufwendungen zu zwingen, für deren Ersatz er keine Sicherheit hat. Allerdings ist die Befugnis zur Preisgebung des geschuldeten Gegenstandes im Falle des Abnahmeverzugs, wenn man von der Aufgabe des Besitzes nach § 303 B.G.B. absieht, nirgends ausdrücklich eingeräumt; es kann auch davon nur in besonders gearteten Fällen, wie der vorliegende einer ist, die Rede sein. Daß aber in solchen Ausnahmefällen der vertragstreue Teil selbst bis zur Preisgebung schreiten kann, steht nicht im Widerspruche mit den Bestimmungen des Bürgerlichen Gesetzbuchs über die Verzugsfolgen, sondern ist nur eine besondere Anwendung derselben unter Berücksichtigung des in den §§ 157 und 242 ausgesprochenen Grundsatzes, daß an die Beurteilung des einzelnen Schuldverhältnisses der Maßstab von Treu und Glauben mit Rücksicht auf die Verkehrssitte anzulegen sei. Damit wird nicht, wie die Revision meint, dieser Grundsatz an die Stelle der speziellen Gesetzesbestimmungen gesetzt."...

38. Wie wird beim Bestehen der westfälischen Gütergemeinschaft der nach dem Inkrafttreten des Bürgerlichen Gesetzbuchs zuerst versterbende Ehegatte beerbt?

IV. Zivilsenat. Urt. v. 20. Februar 1905 i. S. P. (Kl.) w. M. Ehel. (Bekl.). Rep. IV. 404/04.

I. Landgericht Essen.
II. Oberlandesgericht Hamm.

Aus den Gründen:

„Die Klägerin und ihr am 13. März 1902 verstorbener Ehemann lebten in westfälischer Gütergemeinschaft. Aus dieser Ehe stammt ein Kind. Außerdem hinterließ der Verstorbene vier Kinder aus seiner ersten Ehe. Mit diesen schloß die Klägerin den Schichtungsvertrag vom 27. Oktober 1902. Man ging hierbei allerseits davon aus, daß die Schichtung so vorzunehmen sei, wie sie vor dem 1. Januar 1900 nach Maßgabe des Gesetzes vom 16. April 1860 erfolgt war. Die Klägerin machte von der Befugnis aus § 17 dieses Gesetzes Gebrauch und übernahm das gemeinschaftliche bewegliche und unbewegliche Vermögen für eine von den Beteiligten gebilligte Taxe. Die Stiefkinder der Klägerin wurden in Geld abgefunden. Die Höhe der einzelnen Abfindung wurde in der Weise bestimmt, daß man den Wert der früheren gütergemeinschaftlichen Vermögensmasse, welche zur Verteilung zu bringen war, auf 21621,72 *M* festsetzte und annahm, daß den Kindern des Verstorbenen aus erster und zweiter Ehe die Hälfte mit 10810,86 *M* gebühre, und hiervon den vier Stiefkindern der Klägerin je $^1/_5$ = 2162,17$^1/_2$ *M* zustehen würde. Dementsprechend wurde die Abfindung der letzteren, welche sofort fällig sein sollte, festgesetzt. Die Klägerin ist nunmehr der Ansicht, daß ihr außer der Hälfte des gütergemeinschaftlichen Vermögens kraft Erbrechts noch $^1/_4$ von der anderen Hälfte zukomme, und erhob auf dieser Grundlage Ansprüche.

Das Berufungsgericht wies die Klage ab. Es führt aus: nach Art. 48 § 1 preuß. Ausf.-Ges. zum B.G.B. seien für eine Ehe, für welche der gesetzliche Güterstand der allgemeinen Gütergemeinschaft im Sinne des Gesetzes vom 16. April 1860 bestehe, die Vorschriften dieses Gesetzes mit den in den §§ 2—7 bestimmten Änderungen in

Kraft geblieben. Von diesen Änderungen komme hier nur die im § 2 vorgesehene in Betracht. Danach träten, soweit für jene Ehen bisher die Vorschriften des Allgemeinen Landrechts über die allgemeine Gütergemeinschaft gelten, an deren Stelle nach Maßgabe des Art. 47 §§ 1—3 die Vorschriften des Bürgerlichen Gesetzbuchs. Diese Vorschrift habe, ihrem Wortlaute und ihrer Tendenz nach, nur solche Vorschriften des Allgemeinen Landrechts über die allgemeine Gütergemeinschaft beseitigt, die als Vorschriften des Allgemeinen Landrechts im Geltungsbereiche des Gesetzes von 1860 zur Anwendung gekommen seien, nicht auch solche, die derartig innig mit den übrigen rein provinziellen Vorschriften verknüpft seien, daß sie in dieser Verbindung nur als besondere Vorschriften des Gesetzes von 1860 angesehen werden müßten. Zur letzteren Gruppe seien die im § 7 Abs. 1 des Gesetzes allgemein und speziell erwähnten Vorschriften des Allgemeinen Landrechts zu rechnen. Zur Begründung der gegenteiligen Ansicht könne man sich auf den Wortlaut des § 7 Abs. 1 in Verbindung mit Art. 48 § 2 Ausf.-Ges. nicht berufen. Der Wortinhalt des § 7 Abs. 1 könne richtig nur im Zusammenhange mit den übrigen Vorschriften, insbesondere in § 7 Abss. 2. 3. 4 sowie in §§ 8. 10—17 aufgefaßt werden. Es führe auch die gegenteilige Meinung zu unhaltbaren Ergebnissen, insbesondere zu einem Ergebnisse, das der Tendenz des preußischen Ausführungsgesetzes im allgemeinen und speziell der Tendenz des Art. 48 widerspreche. Aus dem Zusammenhange der Vorschriften des § 7 Abss. 1. 2. 3 und 4 und der §§ 8. 10—17 des Gesetzes von 1860 ergebe sich, daß das Provinzialgesetz hier die erbrechtlichen Verhältnisse bei beerbter und unbeerbter Ehe, wenn auch einerseits unter Anlehnung an landrechtliche Vorschriften, andererseits völlig abweichend von diesen selbständig derart geregelt habe, daß diese Vorschriften ein einheitliches Rechtssystem für den Geltungsbereich des Gesetzes von 1860 bilden, dessen Einheitlichkeit dadurch aufs empfindlichste gestört werden würde, wenn unter Ausmerzung der entlehnten landrechtlichen Vorschriften erbrechtliche Vorschriften des Bürgerlichen Gesetzbuchs nunmehr eingeschoben würden, die auf jenes provinzialrechtliche Erbrechtssystem keine Rücksicht nähmen. Das Provinzialgesetz unterscheide zwischen den Rechtsverhältnissen bei beerbter und unbeerbter Ehe und mache in letzterem Falle den weiteren Unterschied, ob der überlebende Ehegatte mit Kindern des verstorbenen

Ehegatten oder mit anderen Blutsverwandten desselben zusammentreffe.

1. Die Rechtsverhältnisse, welche im Regelfalle bei beerbter Ehe, also dann einträten, wenn der Überlebende mit eigenen unabgefundenen Kindern aus der aufgelösten Ehe zusammentreffe, seien im § 7 Abs. 1 keineswegs erschöpfend geregelt; die hier erwähnten erbrechtlichen Vorschriften des Allgemeinen Landrechts fänden vielmehr in dem in den §§ 10 flg. geregelten Rechtsinstitute der fortgesetzten Gütergemeinschaft ihre notwendige Ergänzung. Das Wesen dieses Rechtsinstituts bestehe aber gerade darin, daß die Rechtsstellung des Überlebenden als Teilhabers der früheren ehelichen Gütergemeinschaft auch nach dem Tode des anderen Teilhabers unverändert bleibe, und nur insofern eine Änderung erleide, als die gemeinschaftlichen Abkömmlinge an Stelle des Verstorbenen als nunmehrige Teilhaber der Gemeinschaft neben den Überlebenden einträten. Würde man die erbrechtlichen Vorschriften des Bürgerlichen Gesetzbuchs im Falle des § 7 Abs. 1 anwenden, und demnach der überlebende Ehegatte gemäß § 1931 B.G.B. kraft Erbrechts an der einen gütergemeinschaftlichen Hälfte zu $^1/_4$ beteiligt sein, so würde allerdings der überlebende Ehegatte diesen Erbteil gemäß § 10 Abs. 3 des Gesetzes von 1860 sofort für die Gemeinschaft erwerben; bei der demnächstigen Schichtung würde er aber durch sein Miterbrecht die Schichtteile der Kinder schmälern; es würde diesen also nicht derjenige Teil zufallen, den die provinzialrechtliche Vorschrift des § 15 des Gesetzes von 1860 im Auge habe. Zur Behebung der Widersprüche dürfe man nicht die Vorschriften des Bürgerlichen Gesetzbuchs über die fortgesetzte Gütergemeinschaft für anwendbar erklären. Dieses Institut sei dem Allgemeinen Landrecht fremd gewesen; diejenigen Vorschriften des Gesetzes von 1860, die sich auf dieses Rechtsinstitut bezögen, seien Sondervorschriften des Provinzialrechts, welche das Rechtsinstitut ohne Rücksicht auf Vorschriften des Allgemeinen Landrechts selbständig und abschließend regeln. Für die Anwendung des Art. 48 § 2 Ausf.-Ges. sei sonach kein Raum; denn es lägen keine landrechtlichen Vorschriften vor, an deren Stelle die entsprechenden Vorschriften des Bürgerlichen Gesetzbuchs treten könnten.

2. Eine Ergänzung des § 7 Abs. 1 durch die erbrechtlichen Vorschriften des Bürgerlichen Gesetzbuchs sei ebensowenig angängig,

wenn bei **unbeerbter** Ehe der Überlebende mit **unabgefundenen Kindern des Verstorbenen aus früherer** Ehe zusammentreffe. Die in diesem Falle eintretenden Rechtsverhältnisse seien ebenfalls nicht in § 7 Abs. 1 erschöpfend geregelt, sondern fänden ihre Ergänzung in § 8, der bestimme: „An den nach dem § 7 für die Stiefkinder auszusondernden Erbteilen stehen dem überlebenden Ehegatten keine Rechte zu; die Stiefkinder müssen sich indessen auch dem überlebenden Ehegatten gegenüber alles anrechnen lassen, was sie nach den Gesetzen ihren Geschwistern gegenüber zu konferieren schuldig sind". Beide Halbsätze enthielten Provinzialrecht; im ersten Halbsatze gehe das Gesetz, unabhängig vom Allgemeinen Landrecht, davon aus, daß die Stiefkinder den Verstorbenen allein beerben, und bestimmten ausdrücklich noch, daß an ihren Erbteilen dem Überlebenden keine Rechte zustehen sollen; dafür lege es aber im zweiten Halbsatze, sogar entgegen dem § 323 A.L.R. II. 2, den Stiefkindern die keineswegs unerhebliche Kollationspflicht auch dem Überlebenden gegenüber auf. Wollte man in diesem Falle an Stelle der im § 7 Abs. 1 erwähnten landrechtlichen Vorschriften den § 1931 B.G.B. treten lassen, so würde § 7 Abs. 1 sich in dieser Fassung mit § 8 in unlöslichen Widerspruch setzen.

3. In dem Falle schließlich, wenn der Überlebende mit **anderen Blutsverwandten** als Abkömmlingen des Verstorbenen aus früherer Ehe zusammentreffe, finde § 7 Abs. 1 die notwendige Ergänzung in § 7 Abss. 3 und 4. Allerdings enthalte Abs. 3 eine fast wörtliche Wiedergabe des § 645 A.L.R. II. 1. Dieser Umstand beweise aber zugleich, daß dem Überlebenden der lebenslängliche Nießbrauch an den Anteilen seiner Miterben auch nach Provinzialrecht zustehen solle, zumal in Abs. 4, abweichend von den landrechtlichen Vorschriften, bestimmt sei, daß jener Nießbrauch sogar einen Teil des Pflichtteils bilden solle, der dem Überlebenden am Nachlasse des Verstorbenen zustehe. Würde in diesem dritten Falle der § 7 Abs. 1 durch § 1931 B.G.B. ergänzt, gleichwohl aber § 7 Abs. 3 angewendet, so würde der Überlebende, wenn nicht Alleinerbe, so doch Miterbe zu einem größeren Bruchteile sein und überdies auch den Nießbrauch auf Lebenszeit an den Anteilen der übrigen Miterben behalten. Für eine derartige Begünstigung des Überlebenden während der Übergangszeit in einer einzelnen Provinz sei kein innerer

Grund vorhanden. Es würde hier auch ein Widerspruch zwischen Art. 48 § 2 und Art. 47 §§ 1—3 Ausf.-Ges. vorliegen; denn demjenigen überlebenden Ehegatten, für dessen Ehe die landrechtliche Gütergemeinschaft bestanden habe, stehe, wenn die Ehe nach 1900 durch den Tod gelöst werde, das nach § 645 A.L.R. II. 1 vorgesehene, dem Bürgerlichen Gesetzbuch aber fremde Nießbrauchsrecht nicht zu.

Die Revision macht geltend: die zur Entscheidung stehende Frage, ob der § 7 des Gesetzes vom 16. April 1860 eine unechte, oder echte Verweisung enthalte, ob also, wenn in Westfalen fortgesetzte Gütergemeinschaft nach dem 1. Januar 1900 eingetreten sei, noch fernerhin die Beerbung des Verstorbenen nach den Vorschriften des preußischen Landrechts erfolge, oder ob jetzt der Anteil des Verstorbenen am Gesamtgut gemäß § 1483 B.G.G. nicht mehr zum Nachlasse gehöre, sei nicht auf Grund des an sich irrevisiblen Gesetzes vom 16. April 1860 zu entscheiden. Die streitige Frage unterliege der Prüfung des Reichsgerichts, weil es sich um erbrechtliche Vorschriften des Reichsrechts handle, speziell des § 1483 B.G.B., dessen Verletzung gerügt werde. Die Grenzen der Geltung des Reichsrechts, speziell die Frage, ob der § 1483 B.G.B. auch für übergeleitete Ehen in Westfalen gelte, unterlägen der Nachprüfung des Revisionsgerichts. Erst wenn feststehe, was westfälisches Sonderrecht sei, sei letzteres der Revision entzogen. Sachlich werde der Standpunkt vertreten, daß, soweit die Ehen von den durch das Gesetz von 1860 nicht abgeänderten Vorschriften des Allgemeinen Landrechts beherrscht würden, überall an deren Stelle nach Maßgabe des Art. 47 Ausf.-Ges. die des Bürgerlichen Gesetzbuchs getreten seien. Nur die durch das Gesetz von 1860 geschaffenen Änderungen der Vorschriften des Allgemeinen Landrechts seien, soweit nicht die §§ 2—7 Ausf.-Ges. Modifikationen enthielten, in Kraft geblieben. Die Tendenz des preußischen Ausführungsgesetzes sei gewesen, die bestehenden Güterstände in das neue Recht überzuleiten und nur die vom Allgemeinen Landrechte abweichenden Besonderheiten aufrecht zu erhalten. Die ganze Grundlage der westfälischen Gütergemeinschaft sei dadurch, daß das Bürgerliche Gesetzbuch an Stelle des Allgemeinen Landrechts getreten, eine andere geworden, speziell die fortgesetzte Gütergemeinschaft. Unebenheiten entstünden in dem einen wie in dem anderen Falle. Nach der Tendenz des preußischen Ausführungsgesetzes müsse angenommen werden, daß § 1483 B.G.B. für die übergeleiteten Ehen in Westfalen gelte.

Der Revision war der Erfolg zu versagen.

Zu Recht geht allerdings die Revision davon aus, daß die Frage, ob die revisibelen Normen des Bürgerlichen Gesetzbuchs, oder das irrevisibele Recht des Provinzialgesetzes von 1860 zur Anwendung zu kommen haben, trotz der §§ 549. 562 Z.P.O. der Nachprüfung des Revisionsgerichts unterliegt. Steht im konkreten Falle fest, daß die zur Anwendung zu bringenden Rechtsnormen dem nicht revisibelen Rechte entnommen werden müssen, so ist die Entscheidung über das Bestehen und den Inhalt dieser Rechtsnormen für das Revisionsgericht maßgebend (Motive zum Entwurfe der Zivilprozeßordnung S. 320 flg.). Hier aber ist streitig, ob nicht statt des partikularen revisibeles Recht zur Anwendung zu kommen habe; denn es wird geltend gemacht, daß die vom Berufungsgericht der Entscheidung zugrunde gelegten irrevisibelen Rechtsnormen durch revisibeles Recht aufgehoben worden seien. In solchem Konfliktsfalle steht dem Revisionsgerichte die Prüfung der Frage, ob nicht statt des partikularen revisibles Recht die Grundlage der Entscheidung zu bilden hatte, in vollem Umfange zu.

In der Sache selbst ist dem Berufungsgericht darin beizupflichten, daß nicht das Recht des Bürgerlichen Gesetzbuchs, sondern das westfälische Provinzialrecht des Gesetzes vom 16. April 1860 die maßgebende Norm enthalte. Über die Tragweite der in Betracht kommenden Überleitungsvorschriften des preußischen Ausführungsgesetzes läßt sich die Begründung zu dem Entwurfe dieses Gesetzes dahin aus: „Das Gesetz (vom 16. April 1860) ist in Berücksichtigung und zur Wahrung der provinziellen Interessen gegeben. Seine Grundsätze sind durch eine lange Rechtsprechung überall klargestellt und im großen und ganzen auch dem Laien geläufig. Das Gesetz ist dem Volke, insbesondere den westfälischen Bauern lieb und teuer und hat sich in der Praxis im allgemeinen bewährt. Da es sich hier um ein Güterrecht handelt, welches durch ein Gesetz aus neuerer Zeit festgestellt, in der Rechtsprechung vollends klar durchgebildet und in einem größeren geschlossenen Gebiet in Geltung ist, so erscheint die Beseitigung der darin anerkannten provinziellen Besonderheiten durch die Rücksicht auf die Verkehrssicherheit und die Rechtsanwendung nicht geboten und daher bedenklich. Der Entwurf läßt deshalb die besonderen Vorschriften des Gesetzes vom 16. April 1860 mit einzelnen Änderungen bestehen. Soweit dagegen für die Rechtsverhältnisse der Ehen mit westfälischer Gütergemeinschaft bisher die Bestimmungen des Allgemeinen Landrechts maßgebend sind, ersetzt der Entwurf sie in gleichem Umfange durch die entsprechenden Vorschriften des Bürgerlichen Gesetzbuchs." Damit ist erkennbar zum Ausdruck gebracht, daß das provinzielle Sonderrecht als solches, abgesehen von hier nicht in Betracht kommenden Änderungen, grundsätzlich aufrecht erhalten bleiben sollte. Der Charakter des Sonderrechts bestimmt sich aber keinenfalls lediglich aus formalen Gesichtspunkten, dergestalt daß, sofern das Provinzialgesetz auf Bestimmungen des Allgemeinen Landrechts verweist, solche ohne weiteres nicht als Bestandteil des Sonderrechts, sondern des gemeinen Rechts zu gelten hätten. Auch durch die in Sondergesetzen enthaltene Verweisung auf allgemeine Rechtssätze kann anerkanntermaßen der angezogene Rechtssatz zum integrierenden Bestandteile des Sonderrechts selbst erklärt sein. Für die Beantwortung dieser Frage können lediglich materielle, aus der zusammenhangenden konkreten Würdigung der gesamten einschlagenden Vorschriften der Gesetzesbestimmungen entnommene Gründe entscheidend sein. In zutreffender, erschöpfender Weise hat aber das Berufungsgericht dargelegt, daß die Bestimmungen der §§ 7 flg. des Provinzialgesetzes vom 16. April 1860 in ihrer Gesamtheit einschließlich der durch Verweisung auf das Allgemeine Landrecht aufgenommenen sich gegenseitig bedingen und ergänzen und in ihrer notwendigen Zusammengehörigkeit ein geschlossenes provinzielles Erbrecht und ein für sich bestehendes partikulares System der fortgesetzten Gütergemeinschaft darstellen. Mit diesem Nachweis entfällt die Anwendbarkeit der Vorschrift des § 2 Art. 48 preuß. Ausf.-Ges., der die Vorschriften des Bürgerlichen Gesetzbuchs nur an die Stelle von Vorschriften des Allgemeinen Landrechts, nicht aber des provinziellen Sonderrechts treten läßt." . . .

39. Darf ein Aktionär, dessen Wahl in den Aufsichtsrat einer Aktiengesellschaft in Frage steht, bei dem Wahlbeschlusse in der Generalversammlung mitwirken? Verstößt diese Mitwirkung gegen die guten Sitten, wenn sie einen Vertragsbruch darstellt? H.G.B. § 252 Abs. 3.

I. Zivilsenat. Urt. v. 22. Februar 1905 i. S. Aktiengesellschaft E. Dynamitfabrik (Bekl.) w. Aktiengesellschaft Dr. Bank u. Gen. (Kl.). Rep. I. 476/04.

I. Amtsgericht Annaberg, Kammer für Handelssachen.
II. Oberlandesgericht Dresden.

In der Generalversammlung der verklagten Aktiengesellschaft vom 8. Juni 1903 wurde deren früheres Aufsichtsratsmitglied H., der im November 1902 dieses Amt auf Verlangen der klagenden Bank niedergelegt hatte, in den Aufsichtsrat wieder gewählt. Zu den Abstimmenden gehörte H. selbst, der 514 Aktien, davon 80 in beigebrachter Vollmacht ihrer Eigentümer, vertrat und seine 514 Stimmen für seine eigene Wahl abgab. Die Kläger fochten die Wahl an, weil die Stimmen, die H. abgegeben habe, ungültig seien, und die Dr. Bank in dem mit der Firma E. R. Nachfolger geschlossenen Liquidationsvertrage sich ausbedungen hätte, daß H. seine Aufsichtsratsstellen niederlegen solle. Die Kammer für Handelssachen erklärte den Beschluß der Generalversammlung vom 8. Juni 1903 für nichtig. Die Berufung der Beklagten wurde zurückgewiesen. Ihre Revision führte zur Abweisung der Klage.

Aus den Gründen:

... „Nach § 271 Abs. 2 H.G.B. kann ... ein Beschluß der Generalversammlung nur wegen Verletzung des Gesetzes oder des Gesellschaftsvertrages angefochten werden. Eine Anfechtung wegen Verletzung des Gesellschaftsvertrages steht nicht in Frage. Dagegen soll nach Ansicht der Kläger das Gesetz verletzt sein, weil die Wiederwahl H.'s in den Aufsichtsrat gegen den § 252 Abs. 3 H.G.B. verstoße. Mit Recht hat das Oberlandesgericht diesen Angriff zurückgewiesen. Daß H. auch für die Aktien, bezüglich deren er nicht als Bevollmächtigter der Eigentümer auftrat, das Stimmrecht im eigenen Namen ausüben durfte, ist nicht zu bezweifeln.

Vgl. Entsch. des R.G.'s in Zivils. Bd. 30 S. 51.

Ebensowenig hinderte ihn aber die Bestimmung des § 252 Abs. 3 daran, die Stimmen der von ihm vertretenen Aktien für seine eigene Wahl abzugeben. Der Paragraph (soweit er hier in Betracht kommt) schreibt vor, daß bei einer Beschlußfassung der Generalversammlung, welche die Vornahme eines Rechtsgeschäfts mit einem Aktionär betrifft, dieser hierbei kein Stimmrecht hat und ein solches auch nicht für andere ausüben darf. Diese aus Art. 190 H.G.B. a. F. — abgesehen von geringer Änderung der Fassung — übernommene und im wesentlichen mit § 34 B.G.B., § 43 Abs. 3 des Genossenschaftsgesetzes und § 47 Abs. 4 des Gesetzes, betr. die Gesellsch. m. b. H., übereinstimmende Vorschrift beruht auf der Erwägung, daß von einem selbst Beteiligten nicht erwartet werden könne, daß er das eigene Interesse dem Interesse der Gesellschaft nachstelle.

Vgl. Begründung zum Gesetze, betr. die Kommanditgesellschaft auf Aktien rc, Aktenstücke des Reichstags 1884 Nr. 21 S. 80.

Sie will die Gefährdung der Interessen der Gesellschaft verhindern und betrifft daher Beschlüsse, die Rechtsgeschäfte mit einem Aktionär zum Gegenstande haben, bei denen das Privatinteresse des Aktionärs mit dem Interesse der Gesellschaft zusammenstößt. Das wird meistens der Fall sein, wenn der Aktionär nicht als Mitglied, sondern als Dritter der Gesellschaft bei Vornahme des Rechtsgeschäfts gegenübertritt, dagegen regelmäßig nicht zutreffen, wenn der Aktionär in Betätigung des ihm nach der Satzung zustehenden Rechts zur Mitverwaltung der Gesellschaft durch Ausübung des Stimmrechts in der Generalversammlung bei einem Beschlusse mitwirkt, der sich auf seine eigene Wahl zum Mitgliede des Aufsichtsrats bezieht. Hierbei handelt es sich nicht um ein Rechtsgeschäft mit einem Dritten im gewöhnlichen Sinne, sondern um ein Geschäft, wodurch ein Organ der Gesellschaft gebildet oder in seiner Zusammensetzung ergänzt werden soll. Wäre von der Mitwirkung bei solchen, die innere Ordnung der Gesellschaft betreffenden Beschlüssen der Aktionär, dessen eigene Wahl in Frage kommt, grundsätzlich ausgeschlossen, so würde dies, da regelmäßig ein Widerstreit der wechselseitigen Interessen nicht besteht, eher zur Schädigung als zur Förderung des Gedeihens der Gesellschaft führen, und damit das Gegenteil von dem, was der § 252 Abs. 3 H.G.B. bezweckt, erreicht werden.

Vgl. Staub, Handelsgesetzbuch (6. und 7. Aufl.) § 252 Anm. 16, und in Holdheim's Monatsschr. 12. Jahrg. S. 176; Esser, Aktiengesellschaft 2. Aufl. § 252 Bem. 7; Lehmann, Recht der Aktiengesellschaft Bd. 2 S. 362; Bondi, in der Deutschen Jurist. Zeitung 1903 S. 269. A. M. Beschluß des Kammergerichts vom 8. Dezember 1902 in Holdheim's Monatsschrift Heft 12 S. 108; Lehmann-Ring, Handelsgesetzbuch § 252; Pinner, Aktienrecht § 252 Bem. VI, 1; Makower, Handelsgesetzbuch 12. Aufl. § 252 Bem. V, 3.

Das Oberlandesgericht hält aber die Stimmabgabe H.'s für seine eigene Wahl deshalb für gesetzwidrig, weil derselbe hierdurch dem § V des mit der Dr. Bank abgeschlossenen Liquidationsvertrages zuwider gehandelt und folgeweise unter den obwaltenden Umständen die gute Sitte schwer verletzt habe. Diese Erwägung ist rechtsirrtümlich. Die Tragweite des § V und die Beantwortung der Frage, ob der Bruch des Vertrages zugleich als eine Verletzung der guten Sitten sich kennzeichnet, kann dahingestellt bleiben. Denn es kommt nicht darauf an, wie die Stimmabgabe H.'s für sich selbst der Dr. Bank gegenüber, sondern wie sie im Verhältnis zu der Beklagten zu beurteilen ist. Dieser gegenüber enthält sie aber an sich keine Gesetzesverletzung und auch keine gegen die guten Sitten verstoßende Handlung, und sie empfängt diesen Charakter im Verhältnis zu der Beklagten ebensowenig durch den Bruch des Liquidationsvertrages, weil die Beklagte bei dem Vertrage nicht beteiligt ist." . . .

---

40. Ist, wenn in einem Verlagsvertrag dem Verleger das Recht für die erste Auflage und alle folgenden Auflagen übertragen, das Honorar für die erste Auflage fest bestimmt, für die folgenden Auflagen dieses Honorar zugrunde gelegt, eine Erhöhung desselben bedungen, aber das Maß der Erhöhung von der Einigung der Parteien abhängig gemacht ist, die Perfektion des Vertrages über die neue Auflage von dieser Einigung abhängig, oder kann der Verleger beim Mangel solcher Einigung die Ermittlung eines angemessenen Honorars verlangen?

A.L.R. I. 11 §§ 996 flg.
Gesetz vom 19. Juni 1901 §§ 1. 22.
B.G.B. §§ 154. 315. 316.

I. Zivilsenat. Urt. v. 22. Februar 1905 i. S. G. (Kl.) w. U. & Schw. (Bekl.). Rep. I. 473/04.

I. Landgericht I Berlin.
II. Kammergericht daselbst.

Im Jahre 1901 erschien im Verlage der Beklagten ein Werk des Klägers unter dem Titel „Medizinische Terminologie, Ableitung und Erklärung der gebräuchlichsten Fachausdrücke aller Zweige der Medizin und ihrer Hilfswissenschaften". Nach dem Verlagsvertrag der Parteien vom 12. März 1900 überließ der Kläger der Beklagten den Verlag des Werkes für die erste und alle folgenden Auflagen. Nach § 4 zahlte die Beklagte für die erste Auflage in 2500 Exemplaren als Honorar 2500 *M*. Für jede folgende Auflage von gleich viel Exemplaren sollte der Kläger für Umarbeitung und Revision ein Honorar von einer noch zu vereinbarenden höheren Summe erhalten. Nach § 5 war der Kläger verpflichtet, sofern die Beklagte die Veranstaltung einer neuen Auflage für nötig erachten sollte, das Werk dem gegenwärtigen Stande der Wissenschaft gemäß umzugestalten. Nach § 7 hörte mit dem Tode des Klägers jede weitere Verpflichtung der Beklagten gegen die Erben desselben auf, und die Beklagte sollte das unbeschränkte Dispositionsrecht über das Werk haben.

Als Ende 1903 die erste Auflage bis auf 680 Exemplare abgesetzt war, wurde zwischen den Parteien über eine zweite Auflage und das Honorar für dieselbe verhandelt. Dabei erklärte die Beklagte, daß eine zweite Auflage noch in weiter Ferne liege; sie werde sie aber verlegen und ein angemessenes Honorar von 100 *M* pro Bogen (= 4000 *M*) zahlen. Der Kläger forderte dagegen 9000 *M*. Die Beklagte war dabei der Auffassung, daß der Kläger für die zweite und die folgenden Auflagen durch den Vertrag gebunden und nach Treu und Glauben verpflichtet sei, einen angemessenen Preis zu vereinbaren oder sich dem Gutachten von Sachverständigen zu unterwerfen, während der Kläger der Ansicht war, daß, nachdem die Vereinbarung eines Honorars nicht zustande gekommen, der Vertrag über die zweite und die folgenden Auflagen nicht perfekt geworden sei. Im Juni 1904 war das Werk bis auf etwa 500 Exemplare abgesetzt.

Der Kläger wurde deshalb dahin klagbar, daß die Beklagte

verpflichtet sei, anzuerkennen, daß ihr ein Verlagsrecht an der zweiten und den folgenden Auflagen des Werkes nicht zustehe.

Die Beklagte beantragte Abweisung der Klage. Sie bestritt daß ein gültiger Vertrag über die zweite und die folgenden Auflagen nicht zustande gekommen sei, indem sie sich auf die §§ 154. 155 B.G.B. berief und behauptete, es sei im Februar 1904 noch vereinbart, daß dem Kläger für die zweite Auflage durch die Beklagte alle Bücher eigenen Verlags leihweise, und fremde bis zu 150 *M* geliefert werden sollten, daß der Kläger auch durch Briefe vom 23. Februar und 1. März 1903 von ihr ein Darlehn von 1000 *M* unter Hinweis auf die Sicherheit erbeten, die sie in der zweiten Auflage habe.

Der erste Richter verurteilte die Beklagte nach dem Klagantrage, weil nach §§ 1—4 des Vertrages ein perfekter Vertrag über die zweite und die folgenden Auflagen nicht geschlossen sei. Auf die Berufung der Beklagten wurde dagegen die Klage abgewiesen. Die Revision des Klägers ist zurückgewiesen aus folgenden

Gründen:

„Gemäß Art. 76 Einf.-Ges. zum B.G.B. ist der vorliegende, im März 1900 abgeschlossene Verlagsvertrag nicht nach den Vorschriften des erst am 1. Januar 1902 in Kraft getretenen Gesetzes über das Verlagsrecht vom 19. Juni 1901 (R.G.Bl. S. 217) zu beurteilen, sondern nach dem damals geltenden Landesrecht, hier den §§ 996 flg. A.L.R. I. 11, soweit dieselben dem Verlagsrecht angehören. Davon geht der Berufungsrichter ganz richtig aus. Nach § 5 des Vertrages hatte der Kläger eine neue Auflage des Werkes dem Stande der Wissenschaft entsprechend umzuarbeiten. Die neue Auflage war eine neue Ausgabe im Sinne des § 1012 a. a. O. Nach § 1017 a. a. O. bedurfte es eines neuen Vertrages mit dem Verfasser, um den Verleger zur Veranstaltung einer neuen Ausgabe zu berechtigen.

Hier ist diese Berechtigung dem Verleger in dem Vertrage vom 12. März 1900 übertragen. Im § 1 überläßt der Kläger als Verfasser dem Beklagten als Verleger den Verlag des Werkes für die erste und alle folgenden Auflagen (Ausgaben). Der Verfasser verpflichtet sich nach § 5 zur Bearbeitung der neuen Auflagen, sobald der Verleger die Veranstaltung einer solchen für nötig erachten sollte. Der § 6 bestimmt die Zahl der Freiexemplare für jede Auflage, und nach § 7 des Vertrages soll beim Tode des Verfassers jede Verpflichtung des Verlegers gegen die Erben des Verfassers aufhören, und die Verlagshandlung das unbeschränkte Dispositionsrecht über das Werk haben. Der § 4 des Vertrages bestimmt, daß der Verfasser für Umarbeitung und Revision des Werkes ein Honorar von einer noch zu vereinbarenden höheren Summe erhalten soll; das heißt, das im § 4 für die erste Auflage bestimmte Honorar blieb die Grundlage für die folgenden Auflagen; es sollte aber für die erforderliche Umarbeitung und Revision erhöht werden; der Umfang der Erhöhung sollte vereinbart werden.

Der Streit der Parteien besteht lediglich darüber, welche Bedeutung der Vorbehalt dieser Vereinbarung für die Frage der Perfektion des Vertrages über die neuen Auflagen hat. Der Berufungsrichter gelangt durch die Auslegung der einzelnen Bestimmungen des Vertrages in Verbindung mit den Briefen des Klägers an die Beklagte vom 23. Februar und 1. März 1902 und dem § 22 Abs. 2 des Gesetzes vom 19. Juni 1901 zu dem Ergebnis, daß der Beklagten das Verlagsrecht für die zweite und die folgenden Auflagen unbedingt und unabhängig von der Einigung über die Höhe des Honorars überlassen und im Falle der Nichteinigung deshalb ein höheres angemessenes Honorar zu zahlen sei. Nach der Behauptung der Beklagten sei ausdrücklich mündlich vereinbart, im Fall der Nichteinigung solle die gesetzliche, angemessene Vergütung bezahlt werden. Der Feststellung dieser Vereinbarung bedürfe es nicht, weil dasselbe auch ohne ausdrückliche Abrede aus dem Vertrage zu entnehmen sei.

Dieser Auslegung kann trotz der dagegen gerichteten, an sich wohl beachtlichen Ausführungen der Revision nicht entgegengetreten werden. Die Frage der Perfektion des Vertrages ist grundsätzlich nach dem allgemeinen bürgerlichen Recht zur Zeit des Vertragsschlusses zu entscheiden; die Bestimmungen des Verlagsrechts kommen nur insoweit in Betracht, als aus ihnen die wesentlichen Bestandteile des Verlagsvertrages zu entnehmen sind, über welche die Einigung der Kontrahenten erforderlich ist. Nach Allgemeinem Landrecht wie nach dem Gesetz vom 19. Juni 1901 ist die Verabredung eines Honorars nicht notwendiger Bestandteil des Verlagsvertrages; ein Honorar kann nicht gewollt sein; ist anzunehmen, daß es gewollt, so ist, wenn es durch den Vertrag nicht bestimmt ist, ein angemessenes Honorar in Geld als gewollt und vereinbart anzusehen (§ 1015 A.L.R. I. 11; §§ 1. 22 des Gesetzes vom 19. Juni 1901). Hier ist in § 4 des Vertrages das Honorar für die zweite und die folgenden Auflagen teils bestimmt, teils der Vereinbarung vorbehalten, und nach § 154 B.G.B. soll der Vertrag im Zweifel als nicht geschlossen gelten, solange die Parteien sich nicht über alle Punkte geeinigt haben, über die nach der Erklärung auch nur einer Partei eine Vereinbarung getroffen werden soll. Aber auch eben nur im Zweifel. Ist nach den Umständen des konkreten Falles anzunehmen, daß die Parteien den Vertrag auch ohne die vorbehaltene Vereinbarung über einen einzelnen Punkt als geschlossen haben ansehen wollen, so ist die dann verbleibende Lücke des Vertrages den gesetzlichen Bestimmungen gemäß auszufüllen.

So liegt die Sache nach der Auffassung des Berufungsrichters hier. Für sie spricht an erster Stelle der Inhalt des Vertrages. Der § 1 des Vertrages überließ der Beklagten das Verlagsrecht für alle Auflagen unbedingt und unbeschränkt. Nach § 4 des Vertrages ist das Honorar für die zweite und die folgenden Auflagen nicht völlig unbestimmt. Maßgebend bleibt das Honorar für die erste Auflage, das der Vertrag festsetzt. Die Erhöhung ist für die zweite und die folgenden Auflagen vorgesehen; sie hing von der Umarbeitung und Revision und deren Umfang und Bedeutung ab, die nicht vorauszusehen war. Es ist anzunehmen, daß der Kläger als der Verfasser den Betrag der Erhöhung vorzuschlagen hatte, und zwar gemäß §§ 315. 316 B.G.B. nach billigem Ermessen. Ausgeschlossen erscheint, daß der Kläger die Einigung über das Honorar für die zweite und die folgenden Auflagen einfach ablehnen oder durch Stellung einer exorbitanten Forderung unmöglich machen durfte. Denn damit wäre dem Kläger die Wahl in die Hände gelegt, das dem Beklagten in den §§ 1. 4. 7 des Vertrages übertragene Recht einfach illusorisch zu machen. Muß aber zugegeben werden, daß der Kläger die Vereinbarung über die Erhöhung des Honorars weder einfach ablehnen, noch durch Forderung gegen billiges Ermessen das Recht der Beklagten beseitigen durfte, so bleibt in Wirklichkeit kein anderer Ausweg zur Ergänzung der Lücke des Vertrages übrig, als der, zu dem der Berufungsrichter durch die Auslegung des Vertrages gelangt ist."...

41. Kann vor der Annahme der Erbschaft ein Arrestbefehl gegen die Erben des Schuldners erlassen werden? Beseitigt die Bestellung eines Nachlaßpflegers den etwa gegebenen Arrestgrund?

B.G.B. §§ 1958. 1961.

VII. Zivilsenat. Urt. v. 24. Februar 1905 i. S. S.'scher Nachlaßpfleger (Bekl.) w. W. (Kl.). Rep. VII. 628/04.

I. Landgericht I Berlin.
II. Kammergericht daselbst.

Die Klägerin erwirkte gegen „den Nachlaß des am 5. Mai 1904 verstorbenen Südfruchthändlers S., bzw. die vorläufigen Erben desselben Frau Marie S. und die minderjährige Gertrud S." wegen einer Forderung von 4000 ℳ beim Landgericht I zu Berlin unter dem 21. Mai 1904 einen Arrestbefehl. Als Arrestgrund war angeführt, daß die Erben der überschuldeten Erbschaft entsagen wollten, und daß der Antrag der Witwe auf Eröffnung des Konkurses wegen Mangels an Masse zurückgewiesen sei. Der inzwischen zum Nachlaßpfleger bestellte Rechtsanwalt P. erhob gegen den Arrestbefehl Widerspruch mit dem Antrag auf dessen Aufhebung. Der Arrest wurde indessen durch das Urteil des Landgerichts vom 25. Oktober 1904 bestätigt, und die vom Arrestbeklagten eingelegte Berufung vom Kammergericht zurückgewiesen. Auf die Revision des Beklagten wurde der Arrest aufgehoben aus folgenden

Gründen:

... „1. Der Revisionskläger rügt zunächst mit Recht, daß der Berufungsrichter den § 1958 B.G.B. unberücksichtigt gelassen habe. Aus dem Arrestgesuche selbst war ersichtlich, daß die als Erben des Südfruchthändlers S. bezeichneten Personen die Erbschaft noch nicht angenommen hatten, und daß die Überlegungsfrist noch nicht abgelaufen war. Hiernach durfte der Arrestbefehl gegen die Erben überhaupt nicht erlassen werden. Der § 1958 B.G.B. bestimmt: „Vor der Annahme der Erbschaft kann ein Anspruch, der sich gegen den Nachlaß richtet, nicht gegen den Erben gerichtlich geltend gemacht werden." Die Vorschrift beruht auf der den Erben im Bürgerlichen Gesetzbuche gegebenen Rechtsstellung. Obwohl sich grundsätzlich der Erwerb der Erbschaft von Rechts wegen mit dem Eintritte des Erbfalls vollzieht (§§ 1922. 1942 B.G.B.), ist er doch bis zur Annahme von seiten der Erben oder bis zum Ablaufe der für die Ausschlagung vorgeschriebenen Frist nur ein vorläufiger, der mit rückwirkender Kraft hinfällig wird, wenn der Erbe von seinem Ausschlagungsrechte Gebrauch macht (§§ 1946. 1953 B.G.B.). Der erste Entwurf zum Bürgerlichen Gesetzbuche gab deshalb dem Erben die Befugnis, die Einlassung auf einen gegen ihn als solchen gerichteten Rechtsstreit vor der Annahme der Erbschaft zu verweigern (§ 2057 Abs. 1 Satz 1). Es handelte sich um eine auf prozessualem Gebiete liegende Einrede. In der zweiten Kommission wurde zunächst eine sachliche Änderung insofern vorgenommen, als dem Erben die zivilrechtliche Befugnis beigelegt wurde, bis zur Annahme der Erbschaft die Befriedigung der gegen den Nachlaß gerichteten Ansprüche zu verweigern und der gerichtlichen Geltendmachung eines solchen Anspruchs zu widersprechen (Anträge 1 und 2 zu § 2057 des ersten Entwurfs, Protokolle Bd. 5 S. 660. 661). Man ging davon aus, weil sich mit dem Erbanfalle noch keine solche Verbindung zwischen dem Vermögen des Erblassers und des Erben vollziehe, daß der Nachlaß in jeder Beziehung als Vermögen des Erben gelten könne, müsse der Erbe befugt sein, sich den Ansprüchen der Nachlaßgläubiger gegenüber einstweilen ablehnend zu verhalten, und diese Befugnis dürfe nicht lediglich in prozeßrechtlichen Vorschriften ausgedrückt werden, sondern müsse auch zivilrechtlich Anerkennung finden (Protokolle Bd. 5 S. 662). Indem man nun an die Stelle einer prozessualen Einrede eine solche materiellrechtlicher Natur setzte, lehnte man den weiteren Vorschlag, diese Einrede als prozeßhindernde zu gestalten, ab, und dabei wurde insbesondere hervorgehoben, die Behauptung des Erben, er habe die Erbschaft noch nicht angenommen, sei, wie seine Behauptung, er habe rechtzeitig ausgeschlagen, eine Bestreitung der legitimatio ad causam, des Tatbestandes, welcher seine Haftung begründen solle (Protokolle Bd. 5 S. 664). Schließlich wurde bei Erledigung anderweiter Anträge zu § 2130 des ersten Entwurfs auf eine Anregung des Antragstellers der § 2057 dieses Entwurfs „redaktionell" durch eine dem jetzigen § 1958 entsprechende Vorschrift ersetzt (Protokolle Bd. 5 S. 829. 830). Demnach kann vielleicht als die Absicht der Kommission angesehen werden, dem Erben vor dem endgültigen Erwerbe der Erbschaft gegenüber den Ansprüchen der Nachlaßgläubiger nur eine sog. sachdilatorische Einrede zu gewähren. Es ist aber andererseits klar, daß diese Absicht in der schließlichen Fassung des Gesetzes keinen Ausdruck gefunden hat, daß durch sie vielmehr der auch in der Kommission betonte Gedanke verwirklicht worden ist, daß dem vorläufigen Erben die Passivlegitimation im Prozesse wegen Nachlaßverbindlichkeiten fehle. Wenn es heißt: „... kann ein Anspruch ... nicht gegen den Erben gerichtlich geltend gemacht werden", so ist damit nach der Ausdrucksweise des Bürgerlichen Gesetzbuchs die Rechtsverfolgung während der Überlegungsfrist schlechthin als unstatthaft gekennzeichnet und dem Erben die Eigenschaft der richtigen Prozeßpartei abgesprochen worden. Von einem bloßen Widerspruchsrechte, dessen Geltendmachung von der Entschließung des Erben abhängt, ist keine Rede; er entbehrt der Passivlegitimation und das diese leugnende Vorbringen ist keine Einrede, sondern die Verneinung, daß der erhobene Anspruch dem Kläger gegen den Beklagten zustehe (Entsch. des R.G.'s in Zivils. Bd. 11 S. 389). Daraus folgt, daß, wenn aus der Sachdarstellung des Klägers schon hervorgeht, daß der Erbe die Erbschaft noch nicht angenommen hat, dem auf Durchführung einer Nachlaßforderung gegen diesen abzielenden Begehren von Amts wegen die gerichtliche Hilfe zu versagen ist, wobei es gleichgültig erscheint, ob dieses Begehren in der Form der Klage oder des Arrestgesuchs auftritt. Das Gesetz hat aus der Ungewißheit der Rechtslage bis zur Annahme der Erbschaft für die den Nachlaß betreffenden Passivprozesse den Schluß gezogen, daß, weil sich mit Rückwirkung herausstellen kann, daß der Erbe nicht der rechte Beklagte gewesen sei, er von vornherein nicht als solcher zu gelten habe. Nur eine Einlassung des Erben, die im Sinne der Annahme der Erbschaft ausgelegt werden darf, beseitigt diesen Mangel. Der hier vertretene Standpunkt wird auch in der Literatur überwiegend gebilligt.

Vgl. Eccius, bei Gruchot, Beiträge Bd. 43 S. 605 flg.; Frommhold, Kommentar Bem. 1 zu § 1958 B.G.B.; Binder, Rechtsstellung des Erben Bd. 1 § 8 S. 156 flg.; Strohal, Erbrecht 3. Aufl. § 62 Anm. 14; Dernburg, Erbrecht § 150 Anm. 9; abweichend Planck-Rittgen, Kommentar Bem. 1 und 2 zu § 1958 B.G.B.

Danach durfte einem Arrestgesuche, das sich gegen den Nachlaß

„bzw. die vorläufigen Erben" des Südfruchthändlers S. richtete, überhaupt nicht stattgegeben werden. Die Arrestklägerin konnte ihre Interessen zunächst genügend dadurch wahren, daß sie die Fürsorge des Nachlaßgerichts nach § 1960 B.G.B. in Anspruch nahm.

2. Unter allen Umständen mußte aber, worauf die Revision gleichfalls mit Recht hinweist, der Arrest nach Bestellung eines Nachlaßpflegers wieder aufgehoben werden. Der Arrestgrund, die Besorgnis, daß die vorläufigen Erben sich um den Nachlaß nicht kümmern würden, weil sie die Erbschaft auszuschlagen beabsichtigten, ist dadurch weggefallen. Es ist nun eine Person vorhanden, deren Pflicht es ist, nicht nur den Erben in Nachlaßprozessen aktiv und passiv zu vertreten, sondern auch für die Erhaltung des Nachlasses zu sorgen (Planck-Rittgen, Vorbemerkungen Z. III 5 c s, ε zu §§ 1942 flg. B.G.B., vgl. auch § 1960 Abs. 3 B.G.B.). Dafür, daß in dieser Person Arrestgründe gegeben seien, liegt nicht das mindeste vor. Der Berufungsrichter bezieht sich zur Rechtfertigung seiner Meinung, daß die Bestellung des Nachlaßpflegers keinen die Aufhebung des Arrests begründenden Umstand darstelle, lediglich auf das in den Entsch. des R.G.'s in Zivils. Bd. 20 S. 363 abgedruckte Urteil. In dem damaligen Falle hatte aber das Landgericht die Arrestklage nach Eröffnung des Konkurses aus dem Rechte der Konkursgläubiger abgewiesen, und nur dies wurde vom Reichsgericht mit Recht mißbilligt. Die Entscheidung trifft also nicht den gegenwärtigen Fall, in welchem es nach Beseitigung der Gefahr einer Verbringung des Nachlasses an jedem Arrestgrunde fehlt. Daß die Verhältnisse so, wie sie zur Zeit der Fällung des Urteils über die Rechtmäßigkeit des Arrests liegen, zu berücksichtigen sind, und der Arrestbeklagte nicht auf den Weg des § 927 Z.P.O. beschränkt ist, wird auch vom Berufungsrichter nicht verkannt und ist unbedenklich (Gaupp-Stein, Bem. I zu § 927 Z.P.O.)." ...

---

42. 1. Unter welchen Voraussetzungen kann die Frau vom Manne Sicherheitsleistung verlangen? Verhältnis von Abs. 1 zu Abs. 2 des § 1391 B.G.B.

2. Kann das Verlangen damit begründet werden, daß die bereits bestellte Hypothek keine mündelmäßige Sicherheit biete?

IV. Zivilsenat. Urt. v. 23. Februar 1905 i. S. K. (Bekl.) w. Ehefr. K. (Kl.). Rep. IV. 414/04.

I. Landgericht Naumburg.
II. Oberlandesgericht daselbst.

Auf die Revision des Beklagten ist das Berufungsurteil aufgehoben aus folgenden

Gründen:

„Die Klage ist gemäß § 1418 Ziff. 1 B.G.B. auf Aufhebung der Nutznießung und Verwaltung am eingebrachten Gute der Frau gerichtet. Der Berufungsrichter erachtet die Voraussetzungen des dort in Bezug genommenen § 1391 als gegeben, ohne zwischen dem ersten und zweiten Absatz dieser Gesetzesstelle näher zu unterscheiden. Allein beide Absätze, von denen der erste dem § 1051, der zweite dem § 1067 Abs. 2 B.G.B. nachgebildet ist, haben verschiedene Fälle im Auge. Dem ersten Entwurf des Bürgerlichen Gesetzbuchs war eine besondere, dem jetzigen § 1391 entsprechende Bestimmung überhaupt nicht bekannt. Sie war entbehrlich, weil § 1292 des Entwurfs auf die eheliche Nutznießung allgemein die Vorschriften über den Nießbrauch für anwendbar erklärte. Damit waren die Grundsätze über die Pflicht zur Sicherheitsleistung beim eigentlichen Nießbrauche (§ 1005 des Entwurfs, jetzt § 1051) und beim uneigentlichen Nießbrauche (§ 1020 Satz 1 des Entwurfs, jetzt § 1067 Abs. 2 des Gesetzes) ohne weiteres auf die eheliche Nutznießung übertragen. Erst nachdem die zweite Kommission die selbständige Regelung des ehemännlichen Verwaltungs- und Nutznießungsrechtes beschlossen hatte, machte sich die Einfügung besonderer Gesetzesvorschriften hierüber notwendig. Die Beratungen der Kommission (Protokolle Bd. 4 S. 132. 145. 177. 198—200) lassen aber keinen Zweifel darüber, daß man bezüglich der Verpflichtung des Mannes zur Sicherheitsleistung gegenüber dem Entwurf keine sachlichen Änderungen beabsichtigte. Danach ergibt sich als Inhalt des § 1391 B.G.B.: soweit der Frau — gleich dem Besteller eines Nießbrauchs an verbrauchbaren Sachen — gegen den Mann aus seiner Verwaltung und Nutznießung Ansprüche auf Ersatz des Wertes verbrauchbarer Sachen zustehen, ist ihr Sicherheitsverlangen schon dann gerechtfertigt, wenn diese Ansprüche auch nur objektiv, aus irgendeinem Grunde, insbesondere also beim Vermögensverfall des Mannes, gefährdet sind. Insoweit dagegen das sonstige der Verwaltung und Nutznießung des Mannes unterworfene Frauengut, z. B. Grundstücke, bewegliche Sachen, Forderungen oder deren Surrogate (§ 1381 B.G.B.), erheblich gefährdet ist, kann sie — gleich dem eigentlichen Nießbraucher — Sicherheit nur dann verlangen, wenn diese Gefährdung auf das Verhalten des Mannes zurückzuführen ist, und zwar auf ein Verhalten, das nicht gerade schuldhaft zu sein braucht, aber doch eine Verletzung der der Frau in der Verwaltungsgemeinschaft zustehenden Rechte besorgen läßt.

Im Streitfall kann nur die Anwendung des Abs. 2 des § 1391 B.G.B. in Frage kommen. Denn tatbestandsmäßig herrscht kein Streit darüber, daß die Klägerin sogleich bei Eingehung der Ehe im Jahre 1899 dem Beklagten bar eingebrachte 34000 *M* übergeben, und daß der Beklagte offenbar mit ihrer Zustimmung das Geld in sein Geschäft verwendet hat. Danach kann es sich gegenwärtig, nachdem gemäß Art. 45 § 1 Abs. 1 preuß. Ausf.-Ges. zum B.G.B. die Ehe der Parteien unter das gesetzliche Güterrecht des Bürgerlichen Gesetzbuchs getreten ist, nur um den Anspruch der Frau auf Ersatz jener 34000 *M* handeln. An und für sich wäre deshalb das Sicherheitsverlangen der Klägerin schon dann gerechtfertigt, wenn der Beklagte, wie der Berufungsrichter feststellen zu können glaubt, jetzt in Vermögensverfall geraten ist. Allein mit Recht ist zugleich in Betracht gezogen, daß der Beklagte bereits im November 1902 der Klägerin freiwillig für die vollen 34000 *M* Hypothek an seinem Grundbesitz bestellt hat. Dem Berufungsrichter ist nun zwar darin beizustimmen, daß diese Sicherheitsbestellung das Recht der Frau nicht ausschließt, auf Grund des § 1391 anderweite Sicherheitsleistung, und zwar Sicherheit im Sinne der §§ 232 flg., insbesondere also mündelmäßige Hypothek (§ 238), zu fordern. Es ist jedoch rechtsirrig, wenn eine „erhebliche Gefährdung" schon in dem Umstande erblickt wird, daß die der Klägerin tatsächlich bereits eingeräumte Hypothek den Anforderungen der Mündelmäßigkeit nicht genügt. Denn nach dem Bürgerlichen Gesetzbuch steht der Ehefrau, abweichend von früheren Rechten, grundsätzlich und von vornherein überhaupt keinerlei Anspruch auf Sicherheitsleistung gegen den Mann zu. Nur wenn die besonderen Voraussetzungen des § 1391 gegeben sind, kommt ein solcher Anspruch, dann allerdings mit dem vollen Inhalt der §§ 232 flg. B.G.B., zur Entstehung. Er kann deshalb niemals mit der bloßen Tatsache begründet werden, daß eine der Frau bereits eingeräumte Hypothek keine mündelmäßige Sicherheit biete. Der Berufungsrichter scheint allerdings, obwohl er sich nicht ganz klar ausdrückt, weiter feststellen zu wollen, daß jene Hypotheken der Klägerin auch dann keine ausreichende Sicherheit gewähren, ihre Ersatzforderung sogar „erheblich gefährdet" erscheinen lassen, wenn man den Wert dieser Sicherheit nach dem gewöhnlichen, im Verkehr üblichen Maßstabe beurteilt. Allein diese Feststellungen werden von der Revision mit Recht als völlig unzureichend begründet bezeichnet." (Wird näher ausgeführt.)

---

43. Bedarf es, wenn die Kondemnation des Schiffes im Heimatshafen erfolgt, eines Ausspruches der zuständigen Behörde dahin, daß der Reeder zum öffentlichen Verkaufe des Schiffes befugt sein solle?
H.G.B. § 873 (Art. 877 a. F.).

I. Zivilsenat. Urt. v. 27. Februar 1905 i. S. R. (Kl.) w. N. Versicherungsgesellschaft u. Gen. (Bekl.). Rep. I. 441/04.

I. Landgericht Hamburg.
II. Oberlandesgericht daselbst.

Nach den Policen, auf die sich die Klage stützte, sollte der versicherte Betrag als Totalschaden bezahlt werden, wenn der Dampfer nach den Bestimmungen des Allgemeinen Deutschen Handelsgesetzbuchs wegen Seeschadens kondemniert würde. Das Oberlandesgericht hielt diese Bestimmung für nicht anwendbar, weil durch den Beschluß des Amtsgerichts in D. zwar der Dampfer für reparaturunwürdig erklärt, die Befugnis zum Verkaufe desselben aber nicht erteilt sei.

Aus den Gründen:

... „Dieser Begründung kann nicht beigetreten werden. Da die Klausel der Policen:

„falls der Dampfer unter Aufhebung der §§ 131 und 137 der Allgemeinen Seeversicherungsbedingungen von 1867 nach den Bestimmungen des Allgemeinen Deutschen Handelsgesetzbuchs wegen Seeschadens kondemniert wird", den § 131 der Allgemeinen Seeversicherungsbedingungen, der die Befugnis des Versicherten, das Schiff wegen Reparaturunfähigkeit (nicht auch wegen Reparaturunwürdigkeit) zum öffentlichen Verkauf zu bringen, im Verhältnis zum Versicherer regelt, ausdrücklich ausschließt und statt dessen auf die Bestimmungen des Allgemeinen Deutschen Handelsgesetzbuchs verweist, so ist für die Auslegung der Klausel der dem § 131 entsprechende Art. 877 dieses Gesetzbuchs (§ 873 n. F.) maßgebend. Demnach deckt sich die Klausel mit dem im Art. 877 vorausgesetzten Fall, daß die Reparaturunfähigkeit oder Reparaturunwürdigkeit des Schiffes auf dem im Art. 499 (§ 530 n. F.) vorgeschriebenen Wege festgestellt ist. „Kondemnieren wegen Seeschaden" bedeutet im Sinne der Policen nichts anderes, als die Feststellung der Reparaturunfähigkeit oder Reparaturunwürdigkeit des Schiffes gemäß § 873 H.G.B. Dieser Paragraph verweist für die Feststellung auf den § 530 als Verfahrensvorschrift. Hieraus folgt aber nicht, daß seine Geltung auf den Fall des § 530 beschränkt werden, und das Wesentliche seiner Bestimmung darin liegen sollte, daß im Falle des § 530 der öffentliche Verkauf des Schiffes auch dem Versicherer gegenüber wirksam sei. Diese Auslegung würde der materiellrechtlichen Bedeutung des § 873 nicht gerecht werden. Derselbe regelt, ohne einen bestimmten Fall der Feststellung der Reparaturunfähigkeit oder Reparaturunwürdigkeit des Schiffes zu bezeichnen, das Verhältnis zwischen Versicherer und Versichertem, wenn dieser bei Reparaturunfähigkeit oder Reparaturunwürdigkeit des Schiffs Entschädigung wegen Totalverlust fordern will.

Vgl. Protokolle der Kommission zur Beratung eines Allgemeinen Deutschen Handelsgesetzbuchs S. 3595.

Der Paragraph betrifft daher zwar auch den Fall, wenn das Schiff außerhalb des Heimatshafens reparaturunfähig oder reparaturunwürdig geworden ist, und der Schiffer von der ihm im § 530 erteilten Befugnis zum Verkaufe des Schiffs Gebrauch machen will. Er gilt aber nicht minder für den Fall, daß die Reparaturunfähigkeit oder Reparaturunwürdigkeit im Heimatshafen, wo jene Befugnis des Schiffers versagt, eingetreten ist, und der Reeder von dem Versicherer Ersatz des Totalschadens verlangt. Alsdann kann das Verfahren des § 530 nur insoweit Anwendung finden, als die zuständige Behörde des Heimatshafens die Reparaturunfähigkeit oder Reparaturunwürdigkeit des Schiffes feststellt und sich auf diese Feststellung beschränkt. Ein Ausspruch der Behörde dahin, daß der Reeder zum öffentlichen Verkaufe des Schiffes befugt sein solle, ist nicht erforderlich, weil der Reeder diese Befugnis schon kraft seines Eigentums hat, und sie ihm, soweit die Wirksamkeit gegenüber dem Versicherer in Betracht kommt, vom Gesetze selbst ausdrücklich beigelegt ist (§ 873).

Die vorstehende Darlegung steht nicht im Widerspruch mit der vom Oberlandesgericht angezogenen Entscheidung des Reichsgerichts (Entsch. in Zivils. Bd. 21 S. 88), welche nicht die Kondemnation des Schiffes im Heimatshafen, sondern im Nothafen betrifft." ...

44. Ist die Vorschrift des § 85 H.G.B. analog auf den Fall anzuwenden, wenn der Vermittlungsagent das Geschäft nicht im Namen des Geschäftsherrn abgeschlossen, sondern nur die bindende Offerte des Dritten entgegengenommen und dem Geschäftsherrn übermittelt hat?

II. Zivilsenat. Urt. v. 28. Februar 1905 i. S. W. & Co. (Bekl.) w. Aktienges. N. Sp. (Kl.). Rep. II. 494/04.

I. Landgericht Hamburg.
II. Oberlandesgericht daselbst.

Das Reichsgericht hat die Frage verneint aus folgenden Gründen:

... „Die Beklagte ist der Ansicht, daß, wenn auch, wie das Oberlandesgericht auf Grund der Beweisaufnahme festgestellt hat, der v. A. keine Abschlußvollmacht von der Klägerin gehabt und auch tatsächlich nicht das Geschäft im Namen der Klägerin mit der Beklagten abgeschlossen hatte, doch die Bestimmung des § 85 über die Annahme der Genehmigung im Falle der nicht unverzüglichen Ablehnung des Geschäfts von seiten der Klägerin analog auf den vorliegenden Fall anzuwenden sei, wo v. A. ihre bindende Offerte auf den festen Bezug von 70000 Liter Sprit unter der Bedingung des weiteren Bezugs von 70000 Litern der gleichen Ware auf Abruf bei Bedarf in seiner

Eigenschaft als Handlungsagent der Klägerin entgegengenommen und an die Klägerin zur Genehmigung weiter befördert habe. Dem ist jedoch nicht beizutreten. Der § 85 H.G.B. stellt eine gesetzliche Vermutung der Genehmigung für den Fall auf, daß der Handlungsagent, der nur zu vermitteln, also Offerten nur entgegenzunehmen und an seinen Geschäftsherrn weiter zu befördern hat, unter Überschreitung dieser Vollmacht das Geschäft abschließt. Wie in der Denkschrift zu dem entsprechenden § 83 des Entwurfs gesagt ist, sollen Dritte, die mit dem Agenten in rechtsgeschäftlichen Verkehr treten, namentlich dagegen geschützt werden, daß ein Geschäft, das sie mit dem Agenten, der als Bevollmächtigter handelte, geschlossen haben, noch nach Ablauf eines längeren Zeitraums von dem Geschäftsherrn mit der Behauptung zurückgewiesen werden könne, der Agent sei nur zur Vermittlung, nicht aber zum Abschlusse solcher Geschäfte bestellt gewesen. Ist aber, wie im vorliegenden Falle, das Geschäft vom Agenten nicht abgeschlossen, sondern nur an den Geschäftsherrn übermittelt worden, so kann von einer Vollmachtsüberschreitung keine Rede sein; vielmehr hat der Agent innerhalb seiner Vollmacht gehandelt, und die Sache liegt gerade so, als wenn der Dritte seine Offerte dem Geschäftsherrn direkt eingereicht hätte; des letzteren Zustimmung ist zur Gültigkeit des Geschäfts erforderlich, und das bloße Stillschweigen desjenigen, dem die Offerte gemacht ist, enthält noch nicht seine Genehmigung. Bei dieser Verschiedenheit ist eine analoge Anwendung des § 85 auf den vorliegenden Fall nicht angängig. Dementsprechend ist auch an der vorbezogenen Stelle der Denkschrift ausgeführt, daß, wenn Vermittlungsagenten die erlangten Bestellungen dem Geschäftsherrn übermitteln, ein bindendes Geschäft für den letzteren erst durch die Bestätigung der überschriebenen Orders zustande komme, der Entwurf in dieses Verhältnis nicht eingreife, und auch weiterhin der Umfang der tatsächlich vom Geschäftsherrn dem Agenten erteilten Ermächtigung entscheiden solle. Die in dieser Beziehung auf Grund des früheren Rechtszustands ergangenen Entscheidungen des Reichsgerichts (Entsch. in Zivils. Bd. 51 S. 147 und die dort bezogenen Urteile) haben denn auch nur ausgesprochen, daß der Geschäftsherr das von dem Agenten in dem Rahmen der ihm zugewiesenen Handelstätigkeit vermittelte Geschäft, wenn er daraus Rechte ableiten will, so gegen sich gelten lassen muß, wie es der Agent mit dem Kunden beredet hat (vgl. Immerwahr, Handlungsagenten S. 94; Jacusiel, Das Recht der Agenten und Mäkler S. 43; dagegen Staub, Handelsgesetzbuch § 85 und Exkurs dazu)." ...

---

45. Kann darin, daß jemand eine Ware unter einem Namen verkauft, der einem anderen für eine gleichartige, unter diesem Namen bei dem Publikum bekannte und beliebte Ware zeichenrechtlich geschützt ist, ein Verstoß gegen § 6 Abs. 1 des Gesetzes zur Bekämpfung des unlauteren Wettbewerbes vom 27. Mai 1896 gefunden werden?

II. Zivilsenat. Urt. v. 28. Februar 1905 i. S. R. (Kl.) w. W. (Bekl.). Rep. II. 384/04.

I. Landgericht Essen.
II. Oberlandesgericht Hamm.

Die Klägerin betreibt eine Branntweinbrennerei, in der sie einen als „Bergalter" bekannten Branntwein herstellt. Diese Bezeichnung ist ihr durch Eintragung in die Zeichenrolle des Patentamtes als Warenzeichen für Branntwein geschützt. Sie behauptet, der Beklagte habe Personen, die „Bergalten" bei ihm verlangt hätten, anderen, minderwertigen Branntwein verabreicht, ohne sie darüber aufzuklären, daß die Ware nicht „Bergalter" sei. Die Klage wurde u. a. auf § 6 Abs. 1 des Wettbewerbsgesetzes gestützt und dahin gerichtet, den Beklagten zu verurteilen, Branntwein, der nicht der von der Klägerin hergestellte „Bergalte" ist, nicht unter dem Namen „Bergalter" zu verkaufen. Sie wurde in den Vorinstanzen abgewiesen. Auf die Revision der Klägerin wurde das Berufungsurteil aufgehoben und die Sache in die Berufungsinstanz zurückverwiesen aus folgenden

Gründen:

„Die Klage ist u. a. auf § 6 des Gesetzes zur Bekämpfung des unlauteren Wettbewerbes gestützt. Das Oberlandesgericht hat in dieser Beziehung als unbedenklich hingestellt, daß die von der Klägerin behauptete Handlungsweise des Beklagten geeignet gewesen sei, schädigend auf den Geschäftsbetrieb der Klägerin einzuwirken, und damit an sich die Legitimation der Klägerin zur Unterlassungsklage anerkannt. Es hat aber derselben den Erfolg versagt, einmal weil es an dem Erfordernisse „zu Zwecken des Wettbewerbes" fehle, sodann weil die Handlungsweise des Beklagten nicht eine „Behauptung" darstelle, und endlich weil, wenn eine Behauptung im Sinne des bezogenen § 6 anzunehmen sei, dieselbe sich nicht auf Waren der Klägerin, sondern auf Waren anderer Personen bezogen habe. Diese Begründung ist nicht zutreffend. Was zunächst das Erfordernis „zu Zwecken des Wettbewerbes" betrifft, so ist nach der eigenen Ausführung des Berufungsrichters dasselbe vorhanden. Denn wenn, wie das Oberlandesgericht angenommen hat, die fragliche Handlungsweise des Beklagten den Zweck verfolgt hat, Kunden nicht zu verlieren, die ihre Bestellung auf Branntwein bei einem anderen Wirte anbringen würden, wenn ihnen seitens des Beklagten auf Bestellung von „Bergaltem" der Bescheid würde, daß Beklagter solchen nicht führe, so steht damit zugleich die Absicht des Beklagten fest, durch seine Handlungsweise zu verhindern, daß diese Abnehmer sich an diejenigen Verkaufsstellen wenden, bei denen sie den von ihnen gesuchten „Bergalten" wirklich erhalten. Darin liegt aber ein Handeln zu Zwecken des Wettbewerbes, indem hierdurch der Absatz der Klägerin in „Bergaltem", auf den sie bei einem redlichen Geschäftsbetriebe des Beklagten hoffen durfte, zugunsten des Beklagten beeinträchtigt wird.

Unklar ist sodann die Ausführung des Oberlandesgerichts, daß eine nicht mißzuverstehende, klar erkennbare äußere Kundgebung des Beklagten als Inhalt seines eigenen Wissens, die sich auf einen in seiner Individualität erkennbaren konkreten Vorgang beziehe, in dem von der Klägerin behaupteten Verhalten des Beklagten nicht enthalten sei, daher eine Behauptung nach § 6 nicht vorliege. Diese Gesetzesvorschrift will unwahre tatsächliche Angaben, die geeignet sind, das Publikum irrezuführen und den davon betroffenen Konkurrenten Schaden zuzufügen, verhindern. Sie trifft daher nicht nur solche unehrliche Manipulationen, die sich als ausdrückliche Behauptungen darstellen, sondern auch solche, die in einem Handeln bestehen, das nach Lage des einzelnen Falles im Hinblick auf die Auffassung des in Betracht kommenden Publikums als eine Äußerung behauptender

Art sich darstellt. Der Berufungsrichter mußte hiernach, unter Berücksichtigung einer etwaigen besonderen Wertschätzung des „Bergalten" in der Essener Gegend, prüfen ob nicht darin, daß in dem Geschäfte des Beklagten auf das ausdrückliche Verlangen der Kunden nach „Bergaltem" stillschweigend und ohne nähere Aufklärung der Käufer anderer Branntwein verabreicht wurde, diese darin eine Kundgebung dahin finden konnten, daß der verabreichte Branntwein „Bergalter" sei. Ist dieses zu bejahen, dann ist eine Behauptung tatsächlicher Art gegeben.

Endlich ist nicht richtig, daß eine solche Behauptung nicht die Ware der Klägerin beträfe. Hatte der Beklagte behauptet, der von ihm verabreichte andere Branntwein sei „Bergalter", so trifft diese Behauptung nicht nur den verabreichten Branntwein, sondern sie ist zugleich auch über den klägerischen Branntwein aufgestellt, indem damit gesagt ist, der verabreichte Branntwein sei „Bergalter", also die Ware der Klägerin." ...

---

46. 1. Auslegung einer Bürgschaftsurkunde.
2. Eintritt des Bürgen in die Rechte des Gläubigers.

I. Zivilsenat. Urt. v. 1. März 1905 i. S. M. A. F. (Bekl.) und Kommerzbank zu L. u. Gen. (Nebeninterven.) w. B. Witwe (Kl.). Rep. I. 491/04.

I. Landgericht Lübeck.
II. Oberlandesgericht Hamburg.

Ingenieur B., der verstorbene Ehemann der Klägerin, hatte sich am 26. Mai 1900 bei der Reichsbankstelle in L. für die von der Firma W. Sp. & Co. bei derselben diskontierten Wechsel bis zum Betrage von 100000 *M* verbürgt. Als diese Firma in Konkurs geriet, befanden sich Wechsel im Gesamtbetrage von 24569 *M* in den Händen der Reichsbank. Der Akzeptant dieser Wechsel F. Sp. (in Firma F. Sp.), der infolge des Konkurses der Firma W. Sp. & Co. gleichfalls in Zahlungsschwierigkeiten geraten war, schloß mit seinen Gläubigern, nämlich der Reichsbank, der Beklagten und vier weiteren, im Rechtsstreit als Nebenintervenienten aufgetretenen, Firmen einen außergerichtlichen Vergleich, wonach er ihnen $33^1/_3$ Prozent ihrer Forderungen bezahlte und außerdem die Konkursdividende seiner im Konkurse von W. Sp. & Co. angemeldeten Forderungen abtrat. Infolge dieses Vergleichs wurden 5603,16 ℳ aus der Konkursmasse von W. Sp. & Co. an Rechtsanwalt G. als Treuhänder der Gläubiger des F. Sp. abgeführt.

Noch ehe dieser Betrag unter die Beteiligten verteilt war, hatte der Ehemann der Klägerin, von der Reichsbank in Anspruch genommen, deren restliche Forderung (mit 35,45 Prozent) gegen Aushändigung der Wechsel bezahlt. Er beanspruchte mit der Klage die Einwilligung der Beklagten darin, daß von dem bei Rechtsanwalt G. als Treuhänder der Beteiligten befindlichen Provenü aus der Konkursmasse von W. Sp. & Co. ihm der dem Betrage der Wechselforderungen von 24569 ℳ entsprechende Anteil ausgezahlt werde.

Der erste Richter wies die Klage ab, indem er den § 774 B.G.B. deshalb nicht für anwendbar erachtete, weil sich B. nur für W. Sp. & Co., nicht auch für F. Sp. verbürgt habe. Der zweite Richter erkannte nach dem Klagantrage. Die Revision wurde zurückgewiesen.

Aus den Gründen:

„Allerdings vermochte der Senat der Auslegung, welche das Oberlandesgericht der Bürgschaftsurkunde vom 26. Mai 1900 zuteil werden läßt, nicht zu folgen. In derselben erklärt B., daß er der Reichsbankstelle zu L. gegenüber für den Eingang aller Wechsel, welche von der Firma W. Sp. & Co. bei der genannten Reichsbankstelle diskontiert worden sind, bzw. fernerhin noch diskontiert werden, die selbstschuldnerische Bürgschaft bis zum Betrage von 100000 ℳ übernehme. Das Oberlandesgericht erblickt hierin eine Bürgschaftsübernahme nicht nur für die Firma W. Sp. & Co., sondern für alle diejenigen, welche aus den von genannter Firma bei der Reichsbankstelle diskontierten Wechseln der letzteren wechselrechtlich verpflichtet wurden. Für eine solche ganz ungewöhnliche Verpflichtung spricht weder der Wortlaut der Urkunde, noch kann dieselbe aus anderen Umständen gefolgert werden. Es ist weder anzunehmen, daß sich B. für eine unbeschränkte Zahl ihm noch unbekannter Personen verbürgen wollte, noch daß die Reichsbankstelle ihm eine derartige exorbitante

Zumutung gemacht hat. Wenn das Oberlandesgericht gegenüber den in dieser Hinsicht zutreffenden Ausführungen des ersten Richters bemerkt, die Lage des Bürgen sei ja eine um so vorteilhaftere, je mehr Hauptschuldner hinsichtlich derselben Schuld vorhanden seien, so ist diese Erwägung im vorliegenden Falle deshalb abwegig, weil die Bürgschaft als eine selbstschuldnerische übernommen worden ist. B. hätte hiernach, sofern irgendein der Reichsbank aus den Wechseln Verpflichteter seiner Verpflichtung nicht genügte, jeweils sofort, und ohne daß es der für den Wechselprozeß sonst erforderlichen Maßnahmen bedurfte, von der Reichsbank in Anspruch genommen werden können. Daß dies von den Beteiligten nicht gewollt war, muß der Revision ohne weiteres zugegeben werden. Nur eine Verbürgung für die Firma W. Sp. & Co. kann als feststehend angenommen werden.

Um zu der von dem Oberlandesgericht getroffenen richtigen Entscheidung zu gelangen, bedurfte es aber gar nicht der Feststellung, daß B. auch noch für andere Wechselverpflichtete und insbesondere für den Akzeptanten der Wechsel F. Sp. die Bürgschaft übernommen habe. Vielmehr ergibt die Anwendung des § 774 Abs. 1 B.G.B. in Verbindung mit der unbestrittenen Tatsache, daß B., als er am 25. März 1903 der Reichsbank die restliche Wechselschuld von 8809,19 ℳ bezahlte, von der Reichsbank die Wechsel ausgehändigt erhielt, ohne weiteres den Eintritt desselben in die Rechte der Reichsbank aus den Wechseln. Die Rechte aus den Wechseln gingen mit der Aushändigung der letzteren auf ihn über und damit auch die Rechte gegen den Akzeptanten F. Sp. Gegen diesen bestand kraft des geschlossenen Akkords der Anspruch der Reichsbank auf das Provenü aus dem Konkurse der Firma W. Sp. & Co. anteilig mit den übrigen bei dem Akkord beteiligten Gläubigern und nach Verhältnis der Forderung der Reichsbank an F. Sp. Dieses anteilige Provenü hatte die Reichsbank in dem Zeitpunkte, in welchem ihre Rechte aus den Wechseln auf B. übergingen, noch nicht empfangen. Der Anspruch auf dasselbe ging also gleichfalls auf B. über, und mit Recht macht er bzw. seine Rechtsnachfolgerin denselben im vorliegenden Prozesse geltend." ...

47. Wie ist bei der Klage wegen böslicher Verlassung die Jahresfrist des § 1567 Abs. 2 Ziff. 1 zu berechnen?

IV. Zivilsenat. Urt. v. 2. März 1905 i. S. K. (Bekl.) w. Ehefr. K. (Kl.). Rep. IV. 570/04.

I. Landgericht Braunschweig.
II. Oberlandesgericht daselbst.

Gründe:

„Dem Berufungsrichter ist darin beizutreten, daß die Jahresfrist des § 1567 Ziff. 1 B.G.B. bereits zur Zeit der Klagerhebung abgelaufen sein muß, und daß es nicht genügt, wenn sie sich erst im Laufe des bereits anhängig gemachten Desertionsprozesses vollendet. Mit Recht beruft er sich für diese Auffassung nicht bloß auf den Wortlaut des Gesetzes, sondern auch darauf, daß der aus § 1567 klagende Teil mit Erhebung der Scheidungsklage ja gerade den Willen kundgibt, die eheliche und die häusliche Gemeinschaft für immer aufzuheben, daß mithin von der Klagerhebung ab ein unentbehrliches Tatbestandsmerkmal des Gesetzes: das Fernbleiben gegen den Willen des klagenden Gatten, nicht mehr vorhanden ist. Der Berufungsrichter nimmt weiter an, daß der Beklagte im Dezember 1903 zur Zeit der Erhebung der Desertionsklage erst $8^1/_2$ Monate lang gegen den Willen der Klägerin in böslicher Absicht dem ergangenen Herstellungsurteile nicht Folge geleistet hatte. Er hält aber die Jahresfrist des Gesetzes gleichwohl für erfüllt, indem er zu jenen $8^1/_2$ Monaten noch die 4 Monate aus dem Jahre 1900 hinzurechnet, während deren die Parteien zwar unter einem Dache gelebt, aber die häusliche Gemeinschaft nicht hergestellt hatten. Daß es hierzu in Wahrheit nicht gekommen sei, ist eine rein tatsächliche Feststellung, die von der Revision vergeblich bekämpft wird. Dagegen sind ihre Einwendungen gegen die im Streitfall angewendete Berechnungsweise begründet. Dem Berufungsrichter ist zuzugeben, daß die Jahresfrist des § 1567 Ziff. 1 regelmäßig zwar mit Rechtskraft des vorausgegangenen auf Herstellung der häuslichen Gemeinschaft lautenden Urteils beginnt, daß sich aber auch Fälle denken lassen, wo der Anfang des Fristenlaufs hinausgeschoben ist, weil der verurteilte Gatte z. B. durch Krankheit, Strafhaft u. dgl. in die Unmöglichkeit versetzt ist, dem Urteil Folge zu leisten, mithin nicht „in böslicher Absicht" fernbleibt. In solchen Fällen kann die Frist erst vom Aufhören des Hindernisses ab berechnet werden. Nicht minder gewiß ist aber, daß die einmal begonnene Frist zu laufen aufhört, sobald auch nur eine der Voraussetzungen des § 1567 Ziff. 1 nicht mehr vorhanden ist. Ob der bis dahin abgelaufene Teil der Jahresfrist dem verlassenen Ehegatten endgültig und unter allen Umständen verloren geht, braucht hier nicht entschieden zu werden. Jedenfalls geht er verloren, wenn die Unterbrechung der Frist auf den eigenen Willen des unschuldigen Teils zurückzuführen ist. Dies trifft auf den Streitfall zu. Denn die Klägerin selbst hat am 18. August 1900 eine einstweilige Verfügung erwirkt, wodurch beiden Parteien das Getrenntleben gestattet wurde, und sie hat sich, nachdem diese Verfügung außer Kraft getreten war, bis Ende März 1903 mit dem Beklagten in Verhandlungen eingelassen, die ein ferneres Getrenntleben zu regeln bezweckten. Nachdem diese Verhandlungen zu keinem Ergebnis geführt hatten, kann ihr nicht gestattet sein, auf eine fast drei Jahre zurückliegende Zeitperiode des unfreiwilligen und auf seiten des Beklagten auch böslichen Getrenntlebens zurückzugreifen. Der Absicht des Gesetzes wird vielmehr nur dann entsprochen, wenn in solchen Fällen dem entwichenen Gatten eine neue volle Jahresfrist gewährt wird, so daß er erst nach fruchtlosem Ablauf dieser Frist die Scheidung über sich ergehen zu lassen braucht. Daß die Vorschrift des § 191 B.G.B. auf die gesetzliche Frist des § 1567 Abs. 1 nicht zutrifft, wird schon vom Berufungsrichter nicht verkannt. Aber auch davon kann nicht die Rede sein, die Grundsätze von der Hemmung der Verjährung (§§ 202 flg. B.G.B.), wenngleich nur entsprechend, anzuwenden. Denn im Desertionsprozeß wird nicht darüber gestritten, ob der entwichene Gatte mit Ablauf der Jahresfrist sein Recht auf Herstellung des ehelichen Lebens verloren hat, sondern darüber, ob der Scheidungsanspruch des Desertionsklägers durch den Fristablauf zur Entstehung gekommen ist. Hiernach mußte das Berufungsurteil aufgehoben, und die Sache zur weiteren Verhandlung und Entscheidung über den bisher noch nicht erörterten Scheidungsgrund aus § 1568 B.G.B. an die Vorinstanz zurückverwiesen werden."

48. 1. Steht der Aufsichtsbehörde für die Standesämter im Berichtigungsverfahren ein Beschwerderecht zu?

2. Enthält § 1348 B.G.B. gegenüber § 18 eine Ausnahmebestimmung des Inhalts, daß die Ehe des für tot Erklärten bis zur Wiederverheiratung des anderen Ehegatten als fortbestehend zu gelten hat?

Personenstandsgesetz vom 6. Februar 1875 § 66.
Reichsgesetz über die Angelegenheiten der freiwilligen Gerichtsbarkeit §§ 1. 28. 69. 70. 186.
B.G.B. §§ 18. 1348.

IV. Zivilsenat. Beschl. v. 2. März 1905 i. S. B. Beschw.-Rep. IV. 58/05.

I. Amtsgericht Hamburg.
II. Landgericht daselbst.

Gründe:

„Im Jahre 1895 haben Rudolf B. und Hedwig geb. H. die Ehe geschlossen. Am 13. Juni 1901 hat Hedwig B. eine Tochter geboren; die Geburt ist bei dem Standesamt Nr. 2 zu Hamburg unter Nr. 1838 zur Eintragung gelangt. Durch Urteil des Amtsgerichts zu Altona vom 6. Mai 1903 ist Rudolf B. für tot erklärt worden; als Todestag wurde der 30. November 1897 angenommen. Am 25. September 1903 ging Hedwig B. geb. H. mit dem Schlossergesellen B. die Ehe ein. Am 8. Mai 1904 stellte B. bei dem Standesamt den Antrag, im Geburtsregister des Jahres 1901 bei Nr. 1838 den Randvermerk einzutragen: „Der Ehemann der Anzeigenden, Heizer Rudolf B., ist durch Urteil des Königlichen Amtsgerichts Altona vom 6. Mai 1903 für tot erklärt. Als Todestag ist der 30. November 1897 festgestellt. Der Schlossergeselle B. hat das in der Eintragung bezeichnete Kind als das seinige anerkannt und mit der Mutter desselben am 25. September 1903 die Ehe geschlossen." Der Standesbeamte lehnte die Eintragung ab, weil das Kind als eheliches Kind des Rudolf B. zu gelten habe. Darauf beantragte B. bei dem Amtsgericht, den Standesbeamten zur Vornahme der Eintragung anzuweisen. Das Amtsgericht Hamburg gab durch Beschluß vom 1. Juni 1904 dem Antrag statt und wies den

Standesbeamten an, im Geburtsregister die Eintragung vorzunehmen. Gegen den Beschluß erhob die Aufsichtsbehörde für die Standesämter Beschwerde. Das Landgericht Hamburg wies die Beschwerde durch Beschluß vom 10. Januar 1905 als unbegründet zurück. Die Aufsichtsbehörde legte . . . weitere Beschwerde ein. Das hanseatische Oberlandesgericht zu Hamburg erachtete die weitere Beschwerde zwar als zulässig, aber als unbegründet, sah sich jedoch an der Zurückweisung durch den Beschluß des Kammergerichts zu Berlin vom 2. August 1902 (Rechtspr. der Oberlandesgerichte Bd. 6 S. 154) behindert, legte deshalb die weitere Beschwerde dem Reichsgericht vor.

Die Voraussetzungen, unter denen das Reichsgericht nach § 28 des Gesetzes über die Angelegenheiten der freiwilligen Gerichtsbarkeit zu entscheiden hat, sind gegeben. Es handelt sich um eine Angelegenheit der freiwilligen Gerichtsbarkeit, die durch Reichsgesetz den Gerichten übertragen ist (§§ 11. 66. des Personenstandsgesetzes vom 6. Februar 1875 mit §§ 186. 69 Fr.G.G.); auch ist zutreffend, daß nur unter Abweichung von der Rechtsauffassung, die dem Beschlusse des Kammergerichts zugrunde liegt, zur Zurückweisung der weiteren Beschwerde zu gelangen ist.

Die Zulässigkeit der von der Aufsichtsbehörde eingelegten weiteren Beschwerde unterliegt keinem Bedenken, da das am 13. Juni 1901 geborene Kind der Hedwig V. geb. H. im Geburtsregister als Kind der Eheleute Rudolf und Hedwig V. eingetragen ist, diese Eintragung aber dahin richtig gestellt werden soll, daß Hedwig V. seit 30. November 1897 als Witwe, und das von ihr im Jahre 1901 geborene Kind als unehelich zu gelten habe, von dieser Berichtigung auch die Eintragung der Anerkennung abhängt. Die Aufsichtsbehörde ist in § 66 Abs. 2 des Personenstandsgesetzes für berechtigt erklärt, ein Berichtigungsverfahren von Amts wegen einzuleiten. Hat die Aufsichtsbehörde das Recht, ein Berichtigungsverfahren einzuleiten, so muß ihr auch das Recht zustehen, gegen den ablehnenden Beschluß der unteren Instanz auf dem in § 66 Abs. 3 bezeichneten Wege die höhere Instanz anzugehen. Das öffentliche Interesse, das die Aufsichtsbehörde wahrzunehmen hat, verlangt aber nicht bloß, daß unrichtige Eintragungen berichtigt werden, sondern auch, daß richtige Eintragungen unverändert bleiben. Demnach ist das Beschwerderecht der Aufsichtsbehörde auch in den Fällen anzuerkennen, in denen das

Gericht die Berichtigung einer Eintragung beschließt, die nach der Ansicht der Aufsichtsbehörde der Berichtigung nicht zu unterliegen hat.

Zur Sache selbst ist der Rechtsauffassung des hanseatischen Oberlandesgerichts beizutreten.

Nach § 18 Abs. 1 B.G.B. begründet die Todeserklärung die Vermutung, daß der Verschollene in dem Zeitpunkte gestorben ist, welcher in dem die Todeserklärung aussprechenden Urteile festgestellt ist. Die rechtlichen Beziehungen des Verschollenen regeln sich also zunächst auf Grund der Annahme, daß er in dem durch das Urteil festgesetzten Zeitpunkte gestorben sei (Denkschrift S. 607). Dies gilt von der Beerbung des — vermutlich — Toten (vgl. §§ 1922. 1923. 2370 B.G.B.), aber auch in den übrigen rechtlichen Beziehungen. Insbesondere steht der Wiederverheiratung des Ehegatten das Verbot des § 1309 B.G.B. nicht mehr entgegen. Der Abs. 1 des § 1235 des 1. Entwurfs, der aussprach, daß auch in Ansehung der Ehe die durch die Todeserklärung begründete Vermutung bestehe, ist in der 2. Lesung als selbstverständlich gestrichen worden (Kommissionsprotokolle Bd. 4 S. 23).

Aber der Eintritt der an den Tod des Verschollenen geknüpften Rechtswirkungen beruht auf einer bloßen Vermutung. Erweist sich die durch die Todeserklärung begründete Vermutung als unrichtig, so sind die Rechtsverhältnisse der wirklichen Sachlage entsprechend zu beurteilen, wie wenn die Todeserklärung nicht erfolgt wäre (Denkschrift S. 607). Hinsichtlich verschiedener Rechtsbeziehungen des Verschollenen hat jedoch der Gesetzgeber der Todeserklärung weitergehende Wirkungen beigelegt (Denkschrift a. a. O.). Hierher gehört, wie in dem Beschlusse des Kammergerichts hervorgehoben ist, auch § 1420 mit § 1425. Aber die Bedeutung dieser Vorschriften besteht darin, daß mit dem in der Todeserklärung festgestellten Zeitpunkt die Verwaltung und Nutznießung des Mannes endigt, auch wenn die Vermutung, daß der Ehemann in jenem Zeitpunkt gestorben sei, sich als unrichtig erweist, und daß, wenn der für tot erklärte Ehemann noch lebt, die Wiederherstellung seiner Rechte nur auf dem Wege einer Klage erfolgen kann. Insofern ist der Todeserklärung durch § 1420 mit § 1425 eine weitergehende Wirkung beigelegt, als ihr auf Grund des § 18 zukäme (vgl. Denkschrift S. 692 zu § 1403 des Entwurfs). Nicht anders verhält es sich mit der Bestimmung des § 1348. Würde es hinsichtlich der Eheschließung bei der Bestimmung des

§ 18 Abs. 1 verblieben sein, so wäre, wenn dargetan würde, der für tot erklärte Ehegatte habe zur Zeit der Wiederverheiratung des anderen Ehegatten noch gelebt, die neue Ehe nach § 1326 nichtig: § 1348 Abs. 1 legt der Todeserklärung eine weitergehende Wirkung bei, indem er bestimmt, daß die neue Ehe nicht deshalb nichtig ist, weil der für tot erklärte Ehegatte noch lebt, es sei denn, daß beide Ehegatten bei der Eheschließung wissen, daß er die Todeserklärung überlebt hat. Die Verneinung der Nichtigkeit der neuen Ehe erforderte sodann, wenn nicht die neue und die alte Ehe nebeneinander bestehen sollten, eine Bestimmung des Inhalts, daß mit der Schließung der neuen Ehe die frühere Ehe aufgelöst werde. Diese Bestimmung enthält Abs. 2 des § 1348. Der § 1348 trifft hiernach nur für den Fall Vorkehrung, daß die Todeserklärung sich als unrichtig erweist, und der verschollene Ehegatte zur Zeit der Wiederverheiratung des anderen Ehegatten noch lebt. In § 1464 des 1. Entwurfs (... „der für tot erklärte Ehegatte aber zur Zeit der Eheschließung noch am Leben ist" ...) und in § 1482 des 2. Entwurfs („ist einer der Ehegatten für tot erklärt, aber noch am Leben" ...) war dies ausdrücklich angeführt (Kommissionsprotokolle Bd. 4 S. 453); es kann der Sinn des § 1348 aber auch in der jetzigen Fassung nicht zweifelhaft sein (Denkschrift S. 685). Wenn der Beschluß des Kammergerichts noch auf die Ablehnung der Gleichstellung des Todeserklärungsurteils mit der Sterbeurkunde hinweist, so liegt wohl ein Mißverständnis vor. Das Gesetz schützt den Ehegatten nicht, der im Vertrauen auf die Richtigkeit einer Sterbeurkunde zur neuen Heirat schreitet; aber es schützt denjenigen, der im Vertrauen auf die Richtigkeit einer Todeserklärung sich wieder verheiratet (Motive Bd. 4 S. 641; Kommissionsprotokolle Bd. 4 S. 455; Bericht der Reichstagskommission S. 2035).

Da die durch die Todeserklärung vom 6. Mai 1903 begründete Vermutung, daß Rudolf V. am 30. November 1897 gestorben ist, noch in Kraft besteht, so ist anzunehmen, daß die Ehe des Rudolf V. mit Hedwig geb. H. am 30. November 1897 durch den Tod des Ehemannes aufgelöst worden ist, und daß das am 13. Juni 1901 von der Witwe V. geborene Kind nicht während der Ehe empfangen worden ist. Mit Recht hat deshalb das Amtsgericht Hamburg dem Berichtigungsantrage stattgegeben, und das Landgericht die Beschwerde der Aufsichtsbehörde zurückgewiesen." ...

49. In welchem Zeitpunkte geht der Anspruch, der den nach Maßgabe der Unfallversicherungsgesetze entschädigungsberechtigten Personen auf Ersatz des ihnen durch den Unfall entstandenen Schadens gegen Dritte erwachsen ist, nach den Unfallversicherungsgesetzen vom 5. Juli 1900 auf die Berufsgenossenschaft über?

Unfallversicherungsgesetz für Land- und Forstwirtschaft vom 5. Juli 1900 § 151.

VI. Zivilsenat. Urt. v. 26. Januar 1905 i. S. Z. (Bekl.) w. Rhein. landwirtschaftliche Berufsgenossenschaft (Kl.). Rep. VI. 99/04.

I. Landgericht Köln.
II. Oberlandesgericht daselbst.

Am 26. November 1901 wurde der Ackerer H. Sch. in F. bei Verrichtung einer landwirtschaftlichen Arbeit von einem scheu gewordenen Pferde des Beklagten getreten und erlitt einen Bruch des linken Unterarms. Die Klägerin erkannte den Unfall als Betriebsunfall an und bewilligte dem Verletzten außer den Kosten des Heilverfahrens eine Rente wegen verminderter Erwerbsfähigkeit. Der Rentenfeststellungsbescheid wurde dem Verletzten am 16. April 1902 zugestellt. Einige Tage vorher hatte Sch. mit dem Beklagten einen Vergleich geschlossen, in welchem er gegen Zahlung von 650 ℳ sowie der Krankenhauskosten auf alle Schadensersatzansprüche gegen den Beklagten verzichtete; die Vergleichssumme wurde ihm am 28. April 1902 gezahlt.

Auf Grund des § 151 des Unfallversicherungsgesetzes für Land- und Forstwirtschaft verlangte die Klägerin von dem Beklagten, als dem Eigentümer des Pferdes, das den Sch. verletzt, Ersatz der aufgewendeten und noch aufzuwendenden Beträge. Der Beklagte berief sich gegenüber dem Klaganspruche auf den fraglichen Vergleich, den er in Unkenntnis von der Versicherung des Verletzten, mit diesem abgeschlossen habe.

Das Landgericht verurteilte den Beklagten nach dem Klagantrage; seine Berufung wurde zurückgewiesen. Das Reichsgericht hat auf die Revision des Beklagten das angefochtene Urteil aufgehoben.

Aus den Gründen:

... „Wenngleich der erkennende Senat sich veranlaßt sieht, seine bisherige Rechtsansicht über die streitige Frage (Entsch. in in Zivils. Bd. 55 S. 385; Jurist. Wochenschr. 1905 S. 27 Nr. 36) zu verlassen, vermag er doch nicht die des Berufungsgerichts für richtig zu erachten; und mit der Auffassung, daß der Anspruch des Beschädigten gegen den Dritten nach § 140 des Gewerbe-Unfallversicherungsgesetzes vom 5. Juli 1900 und § 151 des Unfallversicherungsgesetzes für Land- und Forstwirtschaft vom gleichen Tage unmittelbar für die Berufsgenossenschaft entstehe, fällt auch die darauf gegründete Rechtsannahme, daß der Dritte auf einen zwischen ihm und dem Beschädigten geschlossenen Vergleich sich unter keinen Umständen berufen könne.

Der in den Bestimmungen des § 98 des Gewerbe-Unfallversicherungsgesetzes vom 6. Juli 1884 und des § 119 des Unfallversicherungsgesetzes für Land- und Forstwirtschaft vom 5. Mai 1886, sowie in den §§ 140 und 151 der entsprechenden neuen Gesetze vom 5. Juli 1900 zum Ausdrucke gelangte Grundgedanke ist der, „daß der Entschädigungsberechtigte die ihm zukommende Entschädigung nur einmal erhalten soll und deshalb das ihm . . . auf Grund der . . . Unfallversicherungsgesetze Gewährte nicht noch einmal von dem aus anderen Gesetzen haftenden Dritten verlangen darf" (Entsch. des R.G.'s in Zivils. Bd. 28 S. 92). Die Entschädigung soll nur einmal, und zwar von dem Dritten geleistet werden, welcher, wenn die Berufsgenossenschaft mit ihrer gesetzlichen Entschädigungspflicht dazwischentritt, dieser in Höhe derselben als Schuldner gegenübersteht, gerade deshalb aber von dem Verletzten oder dessen Hinterbliebenen nur mehr insoweit in Anspruch genommen werden kann, als deren Forderung nicht auf die Berufsgenossenschaft übergegangen ist (Entsch. des R.G.'s in Zivils. Bd. 24 S. 131 flg.). Diesem Grundgedanken des Gesetzes muß aber ein anderer Rechtsgedanke beschränkend an die Seite treten. Es ist „für die Rechtssicherheit des Verkehrs notwendig, daß, wenn ein Übergang eines Forderungsrechtes von dem ursprünglichen Gläubiger auf einen Dritten stattfindet, der Schuldner, welcher im guten Glauben an den ursprünglichen Gläubiger zahlt oder denselben auf andere Weise befriedigt, befreit werde" (Entsch. des R.G.'s in Zivils. Bd. 31 S. 27). Wenn auf der einen Seite der Entschädigungsberechtigte die ihm zukommende Entschädigung nicht doppelt erhalten soll, so muß auf der anderen Seite dafür gesorgt werden, daß der gutgläubige Schuldner nicht doppelt zu zahlen hat.

Das Reichsgericht hat in mehreren Entscheidungen verschiedener Senate (Entsch. in Zivils. Bd. 24 S. 126, Bd. 28 S. 92; Jurist. Wochenschr. 1899 S. 747; Seuffert's Archiv Bd. 54 Nr. 175) für die Unfallversicherungsgesetze von 1884 und 1886 angenommen, daß der Übergang des Anspruchs des Verletzten auf Ersatz des ihm entstandenen Schadens gegen den entschädigungspflichtigen Dritten auf die Berufsgenossenschaft erst stattfinde, wenn die Zuerkennung einer Rente an den Entschädigungsberechtigten stattgefunden hat, die Entschädigungspflicht der Berufsgenossenschaft auf Grund des in den Unfallversicherungsgesetzen vorgesehenen Verfahrens dem Versicherten oder seinen Hinterbliebenen gegenüber festgestellt worden ist. Der erkennende Senat ist in den bereits angeführten Urteilen (Entsch. in Zivils. Bd. 55 S. 385; Jurist. Wochenschr. 1905 S. 27 Nr. 36) auch für die Unfallversicherungsgesetze von 1900 dieser Rechtsanschauung gefolgt. Es kann jedoch nicht verkannt werden, daß sie dem vorstehend erörterten Grundgedanken des Gesetzes nur unvollkommen entspricht. Sie schützt nicht nur den gutgläubigen, sondern bis zu dem Zeitpunkt der den Rechtsübergang nach ihr bewirkenden Rentenfeststellung auch den schlechtgläubigen Schuldner, der um die Versicherungspflicht der Berufsgenossenschaft weiß, und selbst den, der von dem schwebenden Feststellungsverfahren Kenntnis hatte; denn erst nach dem Zeitpunkte des Übergangs des Anspruches an die Berufsgenossenschaft kommt der gute oder schlechte Glaube des Schuldners nach Maßgabe der §§ 407. 412 B.G.B. in Betracht, während dieser sich auf eine vorher geleistete Zahlung oder einen vorher mit dem ursprünglichen Schuldner abgeschlossenen Vergleich unbedingt berufen kann. Und dadurch ermöglicht jene Rechtsanschauung in der Tat in vielen Fällen für den Verletzten den Bezug einer doppelten Entschädigung, die das Gesetz verhüten will. Die Bd. 24 S. 132 der Entsch. in Zivils. gegebene Ausführung, daß die Entschädigungsberechtigten, die von dem Dritten volle Befriedigung erhalten haben, sich nun nicht nochmals an die Berufsgenossenschaft halten können, weil diese nur insoweit zur Entschädigung verpflichtet sei, als die Forderung, die auf sie übergehen soll, noch bestehe, die Entschädigung aber verweigern dürfe, wenn der Entschädigungsberechtigte, statt ihr die Geltendmachung dieser Forderung zu überlassen, von dem Dritten volle Entschädigung erhalten habe, kann nicht für zutreffend erachtet werden. Denn sie wird dem öffentlich-rechtlichen Charakter der Versicherungspflicht der Berufsgenossenschaft nicht gerecht, wie er in dem ganzen Zweck der Versicherungsgesetze begründet ist und auch aus den Bestimmungen des § 141 des Gewerbe-Unfallversicherungsgesetzes und des § 152 des Unfallversicherungsgesetzes für Land- und Forstwirtschaft hervorgeht. Die Verpflichtung der Berufsgenossenschaft zur Zahlung der Unfallsrente unter den im Gesetze normierten Voraussetzungen ist eine unbedingte, wie auch das Recht des Versicherten auf die gesetzliche Rente ein unbedingtes sein soll, das ihm nicht durch einen unvorsichtigen Verzicht oder Vergleich gegenüber dem entschädigungsverpflichteten Dritten verloren gehen oder verkümmert werden soll.

Die von dem Berufungsgerichte vertretene Auffassung, die von dem Oberlandesgerichte zu Köln in verschiedenen, im Berufungsurteil angeführten Entscheidungen ausgesprochen wurde und in den wissenschaftlichen Bearbeitungen der Unfallversicherungsgesetze von v. Woedtke und Piloty geteilt wird, wonach der Unfall selbst die rechtserzeugende Tatsache sowohl für den Rentenanspruch des Verletzten, wie für den Übergang der Schadensersatzforderung regen den Schädiger auf die Berufsgenossenschaft sei, dergestalt daß diese Forderung in Wirklichkeit sofort für die Berufsgenossenschaft entstehe, wird zwar nach der einen Seite dem Grundgedanken der angeführten §§ 140 und 151 der Versicherungsgesetze von 1900 gerecht; sie verletzt aber andererseits den als dessen notwendige Schranke ihm zur Seite gestellten Grundsatz des Schutzes des gutgläubigen Rechtsverkehrs. Wenn der Entschädigungsanspruch gegen den Dritten niemals für den Verletzten entstanden ist, so kann auch kein Übergang stattfinden, und jede Zahlung, die der Schuldner dem Verletzten leistet, jeder Vergleich, den er mit ihm abschließt, ist notwendig wirkungslos, mag der Schuldner gutgläubig, oder schlechtgläubig gehandelt haben, eine Rechtskonsequenz, die das Berufungsgericht in der angefochtenen Entscheidung auch gezogen hat, die aber weder der Billigkeit noch dem Bedürfnisse der Sicherheit des gutgläubigen Rechtsverkehrs entspricht und deshalb auch nicht als auf richtiger Auslegung der mehrangezogenen Bestimmungen der Unfallversicherungsgesetze beruhend erachtet werden kann. Der Ansicht des Berufungsgerichts steht aber auch der Wortlaut dieser gesetzlichen Bestimmungen entgegen, der von einem Anspruche spricht, der den Entschädigungsberechtigten „erwachsen ist", und der auf die Berufsgenossenschaft „übergeht". Mit dieser Wortfassung ist zwar die Anschauung vereinbar, wonach der Übergang erst mit der Rentenfeststellung, oder, wie die Begründung der Bundesratsvorlage der neuen Versicherungsgesetze wollte, erst mit der Gewährung der Entschädigung erfolgt (so der Begründung des Entwurfs folgend u. a. Oefele, Gewerbe-Unfallversicherungsgesetz zu § 140; Rasp-Meinel, Unfallversicherungsgesetz für Land- und Forstwirtschaft zu § 151), nicht aber die vom Berufungsgericht angenommene, daß der Anspruch gegen den Dritten unmittelbar der Berufsgenossenschaft entstehe.

Dem Wortlaute und der Entstehungsgeschichte der neuen Unfallversicherungsgesetze sowohl, wie den Rechtsgedanken, die die mehrangeführten Vorschriften beherrschen, in ihrer Gesamtheit genügt in möglichst vollkommener Weise eine dritte Anschauung, die zwar gleich derjenigen des Berufungsgerichts den Zeitpunkt des Überganges der Forderung des Beschädigten gegen den Dritten an die Berufsgenossenschaft auf die Entstehung der Forderung zurückverlegt, dabei aber daran festhält, daß ein wirklicher Rechtsübergang stattfindet, die Forderung also zunächst in der Person des Verletzten zur Entstehung gelangt und durch diese hindurch, indem die Entstehung und der Übergang sich zeitlich berühren, auf die Berufsgenossenschaft übergeht. Wiewohl hiernach der Verletzte im Verhältnisse zum Zessionar, der Berufsgenossenschaft, in keinem Augenblicke in der Lage ist, über die Forderung zu verfügen, müssen für das Verhältnis des Dritten, des Schuldners, zu dem Verletzten, als dem ursprünglichen Gläubiger, doch die Bestimmungen über die Übertragung von Forderungen (§§ 407. 412 B.G.B.) zur Anwendung kommen, und dies hat zur Folge, daß der Schuldner, der ohne Kenntnis von der Versicherung und der durch sie bedingten Rechtsübertragung in gutem Glauben an den Verletzten als den ursprünglichen Gläubiger zahlt oder mit ihm einen Vergleich abschließt, vor der Gefahr gesichert wird, noch einmal zahlen zu müssen. Andererseits ist aber nur der gutgläubige Rechtsverkehr geschützt, und der Dritte, der um den Rechtsübergang wußte, was bei einem kraft Gesetzes erfolgenden Forderungsübergange nichts anderes heißen kann, als daß er von dem diesen begründenden Tatbestande Kenntnis hatte (vgl. Rehbein, B.G.B. Bd. 2 S. 377

Bem. 2), aus welchem sich die Rechtsfolge des Übergangs von selbst ergibt, wird durch seine Zahlung oder ein sonstiges mit dem Beschädigten abgeschlossenes Rechtsgeschäft nicht befreit, wie dies nach der bisherigen Rechtsprechung des Reichsgerichts für die bis zum Zeitpunkte der Rentenfeststellung vorgenommenen Erfüllungsgeschäfte angenommen werden mußte (vgl. Urteil des erkennenden Senats i. S. Württemb. Staatsverwaltung w. R., Rep. VI. 30/94, vom 10. Mai 1894).

Daß diese Auffassung gegenüber der vom Berufungsgerichte vertretenen den Wortlaut der §§ 140 und 151 der beiden mehrgenannten Versicherungsgesetze für sich hat, ist bereits ausgeführt. Sie ist aber auch, im Gegensatze zu der in der Begründung der Vorlage angenommenen und der bisher vom Reichsgericht gebilligten, bei der Beratung der neuen Gesetzentwürfe in den Reichstagsverhandlungen zum Ausdrucke gekommen. In der zur Vorberatung eingesetzten Reichstagskommission wurde,

vgl. Anlageband 6 zu den Reichstagsverhandlungen 1898/1900 Nr. 703a S. 4517,

von einem Mitgliede der Antrag gestellt, der die Klarstellung des Verhältnisses der Berufsgenossenschaft zu etwaigen zwischen dem Entschädigungsberechtigten und dem Dritten getroffenen Abmachungen bezweckte; zu diesem äußerte sich ein Regierungsvertreter dahin, daß der Übergang der Forderung gegen den Dritten auf die Berufsgenossenschaft sofort mit ihrer Entstehung stattfinde, inwieweit aber von der Berufsgenossenschaft Rechtsgeschäfte des ursprünglichen Inhabers der Forderung anzuerkennen seien, sich nach den Vorschriften des bürgerlichen Rechts bestimme. Es liegt auf der Hand, daß von einem solchen Eingreifen der Bestimmungen des bürgerlichen Rechts nur die Rede sein kann, wenn die Forderung gegen den Dritten nicht unmittelbar der Berufsgenossenschaft entsteht, sondern nur wenn sie, nachdem sie vorher dem Verletzten entstanden war, sofort nach ihrer Entstehung auf die Berufsgenossenschaft sich überträgt. In ausdrücklicher Ablehnung der von der Begründung der Vorlage vertretenen Ansicht wurde, um dieser von dem Regierungsvertreter und dem Kommissionsmitgliede erklärten Auffassung zum Ausdrucke zu verhelfen, den Bestimmungen die gegenwärtige, von der Kommission beschlossene und vom Reichstage genehmigte Fassung gegeben.

Es ist nicht erforderlich, daß mit dieser Auffassung der Gedanke an einen bedingten Rechtsübergang des Anspruchs von dem Verletzten auf die Berufsgenossenschaft verbunden wird, wie dies in einem Urteil des I. Zivilsenats des Oberlandesgerichts zu Köln vom 1. April 1903 (Mugdan-Falkmann, Rechtspr. der Oberlandesgerichte Bd. 6 S. 456) geschieht, mit dem sich im Ergebnis die gegenwärtige Entscheidung deckt. Denn von einem zukünftigen ungewissen Ereignisse, das außerhalb des den Rechtsübergang begründenden gesetzlichen Tatbestandes läge, kann nicht die Rede sein. Die gesetzlichen Voraussetzungen für die Entschädigungspflicht der Berufsgenossenschaft liegen entweder vor, oder sie liegen nicht vor, und danach bestimmt sich, ob ein Rechtsübergang stattfindet, oder nicht. Die späteren Akte: die Rentenfeststellung in dem vorgesehenen Feststellungsverfahren (§§ 63 flg. und 70 flg. der beiden angezogenen Versicherungsgesetze), wie die Zahlung der Rente an den Versicherten, sind nur notwendige Folgen des Vorhandenseins jener Voraussetzungen, entbehren eines rechtschaffenden und rechtverändernden Charakters und sind ohne Bedeutung für den Übergang der Entschädigungsforderung gegen den Dritten; sie bringen nicht eine Bedingung, unter der dieser Übergang sich vollzogen hätte, zur Erfüllung und fügen dem Tatbestande, der von vornherein den Rechtsübergang bestimmte, nichts hinzu.

Wird nun die vorstehend entwickelte Auslegung des § 140 des Gewerbe-Unfallversicherungsgesetzes und des § 151 des Unfallversicherungsgesetzes für Land- und Forstwirtschaft vom 5. Juli 1900 über den Zeitpunkt und die Art des Übergangs der Forderung des Verletzten gegen den entschädigungspflichtigen Dritten auf die Berufsgenossenschaft der Entscheidung des gegenwärtigen Rechtsstreits zugrunde gelegt, so ergibt sich, daß diese in erster Linie von der Wahrheit der von der Klägerin aufgestellten und von ihr nach Maßgabe des § 407 B.G.B. zu erweisenden Behauptung abhängig ist, daß der Beklagte vor dem Vergleichsabschlusse von der Versicherung Sch.'s, das ist von der, nach dem Gesetz diese und damit auch den Rechtsübergang der gegen den Beklagten erwachsenen Forderung an die Berufsgenossenschaft begründenden, Tatsache Kenntnis hatte. In diesem Falle würde der Vergleich wirkungslos, und der Beklagte zur vollen Zahlung der von ihm geschuldeten Entschädigung im Umfange der Entschädigungspflicht der Klägerin an diese zu verurteilen sein, während im Falle seines guten Glaubens der Vergleich auch für die

Klägerin seine Wirkung äußern würde. Hätte etwa der Beklagte die Kenntnis von den die Versicherung begründenden Tatsachen in der Zeit zwischen dem Vergleichsabschluß und der Zahlung der Vergleichssumme erlangt, so würde zwar der Vergleich die Klägerin binden, der Beklagte aber die Zahlung der Vergleichssumme, die er an einen, wie er wußte, nicht mehr legitimierten Gläubiger geleistet haben würde, noch einmal an die Klägerin zu leisten verpflichtet sein.

Vgl. §§ 404. 407 B.G.B.; Rehbein, B.G.B. Bd. 2 S. 403 Bem. 26." ...

---

50. 1. Gehören zu den Staatsbeamten, die in reichsgesetzlich der Unfallversicherung unterliegenden Betrieben beschäftigt sind, im Sinne des preußischen Beamtenfürsorgegesetzes vom 18. Juni 1887 und Art. 1 § 1 des gleichen Gesetzes vom 2. Juni 1902 auch solche Beamte, die, ohne in derartigen Betrieben angestellt zu sein, vermöge ihrer amtlichen Funktionen darin tätig und ihren Gefahren ausgesetzt sind?

2. In welchem Zeitpunkt geht der Schadensersatzanspruch, der den nach Maßgabe der Unfallversicherungs- oder Beamtenfürsorgegesetze entschädigungsberechtigten Personen gegen den dritten Beschädiger zusteht, auf die Berufsgenossenschaft oder den Staat über.

Preuß. Gesetze, betr. die Fürsorge für Beamte infolge von Betriebsunfällen, vom 18. Juni 1887 (G.S. S. 282) und vom 2. Juni 1902 (G.S. S. 153).

VI. Zivilsenat. Urt. v. 2. März 1905 i. S. Zuckerfabrik H. (Bekl.) w. D. (Kl.). Rep. VI. 210/04.

I. Landgericht Liegnitz.
II. Oberlandesgericht Breslau.

Der Kläger war am 23. Mai 1902 als Steuerbeamter in der Zuckerfabrik der Beklagten zu H. tätig. Um einem dienstlichen Auftrage, die Anzahl der aus dem Zuckerspeicher in einen Waggon zu verladenden Säcke zu kontrollieren, zu entsprechen, hatte er sich seiner Dienstanweisung gemäß in das Innere des Waggons begeben, in den die mit Zucker gefüllten Säcke mittels Karren über eine 5,85 Meter lange Verladebrücke aus dem Speicher geschafft wurden. Das eine Ende dieser Verladebrücke lag im Inneren des Speichers auf einem Querholz, das andere Ende auf der die Schiebetür des Waggons tragenden Rollschiene und einer zur Erhöhung darauf gelegten Latte. Als der letzte Sack Zucker verladen wurde, verließ der Kläger den Waggon und trat auf die Verladebrücke, deren auf der Rollschiene des Waggons aufliegendes Ende gleich darauf abrutschte, so daß die Brücke mit dem darauf stehenden Kläger auf die Erde fiel. Der Kläger behauptete, durch den Sturz eine Erschütterung seines Nervensystems erlitten zu haben, und nahm gemäß § 2 des Reichshaftpflichtgesetzes für den ihm entstandenen Schaden die Beklagte mit der Behauptung in Anspruch, daß deren die Verladung beaufsichtigende Betriebsbeamten, der Bodenmeister J. und der Betriebsassistent P. unterlassen hätten, für die ordnungsmäßige Befestigung Sorge zu tragen. Die Klage wurde als Feststellungsklage erhoben.

Das Landgericht erkannte nach dem Klagantrage; die Berufung der Beklagten wurde zurückgewiesen.

Gegenüber dem Klaganspruche hatte die Beklagte bereits in erster Instanz geltend gemacht, daß der Kläger seine Ansprüche aus dem Unfalle nach Maßgabe des Fürsorgegesetzes für Beamte infolge von Betriebsunfällen vom 2. Juni 1902 gegen den Staat geltend machen müsse und nur nach Maßgabe dieses Gesetzes geltend machen könne. Das Landgericht wies den Einwand zurück, weil der Kläger als Betriebsbeamter der Steuerverwaltung nicht zu denjenigen unmittelbaren Staatsbeamten gehöre, die reichsgesetzlich der Unfallversicherung unterliegen. In zweiter Instanz wurde der Einwand ausdrücklich aufrecht erhalten, vom Berufungsgericht aber gar nicht gewürdigt.

Auf die Revision der Beklagten ist das Urteil des Berufungsgerichts aufgehoben worden aus folgenden

Gründen:

... „Der Revision ist darin zuzustimmen, daß der erhobene Einwand für rechtserheblich zu erachten ist, und seine Übergehung in dem angefochtenen Urteil eine Rechtsverletzung enthält, die die Aufhebung des Urteils nach sich ziehen muß, wenngleich die weitgehenden Folgen, die die Beklagte aus der staatlichen Versicherung des Klägers für das Bestehen des gegen sie geltend gemachten Anspruchs abzuleiten sucht, abzulehnen sind.

Das Landgericht, das den Einwand der Beklagten erörtert hat, hat ihn zurückgewiesen, weil der Kläger im Hinblick auf § 1 Ziff. 3 des Gewerbe-Unfallversicherungsgesetzes vom 5. Juli 1900 als Beamter der Steuerverwaltung nicht zu den fürsorgeberechtigten Beamten gehöre. Es ist aber nicht zutreffend, daß nur die Beamten der in dieser Bestimmung verzeichneten Staatsbetriebe den Gesetzen, betr. die Fürsorge für Beamte infolge von Betriebsunfällen, unterstehen; vielmehr kommen insbesondere auch die Betriebe unter Ziff. 1 desselben Paragraphen des genannten Gesetzes für die Beamtenversicherung in Betracht, und die Frage kann im gegebenen Falle nur die sein, ob als „Staatsbeamte, welche in reichsgesetzlich der Unfallversicherung unterliegenden Betrieben beschäftigt sind" (§ 1 des preußischen Beamtenfürsorgegesetzes vom 18. Juni 1887; Art. 1 § 1 des gleichen Gesetzes vom 2. Juni 1902), auch solche anzusehen sind, die, ohne in derartigen Betrieben angestellt zu sein, vermöge ihrer amtlichen Funktionen darin tätig und ihren Gefahren ausgesetzt sind. Denn der Kläger hat nicht als Beamter einer Zuckerfabrik den die Grundlage der Klage bildenden Unfall erlitten, sondern in Ausübung seines Amts als Steueraufseher, in welcher Eigenschaft er die Verladung des hergestellten Zuckers in der Zuckerfabrik im staatlichen Interesse zu beaufsichtigen hatte.

Die aufgeworfene Frage war zu bejahen. Zur Anwendung kommt auf den vorliegenden Fall das preußische Beamtenfürsorgegesetz vom 18. Juni 1887, nicht das von der Revision angezogene vom 2. Juni 1902, da der Klagunfall sich vor dessen Erlassung ereignet hat. Gerade bei Verabschiedung jenes Gesetzes ist die hier zu entscheidende Frage ausführlich erörtert worden. Der Wortlaut des Gesetzes, der „Staatsbeamte, welche in reichsgesetzlich der Unfallversicherung unterliegenden Betrieben beschäftigt sind", der Unfallfürsorge unterstellt, stützt, an und für sich betrachtet, die Auffassung, daß auch die vorübergehend in Ausübung ihres Amts in solchen Betrieben tätigen Beamten unter die Bestimmung fallen; ein Zweifel daran ergibt sich lediglich aus dem Umstande, daß § 1 des bezeichneten preußischen Fürsorgegesetzes, ebenso wie § 1 des Reichsfürsorgegesetzes vom 25. März 1886 (R.G.Bl. S. 53), dem entsprechenden § 1 des Gewerbe-Unfallversicherungsgesetzes vom 6. Juli 1884 nachgebildet ist und dessen Wortlaute sich anschließt, hier aber an derartige Beschäftigungsverhältnisse nicht gedacht ist und gedacht sein kann, weil sie in privaten Betrieben in gleicher Weise nicht vorkommen. Es ist aber ersichtlich, daß ein innerer Grund für eine unterschiedliche Behandlung der in gewerblichen Betrieben angestellten und derjenigen Beamten, die für die Ausübung ihres Amts in solchen Betrieben tätig sein und deren Gefahren sich aussetzen müssen, nicht vorliegt, und Sinn und Zweck der Beamtenfürsorgegesetze weisen deshalb darauf hin, daß beiderlei Beamte die Vorteile des Fürsorgegesetzes genießen müssen. Diese Auffassung ist auch bei den Verhandlungen des preußischen Landtags über das Gesetz vom 18. Juni 1887 von der Regierung wie von der Volksvertretung zu deutlichem Ausdrucke gebracht werden. „Zur Vermeidung eines möglichen Zweifels" — heißt es in der Begründung zu den §§ 1—6 des Entwurfs, Drucksachen des Abgeordnetenhauses 1887 Nr. 88 S. 10 — „wird noch hervorgehoben, daß die Worte »Beamte, welche in reichsgesetzlich der Unfallversicherung unterliegenden Betrieben beschäftigt sind«, nicht bloß die eigentlichen Betriebsbeamten dieser Betriebe, sondern auch diejenigen Beamten ohne Unterschied des Ranges umfassen, welche aus Anlaß der staatlichen, bzw. polizeilichen Beaufsichtigung solcher Betriebe den Gefahren der letzteren gleichfalls ausgesetzt sind, z. B. die Bergbeamten, die Fabrikinspektoren, die Gewerberäte, die Forstbeamten 2c". Im Kommissionsbericht Nr. 170 der Drucksachen S. 5 wird die Frage folgendermaßen erörtert: „Beim § 1 kam . . . die Erläuterung aus den Motiven zur Sprache, wonach als in den Betrieben beschäftigt nicht bloß die eigentlichen Betriebsbeamten, sondern auch diejenigen Beamten ohne Unterschied des Ranges zu gelten haben, welche aus Anlaß der staatlichen, bzw. polizeilichen Beaufsichtigung solcher Betriebe den Gefahren der letzteren gleichfalls ausgesetzt sind. . . . Diese gesetzgeberische Absicht fand zwar in der Kommission allseitige Billigung; es wurde aber bemerkt, daß damit dem Worte »beschäftigt« ein weiterer Sinn beigelegt würde, als dieses Wort in dem § 1 des Unfallversicherungsgesetzes und auch wohl im Reichsgesetze vom 15. März 1886 habe. Jene Beamten übten zwar auch eine Tätigkeit am Betriebsorte aus, und seien deshalb dort beschäftigt; aber sie seien doch nicht für den Betrieb tätig als Betriebsbeamte oder -arbeiter, sondern für sonstige staatliche Interessen. Wenn sie hierbei verunglückten, so sei dies ein gewöhnlicher, und kein Betriebsunfall. Es wurde deshalb der Antrag gestellt..., hinter dem Worte »beschäftigt« einzuschieben: »oder in Ausübung eines Aufsichtsrechts darin tätig war«. Hiergegen wurde eingewandt, daß es bedenklich erscheinen müsse, von dem Wortlaut des Reichsgesetzes abzuweichen, und die Regierungskommissare erklärten diesen Zusatz für überflüssig, weil die Motive den Gesetzestext in klarer Weise erläuterten, und das Reichsversicherungsamt den § 1 des Reichsgesetzes vom 15. März 1886 dahin ausgelegt habe, daß unter Beschäftigung auch die Vornahme von Revisionen in unfallversicherungspflichtigen Betrieben zu verstehen sei. Der Antrag auf diesen Zusatz wurde darauf zurückgezogen, nachdem in der Kommission allseitig konstatiert worden war, daß man das Wort »beschäftigt« des Gesetzestextes im Sinne der Motive auffasse." In den Verhandlungen des Plenums des Abgeordneten- wie des Herrenhauses ist von den Berichterstattern diese Auffassung als diejenige der Staatsregierung wie der Kommission ausdrücklich festgestellt worden, „damit, wenn kein Widerspruch entsteht, konstatiert wird, daß das Haus in Übereinstimmung mit der Königlichen Staatsregierung das Wort »beschäftigt« in § 1 in dem Sinne auffaßt, wie es auf S. 10 in den Motiven des Regierungsentwurfs ausgedrückt wird" (Verhandl. des Abgeordnetenhauses 1887 Bd. 2 S. 1157), und weil es von Wert sei, daß diese Auffassung, wie sie auch in dem anderen Hause konstatiert und von dem Vertreter der Staatsregierung anerkannt worden sei, „hier" konstatiert werde (Verhandl. des Herrenhauses Bd. 1 S. 267). Ein Widerspruch wurde von keiner Seite erhoben. Die Absicht der gesetzgebenden Faktoren ist hiermit in klarer Weise zum Ausdruck gebracht, und sie deckt sich mit der Auslegung, die der Sinn und Zweck des Gesetzes als die richtige an die Hand gibt.

Vgl. auch die Entscheidung des Reichsgerichts vom 5. Oktober 1897 in der Beilage zum Reichs- und Staatsanzeiger 1897 S. 380.

Hiernach ist der Kläger, der am Unfallstage im Betriebe der Zuckerfabrik der Beklagten als Steuerbeamter „beschäftigt" war, als fürsorgeberechtigt nach Maßgabe des Gesetzes vom 18. Juni 1887 anzusehen, und der von ihm in dieser Fabrik im Dienste erlittene Unfall als ein Betriebsunfall im Sinne dieses Gesetzes zu erachten.

Die Beklagte hat sich auf die Versicherung des Klägers durch das Fürsorgegesetz, wie der Tatbestand des landgerichtlichen Urteils zeigt, nun in dem Sinne berufen, daß durch die Versicherung der Anspruch des Klägers gegen die Beklagte ausgeschlossen sei. Diese Annahme ist irrig. Denn die Anwendung der Bestimmungen in §§ 95—97 des Gewerbe-Unfallversicherungsgesetzes vom 6. Juli 1884, §§ 135—139 des Unfallversicherungsgesetzes vom 5. Juli 1900, §§ 8. 9. 10 Abss. 1 und 2 des Reichsfürsorgegesetzes vom 15. März 1886, §§ 10. 11. 12 Abss. 1 und 2 des Reichsfürsorgegesetzes vom 18. Juni 1901, §§ 8 und 9 des preußischen Fürsorgegesetzes vom 18. Juni 1887 kommt im gegebenen Falle nicht in Frage. Der Kläger war in dem versicherungspflichtigen Betriebe einer Zuckerfabrik beschäftigt; aber er war dort nicht als Arbeiter oder Betriebsbeamter der Zuckerfabrik, sondern als Staatsbeamter beschäftigt, und der Staat, nicht der Betriebsunternehmer der Zuckerfabrik hat ihn den Gefahren der letzteren ausgesetzt. Das aber ist der durchschlagende Gedanke dieser Bestimmungen. Der Kläger befand sich in derselben Lage, wie der Postschaffner, der in dem Postwagen eines Eisenbahnzuges seinem Dienste obliegt. Die Fürsorge der Versicherung tritt an die Stelle der Entschädigungspflicht derjenigen Person, für deren Rechnung der Verletzte tätig war, und in deren Interesse er die Gefahr zu bestehen hatte. Deshalb soll nun, nachdem die Versicherung dem Arbeiter und dem Beamten geboten ist, ein weitergehender Anspruch gegen diese Person und ihre Bevollmächtigten und Betriebsaufseher rc nur mehr in beschränkter Weise gegeben sein (Entsch. des R.G.'s in Zivils. Bd. 21 S. 51, Bd. 23 S. 51, Bd. 38 S. 90, Bd. 47 S. 54). Diejenige Person aber, für deren Rechnung der Kläger, als er den Unfall erlitt, tätig war, und in deren Interesse er die Gefahr zu bestehen hatte, war im gegebenen Falle der preußische Staat, in dessen Dienste der Kläger stand, und dessen dienstlichem Auftrage bei der Beaufsichtigung der Zuckerverladung in der Fabrik der Beklagten er nachkam. Gegen diesen Staat hat hiernach der Kläger unter keinen Umständen über die Versicherung hinausgehende Ansprüche, mag auch seine Organe oder Betriebsbeamten, die dem Kläger Weisungen zu erteilen hatten, ein Verschulden treffen. Der Betriebsunternehmer der Zuckerfabrik steht ihm aber als Dritter im Sinne des § 98 des alten, § 140 des neuen Gewerbe-Unfallversicherungsgesetzes, § 10 Abs. 3 des Reichsfürsorgegesetzes vom 15. März 1886 und § 10 des preußischen Fürsorgegesetzes vom 18. Juni 1887 gegenüber. Der Anspruch des Klägers gegen die Beklagte ist mithin unberührt geblieben — auf den scheinbar einschränkenden Satz 1 des § 10, der konform ist dem § 98 des alten Unfallversicherungsgesetzes, kommt es nicht an; der gesetzgeberische Gedanke ist allein im zweiten Satz ausgedrückt; vgl. Entsch. des R.G.'s in Zivils. Bd. 24 S. 126 —; er ist nur „in Höhe der dem Entschädigungsberechtigten . . . vom Staat zu zahlenden Beträge" auf letzteren übergegangen.

Nach der für die Unfallversicherungsgesetze vom 5. Juli 1900 in dem Urteile vom 26. Januar 1905 i. S. Z. w. Rhein. landwirtschaftliche Berufsgenossenschaft, Rep. VI. 99/04[1], vom erkennenden Senat angenommenen Auffassung findet dieser Übergang gleich nach der Entstehung der Forderung des Beschädigten in der Weise statt, daß die Forderung zwar zunächst in dessen Person zur Entstehung gelangt, dann aber sofort, indem die Entstehung und der Übergang sich zeitlich berühren, auf die Berufsgenossenschaft, für den Rechtskreis der Fürsorgegesetze also auf den Staat übergeht. Der erkennende Senat findet keinen Anstand, dieser Rechtsauffassung, entgegen der bisher für das Unfallversicherungsgesetz vom 6. Juli 1884 und dessen Nachträge von verschiedenen Senaten des Reichsgerichts vertretenen Ansicht, daß der Übergang des Anspruchs des Verletzten gegen den entschädigungspflichtigen Dritten auf die Berufsgenossenschaft erst an die Rentenfeststellung (Entsch. des R.G.'s in Zivils. Bd. 24 S. 126, Bd. 28 S. 92; Jurist. Wochenschr. 1899 S. 747; Seuffert's Archiv Bd. 54 Nr. 175), bei den auf Grund der Fürsorgegesetze versicherten Staatsbeamten in entsprechender Weise an die Zuerkennung der Pension sich knüpfe, nunmehr auch für das preußische Beamtenfürsorgegesetz vom 18. Juni 1887 zu folgen, da ein innerer Grund für eine abweichende Auslegung dieses Gesetzes nicht vorliegt, und er sieht sich hieran auch durch die die andere Rechtsansicht vertretenden Entscheidungen anderer Senate nicht gehindert, da keine speziell das preußische Beamtenfürsorgegesetz vom

[1] Jetzt abgedruckt oben Nr. 49 S. 200. D. R.

18. Juni 1887 zum Gegenstande hat. Aus der hier angenommenen Rechtsauffassung ergibt sich aber in Anwendung der §§ 407. 412 B.G.B. nunmehr, daß der entschädigungspflichtige Dritte, wenn er von dem die Versicherung oder Fürsorgeberechtigung des Beschädigten begründenden Tatbestande Kenntnis hat, diese gegenüber dem von letzterem erhobenen Schadensersatzanspruche einredeweise geltend machen muß, wenn er sich nicht der Gefahr aussetzen will, doppelt in Anspruch genommen zu werden; er hat das rechtliche Interesse, an den richtigen Gläubiger zu zahlen, und er muß dieses Interesse in dem von dem Beschädigten gegen ihn angestrengten Prozesse wahren.

Der entschädigungspflichtige Dritte kann aber mit dieser Einrede nicht erzielen, daß er von seiner Haftpflicht überhaupt befreit wird. Die Bestimmungen über den Ubergang der Schadensersatzforderung des Verletzten auf die Berufsgenossenschaft oder den Staat sind zu deren Gunsten, nicht zugunsten des Dritten getroffen, und der Übergang hat zur Voraussetzung, daß der Rentenanspruch oder die Fürsorgeberechtigung des Beschädigten verwirklicht wird. Wenn aus irgendeinem Grunde, sei es, daß ein Betriebsunfall im Sinne der Versicherungs- oder Fürsorgegesetze nicht anerkannt wird, sei es, daß der Versicherte oder Fürsorgeberechtigte, soweit eine Anmeldung des Unfalls seinerseits erforderlich ist, die für diese gesetzte Frist versäumt hat (vgl. § 72 des Gewerbe-Unfallversicherungsgesetzes vom 5. Juli 1900, § 6 Abs. 1 des preußischen Fürsorgegesetzes vom 18. Juni 1887), der Versicherungs- oder Fürsorgeanspruch des Beschädigten ausgeschaltet wird, so tritt der letztere wieder in seine Gläubigerrechte gegen den Dritten ein. An der Erhebung der Klage gegen diesen ist der Verletzte durch den Übergang seines Anspruchs auf den Versicherer an sich überhaupt nicht gehindert; sein Anspruch bleibt einmal unberührt bestehen, soweit er über den Umfang der auf Grund der Unfallversicherungs- oder Fürsorgegesetze ihm zukommenden Beträge hinausreicht; aber auch im übrigen wird die drohende Verjährung in der Regel — so besonders bei Ansprüchen, die aus dem Reichshaftpflichtgesetze hervorgehen — den Verletzten zur Anstrengung der Klage gegen den Dritten nötigen; die Sachlage gibt ihm alsdann den geeigneten Weg, die Feststellungsklage, an die Hand; in dem auf diese ergehenden Urteile ist die durch die

Versicherung oder Fürsorgeberechtigung bewirkte Einschränkung des Anspruchs auszusprechen.

Im vorliegenden Falle ist eine Feststellung, ob der Fürsorgeanspruch des Klägers gegen den Staat entweder von Amts wegen auf Grund des § 6 Abs. 3, oder auf die Anmeldung des Klägers gemäß § 6 Abs. 1 des Beamtenfürsorgegesetzes vom 18. Juni 1887 zur Prüfung gebracht worden, und ob das Verfahren noch schwebt, oder welche Entscheidung etwa darauf ergangen ist, noch nicht getroffen; es fehlt mithin für eine eigene Entscheidung des Revisionsgerichts nach § 565 Abs. 3 Z.P.O. an der erforderlichen Unterlage. Unter Aufhebung des angefochtenen Urteils war daher die Sache gemäß § 565 Abs. 1 Z.P.O. an das Berufungsgericht zur weiteren Erörterung und Prüfung des von der Beklagten aus dem Beamtenfürsorgegesetz erhobenen Einwandes und zur weiteren Verhandlung und Entscheidung in der Sache überhaupt zurückzuverweisen."

---

51. Finden die günstigeren Bestimmungen des preußischen Gesetzes, betr. die Fürsorge für Beamte infolge von Betriebsunfällen, vom 2. Juni 1902 auch dann Anwendung, wenn der Betriebsunfall bereits vor, die Versetzung in den Ruhestand aber erst nach dem Inkrafttreten des Gesetzes erfolgt ist?

III. Zivilsenat. Urt. v. 3. März 1905 i. S. F. (Kl.) w. preuß. Fiskus (Bekl.). Rep. III. 360/04.

I. Landgericht Magdeburg.
II. Oberlandesgericht Naumburg a. S.

Aus den Gründen:

„Das Berufungsgericht hat den Kläger mit dem auf § 1 Abs. 3 des preußischen Fürsorgegesetzes für Beamte in der Fassung des Gesetzes vom 2. Juni 1902 gestützten Anspruch abgewiesen, weil der durch Verfügung vom 25. Juni 1903 zum 1. Oktober 1903 in den Ruhestand versetzte Kläger den fraglichen Unfall, der seine Dienstunfähigkeit zur Folge gehabt hat, bereits am 22. Oktober 1897, also vor dem Inkrafttreten des Gesetzes vom 2. Juni 1902, erlitten hat, und daher dieses

Gesetz auf den vorliegenden Fall überhaupt keine Anwendung finden könne. Diese Ansicht ist, wie der erkennende Senat bereits früher (vgl. das Urteil vom 29. März 1903, Jurist. Wochenschr. 1904 S. 267 Nr. 21) ausgesprochen hat, rechtsirrtümlich. Das Berufungsgericht verkennt, daß das fragliche Fürsorgegesetz in seiner alten und neuen Fassung, wie die Materialien desselben ergeben und in der Rechtsprechung feststeht (vgl. Entsch. des R.G.'s in Zivils. Bd. 39 S. 354), ein Pensionsgesetz ist, und demgemäß die Bestimmungen des preußischen Pensionsgesetzes vom 27. März 1872 ergänzende Anwendung finden. Nach letzterem Gesetze (vgl. insbesondere die §§ 8. 10. 11. 21. 22) kann es aber keinem Zweifel unterliegen, daß regelmäßig der Zeitpunkt der Versetzung in den Ruhestand für die Berechnung der Pension entscheidend ist. Dasselbe Prinzip folgt auch aus dem Wortlaut der preußischen Fürsorgegesetze vom 18. Juni 1887 und 2. Juni 1902, indem nach § 1 Abs. 2 die Pension den Beamten bei ihrer Entlassung aus dem Dienste gewährt wird, und nach § 2 letzter Absatz der Anspruch der Witwe ausgeschlossen ist, wenn die Ehe erst nach dem Unfall geschlossen ist; insbesondere aus letzterer, entgegengesetztenfalls unnötigen Bestimmung folgt unmittelbar, daß nicht die Zeit des Unfalls als maßgebend von dem Gesetze angesehen worden sein kann. Dazu kommt, daß eine dem § 27 des Reichsgesetzes vom 30. Juni 1900, betr. die Abänderung der Unfallversicherungsgesetze, entsprechende Bestimmung in die Fürsorgegesetze, sowohl in das Reichsunfallfürsorgegesetz vom 18. Juni 1901, als in das in Frage stehende preußische Fürsorgegesetz vom 2. Juni 1902 nicht aufgenommen ist. Nach diesem § 27 sollen die günstigeren Bestimmungen des neuen Gesetzes auch bei Entschädigungsansprüchen aus Unfällen, welche sich vor Inkrafttreten dieses Gesetzes ereignet haben, soweit sie nicht schon rechtskräftig festgestellt sind, Anwendung finden. Wäre nun nach den Fürsorgegesetzen nicht die Versetzung in den Ruhestand der entscheidende Zeitpunkt, dann wäre ganz unverständlich, weshalb nicht auch in diese eine entsprechende Bestimmung aufgenommen wäre, da diese Fürsorgegesetze gerade beabsichtigten, die den Arbeitern, Betriebsbeamten 2c durch das Reichsgesetz vom 30. Juni 1900 zugewendete bessere Unfallfürsorge auch auf die Reichsbeamten, bzw. preußischen Beamten auszudehnen. Ist aber für die Festsetzung der Pension der Beamten der Zeitpunkt der Pensionierung entscheidend, so war bei den Fürsorgegesetzen für eine dem § 27 des Gesetzes vom 30. Juni 1900 entsprechende Bestimmung überhaupt kein Raum. Bei dieser Sachlage kann aber von einer unzulässigen Rückwirkung des Gesetzes vom 2. Juni 1902, mit der das Berufungsgericht seine Ausführungen zu stützen sucht, keine Rede sein, da das entscheidende Ereignis, die Versetzung in den Ruhestand, eben nach dem Inkrafttreten des Gesetzes vom 2. Juni 1902 eingetreten ist." . . .

---

52. Kann eine Aktiengesellschaft, die ihren Sitz und ihre Hauptniederlassung in den Vereinigten Staaten von Nordamerika hat, den Schutz des Gesetzes zur Bekämpfung des unlauteren Wettbewerbes vom 27. Mai 1896, auch wenn sie eine Hauptniederlassung im Deutschen Reich nicht besitzt, beanspruchen?

Gesetz zur Bekämpfung des unlauteren Wettbewerbs § 16.
Übereinkunft zum Schutze des gewerblichen Eigentums vom 20. März 1883 R.G.Bl. 1903 S. 148, ergänzt durch die Brüsseler Zusatzakte vom 14. Dezember 1900 (Unionsvertrag), R.G.Bl. 1903 S. 167 Art. 10b.

II. Zivilsenat. Urt. v. 3. März 1905 i. S. Eagle Oil Company of New York (Bekl.) w. Vacuum Oil Company (Kl.). Rep. II. 273/04.

I. Landgericht Hamburg, Kammer für Handelssachen.
II. Oberlandesgericht daselbst.

Die Frage wurde vom Reichsgericht bejaht aus folgenden

Gründen:

. . . „Der § 16 des Wettbewerbsgesetzes bestimmt: „Wer im Inlande eine Hauptniederlassung nicht besitzt, hat auf den Schutz dieses Gesetzes nur insoweit Anspruch, als in dem Staate, in welchem seine Hauptniederlassung sich befindet, nach einer im Reichs-Gesetzblatt enthaltenen Bekanntmachung deutsche Gewerbetreibende einen entsprechenden Schutz genießen." Danach genießt der Ausländer, der im Deutschen Reiche eine Hauptniederlassung hat, den gleichen Schutz wie der Inländer; dem Deutschen, der seine Hauptniederlassung im Auslande und keine Hauptniederlassung im Deutschen Reiche hat, ist dagegen der Schutz des Gesetzes versagt, und ein Ausländer endlich, der keine Hauptniederlassung im Deutschen Reiche hat, genießt den Schutz des Gesetzes nur, wenn der Staat, in dem er seine Hauptniederlassung hat, nach einer im Reichsgesetzblatt enthaltenen Bekanntmachung Gegenseitigkeit gewährleistet. Bisher ist keine Bekanntmachung im Sinne des § 16 des Wettbewerbsgesetzes ergangen, auch kein Staatsvertrag veröffentlicht, der eine solche Bekanntmachung ersetzt. Die Bekanntmachung vom 9. April 1903 im Reichsgesetzblatt 1903 S. 147, daß Deutschland auf den 1. Mai 1903 dem Unionsvertrag beigetreten sei, kann insbesondere nicht als Bekanntmachung im Sinne und mit der Wirkung von § 16 des Wettbewerbsgesetzes beurteilt werden. Dagegen bestimmt der durch die Brüsseler Zusatzakte in den Unionsvertrag aufgenommene Art. 10b: „Die unter der Übereinkunft stehenden Personen (Art. 2 und 3) sollen in allen Verbandsstaaten den den Staatsangehörigen gegen den unlauteren Wettbewerb zugesicherten Schutz genießen" (nach dem maßgebenden französischen Texte: Les ressortissants de la Convention [Art. 2 et 3] jouiront dans tous les Etats de l'Union de la protection accordée aux nationaux contre la concurrence déloyale), und es handelt sich im gegebenen Falle einzig darum, ob der Auslegung dieser Vorschrift beizutreten ist, die der Berufungsrichter ihr gegeben hat. Im Zusammenhange mit der zu Art. 6 des Unionsvertrages erörterten Frage, ob die akzessorische Natur des Zeichenschutzes noch für Unionsangehörige gelte, — vgl. Pouillet, Annales de la propriété industrielle 1890 S. 69. 136; Bozérian, Journal de droit international privé 1890 S. 200, — hat sich ein lebhafter Meinungsstreit über die Bedeutung und Tragweite des in Art. 2 gebrauchten Ausdrucks „nationaux", in dem deutschen Texte übersetzt mit „Staatsangehörige", entsponnen, der auch in die deutsche Literatur über den Unionsvertrag übergegangen ist. Nach der einen Ansicht besteht die Tragweite des Unionsvertrages überhaupt darin, daß die Gebiete der Verbandsstaaten für die im Übereinkommen geregelten Materien ein Gebiet bilden. Danach wäre „nationaux" gleich „Inländer", und es wäre beispielsweise der Markenschutz des Angehörigen eines Verbandsstaates nicht mehr davon abhängig, daß die Marke im Ursprungslande geschützt ist. Diese Ansicht wird in Deutschland vertreten von Osterrieth-Axster, Die internationale Übereinkunft rc S. 25/27; zu dem gleichen Ergebnisse gelangt, allerdings mit anderer Begründung, Hugo Alexander-Katz, Gewerblicher Rechtsschutz S. 249 flg.; vgl. Osterrieth, ebenda S. 63 flg. Nach einer zweiten Ansicht entspricht der Ausdruck „nationaux" dem in der deutschen Übersetzung gebrauchten Worte „Staatsangehöriger", und wird durch Art. 2 dem Nichtstaatsangehörigen, der aber Untertan oder Bürger eines Verbandsstaates ist, der gleiche Schutz eingeräumt, den der Staatsangehörige des Verbandsstaates hat, in dem der Rechtsschutz beansprucht wird. Diese, namentlich für das Zeichenrecht wegen § 23 des Gesetzes zum Schutze der Warenbezeichnungen, aber auch im übrigen, z. B. zu § 13 des Gebrauchsmusterschutzgesetzes, praktisch sehr bedeutungsvolle Ansicht vertritt in der deutschen Literatur insbesondere Lau, Der Anschluß des Deutschen Reiches an die internationale Union für gewerblichen Rechtsschutz 1902 S. 126, ferner in der Zeitschrift Gewerblicher Rechtsschutz 1902 S. 201, 1903 S. 19 flg. 263 flg., 1904 S. 113. Ihr entspricht auch die Praxis des deutschen Patentamts; sie ist ferner durch die französischen Gerichte für die Materie des Musterschutzes vertreten in der bekannten Strafsache Grauer-Frey wider Daltroff, in der die Urteile des tribunal correctionnel der Seine vom 16. Dezember 1897, des Appellhofs zu Paris vom 20. Mai 1898 und des Kassationshofes (ch. de req.) vom 5. Februar 1904 ergingen — vgl. zu den ersten beiden Urteilen Pelletier u. Vidal-Naquet, Convention pour la protection de la propriété industrielle Nr. 221, und zur ganzen Frage die Verhandlungen der Internationalen Vereinigung für gewerblichen Rechtsschutz in Berlin (1904) mit den Gutachten von Wassermann und Taillefer, Jahrbuch Bd. 8 S. 1 flg. Wird aber von der Auslegung des Art. 2 ausgegangen, welche die zuletzt bezeichnete Ansicht vertritt, und in Betracht gezogen, daß nach Art. 16 des Wettbewerbsgesetzes Deutsche ohne weiteres den Schutz dieses Gesetzes nur genießen, wenn sie im Deutschen Reiche ihre Hauptniederlassung haben, so scheint allerdings der Wortlaut des Art. 10b die Auslegung nahezulegen, daß auch Angehörige der Verbandsstaaten den Schutz des Wettbewerbsgesetzes nur dann genießen, wenn sie im Deutschen Reiche ihre Hauptniederlassung haben. Mit Recht wird aber dem Art. 10 b die weitere Auslegung dahin gegeben, daß allen Angehörigen der Verbandsstaaten ohne weiteres der in den einzelnen Staaten bestehende Schutz gegen unlauteren Wettbewerb zuteil werden soll. Für die letztere Auffassung kann die Vorgeschichte des Art. 10b verwertet werden. Diese Vorschrift wurde bei den Beratungen der ersten und der zweiten Brüsseler Konferenz angenommen auf Anregung des Kongresses der Internationalen Vereinigung für gewerblichen Rechtsschutz zu Wien vom Oktober 1897, der einen mit Art. 10b übereinstimmenden Beschluß gefaßt hatte. Für den Beschluß zu Wien bildete aber den Ausgang die französische Theorie und Praxis, die nach dem damals erstatteten Berichte von Allart den Rechtsschutz gegen concurrence déloyale als droit civil von der Staatsangehörigkeit abhängig machte. Die Tendenz des Beschlusses ging dahin, daß jeder Unionsangehörige schlechthin den Schutz des einzelnen Verbandsstaates genießen solle; lediglich um der bezeichneten französischen Praxis entgegenzutreten, wurde bei Fassung des Beschlusses der Ausdruck „nationaux“ aufgenommen. Auf der Brüsseler Konferenz wurde diese Vorschrift auch allgemein so aufgefaßt, daß jeder Unionsangehörige schlechthin den in den einzelnen Staaten bestehenden Schutz gegen unlauteren Wettbewerb genießen solle. — Für Deutschland kommt noch weiter in Betracht, daß das Erfordernis der Hauptniederlassung in § 16 des Wettbewerbsgesetzes im wesentlichen unter dem Gesichtspunkt der Reziprozität aufgestellt, und danach sein Aufrechthalten mit dem Zwecke des Art. 10b unvereinbar ist. Für die dargelegte weitere Auslegung des Art. 10 b haben sich in der deutschen Literatur ausgesprochen: Lau in der Zeitschrift Gewerblicher Rechtsschutz 1903 S. 75. 270, Wassermann in seinem oben erwähnten Gutachten S. 14, Pinner, Unlauterer Wettbewerb S. 167, Seligsohn, Gesetz zum Schutz der Warenbezeichnungen 2. Aufl. S. 307/308. In gleichem Sinne hat bereits der Senat in dem Urteile vom 5. Juli 1904, Rep. II. 552/04, erkannt; nach wiederholter Prüfung hat er keinen Anlaß, die dort gebilligte Auffassung aufzugeben. Allerdings wird man sich der weiteren Folgerung nicht entziehen dürfen, daß nunmehr auch der Deutsche, der nicht im Deutschen Reiche, wohl aber in einem der anderen Verbandsstaaten seine Hauptniederlassung hat, den Schutz des Wettbewerbsgesetzes beanspruchen kann. Danach hat der Berufungsrichter mit Recht aus Art. 10 b des Unionsvertrags abgeleitet, daß die Klägerin, eine Aktiengesellschaft mit dem Sitze in den Vereinigten Staaten von Nordamerika, im Deutschen Reiche den Schutz des Wettbewerbsgesetzes genießt, auch wenn sie im Deutschen Reich keine Hauptniederlassung hat." ...

---

53. Geht ein Pfändungspfandgläubiger, der eine im Zwangsversteigerungsverfahren für die Kaufgeldforderung gegen den Ersteher eingetragene Sicherungshypothek hat pfänden lassen, dem Vertragspfandgläubiger einer zur Hebung gelangten und durch Zuteilung der Kaufgeldforderung gedeckten Briefhypothek vor, wenn das Vertragspfandrecht aus dem Grundbuche nicht mehr ersichtlich war und auch bei Eintragung der Sicherungshypothek für die Kaufgeldforderung nicht miteingetragen worden ist?

B.G.B. § 873.

Zw.V.G. § 128.

V. Zivilsenat. Urt. v. 4. März 1905 i. S. A. (Bekl.) w. offene Handelsgesellschaft A. A. K. (Kl.). Rep. V. 402/04.

I. Landgericht Görlitz.
II. Oberlandesgericht Breslau.

Der Klägerin war eine für den Bauunternehmer R. eingetragene Briefhypothek von 12500 *M* unter Übergabe des Hypothekenbriefes verpfändet. Die Eintragung des Pfandrechts im Grundbuche unterblieb. Auch als demnächst bei der Zwangsversteigerung des belasteten Grundstücks an Stelle der Briefhypothek, die voll zur Hebung gelangte und durch Zuteilung eines entsprechenden Teils der Kaufgeldforderung gegen den Ersteher Deckung fand, eine Sicherungshypothek für R. eingetragen wurde, fand eine Miteintragung des Pfandrechts der Klägerin nicht statt. Später wurde die Sicherungshypothek wegen einer dem Beklagten gegen R. zustehenden Forderung von 3966,80 *M* nebst Zinsen und 55,10 *M* Kosten gepfändet und dem Beklagten in Höhe dieser Beträge überwiesen. Da der Ersteher die Hypothek auszahlen wollte, klagte die Klägerin gegen den Beklagten auf Einwilligung in die Auszahlung der gepfändeten Beträge an sie. Sie erzielte in beiden Instanzen ein obsiegendes Urteil. Die Revision des Beklagten ist zurückgewiesen worden, aus folgenden

Gründen:

„Der Berufungsrichter führt aus: nach dem Surrogationsprinzip ergreife das durch den Zuschlag erloschene Hypothekenrecht den an die Stelle des Grundstücks tretenden Versteigerungserlös und, soweit dieser nicht bar gezahlt werde, die gegen den Ersteher bestehende Kaufgeldforderung. Im Falle der Belastung der Hypothek mit Rechten Dritter werde der Versteigerungserlös oder die Kaufgeldforderung in gleicher Weise auch von diesen Rechten erfaßt, und müsse ferner angesichts des innigen Zusammenhangs, der bei der Sicherungshypothek zwischen Forderung und Realrecht bestehe, angenommen werden, daß die für die Kaufgeldforderung gegen den Ersteher eingetragene Sicherungshypothek durch die auf der Forderung ruhenden Rechte Dritter mitbelastet werde. Der allgemeine Grundsatz, wonach ein Pfandrecht an einer Nicht-Briefhypothek nur durch Eintragung begründet werden könne, stehe einer solchen Annahme nicht entgegen, da es sich hier nicht um rechtsgeschäftliche Verpfändung handle. Freilich hätte das Vollstreckungsgericht auf Grund des § 128 Abs. 1 Satz 2 Zw.V.G. — der trotz seines anscheinend entgegenstehenden Wortlauts auch auf den vorliegenden Fall anzuwenden gewesen wäre — die Eintragung des klägerischen Pfandrechts bei der R.'schen Sicherungshypothek anordnen müssen. Die Unterlassung schade jedoch der Wirksamkeit des Pfandrechts der Klägerin nicht, auch nicht gegenüber dem Beklagten, da dessen Pfändungspfandrecht nicht auf Rechtsgeschäft beruhe, mithin den durch § 892 B.G.B. gewährleisteten Schutz des guten Glaubens nicht genieße.

Von diesen Ausführungen erscheint die Annahme, daß das Vollstreckungsgericht gegen § 128 Abs. 1 Satz 2 Zw.V.G. gefehlt habe, allerdings nicht haltbar. Diese Gesetzesbestimmung schreibt vor, daß bei der Eintragung einer Sicherungshypothek für die Forderung gegen den Ersteher eine Belastung, die auf dem ursprünglichen, durch den Zuschlag erloschenen Realrechte geruht hat, als entsprechende Belastung der neuen Sicherungshypothek dann miteinzutragen sei, wenn jene Belastung des ursprünglichen Realrechts nach Inhalt des Grundbuchs bestand. Der Gesetzgeber war also der Ansicht, ein Recht an dem Realrechte, das bis zur Zwangsversteigerung eines Schutzes durch Eintragung nicht bedurft habe, oder für das bis dahin ein solcher Schutz von dem Berechtigten nicht in Anspruch genommen worden sei, brauche auch für die Zukunft nicht unter den Schutz der Grundbucheintragung gestellt zu werden; vielmehr habe der Berechtigte, dem aus der Nichteintragung seines Rechts bei der Eintragung der Sicherungshypothek ein Nachteil erwachse, sich dies als Folge der unterlassenen grundbuchmäßigen Kundbarmachung seines ursprünglichen Rechts selbst zuzuschreiben.

Vgl. Jaeckel, Kommentar zum Zwangsversteigerungsges. 2. Aufl. Anm. 4 zu §§ 128. 129.

Danach war das Vollstreckungsgericht angesichts des Umstandes, daß das klägerische Pfandrecht an der Briefhypothek von 12500 *M* aus dem Grundbuche nicht hervorging, keinenfalls verpflichtet, von Amts wegen das Grundbuchamt um Eintragung eines entsprechenden Pfandrechts an der Sicherungshypothek für die Klägerin zu ersuchen; ob es einem hierauf gerichteten Antrage hätte stattgeben müssen, kann, da ein solcher Antrag im vorliegenden Falle nicht gestellt ist, unerörtert bleiben.

Auch die übrigen Ausführungen des Berufungsrichters werden von der Revision als rechtsirrig bekämpft, jedoch mit Unrecht; sie rechtfertigen die getroffene Entscheidung. Die Revision macht dem Berufungsrichter zum Vorwurf, zwei fundamentale Rechtsgrundsätze verkannt zu haben: einmal, daß nach dem Bürgerlichen Gesetzbuch das sog. Surrogationsprinzip nicht, wie nach früherem preußischen Rechte, allgemein gelte, sondern nur für einzelne, im Gesetze genau bestimmte Fälle Anerkennung gefunden habe; sodann, daß ein Pfandrecht an einer Sicherungshypothek nicht anders als unter Einhaltung der Form des § 873 B.G.B. entstehen oder nach § 128 Abs. 1 Satz 2 Zw.V.G. erhalten werden könne. Das ergebe sich indirekt auch aus § 1287 B.G.B., dessen genau begrenzter Tatbestand eine ausdehnende Anwendung auf Fälle der vorliegenden Art um so weniger gestatte, als diese durch § 128 Zw.V.G. erschöpfend geregelt worden seien. Diese Angriffe gehen fehl. Allerdings bedarf es nach jetzigem Rechte zur Anwendung der Grundsätze über Surrogation einer positiven, sie zulassenden Gesetzesbestimmung, und richtig ist es ferner, daß diejenigen

Paragraphen des Zwangsversteigerungsgesetzes, die das Surrogationsprinzip für den Bereich des Immobiliarzwangsvollstreckungsverfahrens zur Anerkennung bringen (§§ 10. 37 Ziff. 5. 92. 109. 110. 118), dies nur in bezug auf die Rechte am Grundstücke tun, während es hinsichtlich der Rechte, die auf einem am Grundstücke bestehenden Rechte lasten, an einer entsprechenden ausdrücklichen Bestimmung fehlt. Gleichwohl hat der Gesetzgeber zweifellos auch diese Fälle dem erwähnten Prinzip unterstellen wollen, da ein gegenteiliger Standpunkt völlig unverständlich sein würde. Der Wille hat auch im Gesetze selbst insofern zureichenden Ausdruck gefunden, als der § 128 Abs. 1 Satz 2 Zw.V.G. nach seiner Fassung das Recht des Dritten an der Forderung gegen den Ersteher und an dem durch die Eintragung der Sicherungshypothek zu begründenden Realrecht offensichtlich als unabhängig von der Eintragung bestehend voraussetzt und der Eintragung des Rechts nur die Bedeutung beimißt, daß dadurch das Recht auch jedem Dritten gegenüber kundbar gemacht wird. Anlangend aber die Frage, ob nicht nach dem Bürgerlichen Gesetzbuch die Eintragung im Grundbuch als Vollzugsform für die Entstehung eines wirksamen Pfandrechts an einer Buchhypothek schlechthin in allen Fällen, also auch bei einer auf Grund des § 128 Zw.V.G. eingetragenen Sicherheitshypothek, gelten müsse, so hat der Berufungsrichter die Verneinung jener Frage, soweit ein Fall vorliegender Art in Betracht kommt, zutreffend damit begründet, daß es sich hier nicht um die rechtsgeschäftliche Neubegründung eines Pfandrechts, auf welchen Fall allein die Vorschrift des § 873 B.G.B. anzuwenden sei, sondern um eine kraft Gesetzes eintretende Erstreckung des rechtsgültig durch Eintragung begründeten Pfandrechts auf ein anderes Vermögenssubstrat handele. Es greift also der im zitierten § 873 Abs. 1 vorgesehene Vorbehalt („soweit nicht das Gesetz ein anderes vorschreibt") Platz. Übrigens ergibt sich die Richtigkeit der angegriffenen Entscheidung auch noch aus einem anderen, vom Berufungsrichter ebenfalls berührten Gesichtspunkte. Daß abgesehen von der Sicherungshypothek in ihrer Eigenschaft als Realrecht jedenfalls die durch sie zu sichernde Forderung gegen den Ersteher als persönlicher Anspruch von dem nicht eingetragenen Pfandrechte, das an der ursprünglichen, durch den Zuschlag erloschenen Briefhypothek bestanden hat, ergriffen wird, erscheint völlig zweifellos und ist auch von der Revision nicht in Abrede gestellt worden. Haftet aber dem der Sicherungshypothek unterliegenden persönlichen Anspruche die Beschränkung an, daß der spätere Pfändungspfandgläubiger das ältere Vertragspfandrecht gegen sich gelten lassen muß, so überträgt sich diese Beschränkung ohne weiteres auch auf die mit dem Anspruche verbundene Sicherungshypothek, da letztere in ihrem Bestande uud in ihrer Wirksamkeit, ebenso wie das Mobiliarpfandrecht, schlechthin von dem zu sichernden Anspruch abhängig ist, also dessen sämtliche Rechtsschicksale teilt."...

54. Bedarf ein Vertrag, durch den ein persönliches Vorkaufsrecht in Ansehung eines Grundstücks eingeräumt wird, um wirksam zu sein, der gerichtlichen oder notariellen Beurkundung?

V. Zivilsenat. Urt. v. 4. März 1905 i. S. S. u. W. (Kl.) w. N. (Bekl.). Rep. V. 71/05.

I. Landgericht Danzig.
II. Oberlandesgericht Marienwerder.

Durch einen privatschriftlichen, von beiden Teilen unterschriebenen Vertrag vom 6. Oktober 1902 vermietete der Beklagte den Klägern eine Wohnung in seinem Hause. Kläger übernahmen die Vizewirtschaft für dieses Haus und behielten sich das Vorkaufsrecht vor. Nachdem die Kläger davon Kenntnis erhalten hatten, daß der Beklagte sein Grundstück durch notariellen Vertrag vom 1. September 1904 dem K. verkauft habe, erklärten sie dem Beklagten, daß sie ihr Vorkaufsrecht ausüben und in den Vertrag mit K. eintreten wollten. Der Beklagte lehnte den Eintritt derselben ab. Die Kläger beantragten, im Wege der einstweiligen Verfügung anzuordnen, daß im Grundbuche zur Erhaltung ihres Rechts auf Auflassung eine Vormerkung eingetragen werde, und gleichzeitig das Grundbuchamt um Eintragung zu ersuchen. Der erste Richter wies diesen Antrag durch Urteil ab. Die Berufung der Kläger wurde zurückgewiesen. Beide Vorderurteile beruhen darauf, daß die Einräumung des Vorkaufsrechts durch den Vertrag vom 6. Oktober 1902 wegen Formmangels nichtig sei. Auf die Revision der Kläger wurde das Berufungsurteil aufgehoben, aus folgenden

Gründen:

„Es ist streitig, ob das Kausalgeschäft, der obligatorische Vertrag, wodurch das Vorkaufsrecht an einem Grundstück eingeräumt wird, gerichtlich oder notariell beurkundet werden muß, oder ob der formlose Abschluß genügt. Von der Beantwortung dieser Frage hängt die Entscheidung des vorliegenden Rechtsstreits ab, da die begehrte Vormerkung nur dann zulässig ist, wenn ein durch einen wirksamen Vertrag begründeter Anspruch auf Auflassung glaubhaft gemacht wird (§ 883 B.G.B.). Ist der Vertrag vom 6. Oktober 1902 wegen Formmangels nichtig, so ist durch ihn kein Anspruch auf Auflassung begründet, der durch Vormerkung geschützt werden könnte.

Eine bestimmte Form ist für den Vorkaufsvertrag im Bürgerlichen Gesetzbuche nicht vorgeschrieben. Bei der 2. Lesung wurde zwar beantragt, folgenden Satz dem § 481 Abs. 1 des Entwurfs I (§ 504 B.G.B.) anzufügen:

„Ein Vertrag, durch welchen das Vorkaufsrecht hinsichtlich eines Grundstücks begründet wird, bedarf der gerichtlichen oder notariellen Form."

Der Antrag wurde aber vor der Abstimmung zurückgezogen (Protokolle Bd. 2 S. 94). Es fragt sich daher, ob der Vorkaufsvertrag durch eine allgemeine Bestimmung einer besonderen Form unterworfen ist. Als Kausalgeschäft wird er vom Rechte der Schuldverhältnisse beherrscht, und er wäre formfrei, wenn er nicht der Vorschrift des § 313 B.G.B. unterliegt, wonach ein Vertrag, durch den sich der eine Teil verpflichtet, das Eigentum an einem Grundstücke zu übertragen, der gerichtlichen oder notariellen Form bedarf. Findet der § 313 auf ihn Anwendung, so ist er nichtig, wenn er der vorgeschriebenen Form ermangelt (§ 125 B.G.B.).

Im Vertrage vom 6. Oktober 1902, der dem Rechtsstreite zugrunde liegt, ist ein persönliches Vorkaufsrecht bestellt, da die Belastung des dem Vorkauf unterworfenen Grundstücks durch Eintragung des Rechts in das Grundbuch nicht in Aussicht genommen ist. Die Streitfrage ist also nur in der Beschränkung zu beantworten: Bedarf ein Vertrag, durch den ein persönliches Vorkaufsrecht in Ansehung eines Grundstücks eingeräumt wird, um wirksam zu sein, der gerichtlichen oder notariellen Form? Es bleiben infolgedessen die Besonderheiten des dinglichen Vorkaufsrechts, die für oder gegen die Formfreiheit des ein solches Recht begründenden Vertrages angeführt werden, hier außer Betracht, insbesondere die Bezeichnung des dinglichen Vorkaufsrechts als Belastung eines Grundstücks (§ 1094 B.G.B.).

Über die streitige Formfrage sind zwei Urteile des III. Zivilsenats des Reichsgerichts ergangen. In dem einen (Entsch. in Zivils. Bd. 16 S. 155) ist entschieden, daß es der Verlautbarung vor Gericht oder vor Notar und Zeugen nicht für den Abschluß eines ein Vorkaufsrecht einräumenden Vertrages bedarf. Von diesem Urteile kann abgesehen werden, da es auf dem früheren braunschweigischen Rechte beruht. In dem anderen (Entsch. in Zivils. Bd. 59 S. 132) ist zwar ausgesprochen, daß ein persönliches Vorkaufsrecht nach § 313 B.G.B. nicht zu Recht besteht, wenn es nicht gerichtlich oder notariell beurkundet ist. Aber die Entscheidung beruht nicht auf der Anwendung dieses Rechtssatzes, sondern die Abweisung der Räumungsklage durch das Berufungsgericht ist deshalb gebilligt, weil die Voraussetzung der Räumungspflicht des Beklagten, die Kündigungsbefugnis der Kläger, nicht eingetreten sei. Der jetzt erkennende Senat ist also nicht behindert, ohne Einholung einer Entscheidung der vereinigten Zivilsenate von jenem Rechtssatze abzugehen und Formfreiheit des Vorkaufsvertrages anzunehmen.

Es liegt nahe, die Materialien zum Bürgerlichen Gesetzbuche heranzuziehen, um zu ermitteln, ob bei Beratung des Entwurfs Äußerungen der gesetzgebenden Faktoren hervorgetreten sind, die zur Klärung der sehr bestrittenen und zweifelhaften Formfrage zu dienen geeignet sind.

In den Motiven zum I. Entwurfe (Bd. 2 S. 190) heißt es im Anschluß an die Gründe, die für die Notwendigkeit der Formalisierung des Vertrages, durch den sich jemand zur Übertragung des Eigentums an einem Grundstücke verpflichtet, angeführt werden, (vgl. § 351 des Entwurfs I): „Dagegen ist ein wirkliches Bedürfnis nur hervorgetreten in Ansehung der Verträge, durch welche die Verpflichtung zur Übertragung des Eigentums an einem Grundstücke (§ 781 Abs. 1 und 2) übernommen wird, nicht auch für Verträge, durch welche jemand sich zur Bestellung oder Aufhebung eines anderen Rechts an einem Grundstücke verpflichtet."

In den Motiven zu den Vorschriften über das dingliche Vorkaufsrecht an Grundstücken (§§ 952 flg. des Entwurfs 1) finden sich folgende Sätze: „Da der Zweck des Vorkaufsrechts nicht sowohl dahin geht, dem Berechtigten, wenn gewisse Bedingungen sich erfüllen, das Eigentum zu verschaffen, als vielmehr dahin, einen dem Berechtigten unerwünschten Eigentumswechsel zu verhüten, so liegt es nahe, den Schutz in einem vertragsmäßigen Veräußerungsverbote zu suchen" (Motive Bd. 3 S. 450). Über den Inhalt des Vorkaufsrechts wird ferner (S. 452 a. a. O.) gesagt: „Dieses Rechtsverhältnis wird als Belastung des Grundstücks, nicht als bedingtes Recht auf Anfall des Eigentums gedacht."

In den Protokollen der 2. Lesung treten abweichende Auffassungen hervor. Bei Beratung des § 351 des Entwurfs I (§ 313 B.G.B.) war beantragt, auch diejenigen Verträge der gerichtlichen oder notariellen Form zu unterwerfen, durch die sich jemand zur Begründung, Übertragung oder Belastung eines anderen Rechts, als des Eigentums, verpflichtet (Antrag 5), und eventuell für diese Verträge die schriftliche Form zu beschließen (Unteranträge 5a, b). Es heißt darüber: „Für die Ausdehnung des Formzwanges auf die obligatorischen Verträge über sonstige Rechte an Grundstücken (Vorkaufsrechte, Erbbaurechte, Grunddienstbarkeiten, persönliche Dienstbarkeiten, Reallasten, Hypotheken und Grundschulden) wurde geltend gemacht, daß diese Rechte in ihrer wirtschaftlichen Bedeutung dem Eigentumsrechte sehr nahe stehen, und daß deshalb die Konsequenz die Ausdehnung der Formvorschrift auf sie erfordere. Während aber der Antrag 5 auch hier an dem strengeren Formerfordernisse festhalten wollte, befürworteten die Unteranträge 5a und b mit Rücksicht darauf, daß die Ausdehnung der gerichtlichen oder notariellen Form auf alle Arten dieser Verträge schwer durchführbar sein werde, den Mittelweg, hier die schriftliche Form genügen zu lassen. Die Kommission lehnte diese Anträge ab. Sie erkannte ein Bedürfnis für die Ausdehnung nicht an, weil die Formalisierung des dinglichen Vertrages hier ausreiche, zu einem Schutze gegen Übereilung eine Veranlassung nicht vorliege, gegen die privatschriftliche Form auch die zu Abs. 1 geltend gemachten Bedenken sprächen, und die strengere Form vielfach zur Erschwerung und Benachteiligung des Verkehrs führen müßte" (Protokolle Bd. 1 S. 459. 463 flg.).

Während hier die Einführung des Formzwangs auch für den Vorkaufsvertrag als einen Vertrag, durch den sich jemand nicht zur Übertragung des Eigentums verpflichtet, aufs deutlichste und bestimmteste abgelehnt ist, ist da, wo bei der Beratung des persönlichen Vorkaufsrechts über die Form der Ausübung desselben durch Erklärung des Vorkaufsberechtigten gegenüber dem Verpflichteten verhandelt wurde, als Ansicht der Mehrheit der Kommission ausgesprochen: „Es sei doch zu beachten, daß Verträge, durch welche ein Vorkaufsrecht an einem Grundstück eingeräumt werde, nach § 351, (Entwurf I, § 313 B.G.B.), gerichtlich oder notariell beurkundet werden müssen. Damit sei aber der Hauptzweck des Formzwangs, geschäftsunkundige und unerfahrene Parteien vor Übereilung zu schützen, bereits in einer Weise erfüllt, daß nicht abzusehen sei, weshalb auch noch die Wirksamkeit der späteren Erklärung des Vorkaufsberechtigten, daß er von seinem Rechte Gebrauch mache, von der Beobachtung einer Form abhängig gemacht, und die Parteien durch Verdoppelung der Vertrags- und Stempelkosten belastet werden sollen. Der § 351 wolle vornehmlich den die Übereignung versprechenden Verkäufer davor schützen, daß er schon infolge einer unüberlegten Äußerung sein Eigentum am Grund und Boden ohne hinlänglichen Ersatz verliere.“ Bei der Beratung trat auch die Auffassung hervor, daß in der Einräumung eines Vorkaufsrechts ein bedingtes Kaufgeschäft zu erblicken sei (Protokolle Bd. 2 S. 99).

Die Materialien geben hiernach nur eine geringe Ausbeute. Insbesondere lassen die Protokolle der 2. Lesung nicht auch nur mit einiger Gewißheit erkennen, welche Ansicht über die Form des Vorkaufsvertrages bei der 2. Kommission vorgeherrscht hat, da die Berufung darauf, daß der Vorkaufsvertrag dem Formzwange des § 351 des Entwurfs I (§ 313 B.G.B.) unterliege, in direktem Widerspruche steht mit dem zum § 351 gefaßten Beschlusse, wodurch der Formzwang des § 351 für den Vorkaufsvertrag geradezu wegen mangelnden Bedürfnisses abgelehnt ist, und nicht erhellt, ob und aus welchem Grunde dieser Beschluß etwa geändert ist.

Es muß aus dem Bürgerlichen Gesetzbuche selbst der Inhalt des Vorkaufsvertrages festgestellt und daraus ermittelt werden, ob derselbe zu denjenigen Verträgen zu rechnen ist, durch die sich der eine Teil verpflichtet, das Eigentum an einem Grundstücke zu übertragen.

Das Bürgerliche Gesetzbuch sieht in dem Vorkauf eine besondere Art des Kaufes (vgl. die Überschrift über den §§ 494 flg.). Hierin könnte vielleicht ein Hinweis darauf gefunden werden, daß auch der Vorkauf, wie der Kauf, zu den Verträgen gehört, die bezwecken, die Verpflichtung des Verkäufers zu begründen, dem Käufer (hier dem Vorkäufer) die Sache zu übergeben und das Eigentum an der Sache zu verschaffen (§ 433). Dieser rein äußerliche Umstand kann jedoch nicht wesentlich ins Gewicht fallen. Die Besonderheit des Vorkaufs besteht darin, daß der Verpflichtete in der Wahl der Person des Käufers nicht freie Hand hat, sondern, wenn er das dem Vorkaufe unterliegende Grundstück verkaufen will, einem bestimmten Käufer, dem zum Vorkaufe Berechtigten, den Vorzug geben muß. Voraussetzung der Ausübung des Vorkaufsrechts ist, daß der Verpflichtete mit einem Dritten einen Kaufvertrag über das dem Vorkauf unterliegende Grundstück — ein anderer Gegenstand kommt hier nicht in Betracht — geschlossen hat (§ 504). Erst mit dem Abschlusse dieses Kaufvertrages treten die Wirkungen des Vorkaufsrechts hervor; bis dahin konnten Rechte und Pflichten aus dem Vorkaufsvertrage nicht geltend gemacht werden. Der Verpflichtete brauchte einen Kaufvertrag nicht abzuschließen; der Berechtigte konnte auf den Abschluß nicht dringen, damit er sein Vorkaufsrecht auszuüben in der Lage sei. Erst nach dem wirklich erfolgten Abschluß eines Kaufvertrages hat der Verpflichtete dem Vorkaufsberechtigten den Inhalt des mit dem Dritten geschlossenen Vertrages unverzüglich mitzuteilen (§ 510), um ihn instand zu setzen, zu überlegen, ob er das Vorkaufsrecht ausüben und damit die Stellung des Käufers übernehmen will. Entschließt er sich zur Ausübung, so hat er dies dem Verpflichteten gegenüber zu erklären. Mit dieser Erklärung kommt kraft Gesetzes der Kauf zwischen dem Verpflichteten und dem Berechtigten unter den Bedingungen zustande, die der Verpflichtete mit dem Dritten vereinbart hat (§ 505); des Abschlusses eines neuen Vertrages zwischen dem Verpflichteten und dem Berechtigten bedarf es nicht. Freilich ist nicht ausgeschlossen, daß ein neuer Kaufvertrag mit anderen Bedingungen zwischen dem Verpflichteten und dem Berechtigten abgeschlossen wird; aber dann entsteht nicht auf Grund des Vorkaufsvertrages, sondern auf Grund dieses neuen Vertrages die Verpflichtung des Verkäufers zur Übertragung des Eigentums an dem dem

Vorkauf unterliegenden Grundstücke. Der Vorkaufsvertrag allein läßt nicht nur den Berechtigten ungebunden, sondern überläßt es auch dem Verpflichteten, ob er überhaupt verkaufen, für welchen Preis und unter welchen Bedingungen er verkaufen will. Die einzige Verpflichtung, die der Verpflichtete durch den Vorkaufsvertrag übernimmt, besteht darin, daß er, wenn er demnächst einem Dritten das dem Vorkauf unterliegende Grundstück verkauft, den Inhalt des Kaufvertrages dem Berechtigten mitteilen und, falls dieser das Vorkaufsrecht ausübt, ihn als Käufer gelten lassen und ihm gegenüber den Kaufvertrag erfüllen, ihm also das Eigentum an dem gekauften Grundstücke verschaffen muß. Man hat deshalb in dem Vorkaufsvertrag einen doppelt bedingten Kaufvertrag gefunden, einen Vertrag, durch den sich jemand verpflichtet, unter gewissen Voraussetzungen das Eigentum an einem Grundstücke zu übertragen. Im Berufungsurteile, das sich im übrigen auf das erwähnte Urteil des Reichsgerichts in Entsch. in Zivils. Bd. 59 S. 132 beruft, heißt es: „Das Berufungsgericht trägt kein Bedenken, diese Frage" — d. h. die Frage, inwiefern sich der Vorkaufsvertrag als ein auf Übertragung des Eigentums gerichteter Vertrag darstellt — „dahin zu beantworten, daß es sich bei dem Vorkaufsvertrag um ein bedingtes Kaufgeschäft handelt. Wer einem anderen ein Vorkaufsrecht einräumt, verpflichtet sich, ihm das Eigentum des behandelten Gegenstandes unter der Bedingung zu übertragen, daß er selbst hinsichtlich dieses Gegenstandes mit einem Dritten ein Kaufgeschäft abschließt, und der andere zum Eintritt in diesen Vertrag sich bereit erklärt. Stichhaltige Gründe, aus denen die Pflicht oder das Recht, Eigentum zu übertragen bzw. zu erwerben, von einer solchen Bedingung nicht abhängig gemacht werden könnte, sind nicht erfindlich. Charakterisiert sich der Vorkaufsvertrag aber als ein bedingter Kaufvertrag, so erscheint die Annahme, daß er den Formvorschriften des § 313 unterliege, auch nach der früheren Rechtsprechung des Reichsgerichts durchaus gerechtfertigt (Entsch. in Zivils. Bd. 53 S. 239)." Auf der gleichen Auffassung beruht auch ein Beschluß des Oberlandesgerichts Jena und ein Urteil des Kammergerichts (Rechtspr. der Oberlandesgerichte Bd. 1 S. 293, Bd. 2 S. 73), und sie wird von einzelnen Schriftstellern geteilt, während andere es sich an dem Hinweis auf die Protokolle der 2. Lesung Bd. 2 S. 99

genügen lassen.[1] Das Urteil des Reichsgerichts (Entsch. in Zivils. Bd. 59 S. 132) beschränkt sich auf den Satz, daß der Vertrag, durch den ein persönliches Vorkaufsrecht begründet wird, ein solcher ist, durch den sich der Verkäufer verpflichtet, sein Eigentum an dem Grundstücke, an dem das Vorkaufsrecht bestellt wird, zu übertragen, und daß daher auf ihn die Vorschriften des § 313 B.G.B. Anwendung finden; im übrigen beruft es sich auf die Protokolle der 2. Lesung Bd. 2 S. 99.

Wie schon bemerkt, ist der Äußerung der 2. Kommission, daß der Vorkaufsvertrag dem Formzwange des § 313 B.G.B. unterliege (Protokolle Bd. 2 S. 99), keine Bedeutung beizumessen, da das Gewicht, das sie etwa haben könnte, wenn sie allein stände, durch die gegenteilige Äußerung derselben Kommission aufgehoben wird. Es kann auch dahingestellt bleiben, ob die Charakterisierung des Vorkaufsvertrages als eines bedingten Kaufvertrages zutreffend sei. Denn entscheidend für die streitige Formfrage ist ausschließlich, ob der Vorkaufsvertrag im Sinne des § 313 B.G.B. als ein Vertrag gelten kann, „durch den sich der eine Teil verpflichtet, das Eigentum an einem Grundstücke zu übertragen“, ob also schon aus dem Vorkaufsvertrage dem einen Teile die Verpflichtung erwächst, das Eigentum an einem Grundstücke zu übertragen. Dies ist zu verneinen, und deshalb findet der Formzwang des § 313 auf den Vorkaufsvertrag keine Anwendung.

Durch die Einräumung des Vorkaufsrechts wird überhaupt keine

---

[1] Vgl. Rehbein, B.G.B. Bd. 2 S. 161; Biermann, Sachenr. S. 283 Bem. 2 zu § 1094; Neumann, B.G.B. Vorbem. zu § 504 Nr. I a und b; Crome, System Bd. 2 § 228 Nr. 25; Fuchs, Grundbuchrecht S. 347 Nr. 3 I a; Planck, B.G.B. Bd. 2 Bem. 2 S. 275, Bd. 3 S. 415 Nr. 4; Immerwahr, in Jhering's Jahrb. Bd. 40 S. 294 flg.; Gutbrod, Der oblig. Grundstücksveräußerungsvertrag S. 68. Für die Formfreiheit des Vorkaufsvertrages haben sich ausgesprochen: Thiele, in der Zeitschrift d. D. Notarvereins 1902 S. 317 flg.; Kuhlenbeck, in der Jurist. Wochenschr. 1901 S. 393; Oberneck, Grundbuchrecht Bd. 1 S. 591; Turnau u. Förster, Liegenschaftsrecht Bd. 1 S. 516 Bem. 4; Kretzschmar, Einführ. in das Grundbuchr. Bd. 1. S. 204 flg., Bd. 2 S. 351 flg.; Endemann, Lehrbuch 8. Aufl. Bd. 1 S. 1014 flg. Anm. 28; Predari, G.B.O. S. 443; Düringer u. Hachenburg, Handelsgesetzbuch Bd. 2 S. 301; Maenner, Recht der Grundstücke § 58 Anm. 4 S. 261 (allerdings nur in Ansehung des dinglichen Vorkaufsrechts). D. E.

Verpflichtung, das dem Vorkaufe unterliegende Grundstück zu veräußern oder zu erwerben, auch nicht eine bedingte oder betagte, begründet. Auf den Willen des Verpflichteten, zu veräußern oder nicht zu veräußern, wird durch das Vorkaufsrecht kein Zwang ausgeübt. Nur in einer bestimmten Richtung wird dadurch die Befugnis des Verpflichteten zur Veräußerung eingeschränkt. Ungeachtet des Vorkaufsrechts kann der Verpflichtete das Grundstück vertauschen, verschenken, seinen Erben verkaufen (§§ 504. 511 B.G.B.). Nur dann, wenn er das Grundstück einem Dritten unter Bedingungen verkauft, die auch der Vorkaufsberechtigte erfüllen kann (§ 507), muß er dem Berechtigten gestatten, daß er durch Ausübung des Vorkaufsrechts in die Stelle des Dritten als Käufer eintritt; denn mit der Ausübung des Vorkaufsrechts kommt der Kauf zwischen dem Berechtigten und dem Verpflichteten unter den vom Verpflichteten mit dem Dritten vereinbarten Bestimmungen zustande (§ 505). Erst dadurch, daß der Verpflichtete einen Kaufvertrag mit einem Dritten abschließt, entsteht für ihn die Verpflichtung, das Grundstück zu veräußern, die er durch Auflassung an den Käufer erfüllen muß. Dieser Vertrag unterliegt der Form des § 313, da durch ihn der Verkäufer verpflichtet wird, das Eigentum am verkauften Grundstücke zu übertragen, sei es an den Käufer oder an den Vorkaufsberechtigten. Bei diesem Vertrage trifft auch der Grund zu, welcher zur Aufnahme des Formzwangs geführt hat, daß nämlich der Verkäufer vor Leichtsinn und Übereilung nicht nur in Ansehung der Festsetzung der Kaufbedingungen, sondern auch in bezug auf die Auswahl der Person des Käufers geschützt werden muß. Insbesondere wird der Verkäufer durch den Formzwang veranlaßt, zu überlegen, ob es mit Rücksicht auf die Person des Vorkäufers, den er ja kennt und als Käufer gelten lassen muß, für ihn nicht vorzuziehen sei, vom Kaufabschlusse ganz abzustehen. Da eine Verpflichtung zum Abschlusse des Kaufvertrages als Folge des Vorkaufsrechts gegen den Verpflichteten nicht eintritt, wird durch den Abschluß des Vorkaufsvertrages allein auch keine Verpflichtung zur Übertragung des Eigentums begründet. Diese Verpflichtung entsteht erst mit dem Abschlusse des Kaufvertrages. Nur der Kaufvertrag unterliegt deshalb dem Formzwange des § 313; nur beim Kaufvertrage ist auch die Anwendung der Vorschrift im § 313 Satz 2 denkbar und möglich, daß der Formmangel durch Eintragung des

Käufers oder des Vorkäufers als Eigentümers auf Grund vorangegangener Auflassung geheilt wird.

Das Berufungsurteil unterliegt der Aufhebung, weil es auf einer Verkennung des Begriffs und der Wirkung des Vorkaufsrechts, sowie auf einer Anwendung der Vorschrift des § 313 B.G.B. auf einen Fall, welcher ihr nicht unterliegt, beruht." . . .

---

55. Schließt § 487 Abs. 1 B.G.B. bei dem Fehlen zugesicherter Eigenschaften den Anspruch auf Schadensersatz wegen Nichterfüllung auch für den Schaden aus, der als Unterschied zwischen dem vereinbarten Kaufpreise und dem Werte, den die Tiere beim Kaufabschlusse ohne die zugesicherten Eigenschaften hatten, verlangt wird?

II. Zivilsenat. Urt. v. 7. März 1905 i. S. St. (Kl.) w. v. G. (Bekl.). Rep. II. 283/04.

I. Landgericht Breslau.
II. Oberlandesgericht daselbst.

Die Frage wurde vom Reichsgericht verneint aus folgenden

Gründen:

. . . „Der Berufungsrichter nimmt als bewiesen an, daß die nach dem „Schlußschein" vom 16. März 1900 gegebene Zusicherung der Primaqualität und Prämiierungsfähigkeit für die am 5. April 1900 gelieferten neun Kalben bei den Unterhandlungen vom 11. April aufrecht erhalten wurde und nicht durch eine abändernde Vereinbarung wegfiel, daß jene neun Kalben nicht die zugesicherten Eigenschaften hatten, und daß danach dem Beklagten ein Anspruch auf Schadensersatz wegen Nichterfüllung zustehe, den er ungeachtet des Ablaufs der Verjährungsfrist gegen den geschuldeten Kaufpreis noch aufzurechnen berechtigt sei. Als Schadensersatz wegen Nichterfüllung hatte der Beklagte sein Erfüllungsinteresse verlangt. Davon ausgehend, daß der vereinbarte Kaufpreis nach damaliger Marktlage sachentsprechend gewesen wäre, wenn die Kalben die zugesicherten Eigenschaften gehabt hätten, daß als Schaden der Minderwert beansprucht werden könne, den die Tiere wegen Fehlens der zugesicherten Eigenschaften hatten, und daß danach sein Schaden in dem Unterschiede zwischen dem vereinbarten Kaufpreise und dem Preise bestehe, den nach damaliger Marktlage die Kalben ohne die zugesicherten Eigenschaften hatten, beanspruchte er den hiernach berechneten Preisunterschied als sein Erfüllungsinteresse. Auf dieser Grundlage setzte der Berufungsrichter nach § 287 Z.P.O. den Schadensbetrag in Höhe von 2185 *M* fest.

Der Revisionskläger rügt hierher Verletzung des § 487 Abs. 1 B.G.B., wonach beim Viehkaufe der Käufer nur Wandelung, nicht Preisminderung verlangen kann. Er führt aus: nach der Art der Schadensberechnung werde wegen Fehlens der zugesicherten Eigenschaften in Wirklichkeit Minderung nach § 472 B.G.B. verlangt; der Vorschrift des § 487 Abs. 1 sei aber die Tragweite beizulegen, daß sie jeden Minderungsanspruch — auch einen solchen in der Form des Anspruchs auf Schadensersatz — wegen Nichterfüllung ausschließe. Dieser Angriff ist nicht begründet.

Der § 487 Abs. 1 B.G.B. beschränkt den Käufer, was die gesetzliche Haftung angeht, auf die Wandelung und versagt ihm, abweichend von § 462 B.G.B., die Minderung. Nach § 492 B.G.B. kann dagegen der Käufer für den Fall der Zusicherung einer Eigenschaft des Tieres statt der Wandelung Schadensersatz wegen Nichterfüllung verlangen; für diesen Fall kommen nach § 481 die Vorschriften der §§ 463 und 480 Abs. 2 B.G.B. zur Anwendung. Der § 487 Abs. 1 hat also jedenfalls nicht die Tragweite, daß beim Viehkauf der Käufer auch für den Fall der Zusicherung einer Eigenschaft des Tieres nur auf die Wandelung beschränkt sei. Davon geht auch der Revisionskläger aus.

Nach den Materialien zu § 487 Abs. 1 (Motive Bd. 2 S. 256/257, Protokolle der II. Kommission Bd. 1 S. 740, Denkschrift zum Entwurf eines Bürgerlichen Gesetzbuchs S. 68) beruht der Ausschluß der Minderungsklage bei dem Viehhandel auf Erwägungen rein praktischer Art; dort wird dargelegt, daß die Rechtseinfachheit und die Gefahren eines Mißbrauchs der Minderungsklage für einen solchen Ausschluß sprechen. Dadurch würden weitläufige und bei lebenden Tieren der Natur der Sache nach stets unsichere Schätzungen vermieden, und zugleich der Unbilligkeit begegnet, daß der Käufer, der vielleicht trotz des Mangels ein gutes Geschäft gemacht hat, sich durch die Minderungsklage einen weiteren Vorteil verschaffen kann, der Verkäufer dagegen, der vielleicht bei Zurücknahme des Tieres vor Schaden sich wahren kann, durch die Minderung in erheblichen Schaden gebracht wird. Der Revisionskläger findet in diesen Erwägungen der gesetzgebenden Faktoren, die zu der Vorschrift des § 487 Abs. 1 führten, und in dieser Vorschrift selbst über ihren Wortlaut hinaus den Ausspruch des allgemeinen Prinzips, daß überall da, wo als Schadensersatz wegen Nichterfüllung nur eine dem § 472 B.G.B. entsprechende Minderung des Kaufpreises verlangt wird, und die Höhe des Schadens nur auf dem Wege festgestellt werden könnte, wegen dessen praktischer Bedenklichkeit der Gesetzgeber zum Ausschlusse des Minderungsanspruchs gekommen ist, auch der Schadensanspruch ausgeschlossen sei. Indessen betrifft § 487 Abs. 1, wie bereits oben dargelegt, nach seinem Worlaute und nach dem Zusammenhange des Gesetzes nicht die durch besondere Vereinbarung begründete Erweiterung der Haftung auf Schadensersatz wegen Nichterfüllung. Mit den praktischen Erwägungen, die zum Ausschlusse des Minderungsanspruchs führten, sind ferner keine zwingenden Rechtsgrundsätze für alle Ansprüche aus dem Viehkaufe, also auch nicht für die durch besondere Vereinbarung begründeten, aufgestellt. In der Literatur wird sogar mehrfach (vgl. Planck, § 492 Bem. 1aα B.G.B. S. 402; Stölzle, Der Viehkauf nach dem Bürgerlichen Gesetzbuch S. 139 und die dort Angeführten) die Ansicht vertreten, daß durch Vertrag dem Käufer entgegen dem § 487 Abs. 1 die Wahl zwischen Wandelung und Minderung eingeräumt werden kann. Endlich kommen, wenn als Schadensersatz wegen Nichterfüllung der Minderwert der Tiere infolge des Fehlens zugesicherter Eigenschaften verlangt wird, bei Feststellung des Schadensbetrages nicht die in § 472 aufgestellten Grundsätze für Feststellung des Betrages, um den der Kaufpreis herabzusetzen sei, zur Anwendung, und kann der Instanzrichter durch § 287 Z.P.O. auch im übrigen den Unbilligkeiten entgegentreten, zu denen beim Viehhandel ein Minderungsanspruch nach § 472 B.G.B. führen könnte. Danach steht § 487 Abs. 1 nicht entgegen, daß bei dem Fehlen zugesicherter Eigenschaften als Schadensersatz wegen Nichterfüllung der Minderwert, den das gekaufte Tier wegen Fehlens der zugesicherten Eigenschaften hat, beansprucht und zuerkannt werden kann. Die Bemessung der Höhe des Schadens auf Grund des § 287 Z.P.O. gibt zu rechtlichen Bedenken keinen Anlaß; gleiches gilt auch für die weitere Annahme des Berufungsrichters, daß der Beklagte mit diesem verjährten Anspruch auf Schadensersatz nach Vollendung der Verjährung gegen den geschuldeten Kaufpreis aufrechnen konnte. In bezug auf die zugesicherten Eigenschaften war keine Gewährfrist vereinbart; für diesen Fall finden nach § 492 die Vorschriften der §§ 487—491, nicht auch die Vorschriften der §§ 483—485 B.G.B. entsprechende Anwendung. Da sonach in diesem Falle § 485 keine entsprechende Anwendung findet, somit der Käufer nicht nach dieser Vorschrift zur Erhaltung seiner Rechte aus dem Mangel eine der dort bezeichneten Handlungen vorzunehmen braucht, so würde die Anwendung des § 490 Abs. 3 überhaupt zu dem Ergebnisse führen, daß der Käufer auch ohne rechtzeitige Bewirkung der Mängelanzeige oder einer der in § 485 gleichgestellten Handlungen noch nach Vollendung der Verjährung den Schadensanspruch aufrechnen könnte. Planck, a. a. O. zu § 492 Bem. 2a S. 403, führt aus, eine so weittragende Abweichung von den allgemeinen Vorschriften des § 479 wäre sachlich nicht gerechtfertigt und sei auch offenbar nicht beabsichtigt; mit den dort angeführten Schriftstellern vertritt er die Ansicht, daß es daher zulässig erscheine, das „Fassungsversehen" mit Rücksicht auf das Verhältnis des § 490 Abs. 3 zum § 485 und zum § 479 dahin zu berichtigen, daß hier die letztere Vorschrift anzuwenden sei. Auch bei Zugrundelegen letzterer Ansicht war nach dem festgestellten Sachverhältnisse die besondere Voraussetzung erfüllt, die § 479 zur Aufrechnung des Anspruchs auf Schadensersatz nach Vollendung der Verjährung erfordert. Diese Vorschrift verlangt, daß der Käufer vor Vollendung der Verjährung eine der in § 478 bezeichneten Handlungen, zu denen die Anzeige des Mangels an den Verkäufer gehört, vorgenommen hat. Im gegebenen Falle ist die Anzeige des Fehlens der zugesicherten Eigenschaften an den Verkäufer spätestens am 5. Mai 1900 erfolgt, jedenfalls vor Ablauf der sechswöchigen Verjährungsfrist des § 490 Abs. 1, deren Lauf nach § 492 Satz 2 frühestens mit der am 5. April 1900 geschehenen Ablieferung der Tiere begonnen hatte."...

56. Ist die Schenkung eines Hauses mit der Auflage, die darauf ruhenden privaten Lasten als Selbstschuldner zu übernehmen, ausschließlich als Schenkung, oder bis zum Betrag der zu übernehmenden Lasten als Kauf und nur zu dem überschießenden Wertbetrage als Schenkung zu versteuern? Unterschied der Schenkung unter einer Auflage vom gegenseitigen Vertrage.

VII. Zivilsenat. Urt. v. 7. März 1905 i. S. preuß. Fiskus (Bekl.) w. v. H. (Kl.). Rep. VII. 336/04.

I. Landgericht Stettin.
II. Oberlandesgericht daselbst.

Die Schwester der Klägerin, das Fräulein M. v. H., die Eigentümerin eines in S. belegenen, von ihr für 54000 ℳ erworbenen, mit 49000 ℳ belasteten Hauses war, schloß unter dem 26. September 1903 einen notariell aufgenommenen Schenkungsvertrag mit der Klägerin, in welchem sie nach der voraufgehenden Angabe, daß der wahre Wert des Hauses nur 52000 ℳ betrage, erklärte, daß sie dieses Haus an die Klägerin verschenke, wogegen die Klägerin erklärte, daß sie die Schenkung entgegennehme und mit der daran geknüpften „Bedingung" einverstanden sei, daß sie von nun an als Selbst- und Alleinschuldnerin für sämtliche auf dem Grundstücke haftenden öffentlichen und privaten Lasten gelte. Der Notar verwendete nur den Schenkungsstempel über den Betrag von 5000 ℳ (54000—49000 ℳ, d. i. der Betrag der Belastung) mit 100 ℳ. Die Stempelsteuerbehörde erachtete dagegen ein reines Veräußerungsgeschäft für vorliegend, welches einen Stempel von 550 ℳ erfordere und ordnete deshalb die Nachzahlung eines Stempelbetrages von 450 ℳ an. Die Klägerin drang mit ihrer aus diesem Anlaß gegen den Fiskus erhobenen Feststellungsklage, daß nur der Schenkungsstempel zu erheben sei, in erster und zweiter Instanz durch. Die Revision des Beklagten ist zurückgewiesen worden aus folgenden

Gründen:

„Der Beklagte hatte im gegenwärtigen Prozeßverfahren die Ansicht vertreten, es liege neben der Schenkung des den Betrag der eingetragenen Schulden übersteigenden Wertes des Grundstücks insoweit ein lästiges Veräußerungsgeschäft vor, als die Klägerin die eingetragenen Schulden von 49000 ℳ übernommen habe. Der Berufungsrichter mißbilligt diese Ansicht, indem er ausführt: die Übernahme der Schulden durch die Klägerin stelle sich lediglich als Bestandteil eines einheitlichen Rechtsgeschäfts dar, nämlich eines Schenkungsvertrages über das fragliche Haus mit der Auflage (im Vertrage „Bedingung" genannt), die eingetragenen Schulden zu übernehmen. Das ergebe sich nicht nur aus der im Vertrage enthaltenen, allerdings für sich allein nicht entscheidenden Bezeichnung des Rechtsgeschäfts als „Schenkung", sondern es entspreche auch der Natur der Sache, daß, wer ein Grundstück verschenke, nicht noch die darauf haftenden Schulden bezahle, und es lägen im gegenwärtigen Falle keine besonderen Umstände für die Annahme vor, daß die Absicht der Vertragschließenden und der Zweck des Geschäfts nicht eine Bereicherung der Klägerin, sondern die Befreiung der Schwester der Klägerin von den auf dem Grundstücke haftenden Schulden gewesen sei, daß sie also auch nur zu einem Teile ein lästiges Veräußerungsgeschäft beabsichtigt hätten. Diese Auffassung des Berufungsrichters kann nicht für rechtsirrtümlich erachtet werden. Was die Revision dagegen vorgebracht hat, ist nicht zutreffend. Ihre Ausführungen haben folgenden Inhalt: die Auslegung des Parteiwillens durch den Berufungsrichter verstoße gegen die rechtliche Natur einer Schenkung unter einer Auflage. Eine solche Schenkung verfolge als Hauptzweck die Zuwendung an den Bedachten, wodurch auch der Charakter des Geschäfts bedingt werde. Es müsse danach in der Hauptsache die Zuwendung unentgeltlich erfolgen. Daß die Übereignung des Grundstücks im vorliegenden Fall aber nicht unentgeltlich bewirkt sei, ergebe schon die Tatsache, daß die Parteien den Wert des Grundstücks selbst nur auf 3000 ℳ höher angenommen hätten als die Hypotheken, die auf dem Grundstücke lasteten und von der Klägerin übernommen seien. Falle danach aber ohne weiteres das Moment der Unentgeltlichkeit fort, so bleibe nur übrig, eine gemischte Schenkung anzunehmen, also eine Schenkung, die mit einem entgeltlichen Geschäfte verbunden sei, und zwar so, daß die Gegenleistung in einem solchen Mißverhältnisse zur Hauptleistung stehe, daß durch den überschießenden Wert der Empfänger absichtlich bereichert werde.

Sowohl die Grundlagen wie die Schlußfolgerungen dieser Darlegung sind nicht richtig.

Zunächst ist hervorzuheben, daß die bei einer Schenkung gemachte Auflage auch in einer Leistung an den Schenker bestehen kann. Als Beispiele werden u. a. in der Literatur angeführt die Auflage, von einem geschenkten Kapital Zinsen an den Schenker zu zahlen, oder diesem den Unterhalt zu gewähren. Es steht daher rechtlich dem nichts im Wege, daß die Auflage, wie hier, auch in der Auferlegung der Verpflichtung bestehen kann, die Schulden des Schenkers zu übernehmen oder sie für ihn zu bezahlen.

Was das Wesen der Schenkung unter einer Auflage weiter angeht, so irrt die Revision, wenn sie meint, ihr Hauptzweck müsse die Bereicherung des Beschenkten sein. Das ist keineswegs der Fall. Allerdings wird sehr oft, vielleicht sogar in der Regel, der Hauptzweck der angegebene sein. Allein zum rechtlichen Wesen der Schenkung unter einer Auflage gehört solches nicht. Dieses wird dadurch nicht geändert, daß die Auflage entweder einen gleichberechtigten, oder etwa gar den alleinigen Hauptzweck bildet, und daß die Bereicherung des Bedachten nur als Nebenzweck anzusehen ist, wie beispielsweise in dem Falle, wenn jemandem 100000 ℳ mit der Auflage geschenkt werden, 95000 ℳ zu einer Stiftung zu verwenden. Wie fremd dem Bürgerlichen Gesetzbuch der von der Revision aufgestellte Grundsatz ist, zeigt am besten der Inhalt des § 526. Mit dieser irrigen Grundlage der Revision fällt auch ihr Schluß, daß bei der Schenkung unter einer Auflage die Zuwendung in der Hauptsache eine unentgeltliche sein müsse, mit anderen Worten, daß der Hauptteil der Zuwendung in einer Bereicherung des Beschenkten bestehen müsse, und daß, soweit das Moment der Unentgeltlichkeit (d. h. im Sinne der Revision das der Bereicherung) wegfalle, und die Auflage, namentlich die in einer Leistung an den Schenker bestehende, den Betrag der Schenkung decke, ein entgeltliches Geschäft vorliege. Die erste Kommission zur Beratung des Bürgerlichen Gesetzbuchs hat es ausdrücklich abgelehnt, einen Satz des Inhalts, daß eine Schenkung mit einer Auflage nur so weit als Schenkung anzusehen sei, als der Wert des Zugewendeten den der Auflage übersteige, in das Bürgerliche Gesetzbuch aufzunehmen, um das „Mißverständnis“ zu vermeiden, daß, soweit „der Wert der Auflage reiche, nicht eine Schenkung, sondern ein lästiger Vertrag vorliege“ (Motive Bd. 2 S. 299). Die Auffassung der Revision würde zu dem mit Recht von der Kommission verworfenen Ergebnis führen, daß jede Schenkung mit einer Auflage zwei Teile enthielte, nämlich eine eigentliche Schenkung und ein entgeltliches Geschäft; denn ob der Wert der Auflage groß oder klein ist, kann offenbar nichts ausmachen, da auch bei einer geringwertigen Auflage insoweit, mit der Revision zu sprechen, „das Moment der Unentgeltlichkeit ohne weiteres wegfällt". Der Grundirrtum der Ausführungen des Revisionsklägers liegt in der Verkennung des rechtlichen Unterschieds zwischen einem gegenseitigen, entgeltlichen, lästigen Vertrage und einer Auflage. Bei dem gegenseitigen Vertrage stehen die Leistungen beider Parteien in einem derartigen wechselseitigen Abhängigkeitsverhältnis zueinander, daß jede Leistung das Entgelt für die andere bildet, und jede Leistung als gleichwertig gegen die andere ausgetauscht und ausgeglichen wird. Das trifft bei der Schenkung unter einer Auflage nicht zu. Sie kommt allerdings insoweit dem gegenseitigen Vertrage nahe, als man die Leistung, die der Beschenkte infolge der Auflage zu bewirken hat, und zwar insbesondere dann, wenn der Schenker selbst deren Empfänger ist, in dem Sinne als eine „Gegenleistung" bezeichnen kann, daß der Beschenkte sie auf Grund der Leistung des Schenkers und „für" oder „gegen" diese bewirkt. Allein damit erschöpft sich auch die Ähnlichkeit. Im übrigen unterscheidet sich die Schenkung unter einer Auflage dadurch scharf vom gegenseitigen Vertrage, daß bei ihr rechtlich nur ein einseitiges Abhängigkeitsverhältnis besteht, nämlich das der Leistung des Beschenkten von der des Schenkers, nicht umgekehrt, und daß bei ihr nicht ein gegenseitiger Austausch und eine gegenseitige Ausgleichung zweier Leistungen stattfindet, sondern daß die Leistungen auf jeder Seite gesondert von der anderen selbständig für sich erfolgen, daß sie also, in diesem Sinne verstanden, einseitige, nicht wechselseitige sind. Die Bestimmung des § 527 B.G.B. über das Rückforderungsrecht des Schenkers ändert hieran nichts; auch sie gestaltet die kraft der Auflage auszuführende Leistung des Bedachten nicht zu einem „Entgelt" für die Schenkung. Ebensowenig kann die Erwägung in Betracht kommen, daß nach § 516 B.G.B. das Wesentliche der Schenkung in einer von beiden Seiten gewollten Bereicherung des Beschenkten zu erblicken sei, und daß daher begriffsnotwendig von einer solchen nicht die Rede sein könne, soweit die Bereicherung durch den Wert der Auflage gemindert werde. Die Bestimmungen der §§ 525—527 bilden mit dem § 516 ein zusammengehöriges Ganzes. Danach steht außer jedem Zweifel, daß auch bei einer Schenkung unter einer Auflage der ganze Gegenstand aus dem materiellen Rechtsgrunde der Schenkung in das Vermögen des Beschenkten übergeht, und daß dieser Gegenstand auch zu dem Wertsteile ein an den Bedachten geschenkter ist, der durch den Wert der Auflage gedeckt und aufgewogen wird.

Anzuerkennen ist die Möglichkeit, daß die Parteien die Form der Schenkung unter einer Auflage nur zum Schein wählen, und daß ihr wahrer ernstlicher Wille, soweit die Auflage reicht, auf einen gegenseitigen, entgeltlichen Vertrag gerichtet ist. Alsdann ist selbstverständlich dieser letztere der Beurteilung zugrunde zu legen, und das Vorhandensein eines gemischten Rechtsgeschäfts, bestehend teils aus Schenkung, teils aus einem entgeltlichen Vertrage, anzunehmen. Dabei kann für die Willensfeststellung der Parteien das Verhältnis der Bereicherung zu dem Werte der Auflage von Bedeutung sein, und die Geringfügigkeit der Bereicherung oder doch ihr Zurücktreten gegenüber dem Werte der Auflage, zumal wenn diese in einer Leistung an den Schenker besteht, den Schluß rechtfertigen, daß die Parteien in Wirklichkeit insoweit ein entgeltliches Geschäft geschlossen haben und haben schließen wollen. Alles dies gilt auch für das Stempelrecht, da dessen Bestimmungen in bezug hierauf keinen abweichenden Inhalt haben.

Im gegenwärtigen Falle fehlt jeder Anlaß für die Annahme, daß der wahre Wille der Parteien, soweit die Auflage in Betracht kommt, auf Abschluß eines entgeltlichen Vertrages gerichtet war. Das ergibt folgende Betrachtung. Wenn die Schwester der Klägerin dieser das Haus ohne die Auflage der persönlichen Übernahme der eingetragenen Schulden schenkte, so wurde auch alsdann der Wert der Bereicherung der Klägerin um den Wert der eingetragenen Schulden, für die das Grundstück haftete, gemindert; denn nach den für die Schenkung geltenden Bestimmungen des Bürgerlichen Gesetzbuchs hatte die Klägerin, abgesehen von dem hier nicht vorliegenden Falle des arglistigen Verschweigens, hierfür der Beschenkten nicht aufzukommen. Es kann sich daher lediglich um die Bedeutung der persönlichen Übernahme der eingetragenen Schulden handeln, die als Inhalt der Auflage hier in Frage steht. Nun lassen sich zweifellos

Fälle denken, in denen bei einer derartigen Schenkung eine solche Übernahme, also die Befreiung des Schenkers von den persönlichen Schulden, für diesen von erheblichem Gewicht ist, und es können daraus nach den Umständen gewisse Schlüsse auf eine von der erklärten Schenkung abweichende Willensrichtung der Parteien gezogen werden. Indes ist ein solcher Fall hier nicht gegeben. Da die Schwester der Klägerin die Absicht hatte, sich zu dauerndem Aufenthalt nach Amerika zu begeben, so konnte sie, auch wenn sie persönliche Schuldnerin blieb, mit erheblicher Wahrscheinlichkeit annehmen, daß wegen der Schwierigkeit und der Kosten der Rechtsverfolgung im Auslande die Gläubiger nicht sie in Amerika mit persönlichen Klagen verfolgen, sondern sich in Deutschland an das ihnen als Sicherheit und Pfand dienende und für ihre Befriedigung auch ausreichende Grundstück und an die Klägerin als dessen Eigentümerin halten würden. Die persönliche Befreiung der Schwester der Klägerin von den eingetragenen Schulden hatte unter diesen Umständen für sie praktisch eine so außerordentlich geringe Bedeutung, daß dem Berufungsrichter nur beigestimmt werden kann, wenn er sagt, es sei nicht anzunehmen, daß die Parteien auch nur zu einem Teile ein entgeltliches Rechtsgeschäft gewollt hätten. Der Grund für die persönliche Übernahme der Schulden durch die Klägerin ist offensichtlich nur der gewesen, reine, klare Verhältnisse bezüglich des Grundstücks zu schaffen und die Schenkerin aus jeder Verbindung mit ihm loszulösen."

---

57. Ist die Umwandlung einer Höchstbetragshypothek in eine fünfprozentige gewöhnliche Hypothek von gleicher Höhe den nacheingetragenen Berechtigten gegenüber wirksam, wenn sie mit der Abrede erfolgt, daß die fünfprozentige Hypothek in Höhe von Kapital und Zinsen für die bisher durch die Höchstbetragshypothek gesichert gewesenen Ansprüche in derselben Weise haften solle, in der die bisherige Höchstbetragshypothek für diese Ansprüche haftete?

B.G.B. §§ 1119. 1186. 1190.

V. Zivilsenat. Urt. v. 8. März 1905 i. S. Maschinenfabrik B. (Kl.) w. Kommanditgesellschaft auf Aktien Fr. K. (Bekl.). Rep. V. 407/04.

I. Landgericht Halberstadt.
II. Oberlandesgericht Naumburg a. S.

Auf einem zur Zwangsversteigerung gekommenen Grundstücke des früheren Grubenbesitzers R. stand für die Beklagte eine Hypothek von 700000 ℳ eingetragen, die ursprünglich (vor dem 1. Januar 1900) als Kautionshypothek bestellt, später (nach dem 1. Januar 1900) formgerecht in eine fünfprozentige Darlehnshypothek von gleicher Höhe umgewandelt worden war. Die Beklagte liquidierte im Kaufgelderverteilungstermine an Kapital und Zinsen insgesamt 787888,89 ℳ und erhielt daraufhin außer dem Kapital an Zinsen 33500 ℳ ausgezahlt. Auf Herausgabe dieser letzteren Summe klagte die Klägerin, die als nacheingetragene Gläubigerin mit dem größten Teil ihrer Hypothek von 900000 ℳ ausgefallen war, indem sie geltend machte, die Umwandlung der Kautionshypothek in eine gewöhnliche Hypothek sei ein rein formaler Akt ohne jede materielle Bedeutung gewesen und nur zu dem Zwecke vorgenommen, durch Einführung der Verzinslichkeit den die Haftung begrenzenden Höchstbetrag der Hypothek zu erhöhen. Dies sei nach § 1190 Abs. 2 B.G.B. unzulässig. Der erste Richter wies die Klage ab. Die Berufung der Klägerin blieb ohne Erfolg. Auch ihre Revision ist zurückgewiesen worden, aus folgenden

Gründen:

„Unbedenklich und auch von der Revision nicht beanstandet ist die Annahme der Vorinstanzen, daß zufolge der Vorschrift des § 1119 B.G.B., wonach für eine unverzinsliche Hypothek nachträglich ohne Zustimmung der nacheingetragenen Gläubiger Zinsen bis zur Höhe von fünf Prozent eingetragen werden können, es auch nicht als unstatthaft gelten kann, eine Höchstbetragshypothek mit Wirkung gegen die Nachgläubiger dahin in eine gewöhnliche Hypothek umzuwandeln, daß der Höchstbetrag als Kapital festgesetzt, und außerdem eine Verzinsung dieses Betrags mit fünf Prozent vereinbart wird (vgl. Turnau u. Förster, Liegenschaftsrecht 2. Aufl. Bd. 1 S. 816 Bem. 6 zu § 1186). Ebensowenig kann es einem Bedenken unterliegen, daß wenn die Beteiligten bei Bewilligung der Eintragung einer gewöhnlichen Hypothek, die in der Eintragungsbewilligung als eine zu fünf Prozent verzinsliche Darlehnshypothek bezeichnet ist, vereinbaren, es solle auf die Hypothek keine bare Darlehnsvaluta gegeben werden, sondern die Hypothek solle nach Art einer Höchstbetragshypothek bis zum Höchstbetrage des Kapitals und der fünfprozentigen Zinsen für Ansprüche aus ihrem Kontokorrentverkehr haften, eine solche Vereinbarung sowohl zwischen ihnen untereinander wie auch gegenüber den nacheingetragenen Gläubigern wirksam ist. Endlich müssen diese Gläubiger es sich zweifellos gefallen lassen, daß eine ihnen vorgehende Höchstbetragshypothek in eine dem Höchstbetrage gleichkommende und außerdem mit fünf Prozent verzinsliche Grundschuld zu dem Zwecke verwandelt wird, damit fortan an Stelle der Höchstbetragshypothek die neu geschaffene Grundschuld bis zum Höchstbetrage des Kapitals und der Zinsen für Kontokorrentansprüche hafte. Ist aber alles dieses richtig, so ergibt sich daraus als unabweisbare Konsequenz, daß es den Beteiligten auch nicht verwehrt werden kann, eine Abrede, wie sie der Berufungsrichter für den vorliegenden Fall feststellt, mit Wirksamkeit unter sich und gegenüber den Nachgläubigern zu treffen. Die Beklagte und der Grundstückseigentümer R. haben die seit dem 1. Januar 1900 als Höchstbetragshypothek fortbestehende frühere preußischrechtliche Kautionshypothek von 700000 ℳ in eine gewöhnliche (Darlehns-) Hypothek umgewandelt, dabei aber nicht zugleich auch das unterliegende Kontokurrent-Schuldverhältnis, das seiner Höhe nach ungewiß war, durch Anerkenntnis (Abrechnung) in ein festes (Darlehns-) Schuldverhältnis von bestimmter Höhe verwandelt, sondern es bei der bisherigen Ungewißheit der Höhe der Forderung belassen und vereinbart, daß die neu begründete gewöhnliche Hypothek, soweit sich ihr Realrecht auf das Kapital und auf die fünfprozentigen Zinsen erstreckt, zur Sicherung für die aus dem bisherigen und aus dem fortzusetzenden Kontokorrentverkehr erwachsenen oder künftig erwachsenden Ansprüche dienen solle. Gegenüber dem früheren Zustande trat also durch diese Vereinbarung eine Rechtsänderung nach zwei Richtungen hin ein: die Realsicherheit, die bis dahin durch die Höchstbetragshypothek auf die Summe von 700000 ℳ limitiert gewesen war (vgl. § 1190 Abs. 2 B.G.B.), wurde um den Betrag der laufenden und der zweijährigen rückständigen Zinsen dieses Kapitals (vgl. § 10 Ziff. 4 Zw.V.G.) erhöht, und außerdem gewann die Beklagte als Sicherungsmittel statt der bisherigen rein akzessorischen und daher für den Verkehr nicht geeigneten Sicherungshypothek eine umsatzfähige Verkehrshypothek. Was der Berufungsrichter anführt, um die auch von ihm angenommene Gültigkeit der Vereinbarung zu rechtfertigen, ist freilich, wie die Revision mit Recht rügt, durchweg rechtsirrig. Weder kann die Gültigkeit aus § 1113 Abs. 2 B.G.B. hergeleitet werden, der nur befristete oder bedingte Forderungen von festbestimmter Höhe im Auge hat, noch ist es richtig, wenn der Berufungsrichter weiterhin meint, es könne dahingestellt bleiben, ob nicht in der Individualisierung der neugeschaffenen Verkehrshypothek als Darlehnshypothek eine bloße falsche Bezeichnung des Schuldgrundes der Forderung liege, da die Wirksamkeit einer Belastung gegenüber den nachstehenden Berechtigten nicht von der zutreffenden Bezeichnung des durch sie zu sichernden persönlichen Anspruchs abhange, und außerdem die Vorschrift des § 607 Abs. 2 B.G.B. eingreife. Letzteres ist sicherlich nicht der Fall; denn eine Schuldumwandlung hat nach dem oben Bemerkten eben nicht stattgefunden; vielmehr ist, wie der Berufungsrichter an einer anderen Stelle selbst hervorhebt, die zu sichernde Forderung unverändert dieselbe geblieben, und daher insbesondere eine Heranziehung des § 1180 B.G.B. ausgeschlossen. Endlich verkennt der Berufungsrichter völlig den Kernpunkt der im vorliegenden Prozesse zu entscheidenden Streitfrage, wenn er darauf hinweist, daß, soweit der Beklagten ein Recht aus der neuen Hypothek nicht zustünde, diese gemäß § 1163 B.G.B. dem Grundstückseigentümer gebühren, die Klägerin als nacheingetragene Gläubigerin also in keinem Falle aufrücken würde. Die Frage, um die sich der Streit dreht, ist die, ob der Grundstückseigentümer R. überhaupt befugt war, für fünfprozentige Zinsen desjenigen Betrags, durch den bis dahin die Höchstbetragshypothek nach oben hin begrenzt wurde, eine besondere hypothekarische Sicherheit zu bestellen und dadurch die Vorschrift des § 1190 Abs. 2 B.G.B., wonach bei der Höchstbetragshypothek die Zinsen der zu sichernden Kapitalsforderung in den Höchstbetrag einzurechnen sind, außer Anwendung zu setzen. Hat er diese Befugnis nicht, so ist die insoweit erfolgte Hypothekbestellung nichtig, und es findet daher die Umwandlung in eine Eigentümergrundschuld nicht statt, ganz abgesehen davon, daß letztere auch schon mit Rücksicht auf den Charakter der Forderung als bloßer Zinsforderung nach § 1178 Abs. 1 B.G.B. ausgeschlossen erscheint. Es kommt indessen auf alle vom Berufungsrichter unrichtig herangezogenen Gesichtspunkte nicht an. Die Anerkennung der Rechtswirksamkeit eines Abkommens, wie es im vorliegenden Falle von der Beklagten mit ihrem Hypothekenschuldner geschlossen worden ist, rechtfertigt sich schon dadurch, daß die Schaffung einer gewöhnlichen (Verkehrs-) Hypothek zu dem Zwecke, damit sie für das innere Verhältnis der Kontrahenten zueinander lediglich die Funktion einer Höchstbetragshypothek versehe, dem Wesen der gewöhnlichen Hypothek nicht zuwiderläuft, daß der Gläubiger an der Gewinnung eines solchen umlauffähigen Sicherungsmittels ein berechtigtes Interesse haben kann (man denke nur an die Möglichkeit der Verpfändung der Hypothek!), und daß daher eine Vereinbarung des erwähnten Inhalts als wirksam zu behandeln ist, sie müßte denn etwa lediglich in der Absicht, die nachstehenden Gläubiger zu benachteiligen, getroffen sein und insofern eine im Sinne des Anfechtungsgesetzes anfechtbare Rechtshandlung darstellen. Dieser Fall liegt gegenwärtig unstreitig nicht vor." ...

---

58. 1. Kann der eingetragene Grundschuldgläubiger unter Umständen für das Bestehen und die Höhe einer mit der Grundschuld in Verbindung gebrachten Forderung beweispflichtig sein?

2. Ist der dem Eigentümer durch Bezahlung einer auf seinem Grundstück eingetragenen Grundschuld erwachsene Anspruch auf Löschung der Grundschuld und auf Herausgabe des Grundschuldbriefs lediglich als Konkursforderung geltend zu machen, wenn der als Grundschuldgläubiger Eingetragene nach Empfang der Zahlung in Konkurs verfallen ist?

V. Zivilsenat. Urt. v. 8. März 1905 i. S. M. (Bekl.) w. H. (Kl.). Rep. V. 404/04.

I. Landgericht Essen.
II. Oberlandesgericht Hamm.

Der Beklagte verpflichtete sich im Jahre 1889, für den Kläger auf dessen Grundstück einen Bau aufzuführen. Zur Sicherung des Beklagten für alle Ansprüche aus dieser Bauausführung wurde auf dem Grundstücke des Klägers eine Grundschuld von 10000 *M* unter

Briefbildung eingetragen. Der Kläger verlangte mit der im Februar 1890 zugestellten Klage vom Beklagten Bewilligung der Löschung und Herausgabe des Grundschuldbriefs mit der Behauptung, daß dem Beklagten aus der Bauausführung gar keine oder nur eine geringe Forderung zustehe. Der Beklagte beantragte Abweisung der Klage, weil ihm aus der Bauausführung eine Forderung von noch 11442,83 M zustehe. Der erste Richter verurteilte den Beklagten, gegen Zahlung von 2210,45 M in die Löschung der Grundschuld zu willigen und dem Kläger den Grundschuldbrief herauszugeben. Er ging dabei davon aus, daß der Beklagte für seine Bauleistungen und ihren Wert beweispflichtig sei. Die Berufung des Beklagten wurde durch Versäumnisurteil zurückgewiesen und diese Entscheidung auf Einspruch aufrecht erhalten. Auch die Revision des Beklagten wurde zurückgewiesen, aus folgenden

Gründen:

„1. Die Revision rügt zunächst Verkennung der Beweislast. Der erste Richter hat unter stillschweigender Billigung des Berufungsrichters ausgeführt: da die Parteien darüber einverstanden seien, daß die Grundschuld zur Sicherung aller dem Beklagten aus der Bauausführung etwa erwachsenden Ansprüche bestellt sei, müsse der Beklagte gegenüber dem Löschungsbegehren des Klägers nachweisen, welche Forderungen ihm aus der Bauausführung an den Kläger zustehen. In Abwägung der Beweisergebnisse hat der erste Richter von den Ansprüchen des Beklagten verschiedene als unerwiesen abgesetzt und den Betrag der erwiesenen Forderungen auf 22306,45 M festgesetzt. Da der Kläger unstreitig 20000 M auf die Bauausführung an den Beklagten gezahlt hat, und dem Kläger außerdem eine anerkannte Forderung von 96 M zusteht, hat der erste Richter festgestellt, daß der Beklagte aus der Grundschuld nur noch 2210,45 M zu fordern habe. Die Revision meint, daß dem Beklagten nach den Grundsätzen des Liegenschaftsrechts und insbesondere nach der Natur der Grundschuld die Vermutung des Bestehens der Grundschuld in der im Grundbuch angegebenen Höhe bis zur Führung des Gegenbeweises zur Seite stehe, so daß die Absetzung der nicht für erwiesen erachteten Posten ungerechtfertigt sei. In der Tat steht jene Vermutung sowohl der Verkehrshypothek als auch der Grundschuld nach dem bisherigen preußischen Rechte (§§ 7. 19 Nr. 1. 37 Abs. 1 Eig.-Erw.-Ges.) und auch nach dem neuen Rechte (§ 891 B.G.B.) zur Seite. Nur für die Kautionshypothek des alten Rechts und für die Sicherungshypothek des neuen Rechts (§§ 1184. 1190 B.G.B.) versagt die Vermutung, d. h. der Gläubiger muß das Bestehen und die Höhe der zugrunde liegenden Forderung beweisen. Eine Übertragung dieser für Sicherungshypotheken geltenden Ausnahme auf die Grundschuld ist mit Rücksicht darauf, daß diese das Bestehen einer Forderung überhaupt nicht voraussetzt und von einer ihr etwa zugrunde liegenden Forderung völlig losgelöst ist, grundsätzlich ausgeschlossen. Im Einzelfalle kann aber trotzdem der Grundschuldgläubiger genötigt sein, sich einem ähnlichen Nachweise zu unterziehen, wie der Gläubiger einer Sicherungshypothek, nämlich dann, wenn — wie im vorliegenden Falle — die Grundschuld mit einer Forderung, deren Höhe bei der Begründung der Grundschuld noch nicht feststand, in Verbindung gebracht ist, und der Streit über das Bestehen oder die Höhe der Forderung unter den bei der Bestellung der Grundschuld beteiligten Personen sich erhebt. Dann sollte nach dem anzunehmenden Willen der Beteiligten die Grundschuld nur in der künftig zu ermittelnden Höhe der Forderung geltend gemacht werden dürfen, und dieser Wille gilt unter den ursprünglich Beteiligten derart, daß die Berufung des Gläubigers auf die Vermutung, die sich aus dem Glauben des Grundbuchs ergibt, versagen muß. Wenn freilich in einem solchen Streite der Schuldner die Rolle des Klägers übernimmt, kann der Zweifel entstehen, ob nicht er auch die Beweisführung dafür übernehmen muß, daß die der Grundschuld zugrunde liegende Forderung die eingetragene Höhe nicht erreicht hat.

Vgl. Entsch. des R.G.'s in Zivils. Bd. 57 S. 320 flg.

Aber wenn man dies auch bejahen wollte, so würde im vorliegenden Falle damit für den Beklagten nichts gewonnen sein. Der Kläger hat unstreitig viel mehr als den Betrag der Grundschuld an den Beklagten gezahlt. Will der Beklagte diese Zahlungen nicht als zur Tilgung der Grundschuld geleistet gelten lassen, so hat er nachzuweisen, daß ihm, neben der Grundschuld und durch diese nicht gedeckt, Ansprüche an den Kläger zustehen, auf die er die Zahlungen verrechnen könnte.

Vgl. die Urteile des Reichsgerichts in Gruchot's Beiträgen Bd. 28 S. 936 flg. und in Seuffert's Archiv Bd. 45 S. 404.

Demnach haben die Vorinstanzen die Grundsätze über die Beweislast nicht verkannt.

2. Der Beklagte hat die Grundschuld nach Zustellung der Klage an einen anderen abgetreten und benutzt diesen Umstand zur Erhebung des Einwandes, daß mit der Klage Unmögliches von ihm verlangt werde. Der Berufungsrichter fertigt diesen Einwand damit ab, daß sich im Zwangsvollstreckungsverfahren entscheiden werde, ob der Beklagte in der Lage sei, den Anspruch des Klägers zu erfüllen. Die Revision ist der Ansicht, daß der Einwand zur Abweisung der Klage hätte führen müssen. Diese Ansicht beruht jedoch auf Rechtsirrtum. Von einer objektiven Unmöglichkeit kann keinenfalls die Rede sein; aber auch eine subjektive Unmöglichkeit ist nicht dargetan. Es ist nicht ersichtlich, weshalb es dem Beklagten nicht möglich sein sollte, die Grundschuld und den Grundschuldbrief zurückzuerwerben und sich dadurch in die Lage zu bringen, dem Klaganspruche zu genügen. Aber wenn selbst durch die Abtretung der Grundschuld die Unmöglichkeit der Erfüllung für den Beklagten herbeigeführt sein sollte, so würde diese Unmöglichkeit nach § 236 Z.P.O. a. F. (§§ 265. 325 n. F.) auf den Prozeß keinen Einfluß haben.

Der Beklagte sucht den Einwand der Unmöglichkeit noch in einer anderen Richtung auszubeuten. In der Schlußverhandlung der Berufungsinstanz wies er darauf hin, daß Ende 1890 — nach Zustellung der Klage — über sein Vermögen das Konkursverfahren eröffnet worden war, das im Juni 1891 durch Zwangsvergleich (zu 10 Prozent) beendigt worden ist, und daß er die Grundschuld schon vor der Konkurseröffnung abgetreten hat. Daraus folgert er, daß der Kläger wegen der durch die Abtretung eingetretenen Unmöglichkeit der Erfüllung des Klaganspruchs nur einen Schadensersatzanspruch gehabt habe, der vom Zwangsvergleiche betroffen worden sei. Auf diesen Standpunkt habe sich auch der Kläger selbst in einem Arrestprozesse (im Jahre 1903) gestellt. Der Berufungsrichter beschränkt sich hier auf die Bemerkung, daß der Klaganspruch nach den §§ 1. 178 K.O. von 1877 durch das Konkursverfahren nicht berührt worden sei. Die Revision bekämpft dies mit Unrecht als rechtsirrig. Eine Unmöglichkeit der Erfüllung ist, wie schon erörtert ist, nicht dargetan. Danach bestand der Klaganspruch zur Zeit des Konkursverfahrens, und er besteht noch in seiner ursprünglichen

Gestalt. Sollte der Kläger lange nach Beendigung des Konkursverfahrens sich auf einen anderen Standpunkt gestellt haben, so würde dadurch keine Änderung seines Anspruchs herbeigeführt worden sein. Der Klaganspruch ist aber in der Tat durch das Konkursverfahren nicht berührt worden. Denn wenn und soweit der Kläger den Beklagten wegen der Grundschuld befriedigt hatte, gehörte die Grundschuld nicht zur Konkursmasse, sondern sie stand dem Kläger als Eigentümergrundschuld zu. Der Kläger, der den dinglichen Anspruch auf Bewilligung der Löschung der Grundschuld und auf Herausgabe des Grundschuldbriefs (mit der Eigentumsfreiheitsklage) geltend machte, gehörte nicht zu den Konkursgläubigern, sondern war aussonderungsberechtigter Gläubiger im Sinne des § 35 K.O. von 1877, und sein Anspruch bestimmte sich nach den außerhalb des Konkurses geltenden Gesetzen. Er war nach § 63 preuß. Eig.-Erw.-Ges. begründet, und seine Erfüllung konnte auch im Konkursverfahren gegen den Verwalter durchgesetzt werden (Jurist. Wochenschr. 1881 S. 70). Demnach hat der Berufungsrichter den § 1 K.O. von 1877 richtig angewendet, und es kann dahingestellt bleiben, ob er auch den § 178 das. zur Begründung heranziehen durfte." ...

---

59. Hat bei der Verteilung des Zwangsversteigerungserlöses auf den zur Hebung kommenden Betrag einer Grundschuld, der vom Grundschuldgläubiger mit der Erklärung, daß er Valuta auf ihn nicht gezahlt habe, nicht liquidiert wird, der Eigentümer des Grundstücks (bzw. der Besteller der Grundschuld), oder der nächste ausfallende Realgläubiger Anspruch?

B.G.B. §§ 1163 Abs. 1. 1168. 1192 Abs. 1.

Zw.V.G. §§ 52. 91.

V. Zivilsenat. Urt. v. 8. März 1905 i. S. W. (Kl.) w. Kreissparkasse in A. u. Gen. (Bekl.). Rep. V. 406/04.

I. Landgericht Lyck.
II. Oberlandesgericht Königsberg.

Auf dem früher dem Gutsbesitzer Sk. gehörigen Landgute Gr. Nr. 1 stand in Abteilung III unter Nr. 16 eine von Sk. im

August 1901 bewilligte Grundschuld von 17500 M für die Ostpreußische landschaftliche Darlehnskasse in K. eingetragen, der das Vorrecht vor einer auf demselben Grundstück für die Witwe Sk. in Höhe von 11000 M eingetragenen Hypothek zustand. Nachdem letztere Post unter dem 20. April 1903 an den Kläger abgetreten worden war, kam das Grundstück zur Zwangsversteigerung und wurde dem Kläger im Mai 1903 als Meistbietenden zugeschlagen. Im Termin zur Verteilung des Erlöses vom 11. Mai 1903 kam die Grundschuld voll zur Hebung, wurde aber von der Darlehnskasse nur in Höhe von 15121,80 M geltend gemacht, weil nur in dieser Höhe Valuta auf sie gezahlt sei. Den nicht geforderten Betrag von 3097,65 M beanspruchte der Kläger, der mit der ihm abgetretenen Hypothek einen Ausfall in Höhe von 4000 M erlitt, als nächstausgefallener Realgläubiger; es beanspruchte ihn ferner der Kaufmann L. auf Grund einer ihm von Sk. erteilten Zession. Infolgedessen wurde dieser Betrag zu einer Streitmasse genommen und hinterlegt. Nunmehr ließen die beiden Beklagten, denen gegen Sk. vollstreckbare Forderungen zustanden, dessen Anspruch auf die hinterlegte Masse pfänden und sich zur Einziehung überweisen. Der Kläger verlangte von ihnen Freigebung der Masse. Die Klage wurde in erster Instanz abgewiesen, die Berufung des Klägers wurde zurückgewiesen. Auf die Revision des Klägers wurde das Berufungsurteil aufgehoben, und die hinterlegte Streitmasse dem Kläger zugesprochen, aus folgenden

Gründen:

... „Das Sachverhältnis ist dahin festgestellt, daß die Ostpreußische landschaftliche Darlehnskasse, für die auf dem versteigerten Grundstück eine Grundschuld in Höhe von 17500 M eingetragen war, bei der Verteilung des Versteigerungserlöses diese Grundschuld nur in Höhe von 15121,80 M gegen den Versteigerungserlös liquidierte, indem sie dabei erklärte, daß nur in dieser Höhe Valuta von ihr auf die Grundschuld gezahlt sei. Dadurch wurde von dem Versteigerungserlöse ein zur Hebung kommender Betrag von 3097,65 M frei, und es entstand nun die Frage, ob auf diesen der Kläger als nächster, in Höhe von 4000 M ausfallender Hypothekengläubiger Anspruch habe, oder ob die Grundschuld, soweit sie nicht valutiert worden war, als Eigentümergrundschuld des Subhastaten Sk. zu betrachten sei, der übrigens im vorliegenden Falle zugleich der Besteller der Grundschuld ist. Wäre letzteres anzunehmen, so würden die Beklagten auf Grund der für sie ergangenen Pfändungs- und Überweisungsbeschlüsse Anspruch auf die hinterlegte Streitmasse haben. Beide Vorinstanzen haben sie ihnen zugesprochen, davon ausgehend, daß ein nachstehender Hypothekengläubiger immer erst dann zum Zuge aus dem Versteigerungserlöse kommen könne, wenn die ihm vorgehenden Hypotheken und Grundschulden, auch soweit Valuta auf sie nicht gezahlt sind, in voller Höhe aus dem Erlöse befriedigt seien. Ob in dieser Allgemeinheit der Satz für vorgehende Hypotheken richtig ist, braucht hier nicht untersucht zu werden; für Grundschulden, die dem ausfallenden Hypothekengläubiger vorgehen, ist er es nicht.

Vorweg ist zu bemerken, daß ein Fall, auf den § 1168 B.G.B. Anwendung finden könnte, soweit diese Vorschrift den Verzicht auf das dingliche Recht betrifft und daher auch auf Grundschulden überhaupt zur Anwendung gebracht werden kann, hier nicht vorliegt. In dieser Beziehung verweist die Revision mit Recht auf das Urteil des erkennenden Senats vom 8. Juli 1903 (Entsch. in Zivils. Bd. 55 S. 260). Das, was dort von der Hypothek gesagt ist:

> daß sie durch den Zuschlag erloschen sei (§§ 52. 91 Zw.V.G.); daß an ihre Stelle das Recht des Gläubigers getreten sei, Befriedigung aus dem Versteigerungserlöse zu verlangen; daß dies ein anders geartetes Recht sei, in welches sich die Hypothek aufgelöst habe, und auf welches die Vorschriften über die Hypothek nicht ohne weiteres zur Anwendung gebracht werden dürfen; daß eine solche Übertragung der Vorschriften von dem einen auf das andere Recht auch aus dem für die Zwangsversteigerung angenommenen Surrogationsprinzip nicht folge;

alles dies gilt auch von der Grundschuld. Wäre daher in der Erklärung der Darlehnskasse, was dahingestellt bleiben mag, ein Verzicht überhaupt zu erblicken, so träfe er nicht mehr eine Grundschuld, und deshalb wäre auf ihn § 1168 B.G.B. nicht anwendbar. Im übrigen ist jenes Urteil für die hier zu entscheidende Frage von keiner Bedeutung; denn es betrifft eine Hypothek, während es sich jetzt um eine Grundschuld handelt, und es betrifft auch nicht den jetzt vorliegenden Fall, daß Valuta in der durch das Grundbuch ausgewiesenen Höhe der Eintragung nicht gewährt worden ist.

Bei der Hypothek hat an die Nichtzahlung der Valuta, also an die Nichtentstehung der persönlichen Forderung, bekanntlich erst das jetzt geltende Recht (§ 1163 Abs. 1 Satz 1 B.G.B.) die Folge geknüpft, daß die Hypothek dem Eigentümer zustehen soll. Dem preußischen Rechte (§§ 63 flg. des Gesetzes über den Eigentumserwerb vom 5. Mai 1872) war dies fremd. Dasselbe gilt von der Vorschrift, daß der Eigentümer die Hypothek erwerben soll, wenn die Forderung erlischt (§ 1163 Abs. 1 Satz 2 B.G.B.). Durch den Ausbau, den auf diese Weise das Institut der Eigentümerhypothek im heutigen Recht gefunden hat, hat nun freilich auch der Satz, daß nachstehende Hypotheken nicht eher zum Zuge aus dem Versteigerungserlöse gelangen können, als bis die ihnen vorgehenden Rechte voll aus ihm befriedigt worden sind, eine Verstärkung und Erweiterung erfahren. Gleichwohl muß daran festgehalten werden, daß dieser Satz auch heute noch kein allgemeines Rechtsprinzip enthält, sondern nur als Folge derjenigen Rechtssätze eintritt, die den aus dem Versteigerungserlöse zu befriedigenden Rechten materiellen Bestand gewähren. Dies haben die Vorinstanzen verkannt. Wäre ihre Ausführung richtig, wären unter allen Umständen erst die voreingetragenen Rechte aus dem Versteigerungserlöse zu decken, bevor der nachstehende Realgläubiger zum Zuge gelangen könnte, und zwar ohne daß man auf die Frage einzugehen hätte, auf Grund welcher gesetzlichen Vorschrift jenen zuerst zu befriedigenden Rechten materieller Bestand zuzusprechen ist, so käme das auf die Wertparzellentheorie hinaus, und man müßte annehmen, daß diese dem heute geltenden System der dinglichen Rechte an Grundstücken zugrunde liegt. Dies ist aber, wie auch in der Literatur — wenigstens überwiegend — anerkannt wird,

vgl. Dernburg, Bürgerliches Recht 3. Aufl. Bd. 3 § 210 unter 3 S. 618; Fuchs, Grundbuchrecht Bd. 1 S. 522 Note 6,

nicht der Fall. Auch nach heutigem Recht haftet vielmehr jedem Hypothekengläubiger das ganze Grundstück und nicht bloß ein nach Maßgabe der voreingetragenen Belastungen zu ermittelnder Wertteil. Der ganze Versteigerungserlös ist daher auch für jeden Hypothekengläubiger mit dem Befriedigungsanspruche bestrickt, in den sich die Hypothek aufgelöst hat, und nur insoweit braucht jeder auf den Versteigerungserlös Berechtigte einem konkurrierenden Rechte zu weichen, als letzteres materiellen Bestand hat und zugleich ihm in der Rangordnung vorgeht. Nun hat zwar das Gesetz bei der Hypothek eben dadurch, daß es diese, auch wenn die persönliche Forderung nicht entstanden oder wieder erloschen ist, in der Hand des Eigentümers entstehen oder fortbestehen läßt, eine zugunsten des Eigentümers wirksame Belastung des Grundstücks geschaffen und damit zugleich für den Eigentümer einen Befriedigungsanspruch aus dem Versteigerungserlöse anerkannt; aber dies ist eben nur für Hypotheken, nicht auch für Grundschulden geschehen. Für diese verbietet sich eine entsprechende Anwendung der Vorschriften des § 1163 B.G.B. durch die Bestimmung in § 1192 Abs. 1 das., wonach die Vorschriften über die Hypothek auf die Grundschuld nur insoweit entsprechende Anwendung finden sollen, als sich nicht daraus ein anderes ergibt, daß die Grundschuld nicht eine Forderung voraussetzt. Ob im konkreten Falle die Grundschuld von den Beteiligten mit einer persönlichen Forderung in Verbindung gebracht worden ist, kann dabei keinen Unterschied machen. Sie wird dadurch nicht zur Hypothek, sondern bleibt eine Grundschuld, wie dies auch aus § 53 Abs. 2 Zw.V.G. hervorgeht. Es entsteht daher trotz einer solchen Verbindung keine Eigentümergrundschuld in derjenigen Höhe, in der die Grundschuld mit Valuta nicht belegt ist. Die Erklärung des Grundschuldgläubigers, daß er Valuta nicht in voller Höhe gezahlt habe und daher die Grundschuld nur in Höhe der wirklich gezahlten Valuta gegen den Versteigerungserlös liquidiere, berechtigt daher den Eigentümer des Grundstücks oder denjenigen Eigentümer, der die Grundschuld bestellt hat, nicht, den vom Gläubiger nicht liquidierten Betrag für sich zu liquidieren. In Höhe des nicht liquidierten Betrags wird vielmehr der Versteigerungserlös für die übrigen an ihm berechtigten Gläubiger frei, weil die Grundschuld insoweit ins Leere fällt. Daraus ergibt sich für den vorliegenden Fall, daß die zugunsten der Beklagten ergangenen Pfändungs- und Überweisungsbeschlüsse gegenstandslos sind. Der zur Hebung gelangte Betrag, auf den die Darlehnskasse als Grundschuldgläubigerin Anspruch gehabt hätte, wenn sie ihre Grundschuld voll liquidiert hätte, und der wegen des Widerspruchs des Kaufmanns L. zu einer Streitmasse genommen worden ist, gebührt daher dem Kläger als dem nächsten in Höhe von 4000 ℳ ausgefallenen Realgläubiger. Da die Pfändungs- und Überweisungsbeschlüsse der Beklagten erst ergangen sind, nachdem bereits die Streitmasse gebildet und hinterlegt war, war von einer Anwendung des § 880 Z.P.O. abzusehen, im übrigen aber unter Aufhebung des angefochtenen Urteils das Urteil erster Instanz auf die Berufung des Klägers abzuändern und seinen Klaganträgen entsprechend zu erkennen." ...

---

60. Zu § 29 des Reichsgesetzes, betr. die Bekämpfung gemeingefährlicher Krankheiten, vom 30. Juni 1900.

VI. Zivilsenat. Urt. v. 9. März 1905 i. S. A. & Co. u. Gen. (Kl.) w. hamb. Polizeibehörde u. Finanzdeputation (Bekl.). Rep. VI. 218/04.

I. Landgericht Hamburg.
II. Oberlandesgericht daselbst.

Aus den Gründen:

... „Das Berufungsgericht nimmt ... an, die Voraussetzung zur Anwendung des § 29 des Reichsgesetzes vom 30. Juni 1900, betr. die Bekämpfung gemeingefährlicher Krankheiten, daß das Getreide infolge der Desinfektion zu seinem „bestimmungsmäßigen Gebrauch" nicht weiter hat verwendet werden können, sei nicht gegeben. In dieser Beziehung führt es folgendes aus. Mit jenen Worten des Gesetzes sei nicht der Gebrauch gemeint, zu dem der durch die Desinfektion Betroffene den Gegenstand zu der Zeit, als er infolge der Desinfektion beschädigt worden sei, bestimmt gehabt habe, sondern derjenige Gebrauch, dem der Gegenstand überhaupt seiner Natur nach diene. Wäre der Gebrauch maßgebend, zu dem gerade der eine Entschädigung Fordernde im konkreten Falle den Gegenstand bestimmt gehabt habe, so würde im vorliegenden Falle der Roggen ohne Zweifel bestimmungsmäßig nicht weiter verwendbar gewesen sein; denn die Klägerin N. & Co. habe ihn bestimmt gehabt zur Erfüllung eines Lieferungsgeschäfts, und ihr Abkäufer habe den ihm angedienten, nach Kresol riechenden Roggen mit Recht zurückgewiesen, weil er unzweifelhaft „reine Ware", wie er nach dem Schlußschein habe verlangen können, nicht gewesen sei. Derartig konkret sei der Begriff des Bestimmungsmäßigen nicht aufzufassen. Es genüge aber auch nicht eine Feststellung, daß der Roggen zum Vermahlen zu Brotmehl nicht weiter habe verwendet werden können; es sei zu berücksichtigen, daß Roggen — von anderen, weniger wichtigen Verarbeitungen abgesehen — ebensowohl in großen Mengen zur Branntweinfabrikation, als zur Viehfütterung und zur Aussaat verbraucht werde. Verstehe man aber den Begriff des bestimmungsmäßigen Gebrauchs in dem vorher bezeichneten Sinne, so gehe aus der Tatsache, daß der Roggen dann weiterverkauft worden sei, hervor, daß er nach wie vor als zum Verbrauch bestimmte Ware gehandelt worden sei und Verwendung gefunden habe.

Mit Recht werden diese letzteren Ausführungen von der Revision beanstandet; sie können, da die Klägerinnen wiederholt geltend gemacht haben, daß der Roggen zum Vermahlen, und das Mehl zum Verbacken zu Brot bestimmt und geeignet gewesen sei, und da auch die Beklagten eingewendet haben, daß der Roggen selbst zur Zeit der Versteigerung noch zum bestimmungsmäßigen Gebrauch, nämlich als Brotgetreide, habe verwendet werden können, nur dahin verstanden werden, daß unter „bestimmungsmäßigem" Gebrauch jeder Gebrauch zu verstehen sei, zu dem sich der Gegenstand seiner Gattung nach überhaupt noch verwenden lasse; das Berufungsgericht hat auch aus den von ihm hervorgehobenen Umständen nicht entnommen, daß der Roggen noch zu Brot habe verwendet werden können. Jene Auslegung des Gesetzes wird aber weder seinem Wortlaut, noch seinem Sinne gerecht. So richtig es ist, wenn das Berufungsgericht zunächst ausführt, daß nicht die subjektive Bestimmung des Besitzers entscheidend sein kann, daß vielmehr die objektive Sachlage maßgebend ist, so wenig ist es gerechtfertigt, der besonderen Natur und der besonderen Beschaffenheit des Gegenstandes innerhalb des Gattungsbegriffs die Bedeutung zu versagen. Damit würden der Anwendung des Gesetzes sehr enge Grenzen gezogen sein; denn in den meisten Fällen wird der durch die Desinfektion beschädigte Gegenstand zu irgendeinem Gebrauch noch zu verwenden sein, zu dem er seiner Gattung nach bestimmt ist. Unter „bestimmungsmäßigem" Gebrauch ist vielmehr derjenige Gebrauch zu verstehen, dem der Gegenstand nach seiner Natur und Beschaffenheit, nach wirtschaftlichen Grundsätzen und nach den Anschauungen des Verkehrs zu dienen bestimmt ist. Wenn für die

Verwendung des Roggens zur menschlichen Nahrung eine andere, insbesondere bessere Qualität notwendig ist, als zur Viehfütterung, zur Branntweinfabrikation ɔc, so ist der bestimmungsmäßige Gebrauch jener Qualität nicht der zur Viehfütterung ɔc, sondern der zur menschlichen Nahrung, und wenn infolge der Desinfektion der Roggen, der zum Vermahlen für Brot geeignet war, nun nicht mehr dazu geeignet ist, sondern nur zur Viehfütterung ɔc, so kann er zu seinem bestimmungsmäßigen Gebrauche nicht mehr verwendet werden.

Dagegen ist dem Berufungsgericht darin beizutreten, daß das Getreide nicht infolge der polizeilich angeordneten Desinfektion beschädigt worden ist. Es ließe sich hierbei die Frage aufwerfen, ob nicht das Gesetz überhaupt nur für die Beschädigung desjenigen Gegenstandes Entschädigung gewähren will, der selbst desinfiziert worden ist, oder auch für die Beschädigung von Gegenständen, die nur bei Gelegenheit der Desinfektion anderer Gegenstände infolge der Desinfektion beschädigt worden sind; für jene Auffassung könnte vielleicht die Bestimmung im § 31 herangezogen werden. Indessen bedarf es der Beantwortung dieser Frage im vorliegenden Falle nicht, da das Berufungsgericht den ursächlichen Zusammenhang zwischen der Desinfektion und der von den Klägerinnen behaupteten Beschädigung des Roggens mit Recht verneint hat. Desinfiziert worden ist nur der Kahn, in den der Roggen aus den Dampfern geschafft worden war, nicht auch der Roggen selbst; dieser ist nach beendigter Desinfektion von den Klägerinnen oder ihren Vertretern sofort wieder in jenen Kahn geworfen worden; dadurch hat er den Kresolgeruch angenommen. Die Wiederbeladung des Kahns, insbesondere die sofortige Wiederbeladung, ist von den Beklagten nicht angeordnet worden. Die Beschädigung des Getreides ist daher nicht die Folge der von den Beklagten angeordneten und polizeilich überwachten Desinfektion, sondern die Folge des Verhaltens der Klägerinnen oder ihrer Vertreter. Das Gesetz gewährt aber keine Entschädigung für den Fall, daß ein Gegenstand dadurch beschädigt wird, daß er nach erfolgter Desinfektion eines anderen Gegenstandes mit diesem in Berührung gebracht wird." ...

61. 1. Ist die Gültigkeit der Eintragung der Unterschiebung einer anderen Forderung unter eine bestehende Hypothek davon abhängig, daß die der Eintragung zugrunde liegende Einigung in einer der Formen des § 873 Abs. 2 B.G.B. geschlossen ist?

B.G.B. § 1180.

2. Kann, wenn mehrere Beklagte in Streitgenossenschaft stehen, die Abweisung der Klage gegen einen Streitgenossen von der Leistung eines einem anderen Streitgenossen auferlegten Eides abhängig gemacht werden?

Z.P.O. § 476.

3. Kann der Eigentümer, dem der wahre Gläubiger die Löschung einer Hypothek versprochen hat, vom Buchgläubiger Berichtigung des Grundbuchs (durch Löschung) verlangen?

B.G.B. § 894.

4. Zum Begriffe der Unentgeltlichkeit im Sinne des § 3 Nr. 3 des Anfechtungsgesetzes.

V. Zivilsenat. Urt. v. 11. März 1905 i. S. K. (Kl.) w. H. u. K. (Bekl.). Rep. V. 649/04.

I. Landgericht Hannover.
II. Oberlandesgericht Celle.

Der Beklagte H. bot dem Kläger im Jahre 1901 in notariell beurkundetem Protokolle zwei Grundstücke zum Kaufe an gegen Übernahme der eingetragenen Hypotheken im Gesamtbetrage von 130000 ℳ. Der Kläger nahm das Angebot — nach seiner Angabe mit einer Maßgabe — an, worauf ihm die Grundstücke aufgelassen wurden. Unter den Hypotheken von 130000 ℳ befand sich eine Sicherungshypothek zum Höchstbetrage von 40000 ℳ für laufenden Kredit, eingetragen für den Beklagten K. Diese Hypothek wurde bereits vor dem Kaufangebot in eine Darlehnshypothek umgeschrieben unter gleichzeitiger Abtretung eines Teilbetrags von 30000 ℳ an den Kläger, und zwar mit dem Vorrechte vor dem Überreste. 10000 ℳ blieben also als Darlehnshypothek für den K. eingetragen. Nach der Auflassung wurden von ihr 4200 ℳ auf Grund der Bewilligung des K. gelöscht. Der Kläger verlangte vom Beklagten H. Herbeiführung der Löschung auch der Resthypothek von 5800 M und vom Beklagten K. Bewilligung dieser Löschung, oder Anerkenntnis, daß die Resthypothek dem Beklagten H. zustehe, oder Duldung der Zwangsvollstreckung in diese Hypothek wegen verschiedener rechtskräftiger Forderungen des Klägers an den Beklagten H.

Der Kläger behauptete, daß der Beklagte H. sich vor der Auflassung unter teilweiser Änderung des Kaufangebots ihm gegenüber verpflichtet habe, die für K. eingetragene Hypothek von 10000 M löschen zu lassen. In dem Angebote hatte der Beklagte H. sich verpflichtet, die damals im Bau befindlichen Gebäude zu vollenden. Diese Verpflichtung habe — behauptete der Kläger — der in Vermögensverfall geratene Beklagte H. nicht erfüllen können, und deshalb sei vereinbart worden, daß der Kläger die Grundstücke mit den unvollendeten Gebäuden zu einem um 10000 M ermäßigten Preise zu übernehmen habe. Daraus ergebe sich die Löschungspflicht des Beklagten H. Die Anträge gegen den Beklagten K. seien deshalb gerechtfertigt, weil K., der unstreitig dem Beklagten H. weder laufenden Kredit gewährt, noch ein Darlehn gegeben habe, nur formal als Hypothekengläubiger erscheine. Außerdem focht der Kläger die Hypothek gegen K. wegen ihm unstreitig zustehender rechtskräftiger Forderungen gegen den Beklagten H. im Gesamtbetrage von mehr als 5800 M an, weil sie auf einer unentgeltlichen Verfügung beruhe.

Die Beklagten beantragten Abweisung der Klage, indem sie die Behauptungen des Klägers bestritten. Sie behaupteten, daß der Beklagte K. auch materiell Hypothekengläubiger in Höhe von 5800 M gewesen sei. K. habe nämlich an den Vater des Beklagten H. eine aus Wechseln herstammende Forderung in jener Höhe gehabt. Nach Eintragung der Sicherungshypothek von 40000 M habe K. die Kreditgewährung davon abhängig gemacht, daß H. für die Schuld seines Vaters Bürgschaft übernehme oder ihn wegen dieser Schuld befriedige. Der Beklagte H. habe darauf die Schuld des Vaters als eigene übernommen, und es sei zwischen den beiden Beklagten vereinbart worden, daß die Sicherungshypothek für diese Schuld mit haften und in Höhe von 5800 M in eine feste Hypothek für K. umgeschrieben werden solle. Zu einer Kreditgewährung des K. sei es nicht gekommen, weil der Kläger nach Abtretung eines Teilbetrags von 30000 M der ganzen in eine Verkehrshypothek umgeschriebenen früheren Höchstbetragshypothek sich zur Beschaffung von Baugeldern verpflichtet habe.

Der erste Richter verurteilte den Beklagten H. nach dem Klagantrage, wies dagegen die Klage gegen K. ab. Auf die Berufung des Klägers und des Beklagten H. wurde das erste Urteil dahin abgeändert: „Der Beklagte H. soll schwören, daß er vor Eintragung der Umwandlung der Sicherungshypothek von 40000 ℳ in eine Darlehnshypothek eine Schuld seines Vaters an K. im Betrage von 5800 ℳ aus Wechselakzepten als eigene übernommen und mit K. vereinbart habe, daß die Hypothek für diese Schuld haften solle. Für den Fall der Eidesweigerung soll die Klage gegen K. abgewiesen, und die einstweilige Verfügung, soweit sie ihn betrifft, aufgehoben, dagegen der Beklagte H. zur Bewirkung der Löschung der 5800 ℳ und, falls er dies in der Zwangsvollstreckungsinstanz nicht tut, zur Zahlung von 5800 ℳ und Zinsen verurteilt werden. Für den Fall der Eidesleistung soll die Klage gegen H. abgewiesen, und die einstweilige Verfügung, soweit sie ihn betrifft, aufgehoben werden. Der Beklagte K. soll schwören, daß ihm bei Bestellung der Sicherungshypothek von 40000 ℳ durch den Beklagten H., bei Übernahme der 5800 ℳ betragenden Schuld des Vaters durch ihn und bei der Vereinbarung, daß für diese übernommene Schuld die Sicherungshypothek mit haften solle, eine Absicht des Beklagten H., seine Gläubiger zu benachteiligen, nicht bekannt gewesen sei. Für den Fall der Eidesleistung soll die Klage gegen ihn abgewiesen, und die einstweilige Verfügung, soweit sie ihn betrifft, aufgehoben werden. Für den Fall der Eidesweigerung soll K. verurteilt werden, einzuwilligen, daß der Kläger in die Hypothek von 5800 ℳ aus den in der Urteilsformel aufgezählten vollstreckbaren Titeln die Zwangsvollstreckung betreibe."

Die Revision des Klägers wurde zurückgewiesen, aus folgenden

Gründen:

... „Der Berufungsrichter nimmt für erwiesen an, daß der Beklagte H. auf das an ihn gestellte Ansinnen des Klägers sich nicht zur Löschung der Hypothek von 10000 ℳ verpflichtet, sondern nur versprochen hat, sich um die Löschungsbewilligung des Beklagten K. zu bemühen. Es wird in Auslegung des bezeugten Versprechens ausgeführt, daß H. sich nur insoweit habe verpflichten wollen und verpflichtet habe, als die Hypothek in Wahrheit nicht dem K., sondern ihm zugestanden habe.... In Höhe von 4200 *M* stand dem K. kein materielles Hypothekenrecht zu, und so weit hat der Beklagte H. seiner Verpflichtung auch genügt. Streit besteht, ob dem K. eine Forderung von 5800 *M* zusteht, und für diese die Hypothek haftet. Daß eine Hypothek auch für eine fremde Schuld bestellt werden kann, steht außer Zweifel (vgl. z. B. Jurist. Wochenschr. 1898 S. 36 Nr. 91). Die Behauptung der Beklagten geht dahin, daß der Vater des H. dem K. 5800 *M* aus Wechselakzepten geschuldet, und der Beklagte H. diese Schuld als eigene übernommen habe mit der Vereinbarung, daß die Hypothek dafür haften solle. Das Bestehen einer Schuld des H. sen. an K. in Höhe von 5800 *M* nimmt der Berufungsrichter ... für erwiesen an....

Ist sonach von dem Bestehen der Forderung des K. an H. sen. auszugehen, so bleibt zu untersuchen, ob die Hypothek für diese Forderung haftet. Der Berufungsrichter bejaht diese Frage für den Fall, daß der Beklagte H. den ihm auferlegten Eid leistet, indem er es bis zur Auferlegung eines Ergänzungseides für wahrscheinlich gemacht hält, daß H. vor Umwandlung der Sicherungshypothek in eine Darlehnshypothek die Schuld seines Vaters als eigene übernommen und mit K. vereinbart habe, die Hypothek solle für diese Schuld haften.... Der Berufungsrichter führt aus, daß die Schuldübernahme und die Vereinbarung der Haftung der Hypothek für die übernommene Schuld auch ohne Beobachtung einer Form gültig seien, wenn sie vor der Umwandlung der Sicherungs- in eine Darlehnshypothek vorgenommen worden seien. Nur für diesen Fall soll die Eidesleistung die Abweisung der Klage gegen H. zur Folge haben. Die Revision ist der Ansicht, daß die Einschiebung einer anderen Forderung in die für laufenden Kredit bestellte Sicherungshypothek nach § 1180 B.G.B. der gerichtlichen oder notariellen Form bedurft habe. Der Revision ist zuzugeben, daß der § 1180 an sich auch auf Sicherungshypotheken Anwendung findet. Aber wenn man selbst annehmen wollte, daß diese Bestimmung auf den vorliegenden Fall anwendbar sei, so würde mit der Eintragung der Umwandlung der Sicherungs- in eine Darlehnshypothek auch diese Vereinbarung nach § 873 Abs. 1 B.G.B. bindend geworden sein. Der im § 1180 bezogene § 873 Abs. 2 macht nur die Bindung vor der Eintragung von der Beobachtung gewisser Formen abhängig; mit der Eintragung wird die formlose Einigung ebenfalls bindend. Die Revision meint ferner, es habe sich nach der eigenen Behauptung der Beklagten nicht um eine Verpflichtung, statt des H. sen., sondern um eine solche, neben ihm zu haften, gehandelt. Es liege also eine kumulative Schuldübernahme oder eine Bürgschaft vor, und beide verlangten zur Gültigkeit die Schriftform. Auch dieser Angriff ist nicht begründet. Behauptet war eine Schuldübernahme. Ob diese kumulativ oder privativ ist, hatte der Richter zu prüfen, ohne an die Auffassung der Parteien gebunden zu sein. Der Berufungsrichter legt die von H. sen. bekundete Vereinbarung im Sinne einer privativen Schuldübernahme aus und hat danach den dem Beklagten H. auferlegten Eid gefaßt. Gegen diese Auslegung können Revisionsangriffe mit Erfolg nicht gerichtet werden. Aber wenn dies auch zulässig wäre, so wäre damit für den Kläger nichts gewonnen. Freilich ist die Gültigkeit des Bürgschaftsvertrags nach § 766 B.G.B. an die Beobachtung der Schriftform gebunden, und das Reichsgericht hat in den Entsch. in Zivils. Bd. 51 S. 122 für die kumulative Schuldübernahme dieselbe Form verlangt, mit der später (Jurist. Wochenschr. 1905 S. 45 Nr. 11[1]) hinzugefügten Beschränkung, daß dies nur für die Regelfälle gelte, in denen die kumulative Schuldübernahme mit der Bürgschaft identisch sei. Aber im vorliegenden Falle hat der Beklagte H. dem K. doch auch (durch Umwandlung der Sicherungshypothek) Hypothek in notarieller Form bestellt, und die Hypothekbestellung ist auch eingetragen. Läge also eine Bürgschaft vor, so würde daneben doch noch die Bestellung einer Hypothek für eine fremde Schuld bestehen, und diese ist gültig, wenn die Vereinbarung durch den Eid des Beklagten H. festgestellt wird. Die Nichtigkeit der persönlichen Bürgschaft würde auf die Bestellung und Eintragung der Hypothek keinen Einfluß haben. Richtiger hätte der Berufungsrichter vielleicht die Vereinbarung überhaupt in dem Sinne aufgefaßt, daß nicht eine Schuldübernahme, sondern die Bestellung einer Hypothek für fremde Schuld beabsichtigt sei; aber auch seine Konstruktion führt nicht zur Nichtigkeit der Hypothek. . . .

Für den Fall der Beklagte H. den Eid weigert, soll er nach

---

[1] Jetzt abgedruckt in dieser Sammlung B. 59 Nr. 66 S. 232. D. R.

dem Klagantrage verurteilt werden. Er hat sich der Revision nicht angeschlossen, und deshalb kann das Bedenken unterdrückt werden, ob durch die notarielle Urkunde vom 12. Oktober 1901 dem § 1180 B.G.B. nicht genügt ist, so daß es nicht darauf ankommen würde, ob die Einigung vor oder bei der Umwandlung der Hypothek zustande gekommen ist. Aber es soll außerdem die Klage gegen K. abgewiesen werden, und zwar weil der Kläger zu ihm in keinen obligatorischen Beziehungen stehe. Die Revision regt das Bedenken an, ob die Entscheidung über die Berufung des Klägers gegen die Zurückweisung der Klage gegen K. von einem Eide des bei dieser Berufung nicht beteiligten Beklagten H. habe abhängig gemacht werden dürfen. Allein, da auch H. die Berufung eingelegt hat, und er Streitgenosse des K. ist, war der Berufungsrichter nach § 476 Z.P.O., der dem Richter in dieser Beziehung freies Ermessen einräumt, befugt, den richterlichen Eid dem H. allein aufzuerlegen (vgl. Entsch. des R.G.'s in Zivils. Bd. 12 S. 14; Urteil des Obersten Landesgerichts für Bayern in Seuffert, Archiv Bd. 47 S. 358). Zweifelhafter ist, ob die Weigerung des Eides durch H. die Abweisung der Klage gegen K. zur Folge haben muß. Die Revision beruft sich für die Verneinung auf den § 894 B.G.B., jedoch mit Unrecht. Freilich kann der Grundstückseigentümer Beseitigung nicht rechtsbeständiger Hypotheken, deren Bestehen das Grundbuch unrichtig macht, mit der Klage auf Berichtigung geltend machen (vgl. z. B. Entsch. des R.G.'s in Zivils. Bd. 48 S. 51, Bd. 53 S. 408; Gruchot, Beiträge Bd. 48 S. 937); aber im vorliegenden Falle handelt es sich um eine rechtsbeständige Hypothek, die, wenn der Beklagte K. keinen materiellen Anspruch durch Kreditgewährung oder Darlehnshingabe auf sie erworben hat, dem Beklagten H. als Eigentümergrundschuld zusteht. H. könnte unter solchen Umständen von K. Berichtigung des Grundbuchs durch Eintragung des H. als Gläubigers verlangen. Dem Kläger als Grundstückseigentümer steht ein solches Recht nicht zu, weil durch die Unrichtigkeit nicht sein Eigentum, sondern lediglich das Recht des wahren Hypothekengläubigers betroffen wird. Nicht weil die Hypothek von 5800 *M* nicht besteht, sondern weil der Beklagte H. ihre Löschung angeblich versprochen hat, verlangt der Kläger die Beseitigung der Hypothek. Es handelt sich also nicht um den Fall der Grundbuchberichtigung, sondern um einen rein obligatorischen Anspruch, den der

Kläger gegen K. nur verfolgen könnte, wenn er sich den Berichtigungsanspruch des H. hätte überweisen lassen, was aber nicht geschehen ist....

Der Kläger hat seine Klage gegen K. auch auf das Anfechtungsgesetz gegründet. Der Berufungsrichter hat diesen Klagegrund für den Fall, daß der Beklagte H. den Eid nicht leistet, verworfen, weil die Hypothek dann materiell dem Beklagten H. zustehe, also nichts aus dessen Vermögen herausgekommen sei. Für den Fall der Eidesleistung hat er auf den im Tatbestande mitgeteilten Eid des Beklagten K. erkannt. Er nimmt an, daß es sich dann nicht um eine unentgeltliche, sondern um eine entgeltliche Verfügung handle, und daher der Kläger beweisen müsse, daß dem Beklagten K. eine Absicht des Beklagten H., seine Gläubiger zu benachteiligen, nicht bekannt gewesen sei. Da dieser Beweis auf andere Art nicht geführt sei, komme es auf den zugeschobenen Eid an. Die Annahme der Entgeltlichkeit begründet der Berufungsrichter damit, daß die für den zu gewährenden laufenden Kredit bestellte Sicherungshypothek erst wirksam werde, wenn und soweit K. Forderungen gegen den Beklagten H. erwarb, und daß der Schuldübernahme als Entgelt, wenn nicht eben diese Kreditgewährung, so doch jedenfalls die Befreiung des bisherigen Schuldners gegenübergestanden habe. Die Revision meint, daß die Schuldübernahme sich dem Beklagten H. gegenüber als unentgeltliches Geschäft darstelle, da er keine Gegenleistung dafür empfangen habe.

Es ist der Revision zuzugeben, daß die Schuldübernahme und die Hypothekbestellung für eine fremde Schuld an sich in der Regel unentgeltliche Verfügungen sind. Dies ist insbesondere dann anzunehmen, wenn die Forderung an den Dritten wertlos ist. Ob dieser Fall hier vorliegt, steht nicht fest. Aber die Revision übersieht, daß die erwähnten Rechtshandlungen jedenfalls dann nicht unentgeltlich sind, wenn der Verfügende sie vornimmt, um eine Gegenleistung dafür zu erlangen. Das ist aber nach der Feststellung des Berufungsrichters hier der Fall. K. hat die Gewährung des Kredits an den Beklagten H., obwohl dafür schon die Sicherungshypothek bestellt war, davon abhängig gemacht, daß H. die Schuld seines Vaters übernehme. Demnach hat der Beklagte die Schuld im eigenen Interesse, um Kredit zu erlangen, übernommen, also gegen das Versprechen und in Erwartung einer Gegenleistung des K. Wenn seine Erwartung hinterher fehl geschlagen sein sollte, so würde dadurch seine Leistung nicht rückwärts zu einer unentgeltlichen geworden sein (vgl. Urteil des I. Zivilsenats des Reichsgerichts vom 22. Dezember 1888, teilweise abgedruckt in der Jurist. Wochenschr. 1889 S. 68).

Auch die Ausführung des Berufungsrichters geht nicht fehl, daß, wenn der Beklagte H. die Leistung des ihm auferlegten Eides verweigert, der Fall der Anfechtung nicht gegeben sei. Es steht dann fest, daß die Hypothek von 5800 ℳ materiell nicht dem Beklagten K., sondern dem Beklagten H. gebührt, daß also durch die Eintragung auf den Namen des K. nichts aus dem Vermögen des Beklagten H. gekommen ist. Der Beklagte H. hat dann einen Berichtigungsanspruch an K., und, um das formale Recht des K. zu beseitigen, ist nicht die Anfechtung des formalen Rechts zulässig, sondern der Weg der Überweisung des Berichtigungsanspruchs gegeben." ...

---

62. Ist ein Vertrag, den geschiedene Eheleute vor der Scheidung über die Erziehung ihrer Kinder geschlossen haben, von bindender Wirkung?

B.G.B. §§ 1635. 1631.

IV. Zivilsenat. Urt. v. 13. März 1905 i. S. P. (Bekl.) w. S. (Kl.). Rep. IV. 545/04.

I. Landgericht Hamburg.
II. Oberlandesgericht daselbst.

Die Parteien sind miteinander verheiratet gewesen, jedoch im Jahre 1902 geschieden worden, und zwar wegen Ehebruchs der Beklagten, welche für den schuldigen Teil erklärt ist. Aus ihrer Ehe entstammen zwei Kinder, von denen das ältere bei dem Kläger verblieben ist. Das jüngere Kind, Gertrud S., geboren am 23. Dezember 1899, wurde anfangs bei den Eltern der Beklagten untergebracht, befindet sich jetzt aber bei der Beklagten. Nachdem dieselbe sich wieder verheiratet hatte, verlangte Kläger die Herausgabe des Kindes an ihn, erhob Klage und beantragte, die Beklagte hierzu zu verurteilen. Beklagte beantragte Abweisung der Klage, indem sie einmal behauptete, daß bei ihr für das Kind besser gesorgt sei, und sodann geltend machte, daß die Parteien während des Scheidungsprozesses die Vereinbarung getroffen hätten, es solle für den Fall die Beklagte für schuldig erklärt werde, Kläger das ältere, Beklagte das jüngere Kind zur Erziehung behalten. Kläger stellte den Abschluß einer solchen Vereinbarung in Abrede. In erster Instanz wurde nach dem Klagantrage erkannt, die Berufung der Beklagten wurde zurückgewiesen. Auch die Revision der Beklagten ward zurückgewiesen, aus folgenden

Gründen:

„Von jeder der beiden Parteien wird behauptet, daß bei ihr besser für das Kind gesorgt sei, als bei dem Gegner. Beklagte hat die Entscheidung der Vormundschaftsbehörde angerufen, und es hat vor dieser Behörde ein in Abschrift zu den Prozeßakten überreichter Schriftwechsel stattgefunden, in welchem die beiderseits geltend gemachten Gründe näher ausgeführt worden sind. Über das Ergebnis jenes von der Beklagten gestellten Antrags ergeben die Akten nichts. Seitens der Instanzgerichte ist die Frage, ob dem Kinde das Verbleiben bei der Mutter, oder die Auslieferung an den Vater dienlicher sei, nicht geprüft. Ebensowenig ist festgestellt worden, daß die Vereinbarung, auf welche die Beklagte sich beruft, und für deren Abschluß sie Beweis angetreten hat, wirklich getroffen sei; vielmehr hat das Berufungsgericht, wie bereits das Landgericht, die Klage auf Grund der §§ 1635. 1631 B.G.B. für begründet und eine etwa entgegenstehende Vereinbarung für unwirksam erachtet.

Diese Entscheidung ist zutreffend. Die Frage, ob Eheleute im Hinblick auf die Scheidung ihrer Ehe einen wirksamen Vertrag über die Erziehung ihrer Kinder schließen können, ist in den früheren Rechten verschieden beantwortet worden. Im Bereich des preußischen Allgemeinen Landrechts wurde, freilich nicht ohne Widerspruch, angenommen, daß sie sich einigen könnten, und es wurden deshalb auch Verträge insofern, als ihr persönliches Recht in Betracht kam, also vorbehältlich der Befugnis der Vormundschaftsbehörde, im Interesse der Kinder einzuschreiten, für statthaft gehalten (vgl. Urteil des Reichsgerichts vom 3. Mai 1880 bei Gruchot, Beiträge Bd. 25 S. 465). Für das gemeine Recht, in dessen Gebiet der Wohnort der Parteien belegen ist, wurde vom Reichsgericht einem derartigen Vertrage unter der Bedingung Geltung beigelegt, daß der Gatte, dem die Erziehung überlassen wurde, seiner Pflicht genüge, so daß dem anderen Gatten ein Einwand wegen Gefährdung des Kindes gewährt wurde (Entsch. in Zivils. Bd. 21 S. 160, Bd. 37 S. 189; so anscheinend auch Dernburg, Pandekten 5. Aufl. Bd. 3 Nr. 36 Anm. 10).

Anders verhält es sich indes nach dem Recht des Bürgerlichen Gesetzbuchs. Der erste Entwurf ging nach der Begründung zu § 1456, dessen Inhalt mit dem § 1635 B.G.B. sachlich übereinstimmt, davon aus, daß Verträge der in Rede stehenden Art unwirksam seien (Motive Bd. 4 S. 627). Diese Annahme aber hat als gesetzliche Vorschrift zu gelten, weil die Sorge für die Person des Kindes, wie in § 1631 Abs. 1 B.G.B. gesagt wird, nicht bloß ein Recht, sondern auch eine Pflicht ist, und auf diese nicht verzichtet werden kann. Letzteres wird im Bürgerlichen Gesetzbuch freilich nicht besonders ausgesprochen, während sich im ersten Entwurf als § 1561 die Bestimmung fand, daß auf die elterliche Gewalt nicht verzichtet werden könne. Allein diese Bestimmung ist von der zweiten Kommission, wie das Berufungsgericht schon hervorgehoben hat, nur deshalb gestrichen worden, weil sie sich von selbst verstehe (vgl. Protokolle Bd. 4 S. 662). Im übrigen ist der Rechtssatz, daß auf die elterliche Gewalt nicht verzichtet werden könne, genügend durch die erwähnte Bestimmung in § 1631 Abs. 1 zum Ausdruck gelangt. Hingewiesen werden mag ferner auf § 1662, wonach der Vater zwar auf die Nutznießung an dem Vermögen des Kindes verzichten kann, sich hierdurch jedoch nicht von den mit der elterlichen Gewalt verbundenen, auf dem Gebiete des Vermögensrechts liegenden Pflichten befreit. Ist aber ein Verzicht ausgeschlossen, so ist auch ein Vertrag über die Rechte, mit denen die Pflichten untrennbar zusammenhängen, ohne rechtliche Wirkung. Es folgt hieraus, daß auch die Ehegatten untereinander nicht für den Fall der Scheidung einen bindenden Vertrag über die Erziehung der Kinder schließen können, da durch § 1635 Abs. 1 B.G.B. bestimmt wird, wem die Sorge für die Kinder zusteht, und der Gatte, dem sie gesetzlich gebührt, sich nicht durch Vertrag der mit Zuweisung der Fürsorge ihm auferlegten Pflichten entledigen kann. Danach ist die Klage mit Recht für begründet erachtet worden.

Die Revision wendet hiergegen ein, das zufolge § 1635 B.G.B. dem unschuldigen Teil zustehende Fürsorgerecht werde durch eine

Vereinbarung der vorliegenden Art im voraus ausgeübt. Letzteres ist insofern richtig, als die Belassung des Kindes bei dem anderen Teil ebenso, wie die Unterbringung des Kindes bei einem Dritten, eine Betätigung der Fürsorge ist. Allein es handelt sich darum, ob derjenige Gatte, dem die Fürsorge zusteht, an diese Betätigung gebunden ist, und das ist zu verneinen." ...

---

63. 1. Zur Anwendung des § 62 Z.P.O.
2. Wird bei notwendiger Streitgenossenschaft die von einem Streitgenossen eingelegte Berufung dadurch unwirksam, daß er die Zuladung des anderen Streitgenossen zum Verhandlungstermin unterläßt?
3. Muß die Zuladung eines Streitgenossen die ausdrückliche Aufforderung, in dem Verhandlungstermine zu erscheinen, enthalten?

V. Zivilsenat. Urt. v. 15. März 1905 i. S. Eheleute J. u. Gen. (Kl.) w. Sch. (Bekl.). Rep. V. 416/04.

I. Landgericht Elberfeld.
II. Oberlandesgericht Köln.

Die Eheleute J. und die Ehefrau Sch., vertreten durch den Rechtsanwalt L., klagten als Miteigentümer eines Grundstücks gegen den Beklagten als Hypothekengläubiger auf Bewilligung der Löschung einer auf dem Grundstücke lastenden Hypothek. Im Laufe des Prozesses zeigte Rechtsanwalt L. an, daß er die Ehefrau Sch. fernerhin nicht mehr vertrete. Trotzdem wurde das demnächst erlassene Urteil erster Instanz, durch das der Beklagte teilweise nach dem Klagantrage verurteilt, im übrigen die Klage abgewiesen worden war, auf Betreiben des Beklagten dem Rechtsanwalt L. als Vertreter der Eheleute J. und der Ehefrau Sch. zugestellt. Gegen das Urteil legten nur die Eheleute J. Berufung ein. Ihr Prozeßbevollmächtigter zweiter Instanz ließ jedoch nach eingetretener Vertagung der Berufungsverhandlung dem Rechtsanwalt L. „als früherem Prozeßbevollmächtigten der Ehefrau Sch." ein Schriftstück zustellen, das die Mitteilung von dem zur mündlichen Verhandlung über die Berufung anberaumten neuen Termin enthielt. In diesem erschien für die Ehefrau Sch. niemand. Der zweite Richter verwarf nunmehr die Berufung als unzulässig, weil mit Rücksicht auf die zwischen den Eheleuten J. und der Ehefrau Sch. bestehende notwendige Streitgenossenschaft eine wirksame Berufungseinlegung nur unter gleichzeitiger Zuladung der Ehefrau Sch. hätte erfolgen dürfen, und die bloße Benachrichtigung ihres früheren erstinstanzlichen Prozeßbevollmächtigten von dem anstehenden Termine den Mangel der Ladung nicht zu ersetzen vermöge. Auf die Revision der Eheleute J. wurde das Berufungsurteil aufgehoben, aus folgenden

Gründen:

„Die Annahme des Berufungsrichters, daß auf klägerischer Seite eine notwendige Streitgenossenschaft bestehe, ist unbedenklich und auch von der Revision nicht bemängelt. Nach der Behauptung der Kläger ist die Hypothek, um deren Löschungsreife sich der Streit dreht, von ihnen bezahlt worden. Sie ist danach den Klägern als eine Eigentümergrundschuld angefallen, über die diese nur gemeinschaftlich verfügen können.

Vgl. Turnau u. Förster, Liegenschaftsrecht 2. Aufl. Bd. 1 S. 772 II. 2 a. A. in Verbindung mit S. 666 oben.

Allerdings wären trotz der Gemeinschaftlichkeit des Rechts die Kläger nach §§ 744 Abs. 2. 1011 B.G.B. befugt gewesen, jeder für sich allein die vorliegende Klage anzustellen, da die Beschaffung der Löschungsbewilligung des Gläubigers zu den Individualrechten gehört, die von den einzelnen Teilhabern selbständig ausgeübt werden können. Werden aber gleichwohl diese Individualrechte von den mehreren Teilhabern gemeinschaftlich in einer Klage geltend gemacht, so ist die dadurch begründete Streitgenossenschaft insofern eine notwendige, als es sich allen Streitgenossen gegenüber um ein identisches Rechtsverhältnis handelt, das nicht innerhalb desselben Prozesses verschieden beurteilt werden kann; es liegt also ein Fall der ersten Alternative des § 62 Z.P.O. vor.

Vgl. Skonietzki-Gelpcke, Kommentar S. 148 Bem. 1 lit. a.

Dagegen geht der Berufungsrichter bei seiner weiteren Annahme, daß zufolge der notwendigen Streitgenossenschaft die Berufung mit Rücksicht auf § 63 Z.P.O. nur unter gleichzeitiger Zuladung der Ehefrau Sch. hätte wirksam eingelegt werden können, und daß eine solche Zuladung formgültig nicht erfolgt sei, in mehrfacher Hinsicht von rechtsirrigen Anschauungen aus, und der insoweit von der Revision erhobene Angriff ist begründet.

Durch die bloße Anzeige des Rechtsanwalts L., daß er die Ehefrau Sch. fernerhin nicht mehr vertrete, hörte seine Vertretungsmacht nicht auf; dazu hätte es nach § 87 Abs. 1 Z.P.O. noch der ferneren Anzeige von der Bestellung eines anderen Anwalts bedurft. In Ermangelung einer solchen anderweiten Anwaltsbestellung blieb der Rechtsanwalt L. nach wie vor Prozeßvertreter auch in bezug auf die Ehefrau Sch. Es war daher für diese das Urteil erster Instanz nach § 176 Z.P.O. ihm zuzustellen, und es begann mit dieser Zustellung der Ehefrau Sch. gegenüber der Lauf der Berufungsfrist. Die demnächst innerhalb der Frist bewirkte Berufungseinlegung ist zwar nach der in dem Berufungsschriftsatz enthaltenen ausdrücklichen Erklärung nur namens der Eheleute J. erfolgt. Sie wirkte aber, da für die Ehefrau Sch. der Fristlauf ebenfalls eröffnet war, nach dem Vertretungsprinzip des § 62 Z.P.O. zugleich auch zugunsten dieser Streitgenossin, so daß auch ihr gegenüber durch die Zustellung des Berufungsschriftsatzes das Verfahren in der Berufungsinstanz anhängig wurde. Darauf, ob sie zugleich zum Verhandlungstermine gehörig zugeladen worden war, kam es dabei nicht weiter an. Allerdings schreibt § 63 Z.P.O. vor, daß ein Streitgenosse, wenn er den Gegner zu einem Termine ladet, auch die übrigen Streitgenossen zu laden hat, und diese Bestimmung gilt nicht bloß für die gewöhnliche, sondern auch für die notwendige Streitgenossenschaft. Aber ein Verstoß hiergegen, wenn er in der Rechtsmittelinstanz begangen wird, zieht nicht den Verlust des eingelegten Rechtsmittels nach sich, sondern hat nur zur Folge, daß in dem Termine über das Rechtsmittel nicht sachlich verhandelt werden darf, also eine Verlegung des Termins, eventuell mit den in § 95 Z.P.O. und § 48 G.K.G. vorgesehenen Kostennachteilen für den Streitgenossen, der die Zuladung unterlassen hat, erforderlich wird. Dies hat auch der Berufungsrichter im vorliegenden Falle anfänglich nicht verkannt. Denn er hat auf Grund der ersten Berufungsverhandlung vom 2. März 1904 einen Beschluß erlassen, durch den bei gleichzeitiger Anberaumung eines neuen Verhandlungstermins den Berufungsklägern „anheimgegeben" wurde, in dem neuen Termine die „nötigenfalls durch öffentliche Zustellung zu bewirkende" Ladung der Ehefrau Sch. nachzuweisen, und erst, nachdem die Berufungskläger dieser Anregung nicht nachgekommen waren, sondern statt dessen sich damit begnügt hatten, mittels Schriftsatzes vom 3. Mai 1904 dem Rechtsanwalt L. „als früherem Prozeßbevollmächtigten der Ehefrau Sch." den anberaumten neuen Verhandlungstermin anzuzeigen, hat der Berufungsrichter, weil er hierin keine gehörige Ladung fand, die Verwerfung des eingelegten Rechtsmittels ausgesprochen. Er scheint also von der Auffassung ausgegangen zu sein, daß es in Fällen, in denen der Streitgenosse sich weigert, seiner Verpflichtung aus § 63 Z.P.O. nachzukommen, ein Mittel geben müsse, trotz dieses Widerstandes den Prozeß zur Beendigung zu bringen, und daß, da eine sachliche Entscheidung ohne Beteiligung des nicht geladenen Streitgenossen unmöglich sei, das Mittel nur darin bestehen könne, die ungehorsame Partei der von ihr eingelegten Berufung für verlustig zu erklären. Für die Zulässigkeit eines solchen Verfahrens fehlt es indessen an jedem Anhalt im Gesetze. Der Richter darf prozessuale Rechtsnachteile über eine Partei wegen Ungehorsams nur insoweit verhängen, als das Gesetz ihn hierzu ausdrücklich ermächtigt, und eine Bestimmung, wonach für den dem § 63 Z.P.O. zuwiderhandelnden Streitgenossen als Strafe der Verlust seines Klagerechts oder des von ihm eingelegten Rechtsmittels eintritt, enthält die Zivilprozeßordnung nicht. Es kann auch hierbei nicht etwa die Ausfüllung einer im Gesetze vorhandenen Lücke mittels Analogie in Frage kommen, da eine solche Lücke in Wirklichkeit gar nicht vorhanden ist. Neben der durch § 63 Z.P.O. dem Streitgenossen auferlegten Zuladungs*pflicht* besteht das Ladungs*recht* des Gegners gemäß § 214 Z.P.O. Der Gegner hat danach, falls er eine Vereitelung des Verhandlungstermins durch unterbliebene Befolgung des § 63 Z.P.O. verhüten will, es jederzeit in der Hand, *seinerseits* die zuzuladende Partei zu laden und dadurch die für die sachliche Verhandlung des Rechtsstreits oder für ein etwaiges Versäumnisverfahren erforderliche prozessuale Legitimation auf der Gegenseite herzustellen.

Im vorliegenden Falle ist aber der Berufungsrichter weiterhin auch der Bedeutung des Schriftsatzes vom 3. Mai 1904 nicht gerecht geworden. Wenn er den Berufungsklägern in dem auf Grund der Verhandlung vom 2. März 1904 ergangenen Beschlusse anheimgab, die Ehefrau Sch. persönlich zuzuladen, so war diese Auflage eine rechtsirrige. Wie bereits oben bemerkt, dauerte die Vertretungsmacht des Rechtsanwalts L. trotz seiner Mandatsniederlegung fort, und war daher die Zuladung an ihn, nicht an die Partei selbst zu richten. Der klägerische Anwalt der Berufungsinstanz handelte daher durchaus richtig, wenn er, entgegen der ihm gewordenen richterlichen Weisung, dem Schriftsatze die ersterwähnte Adresse gab. Nun vermißt freilich der Berufungsrichter in dem Schriftsatze auch sachlich die Erfordernisse einer gehörigen Ladung, da darin eine bloße Anzeige des anstehenden Termins, nicht aber die zum Begriffe der Ladung gehörende Aufforderung, in dem anstehenden Termine zu erscheinen, enthalten sei. Dem kann nicht beigetreten werden. Wie der Gebrauch des Wortes „Ladung" nicht sakrosankt ist, so braucht auch die Aufforderung zur Wahrnehmung des Termins, zu dem geladen wird, nicht als solche ausdrücklich ausgesprochen zu werden; es genügt, wenn sie sich aus dem Zusammenhange des übrigen Schriftsatzinhalts und aus den Umständen, unter denen dieser zugestellt wird, mit hinreichender Deutlichkeit ergibt. Im vorliegenden Falle konnte der Empfänger des Schriftsatzes, ein rechtskundiger Anwalt, nicht im Zweifel darüber sein, daß er durch die ihm gewordene Mitteilung von dem anstehenden Termine zu dem Berufungsverfahren zugezogen werden sollte, damit dadurch, den bestehenden gesetzlichen Bestimmungen entsprechend, der Fortgang des Prozesses ermöglicht werde. Der ausdrücklichen Hervorhebung, daß die Partei im Termine erscheinen müsse, bedurfte es dabei um so weniger, als eine solche Erscheinungspflicht im strengen Rechtssinne gar nicht bestand; blieb die zugeladene Partei aus, so wurde sie nach § 62 Z.P.O. durch den nicht säumigen Streitgenossen im Termine vertreten." ...

64. Ist ein Vertrag über Abhalten vom Bieten bei einer öffentlichen Versteigerung gegen Zusicherung eines Vorteils nach § 134 B.G.B. mit Rücksicht auf § 270 preuß. St.G.B. unter allen Umständen nichtig?

Vereinigte Zivilsenate. Beschl. v. 17. März 1905 i. S. K. (Bekl.) w. H. (Kl.). Rep. V. 213/03.

I. Landgericht Dortmund.
II. Oberlandesgericht Hamm.

Die vereinigten Zivilsenate haben eine zwischen dem V. und dem VI. Zivilsenat streitig gewordene Frage über die Nichtigkeit von Verträgen, betreffend das Abhalten vom Bieten bei öffentlichen Versteigerungen, nach § 134 B.G.B. mit Rücksicht auf § 270 preuß. St.G.B. dahin entschieden:

„Im Geltungsbereiche des § 270 preuß. St.G.B. vom 14. April 1851 ist ein Vertrag, durch den der eine Kontrahent sich von dem anderen gegen Zusicherung eines Vorteils vom Bieten bei einer öffentlichen Versteigerung abhalten läßt, nicht um deswillen allein nach dem § 134 B.G.B. nichtig, weil der § 270 preuß. St.G.B. den mit Strafe bedroht, der andere vom Bieten bei öffentlichen Versteigerungen durch Zusicherung oder Gewährung eines Vorteils abhält."

Gründe:

„Der § 270 St.G.B. für die preußischen Staaten vom 14. April 1851 schreibt vor:

„Wer andere vom Mitbieten oder Weiterbieten bei den von öffentlichen Behörden oder Beamten vorgenommenen Versteigerungen, dieselben mögen Verkäufe, Verpachtungen, Lieferungen, Unternehmungen oder Geschäfte irgendeiner Art betreffen, durch Gewalt oder Drohung, oder durch Zusicherung oder Gewährung eines Vorteils abhält, wird mit Geldbuße bis zu dreihundert Talern oder mit Gefängnis bis zu sechs Monaten bestraft."

Daß diese Strafvorschrift noch jetzt in Geltung steht, daß sie namentlich durch das Strafgesetzbuch für das Deutsche Reich mit Rücksicht auf § 2 Einf.-Ges. zu demselben nicht außer Kraft gesetzt ist, hat das Reichsgericht in feststehender Rechtsprechung angenommen.

Vgl. Entsch. des R.G.'s in Strafs. Bd. 10 S. 221, Bd. 17 S. 203, Bd. 27 S. 106, Bd. 35 S. 393; Entsch. in Zivils. Bd. 18 S. 219, Bd. 26 S. 314, Bd. 32 S. 261, Bd. 51 S. 401.

Nun bestimmt § 134 B.G.B.:

„Ein Rechtsgeschäft, das gegen ein gesetzliches Verbot verstößt, ist nichtig, wenn sich nicht aus dem Gesetz ein anderes ergibt."

Im Zusammenhalt dieser Vorschrift mit dem erwähnten § 270 hat der VI. Zivilsenat des Reichsgerichts durch Urteil vom 2. Juni

1902 (Ensch. in Zivils. Bd. 51 S. 401) einen Vertrag, inhalts dessen der eine Kontrahent das Versprechen des anderen, ihm für das Nichtmitbieten bei einer öffentlichen Versteigerung einen Vermögensvorteil zu gewähren, angenommen und sich dadurch vom Mitbieten hat abhalten lassen, für nichtig erklärt. Er begründet dies damit, daß das Versprechen gegen § 270 preuß. St.G.B. verstoße, und daß, da es ein notwendiger untrennbarer Teil des gewollten Rechtsgeschäfts sei, letzteres selbst von dem Verbotsgesetz getroffen werde. Darum soll das ganze Rechtsgeschäft nach § 134 a. a. O. nichtig sein. Dem V. Zivilsenat lag in der gegenwärtigen Streitsache dieselbe Rechtsfrage vor. Er hielt im Gegensatz zum VI. Zivilsenat den Vertrag nicht schon deshalb für nichtig, weil die eine Vertragspartei durch ihr Versprechen, dem anderen Teil für das Nichtbieten einen Vermögensvorteil zu gewähren, diesen vom Bieten abgehalten und dadurch gegen die Strafvorschrift des § 270 verstoßen hat. Trotz dieses Verstoßes erachtete vielmehr der V. Zivilsenat das durch Annahme eines solchen Versprechens zustande gekommene Rechtsgeschäft, wofern es nicht etwa gegen die guten Sitten verstößt und deshalb nach § 138 B.G.B. nichtig sein müßte, für gültig, und zwar so, daß die versprochene Gegenleistung von demjenigen, der sich durch sie vom Bieten hat abhalten lassen, auch klage- und einredeweise geltend gemacht werden kann. Über die hiernach streitig gewordene Rechtsfrage war gemäß § 137 G.V.G. die Entscheidung der vereinigten Zivilsenate einzuholen. . . .

Daß das Bürgerliche Gesetzbuch nicht schlechthin jede von den Gesetzen verbotene oder mit Strafe bedrohte Handlung der zivilrechtlichen Wirksamkeit entkleiden will, ergibt der Wortlaut des § 134. Zweierlei wird in dieser Vorschrift für die von ihr angedrohte Nichtigkeit eines Rechtsgeschäfts vorausgesetzt: einmal, daß das Rechtsgeschäft gegen ein gesetzliches Verbot verstößt, und ferner, daß sich nicht aus dem Gesetz ein anderes ergibt. Vor allem war daher zu prüfen, ob die erste Voraussetzung hier zutrifft, d. h. ob sich die Strafvorschrift des § 270 gegen das Rechtsgeschäft selbst richtet, welches durch das Versprechen, für das Nichtbieten einen bestimmten Vermögensvorteil zu gewähren, von der einen, und durch die Annahme dieses Versprechens von der anderen Seite zwischen den Vertragsparteien zustande kommt. War dies zu verneinen, so bedurfte es eines Eingehens auf die zweite Frage, wie sich § 270 zu der zivilrechtlichen Gültigkeit oder Ungültigkeit der von ihm mit Strafe bedrohten Handlung stellt, überhaupt nicht. Der VI. Zivilsenat ist in dem oben erwähnten Urteil vom 2. Juni 1902 auf die hiernach in erster Reihe zu beantwortende und maßgebende Frage nicht weiter eingegangen; er hält es für genügend, um die Nichtigkeit des Rechtsgeschäfts nach § 134 B.G.B. eintreten zu lassen, wenn auch nur die eine der beiden Willenserklärungen, aus denen sich das Rechtsgeschäft zusammensetzt, mit Strafe bedroht ist. Darin aber kann ihm nicht beigetreten werden. Es gibt vielfach Strafvorschriften und Verbotsgesetze, durch deren Übertretung sich der Täter zwar der ihm angedrohten Strafe schuldig macht, die aber nicht denjenigen treffen, der zu ihrem Abschluß als Gegenkontrahent auf der anderen Seite mitgewirkt hat, und die noch weniger die zivilrechtliche Gültigkeit desjenigen Rechtsgeschäfts, als dessen Bestandteil sich die verbotene oder unter Strafe gestellte Handlung darstellt, beeinflussen. Die Motive zum Bürgerlichen Gesetzbuch zählen zu § 105 des ersten Entwurfs (Bd. 1 S. 210) eine Reihe derartiger Fälle auf, ohne damit eine erschöpfende Zusammenstellung geben zu wollen. Sie erwähnen den Art. 69 des damals geltenden Handelsgesetzbuchs, die §§ 1. 2. 6 des Gesetzes, betreffend die Inhaberpapiere mit Prämien, vom 8. Juni 1871 (R.G.Bl. S. 210), die §§ 7. 11. 42. 43. 55—58 des Bankgesetzes vom 14. März 1875 (R.G.Bl. S. 177), den § 146 Ziff. 1 verbunden mit §§ 115—119 Gew.O. in der Fassung der Bekanntmachung vom 1. Juli 1883 (R.G.Bl. S. 177), das Gesetz, betreffend den Wucher, vom 24. Mai 1880 (R.G.Bl. S. 109), die §§ 301. 302, auch § 288 deutsch. St.G.B. und die zu letzterem ergangene Entscheidung des Reichsgerichts, III. Zivilsenats, vom 31. Januar 1882 (Entsch. in Zivils. Bd. 6 S. 169). Man könnte weiter auch in derselben Richtung auf die Strafbestimmungen über die Verkäufe an Sonntagen (§ 41a Gew.O.), den verbotswidrigen Handel mit giftigen Stoffen (Reichsgesetz vom 14. Mai 1879, 29. Juni 1887, 5. Juli 1887), oder mit nicht geeichten Maßen (Reichsgesetz vom 16. Juli 1884) und ähnliche Fälle verweisen. Allen diesen Strafbestimmungen oder Verbotsgesetzen ist gemeinsam, daß sie nur die Tätigkeit des einen der Kontrahenten, die beim Abschluß derartiger Geschäfte mitgewirkt haben, unter Strafe stellen oder verbieten, und es besteht in

Ansehung ihrer allseitig Übereinstimmung darüber, daß sie die zivilrechtliche Gültigkeit des Rechtsgeschäfts selbst, als dessen Bestandteil die verbotene oder strafbare Tätigkeit in Betracht kommt, nicht in Frage stellen. Dementsprechend heben auch die Motive zum Bürgerlichen Gesetzbuch a. a. O. als Regel hervor, daß in den Fällen, in denen bei einem Vertrage das Verbot nur den einen Teil trifft, der Vertrag als solcher nicht ungültig sein soll. Sie fügen hinzu, daß diese Regel auch im Gesetz genügenden Ausdruck gefunden habe, weil sie mit durch den in den Worten: „wenn sich nicht aus dem Gesetz ein anderes ergibt" enthaltenen Vorbehalt gedeckt werde. Ob letzteres zutrifft, kann dahingestellt bleiben; es genügt, um das Gesetz im gleichen Sinne zu verstehen, auf die Eingangsworte des § 134 B.G.B. hinzuweisen, in denen vorausgesetzt wird, daß das Rechtsgeschäft gegen ein gesetzliches Verbot verstößt.

Damit ist nun freilich nur die Regel gewonnen, und es bleibt weiter zu prüfen, ob etwa § 270 preuß. St.G.B. von dieser Regel abweicht, ob sich also Anhaltspunkte dafür finden lassen, daß § 270, obwohl er nur einen Teil mit Strafe bedroht (denjenigen, der vom Bieten abhält), das Rechtsgeschäft selbst hat treffen wollen, nämlich den Vertrag, der durch Annahme eines dahin zielenden Versprechens zwischen dem Annehmenden und dem Versprechenden zum Abschluß kommt. Aber solche Anhaltspunkte lassen sich nicht bloß nicht finden, vielmehr weist eine Betrachtung des § 270, die ihn im Zusammenhang mit dem damals geltenden Recht erfaßt, auf das Gegenteil hin. Der § 270 ist im Gebiete des altpreußischen Rechts, für welches damals die „gegen verschiedene Mißbräuche bei gerichtlichen und anderen öffentlichen Subhastationen und Versteigerungen" gerichtete Verordnung vom 14. Juli 1797 Geltung hatte, an die Stelle der Strafbestimmung getreten, die in Nr. 4 dieser Verordnung enthalten war. Er hat aber einen durchaus anderen Inhalt und deckt sich namentlich in der hier fraglichen Beziehung mit den Vorschriften der Verordnung nicht. Um dies zu erkennen, muß man auf die Tendenz der letzteren zurückgehen. Sie ist in ihrem Eingange selbst dahin angegeben:

„Es nehme der Mißbrauch überhand, daß ein Lizitant, um einen anderen Bietungslustigen zu entfernen und von einem Mehrgebote abzuhalten, sich mit demselben über ein sog. Abstandsgeld vereinige und dadurch bewirke, daß er solchergestalt das ausgebotene Objekt zu einem niederen Preise erhalte, als geschehen sein würde, wenn nicht andere Kauflustige durch einen solchen Winkelvertrag vom Mitbieten wären zurückgehalten worden; dergleichen Verabredungen gründeten sich auf einen unmoralischen und unerlaubten Eigennutz, den die Gesetze niemals begünstigen könnten, indem dadurch der Zweck der öffentlichen Versteigerungen gänzlich vereitelt, dem Eigentümer des zu verkaufenden Objekts oder dessen Gläubigern der rechtmäßige Vorteil . . . entzogen, und gerichtliche Handlungen, bei denen . . . ein gerades und offenes Verfahren mit Recht gefordert werden könne, in Gelegenheiten zu gewinnsüchtigen Spekulationen verwandelt würden."

Entsprechend dieser Tendenz, die ersichtlich gegen die Gültigkeit derartiger Verträge und Rechtsgeschäfte selbst gerichtet war, erklärt nun die Verordnung unter Nr. 1 „alle Verträge und Verabredungen, bei welchen die Absicht zu Grunde liegt, bei gerichtlichen und anderen öffentlichen Subhastationen . . . Kauflustige zum Vorteil eines Lizitanten von der Abgabe ihres Gebots . . . zurückzuhalten, es geschehe nun solches durch Bewilligung eines gewissen Abstandsgeldes oder durch Versprechung oder wirkliche Einräumung anderer Vorteile, für unerlaubt und strafbar"; unter Nr. 2 schreibt sie vor, daß „dergleichen Verträge auch unter den Kontrahenten selbst keine rechtliche Wirkung haben" sollen; unter Nr. 3 setzt sie die hieraus „dem vorigen Eigentümer des Objekts . . . oder dessen Gläubigern" zukommenden Entschädigungsansprüche fest und ordnet unter Nr. 4 eine „fiskalische Geldstrafe", die das duplum des unerlaubten Gewinns betragen soll, für diejenigen an, „die sich auf einen solchen Vertrag eingelassen haben."

Vergleicht man hiermit den Inhalt des § 270 preuß. St.G.B., so springt sofort in die Augen, daß letzterer auf einem wesentlich anderen Standpunkte steht. Er sieht ganz davon ab, in welcher Absicht das Abhalten vom Bieten geschehen ist, und ob der Eigentümer oder dessen Gläubiger geschädigt worden sind. Er bedroht nur den mit Strafe, der vom Bieten abhält, nicht den Mitkontrahenten, dehnt aber andererseits die Strafvorschrift auf die Fälle aus, in denen Gewalt oder Drohung angewendet worden ist, um vom Bieten abzuhalten. Das, was er trifft und treffen will, ist also — im

Gegensatz zur Verordnung, die sich gegen das Rechtsgeschäft selbst richtete — die Tätigkeit des einen Kontrahenten und nur diese, nämlich desjenigen, der vom Bieten abgehalten hat. Gerade der Gegensatz, in welchem § 270 zu der Strafvorschrift unter Nr. 4 der Verordnung steht, zeigt deutlich, daß er weiter nicht greifen, namentlich das Rechtsgeschäft selbst unter seine Strafbestimmung nicht einbeziehen will. Demnach kann davon keine Rede sein, daß § 270 als Ausnahme von der oben erörterten, in den Motiven zum Bürgerlichen Gesetzbuch aufgestellten und als richtig anzuerkennenden Regel anzusehen wäre. Ist diese aber auch auf ihn anzuwenden, so fehlt für die Anwendung des § 134 B.G.B. die erste Voraussetzung, nämlich die, daß das Rechtsgeschäft gegen ein gesetzliches Verbot verstößt. Daraus ergibt sich ohne weiteres, und ohne daß es eines Eingehens auf andere rechtliche Gesichtspunkte bedurft hätte, daß die den vereinigten Zivilsenaten zur Entscheidung vorgelegte Frage verneint werden mußte."

65. Findet die Bestimmung des § 866 Abs. 3 Satz 2 Z.P.O., wonach eine Zwangshypothek nur für eine den Betrag von 300 ℳ übersteigende Forderung eingetragen werden kann, auch auf die Arresthypothek Anwendung?

Z.P.O. §§ 928. 632.

V. Zivilsenat. Beschl. v. 15. März 1905 in der Grundbuchsache von Lübeck Bd. 91 Bl. 2707. Beschw.-Rep. V. 59/05.

I. Amtsgericht Lübeck.
II. Landgericht daselbst.

Die Frage ist bejaht worden aus folgenden, den Sachverhalt ergebenden

Gründen:

„Wegen einer Forderung der offenen Handelsgesellschaft H. & Sch. an die Witwe J. von 242,05 ℳ sowie wegen der entstandenen und noch entstehenden Kosten ist der dingliche Arrest in Höhe von 300 ℳ in das damals der Witwe J., jetzt dem Beschwerdeführer gehörige Grundstück L. Blatt 2707 angeordnet, und der Geldbetrag, durch dessen Hinterlegung die Vollziehung des Arrestes gehemmt, und die Schuldnerin zum Antrag auf Aufhebung des vollzogenen Arrestes berechtigt wird, auf 300 *M* angegeben worden. In Vollziehung des Arrestes ist für die Handelsgesellschaft H. & Sch. eine Sicherungshypothek in Höhe von 300 *M* eingetragen worden. Der Beschwerdeführer ist der Ansicht, daß die Arresthypothek, ebenso wie die Zwangshypothek, nach § 866 Abs. 3 Satz 2 Z.P.O. nur für eine den Betrag von 300 *M* übersteigende Forderung eingetragen werden dürfe. Er beantragte beim Grundbuchamte, bei der Sicherungshypothek auf Grund des § 54 G.B.O. einen Widerspruch von Amts wegen einzutragen. Das Grundbuchamt lehnte den Antrag ab, weil die Beschränkung des § 866 Abs. 3 Satz 2 auf Arresthypotheken nach § 932 Z.P.O. keine Anwendung finde. Das vom Beschwerdeführer angerufene Landgericht trat dem Grundbuchamte bei und wies die Beschwerde zurück. Das hanseatische Oberlandesgericht, das mit der weiteren Beschwerde befaßt wurde, möchte den Vorinstanzen beitreten, sieht sich aber daran durch Entscheidungen des Kammergerichts in Berlin[1] und der Oberlandesgerichte in Dresden,[2] in Karlsruhe[3] und in Colmar[4] behindert. Es hat die weitere Beschwerde, unter Begründung seiner Rechtsauffassung und unter Bezugnahme auf § 28 des Reichsgesetzes über Angelegenheiten der freiwilligen Gerichtsbarkeit, dem Reichsgericht vorgelegt. Diese Bezugnahme ist nicht richtig, sondern es kommt, wie in den Entsch. des R.G.'s in Zivils. Bd. 48 S. 242 flg. dargelegt ist, der § 79 Abs. 2 G.B.O. zur Anwendung, der aber im wesentlichen mit jenem § 28 übereinstimmt.

Die Beschwerde ist begründet.

Die Frage, ob die auf Freihaltung des Grundbuchs von geringfügigen Hypotheken gemünzte Bestimmung des § 866 Abs. 3 Satz 2 Z.P.O. auch auf die im § 932 daselbst geregelte Arresthypothek Anwendung findet, ist in der Literatur streitig. Die Rechtsprechung der Oberlandesgerichte hat sie bisher bejaht.

Für die verneinende Ansicht wird geltend gemacht: daraus daß der von der Arresthypothek handelnde § 932 Z.P.O. nur die

[1] R.J.A. Bd. 1 S. 20.
[2] Seuffert. Archiv Bd. 57 S. 173.
[3] Bad. Rechtspr. 1903 S. 265.
[4] Jurist. Wochenschr. 1901 S. 415. D. E.

Anwendung der §§ 867. 868 vorschreibe, ergebe sich, daß der Gesetzgeber die Anwendung des § 866 habe ausschließen wollen. Hiergegen könne auch § 928 Z.P.O. nicht ins Feld geführt werden, nach dem auf die Vollziehung des Arrestes die Vorschriften über die Zwangsvollstreckung entsprechende Anwendung finden, soweit nicht die nachfolgenden Paragraphen abweichende Bestimmungen enthalten. Denn von einer entsprechenden Anwendung könne nur die Rede sein, wenn der gesetzgeberische Grund der gleiche sei. Das sei aber hier nicht der Fall. Den Zwangsvollstreckungsgläubigern ständen nach § 866 Abs. 1 Z.P.O. außer der Zwangshypothek noch die Zwangsversteigerung und Zwangsverwaltung des Grundbesitzes des Schuldners zu Gebote. Mit Rücksicht auf diese anderen Befriedigungsmittel habe der Gesetzgeber durch Beschränkung der Sicherungshypothek auf die wünschenswerte Übersichtlichkeit des Grundbuchs hinwirken zu sollen geglaubt. Hier aber, wo die Zwangseintragung einer Sicherungshypothek der einzige Weg sei, würde den Arrestgläubigern, deren Forderungen den Betrag von 300 ℳ nicht übersteigen, der Immobiliararrest überhaupt entzogen sein, und das würde zu einer völligen Entrechtung der kleinen Forderungen führen.

Die Gründe für die Bejahung überwiegen jedoch. Die Bestimmung des § 866 Abs. 3 fehlte im Entwurfe (§ 757b); sie wurde erst vom Reichstage beschlossen. Der § 932 (Entwurf § 811) wurde vom Reichstag ohne jede Diskussion angenommen. Im Entwurf unterschied er sich vom § 757b im wesentlichen nur dadurch, daß die Eintragung einer Sicherungshypothek als einzige Arrestvollziehungsmaßregel bestimmt war. Außerdem schrieb er — abgesehen von dem hier nicht in Betracht kommenden Absatz 2 — die Anwendung der die Eintragung und die Wirkungen der Zwangshypothek regelnden §§ 867. 868 (Entwurf §§ 757c.d) vor mit der einzigen Abweichung, daß der im Arrestbefehle festgestellte Geldbetrag als der Höchstbetrag zu bezeichnen sei, für den das Grundstück haftet. In der endgültigen Fassung des Gesetzes unterscheidet er sich ferner vom § 866 dadurch, daß er eine Bestimmung, wie die des § 866 Abs. 3 nicht enthält. Der in diesem Absatz 3 enthaltene, vom Reichstage beschlossene Zusatz regelt die Zulässigkeit der Eintragung der Zwangshypothek nach einer bestimmten Richtung hin. Ob man bei diesem Beschluß an die Arresthypothek gedacht hat, ergeben die Beratungen der Reichstagskommission und des Reichstagsplenums nicht. Hat man daran gedacht, so kann das Schweigen und die Nichtergänzung des § 932 durch Bezugnahme auf den § 866 Abs. 3 Satz 2 sowohl bedeuten, daß man diese Bezugnahme wegen anderer Bestimmnngen für entbehrlich erachtet, als auch, daß man jenen Satz 2 nicht hat für anwendbar erklären wollen. Hat man die Ergänzung des § 932 Abs. 2 lediglich vergessen, so kann doch die Anwendung der Ausnahmevorschrift des § 866 Abs. 3 Satz 2 sich aus anderen Bestimmungen herleiten lassen.

Für die vom Oberlandesgericht zu Hamburg geteilte Ansicht, daß der Gesetzgeber daran gedacht und durch die Nichtbezugnahme die Anwendung habe ausschließen wollen, geben die Beratungen des Reichstags (Hahn-Mugdan, Mot. Bd. 8 S. 425 flg. S. 520 flg. keinen Anhalt. Für die Beschränkung der Zulässigkeit von Zwangshypotheken auf Forderungen von mehr als 300 *M* wurde in den Kommissionsberatungen neben der zu befürchtenden Überfüllung des Grundbuchs geltend gemacht, daß für die auf den Personalkredit hin gewährten kleinen Darlehne nicht der Anspruch auf Realsicherheit gewährt werden dürfe, da bei so geringfügigen Schuldbeträgen der Schuldner nie daran denken werde, daß dadurch sein Grundbesitz belastet werden würde. Die vom Oberlandesgericht zu Hamburg ausgesprochene Vermutung, daß der Gesetzgeber geglaubt habe, die Beschränkung mit Rücksicht darauf einführen zu dürfen, daß dem Gläubiger noch die Zwangsversteigerung und Zwangsverwaltung des Grundbesitzes des Schuldners bleibe, findet in den Beratungen keine Bestätigung. Man hat im Gegenteil auf die Interessen des Gläubigers gar keine Rücksicht genommen, sondern lediglich den Schutz des Grundeigentümers beabsichtigt. So hat insbesondere der bayerische Bevollmächtigte erklärt, daß der Gläubiger wegen solcher kleinen Beträge kaum die Zwangsversteigerung betreiben werde; es scheide also in dieser Beziehung die Rücksicht auf die Schonung des Schuldners aus. Bei den Beratungen im Plenum wurde von einem Mitgliede des Reichstags (Marbe) darauf hingewiesen, daß der Gläubiger kleiner Forderungen schon deshalb nicht zur Zwangsversteigerung schreiten werde, weil er nach dem Zwangsversteigerungsgesetze für die Hypotheken Sicherheit leisten müsse. Man nahm also an, daß auch bei der Zwangsvollstreckung für die Gläubiger kleiner Forderungen die Zwangsversteigerung und die Zwangsverwaltung auszuscheiden seien. Nach alledem geht die nachweisbare Tendenz des Gesetzes dahin, dem Grundbesitz und dem Grundbuche kleine Zwangshypotheken fernzuhalten. Ganz dieselben Gründe treffen aber auch für die Beschränkung der Arresthypothek zu, und daher ist nicht anzunehmen und keinenfalls nachweisbar, daß der Gesetzgeber die Anwendung der beschränkenden Bestimmung des § 866 Abs. 3 Satz 2 auf Arresthypotheken habe ausschließen wollen. Es fragt sich aber, ob er, insbesondere mit Rücksicht auf den Ausnahmecharakter dieser Bestimmung, die Anwendung ausdrücklich hätte vorschreiben müssen. Diese Frage ist auf Grund des § 928 Z.P.O. auch dann zu verneinen, wenn der Gesetzgeber an die Bestimmung bei der Arresthypothek nicht gedacht hat, was übrigens aus dem bloßen Nichterwähnen bei den Beratungen nicht gefolgert werden kann. Die Bestimmung des § 866 Abs. 3 Satz 2 bezieht sich auf die Zulässigkeit einer Vollstreckungsmaßregel; sie findet nach § 928 auf die Vollziehung des Arrestes entsprechende Anwendung, soweit nicht in den §§ 929 flg. abweichende Bestimmungen enthalten sind. In Betracht kommt in dieser Beziehung nur der § 932, der aber nur die Art, nicht die Zulässigkeit der Vollziehung regelt. Entsprechend ist die Anwendung eines Gesetzes, soweit es auch für ein anderes Rechtsverhältnis paßt, und für die Frage, ob dies der Fall ist, kommen, wie das Oberlandesgericht in Hamburg richtig annimmt, auch die gesetzgeberischen Gründe in Betracht. Diese sind aber nach den Vorarbeiten zum Gesetz in beiden Fällen dieselben. Der Arrestgläubiger, dessen Forderung den Betrag von 300 *M* nicht übersteigt, kann sich freilich überhaupt an den Grundbesitz seines Schuldners nicht halten; aber wegen solcher kleinen Forderungen soll der Grundbesitz auch nicht angegriffen werden. Auch daraus, daß im § 932 Abs. 2 die §§ 867. 868 bezogen sind, kann ein triftiger Gegengrund nicht entnommen werden. Die Vollziehung des Arrestes durch Eintragung einer Sicherungshypothek ist, wie schon erwähnt wurde, nicht ganz so geregelt, wie die Zwangsvollstreckung durch Eintragung einer solchen. Mit Rücksicht auf die Abweichung war eine Bestimmung geboten, daß die Voraussetzungen und Wirkungen beider Eintragungen im übrigen dieselben sind; dagegen fehlte es an einer dringenden Veranlassung, die Voraussetzung der Zulässigkeit der Vollziehung, die schon durch § 928 gedeckt war, durch Bezugnahme auf den § 866 Abs. 3 Satz 2 zu wiederholen. Zu diesen Gründen tritt noch der vom Kammergericht in Berlin (R.J.A. Bd. 1 S. 20) hervorgehobene hinzu, daß es völlig systemwidrig sein würde, wenn zur Sicherung der künftigen Vollstreckung eines Urteils durch Arrest mehr erlangt werden könnte, als durch die Vollstreckung selbst, und daß bei der gegnerischen Ansicht die Bestimmung des § 866 Abs. 3 Satz 2 auf dem Umweg über den Arrest umgangen werden könnte.[5]

Alle diese Gründe bestimmen das Reichsgericht, die zur Entscheidung gestellte Frage zu bejahen. Danach hätte der Grundbuchrichter die Eintragung der Arresthypothek ablehnen müssen. Die Eintragung kennzeichnet sich durch ihren Inhalt selbst als unzulässig und hätte, sobald der Grundbuchrichter darauf aufmerksam gemacht wurde, was durch den Antrag des Beschwerdeführers vom 10. Dezember 1904 geschehen ist, von Amts wegen gelöscht werden müssen (§ 54 Abs. 1 Satz 2 G.B.O.). Freilich hat der Beschwerdeführer nicht die Löschung, sondern in der irrigen Annahme, daß der Fall des § 54 Abs. 1 Satz 1 G.B.O. vorliege, die Eintragung eines Widerspruchs beantragt, aber darauf kommt es nicht an, da die Löschung von Amts wegen zu verfügen war. Das Landgericht hätte auf die Beschwerde die Löschung nach § 71 Abs. 2 Satz 2 G.B.O. anordnen müssen. Da es dies nicht getan hat, mußte die Anordnung nach §§ 78. 79 Abs. 3 auf die weitere Beschwerde getroffen werden." ...

---

66. Wem steht der Bereicherungsanspruch zu, wenn ein Dritter in eigenem Namen eine nichtige Schuld bezahlt? Längere Geschäftsverbindung eines Geschäftsunfähigen (Geisteskranken) mit einer Bank;

[5] In der Literatur haben sich ausgesprochen für die Bejahung der Frage: Dernburg, Sachenr. § 245 Nr. 2; Turnau u. Förster, Liegenschaftsr. 2. Aufl. Bd. 1 S. 865 Bem. B 1; Fuchs, Grundbuchr. Bd. 1 S. 637 Bem. 21; Predari, G.B.O. S. 270 Bem. 2b; Planck, B.G.B. Bd. 3 S. 603 Bem. 3d; Achilles-Strecker, G.B.O. S. 98; Oberneck, Grundbuchr. 3. Aufl. Bd. 1 S. 996; Kretzschmar, Grundbuchr. Bd. 1 S. 249; Fischer-Schäfer, Zw.V.G. S. 164 Bem. 3; Petersen-Remelé-Anger, Z.P.O. Bem. 3c zu § 866; für die Verneinung die Kommentare zur Z.P.O. von Gaupp-Stein, Bem. II c, und von Struckmann u. Koch, Bem. zu § 932; Endemann, Bürgerl. Recht Bd. 2 § 126 N. 26; Cosack, Bürgerl. Recht Bd. 2 § 226. D. E.

ist für die Frage der Bereicherung das Gesamtergebnis in Betracht zu ziehen, oder sind die einzelnen nichtigen Geschäfte ohne Rücksicht auf den bestehenden Kausalzusammenhang getrennt zu behandeln?
B.G.B. §§ 812. 818 Abs. 3. 366 Abs. 2.

I. Zivilsenat. Urt. v. 18. März 1905 i. S. Leipziger Filiale der D. Bank (Bekl.) w. St. (Kl.). Rep. I. 574/04.

I. Landgericht Leipzig.
II. Oberlandesgericht Dresden.

Der im April 1902 wegen Geisteskrankheit entmündigte, inzwischen verstorbene und vom Kläger allein beerbte Dr. St. trat am 29. Juni 1901 mit der Beklagten in eine Geschäftsverbindung, aus der sich in der Zeit bis zum 20. Dezember 1901 der aus einer vorgelegten Rechnung ersichtliche Geschäftsverkehr entwickelte. Am 22. Dezember beauftragte Dr. St. die Beklagte brieflich, sein Konto und Depot auf seine Ehefrau zu übertragen. Unter diesem Schreiben befand sich die Erklärung der letzteren: „Ich werde zeichnen Clara St. geb. K." Am 23. Dezember 1901 schrieb darauf die Beklagte an beide Eheleute, sie habe dem Auftrage gemäß den sich auf dem Konto des Dr. St. ergebenden Debetsaldo in Höhe von 73187,80 *M* auf ein für die Ehefrau errichtetes Konto übertragen und den Ehemann zum Ausgleich für diesen Betrag erkannt; ebenso übertrage sie die bei ihr ruhenden Effekten des Ehemannes auf ein der Ehefrau errichtetes Depot. Die Ehefrau bestätigte am selben Tage den Inhalt dieser Mitteilung und bezahlte zugleich den erwähnten Debetsaldo von 73187,80 *M*, indem sie zu diesem Zwecke die ihr überwiesenen Effekten zu einem entsprechenden Betrage verkaufen ließ. Nach der mit der Klagebehauptung übereinstimmenden Feststellung des Vorderrichters befand sich Dr. St. während dieses ganzen Geschäftsverkehrs in einem die freie Willensbestimmung dauernd ausschließenden Zustande von Geisteskrankheit, der demnächst seine Entmündigung herbeiführte. Der Kläger machte geltend, daß alle von Dr. St. in dem erwähnten Zeitraume vorgenommenen Rechtshandlungen nichtig seien. Dies gelte besonders von dem von Dr. St. der Beklagten erteilten, von dieser ausgeführten Auftrage zum Ankaufe von 90000 *M* Aktien der damals soeben in Konkurs geratenen Leipziger Bank, wofür das Konto per 29. Juni bis zum 3 Juli 1901 insgesamt mit 17181,45 ℳ belastet sei, während für den Anfang Dezember im Auftrage des Dr. St. ausgeführten Wiederverkauf dieser Aktien 927,55 ℳ gutgebracht seien. Auf Zahlung der Differenz dieser beiden Posten, also von 16253,90 ℳ, nebst Zinsen war die Klage gerichtet.

Die Beklagte beantragte Klagabweisung, indem sie einmal die behauptete Geschäftsunfähigkeit des Dr. St. bestritt, sodann einwendete, daß, nachdem die Ehefrau St. die Schuld übernommen und bezahlt habe, von seiten des Dr. St. und seiner Erben keine Rechte mehr aus dem Geschäfte in Aktien der Leipziger Bank hergeleitet werden könnten. Außerdem behauptete sie, unter Bestreiten des Klägers und unter Beweisantretung, daß die ihr von Dr. St. übergebenen Effekten zum großen Teile seiner Ehefrau — mit der er, wie unbestritten, im gesetzlichen Güterstande gelebt hatte — gehört hätten, und daß ihre Deckung nur aus dem Erlöse von Effekten dieser Art erfolgt sei.

Das Landgericht verurteilte die Beklagte nach der Klage. Ihre Berufung wurde zurückgewiesen. In der Berufungsinstanz hatte sie noch geltend gemacht, daß zwischen ihr und Dr. St. ein Kontokorrentverhältnis bestanden habe, weshalb die Verrechnung einzelner von ihr vereinnahmter Posten auf einzelne dem Dr. St. belastete Posten unzulässig sei. Eine Gegenleistung für den für die Leipziger-Bank-Aktien verauslagten Kaufpreis habe nicht stattgefunden. Dr. St. sei nur mit diesem Kaufpreise belastet worden. Daher hätte in seinem Namen höchstens insoweit Entlastung gefordert werden können. Diese sei aber bereits infolge der Schuldübernahme und Zahlung der Ehefrau St. erfolgt. Der Kläger bestritt, daß ein Kontokorrentverhältnis vorgelegen habe; es habe sich nur um eine einfache laufende Rechnung gehandelt. Wie die Rechnung ergebe, hätte sich die Beklagte schon vor der Schuldübernahme durch Verkäufe eines Teils der von Dr. St. hinterlegten Effekten und durch sonstige für seine Rechnung eingegangene Gelder in Höhe von 46575,65 ℳ für die von ihr gegen Dr. St. erhobenen Forderungen, insbesondere den für die in Rede stehenden Aktien verauslagten Kaufpreis gedeckt gehabt. Die nachträgliche Leistung der Frau Dr. St. komme daher hier gar nicht in Betracht. Übrigens habe sie dieselbe sofort wegen Irrtums über den Bestand der übernommenen Schuld angefochten. Auf die Revision der Beklagten wurde die Klage abgewiesen, aus folgenden

Gründen:

„Die Revision bekämpft in erster Linie die Annahme des Berufungsgerichts, daß Dr. St. sich in der Zeit von der Anknüpfung der Geschäftsverbindung mit der Beklagten bis zu deren Beendigung am 23. Dezember 1901 und später in einem die freie Willensbestimmung dauernd ausschließenden Zustande krankhafter Störung der Geistestätigkeit im Sinne von § 104 Ziffer 2 B.G.B. befunden habe. Von der Erörterung der sich hierauf beziehenden Revisionsangriffe kann indessen abgesehen werden. Denn selbst wenn die erwähnte im Einklange mit der Darstellung des Klägers getroffene Feststellung sich als unanfechtbar ergäbe, würde die Klage unbegründet sein.

Beide Vorderrichter haben den Rechtsstreit zugunsten des Klägers entschieden, aber mit wesentlich abweichender Begründung.

Das Landgericht sagt im Anschlusse an die ursprüngliche Klagebegründung: die beklagte Bank sei nach § 812 B.G.B. schuldig, diejenigen Beträge, die sie von dem geschäftsunfähigen Dr. St. als Gegenleistung für die Aktien der Leipziger Bank erhalten habe, abzüglich der durch den Verkauf dieser Aktien erzielten Beträge, wieder herauszugeben. Aus dem letzten Absatze der Urteilsbegründung, der den von der Beklagten gegen die Aktivlegitimation des Klägers erhobenen Einwand behandelt, ergibt sich sodann, daß das Landgericht die erwähnte Gegenleistung in der von der Ehefrau St. bei Übernahme des Kontos geleisteten Zahlung erblickt. Indessen kann die von einem Dritten geleistete Zahlung auf eine nicht bestehende Schuld den angeblichen Schuldner nicht berechtigen, diese Zahlung zu kondizieren, und zwar auch dann nicht, wenn feststeht, daß der Dritte die Zahlung mit Mitteln des angeblichen Schuldners geleistet hat, es sei denn, daß er sie im Namen des letzteren und nicht, wie im vorliegenden Falle die Ehefrau St. nach Übernahme der Schuld im eigenen Namen geleistet hätte. Im strikten Gegensatze hierzu argumentiert das Landgericht rechtsirrig: es sei gleichgültig, ob die Effekten, durch deren Verkauf die Zahlung beschafft sei, dem Dr. St., oder, wie die Beklagte behauptet habe, seiner Ehefrau gehört hätten, da Dr. St. mit der Beklagten in eigenem Namen kontrahiert habe. Hierbei wird übersehen, daß ein Kontrahieren des Dr. St. im Rechtssinne wegen seiner Geschäftsunfähigkeit überhaupt nicht stattgefunden hat. War aus demselben Grunde zwar dessen Überweisung des Kontos auf seine Ehefrau rechtsunwirksam, so gilt doch dasselbe von dem Depotgeschäft, so daß der Gewahrsam der Beklagten an den Papieren nur ein tatsächlicher, nicht auf Vertrag begründeter war. Wenn nun auch die Beklagte die Effekten anfänglich für Dr. St. besaß, so kann doch nicht bezweifelt werden, daß infolge der tatsächlichen Erklärungen und des ihnen entsprechenden tatsächlichen Willens der drei Beteiligten am 23. Dezember 1901 der mittelbare Besitz auf Frau Dr. St. überging. Bei dem Charakter der Papiere als Inhaberpapiere mußte die in jeder Hinsicht gutgläubige Beklagte die Ehefrau als zur Verfügung darüber befugt ansehen, und somit entstand aus dem von der Ehefrau erteilten Auftrage zum Verkaufe und der Vollziehung desselben lediglich ein Rechtsverhältnis zwischen ihr und der Beklagten, nicht aber zwischen Dr. St. und der Beklagten, mochten auch die Papiere sein Eigentum gewesen sein. Die Sache liegt in dieser Hinsicht nicht anders, als wenn Frau Dr. St. die Papiere der Beklagten von vornherein in Depot gegeben und dann den Verkauf beordert hätte. Der durch letzteren entstandene Anspruch auf Auskehrung des Erlöses stand somit der Ehefrau, und nicht dem Ehemanne zu, und ebenso konnte die hiernach erfolgte vertragsmäßige Aufrechnung mit der angeblichen Schuld des letzteren wohl der Ehefrau, nicht aber dem Ehemanne einen Anspruch aus ungerechtfertigter Bereicherung verschaffen.

Vgl. Urteil des Reichsgerichts vom 15. Dezember 1904, Jurist. Wochenschr. 1905 S. 80 Nr. 19.[1]

Sollten die Effekten sein Eigentum gewesen sein, so wäre für ihn aus der Verfügung darüber lediglich ein Anspruch gegen seine Frau erwachsen; dies um so mehr, als ihr die Geschäftsunfähigkeit ihres

---

[1] Der gegenwärtige Fall liegt wesentlich anders, als der bei Gruchot, Beiträge Bd. 47 S. 937, Urteil des VI. Zivilsenats vom 19. Juni 1902, behandelte, wo ein Anspruch auch aus „indirekter Bereicherung" als unter Umständen begründet erklärt wird. Dort wurde nämlich die Bereicherung durch eine Kette von nichtigen Rechtsgeschäften und tatsächlichen Handlungen vermittelt, während hier der Kausalzusammenhang durch den an sich gültigen Rechtsakt der Ehefrau St. unterbrochen sein würde. D. E.

Mannes und folgeweise die Unwirksamkeit der Überweisung des Kontos bekannt war, sie sich somit bei der Verfügung nicht in gutem Glauben befunden haben würde. Anders läge die Sache, wenn der ursprüngliche Depotvertrag gültig gewesen wäre; denn dann könnte der jetzige Kläger als Rechtsnachfolger des Dr. St. dessen Vertragsrechte verfolgen und die Beklagte insbesondere dafür haftbar machen, daß sie die Effekten unbefugt, obschon gutgläubig, an die Ehefrau ausgeliefert hätte. Aber auch dann wäre eine Klage auf die Differenz zwischen Einkaufs- und Verkaufspreis der Aktien der Leipziger Bank nicht ohne weiteres begründet.

In der Berufungsverhandlung hat nun der Kläger die Klagebegründung wesentlich geändert, und das Berufungsgericht hat sich dieser veränderten Begründung angeschlossen. Es wird nunmehr das entscheidende Gewicht darauf gelegt, daß am 23. Dezember 1901 die Summe der dem Dr. St. kreditierten Beträge, die teils in Eingängen für Coupons, teils in dem Erlöse verkaufter Effekten, darunter 927,55 ℳ für die Aktien der Leipziger Bank, teils in Barzahlungen u. dgl. des Dr. St. bestanden, bereits 46575,65 ℳ ausmachten. Der Berufungsrichter führt nämlich, an sich zutreffend, aus, daß diesen Leistungen des Dr. St. an die Beklagte in Ermangelung seiner Geschäftsfähigkeit ein Rechtsgrund nicht zukomme, und daß sie daher an sich eine genügende Grundlage für einen Anspruch des Dr. St. aus ungerechtfertigter Bereicherung bilden würden. Es wird dann aber weiter erwogen, daß der Verlust, den Beklagte infolge des Kaufs und Wiederverkaufs der Aktien der Leipziger Bank erlitten habe, als diese Bereicherung wieder mindernd nicht in Betracht gezogen werden könne, weil dieser Verlust bei Entstehung der Bereicherung schon vorhanden gewesen sei. Die Annahme der Beklagten, daß es sich um ein Kontokorrentverhältnis handle, und daß deshalb die beiderseitigen Einzelleistungen jeder besonderen Beziehung zueinander entzogen seien, scheitere an der Unmöglichkeit eines entsprechenden Übereinkommens wegen Geschäftsunfähigkeit des Dr. St. Die Beklagte könne daher nach § 366 Abs. 2 B.G.B. in Ermangelung anderweiter Anhaltspunkte eine Verrechnung, insbesondere des Erlöses der von ihr in der Zeit vom 10. Juli 1901 an (im tatsächlichen Auftrage des Dr. St.) veräußerten Depositenbestände nur mit der jedesmal ältesten Schuld vornehmen. Danach seien aber die Anschaffungskosten der bis zum 3. Juli infolge nichtiger Aufträge erworbenen Werte, einschließlich der Aktien der Leipziger Bank, bereits vor dem 23. Dezember gedeckt gewesen, da die Debetposten bis zum 10. Juli nur 38179,70 ℳ ausmachten. Da nun diese Deckung hinsichtlich der eingeklagten Differenz wegen Nichtigkeit des zugrunde liegenden Geschäfts unberechtigt gewesen sei, so folge, daß die Beklagte diese Differenz an den Kläger als Erben des Dr. St. zu vergüten habe und nicht behaupten könne, daß die nichtige Forderung erst von Frau Dr. St. bezahlt worden sei.

Dieser Argumentation liegt mehr als ein Rechtsirrtum zugrunde. Zunächst ist hervorzuheben, daß hier unmöglich mit dem § 366 Abs. 2 B.G.B. operiert werden kann, da derselbe rechtsgeschäftlich wirksame Zahlungen oder Erfüllungsleistungen eines Schuldners voraussetzt und nur eine Auslegungsregel für dessen rechtsgeschäftlichen Willen geben soll. Hier handelt es sich nicht um Auslegung des rechtsgeschäftlichen Willens des Dr. St., sondern um eine Bereicherung, die der Beklagten rein tatsächlich aus seinem Vermögen zugegangen ist. Dabei erhebt sich übrigens zunächst die Frage: Gehörten denn die Effekten, durch deren Versilberung die Bereicherung entstanden sein soll, wirklich zu dem Vermögen des Dr. St., oder, wie Beklagte behauptet, zu dem seiner Ehefrau? Der Berufungsrichter erklärt dies für unerheblich, weil die Eheleute St. im gesetzlichen Güterstande gelebt hätten, die Ehefrau daher einen Anspruch gegen Dr. St. gehabt habe, die Effekten bei Beendigung der Ehe ausgeliefert zu erhalten. Hieraus wird anscheinend gefolgert, daß die Beklagte sich bei dem Verkaufe auf Kosten des Dr. St., und nicht seiner Ehefrau bereichert habe. Ob aber die Ehefrau St. ihren Ehemann oder dessen Nachlaß für einen durch nichtigen, im Zustande der Geisteskrankheit erteilten, Auftrag veranlaßten Verkauf der Papiere verantwortlich machen könnte, ist jedenfalls zweifelhaft, und zwar um so mehr, als die Ehefrau anscheinend durch Übernahme des Kontos so, wie es sich nach Maßgabe dieses Verkaufes darstellte, den Verkauf genehmigt hat. Indessen kann diese Frage auf sich beruhen. Die Argumentation des Vorderrichters leidet nämlich auch insofern an einem inneren Widerspruche, als einerseits eine Verrechnung der ersten Debetposten mit den ersten Kreditposten als erfolgt angenommen, andererseits diese Debetposten oder ein wesentlicher Teil derselben für ungültig erklärt werden. Diese Art der Verrechnung wäre nur denkbar bei einer wirklichen Zahlung, die gemäß dem ausgesprochenen oder nach der Auslegungsregel des § 366 Abs. 2 B.G.B. zu ermittelnden Willen des Zahlenden auf die nichtigen Debetposten bezogen werden müßte. Sie ist aber ausgeschlossen, wenn, wie hier, die Verrechnung sich in Ermangelung eines rechtsgeschäftlichen Willens des tatsächlich Leistenden lediglich nach dem Gesetze zu bestimmen hat. In diesem hier gegebenen Falle entfällt nicht nur jeder Grund, sondern auch die Möglichkeit, die Kreditposten auf nichtige Debetposten zu verrechnen.

Die entscheidende Frage ist vielmehr die folgende:

Inwieweit wurde die Beklagte durch die den Kreditposten entsprechenden Einnahmen aus dem Vermögen des Dr. St. ungerechtfertigt bereichert, und inwieweit ist etwa diese Bereicherung in rechtlich beachtlicher Weise (vgl. § 818 Abs. 3 B.G.B.) später wieder fortgefallen?

Bei Beantwortung dieser Frage ist es aber unrichtig, mit dem Vorderrichter die einzelnen zur tatsächlichen Geschäftsverbindung des Dr. St. mit der Beklagten gehörigen Posten getrennt zu behandeln und prinzipiell diejenigen auszuscheiden, welche vor dem 10. Juli, dem Tage, an dem die Beklagte zuerst Gelder für Dr. St. vereinnahmte, liegen, „weil der durch die früheren Geschäfte der Beklagten erwachsene Verlust damals schon vorhanden gewesen sei." Im Gegenteil ist, wenn ein Geisteskranker eine Bank, ohne daß ihr ein Verschulden zur Last fällt, zu einer beiderseits von vornherein in Aussicht genommenen fortgesetzten Tätigkeit für seine Rechnung veranlaßt, bei der Frage der Bereicherung das Gesamtergebnis dieser Tätigkeit ins Auge zu fassen. Hier handelt es sich aber unzweifelhaft um eine von beiden Seiten als einheitlich gedachte kontinuierliche Geschäftsverbindung. Sie begann mit einem Schreiben des Dr. St. vom 27. Juni, worin er die Beklagte ersucht, die für ihn und seine Schwester geführten Kontokorrente und offenen Depots von der Leipziger Bank zu übernehmen und sich direkt mit letzterer auseinander zu setzen. Auf diesem Schreiben ist von einem Beamten der Beklagten vermerkt: „Der Herr war persönlich hier und wird seine Depots, 2 mal ca. 50000 *M*, von der Leipziger Bank uns überweisen." Die Beklagte hat alsdann, wie Rechnung und Korrespondenz ergeben, das so eröffnete Verhältnis als ein Kontokorrentverhältnis behandelt. In ersterer sind die einzelnen Posten nicht als schuldbegründend oder schuldtilgend, sondern lediglich als Summanden der Debet- beziehungsweise Kreditseite aufgeführt, wie insbesondere der wiederholt im Debet des Dr. St. zu einer Zeit, wo Beklagte im Vorschuß war, gebrauchte neutrale Ausdruck „Zahlung" beweist. Bei der Übertragung des Kontos ist demgemäß ohne Zurückgreifen auf die Einzelposten und die ihnen zugrunde liegende causa lediglich der Schuldsaldo von 73187,80 *M* für die Ehefrau St. vorgetragen worden, und letztere hat alsdann diesen Saldo als solchen, ohne Zurückgehen auf die Einzelposten, getilgt. War hiernach ein Kontokorrentverhältnis, wennschon nicht rechtswirksam begründet, so doch von den Beteiligten tatsächlich gewollt und durchgeführt, so kann nicht bezweifelt werden, daß die Beklagte die ersten Aufträge des Dr. St. lediglich auf dessen Zusage der Einlieferung der Depots hin, welche auch wenige Tage darauf erfolgte, ausgeführt hat, indem sie mit Grund annahm, daß Dr. St. die ihr entstehenden Auslagen, sei es durch Versilberung der Depots, sei es aus anderen Mitteln, decken würde. Wenn nun die erwartete Deckung infolge der auf Grund weiterer Aufträge bona fide vorgenommenen Versilberung eines Teils der deponierten Werte wirklich eintrat, so steht dieser letztere Hergang mit dem ersteren in einem so natürlichen kausalen Zusammenhange, daß der Gesamtverlauf bei der rechtlichen Beurteilung nur als Einheit aufgefaßt werden kann. Die Verrechnung der entstandenen Auslagen mit der erhaltenen Deckung ist vorliegend um so mehr gerechtfertigt, als der durch das Geschäft entstandene Schaden zu einem wesentlichen Teile nicht durch die Anschaffung der Aktien der Leipziger Bank, sondern durch das Behalten derselben weit über die Zeit hinaus, wo die Deckung bereits eingetreten war, beruhte, und dieses Behalten mutmaßlich wieder im Kausalzusammenhange steht mit der eingetretenen Deckung. Man würde den Schutz von Geisteskranken auf Kosten derjenigen, die bona fide mit ihnen kontrahieren, überspannen, wollte man einen derartigen, sich im natürlichen Verlaufe abspielenden Hergang mit dem Vorderrichter in einzelne Abschnitte zerlegen. Eine andere Beurteilung wäre natürlich dann geboten, wenn die Beklagte vor Empfang der Deckung von der Geschäftsunfähigkeit des Dr. St. Kenntnis erhalten hätte, da sie dann bei Entgegennahme der Deckung nicht mehr in gutem Glauben gewesen wäre. Da hiervon nicht die Rede ist, kann eine Bereicherung der Beklagten auf Grund der Kreditposten nur insoweit anerkannt werden, als dadurch nicht eine Deckung der vorher gehabten Auslagen, insbesondere für die in Frage stehende Anschaffung der Aktien der Leipziger Bank, beschafft wurde. Würde man aber selbst in diesem Punkte dem Vorderrichter folgen, so wäre es doch noch weniger gerechtfertigt, außer acht zu lassen, daß die Beklagte nach dem 10. Juli 1901, wo zuerst Gelder für Dr. St. bei ihr eingingen, ganz erhebliche Zahlungen an ihn geleistet hat, die nicht nur als Minderung ihrer Bereicherung, sondern auch als Ausgleich des dem Dr. St. durch jene Vereinnahmung von Geldern erwachsenen Vermögensschadens in Betracht kommen. Betrachtet man die Lage der Sache am 23. Dezember 1901, wo die Ehefrau St. das Konto übernahm, so ergibt sich, daß den sämtlichen damaligen Kreditposten im Betrage von 46575,65 ℳ allein an Barzahlungen der Beklagten 60581,95 ℳ gegenüber stehen, wovon 58513,35 ℳ in die Zeit nach dem 10. Juli fallen. Es kann danach keine Rede davon sein, daß damals dem Dr. St. ein Anspruch aus ungerechtfertigter Bereicherung zugestanden hätte, auch wenn man unberücksichtigt läßt, daß die Beklagte weiter unter Aufwendung von mindestens 40000 ℳ Effekten von unbestrittenem Werte für ihn angeschafft hatte. Es liegt kein Grund vor, zu bezweifeln, daß jene Barzahlungen, die sämtlich auf Anweisung des Dr. St. vorgenommen sind, dessen Vermögen tatsächlich zugute gekommen sind. Selbst wenn dies aber nicht der Fall wäre, so läßt sich nicht bestreiten, daß die Beklagte die erwähnten Aufwendungen im Hinblick auf die bestehende Geschäftsverbindung und auf die ihr in den Einnahmen aus dem Vermögen des Dr. St. zugegangene Deckung geleistet hat, so daß die durch die Zahlungen für sie entstandene Vermögensminderung in einem ununterbrochenen Kausalzusammenhange mit dem durch die Einnahmen verursachten Vermögenszuwachse steht. Eine Bereicherung lag daher im Ergebnisse nicht vor, und es war der Anspruch auf Herausgabe derselben gemäß § 818 Abs. 3 B.G.B. ausgeschlossen. Stand aber dem Dr. S. am 23. Dezember der geltend gemachte Anspruch nicht zu, so bestand er auch später nicht. Denn, wie oben ausgeführt, kann er auf die von der Ehefrau St. geleistete Zahlung auch dann nicht gegründet werden, wenn diese durch Versilberung solcher Papiere, die Dr. St. anfänglich bei der Beklagten als sein

Eigentum in Depot gegeben hatte, und nicht solcher, die Beklagte später aus eigenen Mitteln für ihn angeschafft hatte, oder solcher, die seiner Ehefrau gehörten, ermöglicht worden wäre." ...

---

67. 1. Kann der durch eine unerlaubte Handlung beim Abschließen eines Vertrages Verletzte die Erfüllung einer dem Verletzer gegen ihn durch die unerlaubte Handlung entstandenen Forderung nach Verjährung des Anspruchs auf Aufhebung der Forderung auch dann verweigern, wenn er bei dem Vertrage stehen bleiben will?

B.G.B. § 853.

2. Kann die in einem Kaufvertrag enthaltene Ausschließung jeder Aufrechnung vom Verkäufer auch gegenüber solchen Forderungen geltend gemacht werden, die darauf beruhen, daß der Verkäufer den Käufer betrogen hat?

B.G.B. §§ 138. 157. 242.

V. Zivilsenat. Urt. v. 15. März 1905 i. S. P.=C. (Kl.) w. a. E. (Bekl.). Rep. V. 424/04.

I. Landgericht Koblenz.
II. Oberlandesgericht Köln.

Der Kläger hatte sich ein Patent für ein Verfahren zur Herstellung von Hornglas erteilen lassen. Er stellte dieses Erzeugnis auf einem ihm gehörigen Fabrikgrundstücke her. Durch notariellen Vertrag vom 13. März 1900 verkaufte er das Grundstück sowie das Patent (nebst Lizenz und Gebrauchsmuster) an den Beklagten für einen Gesamtpreis von 50000 ℳ, wovon 20000 ℳ auf das Patent, die Lizenz und das Gebrauchsmuster gerechnet wurden. An Kaufpreis blieben 23000 ℳ rückständig, wovon 3000 ℳ bereits am 1. April 1900 fällig wurden. Diese 3000 ℳ und 1150 ℳ rückständige Zinsen vom ganzen Restkaufpreise verlangte der Kläger im vorliegenden Rechtsstreite. Der Beklagte beantragte Abweisung der Klage, weil er durch arglistige Vorspiegelungen des Klägers bei den Vertragsverhandlungen weit über den eingeklagten Betrag hinaus geschädigt worden sei; insbesondere sei das auf 20000 ℳ bewertete Patent völlig wertlos. Im Kaufvertrage war jede Aufrechnung ausgeschlossen.

Der Kläger ist in beiden Vorinstanzen unterlegen. Auf seine Revision wurde das Berufungsurteil aufgehoben, und die Sache in die Vorinstanz zurückverwiesen, aus folgenden

Gründen:

„Der Beklagte hat zweifellos einen auf den Betrug des Klägers gegründeten Schadensersatzanspruch zur Aufrechnung gestellt. Beide Vorinstanzen haben rechtsirrtumsfrei festgestellt, daß der Kläger den Beklagten beim Vertragsschlusse über den Wert des Patents getäuscht hat. Hiergegen sind Revisionsangriffe nicht gerichtet. Der erste Richter nahm auch für erwiesen an, daß dem Beklagten durch den Betrug des Klägers ein Schaden von mindestens 5000 ℳ entstanden sei. Er hielt aber den Beklagten zur Aufrechnung nicht für befugt, weil im Vertrage vom 13. März 1900 die Aufrechnung ausgeschlossen ist. Dagegen nahm er an (und hierin folgt ihm der Berufungsrichter), daß dem Beklagten der § 853 B.G.B. zur Seite stehe, der dahin lautet: „Erlangt jemand durch eine von ihm begangene unerlaubte Handlung eine Forderung gegen den Verletzten, so kann der Verletzte die Erfüllung auch dann verweigern, wenn der Anspruch auf Aufhebung der Forderung verjährt ist." Der Berufungsrichter nimmt an, daß der beim Vertragsschlusse Betrogene sich auf diese Bestimmung auch dann berufen dürfe, wenn — wie im vorliegenden Falle — der Vertrag nicht innerhalb der einjährigen Frist des § 124 B.G.B. angefochten ist. Er nimmt ferner an, daß der Beklagte zur Rückgabe des Empfangenen verpflichtet sei und dieser Pflicht hinsichtlich des Patents nicht genügen könne, weil er dieses durch Nichtentrichtung der Patentgebühr habe verfallen lassen, daß das aber seiner Einrede nicht entgegenstehe, weil das Patent keinen Wert gehabt habe.

Gegen diese Ausführungen richtet sich die Revision. Sie vertritt die Ansicht, daß der § 853 B.G.B. auf den Betrugsfall dann keine Anwendung finde, wenn die Betrugsklage nicht verjährt, sondern die Anfechtungsfrist des § 124 B.G.B. ungenutzt verstrichen sei. Der Entscheidung dieser Frage bedarf es jedoch nicht, da es jedenfalls an einer anderen Voraussetzung zur Anwendung des § 853 fehlt. Handelt es sich nämlich, wie im vorliegenden Falle, um einen zweiseitigen Vertrag, der durch Betrug des einen Teils zustande gekommen ist, so wird mit der auf der Anfechtungseinrede beruhenden Verweigerung der Erfüllung der ganze Vertrag hinfällig, und auch der Betrüger kann seine Leistungen zurückfordern (Protokolle Bd. 2 S. 717). Nun braucht zwar der die Anfechtungseinrede Vorschützende sich nicht zur Rückgabe des Empfangenen zu erbieten, sondern es ist Sache des Gegners, seine Leistung im Wege der Klage zurückzufordern;

vgl. Entsch. des R.G.'s in Zivils. Bd. 26 S. 187;

aber soviel muß jedenfalls aus den Erklärungen des sich Weigernden erhellen, daß er wirklich die Auflösung des Vertrages begehrt. Daran fehlt es aber im vorliegenden Falle nicht nur, sondern aus den Gründen des ersten Urteils und aus dem Tatbestande des Berufungsurteils ergibt sich im Gegenteile, daß der Beklagte beim Vertrage stehen bleiben und den ihm durch das arglistige Verhalten des Klägers entstandenen Schaden gegen dessen Anspruch aufrechnen will. Demnach hat der Berufungsrichter den § 853 B.G.B. auf einen Fall angewendet, für den er nicht gegeben ist. Da das Berufungsurteil hierauf beruht, mußte es aufgehoben werden. In der Sache selbst konnte noch nicht erkannt werden. Die Vorinstanzen haben nämlich den Aufrechnungseinwand des Beklagten zu Unrecht verworfen. Freilich ist im Kaufvertrage jede Aufrechnung ausgeschlossen, aber diese Bestimmung kann nicht auf Ansprüche bezogen werden, die dem Beklagten aus dem betrügerischen Verhalten des Klägers beim Vertragsschluß entstanden sind. Wenn der Kläger sich diesem Anspruche gegenüber auf jene Vertragsbestimmung beruft, so handelt er wider die guten Sitten und gegen Treu und Glauben (§§ 138. 157. 242 B.G.B.). Er kann also damit nicht gehört werden." ...

---

68. Bildet § 25 Abs. 1 H.G.B. eine Kollisionsnorm im Sinne des Art. 30 Einf.-Ges. zum B.G.B. gegenüber dem an sich anzuwendenden ausländischen Recht, wenn dieses bei Fortführung eines unter Lebenden erworbenen Handelsgeschäfts unter der bisherigen Firma eine Haftung des Geschäftserwerbers für die zur Zeit des Erwerbes bestehenden, im Betriebe des Geschäfts begründeten Verbindlichkeiten des früheren Inhabers nicht kennt?

II. Zivilsenat. Urt. v. 21. März 1905 i. S. S. (Bekl.) w. Firma W. & R. K. L. Limited (Kl.). Rep. II. 387/04.

I. Landgericht Greiz.
II. Oberlandesgericht Jena.

Die in Manchester domizilierte Klägerin hatte an den in Greiz wohnenden Beklagten aus geliefertem Garn eine Kaufpreisforderung, die sie bei dem Landgericht daselbst einklagte. Der Beklagte machte aufrechnungsweise verschiedene Forderungsposten geltend, die ihm von einer Firma W. & E. in Berlin übertragen worden seien, und die dieser Firma gegen die früher in Manchester bestandene Firma W. & R. K. L. zugestanden hatten. Die Klägerin hatte das Geschäft dieser Firma mit Aktiven und Passiven übernommen und führte auch die Firma W. & R. K. L. mit dem Zusatze Limited. Der Beklagte behauptete, die Klägerin hafte deshalb für die Schulden der früheren Firma W. & R. K. L. nach englischem Recht, eventuell nach § 25 Abs. 1 deutsch. H.G.B. in Verbindung mit Art. 30 Einf.-Ges. zum B.G.B. Die Vorinstanzen erachteten die Behauptung des Beklagten nicht als zutreffend. Die Revision wurde zurückgewiesen, aus folgenden

Gründen:

... „Das Oberlandesgericht hat angenommen, daß an sich für die Entscheidung der Frage, ob die Klägerin durch den Geschäftsübernahmevertrag mit der früheren Firma W. & R. K. L. deren Gläubigern gegenüber direkt verpflichtet ist, das englische Recht maßgebend sei, und nach diesem Rechte eine solche Verpflichtung nicht bestehe. Ersteres ist nach den anerkannten Grundsätzen des internationalen Privatrechts richtig, und letzteres, weil ausländisches Recht betreffend, in der Revisionsinstanz nicht angreifbar. ...

Das Oberlandesgericht hat ferner die Anwendbarkeit des Art. 30 Einf.-Ges. zum B.G.B., nämlich daß die Anwendung des englischen Rechts gegen den Zweck des § 25 deutsch. H.G.B. verstoße, und folgeweise diese letztere Gesetzesvorschrift entscheidend sei, unter Billigung der betreffenden Ausführung des Landgerichts verneint. In den Gründen des landgerichtlichen Urteils ist gesagt, der § 25 Abs. 1 H.G.B. enthalte keine zwingende Vorschrift, was sich schon daraus ergebe, daß nach Abs. 2 die Haftung des Geschäftserwerbers durch Vereinbarung der Kontrahenten unter Beobachtung der daselbst vorgesehenen Maßnahmen ausgeschlossen werden könne; man könne daher nicht sagen, das ausländische Gesetz, welches das

Prinzip der direkten Haftung des Geschäftserwerbers nicht angenommen habe, befinde sich in solcher Kollision mit dem deutschen Rechte, daß seine Anwendung zur Sicherung des inländischen Rechtsverkehrs ausgeschlossen sei; auch könne man nicht sagen, daß der Beklagte bei Anwendung des englischen Rechts in seinem wohlerworbenen Rechte beeinträchtigt werde. Wenn nun auch die Verwertung des Abs. 2 des bezogenen § 25 zur Begründung der Annahme eines nicht zwingenden Charakters des Abs. 1 bedenklich ist, da beide Bestimmungen die Sicherstellung des geschäftlichen Verkehrs bezwecken, und der Abs. 2 gegenüber dem Abs. 1 nicht eine Ausnahme von diesem Prinzip darstellt, sondern nur eine anderweitige Wahrung desselben vorsieht, so ist doch dem Endergebnis der beiden Vorderinstanzen, § 30 sei im vorliegenden Falle nicht anwendbar, beizutreten. Ihrem Wortlaute nach ist diese Vorschrift, insofern sie in der Anwendung des ausländischen Gesetzes einen Verstoß gegen den Zweck eines deutschen Gesetzes verlangt, unbestimmt und mehrdeutig. Denn jedes Gesetz hat einen Zweck, und man könnte bei alleiniger Berücksichtigung des Wortlautes dahin kommen, daß im Kollisionsfalle überhaupt ausländisches Recht nicht angewendet werden dürfe, wenn seine Anwendung mit einem deutschen Gesetze im Widerspruche stände. Dies kann aber das Gesetz nicht wollen; es würde das eine so erhebliche Durchbrechung der anerkannten Rechtsanschauungen des internationalen Privatrechts bedeuten, daß hierzu für den Gesetzgeber eine besondere Veranlassung vorgelegen, und er dann seinen Willen unzweideutig zum Ausdrucke gebracht haben müßte. Aber weder die Fassung des § 30 noch seine Entstehung weisen auf eine derartige Absicht des Gesetzgebers hin. Schon in den Motiven zu den Gebhard'schen Vorlagen, die bei der Abfassung des § 30 verwertet worden sind, ist bemerkt, daß im einzelnen Falle untersucht werden müsse, ob die einem inländischen Rechtssatze innewohnenden sittlichen, wirtschaftlichen oder politischen Motive dessen Exklusivität gegenüber dem damit im Widerspruch stehenden, an sich nach den Regeln des internationalen Rechts anzuwendenden fremden Recht bedingen (Jahrbuch des deutschen Rechts Bd. 1, 2 S. 384). In der zweiten Kommission (Mugdan, Materialien Bd. 1 S. 303 flg.) bestand Einverständnis darüber, daß von den einheimischen Anschauungen und Rechtssätzen vieles von so grundlegender Natur sei, daß widerstreitendes ausländisches Recht im Inlande nicht anerkannt und zur Geltung gebracht werden könne. Man war nur über die hierauf bezügliche Fassung der Vorschrift im unklaren. Man wollte sie weit genug wählen, um alle in Betracht kommenden Fälle zu umfassen, und andererseits nicht so weit, um damit die Sätze der vorhergehenden Artikel in Frage zu stellen. Man strich die in der zweiten Gebhard'schen Vorlage enthaltenen Worte: „gegen die öffentliche Ordnung" als zu unbestimmt, zu unbegrenzt und irreführend, und setzte an deren Stelle, entsprechend dem 2. Entwurfe, die Worte: „gegen den Zweck eines deutschen Gesetzes", und hob dabei hervor, die Bestimmung solle den Sinn haben, daß die Anwendung eines ausländischen Gesetzes unterbleiben solle, wenn dessen Ausschließung im Zweck eines deutschen Gesetzes liege.... Ob ein einheimischer Rechtssatz ausschließliche Geltung beanspruche, könne der Gesetzgeber nicht im voraus bei allen einzelnen Vorschriften bestimmen. Der Richter müsse sich im gegebenen Falle der Prüfung unterziehen, und hierbei biete ihm die Hinweisung auf den Zweck des Gesetzes einen verläßlichen Anhalt. Bezug werde genommen auf die Urteile des Reichsoberhandelsgerichts, Entsch. dess. Bd. 25 S. 53, und des Reichsgerichts, Entsch. in Zivils. Bd. 21 S. 136. In dem ersten Urteile ist der Satz aufgestellt, daß, wenn an sich ein Rechtsverhältnis nach den Normen eines ausländischen Rechts zu beurteilen sei, dieses dann nicht der Fall sein, sondern das inländische Recht entscheiden solle, wenn nach Geist und Zweck der inländischen Rechtsnorm die Anwendung des betreffenden ausländischen Rechts zu einem Ergebnisse führe, welches absolut gebietenden oder verbietenden Normen des inländischen Rechts widerstreite; und in dem reichsgerichtlichen Erkenntnisse ist ausgeführt, daß bei einer unter deutscher Territorialhoheit erfolgten Schiffskollision das Gesetz angesichts der sich bei der gegenteiligen Annahme ergebenden Unzuträglichkeiten nur gewollt haben könne, daß ohne jede Rücksicht auf die Nationalität der Schiffe stets nach den Grundsätzen entschieden werde, welche das deutsche Recht über die zivilrechtlichen Folgen des Zusammenstoßes von Schiffen für deren Reeder und Ladungsinteressenten aufgestellt habe.

Hiernach muß aber die Vorschrift des § 30 in dem Sinne verstanden werden, daß, abgesehen von dem nicht in Frage stehenden Fall eines Verstoßes gegen die guten Sitten, die Anwendung des nach dem internationalen Privatrecht an sich maßgebenden ausländischen Rechts verboten ist, wenn der Unterschied zwischen den staatspolitischen oder sozialen Anschauungen, auf welchen dieses Recht und auf welchen das konkurrierende deutsche Recht beruht, so erheblich ist, daß die Anwendung des ausländischen Rechts direkt die Grundlagen des deutschen staatlichen oder wirtschaftlichen Lebens angreifen würde. In einem derartigen Falle kann das ausländische Recht nicht zugelassen, muß vielmehr das inländische Gesetz angewendet werden.[1]

Eine solche exklusive Tragweite kann jedoch dem § 25 Abs. 1 H.G.B. nicht zuerkannt werden. Wie die Denkschrift zum Handelsgesetzbuch ergibt, hat man in Abweichung von dem früheren Handelsgesetzbuch diese Vorschrift aufgenommen, weil im Verkehr vielfach die Firma ohne Rücksicht auf die Person ihres Inhabers als Eigentümerin des Handlungsvermögens, als Trägerin der durch den Handelsbetrieb begründeten Rechte und Pflichten, angesehen werde, weil der Erwerber eines Geschäfts, der die Firma, wenngleich mit einem Zusatze, fortführe, dadurch seine Absicht erkläre, in die Geschäftsbeziehungen des früheren Geschäftsinhabers soweit als möglich einzutreten. Es handelt sich also nur um eine Zweckmäßigkeitsvorschrift, die der in Deutschland herrschenden Verkehrsanschauung angepaßt ist, der aber sozialpolitisch nicht eine solche Erheblichkeit beigelegt werden kann, daß man annehmen müßte, es solle dadurch für die in England geschehene Geschäftsübertragung die Anwendung des englischen Rechts, das nach der Feststellung des Oberlandesgerichts eine direkte Haftung des Geschäftserwerbers nicht kennt, ausgeschlossen sein." ...

---

69. 1. Ist der Gerichtsstand der unerlaubten Handlung nach § 32 Z.P.O. begründet für die Klagen aus § 1 des Reichshaftpflichtgesetzes vom 7. Juni 1871?

[1] Vgl. Planck, Bürgerliches Gesetzbuch Bd. 6 S. 97; Rehbein, Bürgerliches Gesetzbuch Bd. 1 S. 188; Kohler, Lehrbuch des Bürgerlichen Rechts S. 40; Zitelmann, Internationales Privatrecht Bd. 1 S. 318. 371 flg.; Niedner, Einführungsgesetz zum Bürgerlichen Gesetzbuch Art. 30; Niemeyer, Internationales Privatrecht S. 97 flg.; Kahn, in den Jahrbüchern für die Dogmatik des bürgerlichen Rechts Bd. 39; Zeitschrift für internationales Privat- und öffentliches Recht Bd. 13 S. 87 flg.; Petersen-Remelé-Anger und Gaupp-Stein, zu § 328 Z.P.O. D. E.

2. Begriff der unerlaubten Handlung im 25. Titel des 7. Abschnittes des zweiten Buches des Bürgerlichen Gesetzbuchs.[1]

VI. Zivilsenat. Urt. v. 20. März 1905 i. S. preuß. Eisenbahnfiskus (Bekl.) w. St. (Kl.). Rep. VI. 239/04.

I. Landgericht Görlitz.
II. Oberlandesgericht Breslau.

Der Kläger erhob wegen eines am 26. Februar 1903 auf dem Bahnhof zu P. im Bezirke des Landgerichts zu Görlitz erlittenen Eisenbahnunfalles auf Grund des § 1 des Reichshaftpflichtgesetzes Klage auf Schadensersatz gegen den preußischen Eisenbahnfiskus bei dem genannten Landgerichte. Der Beklagte brachte die prozeßhindernde Einrede der Unzuständigkeit des Gerichts vor und verweigerte die Einlassung zur Hauptsache. Das Landgericht verwarf den Einwand; die Berufung des Beklagten wurde zurückgewiesen, desgleichen die Revision des Beklagten wurde zurückgewiesen, aus folgenden

Gründen:

„Die Begründung beider Instanzurteile geht dahin, daß das Reichsgericht zwar in dem Urteile Entsch. in Zivils. Bd. 50 S. 408 angenommen habe, daß § 1 des Reichshaftpflichtgesetzes auch nach dem Inkrafttreten des Bürgerlichen Gesetzbuches den Gerichtsstand der unerlaubten Handlung (§ 32 Z.P.O.) nicht begründe, daß es aber in anderem Zusammenhange in der Entscheidung a. a. O. Bd. 53 S. 120 die Haftung aus § 1 des Reichshaftpflichtgesetzes als eine solche aus unerlaubter Handlung im Sinne des 25. Titels von Buch II Abschn. 7 B.G.B. angesehen habe, und dieser letzteren Ansicht der Vorzug zu geben sei.

Die Revision nimmt zur Begründung ihres Angriffes auf das erstangeführte Urteil Bezug.

Der Revision war der Erfolg zu versagen.

Bis zum Inkrafttreten des deutschen Bürgerlichen Gesetzbuches war der Begriff der „unerlaubten Handlung", wie sie § 32 Z.P.O. zur Begründung des hier geschaffenen Gerichtsstandes voraussetzt,

[1] Vgl. Entsch. des R.G.'s in Zivils. Bd. 50 Nr. 102 S. 408 und Bd. 53 Nr. 31 S. 114. D. E.

allein aus der Zivilprozeßordnung selbst und nach allgemeinen Rechtsgrundsätzen zu bestimmen. Nach den Motiven der Zivilprozeßordnung sollte der Begriff sowohl die Tatbestände strafbarer Handlungen wie die Fälle zivilrechtlichen Verschuldens umfassen, insbesondere auch die Fälle, in denen die gemeinrechtliche actio legis Aquiliae begründet war. Dementsprechend hat die Judikatur des Reichsgerichts alle die Tatbestände dem Rechtsbegriffe der unerlaubten Handlung nach § 32 Z.P.O. unterstellt, welche „selbständig und ohne Rücksicht auf ein Vertrags- oder ein vertragsähnliches Verhältnis ein Klagerecht" begründen und den „Charakter eines Delikts an sich tragen", und hat von dem so festgestellten Begriffe die Verletzungen lediglich „durch das Gesetz auferlegter Verpflichtungen" ausgeschlossen.

Vgl. Entsch. des R.G.'s in Zivils. Bd. 2 S. 411, Bd. 6 S. 383, Bd. 10 S. 325, Bd. 48 S. 401; Beschluß der vereinigten Zivilsenate Bd. 21 S. 420.

Von diesem Gesichtspunkte aus wurde als eine unerlaubte Handlung zwar der die Verpflichtung aus § 2 des Reichshaftpflichtgesetzes erzeugende Tatbestand erachtet, nicht aber auch zugleich derjenige des § 1 dieses Gesetzes (vgl. die angezogene Entscheidung Bd. 6 S. 383).

Der Begriff der unerlaubten Handlung, auch im Sinne des § 32 Z.P.O., ist aber, wie die angeführten früheren Entscheidungen des Reichsgerichts nicht verkannt haben, an sich ein solcher des materiellen Rechts, und er ist, nachdem mit dem 1. Januar 1900 dem formellen Reichsrechte der Zivilprozeßordnung das einheitliche materielle Reichsrecht des Bürgerlichen Gesetzbuches an die Seite getreten ist, nunmehr nach diesem zu bestimmen; hat er also in dem materiellen Rechte des Bürgerlichen Gesetzbuches eine Erweiterung gegenüber dem früheren Rechtszustande erfahren, so ist der erweiterte Begriff nunmehr auch der Auslegung des § 32 Z.P.O. zugrunde zu legen (Entsch. a. a. O. Bd. 50 S. 409). Die Regelung der Rechte und Pflichten aus unerlaubten Handlungen und die Zusammenstellung ihrer Tatbestände enthält das Bürgerliche Gesetzbuch im 25. Titel des 7. Abschnittes des zweiten Buches. Der Titel begreift unter der Gesamtbezeichnung „unerlaubte Handlungen" die Verpflichtungen aus einem positiv festzustellenden schuldhaften Verhalten (§§ 823. 824. 825. 826. 839), wie solche aus einem vermuteten, durch Gegenbeweis zu widerlegenden Verschulden (§§ 831. 832. 836), daneben aber auch Tatbestände einer bloßen objektiven Haftung, die weder den Nachweis eines Verschuldens des Schadensersatzpflichtigen erfordern, noch auch nur den Gegenbeweis eines Nichtvorhandenseins dieses Verschuldens zulassen (§§ 829. 833. 835). Während der Bestimmung des § 829 der Gedanke der Berücksichtigung einer Anstandspflicht zugrunde liegt (Protokolle der 2. Lesung des Bürgerlichen Gesetzbuchs Bd. 2 S. 583. 589 flg.), enthalten die §§ 833 und 835 Fälle einer sog. Gefährdungshaftung: wer in seinem Interesse durch von ihm unterhaltene Einrichtungen seine Mitmenschen oder deren Eigentum gewissen Gefahren aussetzt, muß auch den Schaden ersetzen, der infolge dieser Gefährdung entstanden ist (vgl. zu § 833 Protokolle Bd. 2 S. 647). Zu den auf dem Gedanken einer solchen Gefährdungshaftung beruhenden Gesetzen gehört nun auch § 1 des Reichshaftpflichtgesetzes: die dem Eisenbahnbetriebe infolge der Bewegung der Wagen auf Eisenschienen, der ungeheueren Schwere und doch leichten Beweglichkeit der Wagen, der Schnelligkeit der Fortbewegung, der Eile des Betriebes überhaupt, eigentümlichen Gefahren sind die Gründe der Haftung des Eisenbahnunternehmers, die auch dann eintritt, wenn der Betrieb durchaus ordnungsmäßig gehandhabt worden ist, und nachweislich kein Verschulden, sondern ein Zufall den Schaden verursacht hat. Insofern kann im eigentlichen juristischen Sinne nicht davon gesprochen werden daß die Verpflichtung des Eisenbahnunternehmers aus § 1 des Reichshaftpflichtgesetzes sich als Deliktsobligation, wenn auch nur mit vermutetem Verschulden, darstelle.

Vgl. Eger, Reichshaftpflichtgesetz, Bem. 1 zu § 1.

In einem allgemeineren Sinne indessen, von dem einzelnen Tatbestande abgesehen, kann die in den Motiven und in den Reichstagsverhandlungen bei der Beratung des Gesetzes zutage getretene Auffassung (Stenographische Berichte Bd. 1 S. 206. 212, Bd. 3 S. 70; Eger, a. a. O. 5. Aufl. S. XVI), daß der Schwerpunkt des Gesetzes, wie auch des § 25 des preußischen Eisenbahngesetzes vom 3. November 1838, in einem im Schadensfalle zu vermutenden Verschulden des Betriebsunternehmers gelegen sei, dennoch als richtig anerkannt werden: weil „bei dem dermaligen Stande der Technik und der großen Menge von Hilfsmitteln und Erfahrungen ernste Unfälle im Eisenbahnverkehr sich durch Sorgfalt im Betriebe in der Regel vermeiden lassen" (Motive zu § 1 des Reichshaftpflichtgesetzes), wird es für gerechtfertigt erachtet, schlechthin dem Betriebsunternehmer die Verantwortung für dennoch eintretende Unfälle aufzubürden, sofern nicht eigenes Verschulden des Verletzten oder höhere Gewalt von außen, d. h. außerhalb des Betriebsunternehmens, einwirkende Ereignisse, die nach menschlichen Erfahrungen nicht vorauszusehen sind, und deren Eintritt auch bei den zweckmäßigsten Einrichtungen durch menschliche Kraft und Sorgfalt nicht abgewendet werden kann, den Unfall verursacht haben.

Vgl. Entsch. des R.G.'s in Zivils. Bd. 14 S. 82, Bd. 21 S. 13, Bd. 54 S. 404. 407.

In dieser Anerkennung des Einwandes der höheren Gewalt liegt jener Gedanke einer allgemeinen Schuldvermutung, daß alles, was voraussehbar ist, auch durch Aufwendung größtmöglicher Sorgfalt im Betriebe verhütet und unschädlich gemacht werden kann, eingeschlossen. Insofern steht § 1 des Reichshaftpflichtgesetzes zwischen den auf vermutetem Verschulden im eigentlichen Sinne und den auf reiner Gefährdung beruhenden Schadenshaftungsgesetzen in der Mitte.

Der erkennende Senat hat nun in dem vorangeführten Urteile vom 13. Februar 1902 (Entsch. in Zivils. Bd. 50 S. 408), obwohl er anerkannt hat, daß die Tatbestände der in dem Bürgerlichen Gesetzbuch unter dem Titel „Unerlaubte Handlungen" gegebenen Normen der §§ 833 und 835 einerseits und des § 1 des Reichshaftpflichtgesetzes andererseits als gleichartig zu erachten sind, der früheren Rechtsprechung folgend, den Klagen aus § 1 des Reichshaftpflichtgesetzes den Gerichtsstand der unerlaubten Handlung nach § 32 Z.P.O. versagt. Das Urteil führt aus, daß grundsätzlich auch jetzt noch eine unerlaubte Handlung ohne, sei es positiv festzustellendes, sei es vermutetes, Verschulden nicht anzunehmen sei, und die vereinzelten Bestimmungen der §§ 829. 833. 835 B.G.B. nur aus Zweckmäßigkeitsgründen wegen des inneren Zusammenhanges oder wegen der äußeren Ähnlichkeit der Fälle in den Titel von den „unerlaubten Handlungen" gesetzt worden seien, daß also eine neue Begriffsbestimmung der unerlaubten Handlung dem Bürgerlichen Gesetzbuch nicht zu unterstellen sei.

Der Senat vermag an dieser Auffassung nicht mehr festzuhalten. Es läßt sich nicht sagen, daß die Bestimmungen der §§ 829. 833. 835 B.G.B., die eine Haftung aus objektiven Tatbeständen wegen einer vorliegenden Anstandspflicht oder wegen eines gefährlichen, von dem Ersatzpflichtigen unterhaltenen Zustandes festsetzen, nur rein äußerlich dem Titel des Gesetzbuchs über die unerlaubten Handlungen eingefügt worden seien; sie sind durch diese Einfügung auch den allgemeinen Vorschriften des Titels über die rechtlichen Folgen der unerlaubten Handlungen, insbesondere über das Verhältnis mehrerer Haftpflichtigen zum Verletzten und zu einander und über die Verjährung der Forderungen, unterstellt; die aus ihnen sich ergebenden Verpflichtungen werden rechtlich gleich denen aus anderen unerlaubten Handlungen behandelt; daraus ergibt sich dann auch, daß das Bürgerliche Gesetzbuch in den Bestimmungen des Titels von den unerlaubten Handlungen deren Begriff in einem weiteren, von dem bisherigen Sprachgebrauche abweichenden Sinne verstanden wissen will. Das von den Urteilen der Vorinstanzen angezogene Urteil des erkennenden Senats vom 24. November 1902 (Bd. 53 S. 114) hat deshalb kein Bedenken getragen, dem § 840 B.G.B., gleich den, wie das Gesetz unmittelbar ergibt, in dasselbe einzubeziehenden Tatbeständen der §§ 833 und 835 B.G.B., auch denjenigen des § 1 des Reichshaftpflichtgesetzes zu unterstellen; ebenso die Entscheidung Bd. 58 S. 335, wo weiter ausgeführt ist, daß, wenn auch der aus dem § 1 des Haftpflichtgesetzes zum Schadensersatz Verpflichtete im Sinne des § 840 Abs. 3 B.G.B. als „Dritter" anzusehen, er doch nicht den neben diesem Dritten für den Schaden verantwortlichen Personen einzureihen sei, weil es sich hier um im Gesetz bestimmt bezeichnete Delikte handele, und eine Erweiterung dieses Kreises vom Gesetze nicht beabsichtigt sei. Die Anwendung des allgemeinen Rechtssatzes des § 840 B.G.B. auf die Fälle des § 1 des Reichshaftpflichtgesetzes ergibt sich aus demselben Rechtsgrunde, aus welchem der erkennende Senat auch den § 254 B.G.B. auf den Rechtskreis des Haftpflichtgesetzes für anwendbar erklärt hat. Die Neuredaktion einer Anzahl von Reichsgesetzen, darunter die des Haftpflichtgesetzes (Art. 42 Einf.-Ges. zum B.G.B.), verfolgt den ausgesprochenen Zweck, die Vorschriften dieser Gesetze mit dem Rechte des Bürgerlichen Gesetzbuchs in Einklang zu bringen; dieses soll mit den in Art. 32 Einf.-Ges. aufrecht erhaltenen Reichsgesetzen nunmehr ein einheitliches Gesetzeswerk darstellen (vgl. Entsch. a. a. O. Bd. 53 S. 77. 78). Daraus folgt aber ebenso, daß auch in Ansehung des § 32 Z.P.O. die Tatbestände der

§§ 833 und 835 B.G.B. und des § 1 des Haftpflichtgesetzes gleich zu behandeln sind, da beide als unerlaubte Handlungen im Sinne des 25. Titels des 7. Abschnittes des zweiten Buches des Bürgerlichen Gesetzbuchs sich charakterisieren, wie dies das Urteil Bd. 53 S. 114 am Schlusse (S. 123) auch angedeutet hat.

Mit Recht sind das Landgericht und das Berufungsgericht dieser Andeutung gefolgt. Der gesetzgeberische Gedanke des § 32 Z.P.O. ist die Erleichterung der Untersuchung: die prozessuale Feststellung der Klagetatsachen kann gerade bei demjenigen Gerichte, in dessen Bezirk die Handlung begangen worden ist, am besten, sichersten und mit den geringsten Kosten erfolgen. Es liegt auf der Hand, daß für diesen Zweck des Gesetzes (vgl. Entsch. a. a. O. Bd. 6 S. 385) der Umstand, ob den Beklagten ein Verschulden an der rechtswidrigen Verletzung trifft und treffen muß, oder nicht, ohne Bedeutung ist. Der besondere Grund und Zweck der in § 32 Z.P.O. getroffenen Norm steht also der erweiternden Auslegung des Begriffs der unerlaubten Handlung, wie sie das einheitliche bürgerliche Recht nunmehr bedingt, nicht entgegen, unterstützt sie vielmehr." ...

---

70. Kann auf die unter der Herrschaft des alten Rechts an dem Anteil eines Miteigentümers bestellten sog. Teilhypotheken des badischen und rheinisch-französischen Rechts nach dem Inkrafttreten des Bürgerlichen Gesetzbuchs noch L.R.S. 883 (Art. 883 Code civil) angewendet werden?

Einf.-Ges. zum B.G.B. Art. 173. 181 Abs. 1 u. 2. 184.
L.R.S. 883 (Art. 883 Code civil).

II. Zivilsenat. Urt. v. 21. März 1905 i. S. M. A. (Kl.) w. F. A. (Bekl.). Rep. II. 307/04.

I. Landgericht Mannheim.
II. Oberlandesgericht Karlsruhe.

Auf Betreiben der Hypothekengläubigerin Witwe G. wurde am 29. August 1902 das Grundstück L. B. Nr. 532 der Gemarkung Mannheim, das nach der Eintragung im Grundbuch zu Mannheim

Bd. 32 Blatt 27 in unabgeteilter Gemeinschaft Miteigentum je zur Hälfte des Gärtners B. und des Kaufmanns A., des Klägers und Revisionsklägers, war, durch das zuständige Notariat Mannheim I als Vollstreckungsgericht im Zwangswege versteigert und dem Miteigentümer A., dem Kläger und Revisionskläger, für den durch Zahlung zu berichtigenden Preis von 37000 *M* zugeschlagen.

Auf dem Grundstücke L. B. Nr. 532 waren in Abteilung III des Grundbuchs an Hypotheken eingetragen: Ziff. 1: gelöscht, — Ziff. 2: 10000 *M* zugunsten der Witwe G., der Vollstreckungsgläubigerin, auf das ganze Grundstück, — Ziff. 3: 10000 *M* zugunsten des Gärtners B. u. Gen. auf die unabgeteilte Hälfte des A., — Ziff. 4a: 135000 *M* zugunsten des Fritz André, des Beklagten und Revisionsbeklagten, auf die unabgeteilte Hälfte des Gärtners B. mit Rang vom 29. Juli 1899 und Vorrang vor Hypothek 4b, — Ziff. 4b und Ziff. 5 kommen hier nicht weiter in Betracht, — Ziff. 6: 60000 *M* zugunsten des Kaufmanns A., Klägers und Revisionsklägers, auf den unabgeteilten hälftigen Anteil des Gärtners B. mit Rang vom 24. August 1899, — Ziff. 7—11: weitere Hypotheken ebenfalls auf den Anteil des Gärtners B., die hier nicht in Betracht kommen. Das Grundbuch für Mannheim ist durch landesherrliche Verordnung auf den 1. August 1901 als angelegt erklärt worden.

Über das Vermögen des Gärtners B. war am 20. Oktober 1900 der Konkurs eröffnet. Nach der Feststellung des Vollstreckungsgerichts im Verteilungstermine betrug die Teilungsmasse 37137,86 *M*; aus dem Erlöse war neben anderen kleinen Beträgen zunächst die auf dem ganzen Grundstücke haftende Hypothek Ziff. 2 mit zusammen 11501,07 *M* zu befriedigen. Der verbleibende Rest von 25636,79 *M* entfiel zur Hälfte mit 12818,39 *M* auf den Liegenschaftsanteil des A., zur anderen Hälfte auf den Liegenschaftsanteil des Gärtners B. Die Verteilung der auf den Liegenschaftsanteil des A. entfallenden 12818,39 *M* kommt hier nicht weiter in Betracht. Der auf den Anteil des Gärtners B. entfallende Betrag von 12818,39 *M* wurde vom Vollstreckungsgericht in seinem Verteilungsplan dem Beklagten Fritz A. auf seine Hypothekenforderung — Ziff. 4a — zugeteilt. Im Verteilungstermin erhoben gegen diese Zuteilung der 12818,39 *M* an Fritz A. der Kläger A. und der Verwalter des B.'schen Konkurses Widerspruch, indem jeder der Widersprechenden den ganzen Betrag für sich beanspruchte. Der jetzige Kläger A. führte aus, die auf den Anteil des Miteigentümers B. bestellte Hypothek zugunsten des Fritz A. sei durch den Zuschlag des Grundstücks an ihn — den anderen Miteigentümer — auf Grund des L.R.S. 883 weggefallen. Der Konkursverwalter machte dagegen geltend: wenn L.R.S. 883 überhaupt noch zur Anwendung komme, so seien die Hypothek des Fritz A. und die des jetzigen Klägers A. auf Grund dieser Vorschrift weggefallen; der auf den Anteil des Gärtners B. entfallende Teil des Kaufpreises gehöre daher zur Konkursmasse.

Mit der Klage des A. war beantragt, seinen Widerspruch gegen die Zuteilung von 12818,39 *M* an den Beklagten Fritz A. für berechtigt zu erklären und den Verteilungsplan dahin abzuändern, daß die dem Fritz A. zugewiesenen 12818,39 *M* dem Kläger zufallen.

Die Revision des in beiden Vorinstanzen unterlegenen Klägers wurde zurückgewiesen, aus folgenden

Gründen:

„In den Instanzen wurde nicht behauptet, daß zwischen B. und dem Kläger A. etwa eine Spekulationsgesellschaft bestand, und daß das Grundstück Lagerbuch Nr. 532 Bestandteil eines Gesellschaftsvermögens war; ferner bestand auch darüber kein Streit, daß B. und A. je zur Hälfte am Eigentum des Grundstücks anteilberechtigt waren. Danach ist davon auszugehen, daß zwischen B. und A. ein durch eine Gemeinschaft nach Bruchteilen begründetes Miteigentum an dem erwähnten Grundstücke bestand. Die Begründung dieses Miteigentums erfolgte unter der Herrschaft des badischen Landrechts, desgleichen die Bestellung der Hypotheken des Revisionsbeklagten A. mit Rang vom 29. Juli 1899 und des Revisionsklägers A. mit Rang vom 24. August 1899 auf dem unabgeteilten halben Anteile des B.

Wird zunächst geprüft, welche rechtliche Wirkungen diese Hypothekbestellungen unter der Herrschaft des vor dem 1. Januar 1900 geltenden Rechts hatten, und welchen Einfluß auf die erwähnten Hypotheken eine Zwangsversteigerung mit Zuschlag an den Kläger A. nach dem alten Rechte gehabt hätte, so war in bezug auf das durch eine derartige Gemeinschaft nach Bruchteilen begründete Miteigentum an einem bestimmten Grundstücke für das Recht des Code civil, insbesondere in der Literatur, die Ansicht überwiegend vertreten, daß eine Mitberechtigung der mehreren Eigentümer zu ideellem Anteile an dem Grundstücke (condominium pro indiviso) vorliege. Allerdings wurde auch von dieser Ansicht das Vorliegen der reinen römischen Bruchteilgemeinschaft nicht unbeschränkt angenommen; denn auch nach ihr fand im Falle der Auflösung der Gemeinschaft durch Teilung Art. 883 Anwendung, und hatte danach eine Teilung oder ein jeder die Teilung vertretende Akt die rechtliche Wirkung, daß der Gemeinschaftsgenosse, auf den dadurch das gemeinschaftliche Grundstück fiel, dasselbe so hatte, als ob er gleich von Anfang, als das Grundstück zuerst Gemeingut wurde, ausschließlich und allein Eigentümer des ganzen Grundstücks gewesen wäre.

Gleiches gilt auch für das badische Landrecht. Das letztere enthielt zwar in den Zusätzen 577b.a bis 577b.g Sonderbestimmungen über Miteigentum; zum Teil war dadurch die Lücke des Code civil der keine Einzelbestimmungen über das Miteigentum enthielt, ausgefüllt. Indessen wurde durch die Rechtsprechung des Badischen Oberhofgerichts (vgl. Behaghel, Das badische Bürgerliche Recht 3. Aufl. Bd. 1 S. 303 zu Anm. 2) anerkannt, daß der dem Art. 883 Code civil entsprechende L.R.S. 883 auch auf die Teilung des badischlandrechtlichen Miteigentums anzuwenden sei, und bestand darüber in der späteren Praxis der badischen Gerichte kein Streit. Nach der Auslegung, die ferner dem L.R.S. (Art.) 883 in der deutschen höchstrichterlichen Rechtsprechung gegeben wurde, fiel unter diese Bestimmung jeder die Gemeinschaft (indivision) aufhebende Vorgang, also nicht bloß eine Versteigerung zum Zweck der Aufhebung der Gemeinschaft — licitation —, sondern auch eine Veräußerung des gemeinschaftlichen Grundstücks durch Zwangsversteigerung — adjudication —, und zwar ganz unabhängig davon, ob einer der Miteigentümer oder ein Dritter den Zuschlag erhielt (vgl. auch franz. Kassationshof [ch. de req.] 22. II. 81, Sirey 84 I. 117). Insbesondere hat das Reichsgericht an der — übrigens nur für den Zuschlag an einen Dritten bestrittenen — Ansicht festgehalten, daß mit der Versteigerung an den Dritten die Teilhypothek rückwärts aufgehoben werde, und nicht etwa an die Stelle des Grundstücksanteils der auf diesen ratierlich entfallende Teil des Steigpreises trete.

Danach würden unter der Herrschaft des alten Rechts, wenn,

wie hier geschehen, das im Miteigentum stehende Grundstück dem einen der Miteigentümer — A. — zugeschlagen wurde, die auf dem unabgeteilten Anteile des anderen Miteigentümers — B. — eingetragenen Hypotheken auf Grund der Vorschrift des L.R.S. 883 rückwärts wieder weggefallen sein; der auf den Anteil des B. entfallende Teil des Erlöses würde ferner nicht an die Teilhypothekengläubiger, also weder an den Beklagten A. noch an den Kläger A., sondern hier an die Konkursmasse des B. gefallen sein.

Der erste Richter versuchte zwar darzulegen, daß L.R.S. 883 nicht auf das badischlandrechtliche Miteigentum anwendbar sei. Der Berufungsrichter ist indessen mit Recht dieser Annahme entgegengetreten.

Nach Art. 173 Einf.-Ges. zum B.G.B. finden auf eine zur Zeit des Inkrafttretens des Bürgerlichen Gesetzbuchs bestehende Gemeinschaft nach Bruchteilen von dieser Zeit an die Vorschriften des Bürgerlichen Gesetzbuchs Anwendung. Der Art. 181 Abs. 1 Einf.-Ges. zum B.G.B. bestimmt ferner, daß auf das zur Zeit des Inkrafttretens des Bürgerlichen Gesetzbuchs bestehende Eigentum von dieser Zeit an die Vorschriften des Bürgerlichen Gesetzbuchs Anwendung finden. Nach den §§ 1009. 1114 B.G.B. ist die Hypothek an dem Bruchteil eines Grundstücks, wenn er im Anteil eines Miteigentümers besteht, rechtlich zulässig; das Bürgerliche Gesetzbuch hat keine dem L.R.S. (Art.) 883 entsprechende Vorschrift.

Über den Einfluß dieser Bestimmungen auf die bisherigen „Teilhypotheken" des badischen und rheinisch-französischen Rechts, d. i. auf die an dem Anteil eines Miteigentümers bestellten Hypotheken, sind in der Literatur drei Ansichten aufgestellt.

Nach der einen Ansicht kommen überhaupt nicht Art. 173 und 181 Abs. 1, sondern 181 Abs. 2 Einf.-Ges. zum B.G.B. zur Anwendung, der bestimmt: „Steht zur Zeit des Inkrafttretens des Bürgerlichen Gesetzbuchs das Eigentum an einer Sache Mehreren nicht nach Bruchteilen zu . . ., so bleiben diese Rechte bestehen." Sie führt aus, das Miteigentum des Code civil und des Badischen Landrechts sei ein Eigentum zur gesamten Hand, kein Eigentum nach Bruchteilen; folgeweise sei L.R.S. (Art.) 883 auf dieses Miteigentum und auf die daran bestellten Hypotheken auch nach dem Inkrafttreten des Bürgerlichen Gesetzbuchs anzuwenden.

Eine zweite Ansicht vertritt dagegen den Standpunkt, auf das Miteigentum des Badischen Landrechts und des Code civil seien die Art. 173 und 181 Abs. 1 a. a. O. anzuwenden; deshalb sei für dieses Miteigentum mit dem Inkrafttreten des Bürgerlichen Gesetzbuchs die Beschränkung aus L.R.S. (Art.) 883 weggefallen, und mit diesem Zeitpunkt, spätestens aber mit dem Zeitpunkt, für welchen das Grundbuch als angelegt erklärt worden sei, auch die unter der Herrschaft des alten Rechts bestellte Teilhypothek auf dem Bruchteil des Grundstücks, der im Anteil des belasteten Miteigentümers bestehe, vollwirksam geworden.

Eine dritte Ansicht geht zwar gleichfalls davon aus, daß auf das Miteigentum des Badischen Landrechts und des Code civil die Art. 173 und 181 Abs. 1 a. a. O. Anwendung finden, leitet aber aus Art. 184 Einf.-Ges. zum B.G.B., wonach Rechte, mit denen eine Sache zur Zeit des Inkrafttretens des Bürgerlichen Gesetzbuchs belastet ist, mit dem sich aus den bisherigen Gesetzen ergebenden Inhalt und Range bestehen bleiben, soweit sich nicht aus den Art. 192—195 ein anderes ergibt, ab, daß für die Teilhypothek, wenn auch nicht für das Miteigentum, die „Bedingung" des L.R.S. (Art.) 883 fortbestehe.[1]

Der Berufungsrichter hat sich für die zweite Ansicht ausgesprochen und führt in ihrer Anwendung auf den gegebenen Fall aus: danach seien die von B. auf seinem unabgeteilten Anteile bestellten Teilhypotheken auf der Hälfte des Grundstücks, die in dem Anteile dieses

[1] Für die erste Meinung haben sich ausgesprochen: Scherer, Einf.-Ges. zum B.G.B. zu Art. 173 Nr. 225; Derselbe, Das rheinische Immobiliarrecht ꝛc, Puchelt's Zeitschr. Nr. 32 (1900) S. 302 flg., hier Nr. 10 u. 11 S. 313/17. 363/72; vgl. auch die Zusammenstellungen bei Scherer, Das 2. Jahr des B.G.B.'s S. 94/98, Das 3. Jahr S. 88, Das 4. Jahr S. 118; ferner Schöller, Rhein. A.R. S. 18 (1900) S. 258/60. Die zweite Ansicht wird vertreten von Schneider, Gesetz über Liegenschaftsrecht in der Pfalz 2. Aufl. S. 57; Molitor, Ausf.-Ges. zum B.G.B. für Elsaß-Lothringen S. 102 Nr. 13; Habicht, Einwirkung des B.G.B.'s 3. Aufl. § 40 Anm. 2 S. 407/408; Niedner, Einf.-Ges. zum B.G.B. 2. Aufl. S. 370; O.L.G. Darmstadt (II) v. 15. Februar 1901, Hess. Rechtspr. 1901 S. 41; Meckel, Bad. Rechtspr. 1900 S. 282; Badisches Justizministerium v. 19. Januar 1901, Bad. Rechtspr. 1901 S. 59 Nr. 51; O.L.G. Karlsruhe (III) v. 10. Oktober 1903, Bad. Rechtspr. 1903 S. 324. Die dritte Ansicht wird vorzugsweise vertreten von Maenner, Übergangsfragen, Recht 1900 S. 385 flg., hier Nr. 8 S. 411/412. D. E.

Miteigentums bestanden habe, zur Zeit der Einleitung der Zwangsversteigerung vollwirksam gewesen; der auf diese Hälfte entfallende Restanteil des Steigerlöses sei der Hypothek des Revisionsbeklagten (André) als der im Range vorangehenden zuzuteilen.

Nach dem Ausgange der drei aufgestellten Ansichten war zu den zwei Fragen Stellung zu nehmen, einmal ob auf das Miteigentum des Badischen Landrechts die Art. 173 und 181 Abs. 1, nicht Art. 181 Abs. 2 Einf.-Ges. zum B.G.B. Anwendung finden, und sodann, ob auch bei Bejahung dieser Frage nicht Art. 184 a. a. O. dem Wegfalle des L.R.S. 883 in bezug auf die unter der Herrschaft des alten Rechts begründeten „Teilhypotheken" entgegenstehe. In beiden Richtungen war der Ansicht des Berufungsrichters beizutreten.

Der Senat billigt zunächst für den Code civil und das Badische Landrecht die rechtliche Auffassung, daß das durch eine Gemeinschaft zu Bruchteilen an einem bestimmten Grundstücke begründete Miteigentum eine Mitberechtigung der mehreren Eigentümer zum ideellen Anteile an dem Grundstücke (condominium pro indiviso) begründe, und daß danach ein Miteigentum nach Bruchteilen im Prinzipe anzunehmen sei. Allerdings ist dieses Miteigentum nach Bruchteilen beschränkt durch die Vorschrift des L.R.S. (Art.) 883; diese Beschränkung vermag indessen die Anwendung des Art. 181 Abs. 2 Einf.-Ges. zum B.G.B. und den Ausschluß der Art. 173 und 181 Abs. 1 a. a. O. schon um deswillen nicht zu rechtfertigen, weil nach dem Zusammenhange des Art. 173 mit Art. 181 Abs. 2 — vgl. auch Protokolle der II. Kommission Bd. 6 S. 517 — durch die letztere Vorschrift nicht solche das Miteigentum allgemein betreffende Vorschriften des bisherigen Rechtes aufrecht erhalten werden, durch die das im Prinzipe bereits anerkannte Miteigentum nach Bruchteilen in größerem oder geringerem Maße beschränkt und nach einzelnen Richtungen als Gesamteigentum behandelt war. Danach finden auf das Miteigentum des Code civil und des Badischen Landrechts die Art. 173 und 181 Abs. 1 a. a. O. Anwendung, und es bleibt seit dem Inkrafttreten des Bürgerlichen Gesetzbuchs für eine Anwendung des L.R.S. (Art.) 883 kein Raum. — Damit ist der ganz anderen Frage, wie sich die Eigentumsverhältnisse an nach altem Rechte zu beurteilenden, unter der Herrschaft des alten Rechts aufgelösten und noch nicht geteilten Gütergemeinschaften und an unter der Herrschaft des alten Rechts begründeten Erbgemeinschaften des Code civil und des Badischen Landrechts mit dem Inkrafttreten des Bürgerlichen Gesetzbuchs gestalteten, nicht vorgegriffen. Denn für diese Fälle kommen die Übergangsbestimmungen der Art. 200 und 213 Einf.-Ges. zum B.G.B. in Betracht.

Aus Art. 184 a. a. O. kann ferner nicht abgeleitet werden, daß für Hypotheken, mit denen ein Grundstück oder ein Bruchteil des Grundstücks zur Zeit des Inkrafttretens des Bürgerlichen Gesetzbuchs belastet ist, die Vorschriften des alten Rechts über den Inhalt des Eigentums maßgebend bleiben. Vielmehr ist der Auffassung beizutreten, daß das alte Pfandrecht mit seinem aus den bisherigen Gesetzen sich ergebenden Inhalte, soweit sich nicht aus den Art. 192 bis 195 ein anderes ergibt, das Eigentum mit dem Inhalte erfaßt, den es nach dem Inkrafttreten des Bürgerlichen Gesetzbuchs hat. Der L.R.S. (Art.) 883 begründete aber nur eine Beschränkung des Inhalts des Eigentums; nur infolge dieser Beschränkung des Eigentums hing die Wirksamkeit der Teilhypothek von der Teilung ab. Mit dem Wegfall jener Beschränkung wurde daher die Teilhypothek an dem nach neuem Rechte zu beurteilenden Miteigentum in dem Umfange wirksam, in dem nach dem neuen Rechte eine Hypothek an dem Bruchteil eines Grundstücks wirksam bestellt werden kann.

Danach war die Revision des Klägers als unbegründet zurückzuweisen."

---

71. 1. Über die bei Erlaß eines Zwischenurteils nach § 304 Z.P.O. anzuwendende Urteilsformel.
2. Haften mehrere Tierhalter dem Geschädigten als Gesamtschuldner?
3. Haftet der Tierhalter neben dem nach § 834 B.G.B. Aufsichtspflichtigen dem Geschädigten als Gesamtschuldner?

VI. Zivilsenat. Urt. v. 23. März 1905 i. S. M. (Bekl.) w. P. Wwe. (Kl.). Rep. VI. 248/04.

I. Landgericht Flensburg.
II. Oberlandesgericht Kiel.

Aus den Gründen:

„Die Revision rügt, daß die vom Berufungsgericht bestätigte Formel des Urteils erster Instanz: „der Klageanspruch wird dem Grunde nach für gerechtfertigt erklärt," der für ein Urteil erforderlichen Bestimmtheit entbehre. Dies ist jedoch durchaus nicht der Fall; vielmehr ist diese Urteilsformel die allein dem Gesetz entsprechende. Das nach § 304 Z.P.O. ergehende Urteil hat nur den Charakter einer das Endurteil vorbereitenden Entscheidung; deswegen ist es durchaus unzulässig, ihm die Form eines Urteils zu geben, das den Rechtsstreit, so wie er ist, endgültig erledigt, sei es in der Form eines auf eine Leistungsklage ergehenden Endurteils, wie dahin: „der Beklagte wird verurteilt, den Schaden zu ersetzen, der dem Kläger dadurch entstanden ist, daß" &c, sei es in der Form eines auf eine Feststellungsklage ergehenden Urteils, wie dahin: „es wird festgestellt, daß der Beklagte verpflichtet ist, den Schaden zu ersetzen, der dem Kläger dadurch entstanden ist, daß" &c. Aber auch inhaltlich geben dergleichen Urteilsformeln, wenn damit ein Urteil nach § 304 Z.P.O. erlassen sein soll, zu den größten Bedenken Anlaß. Wie der erkennende Senat wiederholt ausgesprochen hat, kann ein solches Urteil nur erlassen werden, wenn der Klaganspruch nach Grund und Betrag streitig ist; es setzt also voraus, daß der Klaganspruch zur Ziffer gebracht ist, und schafft nur in den Grenzen des so bezifferten Anspruchs Rechtskraft, so daß, wenn in dem Verfahren über den Betrag der Anspruch erweitert wird, insoweit die Rechtskraft nicht in Betracht kommt. Auf Grund des Zwischenurteils kann daher dem Kläger nie mehr zugesprochen werden, als er bis zu dessen Erlassung gefordert hatte. Dem widerspricht es aber, wenn mit jenen Urteilsformeln der Beklagte verurteilt wird, den dem Kläger entstandenen Schaden zu ersetzen, oder wenn die Ersatzpflicht des Beklagten bezüglich dieses Schadens festgestellt wird; dasselbe gilt von einem Zwischenurteil des von der Revision als richtig bezeichneten Inhalts: „Der Anspruch auf Ersatz des Schadens, der dem Kläger durch den" (näher bezeichneten) „Unfall entstanden ist, wird dem Grunde nach für gerechtfertigt erklärt." Damit wird das Urteil von der Verbindung mit dem durch den Klagantrag geltend gemachten Anspruch losgelöst; es geht dann, wenn der Kläger nicht den gesamten ihm entstandenen Schaden geltend gemacht hat, über den Klagantrag hinaus, und doppelt unzulässig ist die Wahl solcher Urteilsformeln, wenn der dem Klaganspruch zugrunde gelegte Tatbestand einen Anspruch auf Ersatz des gesamten Schadens nicht gibt, wie z. B. §§ 1. 2 des Reichshaftpflichtgesetzes, auf Grund deren weder Ersatz des Sachschadens, noch Ersatz des Schadens, der nicht Vermögensschaden ist (§ 847 B.G.B.), sondern nur Schadensersatz in dem in den §§ 3. 3a bezeichneten Umfange gefordert werden kann....

Der erkennende Senat tritt ... der Ansicht des Berufungsrichters bei, daß mehrere Tierhalter nach § 833 B.G.B. dem Verletzten als Gesamtschuldner haften. Von Dernburg, Bürgerliches Recht Bd. 2 Abt. 2 § 396 unter III, wird dieser, auch in der Literatur herrschenden, Ansicht mit dem Hinweis darauf entgegengetreten, daß die Rechtsnormen des 25. Titels Abschn. 7 Buchs 2 B.G.B. infolge der erst von der Reichstagskommission vorgenommenen prinzipiellen Umgestaltung der Haftung für Tierschaden auf diese Haftung nicht schlechthin anwendbar seien. Allein der erkennende Senat hat bereits (vgl. die in den Entsch. in Zivils. Bd. 53 S. 114 flg., Bd. 58 S. 335 flg. abgedruckten Urteile) eingehend dargelegt, daß der in § 840 Abs. 1 gebrauchte Ausdruck „unerlaubte Handlungen" die gleiche weitere Bedeutung hat, wie in der Überschrift des 25. Titels. Die Haftung aus § 833 ist im Sinne des Bürgerlichen Gesetzbuchs eine solche aus unerlaubter Handlung; auf die Verantwortlichkeit mehrerer Tierhalter findet daher § 840 Abs. 1 Anwendung. Aus dem gleichen Grunde haftet, wie ebenfalls in der Literatur vorwiegend angenommen wird, dem Verletzten neben dem nach § 834 Aufsichtspflichtigen auch der Tierhalter als Gesamtschuldner. Wenn v. Liszt, Deliktsobligationen S. 108, den Tierhalter solchenfalls nur nach Maßgabe des § 831 haften lassen will, so fehlt es dieser Ansicht der durch keine Gesetzesbestimmung eingeschränkten Sondervorschrift im § 833 gegenüber an jeder gesetzlichen Grundlage." ...

---

72. Kann die Entscheidung eines Anerkenntnisurteils über den Kostenpunkt auch dann selbständig angefochten werden, wenn dasselbe zu Unrecht erlassen ist?

Z.P.O. §§ 99 Abs. 2. 307.

V. Zivilsenat. Urt. v. 23. März 1905 i. S. der Ehefrau E. (Kl.) w. P. (Bekl.). Rep. V. 433/04.

I. Landgericht Braunschweig.
II. Oberlandesgericht daselbst.

Die obige Frage ist vom Reichsgericht bejaht aus folgenden Gründen:

... „Richtig ist die Annahme des Berufungsrichters, daß, da ein Antrag, den Beklagten seinem Anerkenntnis gemäß zu verurteilen, nicht gestellt war, ein solcher Antrag aber — der nicht durch den vor Abgabe des Anerkenntnisses gestellten Klagantrag ersetzt wird — eine notwendige Voraussetzung für die Anwendung des § 307 Z.P.O. bildet, das Anerkenntnisurteil erster Instanz nicht hätte erlassen werden dürfen. Eine andere Frage jedoch ist, ob, nachdem der Erlaß des Urteils, wenngleich prozeßordnungswidrig, tatsächlich stattgefunden hatte, jener Umstand von Einfluß auf den Rechtsmittelzug in Ansehung des Kostenpunktes war. Dies ist zu verneinen. Der § 99 Abs. 2 Z.P.O. verlangt weiter nichts, als daß die Verurteilung zur Hauptsache auf Grund eines Anerkenntnisses ausgesprochen ist. Das wird man freilich nicht dahin verstehen dürfen, daß es genüge, wenn sich das Urteil im allgemeinen auf ein abgegebenes Anerkenntnis stützt, mag dieses sich nur irgendwie aus den Entscheidungsgründen ergeben. Vielmehr ist an der in der Rechtsprechung und Literatur wohl ausnahmslos vertretenen Ansicht festzuhalten, daß die zitierte Gesetzesvorschrift nur solche Urteile im Auge hat, die sich als Anerkenntnisurteile im Sinne des § 307 Z.P.O. darstellen. Dagegen ist es, wenn ein solches Anerkenntnisurteil vorliegt, gleichgültig, ob es mit Recht oder Unrecht erlassen ist. Die Annahme, daß in letzterem Falle die Anfechtung der Kostenentscheidung des Anerkenntnisurteils nur zugelassen werden dürfe, wenn gleichzeitig das Urteil auch in der Hauptsache wegen des ihm anhaftenden Mangels angefochten wird, würde eine Einschränkung in das Gesetz hineintragen, von der dieses selbst seinem Wortlaut nach nichts enthält. Überdies spricht gegen eine solche Auslegung die Analogie der Fälle, in denen Zwischenurteile über prozeßhindernde Einreden auf Grund des § 275 Z.P.O., oder Vorabentscheidungen über den Grund des Klaganspruchs gemäß § 304 Z.P.O. erlassen worden sind, obwohl die gesetzlichen

Voraussetzungen hierfür nicht vorlagen. Bezüglich dieser Fälle hat das Reichsgericht in feststehender Rechtsprechung angenommen, daß für die Eröffnung des Rechtsmittelzuges lediglich entscheidend ist, ob das Gericht den Willen gehabt hat, ein Urteil der erwähnten Art zu erlassen, und daß bei Bejahung der Frage die prozeßordnungswidrige Erlassung eines Urteils die Einlegung des Rechtsmittels nicht hindert, sondern nur dazu führen kann, daß infolge des eingelegten Rechtsmittels das Urteil wegen der Prozeßordnungswidrigkeit aufgehoben wird.

Vgl. Skonietzki, in Gruchot's Beiträgen Bd. 45 S. 592. 593. 596. 597.

Im vorliegenden Falle ergibt sich aus den Entscheidungsgründen des landgerichtlichen Urteils, insbesondere aus der darin enthaltenen Bezugnahme auf § 708 Ziff. 1 Z.P.O. unzweideutig, daß das Gericht das von dem Beklagten abgegebene Anerkenntnis nicht etwa bloß als einen Beweisgrund für das Bestehen des Klaganspruchs hat behandeln wollen, sondern daß seine Absicht dahin gegangen ist, das Urteil gemäß § 307 Z.P.O. zu erlassen. Danach war Klägerin befugt, die Anfechtung des Urteils auf den Kostenpunkt zu beschränken, und unterlag das von der gegenteiligen Annahme ausgehende Berufungsurteil der Aufhebung nach § 565 Z.P.O." ...

---

73. Kann der Kauf von Holz auf dem Stamme durch die Eintragung eines „Abholzungsrechts" in die II. Abteilung des Grundbuchs dinglich geschützt werden?

II. Zivilsenat. Urt. v. 24. März 1905 i. S. Vermögensverwaltungsstelle für Offiziere und Beamte (Bekl. u. Widerkl.) w. Z. (Kl. u. Widerbekl.). Rep. II. 368/04.

I. Landgericht I Berlin.
II. Kammergericht daselbst.

Nach dem Kaufvertrag über den vorhandenen Holzbestand eines Ritterguts auf dem Stamme hatte der Verkäufer das Holz zu fällen, aufzubereiten und zur Bahn anzufahren. Weiter war bestimmt, daß der Verkäufer die Rechte des Käufers aus diesem Vertrage auf dem Grundbuchblatte des Ritterguts in Abteilung II habe eintragen zu lassen, und daß diese Eintragung auch dazu dienen solle, eine Sicherheit für eine Anzahlung von 30000 *M* zu gewähren unbeschadet der in Abteilung III eingetragenen Sicherungshypothek. Gleichzeitig mit Errichtung der Vertragsurkunde wurde vom Verkäufer eine Urkunde über Bewilligung der Eintragung in Abteilung II ausgestellt, und auf Grund derselben in die Abteilung II des Grundbuchs ein Vermerk über den Verkauf von Nutzholz an Sch. (den Käufer) und ein Abholzungsrecht für denselben eingetragen. Das Rittergut wurde weiterverkauft, und der neue Erwerber trat an den Kläger Z. den Holzbestand einer Parzelle, auf die sich auch der frühere Kaufvertrag bezog, ab. Der Kläger verkaufte das Holz an Sch. weiter; den bei diesem Weiterverkauf erzielten Kaufpreis beanspruchte die Klägerin, der die Rechte aus dem ersten Kaufvertrag abgetreten waren, für sich. Der Käufer Sch. hinterlegte den Kaufpreis. Mit der Klage verlangte Z., daß ihm, mit der Widerklage die Beklagte, daß ihr der hinterlegte Kaufpreis ausgefolgt werde.

Der Berufungsrichter hat nach dem Antrag der Klage erkannt und die Widerklage abgewiesen; in seinen Entscheidungsgründen verneinte er bei der hier gegebenen Sachlage die oben gestellte Frage. Die Revision der Beklagten und Wiederklägerin wurde zurückgewiesen aus folgenden

Gründen:

... „Der Rechtszustand in bezug auf den Kauf von Holz auf dem Stamme ist unter der Herrschaft des Bürgerlichen Gesetzbuchs völlig verschieden von dem Rechtszustande im Gebiete des Allgemeinen Landrechts (vgl. Landsberg, Kauf von Holz auf dem Stamme, Pos. Monatsschr. 1899 S. 177 flg.). Seit der grundlegenden Entscheidung des Obertribunals vom 9. Mai 1845 (Entsch. des Obertrib. Bd. 11 S. 201) war im Gebiete des Allgemeinen Landrechts die rechtliche Möglichkeit eines vom Bodenbesitze unabhängigen selbständigen Erwerbes von Eigentum und Besitz stehender Bäume von der Praxis allgemein anerkannt. Durch symbolische Übergabe der Bäume wahrte sich der Käufer sein Eigentumsrecht auch gegen den späteren Grundstückserwerber, mochte dieser den Bäumeverkauf bei der Auflassung gekannt haben oder nicht. Gegen Gläubiger, für die später Hypotheken eingetragen wurden, konnte sich der Käufer dadurch schützen, daß er sich sein Abholzungsrecht in die II. Abteilung des Grundbuchs eintragen ließ; denn das Allgemeine Landrecht kannte eine unbegrenzte Zahl dinglicher Rechte auf Substanz, Gebrauch und Nutzung fremder Sachen.

Seit Einführung des Bürgerlichen Gesetzbuchs kann dagegen Holz auf dem Stamme nicht mehr Gegenstand besonderer dinglicher Rechte sein, also nicht in das Eigentum eines anderen als des Grundeigentümers gelangen. Das Bürgerliche Gesetzbuch schließt — §§ 93 und 94 — ein vom Eigentum am Grundstück verschiedenes Eigentum der eingewurzelten Bäume aus. Bei dem Verkauf von Holz auf dem Stamme kann der Eigentümer nicht mehr durch symbolische Übergabe das Eigentum der eingewurzelten Stämme übertragen; er kann sich nur obligatorisch verpflichten, die Bäume zu fällen, oder fällen zu lassen und dem anderen die Wegnahme zu gestatten. Ein derartiger Vertrag kann ferner nicht mehr durch Eintragung in die II. Abteilung des Grundbuchs dingliche Kraft erlangen; denn nach dem Bürgerlichen Gesetzbuch ist die Zahl der eintragungsfähigen dinglichen Rechte streng geschlossen. Überdies bindet ein nicht dinglich geschützter Gestattungsvertrag nach § 956 Abs. 1 B.G.B. den künftigen Grundstückserwerber nicht.

Von diesen rechtlichen Gesichtspunkten ist der Berufungsrichter ausgegangen. Zu der Eintragung des Sch. in die II. Abteilung, die folgenden Wortlaut hat: „Ein Vermerk über den Verkauf von Nutzholz an ... Sch. und ein Abholzungsrecht für denselben. Auf Grund der Verhandlung d. d. Jauer den 21. August 1900 eingetragen am 14. Dezember 1900", führt er aus, sie sei unzulässig und unwirksam, weil sie nur einen obligatorischen Anspruch sichern wolle, nicht die Einräumung eines auf die Belastung des Grundstücks abzielenden Nutzungsrechts bezweckt habe, und danach die Voraussetzungen der §§ 883 und 1090 B.G.B. nicht vorlägen. Die Revisionsklägerin bekämpft die letzteren Ausführungen; sie findet darin eine Verletzung des § 1090 B.G.B. und macht geltend, das dinglich geschützte Abholzungsrecht sei eine beschränkte persönliche Dienstbarkeit im Sinne dieser Gesetzesvorschrift; als solche sei es auch eingetragen. Dieser Angriff ist nicht gerechtfertigt.

Nach § 1090 a. a. O. kann zwar der Inhalt der beschränkten persönlichen Dienstbarkeit gerade so vielfältig sein, wie die Nutzungen und Benutzungsarten, die das konkrete Grundstück zu gewähren vermag. Während ferner die Bestimmung in § 1019 über den Umfang der

Grunddienstbarkeit zwingend ist, gibt § 1091 nur als Auslegungsregel die Vorschrift, daß der Umfang der beschränkten persönlichen Dienstbarkeit sich nach dem persönlichen Bedürfnisse des Berechtigten bestimme. Deshalb ist es zulässig, daß ihr Umfang ohne Rücksicht auf das persönliche Bedürfnis des Berechtigten bestimmt wird und insbesondere das letztere überschreiten kann. Indessen finden die in § 1036 Abs. 2 B.G.B. dem Nießbrauch gesetzten Grenzen auf die beschränkte persönliche Dienstbarkeit entsprechende Anwendung, und erfordern ferner deren rechtliche Natur und Zweck, daß die Dienstbarkeit sich nicht in den lediglich persönlichen Ansprüchen und Verpflichtungen eines obligatorischen Rechtsgeschäfts — Kauf oder Miete — erschöpfe. Deshalb bietet das Institut der beschränkten persönlichen Dienstbarkeiten dafür keinen Raum, die Eintragung eines als „Abholzungsrecht" bezeichneten obligatorischen Rechtsgeschäfts, das den Verkauf des vorhandenen Holzbestandes, und zwar in der Weise zum Inhalt hat, daß der Verkäufer das Holz fällen, aufbereiten und abfahren muß, und das danach des für eine beschränkte persönliche Dienstbarkeit begrifflichen Erfordernisses einer wiederkehrenden und dauernden unmittelbaren Benutzung ermangelt, als Bestellung und Eintragung einer beschränkten persönlichen Dienstbarkeit zu beurteilen und auf diesem Umwege zur dinglichen Sicherung des lediglich persönliche Verpflichtungen erzeugenden Kaufes von Holz auf dem Stamme zu gelangen. Die Erwägungen des Berufungsrichters bewegen sich in dem Rahmen der dargelegten rechtlichen Auffassung; ihr Ergebnis, daß die vorliegende Eintragung nur die Sicherung obligatorischer Ansprüche und überhaupt nicht die Bestellung einer beschränkten persönlichen Dienstbarkeit bezweckte, läßt eine Verletzung des Gesetzes nicht erkennen.

Zwar macht die Revisionsklägerin noch geltend, der Berufungsrichter habe auch außer Betracht gelassen, daß nach dem Rechte des Bürgerlichen Gesetzbuchs der sog. dingliche Vertrag von dem obligatorischen Kausalgeschäfte losgelöst sei und das letztere bei Feststellung des Inhalts des dinglichen Vertrages nicht in Betracht komme. Diesem Angriffe steht indessen schon die Erwägung entgegen, daß es sich im gegebenen Falle darum handelt, ob überhaupt die Parteien beabsichtigten, ein nach dem Bürgerlichen Gesetzbuch zulässiges dingliches Recht zu bestellen, oder lediglich obligatorische Ansprüche durch die Eintragung zu sichern." . . .

74. Sind Beglaubigungen von Unterschriften auf Rentenquittungen für die Versicherungsanstalten durch Schiedsmänner Amtshandlungen derselben, und ist bei Ansprüchen gegen Schiedsmänner wegen fahrlässiger Beglaubigung die Revision gemäß § 547 Nr. 2 Z.P.O. (vgl. § 70 G.V.G. und § 39 Nr. 3 preuß. Ausf.-Ges. zum G.V.G.) zulässig?

Z.P.O. § 547 Nr. 2.
G.V.G. § 70.
Preuß. Ausf.-Ges. zum G.V.G. § 39 Nr. 3.
Preuß. Schiedsmannsordnung vom 29. März 1879 §§ 1 und 6.
Anweisung des Reichsversicherungsamts vom 2. Dezember 1899 (Amtl. Nachr. von 1900 S. 255) § 3.

III. Zivilsenat. Urt. v. 24. März 1905 i. S. Landesversicherungsanstalt Rheinprovinz (Kl.) w. M. (Bekl.). Rep. III. 20/05.

I. Landgericht Köln.
II. Oberlandesgericht daselbst.

Der Beklagte ist Schiedsmann und hat als solcher die Unterschrift des Rentenberechtigten P. W. auf einer in der Folge der Post zur Auszahlung vorgewiesenen Rentenquittung der Klägerin unter Beidrückung seines Dienstsiegels beglaubigt. Die Post hat den quittierten Betrag von 185,90 ℳ an die Ehefrau des Rentenberechtigten, die von diesem getrennt lebt, ausgefolgt. Die Unterschrift hat sich als von der Ehefrau gefälscht erwiesen, und die Klägerin war gezwungen, den Betrag nochmal an den Rentenberechtigten selbst auszuzahlen. Sie verlangt vom Beklagten Ersatz von 185,90 ℳ nebst Prozeßzinsen, indem sie geltend macht, daß der Beklagte bei der Beglaubigung schuldhaft gehandelt habe, somit wegen Verletzung der Amtspflichten (§ 839 B.G.B.), übrigens auch nach allgemeinen Grundsätzen (§ 823 B.G.B.) hafte.

Sie hat die Klage zunächst beim Amtsgericht erhoben, und dieses hat die vom Beklagten erhobene Einrede der sachlichen Unzuständigkeit (§ 70 Abs. 3 G.V.G., § 39 Nr. 3 preuß. Ausf.-Ges. zum G.V.G.) durch Zwischenurteil vom 22. Juni 1903 zurückgewiesen. Auf erhobene Berufung des Beklagten hat aber das Landgericht durch Zwischenurteil vom 28. November 1903 die Einrede für begründet erachtet und die Sache an sich selbst verwiesen, da für den Anspruch das Landgericht ausschließlich zuständig sei. Das Landgericht hat sodann den Beklagten klagantragsgemäß verurteilt. Auf erhobene Berufung wurde aber durch das angefochtene Urteil die landgerichtliche Entscheidung aufgehoben und die Klage abgewiesen. Die Klägerin hat Revision eingelegt, die indessen verworfen wurde, aus folgenden

Gründen:

„Es ist von dem Revisionsbeklagten mit Recht die Unzulässigkeit der Revision behauptet worden. Nach § 547 Nr. 2 Z.P.O. ist zwar die Revision, auch wenn die Revisionssumme (§ 546) nicht vorhanden ist, dann zulässig, wenn die Landgerichte ohne Rücksicht auf den Wert des Streitgegenstandes ausschließlich zuständig sind, und dieser Fall ist gemäß § 70 Abs. 3 G.V.G., § 39 Nr. 3 preuß. Ausf.-Ges. zum G.V.G. gegeben, wenn es sich um Ansprüche gegen öffentliche Beamte wegen Überschreitung ihrer amtlichen Befugnisse oder wegen pflichtwidriger Unterlassung von Amtshandlungen handelt. Ein solcher Anspruch steht aber im vorliegenden Falle nicht in Frage.

Es hat zwar das Landgericht in seinem Zwischenurteil vom 28. November 1903 einen solchen Anspruch als vorliegend erachtet und darum die Zuständigkeit des Amtsgerichts verneint und im Gegensatz zum letzteren seine ausschließliche Zuständigkeit angenommen. Auch war ein Rechtsmittel gegen diese Entscheidung und eine Nachprüfung der sachlichen Zuständigkeit im nachfolgenden Verfahren vor dem Landgericht ausgeschlossen, die Verweisung an dieses somit rechtskräftig. Allein eine solche Vorentscheidung bindet die Revisionsinstanz, wie in den diesseitigen Entsch. in Zivils. Bd. 17 S. 331 und Bd. 18 S. 166, (s. auch Jurist. Wochenschr. von 1891 S. 67 Nr. 7) ausgeführt ist, von denen abzugehen kein Grund vorliegt, rücksichtlich der Frage der Zulässigkeit der Revision nicht. In den genannten Entscheidungen ist zwar nur der Fall erörtert, wenn das Amtsgericht wegen seiner sachlichen Unzuständigkeit die Sache an das Landgericht verwiesen hat, während im vorliegenden Falle erst im Rechtszuge der Berufung gegen das amtsgerichtliche Zwischenurteil die Verweisung an das Landgericht erfolgte. Allein dies ist unerheblich, denn rücksichtlich der Wirkung der Verweisung stehen beide Entscheidungen gleich (§ 11 Z.P.O.).

Auch der Umstand, daß die Klägerin eine Verletzung der Amtspflicht behauptet, ist nicht entscheidend, da die rechtliche Beurteilung des Parteivorbringens ausschließlich Sache des Gerichts ist (vgl. auch Entsch. des R.G.'s in Zivils. Bd. 20 S. 388).

Wenn nun auch in Übereinstimmung mit den diesseitigen Entscheidungen,

s. Entscheidung des VI. Zivilsenats bei Gruchot, Beiträge Bd. 48 S. 929, und des III. Zivilsenats vom 6. Dezember 1904 Rep. 221/04, vgl. Entsch. in Zivils. Bd. 40 S. 202,

davon auszugehen ist, daß unter die Ansprüche im Sinne des § 39 Nr. 3 preuß. Ausf.-Ges. im wesentlichen alle Fälle der Verletzung einer Amtspflicht (§ 839 B.G.B.) zu rechnen sind, so scheidet doch der vorliegende aus, weil eben der Beklagte bei der Unterschriftsbeglaubigung eine solche nicht verletzt hat. Allerdings sind die Schiedsmänner gemäß § 6 der Schiedsmannsordnung vom 29. März 1879 Beamte; allein dies gilt nur insoweit, als sie innerhalb des ihnen gesetzlich als Schiedsmännern zugewiesenen Pflichtenkreises in Tätigkeit treten. Dieser ist aber auf die Mitwirkung bei der streitigen Gerichtsbarkeit und auch hier nur in genau und eng umschriebenem Umfang beschränkt (§ 1 der Schiedsmannsordnung). Wie sich aus der Entstehungsgeschichte des § 1 (vgl. Motive zum Entwurf, Verhandlungen des preußischen Herrenhauses von 1878/79 Beil. Nr. 5 S. 18) ergibt, ist durch die Fassung des § 1 ausdrücklich klargestellt, daß die Tätigkeit der Schiedsmänner in allen Zweigen der freiwilligen Gerichtsbarkeit — und dahin gehört die Unterschriftenbeglaubigung — ausgeschlossen sein soll (vgl. Halle, Schiedsmannsordnung S. 11; Hasdorf, Schiedsmannsordnung S. 9). Auch sonstige Vorschriften des preußischen Rechts, wonach ihnen oder allen Beamten die Beglaubigung von Unterschriften mit öffentlicher amtlicher Wirkung zugewiesen ist, bestehen nicht.

Vgl. die Zusammenstellungen zu Art. 32 preuß. Ausf.-Ges. zum Ges. über die freiw. Gerichtsbarkeit, bei Rausnitz, Ges. betr. die freiw. Gerichtsbarkeit S. 542; Fuchs, Ges. betr. die freiw. Gerichtsbarkeit S. 417.

Es haben daher auch die Beglaubigungen von Unterschriften durch die Schiedsmänner, gleichwie solche durch die Ortsvorsteher (siehe hierzu Entsch. des R.G.'s in Straff. Bd. 23 S. 182 und Bd. 27

S. 232) nicht den Charakter öffentlicher amtlicher Urkunden. Auch die Anweisung des Reichsversicherungsamts vom 2. Dezember 1899 (Amtliche Nachrichten dess. von 1900 S. 255) § 3 ändert hieran nichts. Dieselbe schreibt auch nur den Versicherungsorganen die Verwendung von bestimmten Quittungsformularen vor, auf welchen sich der Vordruck befindet, daß zur Beglaubigung von Unterschriften und des Lebens der Rentenberechtigten die Beglaubigung von Ortsvorstehern ... Schiedsmännern ꝛc unter Beidrückung ihres Dienstsiegels „genügt". Eine Anweisung an die Schiedsmänner selbst enthält sie nicht einmal, und es wäre auch die Zuständigkeit des Reichsversicherungsamts hierzu nicht gegeben. Hiernach ist mit den genannten Entscheidungen der Strafsenate davon auszugehen, daß man auch bei der Erlassung dieser Anweisung nicht an die Errichtung öffentlicher (amtlicher) Urkunden gedacht hat, sondern nur ähnlich wie bei der Beurkundung auf Witwenpensionsquittungen eine Beglaubigung irgendeiner vertrauenswürdigen Person, wozu besonders Beamte, die ein Dienstsiegel führen, geeignet erschienen, im Auge hatte. Auch die verlangte Beifügung des Dienstsiegels verfolgt nicht den Zweck, die Urkunde zu einer öffentlichen zu machen, sondern nur den, die Identität der beglaubigenden Vertrauensperson erkennbar zu machen. Es kann daher auch der vorliegenden Beglaubigung durch den Beklagten ein amtlicher Charakter nicht beigemessen werden, und die Revision erscheint hiernach gemäß § 547 Nr. 2 Z.P.O. unzulässig. Die vom Landgerichte angezogene Entscheidung des Reichsgerichts (Gruchot, Beiträge Bd. 46 S. 935 flg.) vom 20. Februar 1902 betrifft den hier nicht gegebenen Fall, daß ein Beamter zwar freiwillig, aber doch innerhalb seines amtlichen Pflichtenkreises in Tätigkeit getreten ist." ...

---

75. Was ist unter „gleichartigen" Waren im Sinne des Gesetzes zum Schutz der Warenbezeichnungen vom 12. Mai 1894, insbesondere des § 9 Abs. 1 Nr. 1 desselben, zu verstehen?

II. Zivilsenat. Urt. v. 24. März 1905 i. S. L. & H. (Bekl.) w. Gebr. B. (Kl.). Rep. II. 313/04.

I. Landgericht Bremen.
II. Oberlandesgericht Hamburg.

Die Klägerin beantragte auf Grund früherer Anmeldung und Eintragung ihres Warenzeichens Verurteilung der Beklagten zur Bewirkung der Löschung des Warenzeichens derselben. Die Parteien stritten zunächst über das Bestehen einer Verwechselungsgefahr hinsichtlich ihrer Warenzeichen, sodann aber auch über die Gleichartigkeit der durch diese geschützten Waren der Klägerin und der Waren der Beklagten. Das Landgericht wies die Klage ab. Das Berufungsgericht sprach dieselbe zu. Die Revision der Beklagten ist zurückgewiesen worden, und zwar, was die Frage der Gleichartigkeit der Waren anbetrifft, aus folgenden

Gründen:

. . . „Ein weiterer Revisionsangriff richtet sich dagegen, daß die Beklagte unbeschränkt zur Herbeiführung der Löschung ihres Warenzeichens verurteilt worden ist, obwohl dasselbe nicht nur, wie das der Klägerin, für Schnupftabak, Kautabak und Zigarren, sondern außerdem auch für Rauchtabak, Zigaretten und Zigarettenpapier eingetragen ist. Auch dieser Angriff ist nicht gerechtfertigt. Das Berufungsgericht begründet die Annahme der Gleichartigkeit der letzteren mit den für die Klägerin eingetragenen Waren mit der Erwägung: es könne nicht zweifelhaft sein, daß Schnupftabak, Kautabak und Zigarren gleichartig seien mit Rauchtabak und Zigaretten; aber auch Zigarettenpapier müsse im vorliegenden Fall als eine mit Tabaksfabrikaten gleichartige Ware erachtet werden, weil beide Parteien Tabaksfabrikanten seien, und von solchen Zigarettenpapier regelmäßig in Verbindung mit für Zigaretten geeignetem Tabak verkauft zu werden pflege. Diese Begründung ist nicht rechtsirrig. Die Gleichartigkeit von Waren kommt bei mehreren Bestimmungen des Warenzeichengesetzes, insbesondere außer in § 9 Abs. 1 Nr. 1 auch in § 5 Abs. 1 und in § 12 Abs. 1, in Betracht. Sie ist überall in demselben Sinne zu verstehen; ob sie gegeben sei, ist aber in jedem Falle besonders zu beurteilen, da dabei wesentlich die tatsächlichen Verhältnisse zu berücksichtigen sind. In gleicher Weise ist bei der Beurteilung der Gleichartigkeit der Waren, wie in dem Kommissionsbericht über die Erklärungen der Regierungskommissarien bei der Beratung des Entwurfes des Warenzeichengesetzes erwähnt ist, das Hauptgewicht nicht darauf zu legen, ob die Waren sich durch Herstellung oder Material unterscheiden, sondern darauf, ob die Möglichkeit einer Verwechselung oder Täuschung im Verkehr gegeben ist. Dies entspricht dem Zwecke des Warenzeichenschutzes, zu verhindern, daß das Publikum Waren, die aus anderen Geschäftsbetrieben stammen, irrtümlich für Waren aus dem Geschäftsbetriebe des Warenzeicheninhabers hält. Als gleichartig sind demnach solche Waren anzusehen, welche mit Waren, die durch ein Warenzeichen geschützt sind, nach der Auffassung des Verkehrs als verwandt gelten. Dies wird in der Regel bei Waren zutreffen, welche in den gleichen Geschäften an denselben Kundenkreis vertrieben zu werden pflegen. Diese Voraussetzung ist von dem Berufungsgericht hier für gegeben erachtet, indem dasselbe insbesondere hinsichtlich des Zigarettenpapiers angenommen hat, daß es regelmäßig in Verbindung mit Zigarettentabak verkauft zu werden pflege." ...

---

76. Steht dem Grundstückseigentümer, der durch eine Baupolizeiverordnung an dem Wiederaufbau eines abgebrannten Fabrikgebäudes gehindert ist, ein Entschädigungsanspruch gegen die Stadtgemeinde zu?

Preuß. Gesetz über die Polizeiverwaltung vom 11. März 1850 § 6. A.L.R. Einl. § 75, I. 8 §§ 30 flg. 65. 66.

VII. Zivilsenat. Urt. v. 24. März 1905 i. S. Stadtgemeinde A. (Bekl.) w. Gebr. St. (Kl.). Rep. VII. 403/04.

I. Landgericht Allenstein.
II. Oberlandesgericht Königsberg.

Die Klägerin hatte auf ihrem an der Bahnhofstraße zu A. gelegenen Grundstücke im Hofe hinter dem Wohnhause ein Fabrikgebäude errichtet. Dieses Gebäude brannte im Oktober 1901 bis auf die Umfassungsmauern und beide Schornsteine nieder. Die von der Klägerin bei der Stadtpolizeiverwaltung nachgesuchte Genehmigung zum Wiederaufbau des Fabrikgebäudes in dem früheren Umfange wurde versagt, weil in der Bahnhofstraße gemäß § 15a Ziff. 2 der Baupolizeiverordnung für den Stadtbezirk A. vom 27. Dezember 1898 nur Gebäude errichtet werden dürften, die ausschließlich oder zum überwiegenden Teile zu Wohn-, Erholungs-, Bildungs- und Vergnügungszwecken dienen, und die Errichtung von Werkstätten in Nebengebäuden nur bei geringem Umfange gestattet sei. Das niedergebrannte Gebäude war bereits längere Zeit vor dem Inkrafttreten der Baupolizeiverordnung errichtet und in Gebrauch genommen. Die Klägerin verlangte mit der Klage von der Beklagten den Ersatz des ihr durch die Bauversagung erwachsenen Schadens. Das Landgericht erklärte den erhobenen Anspruch dem Grunde nach für gerechtfertigt. Die hiergegen eingelegte Berufung der Beklagten wurde zurückgewiesen.

Auf die von der Beklagten eingelegte Revision wurde das Berufungsurteil aufgehoben und die Klage abgewiesen, aus folgenden

Gründen:

„In feststehender Rechtsprechung ist anerkannt, daß dem einzelnen, der seine besonderen Rechte und Vorteile dem Wohle des gemeinen Wesens aufzuopfern genötigt wird (§ 75 Einl. zum A.L.R.), oder dem Eigentümer, der zum Vorteile des Staates oder der Gemeinde Einschränkungen in der Verfügung über sein Eigentum erleidet (§§ 30 flg. A.L.R. I. 8), kein Entschädigungsanspruch zusteht, wenn die konkrete gegen ihn zur Anwendung gebrachte behördliche Maßregel auf allgemeinen gesetzlichen Vorschriften beruht, die ihn zur Duldung eben dieses Eingriffs nötigen, es sei denn, daß in diesen Vorschriften selbst die Entschädigung des hiervon Betroffenen vorgesehen ist. Es versteht sich z. B. von selbst, daß den Eigentümern von Grundstücken nicht schon deshalb ein Entschädigungsanspruch erwächst, weil der Staat im Wege der Gesetzgebung neue nachbarrechtliche Grundsätze aufstellt, die im Bereiche des ganzen oder einzelner Teile des Staatsgebietes die Eigentümer in der Ausnützung ihres Grundbesitzes einschränken. Was aber von den eigentlichen Staatsgesetzen gilt, das gilt nicht minder auch von den Rechtsnormen, die mit Zulassung des Staates und kraft Delegation der ihm zustehenden Gesetzgebungsgewalt von anderen Organen des öffentlichen Rechts oder von einzelnen staatlichen Behörden erlassen sind. Hierher gehören insbesondere auch ortspolizeiliche Vorschriften, die im Rahmen des Gesetzes über die Polizeiverwaltung vom 11. März 1850 und des Gesetzes über die allgemeine Landesverwaltung vom 30. Juli 1883 ergehen. Alles dies wird auch vom Berufungsrichter nicht verkannt. Er gibt auch zu, daß die im Streit befangene Baupolizeiverordnung für den Stadtbezirk A. vom 27. Dezember 1898 sich als ortspolizeiliche Vorschrift in diesem Sinne darstellt. Er glaubt aber, dem § 15a der Verordnung, soweit er die Errichtung von Fabrikgebäuden an der Bahnhofsstraße und einigen anderen Straßen untersagt, die Gültigkeit absprechen zu müssen, weil derartige Vorschriften weder zu den in § 6a—i des Gesetzes über die Polizeiverwaltung der ortspolizeilichen Regelung vorbehaltenen Gegenstände gehören, noch in den Bestimmungen des Allgemeinen Landrechts, insbesondere des § 10 II. 17 oder § 66 I. 8 ihren Boden fänden, vielmehr dem in § 65 a.a.O. gewährleisteten Grundsatz der allgemeinen Baufreiheit zuwiderliefen. Die Vorschrift sei nur „in dem besonderen Interesse der Gemeinde zur Verschaffung besonderer Vorteile durch Verfeinerung einer bestimmten Stadtgegend, bzw. bestimmter Straßen" erlassen. Der Grund für Verweigerung der Bauerlaubnis sei „das Sonderinteresse der Beklagten, die sich zu ihrem eigenen Vorteil einen von bessersituierten, bemittelten Leuten gern aufgesuchten Stadtteil schaffen will." Im Gegensatz zu dem in den Entsch. des R.G.'s in Zivils. Bd. 45 S. 251 behandelten Falle stehe hier „das Interesse der juristischen Person der Beklagten und eine dieserhalb stattgehabte Einschränkung des Eigentums der Klägerin" in Frage. Die beklagte Stadtgemeinde sei deshalb gemäß § 75 Einl. und §§ 30 flg. A.L.R. I. 8 entschädigungspflichtig.

Allerdings ist der Richter befugt, die Gültigkeit einer Polizeiverordnung nicht bloß in der Richtung zu prüfen, ob den dafür aufgestellten formellen Erfordernissen genügt ist, sondern auch, ob sie nicht materiell einen Eingriff in Privatrechte enthält, deren Unverletzbarkeit dem einzelnen, sei es durch die staatliche Gesetzgebung, sei es durch Verordnungen höherer Instanzen gewährleistet ist (Gesetz über die Polizeiverwaltung § 15). In beiden Beziehungen erweisen sich aber die vom Berufungsrichter angestellten Erwägungen als rechtsirrtümlich. Er verkennt, daß die streitige Vorschrift des § 15a formell sich auf dem Gebiete, wenn nicht der Absätze b, g und i, so doch des Absatzes f des § 6 des Gesetzes über die Polizeiverwaltung bewegt. Es liegt im augenscheinlichen Interesse der Gesundheit der Einwohner einer Stadt, daß Fabrikanlagen, die mit Notwendigkeit in ihrer näheren Umgebung allerlei Belästigungen durch Rauch- und Rußentwickelung, lärmendes Geräusch, vielleicht üble Ausdünstungen u. dgl. verbreiten, nicht planlos nach Willkür der Unternehmer überall im Stadtgebiet errichtet werden und den Bewohnern den Genuß guter Luft und ungestörter Ruhe beeinträchtigen. Das Gesamtinteresse der Bewohnerschaft an räumlicher Eingrenzung solcher Fabrikanlagen kann auch nicht um deswillen verneint werden, weil je nach Lage der Wohnungen die gesundheitlichen Vorteile einer Einwohnergruppe ausgiebiger und andauernder als der anderen zugute kommen. Aber auch materiell steht die streitige Vorschrift mit dem geltenden Privatrechte nicht in Widerspruch. Der § 65 A.L.R. I. 8 gewährt dem Eigentümer keineswegs die Freiheit, seinen Grund und Boden nach seiner Willkür mit Gebäuden jeder Art zu besetzen. Der § 66 a. a. O. zieht vielmehr dieser Baufreiheit sofort die wichtige Schranke, daß „zum Schaden ... des gemeinen Wesens ... kein Bau ... vorgenommen werden solle". Sobald also zugegeben werden muß, daß es zum Schaden des gemeinen Wesens ausschlagen könne, wenn jedem Grundeigentümer freigestellt wäre, an jeder beliebigen Stelle des Stadtgebiets Fabrikanlagen zu errichten, so darf auch die materielle Gültigkeit einer Polizeiverordnung nicht in Frage gestellt werden, wodurch die Errichtung solcher Anlagen an bestimmten Straßen der Stadt untersagt wird. Insbesondere muß dem Richter auch die Prüfung versagt bleiben, ob eine zur Abwendung von Schaden im Sinne von § 66 a. a. O. formgerecht erlassene Polizeivorschrift im einzelnen Falle auch geeignet sei, diesen Zweck zu erreichen. Denn ebensowenig, wie dem Richter gestattet ist, die Gültigkeit eines eigentlichen Gesetzes um deswillen in Frage zu stellen, weil er seinen Inhalt als unzweckmäßig oder unbillig erachtet, darf er die Rechtsverbindlichkeit einer anderen, kraft Delegation der gesetzgebenden Gewalt erlassenen Rechtsnorm von dem Ergebnis dieser Prüfung abhängig machen (zu vgl. auch bezüglich der polizeilichen Verfügungen im engeren Sinne § 1 des Gesetzes vom 11. Mai 1842). Der § 15a Ziff. 2 der streitigen Baupolizeiordnung bietet aber keinerlei Anhalt dafür, daß damit, wie der Berufungsrichter meint, nur dem Sonderinteresse der an den fabrikfreien Straßen wohnenden Gemeindeangehörigen gedient werden sollte. Ja er muß selbst zugeben, daß die Fernhaltung der Fabriken von gewissen Stadtteilen dem Interesse der Stadtgemeinde als solcher förderlich ist. Daß dabei nicht an ihr Vermögensinteresse gedacht werden kann, ergibt die Natur der Sache. Es ist deshalb abwegig, wenn der Berufungsrichter in diesem Zusammenhange die Stadtgemeinde als juristische Person bezeichnet und ein Interesse besonderer Art, das sie nur in dieser ihrer Eigenschaft zu fördern wünsche, annimmt.

Das Berufungsurteil mußte deshalb wegen Verletzung der allgemeinen Rechtssätze, nach denen die Gültigkeit ortspolizeilicher Vorschriften zu beurteilen ist, aufgehoben werden. Die Rechtsbeständigkeit der in § 15a Ziff. 2 der streitigen Baupolizeiordnung erlassenen Vorschrift steht nach dem Ausgeführten vielmehr schon jetzt außer Zweifel. Zugleich ergibt § 50 der Baupolizeiordnung, daß Veränderungen und Instandsetzungen der bei Veröffentlichung dieser Verordnung bereits vorhandenen baulichen Anlagen in der Regel nach Maßgabe der nunmehr geltenden Vorschriften zu bewirken sind. Sogar um mehr als um eine Instandsetzung aber handelt es sich hier, da die Klägerin zur Wiedererrichtung der durch Brand zerstörten Anlage schreiten will. Ist aber der Grundstückseigentümer, um Schaden vom gemeinen Wesen abzuwenden, einmal in der Ausnutzung seines Grund und Bodens dahin beschränkt, daß er Fabrikanlagen darauf nicht mehr errichten darf, so kann es keinen Unterschied machen, ob das Grundstück, bevor er zum Bauen veranlaßt wurde, schon einmal mit einer jetzt nicht mehr vorhandenen Anlage besetzt gewesen ist, oder nicht. Deshalb ist auch die Gültigkeit des § 50 der Baupolizeiordnung nicht zu beanstanden. Dieser Sachverhalt ergibt zugleich, daß die Sache schon jetzt zur Entscheidung reif ist. Die Klägerin hat unter keinem Gesichtspunkte die geforderte Entschädigung zu beanspruchen und mußte deshalb mit der Klage abgewiesen werden."

---

77. Begründet auch eine nicht in die Zustellungsurkunde des Gerichtsvollziehers aufgenommene Aufforderung des Gläubigers zur Abgabe der in § 840 Z.P.O. bezeichneten Erklärungen die dort bestimmte Verpflichtung des Drittschuldners und dessen Haftung für den aus ihrer Nichterfüllung entstehenden Schaden?

III. Zivilsenat. Urt. v. 28. März 1905 i. S. B. (Kl.) w. Elektrizitäts-Aktiengesellschaft vorm. W. L. & Co. (Bekl.). Rep. III. 471/04.

I. Landgericht Frankfurt a. M.
II. Oberlandesgericht daselbst.

Der Kläger behauptet, daß wegen einer vollstreckbaren Forderung, die ihm in Höhe von 15000 ℳ gegen den Ingenieur H. in M. zustehe, durch Gerichtsbeschluß vom 8. März 1898 die Forderung H.'s gegen die Beklagte aus der zwischen ihnen bestehenden Geschäftsverbindung, insbesondere aus der der Beklagten von H. überlassenen Verwertung der diesem erteilten Konzession zur Ausnutzung der Lechwasserkraft bei G., gepfändet und ihm zur Einziehung überwiesen worden sei. Mit Bezug hierauf will er von der Beklagten dadurch geschädigt worden sein, daß diese ihm auf Anfrage ihres Rechtsvertreters durch zwei Briefe vom 11. und 22. März 1898 versehentlich eine falsche Auskunft darüber erteilt habe, wieviel Pfändungen der ihrigen vorangingen. Einen weiteren Schaden will er dadurch erlitten haben, daß er im Vertrauen auf die Richtigkeit der Auskunft der Beklagten sich in einen Vertrag über den Verkauf eines Anwesens an H. eingelassen habe. Er hat deshalb unter Vorbehalt seiner Mehrforderung die Verurteilung der Beklagten zur Zahlung von 12000 ℳ nebst Zinsen an ihn beantragt.

Die Beklagte bestritt das gesamte Vorbringen des Klägers und behauptete unter anderem, zur Auskunftserteilung nach § 739 Z.P.O. ä. F. überhaupt nicht verpflichtet gewesen zu sein. Sie beantragte Abweisung der Klage. Diesem Antrage gemäß hat das Landgericht erkannt. Die Berufung des Klägers ist vom Oberlandesgerichte zurückgewiesen.

Die vom Kläger hiergegen eingelegte Revision wurde zurückgewiesen, aus folgenden

Gründen:

„Beiden Instanzgerichten ist zunächst darin beizutreten, daß der Klaganspruch sich auf die Vorschriften der Zivilprozeßordnung, die hier noch in ihrer alten Fassung zur Anwendung kommt, nicht gründen läßt. Nach § 739, der übrigens in dem entsprechenden § 840 der jetzt geltenden Fassung keine Änderung erfahren hat, ist der Drittschuldner allerdings verpflichtet, auf Verlangen des Gläubigers binnen zwei Wochen, von der Zustellung des Pfändungsbeschlusses an gerechnet, dem Gläubiger zu erklären, ob und inwieweit er die Forderung als begründet anerkenne und Zahlung zu leisten bereit sei, ob und welche Ansprüche andere Personen an die Forderung machen, und ob und wegen welcher Ansprüche die Forderung bereits für andere Gläubiger gepfändet sei. Der Abs. 2 des § 739 bestimmt aber dann weiter:

„Die Aufforderung zur Abgabe dieser Erklärungen muß in die Zustellungsurkunde aufgenommen werden. Der Drittschuldner haftet dem Gläubiger für den aus der Nichterfüllung seiner Verpflichtung entstehenden Schaden."

Schon aus diesem Wortlaute des Gesetzes ergibt sich, daß die Verpflichtung des Drittschuldners zur Abgabe jener Erklärungen davon abhängig gemacht ist, daß die Aufforderung des Gläubigers dazu gerade in die Zustellungsurkunde aufgenommen ist, und daß deshalb auch die Haftung des Drittschuldners für den aus der Nichterfüllung seiner Verpflichtung entstehenden Schaden an dieselbe Voraussetzung geknüpft ist. Ließe aber dieses Ergebnis der Wortauslegung noch einen Zweifel an der Willensmeinung des Gesetzes übrig, so würde er durch die Betrachtung der rechtlichen Natur dieses Aufforderungs- und Beantwortungsverfahrens, wie sie aus der geschichtlichen Entwickelung dieser Prozeßeinrichtung erhellt, beseitigt werden. Das Verfahren, zu dessen voller Würdigung noch der Inhalt des dritten Absatzes des § 739 herangezogen werden muß:

„Die Erklärungen des Drittschuldners können bei Zustellung des Pfändungsbeschlusses oder innerhalb der im ersten Absatze bestimmten Frist an den Gerichtsvollzieher erfolgen. Im ersteren Falle sind dieselben in die Zustellungsurkunde aufzunehmen und von dem Drittschuldner zu unterschreiben",

bildet nämlich den Rest einer förmlichen gerichtlichen Verhandlung, wie sie namentlich der Code de procédure civile in den Art. 570 flg. vorgeschrieben hatte. Hiernach sollte der Drittschuldner vor das Gericht, das über die Gültigkeit der Beschlagnahme zu erkennen hatte, — und eines die Beschlagnahme für gültig erklärenden Urteils bedurfte es der Regel nach — geladen werden, und er war dann verpflichtet, den Grund und den Betrag der Forderung, die etwa geleisteten Abschlagszahlungen, die sonstigen Tilgungen der Schuld und ihre Gründe, endlich die etwa schon erfolgten Beschlagnahmen anzuzeigen und seine Erklärung vor dem Gerichtsschreiber jenes Gerichts oder vor dem Friedensrichter seines Wohnorts zu bekräftigen. Die Unterlassung der Erklärung hatte nach Art. 577 zur Folge, daß die Forderung ihm gegenüber festgestellt wurde.

Vgl. Petschek, Die Zwangsvollstreckung in Forderungen § 10 S. 314 flg.

Der Entwurf zur deutschen Zivilprozeßordnung ließ dieses förmliche gerichtliche Verfahren fallen und erachtete namentlich auch jenen Nachteil als Folge der Unterlassung der Erklärung für ungerechtfertigt. Dagegen wollte er an diese die Haftung für den daraus entstehenden Schaden, insbesondere für die Kosten eines unnütz erhobenen Rechtsstreits, als Rechtsnachteil geknüpft wissen, und offenbar deshalb, um hierfür eine sichere Voraussetzung zu schaffen, hielt er daran fest, daß die Aufforderung zur Abgabe der Erklärungen unter Mitwirkung wenigstens eines Organs des Gerichts, des Gerichtsvollziehers, nämlich eben durch Aufnahme in die Urkunde über die Zustellung des Pfändungsbeschlusses an den Drittschuldner, bewirkt würde. Dem entspricht es, wenn die Begründung zu dem § 683 des Entwurfs bemerkt: „Tritt hiernach kein Präjudiz für die Forderung selbst ein, so bedarf es auch zur Abgabe der Erklärung keiner Verhandlung vor Gericht. Wünscht der Gläubiger eine solche Erklärung des Drittschuldners, so hat er denselben hierzu durch die Zustellungsurkunde zum Pfändungsbeschlusse (§ 678 Abs. 2) aufzufordern, und es kann der Drittschuldner die Zustellungsurkunde (argum. art. 144 Code de proc.) zur Abgabe der entsprechenden Erklärung benutzen".

Vgl. Hahn, Materialien zur Zivilprozeßordnung 2. Aufl. Bd. 1 S. 459.

Hieraus erhellt, daß die Aufnahme der Aufforderung zur Abgabe der in § 739 Abs. 1 Z.P.O. früherer Fassung bezeichneten Erklärungen gerade in die Urkunde des Gerichtsvollziehers über die Zustellung des Pfändungsbeschlusses an den Drittschuldner nach der rechtlichen Natur des angeordneten Aufforderungs- und Auskunftsverfahrens eine wesentliche Voraussetzung für die Entstehung der in dem Schlußsatze des Abs. 2 des § 739 festgesetzten Schadensersatzpflicht des Drittschuldners bildet. Es ist demnach unzulässig, diese vom Gesetze angeordnete Haftung des Drittschuldners, wie die Revision will, auf Fälle auszudehnen, in denen die Aufforderung zur Abgabe der vorgeschriebenen Erklärungen nicht in die Urkunde über Zustellung des Pfändungsbeschlusses aufgenommen, also nicht unter Mitwirkung des Gerichtsvollziehers gestellt, sondern außerhalb dieser Diensthandlung unmittelbar von dem Anwalte des Gläubigers in dessen Namen an den Drittschuldner gerichtet, und darauf Auskunft von diesem erteilt ist." . . .

(Es wird dann ausgeführt, daß die Schadensersatzpflicht der Beklagten auch nicht auf die Bestimmungen des bürgerlichen Rechts gestützt werden könne.)

78. In welchem Zeitpunkte gilt eine einem anderen gegenüber abzugebende Willenserklärung als dem anderen zugegangen, wenn die Erklärung in Abwesenheit des anderen in seiner Wohnung an eine mit ihm in häuslicher Gemeinschaft lebende Person zur Bestellung an ihn mündlich abgegeben wurde?

B.G.B. § 130 Abs. 1.

V. Zivilsenat. Urt. v. 29. März 1905 i. S. Sch. (Bekl.) w. U. (Kl.). Rep. V. 445/04.

I. Landgericht Aurich.
II. Oberlandesgericht Celle.

Der Beklagte bot am 11. Mai 1903 schriftlich die Abtretung einer für ihn auf einem Brauereigrundstück eingetragenen Hypothek von 10000 ℳ dem Kläger gegen Barzahlung von 5000 ℳ an, erklärte aber, daß er sich nur bis zum 20. Mai an diese Offerte für gebunden halte. Der Kläger behauptete, daß er dieses Angebot am 20. Mai brieflich und auch mündlich angenommen habe. Er verlangte Abtretung der Hypothek und Herausgabe des Hypothekenbriefs gegen Zahlung von 5000 ℳ. Der Beklagte beantragte Abweisung der Klage, weil der Kläger das Angebot abgelehnt habe. Am 20. Mai sei der Uhrmacher C. im ausdrücklichen oder stillschweigenden Auftrage des Klägers in seiner Wohnung gewesen und habe in seiner Abwesenheit seiner Frau erklärt, daß der Kläger für die Hypothek nur 3000 ℳ geben wolle. Demnächst sei der Annahmebrief des

Klägers in der Wohnung des Beklagten, ebenfalls in dessen Abwesenheit, abgegeben worden; aber ehe der Beklagte vom Inhalte Kenntnis erlangt, habe seine Frau ihm von der Bestellung des C. Mitteilung gemacht.

Der erste Richter hat die Klage abgewiesen. Der Berufungsrichter hat dagegen nach dem Klagantrag erkannt.

Auf Revision des Beklagten wurde das Berufungsurteil aufgehoben und auf Zurückverweisung erkannt, aus folgenden

Gründen:

... „Verfehlt ist die Ansicht der Revision, daß der Beklagte die Erklärung des C. als sich selbst gegenüber abgegeben gelten lassen müsse, weil seine Frau diese Erklärung als seine unbeauftragte Geschäftsführerin entgegengenommen habe; denn die Tatbestände der Vorentscheidungen bieten nicht den geringsten Anhalt dafür, daß C. die Erklärung gegenüber der Frau des Beklagten als der Geschäftsführerin ihres Mannes abgegeben hat (§ 180 Satz 3 B.G.B.). Überdies fehlt es an jedem tatsächlichen Anhalte dafür, daß der Beklagte jene angebliche Vertretung durch seine Frau genehmigt hat (§ 184 B.G.B.).

Versagen somit die Angriffe der Revision, so führen doch folgende Erwägungen zur Aufhebung des Berufungsurteils. Der Berufungsrichter führt aus, daß mit dem Abgeben des die Annahmeerklärung des Klägers enthaltenden Schreibens in der Wohnung des Beklagten diesem die Annahmeerklärung im Sinne des § 130 B.G.B. zugegangen und wirksam geworden sei, so daß es auf den Zeitpunkt, wann der Beklagte das Schreiben gelesen hat, nicht ankomme. Daher sei es gleichgültig, ob das von C. angeblich im Auftrage des Klägers der Frau des Beklagten gegenüber erklärte Gegenangebot, das die Bedeutung der Ablehnung des Angebots des Beklagten gehabt haben würde (§ 150 Abs. 2 B.G.B.), vor oder nach dem Lesen des Schreibens des Klägers zur Kenntnis des Beklagten gekommen sei. Diese Ausführung würde richtig sein, wenn das Schreiben des Klägers in die Wohnung des Beklagten gelangt wäre, bevor C. das angebliche Gegenangebot gegenüber der Frau des Beklagten zur Mitteilung an ihren Mann erklärt hatte. Dann würde der Vertrag über die Abtretung der Hypothek mit dem Augenblicke, wo das Annahmeschreiben des Klägers in die Wohnung des Beklagten gelangte, zustande gekommen, und der im späteren Gegenangebote liegende Widerruf der Annahmeerklärung unwirksam gewesen sein (§ 130 Abs. 1 Satz 2 B.G.B.). Aber der Berufungsrichter stellt nicht fest, daß das Schreiben des Klägers in die Wohnung des Beklagten gelangt sei, bevor C. seine mündliche Erklärung gegenüber der Frau des Beklagten abgegeben hatte; daher muß, entsprechend den Behauptungen des Beklagten, denen die Ergebnisse der Beweisaufnahme zur Seite zu stehen scheinen, für die Revisionsinstanz das Gegenteil unterstellt werden. Dann aber mußte untersucht werden, ob nicht in der angeblich im Auftrage des Klägers erklärten Bestellung des C. an die Frau des Beklagten ein Zugehen des im Sinne der Ablehnung des Angebots aufzufassenden Gegenangebots gefunden werden muß. Der erkennende Senat ist bei Prüfung dieser Frage zur Bejahung derselben gelangt.

Der § 130 B.G.B. enthält keine Bestimmung des Begriffes des Zugehens. Nach der durch ihn zur Herrschaft gelangten Empfangstheorie genügt es, daß der, dem gegenüber eine Willenserklärung abgegeben wird, in eine Lage versetzt wird, die ihm unter gewöhnlichen Verhältnissen (Krankheit, Abwesenheit von Hause u. dgl. kommen dabei nicht in Betracht) die Möglichkeit gewährt, von der Erklärung Kenntnis zu nehmen. Sobald diese Voraussetzung gegeben ist, wird die Willenserklärung wirksam (§ 130 Abs. 1 Satz 1 B.G.B.). Darauf, wann er von der Erklärung Kenntnis genommen hat, kommt es nicht an. Die Beantwortung der Frage, wann die Möglichkeit der Kennntnisnahme vorliegt, richtet sich nach der Lage des Einzelfalls. Bei brieflicher Erklärung genügt es nach ständiger Rechtsprechung,

vgl. Entsch. des R.G.'s in Zivils. Bd. 50 S. 191 flg., Bd. 56 S. 262 flg., Bd. 58 S. 406 flg.,

in der Regel, daß der Brief in die Wohnung des — anwesenden oder abwesenden — Adressaten gelangt ist, z. B. daß er in der Wohnung an einen Familienangehörigen oder Dienstboten abgegeben oder in einen an der Wohnung angebrachten Briefkasten geworfen ist. Nicht wesentlich anders liegt die Sache, wenn die Erklärung in Abwesenheit des Erklärungsgegners in seiner Wohnung einer dort anwesenden Person gegenüber zur Mitteilung an den Gegner mündlich abgegeben wird. Ein Unterschied ergibt sich freilich daraus, daß an die Mittelsperson erheblich höhere Anforderungen gestellt werden, wenn sie die mündliche Bestellung ausrichten soll, und daß infolge davon die Gefahr besteht, daß die Erklärung nicht richtig mitgeteilt wird. Daher wird der Erklärende, wenn es sich um die Frage handelt, ob die Erklärung zugegangen ist, nachzuweisen haben, daß die Mittelsperson zur Wiedergabe der Erklärung geeignet war. Es reicht nicht — wie beim Briefe — aus, daß sie in häuslicher Gemeinschaft mit dem Erklärungsgegner steht, sondern es muß erhellen, daß sie die erforderliche geistige Fähigkeit besitzt. Diese Voraussetzung wird bei erwachsenen Hausgenossen in der Regel anzunehmen sein. Ist aber — wie im vorliegenden Falle für die Revision zu unterstellen ist — die mündliche Erklärung dem Erklärungsgegner richtig mitgeteilt, dann steht die Zuverlässigkeit des Erklärungsmittlers ebenso fest, wie die der brieflichen Mitteilung. Dann aber ist kein Grund für eine verschiedene Behandlung der beiden Fälle bezüglich der Frage ersichtlich, wann die Erklärung zugegangen ist. Es ist im Erfolge ganz gleich, ob der Erklärungsgegner bei seiner Rückkunft nach Hause von seiner Frau den ihr zur Bestellung anvertrauten, die Erklärung enthaltenden Brief erhält, oder ob ihm die Frau die mündliche Erklärung mündlich (aber richtig) mitteilt. In beiden Fällen ist er in der Lage, jederzeit von der Erklärung Kenntnis zu erlangen, und in beiden Fällen steht der sofortigen Kenntnisnahme nur seine Abwesenheit im Wege, die jedoch bei der Frage der Zeit des Zuganges nicht in Betracht kommt. Muß aber der Erklärungsgegner die in seiner Abwesenheit seinem Hausgenossen, z. B. seiner Frau, abgegebene Erklärung als ihm im Zeitpunkte der Erklärung an seine Frau zugegangen gelten lassen, sofern ihm nur die Erklärung wirklich und richtig mitgeteilt wird, so ist vollends daran nicht zu zweifeln, daß der Erklärende selbst unter denselben Voraussetzungen diesen Zeitpunkt als maßgebend gelten lassen muß.

Auch wenn es sich — wie im vorliegenden Falle — darum handelt, welcher von zwei sich widersprechenden Erklärungen der zeitliche Vorrang gebühre, ist nicht entscheidend, welche Erklärung zuerst zur **Kenntnis** des Empfängers gekommen ist, sondern welche ihm zuerst **zugegangen** ist. Das ergibt sich klar aus § 130 Abs. 1 Satz 2 B.G.B., wonach eine einem anderen in seiner Abwesenheit zugegangene Willenserklärung dann nicht wirksam wird, wenn dem anderen vorher oder gleichzeitig ein Widerruf zugeht. Hier wird offensichtlich auf die Zeit der Kenntnisnahme von der einen oder anderen Erklärung kein Gewicht gelegt. Gehen zwei Briefe, von denen der eine die Annahmeerklärung, der andere den Widerruf enthält, gleichzeitig ein, so kommt es nicht darauf an, welchen Brief der Empfänger zuerst öffnet. Geht der Brief mit dem Widerrufe später ein, als der mit der Annahmeerklärung, so ist der Widerruf wirkungslos, auch wenn der Empfänger zuerst den später eingegangenen Brief liest. Dieselben Grundsätze müssen auch gelten, wenn es sich um die Frage handelt, ob ein Antrag angenommen oder abgelehnt ist. Wird die Ablehnung des Antrags oder ein der Ablehnung gleich zu behandelnder Gegenantrag einem Hausgenossen des Antragenden zur Mitteilung an diesen erklärt, so ist der Antrag damit endgültig abgelehnt; ein später zugehender Brief, der eine Annahmeerklärung enthält, kommt nicht mehr in Betracht.

Nach diesen Grundsätzen mußte im vorliegenden Falle festgestellt werden, ob C. im Auftrage des Klägers auf das Angebot des Beklagten von 5000 *M* ein Gegenangebot für nur 3000 *M* der Frau des Beklagten zur Mitteilung an ihren Mann erklärt hat, und ob diese Erklärung erfolgt ist, bevor der Brief mit der Annahmeerklärung in der Wohnung des Beklagten abgegeben wurde. Zur Nachholung dieser Feststellung mußte die Sache in die Vorinstanz zurückverwiesen werden."

79. 1. Heilende Kraft der Auflassung und Eintragung in das Grundbuch (§ 313 Satz 2 B.G.B.).
2. Falsa demonstratio.

V. Zivilsenat. Urt. v. 1. April 1905 i. S. D.'sche Ehel. (Kl. u. Widerbekl.) w. B.'sche Ehel. (Bekl. u. Widerkl.). Rep. V. 448/04.

I. Landgericht Ostrowo.
II. Oberlandesgericht Posen.

Aus den Gründen:

„Der Berufungsrichter geht, insoweit in Übereinstimmung mit dem ersten Richter, davon aus, daß der beiderseitige Wille der Kontrahenten des Vertrages vom 16. Januar 1902 dahin gegangen ist, nicht das Grundstück Nr. 35, sondern das aus Teilen dieses Grundstücks und des Grundstücks Nr. 37 zusammengesetzte Planstück I zu verkaufen, bzw. zu kaufen, daß auch durch die falsche Bezeichnung des Kaufobjekts die Gültigkeit des notariellen Vertrages nicht beeinträchtigt wird. Der Berufungsrichter erachtet ferner, ebenfalls in Übereinstimmung mit dem ersten Richter, für erwiesen, daß den Klägern bei der Vertragschließung eine Größe des verkauften Grundstücks von 26 Morgen zugesichert worden ist. Da aber diese für die Vertragschließung wesentliche Zusicherung in den notariellen Vertrag nicht aufgenommen sei, so entbehre der Veräußerungsvertrag in einem wesentlichen Teile der nach § 313 B.G.B. erforderlichen Beurkundung, woraus nach § 139 a. a. O. die Nichtigkeit des ganzen Vertrages folge, sofern nicht die mangelnde Form der Größenzusicherung durch die erfolgte Auflassung geheilt sei. Das wird vom Berufungsgericht, im Gegensatze zum ersten Richter, aus dem Grunde verneint, weil der Gegenstand der Auflassung (das Grundstück Nr. 35) sich nicht decke mit dem Gegenstande des Veräußerungsvertrages. Wenn der Berufungsrichter hier von der Heilung des Formmangels durch „die Auflassung" spricht, so liegt zweifellos nur eine ungenaue Ausdrucksweise vor. Gemeint ist, wie sich aus der Bezugnahme auf den zweiten Satz des § 313 B.G.B. ergibt, die Auflassung in Verbindung mit der Eintragung in das Grundbuch. Nur das Zusammentreffen beider macht den wegen Formmangels nichtigen Vertrag seinem ganzen Inhalte nach gültig. Während nach § 10 preuß. Eig.-Erw.-Ges. vom 5. Mai 1872 nur die Auflassung — an die sich nach § 48 Abs. 2 die Eintragung des Eigentumsübergangs unmittelbar anzuschließen hatte — als das die mangelnde Form des zugrunde liegenden Rechtsgeschäfts heilende Ereignis hingestellt war, stellt § 313 Satz 2 B.G.B. die Auflassung und die Eintragung in das Grundbuch als zwei verschiedene gleichwertige Elemente nebeneinander, ebenso wie § 873 a. a. O. die Einigung der Beteiligten und die Eintragung in das Grundbuch als zur Übertragung des Eigentums an einem Grundstücke erforderlich erklärt. Grundsätzlich ist nun dem Berufungsrichter darin beizutreten, daß die Auflassung und, wie ergänzend hinzugefügt werden muß, die Eintragung in das Grundbuch dasselbe Grundstück, wie das Kausalgeschäft betreffen muß, um ihre den Formmangel des letzteren heilende Wirkung auszuüben. Es ergibt sich aber zwischen den beiden Elementen der Übertragung des Eigentums: Auflassung und Eintragung der Unterschied, daß eine unrichtige Bezeichnung des Gegenstandes der Eigentumsübertragung (falsa demonstratio) ebensowenig den dinglichen Vertrag (die Auflassung) wie den persönlichen (das Kausalgeschäft) ungültig macht, wenn nur die — im vorliegenden Fall für das Kausalgeschäft festgestellte — Willensübereinstimmung bei der Auflassung noch fortgedauert hat. Es ist also hier eine Deklaration der unrichtigen Bezeichnung durch Übereinkunft oder Richterspruch möglich. Anders bei der Eintragung in das Grundbuch. Diese ist ein äußerlicher Akt, durch den der Wille der Beteiligten verwirklicht werden soll. Er vermag dies nicht und ist wirkungslos, wenn er dem wahren, nur unter unrichtiger Bezeichnung kundgegebenen, Willen der Beteiligten nicht entspricht.

Vgl. Turnau u. Förster, Liegenschaftsrecht 2. Aufl. Bd. 1 S. 347/48.

Daher konnte die Eintragung des Eigentums auf dem Grundbuchblatte Nr. 35 den wegen Nichtaufnahme einer für die Willensbestimmung wesentlichen Zusicherung nichtigen Vertrag vom 16. Januar 1902 nicht gültig machen, und zwar selbst dann nicht, wenn noch bei der Auflassung über den Gegenstand der Veräußerung die gleiche Willensübereinstimmung, wie in dem Vertrage, geherrscht hätte. Entscheidend ist, daß die Eintragung in das Grundbuch ein anderes Objekt betroffen hat, als der Vertrag, dessen Gegenstand nach der Feststellung des Berufungsrichters nicht das Grundstück Nr. 35, sondern das mit diesem nicht identische Planstück I war." ...

---

80. Setzt § 196 Nr. 12 B.G.B. gewerbs- oder berufsmäßige Verpflegung voraus?

VII. Zivilsenat. Urt. v. 9. Dezember 1904 i. S. J. (Kl.) w. J. (Bekl.). Rep. VII. 220/04.

I. Landgericht I Berlin.
II. Kammergericht daselbst.

Die vorstehende Rechtsfrage ist bejaht aus folgenden Gründen:

... „Die der kurzen Verjährung von 2 Jahren unterworfenen Ansprüche sind im § 196 B.G.B. unter 17 Nummern aufgestellt, von denen die ersten 15 Forderungen aus berufs- oder gewerbsmäßig übernommenen Leistungen betreffen. Daß die Berufs- oder Gewerbsmäßigkeit der Leistung in den Fällen der Nummern 1—15 die Voraussetzung der kurzen Verjährung bildet, erhellt in der Mehrzahl der Fälle aus der Bezeichnung der Forderungsberechtigten nach ihrem Berufe, in anderen aus der ausdrücklichen Hervorhebung des Erfordernisses der gewerbsmäßigen Betreibung der bestimmten Tätigkeit. Soweit dies bei einzelnen Fällen nicht zutrifft, ist mit Rücksicht auf ihre Einreihung unter die übrigen und auf die Ausdrucksweise des Gesetzes auch bei ihnen anzunehmen, daß es auf die Berufsmäßigkeit der bezüglichen Tätigkeit ankommt. Wie nicht zweifelhaft sein kann, daß mit den Personen, die „Land- oder Forstwirtschaft betreiben" (Nr. 2), nur solche gemeint sind, welche die Land- oder Forstwirtschaft berufsmäßig treiben, so sind auch unter denjenigen, welche „Lotterielose vertreiben" (Nr. 5) oder „Personen zur Verpflegung oder Erziehung aufnehmen" (Nr. 12), nur solche zu verstehen, die sich mit dem Vertrieb von Lotterielosen oder der Aufnahme von Personen zur Verpflegung oder Erziehung berufs- oder gewerbsmäßig befassen.

Vgl. Hölder, Komm. z. B.G.B. Bem. 1 zu § 196; Staudinger, Komm. Bem. 3 zu § 196; Dernburg, Bürgerliches Recht B. 1 § 177 unter IV.

Die Ansicht, daß § 196 Nr. 12 auch einen Anspruch aus einer nur gelegentlich in einem einzelnen Fall übernommenen Verpflegung betreffe, kann somit nicht gebilligt werden. Ihr steht auch die Entstehungsgeschichte des Gesetzes entgegen. Zwar hatte der erste Entwurf eines Bürgerlichen Gesetzbuchs im § 156 am Schlusse der Nummer 4 die kurze Verjährung der Ansprüche derjenigen vorgesehen, welche Personen zur Verpflegung und Erziehung „aufgenommen haben", und in den Motiven zu diesem Entwurf ist bezüglich des § 156 Nr. 4 u. a. bemerkt, daß es nicht darauf ankommen könne, daß die Aufnahme zur Erziehung oder Verpflegung gewerbsmäßig erfolge (S. 301). Die Worte „aufgenommen haben" sind jedoch bereits in dem revidierten zweiten Entwurf und in dem dem Reichstage vorgelegten Entwurfe durch das Wort „aufnehmen" ersetzt worden, und die Denkschrift, mit welcher der letzte Entwurf dem Reichstage überreicht worden ist, hat die vorerwähnte Bemerkung der Motive des ersten Entwurfs nicht übernommen. Sie hebt nur hervor, daß in umfassendem Maße eine Verkürzung der Verjährungsfrist für Ansprüche aus den Geschäften des täglichen Verkehrs und verwandte Ansprüche vorgesehen, und daß in der Auswahl der der kurzen Verjährung von 2 Jahren unterworfenen Ansprüche im wesentlichen das bestehende Recht zum Vorbilde genommen sei (S. 34). Die Auffassung, welche dem ersten Entwurfe zugrunde lag, ist hiernach ersichtlich schon in der Gesetzesvorlage aufgegeben.

Unzutreffend ist endlich die Erwägung des ersten Richters, daß, da die Ansprüche aus gewerbsmäßiger Verpflegung in der Nummer 4 des § 196 besonders behandelt seien, die Ansprüche aus nicht gewerbs- oder berufsmäßiger entgeltlicher Verpflegung unter § 196 Nr. 12 fielen. Der § 196 Nr. 4 betrifft nur die Forderungen von Gastwirten, Speise- und Getränkewirten, und die Leistungen, welche unter den Begriff Verpflegung (Nr. 12) fallen, erschöpfen sich nicht in der Gewährung von Wohnung und Beköstigung." ...

81. Was ist unter dem Gebrauch einer Urkunde im Sinne des preußischen Stempelsteuergesetzes vom 31. Juli 1895 § 16 Buchstabe f zu verstehen?

VII. Zivilsenat. Urt. v. 4. April 1905 i. S. V. Allg. Versich. A.-G. (Kl.) w. preuß. Fiskus (Bekl.). Rep. VII. 412/04.

I. Landgericht I Berlin.
II. Kammergericht daselbst.

Von der Klägerin wurden außer anderen, hier nicht in Betracht kommenden Beträgen 386,50 M Stempel für im Auslande, d. h. außerhalb des Gebietes des preußischen Stempelgesetzes errichtete Urkunden (Schuldscheine, Kautions- und Bürgschaftserklärungen) erfordert, von denen sie nach Behauptung des Beklagten durch die

Annahme zur Verwahrung Gebrauch gemacht habe. Die Klägerin zahlte die Stempelbeträge und forderte sie im Rechtswege zurück. Ihre Klage wurde indessen vom Landgericht abgewiesen, und die Berufung vom Kammergerichte zurückgewiesen. Auch die Revision ist erfolglos geblieben.

Aus den Gründen:

... „Die weitere Entscheidung des Berufungsrichters betrifft die Stempelpflicht von Urkunden (Schuldscheinen, Bürgschafts-, Kautionserklärungen), die im Auslande, d. h. außerhalb des Geltungsbereichs des Stempelgesetzes vom 31. Juli 1895, errichtet, und bei denen Inländer nicht beteiligt sind, die also Ausländer zugunsten der Klägerin ausgestellt haben. Darüber, sowie über die Höhe des nötigenfalls zu entrichtenden Stempels ist kein Streit. Bei derartigen Urkunden ist nach den in dem Urteile des erkennenden Senats vom 29. Mai 1900 entwickelten Grundsätzen (Entsch. des R.G.'s in Zivils. Bd. 46 S. 273 flg.) die Stempelpflicht durch den Gebrauch der Urkunde (im Stempelinlande) bedingt; der Gebrauch ist ein wesentliches Merkmal des stempelpflichtigen Tatbestandes. Davon geht auch der Berufungsrichter aus. Er findet den Gebrauch der Urkunden und folgeweise die Verbindlichkeit zur Entrichtung der Stempelsteuer dadurch gegeben, daß die Klägerin die ihr von ihren ausländischen Vertretern übersandten Urkunden in Empfang und zum Zweck ihrer Sicherung in Verwahrung genommen habe. Eine rechtsirrtümliche Ausdehnung des Begriffes „Gebrauch" im Sinne des § 16 Buchst. f des Stempelgesetzes ist hierin nicht zu erblicken. Man kann es als einen Gebrauch bezeichnen, wenn der Gläubiger von der Urkunde, die in seinem Interesse errichtet ist und eine Forderung oder einen Anspruch auf Sicherung dieser Forderung dartun soll, Besitz ergreift und sie behält. Auch hierin liegt schon eine Verwendung des Schuldscheines oder sonstigen Scheines durch den Gläubiger; es bedarf nicht einer Benutzung als Beweismittel nach außen, zu welcher es bei ordnungsmäßiger Erledigung der Angelegenheit regelmäßig gar nicht kommt. Anders verhält es sich bei Vollmachten oder ähnlichen Ausweisurkunden, bei denen nur ein Gebrauch Dritten gegenüber denkbar ist. Deshalb konnte auch in dem durch das Urteil vom 29. Mai 1900 entschiedenen Falle, der die Verstempelung einer Prozeßvollmacht betraf, deren Gebrauch verneint werden, weil sie von dem bevollmächtigten

Anwalt lediglich bei seinen Akten verwahrt worden war. Ein Gebrauch kann ferner mit Hummel-Specht (Komm. zum Stempelsteuergesetz S. 241 Bem. 15 zu § 16) verneint werden, wenn die Urkunde vom Ausländer in das Inland nur mitgebracht oder einem anderen dort zur Aufbewahrung gegeben ist, sofern eben der andere nicht der Gläubiger ist, der sie sich aushändigen läßt und dadurch zu seinem Vorteile mit ihr verfährt." ...

---

82. Hat der mit einer Patentverletzungsklage Belangte, der nach der Klagerhebung oder nach Erlassung eines unterinstanzlichen, der Klage stattgebenden, aber nicht für vorläufig vollstreckbar erklärten Urteils die angebliche Erfindungsbenutzung bis zur Entscheidung der Sache einstellt, Anspruch auf Ersatz des ihm dadurch entstandenen Schadens gegen den Kläger, wenn der Rechtsstreit mit Abweisung der Klage endet, dem Kläger aber wegen seines Vorgehens gegen den Beklagten kein Verschulden zur Last fiel?

I. Zivilsenat. Urt. v. 27. Mai 1905 i. S. C. (Kl.) w. H. (Bekl.). Rep. I. 665/04.

I. Landgericht Bautzen.
II. Oberlandesgericht Dresden.

Aus den Gründen:

... „In der patentrechtlichen Literatur ist von einigen Seiten die Ansicht vertreten worden, daß ein Patentinhaber, der mit der Patentverletzungsklage durchdringe, nicht nur die Herausgabe des Erwerbs, der seit der Klagerhebung durch Weiterbenutzung der Erfindung vom Beklagten gemacht sei, sondern auch den Ersatz des durch diese Erfindungsbenutzung nach der Klagerhebung ihm erwachsenen Schadens beanspruchen könne, ohne Rücksicht darauf, ob dem Beklagten der Vorwurf eines Verschuldens zu machen sei, oder nicht, und daß dafür umgekehrt auch der zu Unrecht mit einer Patentverletzungsklage Belangte, wenn er nach Erhebung der Klage bis zur Entscheidung der Sache die angebliche Erfindungsbenutzung einstelle, einen Anspruch auf Ersatz des ihm dadurch entstandenen Schadens gegen den Kläger habe, gleichviel ob dieser mit seinem Vorgehen gegen den Beklagten schuldhaft gehandelt habe, oder nicht.

Es braucht hier nicht untersucht zu werden, wie es sich mit dem Schadensersatzanspruch verhält, der nach dieser Ansicht dem mit einer Patentverletzungsklage obsiegenden Patentinhaber zustehen soll, und den man aus den Vorschriften des Bürgerlichen Gesetzbuchs über den Einfluß des Prozeßbeginns auf das streitige Rechtsverhältnis glaubt ableiten zu können. Denn selbst wenn ein solcher Anspruch rechtlich begründet sein sollte, so würde doch deshalb nur die Angemessenheit, nicht aber auch die Berechtigung desjenigen Anspruchs anzuerkennen sein, den man gegen den mit seiner Patentverletzungsklage unterliegenden Patentinhaber dem Beklagten einräumen will. Der erkennende Senat ist vielmehr der Ansicht, daß jedenfalls dieser Anspruch in dem geltenden Recht keine Stütze findet.

Das Bürgerliche Gesetzbuch hat grundsätzlich daran festgehalten, daß eine Schadensersatzpflicht nur dann begründet ist, wenn denjenigen, der den Schaden herbeigeführt hat, ein Verschulden trifft. Nur in besonderen Fällen läßt es aus Gründen verschiedener Art eine Haftung für verursachten Schaden auch aus schuldlosen Rechtsverletzungen entstehen, in welcher Hinsicht insbesondere zu verweisen ist auf § 122 (Abgabe unrichtiger Willenserklärungen), § 179 (Vertretung ohne Vertretungsmacht), § 231 (vermeintliche Selbsthilfe), § 829 (Schadensersatzpflicht Unzurechnungsfähiger), § 833 (Haftung des Tierhalters), § 835 (Haftung für Wildschaden) und § 904 (Haftung aus Notstandsverletzung). Außer diesen Vorschriften kommen noch — abgesehen vom Haftpflichtgesetz — die zugleich mit dem Bürgerlichen Gesetzbuch in Kraft getretenen Bestimmungen in den §§ 89, 302, 600, 717 und 945 der Zivilprozeßordnung in Betracht, aus denen sich weitere Durchbrechungen des Verschuldungsprinzips ergeben. Von ihnen interessiert hier vornehmlich diejenige des § 717 Abs. 2, wonach, wenn ein für vorläufig vollstreckbar erklärtes Urteil aufgehoben oder abgeändert wird, der Kläger zum Ersatze des Schadens verpflichtet ist, der dem Beklagten durch die Vollstreckung des Urteils oder durch eine zur Abwendung der Vollstreckung gemachte Leistung entstanden ist. Durch sie wie durch die verwandten Bestimmungen in § 302 Abs. 4, § 600 Abs. 2 und § 945 ist nur eine Schadenshaftung angeordnet worden, deren Voraussetzung ein ausgeübter

Zwang ist, der sich hinterher als ungerechtfertigt erweist, und über die damit vom Gesetze gezogene Schranke würde man sich hinwegsetzen, wenn man es für den Schadensersatzanspruch eines Beklagten schon genügen lassen wollte, daß er sich einstweilen, ohne durch ein für vorläufig vollstreckbar erklärtes Urteil dazu genötigt zu sein, dem Klagebegehren fügt. Das landgerichtliche Urteil, welches im Vorprozeß der Beklagte gegen die Klägerin erstritten hatte, war nicht vorläufig vollstreckbar, und demnach kann die Entscheidung des gegenwärtigen Prozesses nur dahin gehen, daß der erhobene Anspruch hinfällig ist."

---

83. Muß der Verkäufer dem im Verzug befindlichen Käufer sofort nach Eintritt des Verzugs die Nachfrist mit der Androhung setzen, daß er die Annahme der Leistung nach Ablauf der Frist ablehne? § 326 Abs. 1 B.G.B. Zeitpunkt der Schadensberechnung beim Schadensersatz wegen Nichterfüllung.

II. Zivilsenat. Urt. v. 4. April 1904 i. S. Ch. B. (Bekl.) w. J. & G. (Kl.). Rep. II. 336/04.

I. Landgericht Hamburg, Kammer für Handelssachen.
II. Oberlandesgericht daselbst.

Klägerin hat der Beklagten 10500 Tonnen prima gewaschenen westfälischen Schmelzkoks im Jahre 1900 verkauft. Der Schmelzkoks war in der Schiffahrtsperiode 1901 abzunehmen. Die Beklagte nahm 5797½ Tonnen Koks nicht ab. Mit Brief vom 17. Oktober 1901 drängte Klägerin letztmals auf Abruf und forderte mit Brief vom 25. Januar 1902 Zahlung des Preises unter Setzung einer Frist von 8 Tagen und mit der Androhung, daß sie nach Ablauf dieser Frist die Erfüllung ablehnen und Schadensersatz wegen Nichterfüllung geltend machen werde. Dieser Ankündigung entsprechend, erhob Klägerin Klage auf Zahlung von 51756,12 ℳ nebst 5 Prozent Zinsen vom 22. Februar 1902. Diese Klagesumme sollte den Unterschied darstellen zwischen dem Vertragspreis und dem billigeren Einkaufspreis, um welchen Klägerin den Koks während der Nachfrist vom Kokssyndikat an der Hand hatte.

Das Landgericht sprach der Klägerin, unter Abweisung der Mehrforderung, den Betrag von 45957,62 ℳ zu, als den Unterschied zwischen dem von der Klägerin bei dem Kokssyndikat aufzuwendenden Einkaufspreis auf das Ende der Nachfrist und dem Vertragspreis. Das Oberlandesgericht wies die Berufung der Beklagten zurück. Auch die Revision der Beklagten hatte keinen Erfolg.

Aus den Gründen:

„Die Beklagte ist, wie die Revision mit dem Berufungsgericht annimmt, im Oktober 1901 in Erfüllungsverzug mit dem Restquantum von 5797 1/2 Tonnen Schmelzkoks geraten, und es steht der Klägerin entsprechend ihrer getroffenen Wahl Schadensersatz wegen Nichterfüllung auf Grund des § 326 Abs. 1 B.G.B. zu. Der Berufungsrichter bewilligt der Klägerin mit dem Landgericht als Schadensersatz wegen Nichterfüllung den Unterschied zwischen dem Vertragspreis und dem billigeren Einkaufspreis, um welchen sich die Klägerin die 5797 1/2 Tonnen auf das Ende der Nachfrist bei dem Syndikat gesichert hatte, weil die Klägerin diesen Unterschied verdient haben würde, wenn die Beklagte auf das Ende der Nachfrist den Koks abgenommen hätte.

Gegen diese Art der Schadensberechnung läßt sich nichts erinnern; sie ist dieselbe, wie sie die frühere Rechtsprechung,

Entsch. des R.O.H.G.'s Bd. 11 S. 181; Entsch. des R.G.'s in Zivils. Bd. 6 S. 59,

für den Fall des Verzugs der Verkäufers in Anwendung gebracht hatte. Unter der Herrschaft des § 326 B.G.B. ist die Beschränkung der Art. 354. 343 A.D.H.G.B. weggefallen, wonach der Verkäufer gegenüber dem säumigen Käufer den Schadensanspruch nur in den Formen des Selbsthilfeverkaufs des Art. 343 geltend machen konnte. Abgesehen von dem hier nicht zutreffenden Falle des Fixgeschäfts (§ 376 H.G.B)., gestattet das neue Recht dem vertragstreuen Teil jede Art der Schadensberechnung. Insbesondere weist schon die Denkschrift S. 218/19 darauf hin, daß der Verkäufer als abstrakten Schaden den Unterschied zwischen dem Selbstkostenpreis und dem Vertragspreis von seinem säumigen Gegner als Schadensersatz wegen Nichterfüllung beanspruchen könne. Als Zeitpunkt darf der Verkäufer den Marktpreis zur Zeit des Ablaufs der Nachfrist des § 326 Abs. 1 B.G.B. zugrunde legen, weil er in dem hier zu entscheidenden Fall in der in § 326 Abs. 1 B.G.B. vorgeschriebenen Form die Fristbestimmung vorgenommen hat.

Die Revision erkennt diese Grundsätze auch als richtig an; sie wendet nur ein, der Berufungsrichter habe die Klage deshalb zurückweisen müssen, weil die Klägerin sofort nach Eintritt des Verzugs im Oktober 1901 den Schluß der Schiffahrtsperiode hätte setzen sollen. Dieser Angriff ist nicht gerechtfertigt; der Berufungsrichter geht bei seiner Beurteilung davon aus, daß der Verkäufer nach Eintritt des Verzugs des Käufers jederzeit zur Abgabe der in § 326 Abs. 1 B.G.B. vorgesehenen Erklärung berechtigt sei, nnd damit nur nicht so lange zuwarten dürfe, daß darin ein Verstoß gegen Treu und Glauben, also ein illoyales Verhalten, zu erblicken sei. Von diesem Gesichtspunkte aus prüft der Berufungsrichter auch die Sachlage und er gelangt zu dem Ergebnis, daß der Verkäuferin kein ungebührlich langes Warten vorgeworfen werden könne; die Abnahme des Koks sei im Einverständnis der Beklagten auf das Jahr 1901 verlegt worden; die Klägerin habe es nicht an Mahnungen fehlen lassen bis in den Oktober 1901 hinein, auf welche Zeit Beklagte den Schiffahrtsschluß gelegt wissen wolle. Den zwischen den Streitteilen getätigten Abschlüssen gibt der Berufungsrichter die Auslegung, daß die Beklagte nach Eintritt ihres Verzugs sich zur Abnahme habe bereit erklären können, und daß Klägerin sich alsdann habe entschließen müssen, ob sie nachträgliche Abnahme verlangen, oder darauf verzichten wollte. Hieraus entnimmt der Berufungsrichter, daß die Beklagte jederzeit in der Lage gewesen sei, ihren Vertragspflichten zu genügen.

In diesen Erwägungen des Berufungsrichters ist kein Rechtsirrtum enthalten; auch seine Folgerungen sind schlüssig.

Hieraus ergibt sich die Zurückweisung der Revision."

---

84. Ist der Rechtsweg zulässig über die Frage, ob eine entrichtete Stempelabgabe von dem Fiskus wieder zurückzuzahlen ist, weil die bei der Entrichtung vorhandenen Voraussetzungen der Stempelpflichtigkeit hernach weggefallen sind?

VII. Zivilsenat. Urt. v. 4. April 1905 i. S. preuß. Fiskus (Bekl.) w. S. (Kl.). Rep. VII. 66/05.

I. Landgericht I Berlin.
II. Kammergericht daselbst.

Der Baumeister B. S., der zwei ihm gehörige Grundstücke an den Kläger und den Kunstmaler D. durch Vertrag vom 12. Dezember 1897 verkauft und aufgelassen hatte, focht diesem gegenüber den Vertrag wegen Betrugs an. Er erzielte auch ein obsiegliches, rechtskräftig gewordenes Urteil, durch welches die Nichtigkeit des Kaufvertrages und der Auflassung ausgesprochen wurde. Auf Grund dessen wurde er nicht nur als Eigentümer der dem D. gehörigen ideellen Hälfte im Grundbuch wieder eingetragen, sondern erhielt wegen der durch den Betrug des D. und die erfolgreiche Anfechtung herbeigeführten Nichtigkeit des ganzen Vertrages auch von dem Kläger dessen ideelle Grundstückshälfte wieder aufgelassen. Kläger, der nach seiner Angabe den ganzen Kaufstempel aus seinen Mitteln bezahlt hatte, forderte unter Berufung auf § 25c des Stempelgesetzes vom 31. Juli 1895 mit der erhobenen Klage einen Teilbetrag von dem Fiskus zurück. Dieser beantragte Abweisung der Klage, indem er die Einrede der Unzulässigkeit des Rechtsweges erhob. Die beiden ersten Instanzen verwarfen diese Einrede.

Die Revision des Beklagten hatte den Erfolg, daß die Klage wegen Unzulässigkeit des Rechtsweges abgewiesen wurde, und zwar aus folgenden

Gründen:

„Die Ansicht der Vorinstanzen, daß in der gegenwärtigen Sache der Rechtsweg zulässig sei, kann nicht geteilt werden.

Zuzustimmen ist dem Berufungsgericht sowie dem Kommentar von Heinitz zum Stempelsteuergesetz (3. Aufl. S. 205) darin, daß durch die Bestimmung im § 26 des Stempelsteuergesetzes vom 31. Juli 1895 der Rechtsweg für den erhobenen Anspruch nicht eröffnet ist. Wenn es hier heißt: „In Beziehung auf die Verpflichtung zur Entrichtung einer Stempelabgabe ist der Rechtsweg zulässig", so ist anzuerkennen, daß die Tragweite dieser Bestimmung einer verschiedenen Beurteilung fähig ist. Allein der erkennende Senat glaubt aus den

Gründen, die hierfür weiter unten in anderem Zusammenhange geltend zu machen sind, diese Bestimmung dahin auslegen zu müssen, daß sie nur diejenigen Fälle im Auge hat, in denen es sich um die Frage handelt, ob nach den zur Zeit der Einforderung, Zahlung oder Beitreibung des Stempels vorhandenen Voraussetzungen eine Verpflichtung zu dessen Entrichtung bestand. Der Rechtsweg findet alsdann nicht nur in der Form der Feststellungsklage darüber statt, ob der eingeforderte, aber noch nicht bezahlte Stempel mit Recht beansprucht wird, sondern auch in der Form der Leistungsklage darüber, ob der freiwillig bezahlte oder beigetriebene Stempel von dem Fiskus zurückzuzahlen ist, weil er zur Zeit der Zahlung oder Beitreibung gesetzlich nicht erforderlich war, also zu Unrecht verlangt worden ist. Dagegen ist in der Bestimmung des § 26 nicht auch der hier vorliegende Fall einbegriffen, in welchem zur Zeit der Entrichtung des Stempels eine unbestreitbare und unbestrittene Verpflichtung hierzu bestand, mithin der Fiskus zu dieser Zeit einen rechtmäßigen Anspruch auf den Stempel hatte, dann aber später nach der Angabe desjenigen, der die Stempelabgabe entrichtet hat, ein Recht des Fiskus auf das *Behalten* des Stempels nicht *mehr* bestehen soll, weil die Voraussetzungen, welche die Einforderung des Stempels rechtfertigten, hinterher weggefallen sind. Läßt sich die Verfolgung eines solchen Anspruchs vor dem Richter aus dem § 26 nicht herleiten, so gilt dies in verstärktem Maße von dem § 25 des Stempelgesetzes; denn dieser begründet überhaupt keine im Rechtswege verfolgbaren Ansprüche, sondern enthält lediglich eine im Verwaltungswege zur Durchführung zu bringende gesetzliche Anweisung an die Stempelsteuerbehörde, entrichtete Stempelabgaben unter gewissen, näher angegebenen Voraussetzungen zu erstatten. Diese Auslegung des § 25 ergibt sich mit Sicherheit aus der Bestimmung im Abs. 1 Satz a daselbst. Der *Rechtsweg* darüber, ob ein verwendeter Stempel zur Zeit seiner Entrichtung gesetzlich nicht erforderlich war, findet *auf Grund des* § 26 statt; er ist aber dadurch eingeschränkt, daß die Klage binnen 6 Monaten nach der Beitreibung oder Zahlung erhoben werden muß. Wenn nun die Bestimmung im § 25 Abs. 1 Satz a denselben Fall behandelt, indem sie vorschreibt, daß ein verwendeter, aber gesetzlich nicht erforderlicher Stempel erstattet werden soll, dabei jedoch die Frist, innerhalb deren der Erstattungsanspruch angebracht werden muß, auf zwei Jahre nach der Entrichtung des Stempels festsetzt, so kann sie unmöglich die Begründung eines im Rechtswege verfolgbaren Anspruchs beabsichtigen; denn sie würde alsdann in unlösbaren Widerspruch treten mit der erwähnten Bestimmung im § 26, wonach der Rechtsweg nur binnen 6 Monaten stattfindet. Unter allen Umständen stellt daher die Bestimmung, daß der Stempel in dem angegebenen Falle noch in einem die Zeit von 6 Monaten übersteigenden weiteren Zeitraum von $1^1/_2$ Jahren von den Stempelsteuerbehörden zu erstatten ist, ausschließlich eine nur im Verwaltungswege verfolgbare Anweisung an diese dar. Es ist aber klar, daß die Vorschrift gemäß ihrer Natur nicht geteilt werden kann, soweit sie sich auf die ersten 6 Monate und die weiter folgenden 18 Monate bezieht. Sie trägt vielmehr einen einheitlichen Charakter für die ganzen zwei Jahre, also auch für die ersten 6 Monate, nämlich den einer ausschließlichen Anweisung an die Stempelsteuerbehörden. Sie hat hiernach überhaupt nichts mit dem Rechtswege zu tun; dieser begründet und bestimmt sich vielmehr hinsichtlich der Erstattung verwendeter, aber gesetzlich nicht erforderlich gewesener Stempel allein durch den § 26. Genau dasselbe muß von den Bestimmungen unter b und c im Abs. 1 des § 25 gelten. Solches folgt mit Notwendigkeit schon daraus, daß diese Bestimmungen unter den sie als zusammenfassenden Eingangsworten stehen: „Die entrichtete Stempelsteuer wird erstattet" (a, b, c,). Jene Eingangsworte bedeuten, wie eben dargelegt ist, soviel als „die Stempelsteuerbehörden werden hiermit angewiesen" oder „den Stempelsteuerbehörden wird hiermit die Verpflichtung auferlegt, den Stempel zu erstatten, wenn". Unter dieses „wenn", mit anderen Worten, unter die Fälle, in denen jene Verpflichtung der Stempelsteuerbehörden eintreten soll, ist auch der hier in Betracht kommende, unter c behandelte Fall gestellt worden. Diese Auslegung der Bestimmung unter c findet eine Bestätigung auch durch ihren Inhalt. Wenn hier gesagt ist, daß die Erstattung erfolgen soll, wenn sie binnen zwei Jahren „nachgesucht" wird, so erhellt ohne weiteres aus diesem Ausdruck selbst, daß lediglich ein „Nachsuchen" bei den Stempelsteuerbehörden gemeint ist. Auch die Bestimmung unter c im Abs. 1 des § 25 hat hiernach nichts mit dem Rechtswege zu tun und begründet keinen im Rechtswege verfolgbaren Anspruch. Die vorstehende Auffassung erscheint um so gerechtfertigter, als bei ihr erstens die Abs. 1 und 2 des § 25 alsdann in klaren systematischen Zusammenhang zueinander treten, indem Abs. 1 diejenigen Fälle behandelt, in denen die Stempelsteuerbehörde den Stempel erstatten soll, Abs. 2 dagegen diejenigen, in denen sie ihn (aus Billigkeitsgründen) erstatten kann. Da es sich im ersteren Falle um eine Verpflichtung sowie um rechtliche Erwägungen handelt, ist dementsprechend, wie aus der Fassung zur Genüge erhellt, über die Erstattung eventuell in zwei Instanzen zu entscheiden, nämlich in erster von den Provinzialsteuerbehörden, in zweiter von dem Minister; im anderen Falle dagegen, in welchem Ermessen und Billigkeit maßgebend sind, ist die Entscheidung sofort in die Hände des Ministers gelegt. Ebenso durchsichtig und einfach stellt sich aber zweitens bei dieser Auffassung auch das systematische Verhältnis zwischen den §§ 25 und 26 dar: § 25 betrifft ausschließlich den Verwaltungsweg, § 26 ausschließlich den Rechtsweg. Hiernach kann auf keinen Fall die von Heinitz a. a. O. S. 206 und in Übereinstimmung mit ihm von dem Berufungsrichter vertretene Ansicht für richtig gehalten werden, daß die Geltendmachung eines nach allgemeinen Rechtsgrundsätzen im Rechtswege verfolgbaren Anspruchs der vorliegenden Art zur Voraussetzung habe, daß die Erstattung innerhalb der zweijährigen Frist bei der Verwaltungsbehörde nachgesucht werde, oder daß, wie der Berufungsrichter es ausdrückt, dies die actio erst nata mache, und daß der Anspruch, wenn dies nicht geschehe, mit Ablauf der zweijährigen Frist erlösche. Da der § 25 Abs. 1c, wie oben erörtert ist, überhaupt keinen im Rechtswege verfolgbaren Anspruch zum Gegenstand hat, sondern lediglich einen verwaltungsrechtlichen Anspruch begründet und allein dessen Voraussetzungen regelt, so müßten, falls ein Anspruch der vorliegenden Art im Rechtswege verfolgbar wäre, die Voraussetzungen für seine Geltendmachung ausschließlich und selbständig nach den betreffenden privatrechtlichen Bestimmungen beurteilt werden. Die Bestimmung im § 25 Abs. 1c könnte in keiner Richtung hier eingreifen.

Ist durch das Vorstehende das Ergebnis gewonnen, daß der Rechtsweg für den erhobenen Anspruch weder durch § 26 des Stempelsteuergesetzes eröffnet worden ist, weil dieser Fälle solcher Art nicht betrifft, noch auch durch § 25 desselben Gesetzes, weil er über den Rechtsweg überhaupt nichts bestimmt, so bleibt nur die Frage übrig, ob etwa der Rechtsweg nach allgemeinen Grundsätzen zulässig ist. Der Berufungsrichter und Heinitz bejahen diese Frage. Es kann ihnen indessen hierin nicht beigetreten werden. Es bedarf keiner Stellungnahme des erkennenden Senats zu den Aussprüchen allgemeinen Inhalts, welche in dem in den Entsch. des R.G.'s in Zivils. Bd. 22 S. 288 veröffentlichten Urteil enthalten sind, und auf welche sich Heinitz zur Begründung seiner Ansicht beruft; denn im gegenwärtigen Falle handelt es sich um ein bestimmtes, abgegrenztes Gebiet, nämlich um das Gebiet der staatlichen allgemeinen Abgaben — und zu diesen gehört die Stempelsteuerabgabe — in seiner Regelung durch das preußische Recht, im besonderen also um die Frage, ob nach den auf diesem Gebiet bestehenden allgemeinen Grundsätzen des preußischen Rechts für einen Anspruch der vorliegenden Art der Rechtsweg zugelassen ist. Diese Frage ist zu verneinen.

Das bezeichnete Gebiet wird auch jetzt noch im wesentlichen von dem allgemeinen Grundsatz des § 78 A.L.R. II. 14 und des § 36 der Verordnung vom 26. Dezember 1808 (wegen verbesserter Einrichtung der Provinzialbehörden ꝛc) beherrscht, nach welchem „über die Verpflichtung zur Entrichtung allgemeiner Anlagen und Abgaben, denen sämtliche Einwohner des Staates unterworfen sind, kein Prozeß stattfindet“. Die Bedeutung dieses die Regel bildenden Grundsatzes ist in erster Reihe die, daß derjenige, der von den nach der Organisation des Staates mit der Erhebung der allgemeinen Abgaben betrauten Verwaltungsbehörden wegen Entrichtung einer solchen Abgabe in Anspruch genommen wird, nicht vor der Zahlung gegen solche Inanspruchnahme den Schutz des Richters auf Grund der Behauptung anrufen kann, daß er nach den für jene Abgaben bestehenden Bestimmungen zu der ihm angesonnenen Zahlung nicht verpflichtet sei. An zweiter Stelle schließt dieser Grundsatz, wie dies auch bereits von dem IV. Zivilsenat des Reichsgerichts in dem im Justizministerialblatt 1897 S. 276 veröffentlichten Urteil anerkannt ist, die notwendige logische Folge in sich, daß derjenige, der wegen einer solchen Abgabe in Anspruch genommen wird, auch nicht in der Weise die Frage seiner Abgabenpflicht im Rechtswege zur Entscheidung bringen kann, daß er zuvor zahlt und alsdann vor dem Richter Klage gegen den Fiskus auf Rückzahlung der entrichteten Abgabe erhebt, indem er dieses Begehren in das privatrechtliche Gewand der condictio indebiti oder der Klage aus ungerechtfertigter Bereicherung kleidet. Denn in beiden Fällen handelt es sich um ein und dieselbe Streitfrage; der Unterschied besteht lediglich in der für die Entscheidung völlig belanglosen Tatsache, daß in dem einen Falle die Abgabe schon entrichtet ist, in dem anderen noch nicht; auch ist Sinn und Zweck der erwähnten Bestimmungen nicht etwa der, daß nur die Einziehung der Abgaben durch die Beschreitung des Rechtsweges nicht gehindert werde, diese aber im übrigen, also nachher eröffnet sein soll; sondern der für den Ausschluß des Rechtsweges maßgebliche Gedanke des Gesetzgebers geht, wie dies namentlich aus § 35 der Verordnung vom 26. Dezember 1808 deutlich hervorleuchtet, dahin, daß der Streit über die Abgabenpflicht überhaupt nicht in den Rechtsweg gehört, weil er sich „zur richterlichen Erörterung nicht eignet“. Die Konsequenz führt nun noch einen Schritt weiter. Ist der Rechtsweg ausgeschlossen über die Frage, ob der Fiskus die eingezogene Abgabe behalten darf, obwohl nach der Behauptung des Klägers zur Zeit ihrer Entrichtung eine Verpflichtung hierzu nicht bestand, so ist nicht einzusehen, wie es für die Zulässigkeit des Rechtsweges einen Unterschied soll begründen können, wenn der Kläger geltend macht, nach den zur Zeit der Erhebung der Abgabe bestehenden Verhältnissen habe der Fiskus zwar einen rechtmäßigen Anspruch hierauf gehabt, er habe aber das Recht, sie zu behalten, verloren, weil hinterher die Voraussetzungen für die Abgabenpflicht wieder weggefallen seien. Der Zeitpunkt des Vorhandenseins der Voraussetzungen für das Entstehen, oder das Fortbestehen der Abgabenpflicht kann auf das Wesen des über sie geführten Streites keinen Einfluß üben. Ist dieser Streit nach der Ansicht des Gesetzgebers wegen seiner Natur dem Rechtsweg überhaupt entzogen, so muß dies folgerichtig auch für einen Anspruch der vorliegenden Art Geltung haben. An diesen allgemeinen für das Gebiet der staatlichen Abgaben im preußischen Recht bestehenden Grundsätzen ist in der neueren Gesetzgebung zugunsten der Zulassung des Rechtsweges nicht nur nichts geändert worden, sondern es haben sogar die besonderen Ausnahmen, die zugunsten des Rechtsweges im § 79 A.L.R. flg. II. 14 sowie in den §§ 9 und 10 des Gesetzes vom 24. Mai 1861 betr. die Erweiterung des Rechtsweges zugelassen waren, dadurch eine Einschränkung zugunsten zwar nicht des Verwaltungsverfahrens, wohl aber des Verwaltungsstreitverfahrens erlitten.

Da von den vorbezeichneten, sowie den sonstigen zugunsten des Rechtsweges gemachten Ausnahmen keine auf den vorliegenden Fall Anwendung findet, so ist auch nach den hier in Betracht kommenden allgemeinen Grundsätzen dem erhobenen Anspruch der Rechtsweg verschlossen.

Da im vorstehenden die Tragweite der Bestimmung im § 78 A.L.R. II. 14 und § 36 der Verordnung vom 26. Dezember 1808, daß über die „Verbindlichkeit zur Entrichtung" allgemeiner Abgaben kein Prozeß stattfinden soll, so weit gezogen ist, daß darunter auch der vorliegende Fall mit begriffen ist, so liegt der Schluß nahe, daß alsdann umgekehrt auch die Vorschrift im § 26 des Stempelsteuergesetzes, wonach der Rechtsweg über die „Verpflichtung zur Entrichtung" einer Stempelabgabe zulässig ist, in gleich weitem Sinne zu verstehen, der vorliegende Fall also mit hierunter zu ziehen sei. Allein eine solche Gleichstellung der beiden Bestimmungen rechtfertigt sich trotz des hervorgehobenen annähernd übereinstimmenden Wortlautes nicht. Die Auslegung der §§ 78 und 36 a. d. a. O. wird nicht allein durch ihren Wortlaut, sondern vor allem durch ihren allgemeinen Sinn und Zweck und ihren Zusammenhang mit anderen Bestimmungen begründet. Im Falle des § 26 verbietet aber der Vergleich und Zusammenhang mit anderen Bestimmungen, nämlich mit dem vorhergehenden § 25, sowie der weitere Inhalt des § 26 selbst, ihm die vorbezeichnete Ausdehnung zu geben. Hält man nämlich den ganzen Abs. 1 des § 25 und insbesondere die Bestimmung unter c neben den § 26, so springt sofort in die Augen, daß der Wortlaut des § 26 ein beschränkterer ist und den Fall des § 25 Abs. 1c nicht mit umfaßt, obgleich es doch, wenn er mit darunter hätte begriffen werden sollen, zweifellos nicht schwer gewesen wäre, eine entsprechende, weitere Fassung zu finden. Abgesehen von dem Wortlaut aber, der immerhin möglicherweise einer ausdehnenden Auslegung fähig wäre, ist ausschlaggebend der sachliche Grund, daß die fernere Bestimmung des § 26, wonach die Klage bei Vermeidung des Klagerechts binnen 6 Monaten nach der Beitreibung oder Zahlung des Stempels angestellt werden muß, mit einer Ausdehnung des Rechtsweges auf die im § 25 Abs. 1c behandelten Fälle unverträglich ist. In überaus zahlreichen Fällen nämlich wird es ausgeschlossen sein, daß der Berechtigte die Klage binnen der Frist von 6 Monaten nach der Beitreibung oder Zahlung des Stempels erhebt, sei es weil ihm während dieser Frist noch gar nicht bekannt geworden ist, daß das beurkundete und versteuerte Geschäft nichtig oder anfechtbar ist, sei es weil er nicht in der Lage ist, innerhalb dieser Frist ein rechtskräftiges, die Nichtigkeit oder Ungültigkeit feststellendes Urteil zu erwirken. Hätte es wirklich in der Absicht des Gesetzgebers gelegen, dem § 26 die oben hervorgehobene Tragweite zu geben, so würde es an jedem erkennbaren Grunde dafür fehlen, daß alle diese Fälle von der Anwendung der Bestimmung ausgeschlossen sein sollten; es wäre vielmehr alsdann selbstverständlich gewesen, daß der Gesetzgeber teils eine längere Klagefrist bestimmt, teils wenigstens den Beginn der sechsmonatlichen Frist nicht an die Beitreibung und die Zahlung, sondern an andere Tatsachen geknüpft hätte. Der Umstand, daß er dies nicht getan hat, beweist, daß es nicht in seinem Willen gelegen hat, die Zulässigkeit des Rechtsweges auf die Fälle vorliegender Art auszudehnen.

Zum Schlusse mag nicht unbemerkt bleiben, daß die Frage sich aufwerfen läßt, ob nicht der § 26 des Stempelgesetzes schlechthin die einzige und allein maßgebliche Bestimmung über die Zulässigkeit des Rechtsweges in bezug auf die Rückforderung bezahlter Stempelabgaben ist und sein will, so daß für ein Zurückgreifen auf allgemeine Grundsätze in bezug hierauf überhaupt kein Raum ist. Es bedarf im gegenwärtigen Falle indessen keiner Beantwortung dieser Frage, da, selbst wenn sie zu verneinen wäre, wie gezeigt, auch nach allgemeinen Grundsätzen der Rechtsweg hier nicht eröffnet ist."

---

85. Bleibt der Verzicht auf Aufrechnung wirksam, wenn der Aufrechnungsgegner in Konkurs gerät?

K.O. § 53.

I. Zivilsenat. Urt. v. 5. April 1905 i. S. K. & Co. u. Gen. (Bekl.) w. G. als Konkursverwalter der Aktiengesellschaft Erste Deutsche Patent-Linoleumfabrik in C. (Kl.). Rep. I. 535/04.

I. Landgericht I Berlin.
II. Kammergericht daselbst.

Am 2. April 1902 fand eine außerordentliche Generalversammlung der Gemeinschuldnerin statt, in der über Maßnahmen behufs Tilgung einer am 9. April fälligen Schuld bei der Berliner Handelsgesellschaft in Höhe von 50000 ℳ und eventuell über die Liquidation der Aktiengesellschaft beraten werden sollte. Nachdem beschlossen war, zunächst zu versuchen, eine Stundung zu erwirken, worauf sich aber die Gläubigerin nicht einlassen wollte, wurde zwischen der Gemeinschuldnerin und der beklagten Gesellschaft, in der Absicht, der ersteren einen Teil der erforderlichen Barmittel zu verschaffen, ein Kaufgeschäft abgeschlossen, wonach der beklagten Gesellschaft gegen sofortige bare Zahlung des Kaufpreises gewisse Warenbestände der Gemeinschuldnerin geliefert werden sollten. Da diese damals der beklagten Gesellschaft aus Darlehen nebst Zinsen 13805,90 ℳ schuldete, enthielt der Vertrag stillschweigend das Abkommen, daß eine Aufrechnung der Kaufgeldforderung mit der Darlehnsforderung ausgeschlossen sein sollte. Am 6. April 1902 wurden die gekauften Waren geliefert. Bevor es aber zur Zahlung des Kaufpreises kam, wurde am 8. April der Konkurs über das Vermögen der Aktiengesellschaft eröffnet.

Der Kläger beantragte, die Beklagten zur Zahlung des Kaufpreises nebst Zinsen zu verurteilen. Die Beklagten beantragten Klagabweisung, indem sie die Darlehnsforderung aufrechnend geltend machten und ausführten, daß der Verzicht auf die Aufrechnung durch die Konkurseröffnung hinfällig geworden sei. Die Vorinstanzen verwarfen die Aufrechnungseinrede. Die Revision der Beklagten wurde zurückgewiesen, aus folgenden

Gründen:

„Die Revision macht unter Berufung auf

Dernburg, Das bürgerliche Recht des Deutschen Reichs und Preußens Bd. 2 Abt. 1 § 128 II, 1 und Jaeger, Konkursordnung 2. Aufl. § 53 Anm. 12

eine angebliche Rechtsvermutung geltend, wonach die Vereinbarung des Ausschlusses der Aufrechnung der Regel nach im Konkurse des Aufrechnungsgegners unwirksam sei, so daß besonders geartete Umstände nachgewiesen werden müßten, um ihr auch für diesen Fall Wirksamkeit zuzusprechen.

Daß die erwähnten Schriftsteller die geltend gemachte Rechtsvermutung aufstellen, kann bezüglich Dernburg's nicht zugegeben werden, und ist auch bezüglich Jaeger's, der sich auf ersteren beruft, nicht unzweifelhaft. Dernburg weist nur auf die vermeintliche Tatsache hin, daß der Verzicht auf Aufrechnung in der Regel für den Fall des Konkurses des Gläubigers nicht gemeint sein werde, wodurch der freien richterlichen Würdigung im Einzelfalle keinerlei Beschränkung auferlegt wird. Ob die Annahme Dernburg's tatsächlich zutrifft, mag dahingestellt bleiben. Rechtlich ist an sich davon auszugehen, daß ein ohne Beschränkung vereinbarter Verzicht auf Aufrechnung auch unbeschränkte Wirkung hat. Andererseits ist aber, wenn auch die behauptete Rechtsvermutung hiernach nicht anzuerkennen ist, zu berücksichtigen, daß die Kontrahenten häufig den Fall des Konkurses bei derartigen Vereinbarungen nicht in Betracht ziehen, und daß dieser Fall eine so wesentliche Veränderung der zur Zeit der Vereinbarung bestehenden, für diese in der Regel maßgeblichen Verhältnisse herbeizuführen pflegt, daß eine genaue Prüfung der Frage geboten erscheint, ob die Kontrahenten nicht die Vereinbarung für diesen Fall, wenn sie ihn bedacht hätten, ausgeschlossen haben würden, und ob sie daher nicht nach Treu und Glauben für diesen Fall als ausgeschlossen zu gelten hat. Letzteres wird in der Regel dann zutreffen, wenn der Verzicht auf die Aufrechnung abstrakt, ohne Rücksicht auf eine bereits bestehende Gegenforderung, z. B. um die prozessuale Geltendmachung der Forderung, der gegenüber auf Aufrechnung verzichtet wird, zu erleichtern, ausgesprochen ist.

Im vorliegenden Falle hat der Vorderrichter mit vollem Rechte dem vereinbarten Verzichte auf die Aufrechnung, der, wie auch die Revision nicht bestreitet, in der trotz bestehender Gegenforderung getroffenen Abrede sofortiger Barzahlung gefunden werden muß, Geltung auch für den wenige Tage später eingetretenen Konkurs der Aufrechnungsgegnerin zuerkannt. Denn die Sachlage spricht durchaus dafür, daß er auch für diesen Fall gewollt war. Die jetzt zur Aufrechnung verstellte Gegenforderung der beklagten Gesellschaft bestand bereits und war den Kontrahenten unzweifelhaft gegenwärtig. Die Vereinbarung hatte daher gerade zum Inhalte, daß die beklagte Geslleschaft keine Deckung für diese Forderung in Gestalt der ihr käuflich zu liefernden Waren erhalten sollte. Diese Deckung würde aber stattfinden, wenn die beklagte Gesellschaft zur Aufrechnung zugelassen würde. Außerdem wurde zur Zeit der Vereinbarung mit der Möglichkeit gerechnet, daß sich bereits am 9. April, also wenige Tage später, bei Fälligkeit der großen Forderung der Berliner Handelsgesellschaft, die Zahlungsunfähigkeit der klägerischen Gemeinschuldnerin offenbaren werde. Hätte nun die Absicht obgewaltet, der beklagten Gesellschaft für den Fall des bei dieser Gelegenheit eröffneten Konkurses die Aufrechnung zu gestatten, so würde sich der Vorstand der Gemeinschuldnerin des Vergehens der Gläubigerbegünstigung nach §§ 241. 244 K.O. schuldig gemacht haben. Es liegt aber nicht der geringste Grund vor, diese strafbare Absicht entgegen der getroffenen Vereinbarung als vorliegend zu erachten." ...

86. Kann der Gläubiger, dem eine Eigentümerhypothek verpfändet worden ist, Zinsen von ihr in der Zwangsversteigerung bei Verteilung des Erlöses liquidieren?

B.G.B. § 1197 Abs. 2.

V. Zivilsenat. Urt. v. 5. April 1905 i. S. Aktiengesellschaft N. u. Konkursmasse L. (Kl.) w. W.'sche Erben (Bekl.). Rep. V. 454/04.

I. Landgericht II Berlin.
II. Kammergericht daselbst.

Im Konkurse des Fabrikbesitzers L. wurde ein demselben gehöriges Grundstück im September 1901 zwangsweise versteigert. Auf ihm haftete in Abteilung III unter Nr. 6 eine den W.'schen Erben zustehende Darlehnshypothek von 400000 *M*, mit der ihr Erblasser der nächstfolgenden Post, einer für die Direktion der Diskontogesellschaft in Berlin eingetragenen Kautionshypothek von 200000 *M*, die von L. bewilligt worden war, das Vorrecht eingeräumt hatte. Im Jahre 1897 war diese Kreditkaution in eine zu 4 Prozent verzinsliche Darlehnshypothek umgewandelt und für die genannte Gläubigerin umgeschrieben worden, die dann am 14. August 1897 dem L., als dem damaligen Grundstückseigentümer, Quittung und Löschungsbewilligung über die Post nebst Zinsen erteilte. An demselben Tage verpfändete L. die Post, über die er hiernach verfügen durfte, — ob mit, oder ohne Zinsen ist streitig — an die mitklagende Aktiengesellschaft zur Sicherstellung für deren Ansprüche aus einem ihm in laufender Rechnung bis zur Höhe von 500000 *M* gewährten Kredit, händigte ihr auch Quittung, Löschungsbewilligung und Hypothekenbrief aus und bewilligte Eintragung der Verpfändung im Grundbuche. Die Eintragung ist nicht erfolgt. Bei der Verteilung des Versteigerungserlöses, die am 4. Oktober 1901 stattfand, liquidierte nun die Aktiengesellschaft als Pfandgläubigerin das Kapital nebst Kosten, wogegen Widerspruch nicht erhoben wurde; sie liquidierte aber auch 4 Prozent Zinsen von 200000 *M* für die Zeit vom 1. April 1899 bis zum 3. Oktober 1901 mit zusammen 20066,67 *M*. Dieser Betrag kam zur Hebung, aber nicht zur Auszahlung, weil sowohl der Konkursverwalter, wie die W.'schen Erben gegen das Zinsliquidat der Aktiengesellschaft Widerspruch erhoben und die zur Hebung kommenden 20066,67 *M* jeder für sich (bezw. für die Konkursmasse) verlangten. Infolgedessen wurde der Betrag zu einer Streitmasse hinterlegt, und über deren Auszahlung wurde unter den Beteiligten, den W.'schen Erben, der Aktiengesellschaft und der Konkursmasse gestritten.

Der erste Richter sprach sie den W.'schen Erben zu und legte die Kosten des Prozesses zur einen Hälfte der Aktiengesellschaft, zur anderen der Konkursmasse auf. Die Konkursmasse legte nicht Berufung ein, wohl aber die Aktiengesellschaft. Ihre Berufung wurde zurückgewiesen, und sie mit den Kosten des Rechtsmittels belastet.

Die von ihr eingelegte Revision wurde zurückgewiesen, aus folgenden

Gründen:

„Die Revision hält in erster Reihe die Beklagten, als nachstehende Hypothekengläubiger, überhaupt nicht für befugt, ihren Widerspruch gegen das Zinsliquidat der Klägerin darauf zu gründen, daß diese zur Liquidierung von Zinsen nicht berechtigt gewesen sei. Denn es sei ein auch in der Rechtsprechung des Reichsgerichts anerkannter Grundsatz, daß bei der Verteilung des Versteigerungserlöses ein nachstehender Beteiligter nicht die Aktivlegitimation eines ihm vorgehenden Gläubigers bestreiten dürfe. Ob in dieser Allgemeinheit der Satz vom Reichsgericht jemals anerkannt worden ist, mag dahingestellt bleiben; jedenfalls trifft er dann nicht zu, wenn mit dem Wegfall des liquidierenden Gläubigers überhaupt kein Gläubiger vorhanden ist, der das fragliche Liquidat aufzustellen berechtigt wäre. Denn seine innere Begründung kann der erwähnte Satz nur darin finden, daß es für den nachstehenden Hypothekengläubiger gleichgültig ist, wer vor ihm liquidiert; wenn aber das Liquidat mit der Berechtigung dessen, der es aufgestellt hat, überhaupt wegfällt, dann wird man die Befugnis eines nachstehenden Beteiligten, diese Berechtigung zu bestreiten, nicht in Zweifel ziehen können. Und so liegt der Fall hier. Es handelt sich um Zinsen einer Eigentümerhypothek von 200000 *M*, die L., der Eigentümerhypothekar, der Klägerin am 14. August 1897 verpfändet hat. Klägerin behauptet, die Zinsen seien ihr mitverpfändet worden. Ob dies der Fall ist, ist streitig. Es kann dies aber, obwohl der Berufungsrichter eine die Mitverpfändung der Zinsen verneinende tatsächliche Feststellung getroffen hat, dahingestellt bleiben, denn es ergibt sich, daß weder L., noch die Klägerin, noch auch die L.'sche Konkursmasse befugt waren, Zinsen von der erwähnten Hypothek aus dem Versteigerungserlöse zu beanspruchen.

Was zunächst den L. anlangt, für den noch unter der Herrschaft des preußischen Grundbuchrechts (§§ 63 flg. des Eig.-Erw.-Ges. vom 5. Mai 1872) die Hypothek zur Eigentümerhypothek geworden war, so enthält allerdings das frühere Recht keine ausdrückliche Vorschrift dahin, daß der Eigentümer Zinsen von der auf ihn übergegangenen Hypothek in der Zwangsversteigerung aus dem Erlöse nicht fordern könne. Es folgt dies aber daraus, daß der Versteigerungserlös, weil er an die Stelle des Grundstücks tritt, dem Eigentümer gehört, und dieser daher Zinsen von sich selbst verlangen würde, wenn er sie gegen den Versteigerungserlös liquidieren dürfte. Dies erscheint so abwegig, daß es nicht erst durch positive Gesetzesvorschrift ausgeschlossen zu werden brauchte, wie man denn auch unter der Herrschaft des früheren Rechts hierüber nicht gezweifelt hat. Als sich nun mit dem Inkrafttreten des Bürgerlichen Gesetzbuchs die Eigentümerhypothek des L. in eine Eigentümerhypothek oder richtiger Eigentümergrundschuld des neuen Rechts verwandelte (Artt. 184. 192. 194 Einf.-Ges. zum B.G.B.), trat für sie hinsichtlich der Zinsen auch die Vorschrift in § 1197 Abs. 2 B.G.B. in Kraft. Nach ihr gebühren Zinsen dem Eigentümer nur, wenn das Grundstück auf Antrag eines anderen zum Zwecke der Zwangsverwaltung in Beschlag genommen ist, und nur für die Dauer der Zwangsverwaltung. Nach den Motiven (Bd. 3 S. 734) hat diese Bestimmung ihren Grund darin, daß man die Einkünfte des Grundstücks als mit den Zinsen belastet ansah, und deshalb für die Zeit, für welche durch die Beschlagnahme in der Zwangsverwaltung die Einkünfte dem Eigentümer entzogen wurden, ihm die Befugnis zugestehen wollte, Zinsen von der auf ihn übergegangenen Hypothek zu verlangen. Schon hieraus wird ersichtlich, daß die Einkünfte des Grundstücks diese Verzinsung zu tragen haben, daß sich also der Anspruch des Eigentümerhypothekars auf Zinsen gegen die Zwangsverwaltungsmasse richtet und nur gegen diese richten kann. Die Zwangsversteigerungsmasse steht ihm hierfür nicht zu Gebote. Dies ist nach dem Reichsgesetz über die Zwangsversteigerung und die Zwangsverwaltung vom 20. Mai 1898 (24. März 1897) um so weniger zweifelhaft, als nach ihm die Verteilung beider Massen eine durchaus selbständige ist, die Verteilung der einen und der anderen nach besonderen, für beide keineswegs übereinstimmenden Grundsätzen durchgeführt wird, und die im früheren Recht (§ 150 Abs. 2 preuß. Ges. vom 13. Juli 1883) vorgeschriebene Vereinigung beider Massen behufs Verteilung unter die Beteiligten nicht mehr stattfindet (Motive zum Zwangsversteigerungsgesetz S. 335; vgl. Jaeckel, Kommentar zum Zwangsversteigerungsgesetz 2. Aufl. S. 384. 522). Nun ist allerdings das L.'sche Grundstück in der Zeit vom 24. Mai 1901 bis zum Zuschlage auch unter Zwangsverwaltung gestellt gewesen, und an sich wäre daher die rechtliche Möglichkeit vorhanden, daß L. von der ihm zugefallenen Hypothek für diese Zeit Zinsen aus der Zwangsverwaltungsmasse zu beanspruchen hätte; aber es steht fest, daß eine Zwangsverwaltungsmasse, weil das Grundstück keine Einkünfte, aus denen sie hätte gebildet werden können, abwarf, niemals bestanden hat. Davon aber, daß nun der Zinsenanspruch auf die Versteigerungsmasse übertragen, d. h. gegen den Versteigerungserlös liquidiert werden könnte, kann nach dem Vorstehenden keine Rede sein. Daraus ergibt sich, daß L. selbst zur Aufstellung eines Zinsliquidats in der Zwangsversteigerung nicht befugt gewesen wäre, und es folgt dann ohne weiteres auch, daß ebensowenig der Konkursverwalter ein solches hätte aufstellen können. Denn mehr Rechte als der Gemeinschuldner konnte auch der Konkursverwalter, der nur dessen Verwaltungs- und Verfügungsrecht ausübt (§ 6 Abs. 2 K.O.), nicht haben.

Nicht anders steht es mit der Klägerin, der L. die Hypothek

am 14. August 1897 verpfändet hatte. Sie kann als Pfandnehmerin nur dieselben Rechte ausüben, die ihrem Verpfänder zustanden, und muß auch die Einwirkungen gelten lassen, die sich aus der Änderung des Gesetzes für diese Rechte ergeben. Sie kann sich daher nicht darauf berufen, daß die Verpfändung zu einer Zeit erfolgt sei, in der bei gleichzeitiger Zwangsverwaltung und Zwangsversteigerung eine getrennte Verteilung nicht stattfand. Freilich scheint die Klägerin auch weiter der Meinung zu sein, daß eine Verpfändung der Hypothek den Zinsenanspruch in gleicher Weise zur Entstehung bringe, wie wenn L. die Hypothek abgetreten hätte. Dies ist aber keineswegs der Fall. Wurde die Hypothek abgetreten, so war sie eben keine Eigentümerhypothek mehr, und es verstand sich dann von selbst, daß von der Abtretung ab der Zessionar auch Zinsen zu beanspruchen hatte. Eine verpfändete Eigentümerhypothek bleibt aber eine Eigentümerhypothek; sie bleibt es auch in der Hand des Pfandnehmers, und dieser hat in der Zwangsversteigerung nicht mehr Rechte und den übrigen Beteiligten gegenüber keine andere rechtliche Stellung als der Verpfänder. Es ist daher richtig, wenn der Berufungsrichter sagt, daß in der Verpfändung einer Eigentümerhypothek noch keine solche Trennung derselben vom Eigentümer liege, daß an sie die Entstehung eines Zinsanspruchs geknüpft werden könne. Und wenn der Berufungsrichter hinzufügt, eine solche Trennung trete erst mit dem Augenblick ein, „wo der Pfandgläubiger von seinem Pfandrechte Gebrauch macht", so meint er damit nicht, wie die Revision annimmt, die Liquidierung der Hypothek in der Zwangsversteigerung, sondern eine Veräußerung der Hypothek, zu der der Pfandgläubiger schreiten könnte, um sein Pfandrecht zu realisieren. Von einem Widerspruch in der Begründung, den die Revision hier aufstellen will, ist daher nicht zu reden.

Hiernach war der von dem Beklagten gegen das Zinsliquidat im Versteigerungstermin erhobene Widerspruch begründet." ...

---

87. Kann auf den Ersatz des durch die Veröffentlichung einer Druckschrift verursachten Schadens vor jedem Gerichte geklagt werden, in dessen Bezirk Exemplare derselben verbreitet und gelesen worden sind? und in welchem Umfange?

VI. Zivilsenat. Urt. v. 10. April 1905 i. S. H. (Bekl.) w. Vita, G. m. b. H. (Kl.). Rep. VI. 316/04.

I. Landgericht I Berlin.
II. Kammergericht daselbst.

Gegen die wegen eines in den „Hamburger Nachrichten“ erschienenen Artikels wider den in Hamburg wohnhaften Verleger der genannten Zeitung in Berlin erhobene Schadensersatzklage schützte der Beklagte die Einrede der Unzuständigkeit des Gerichts vor; diese wurde aber in den beiden vorderen Instanzen verworfen. Die Revision des Beklagten ist vom Reichsgericht zwar insoweit zurückgewiesen worden, als der Klaganspruch auf Ersatz des der Klägerin durch die Verbreitung jenes Zeitungsartikels im Bezirke des Landgerichts I zu Berlin entstandenen oder noch entstehenden Schadens gerichtet sei; im übrigen aber ist das Berufungsurteil aufgehoben, und die Klage wegen Unzuständigkeit des Gerichtes abgewiesen worden, aus den folgenden

Gründen:

„Geklagt ist auf Verurteilung des Beklagten zum Ersatze desjenigen Schadens, welcher der Klägerin durch den in den „Hamburger Nachrichten“ über das Werk „Jena oder Sedan?“ am 25. Oktober 1903 veröffentlichten Artikel entstanden sei und noch entstehen werde. Die Klägerin will ihren Anspruch auf die §§ 823, 824 und 826 B.G.B. stützen und hält die Zuständigkeit des Landgerichts I zu Berlin, obgleich der Beklagte in dessen Bezirk keinen allgemeinen Gerichtsstand hat, deswegen nach § 32 Z.P.O. für begründet, weil jener Zeitungsartikel infolge der vom Beklagten getroffenen Veranstaltungen und mit seinem Willen auch in Berlin verbreitet und gelesen worden ist.

Richtig ist, daß eine durch Verbreitung eines Preßerzeugnisses begangene unerlaubte Handlung nicht bloß da begangen wird, wo dasselbe hergestellt, und von wo aus es verbreitet wird, sondern auch da, wo die Verbreitung selbst stattgefunden hat. Diese Auffassung entspricht auch der bisherigen Rechtsprechung des Reichsgerichts, sowohl in Zivilsachen (Entsch. in Zivils. Bd. 27 S. 419 flg.), als in Strafsachen (Entsch. in Strafs. Bd. 13 S. 337 flg., und speziell für Preßdelikte Bd. 23 S. 156 flg.). Danach ist hier die Zuständigkeit nach § 32 Z.P.O. in Berlin begründet. Der § 7 Abs. 2 St.P.O. in der Fassung des Reichsgesetzes vom 13. Juni 1902 ändert daran nichts. Dort ist nicht etwa eine neue Rechtsnorm über die Frage aufgestellt, an welchem Orte ein durch den Inhalt einer Druckschrift gegebenes Delikt begangen werde, sondern nur eine singuläre Einschränkung des Gerichtsstandes der strafbaren Handlung für Strafsachen eingeführt, die auf den § 32 Z.P.O. analog zu übertragen um so weniger Anlaß gegeben ist, als nach Satz 2 des erwähnten Abs. 2 für Privatklagen wegen Beleidigung auch im Strafprozesse das Gericht, in dessen Bezirk die Druckschrift verbreitet worden ist, dann zuständig sein soll, wenn in diesem Bezirke die beleidigte Person ihren Wohnsitz oder gewöhnlichen Aufenthalt hat.

Mit Unrecht hat auch der Beklagte eventuell hier eine Unterscheidung zur Geltung bringen wollen, je nachdem der Anspruch auf § 824 B.G.B. (weil darin die „Verbreitung" speziell hervorgehoben werde), oder auf § 823 oder § 826 begründet werde; darauf kommt natürlich nichts an. Dennoch kann das angefochtene Urteil zu einem großen Teile nicht aufrecht erhalten werden. Denn die Klägerin verlangt ja nicht bloß den Ersatz desjenigen Schadens, der ihr dadurch entstanden sei oder noch entstehen werde, daß der fragliche Artikel in Berlin verbreitet und gelesen worden ist, sondern gleicherweise den Ersatz des Schadens, der durch die Verbreitung des Artikels an allen sonstigen Orten der Erde verursacht sein soll. Weshalb hierfür das Landgericht I zu Berlin zuständig sein sollte, ist nicht abzusehen. Nur die Verbreitung des fraglichen Artikels im Bezirke des genannten Gerichts würde diejenige unerlaubte Handlung sein, aus welcher bei ihm geklagt werden kann. Mag auch in Rücksicht auf die Bestrafung die ganze auf die Verbreitung eines Preßerzeugnisses gerichtete Tätigkeit einer Person wegen der Einheitlichkeit des Vorsatzes als eine einheitliche Handlung aufgefaßt werden können (vgl. Entsch. des R.G.'s in Strafs. Bd. 23 S. 157), so ist doch vom Standpunkte des Zivilprozesses aus kein Grund zu solcher Auffassung ersichtlich. Im Strafprozeß ist in solchen Fällen viel weniger Anlaß gegeben, diese Frage mit Rücksicht auf den Gerichtsstand überhaupt zu erörtern, weil nach § 13 St.P.O. hier der Gerichtsstand des Zusammenhanges der Strafsachen eingreift. Für den Zivilprozeß trifft andererseits hier völlig die Analogie der von den vereinigten Zivilsenaten des Reichsgerichts laut der Entsch. in Zivils. Bd. 27 S. 386 flg. gefällten Entscheidung zu, wonach das nach § 32 Z.P.O. zuständige Gericht durch die Klagerhebung nicht auch zuständig wird, über einen als eventuellen beigefügten anderen Klagegrund zu entscheiden. Ebensowenig wird es durch die Anrufung zuständig, über einen Anspruch aus einer mit der den Gerichtsstand begründenden zusammenhängenden anderen unerlaubten Handlung zu entscheiden." . . .

---

88. 1. Unter welchen Voraussetzungen kann die Abnahme eines zugeschobenen Eides durch Beweisbeschluß angeordnet werden, wenn die Parteien über die Erheblichkeit und die Norm des Eides nicht einverstanden sind?

Z.P.O. § 461.

2. Kann ein Urteil über den Grund des Anspruchs erlassen werden, wenn der Anspruch nicht auf Zahlung einer Geldsumme oder auf Lieferung vertretbarer Sachen gerichtet ist?

Z.P.O. § 304.

V. Zivilsenat. Urt. v. 12. April 1905 i. S. L. (Bekl.) w. D. (Kl.). Rep. V. 465/04.

I. Landgericht Duisburg.
II. Oberlandesgericht Hamm.

Der Beklagte hatte Ende 1899 dem Kläger ein Grundstück verkauft und aufgelassen und sich im Kaufvertrage verpflichtet, dem Kläger auch noch ein Stück Hinterland, „wie mündlich vereinbart", bis zum 1. Oktober 1900 zum Preise von 5000 M aufzulassen und um das ganze verkaufte Grundstück an der Hofseite eine Mauer aufzuführen. Der Kläger behauptete, daß mit dem Hinterlande die ganze, in der Tat in die Ummauerung einbezogene und ihm übergebene Parzelle $\frac{803}{66}$ von beiden Teilen gemeint worden sei. Er behauptete ferner, daß er den Kaufpreis für diese Parzelle bis auf 835,59 M bezahlt habe, und beantragte in erster Instanz, den Beklagten zu verurteilen, gegen Empfang von 835,59 M dem Kläger das Eigentum an der Parzelle zu verschaffen und aufzulassen. Der

Beklagte behauptete dagegen, daß Gegenstand des ursprünglichen Vertrags nur ein 20 Quadratruten großes Stück der 41,38 Quadratruten großen Parzelle gewesen, und erst nachträglich vereinbart worden sei, Kläger solle ein größeres Stück Land zum Preise von 250 *M* für die Quadratrute erhalten. Er bestritt auch, irgendeine Zahlung auf den Kaufpreis der Parzelle erhalten zu haben, und beantragte die Abweisung der Klage, erklärte sich jedoch bereit, die Auflassung gegen Empfang von 250 *M* für jede Quadratrute zu erteilen.

Der erste Richter ordnete gegen den Widerspruch des Klägers durch Beweisbeschluß die Erhebung eines von diesem dem Beklagten zugeschobenen Eides dahin an, daß das im ursprünglichen Vertrage bezeichnete Hinterland nach der Vereinbarung nur 20 Quadratruten groß habe sein sollen, und daß erst nachträglich vereinbart worden sei, der Kläger solle das ganze jetzt ummauerte Hinterland erhalten. Nachdem der Kläger den Eid geleistet hatte, wies der erste Richter die Klage ab.

In zweiter Instanz wiederholte der Kläger in erster Reihe den Klagantrag; eventuell beantragte er, den Beklagten zu verurteilen, gegen Empfang von 5835,59 *M*, oder des etwa höheren Betrags des Kaufgeldrückstandes dem Kläger die Parzelle $\frac{803}{66}$ aufzulassen. Der Berufungsrichter erkannte auf einen Eid für den Kläger dahin, daß bei der Niederschrift des ursprünglichen Vertrags vereinbart worden sei, das im Vertrag erwähnte Hinterland solle die ganze hinterher mit einer Mauer umgebene Fläche umfassen. Für den Fall der Eidesleistung sollte der Beklagte zur Auflassung der ganzen Parzelle gegen Empfang von 5000 *M*, abzüglich der darauf erhaltenen Abschlagszahlungen, dem Grunde nach für berechtigt erklärt, und die Sache zur Entscheidung über den Betrag der noch zu leistenden Zahlung und über die Kosten an das Gericht der ersten Instanz zurückverwiesen werden. Im anderen Falle sollte die Klage abgewiesen werden.

Auf die Revision des Beklagten wurde das Berufungsurteil aufgehoben, und die Sache an das Berufungsgericht zurückverwiesen, aus folgenden

Gründen:

... „Nicht begründet sind die Angriffe der Revision, die sich gegen die Annahme des Berufungsrichters richten, daß der erste Richter den dem Beklagten zugeschobenen Eid nicht auf Grund eines

Beweisbeschlusses in der Instanz habe abnehmen dürfen. Abgesehen von den nicht vorliegenden Fällen eines Zwischenstreits und des Einverständnisses der Parteien, kann die Leistung eines zugeschobenen Eides nur dann durch Beweisbeschluß angeordnet werden, wenn die Entscheidung über einzelne selbständige Angriffs- und Verteidigungsmittel von der Leistung des Eides abhängt (§ 461 Z.P.O.). Die Revision meint, daß der Beklagte zwei selbständige Verteidigungsmittel geltend gemacht habe, nämlich 1. er sei nicht verpflichtet, dem Kläger die im Klagantrage bezeichnete Parzelle aufzulassen, 2. er sei zur Auflassung nicht gegen eine Zahlung von nur 835,59 *M* verpflichtet. Allein damit hat der Beklagte nur den vom Kläger erhobenen Anspruch bestritten, und das bloße Bestreiten bildet überhaupt keinen selbständigen Streitpunkt, der einer besonderen Entscheidung fähig wäre. Wenn man aber selbst der Revision folgen wollte, so würden in dem vollständigen und dem beschränkten Bestreiten zwei voneinander unabhängige (selbständige) Verteidigungsmittel nicht erblickt werden können. Daß etwa der Eid zur Erledigung eines selbständigen Angriffsmittels gedient habe, ist von der Revision nicht behauptet worden, kann auch nach Lage der Sache nicht angenommen werden. Der Kläger gründet seine Klage lediglich auf den Vertrag und leitet aus diesem Fundamente mehrere Ansprüche her, nämlich auf Auflassung und auf Schadensersatz wegen verspäteter oder unmöglicher Erfüllung. Die Ansprüche auf Schadensersatz haben dem Anspruch auf Auflassung gegenüber keine selbständige Bedeutung, sondern alle Ansprüche fallen mit dem Wegfallen des Klagegrundes. Demnach diente der Eid nicht zur Erledigung eines einzelnen, sondern zur Erledigung aller Angriffsmittel, und es fehlt sonach an einer Voraussetzung des § 461 Abs. 2 Z.P.O.

Begründet ist dagegen die zweite Rüge der Revision. ... Der Berufungsrichter hat geglaubt, für den Fall der Eidesleistung über den Grund des Anspruchs auf Auflassung vorab entscheiden zu dürfen, aber zu Unrecht. Der § 304 Z.P.O. setzt einen Anspruch voraus, der seinem Betrage nach streitig sein kann, also einen Anspruch, der auf Zahlung einer Geldsumme oder auf Lieferung vertretbarer Sachen gerichtet ist (vgl. Jurist. Wochenschr. 1900 S. 470 Nr. 5). An dieser Voraussetzung fehlt es bei dem Anspruch auf Auflassung eines Grundstücks. Der Kläger verlangt nur Auflassung des Grundstücks, und dieser Anspruch wird selbstverständlich nicht dadurch zu einem Anspruch auf Zahlung einer Geldsumme, daß er sich erbietet, gegen Auflassung eine Zahlung zu leisten, ebensowenig aber dadurch, daß der Beklagte unter Bestreiten des Klägers eingewendet hat, er sei nur gegen Zahlung eines höheren Betrages zur Auflassung verpflichtet. Dadurch wurde der Einwand, nicht der Anspruch dem Betrage nach streitig (vgl. Jurist. Wochenschr. 1904 S. 296 Nr. 22). Anders lag der in den Entsch. des R.G.'s in Zivils. Bd. 54 S. 341 flg. abgeurteilte Fall. Dort war auf Aufhebung eines Vertrages, Rückauflassung, Wiederübernahme übernommener Hypotheken und auf Rückzahlung des gezahlten Kaufpreises geklagt. Damals wurde angenommen, daß der Berufungsrichter über den Grund des erhobenen Anspruchs (über das Bestehen des Kaufvertrages) habe vorabentscheiden dürfen, weil der Betrag der wiederzuübernehmenden Hypotheken und der eingeklagten Rückzahlung streitig war, es sich also nach der Annahme des Reichsgerichts in jenem Falle um den Anspruch auf Zahlung einer Geldsumme handelte.

Demnach stellt sich die vom Berufungsrichter für den Fall der Eidesleistung getroffene Entscheidung als ein nach der Zivilprozeßordnung unzulässiges Urteil dar. Da aber die für den Fall der Eidesweigerung getroffene Entscheidung für sich allein nicht bestehen kann, so mußte das ganze Urteil aufgehoben werden." ...

---

89. Gehen mit der Abtretung einer Forderung auch diejenigen Rechte auf den Zessionar über, welche der Zedent bei der an ihn geschehenen Abtretung aus vertragsmäßiger Gewährleistung seines Vormanns erworben hatte?

B.G.B. § 401.

IV. Zivilsenat. Urt. v. 13. April 1905 i. S. B. (Kl.) w. T'sche Ehel. (Bekl.). Rep. IV. 503/04.

I. Landgericht Danzig.
II. Oberlandesgericht Marienwerder.

Aus den Gründen:

..."Durch Vertrag vom 11. Juli 1898 verkauften die Beklagten ihr Hausgrundstück Blatt 18/19 des Grundbuchs von N. an den Restaurateur R.; 9000 ℳ der hieraus verschuldeten Kaufgelder nebst Zinsen gelangten für die Beklagten gleichzeitig mit der Auflassung am 8. August 1898 zur hypothekarischen Eintragung. Am 30. September 1901 verkauften die Eheleute Th. ihr Grundstück D. L. Blatt 428 an die Beklagten. Zur teilweisen Tilgung des vereinbarten Kaufpreises traten die Beklagten die erwähnte, ihnen zustehende Kaufgelderhypothek von 9000 ℳ an die Verkäufer Th. ab. Die am 30. September 1901 erfolgte Beurkundung dieser Abtretung enthielt die Erklärung der Beklagten: "Wir leisten für die Sicherheit der abgetretenen Hypothekenforderung den Erwerbern hiermit ausdrücklich Gewähr." Mit der Auflassung am 10. Oktober 1901 erfolgte die Umschreibung der Hypothek auf die Eheleute Th. Mittels Vertrages vom 13. November 1901 verkaufte sodann die Klägerin ihr Hausgrundstück D., Dienergasse Blatt 19, an die Eheleute Th., die einen Teil des Kaufgeldes dadurch beglichen, daß sie die mehrerwähnte Hypothek von 9000 ℳ nebst den Zinsen seit dem 1. Dezember 1901 an die Klägerin abtraten, und zwar, wie es im § 2 des Kaufvertrages heißt "ohne Gewährleistung für die Sicherheit derselben". Die Umschreibung der Hypothek geschah nach erfolgter Auflassung am 6. Dezember 1901. Am 9. August 1902 wurde die Zwangsversteigerung des Grundstücks N. Blatt 18/19 eingeleitet. Die von der Klägerin erworbene Hypothek fiel hierbei mit 8166,41 ℳ aus. Die Klägerin verlangte mit der vorliegenden Klage von den Beklagten Ersatz des erlittenen Ausfalls. Sie machte geltend, daß durch die am 13. November 1901 seitens der Eheleute Th. an sie geschehene Abtretung der Hypothek kraft Gesetzes auch die Rechte aus dem Garantieversprechen der Beklagten vom 30. September 1901 auf sie übergegangen seien.... Die erste Instanz wies die Klage ab. Die von der Klägerin hiergegen eingelegte Berufung wurde zurückgewiesen. Das Berufungsgericht hielt die Rechtsansicht der Klägerin, es seien die Rechte aus dem Garantieversprechen der Beklagten vom 30. September 1901 mit der am 13. November 1901 getätigten Abtretung der Hypothekenforderung kraft Gesetzes auf sie übergegangen, für unzutreffend....

Der Revision war der Erfolg zu versagen.

Mit Recht geht das Berufungsgericht davon aus, daß die Klägerin aus der von den Beklagten im Scheine vom 30. September 1901 gegenüber den Th.'schen Eheleuten übernommenen Verpflichtung, für die Sicherheit der abgetretenen Hypothekenforderung zu haften, kraft gesetzlicher Vorschrift Rechte nicht für sich herleiten kann. Allerdings würde die Klägerin gemäß § 401 B.G.B. durch die seitens der Th.'schen Eheleute an sie geschehene Abtretung der Hypothekenforderung die Rechte aus einer für die abgetretene Forderung bestellten Bürgschaft ohne weiteres mitübertragen erhalten haben. Eine Bürgschaft ist aber seitens der Beklagten im Vertrage vom 30. September 1901 nicht übernommen. Wie das Berufungsgericht bedenkenfrei annimmt, enthält das hierin enthaltene Versprechen nach Wortlaut und Sinn die vertragsmäßige Gewährleistung für die Sicherheit der abgetretenen Forderung (§§ 438. 365 B.G.B.). Derjenige aber, der die Gewährleistung zusichert, übernimmt damit nicht, wie im Falle der Bürgschaft nach § 765 B.G.B., eine fremde Schuld, vielmehr eine eigene, sich aus dem Veräußerungsgeschäft ergebende Verbindlichkeit. Freilich beschränkt sich die Anwendbarkeit des § 401 B.G.B. nicht auf die daselbst ausdrücklich bezeichneten Nebenrechte des abgetretenen Rechts. Aber auch bei ausdehnender Auslegung des § 401 kann im vorliegenden Falle nicht von einem der abgetretenen Hypothekenforderung selbst anhaftenden und mit dieser übergehenden Nebenrechte gesprochen werden. Die von dem Zedenten gegen den Zessionar übernommene Gewährleistungspflicht erzeugt obligatorische Rechte und Pflichten nur zwischen diesen beiden Kontrahenten; sie bildet lediglich einen Bestandteil des zwischen ihnen zustande gekommenen kausalen Rechtsgeschäfts. Nicht aber wird die Gewährspflicht ein Zubehör der Forderung, das als derselben anhaftend zugleich mit der Abtretung auf den neuen Erwerber übergeht."...

---

90. Setzt die Bestätigung eines wegen Drohung anfechtbaren Rechtsgeschäfts voraus, daß zur Zeit der bestätigenden Erklärung der Einfluß der Drohung auf den Erklärenden aufgehört hat?

B.G.B. §§ 123. 144.

VI. Zivilsenat. Urt. v. 13. April 1905 i. S. B. (Bekl. u. Widerkl.) w. R. (Kl. u. Widerbekl.). Rep. VI. 282/04.

I. Landgericht Liegnitz.
II. Oberlandesgericht Breslau.

Die Klägerin, in deren Geschäft der Bruder des Beklagten, J. B., als Reisender längere Zeit in Stellung gewesen war, behauptete Ende des Jahres 1902, daß der Genannte sie durch Unterschlagungen und Berechnung zu hoher Spesen um mehrere tausend Mark geschädigt habe; wegen Ersatzes des Schadens verhandelte sie mit dem Beklagten, der ihr am 2. Januar 1903 eine Urkunde ausstellte, worin er sich verpflichtete, der Klägerin für den Schaden aufzukommen, der derselben durch Nachlässigkeiten seines Bruders im Geschäft entstanden sei, und „den Betrag ratenweise abzuzahlen" versprach; sofort verpflichtete er sich 1200 ℳ, und den Rest in monatlichen Raten von 50 ℳ zu zahlen.

Auf Grund dieser Schuldverpflichtung bezahlte der Beklagte an die Klägerin am 22. Januar 1903 die ersten 1200 ℳ und weiter 35 ℳ am 4. März und 65 ℳ am 30. Mai 1903. Die Klägerin erhob auf Zahlung der Monatsrate mit 50 ℳ für den Mai 1903 Klage, der der Beklagte eine Widerklage auf Feststellung des Nichtbestehens der ganzen Schuld und auf Rückzahlung der gezahlten 1300 ℳ entgegensetzte, mit der Behauptung, daß er zur Unterzeichnung der Urkunde vom 2. Januar 1903 widerrechtlich durch Drohung bestimmt worden sei.

Aus den Gründen:

... „Der Beklagte hat ... die Verpflichtungserklärung vom 2. Januar 1903 ... rechtzeitig wegen widerrechtlicher Drohung (§ 123 B.G.B.) angefochten. Diese soll darin bestanden haben, daß die Klägerin die Veruntreuungen des Bruders des Beklagten zur Strafanzeige und damit diesen „ins Zuchthaus" bringen würde, wenn der Beklagte nicht unterschreibe und zahle. Dadurch will der Beklagte, um Schande von seiner Familie abzuwenden, zur Unterzeichnung bestimmt worden sein. Das Berufungsgericht hat nicht geprüft, ob eine widerrechtliche Drohung vorliege; es hat diese Feststellung unterlassen, weil in dem Schreiben des Beklagten an die Klägerin vom 5. April 1903 eine Bestätigung des angefochtenen Rechtsgeschäfts enthalten sei (§ 144 B.G.B.). Diese Annahme scheint jedoch von einer Verkennung der Voraussetzungen des § 144 B.G.B. auszugehen. Das Berufungsgericht glaubt eine Bestätigung eines wegen widerrechtlicher Drohung anfechtbaren Rechtsgeschäfts annehmen zu können, ohne auf die Frage, ob das letztere unter der Einwirkung einer solchen Drohung zustande gekommen ist, eingehen zu müssen. Das ist rechtsirrig. Ob die Erwägung des Berufungsgerichts, die Bestätigung nach § 144 B.G.B. setze auf seiten des Anfechtungsberechtigten Kenntnis des Anfechtungs**grundes**, nicht aber des Anfechtungs**rechts** voraus, an sich zutreffend ist, oder nicht, kann ganz dahingestellt bleiben; denn diese Erwägung läßt die Bedenken, die gegen die Auffassung des Schreibens vom 5. April 1903 als Bestätigung bestehen, offen. Der Grund, weshalb ein durch Drohung mit einem Übel erzwungenes Geschäft der Anfechtung unterliegt, ist, daß nur der freie Wille Verpflichtungskraft hat.

Vgl. **Dernburg**, Bürgerliches Recht Bd. 1 S. 442.

Soll also eine spätere Willenserklärung als Bestätigung des unter der Einwirkung einer Drohung zustande gekommenen Rechtsgeschäfts gelten, so ist die erste Voraussetzung die, daß die spätere Willenserklärung frei ist von dieser Einwirkung. Wenn die Bestätigung an demselben Mangel leidet, den sie beseitigen soll, so ist sie unwirksam. Das gilt nicht nur dann, wenn die neue Willenserklärung durch einen neuen Zwang beeinflußt wurde, sondern auch, wenn die Wirkung der früheren Drohung noch fortdauert. Eine Willenserklärung kann nur dann als Bestätigung eines wegen Drohung anfechtbaren Rechtsgeschäfts angesehen werden, wenn bei ihrer Abgabe die Zwangslage, in der der Erklärende bei dem ersten Geschäfte handelte, aufgehört hat.

Vgl. **Rehbein**, Bürgerliches Gesetzbuch Bd. 1 S. 203 Nr. 7b zu § 144.

Wenn also im gegebenen Falle der Beklagte bei Absendung des Schreibens vom 5. April 1903 noch Veranlassung hatte, die Verwirklichung des am 2. Januar 1903 ihm angedrohten Übels der Strafanzeige gegen seinen Bruder befürchten zu müssen, und das Schreiben unter dem Einflusse dieser Furcht stand, so kann von einer Bestätigung nicht die Rede sein. Es bedarf also der Feststellung, ob die Verpflichtungserklärung vom 2. Januar 1903 durch widerrechtliche Drohung zustande gekommen ist,

vgl. über die Widerrechtlichkeit einer Drohung mit Strafanzeige Jurist. Wochenschr. 1905 S. 134 Nr. 6,[1]

und ob die durch diese für den Beklagten geschaffene Zwangslage bis zum 5. April 1903, etwa durch eine von anderer Seite erfolgte Strafanzeige oder durch einen Umstand, der dem Beklagten die Furcht vor dem angedrohten Übel benahm, beseitigt worden ist.

Aus diesen Gründen mußte das angefochtene Urteil der Aufhebung unterliegen."

---

91. Findet das gesetzliche Vorkaufsrecht gemäß § 57 Abs. 2 des preußischen Enteignungsgesetzes vom 11. Juni 1874 auch dann statt, wenn der enteignete Grundstücksanteil in der Folge zu dem ursprünglichen Enteignungszweck nicht weiter notwendig ist und von dem ersten Enteigner einem Unternehmer, der für eine andere spätere Anlage demnächst gleichfalls das Enteignungsrecht erworben hat, durch freiwilligen Vertrag abgetreten wird?

II. Zivilsenat. Urt. v. 14. April 1905 i. S. G. (Kl.) w. Stadtgemeinde D. (Bekl.). Rep. II. 652/04.

I. Landgericht Düsseldorf.
II. Oberlandesgericht Köln.

Die Frage wurde verneint aus folgenden

Gründen:

„Nach der tatsächlichen Feststellung des Berufungsgerichts hat der Fiskus das zugunsten seiner Rechtsvorgängerin, der Bergisch-Märkischen Eisenbahngesellschaft, enteignete Grundstück der Beklagten durch Vertrag erst abgetreten, nachdem dieser behufs Anlage eines neuen Rheinhafens das Enteignungsrecht verliehen, und das fragliche Grundstück in dem Beschlusse des Bezirksausschusses zu Düsseldorf vom 8. Juli 1890, betreffend die endgültige Planfeststellung, dem

---

[1] Vgl. jetzt auch Bd. 59 dieser Sammlung Nr. 97 S. 351. D. R.

Enteignungsrechte der Beklagten unterworfen erklärt war. Das Berufungsgericht hat das Vorkaufsrecht des Klägers ... mit der Ausführung verneint, in dem § 57 Abs. 2 des Enteignungsgesetzes, auf Grund dessen der Kläger das Vorkaufsrecht in Anspruch nehme, seien die Fälle, in denen Teile von Grundstücken infolge des verliehenen Enteignungsrechts zwangsweise oder durch freien Vertrag an den Unternehmer abgetreten worden seien, einander gleich gestellt. So wenig im Falle der Durchführung des Enteignungsverfahrens nach Wortlaut und Sinn der bezogenen Gesetzesbestimmung von einer Absicht der Veräußerung und von einem angebotenen Kaufpreise die Rede sein könne, ebensowenig finde das Vorkaufsrecht in dem Falle statt, wenn das dem Enteignungsrechte unterworfene Grundstück unter dem Drucke des Enteignungsverfahrens und zur Vermeidung seiner Durchführung dem Unternehmer durch Vertrag abgetreten werde. Diese Erwägungen erscheinen rechtlich zutreffend. Nach dem Grunde des Gesetzes soll dem Enteigneten durch das Vorkaufsrecht für den Fall die enteigneten Grundstücksteile für den Enteignungszweck später entbehrlich werden und veräußert werden sollen, die Möglichkeit zum Wiedererwerb des ihm einst zwangsweise entzogenen Eigentums und damit zur Wiederherstellung (Arrondierung) seines ursprünglichen Besitzes geboten werden. An der Möglichkeit einer solchen Wiedervereinigung fehlt es, wenn der ursprüngliche Enteigner das enteignete Grundstück später im öffentlichen Interesse einem anderen Enteigner abtreten muß." ...

---

92. Tragweite der den § 8 Abs. 4 des Binnenschiffahrtsgesetzes vom 20. Mai 1898 für den bloß örtlichen Schiffahrtsverkehr außer Anwendung setzenden Bestimmung im § 131 Abs. 1 dieses Gesetzes. Verhältnis der Bestimmungen im § 4 Abs. 1 Ziff. 2 und Abs. 2 desselben Gesetzes zu dessen Vorschrift im § 58 Abs. 1.

I. Zivilsenat. Urt. v. 17. April 1905 i. S. U. (Bekl.) w. W. & H. (Kl.). Rep. I. 17/05.

I. Landgericht Hamburg, Kammer für Handelssachen.
II. Oberlandesgericht daselbst.

Am 23. Juni 1903 übernahm die Beklagte von der Klägerin den Transport von 45 Kolli Phosphor aus dem Dampfer L. nach dem Speicher der Klägerin an der R.straße in Hamburg. Sie beauftragte den Ewerführertagelöhner Sch., die Ladung mittels Schute vom Dampfer abzunehmen und nach dem angegebenen Speicher zu transportieren. Sch. lud den Phosphor in die Schute und brachte sie am Abend des 23. Juni 1903 um etwa 7 Uhr an den Speicher, um die Ladung dort abzuliefern. Der Lagermeister der Klägerin nahm jedoch die Ladung nicht ab, weil es dazu bereits zu spät sei. Sch. legte hierauf die Schute hinter dem Speicher fest und entfernte sich. Am Morgen des folgenden Tages fanden die Leute der Klägerin die Schute gesunken vor.

Die Klägerin verlangte von der Beklagten den Ersatz des ihr dadurch verursachten, von ihr auf 3748,75 *M* bezifferten Schadens, wogegen die Beklagte, weil der Schaden trotz der angewandten Sorgfalt eines ordentlichen Frachtführers nicht zu vermeiden gewesen sei, die Abweisung der Klage begehrte und in zweiter Linie geltend machte, daß sie, wenn überhaupt, nur mit der Schute hafte.

Vom Landgericht wurde nach Beweisaufnahme der Klaganspruch dem Grunde nach mit der Maßgabe, daß die Beklagte für den entstandenen Schaden persönlich hafte, für berechtigt erklärt, und vom Oberlandesgericht die Berufung der Beklagten zurückgewiesen. Die Revision der Beklagten führte zur Aufhebung des Berufungsurteils.

Aus den Gründen:

„Die Entscheidung des Berufungsgerichts beruht darauf, daß die Beklagte nach § 58 B.Sch.G. für den entstandenen Schaden hafte, weil sie den hier ihr freigelassenen Beweis nicht geführt habe, insbesondere auch nicht den Beweis, daß die zur Beförderung der Ladung verwendete Schute sich beim Einnehmen der Ladung in fahrtüchtigem Zustande befunden habe. In letzterer Beziehung ist angenommen worden, daß die Beklagte sich auf die, den § 8 Abs. 4 B.Sch.G. für den örtlichen Schiffsverkehr außer Anwendung setzende Bestimmung im § 131 Abs. 1 desselben Gesetzes nicht berufen könne.

Der Vorwurf der Revision, daß diese eben erwähnte Annahme eine rechtsirrige sei, kann nicht für begründet erachtet werden. Die Bestimmung des § 131 Abs. 1 B.Sch.G. ist bezüglich des § 8 Abs. 4 zurückzuführen auf einen Beschluß der Reichstagskommission, die sich von der Erwägung leiten ließ, daß bei einer großen Ewerführerei der Schiffseigner nicht imstande sei, die vielen kleinen ihm gehörigen Fahrzeuge vor ihrer Benutzung auf ihre Fahrtüchtigkeit zu prüfen, daß aber auch der kleinere Schiffseigner sich auf die Pflichterfüllung des Schiffers müsse verlassen können. Abgelehnt werden muß es indes, hieraus den Schluß zu ziehen, daß es der Gesetzeswille sei, für den bloß örtlichen Schiffsverkehr den Frachtführer von jeglicher persönlichen Haftung für das Vorhandensein der Fahrtüchtigkeit des Schiffes bei Antritt der Reise zu befreien. Eine dahingehende Absicht hat in dem Gesetz keinen Ausdruck gefunden; denn des von der Verantwortlichkeit des Frachtführers handelnden § 58 B.Sch.G. geschieht in dem § 131 Abs. 1 keine Erwähnung, und der dort genannte § 8 Abs. 4, der nicht im vierten, das Frachtgeschäft betreffenden, sondern im zweiten Abschnitt des Gesetzes enthalten ist, berührt die Verantwortlichkeit des Frachtführers nicht. Das Gegenteil folgt nicht, wie die Revision meint, daraus, daß zu den Personen, denen nach § 8 Abs. 4 der Schiffseigner persönlich für die Fahrtüchtigkeit des Schiffs bei Antritt der Reise haften soll, auch die Ladungsbeteiligten gehören, und zwar deshalb nicht, weil es keineswegs immer der Schiffseigner ist, der den Ladungsbeteiligten als Frachtführer gegenübersteht. Eingeführt ist vielmehr durch den § 8 Abs. 4 eine besondere gesetzliche Haftung des Schiffseigners als solchen, und allein diese ist es, die der § 131 Abs. 1 für den bloß örtlichen Schiffsverkehr ausschließt.

Hat hiernach das Berufungsgericht den § 131 Abs. 1 B.Sch.G. nicht verletzt, so rechtfertigt sich doch damit die erlassene Entscheidung insoweit noch nicht, als sie dahin geht, daß die Beklagte für den entstandenen Schaden nicht nur mit Schiff und Fracht, sondern auch persönlich hafte. Allerdings haftet nach § 58 B.Sch.G. der Frachtführer für den dort bezeichneten Schaden, sofern er nicht beweist, daß dieser durch Umstände herbeigeführt ist, die durch die Sorgfalt eines ordentlichen Frachtführers nicht abgewendet werden konnten. Andererseits bestimmt aber der § 4 Abs. 1 Ziff. 2 des Gesetzes, daß, wenn ein Anspruch gegen den Schiffseigner auf die Nichterfüllung oder auf die unvollständige oder mangelhafte Erfüllung eines von ihm abgeschlossenen Vertrages gegründet wird, der Schiffseigner nur mit Schiff und Fracht haftet, insofern die Ausführung des Vertrages zu den Dienstobliegenheiten des Schiffers gehört. Wo diese Vorschrift

Anwendung findet, behält es im Falle eines vom Schiffseigner geschlossenen Frachtvertrages bei der Beweislast, wie sie der § 58 des Gesetzes regelt, insofern sein Bewenden, als, wenn der hier freigelassene Beweis nicht geführt wird, die Haftung mit Schiff und Fracht in Anspruch genommen werden kann. Soll aber der Schiffseigner darüber hinaus persönlich haftbar gemacht werden, so muß, wie sich aus der mit der vorhergehenden Regelvorschrift zusammengehaltenen Bestimmung im § 4 Abs. 2 Satz 1 ergibt, ihm ein eigenes Verschulden nachgewiesen werden. So liegt die Sache auch hier.

Das Berufungsgericht führt aus, es sei, wenn auch nicht bewiesen, so doch möglich, daß die Schute der Beklagten sich schon vor dem Einnehmen der Phosphorladung in einem mangelhaften Zustande befunden habe und infolge davon leck geworden und gesunken sei; in diesem Falle würde die Voraussetzung des § 4 Abs. 1 Ziff. 2 nicht zutreffen, weil die Fürsorge dafür, daß reparaturbedürftig gewordene Schuten vor fernerer Verwendung repariert würden, der Ewerführerei obliege und unmöglich Sache des jeweiligen Tagelöhners, dem die Schute zugewiesen werde, sein könne. In Wahrheit ist es jedoch unerfindlich, weshalb es für einen Ewerführertagelöhner, dem die Ausführung eines Transports übertragen wird, unmöglich sein soll, sich vor der Benutzung der ihm zugewiesenen Schute davon zu überzeugen, ob sie in fahrtüchtigem Zustande ist, und, wenn sie es nicht ist, dafür Sorge zu tragen, daß sie in den gehörigen Stand gesetzt, oder eine andere, nicht mangelhafte Schute benutzt wird. Gerade er ist in jedem einzelnen Fall eines von ihm auszuführenden Transports in der Lage, darauf zu sehen, daß dazu ein im gehörigen Stande befindliches Fahrzeug verwendet wird. Darauf zu sehen, ist aber auch nach § 8 Abs. 1 B.Sch.G. seine Pflicht; es gehört zu seinen Dienstobliegenheiten, da er der „Schiffer" ist.

Vgl. Entsch. des R.G.'s in Zivils. Bd. 48 S. 68.

Deshalb ist hier auch bezüglich der Frage der Fahrtüchtigkeit der benutzten Schute der Fall des § 4 Abs. 1 Ziff. 2 des Gesetzes als gegeben anzusehen, und genügte somit, was vorliegt, nicht, um die Beklagte für persönlich haftbar zu erklären." ...

93. Stellt der Vertrieb von Waren nach dem sog. Gellaverfahren die öffentliche Veranstaltung einer Ausspielung von Gewinnen im Sinne des Reichsstempelgesetzes Tarifstelle Nr. 5 dar, und unterliegen demgemäß die in diesem Verfahren von dem Geschäftsinhaber ausgestellten Urkunden als Ausweise über Spieleinlagen dem Reichsstempel?

VII. Zivilsenat. Urt. v. 18. April 1905 i. S. L. u. Gen. (Kl.) w. preuß. Fiskus (Bekl.). Rep. VII. 444/04.

I. Landgericht I Berlin.
II. Kammergericht daselbst.

Die Kläger waren die Gesellschafter einer am 15. Mai 1899 gegründeten „Gella"-Vertriebsgesellschaft mit beschränkter Haftung, deren Geschäftsbetrieb in dem Ankaufe und der Veräußerung von Gold-, Leder-, Zinn-, Nickelwaren, Gaskronen, photographischen Apparaten, Fahrrädern und anderen Gegenständen bestand. Die Veräußerung der Waren wurde teilweise nach dem sog. „Gellasystem" auf folgende Art betrieben. Derjenige, der nach diesem Verfahren Waren von der Gesellschaft erwerben wollte, hatte zunächst einen „Gellacoupon" für den Preis von 2 *M* zu kaufen. War dies geschehen, so waren folgende Bedingungen zu erfüllen:

1. Der Käufer hatte gegen weitere Zahlung von 12 *M* eine „Gellaurkunde" mit daran hängenden sechs „Gellacoupons" von der Gesellschaft zu entnehmen.
2. Diese Coupons zum Preise von 2 *M* hatte er an dritte Personen wieder abzusetzen.
3. Jeder dieser sechs Abnehmer mußte seinerseits wieder eine „Gellaurkunde" zum Preise von 12 *M* von der Gesellschaft erwerben. . . . .

Waren diese sämtlichen Bedingungen erfüllt, so hatte der Käufer das Recht, aus dem Geschäft der Gesellschaft oder einigen anderen, mit dieser in Verbindung stehenden Geschäften Waren zum Werte von 72 *M* zu entnehmen.

Setzte der erste Käufer nur einen Coupon ab, und der Erwerber dieses Coupons löste eine „Gellaurkunde“ zum Preise von 12 ℳ ein, so konnte der erstere einen Gegenstand zum Preise von 12 ℳ verlangen; setzte er zwei Coupons ab, so konnte er nach Einlösung zweier Gellaurkunden durch die Couponerwerber Waren zum Werte von 24 ℳ erhalten ꝛc. Die nicht abgesetzten Coupons wurden bei Käufen von 12 ℳ und dem Vielfachen hiervon von der Gesellschaft für 2 ℳ das Stück in Zahlung genommen. Die Stempelsteuerbehörde erblickte in Übereinstimmung mit der vierten Strafkammer des Landgerichts I in Berlin, die in diesem Geschäftsbetriebe die Veranstaltung einer öffentlichen Ausspielung gesehen und daher die Kläger wegen Vergehens gegen § 286 St.G.B. und wegen Übertretung des Reichsstempelgesetzes vom $\frac{\text{27. April 1894}}{\text{14. Juni 1900}}$ zu einer Geldstrafe von 50 ℳ verurteilt hatte, in den Gellacoupons, bzw. den Gellaurkunden Ausweise über die Spieleinlagen bei öffentlich veranstalteten Ausspielungen von Gewinnen im Sinne der Tarifstelle Nr. 5 des Reichsstempelgesetzes und forderte von den Klägern einen dementsprechenden Stempelbetrag, der durch Erlaß des Finanzministers auf 7000 ℳ festgesetzt wurde. Nachdem die Kläger diesen Betrag bezahlt hatten, forderten sie ihn nebst Zinsen von dem Beklagten auf Grund der Behauptung zurück, daß in dem von ihnen zur Anwendung gebrachten „Gellasystem“ die Veranstaltung einer öffentlichen Ausspielung nicht zu finden sei. Der erstinstanzliche Richter entsprach dem Klagantrage; der Berufungsrichter wies dagegen die Klage ab, weil er die Ansicht der Stempelsteuerbehörde für zutreffend erachtete. Die Revision der Kläger ist zurückgewiesen aus folgenden

Gründen:

„Im Anschluß an die Urteile des I., II. und IV. Strafsenats des Reichsgerichts (Entsch. des R.G.'s in Straff. Bd. 34 S. 140. 321. 390 und 403), welche die im wesentlichen mit dem „Gellasystem“ übereinstimmenden Geschäftsformen des „Hydrasystems“ und „Rabattsystems Multiplex“ betrafen, sowie in Einklang mit den Ausführungen des Berufungsgerichts erachtet der erkennende Senat das Gellaverfahren für eine öffentlich veranstaltete Ausspielung von Gewinnen im Sinne des Reichsstempelgesetzes und die Gellaurkunden für Ausweise über Spieleinlagen bei dieser Ausspielung, die nach der Tarifstelle 5 des Reichsstempelgesetzes stempelpflichtig sind. Auszugehen ist von zwei

Begriffen. Zuerst von dem der öffentlichen Veranstaltung einer Ausspielung im Sinne des Reichsstempelgesetzes. Der erkennende Senat pflichtet dem IV. Strafsenat des Reichsgerichts bei, wenn dieser jenen Begriff dahin bestimmt, daß danach eine oder mehrere nicht in Geld bestehende Sachen dem Publikum gegenüber dergestalt zum Erwerbe gegen Entrichtung eines Einsatzes ausgesetzt sein müssen, daß die Erlangung der Sachen abhängig gemacht wird von dem ungewissen Ergebnisse eines irgendwie bestimmten Verfahrens, dessen Erfolg wesentlich, d. h. überwiegend, der Hauptsache nach, durch Zufall bedingt ist. Der zweite hier in Betracht kommende Begriff ist der des Zufalls. In dieser Beziehung genügt es für die gegenwärtige Erörterung auf die Entscheidung des I. Strafsenats (a. a. O. S. 405) zu verweisen, in welcher das Wesen des Zufalles in dem Wirken unberechenbarer, der (entscheidenden) Einwirkung der Beteiligten entzogener Kausalitäten gefunden wird. Um aber ein völlig richtiges Bild von der Sach- und Rechtslage zu gewinnen, muß, wie der Berufungsrichter zutreffend ausgeführt hat, noch ein Drittes hinzutreten: nämlich die Betrachtung des Verfahrens als Ganzes. Dem Erwerber eines Gellacoupons und einer Gellaurkunde wird die Aussicht eröffnet, daß er für den Einsatz von 2 *M* Waren im Werte von 72 *M* erlangen könne. Die erste und nächstliegende Frage ist die, wie dies ohne Verlust der Gellagesellschaft möglich sein kann, da eine noch so starke Preisübersetzung der Waren gegenüber ihrem wahren Werte den Unterschied nicht ausgleichen kann. Die Antwort hierauf ist die, daß die Gewährung von Waren im Werte von 72 *M* für den Einsatz von 2 *M* nur dadurch ermöglicht wird, daß zugunsten derjenigen Teilnehmer an diesem Verfahren, denen es glückt, diesen „Gewinn" von 70 *M* (oder weniger) zu machen, eine größere oder geringere Anzahl von anderen Teilnehmern ihre Einsätze ganz oder teilweise verlieren muß. Dieser Verlust kann aus verschiedenen Gründen und in verschiedenem Umfange eintreten. Gelingt es dem ersten Erwerber eines Gellacoupons und einer Gellaurkunde, zwar die sechs Coupons dieser Urkunde abzusetzen, die sechs Erwerber der Coupons lösen aber dafür Gellaurkunden nicht ein, so haben sowohl der erste Erwerber wie seine sechs Abnehmer einen baren Verlust von je 2 *M*, zusammen also von 14 *M*. Gelingt es dem ersten Erwerber nur zwei oder drei Coupons abzusetzen, ohne daß jedoch die Erwerber diese einlösen, so kann er allerdings die ihm verbleibenden Coupons für je 2 M in Zahlung geben, indessen nur, wenn er Waren im Mindestwerte von 12 M oder solche im Werte des Mehrfachen von 12 M kauft. Er muß also dann den entsprechenden Barbetrag noch hinzulegen, um seine Coupons verwerten zu können. Nun wird es aber oft geschehen, daß der Besitzer solcher Coupons entweder überhaupt nicht noch weiter bares Geld aufwenden kann oder will, oder daß er für ihn brauchbare Gegenstände zu den Preisen, die ihm seine Mittel gestatten, nicht findet und für völlig unnütze Dinge, die zu niedrigeren, für ihn erschwingbaren Preisen zu haben sind, kein Geld verschwenden will. In allen diesen Fällen verliert der Besitzer der nicht abgesetzten und nicht absetzbaren Coupons nicht nur seinen Einsatz von 2 M für den Erwerb des Coupons, sondern auch den Einsatz von je 2 M für die in seinen Händen unverwertet bleibenden Coupons. Dies genügt, indem im übrigen auf die eingehenden und überzeugenden Ausführungen des Berufungsrichters Bezug genommen wird, um zu zeigen, daß das ganze Gellaverfahren darauf berechnet ist und seine notwendige Grundlage darin findet, daß von den Teilnehmern am Gellaverfahren eine große Anzahl ihr Geld verlieren muß, damit eine Minderheit einen Gewinn, sei es von 70 M, sei es von weniger, machen kann. Damit ist das wahre Wesen des Gellaverfahrens in die richtige Beleuchtung gerückt. Sowenig wie das Gellaverfahren im ganzen als ein wirtschaftliches Verfahren angesehen werden kann, ebensowenig kann anerkannt werden, daß die Tätigkeit des einzelnen Abnehmers eine wirtschaftliche ist und sich der Tätigkeit des Agenten oder ähnlicher Personen an die Seite stellen läßt; denn der einzelne Abnehmer, dem es gelingt, einen Gewinn von 70 M rc zu machen, kann nicht für sich allein und mit seinen nächsten Abnehmern als eine besondere Gruppe betrachtet, sondern hinsichtlich seiner Stellung nur im Rahmen des ganzen Verfahrens und nur im Zusammenhang mit allen übrigen Teilnehmern richtig beurteilt werden. Die Bedeutung seiner Tätigkeit besteht hiernach in Wahrheit nicht in der wirtschaftlichen Handlung der Zuführung von Kunden, sondern sein alleiniger Zweck und sein alleiniges Streben geht dahin, auf Kosten anderer Teilnehmer, sei es seiner nächsten Abnehmer, sei es späterer, in der Reihe folgender, für einen geringeren Preis einen viel wertvolleren Gegenstand zu erlangen. Das ist etwas Unwirtschaftliches, jedenfalls zunächst von dem Standpunkt der großen Mehrheit der Abnehmer aus betrachtet, die für ihr Geld nichts erhält. Aber auch für den einzelnen Gewinner kann nichts anderes gelten. Bei ihm findet zwar ein Güterumsatz statt, allein ein solcher, bei dem für ihn der Preis weit hinter dem Werte der Sache zurückbleibt. Daß er den richtigen, dem Werte entsprechenden Preis nicht zu zahlen hat, beruht nicht auf wirtschaftlichen Gründen, sondern der Preisgewinn fließt ihm zu aus den Taschen der übrigen Teilnehmer am Verfahren. Übrigens kann auch auf der Seite der Gellagesellschaft das Geschäft nicht als ein im wahren Sinne wirtschaftliches angesehen werden. Allerdings vollzieht sich auf ihrer Seite ein Güterumsatz. Macht man, um ein Beispiel zu nehmen, hinter einer bestimmten Anzahl von Abnehmern einen Abschnitt, etwa hinter 20000, und stellt diese 20000 Abnehmer der Gesellschaft gegenüber, so mag anzunehmen sein, daß die Waren, welche die Anzahl der Gewinner unter ihnen erhalten hat, unter Berücksichtigung des erforderlichen kaufmännischen Verdienstes in ihrem Preise im wesentlichen dem Geldbetrage entsprochen haben, den die Gesellschaft von den 20000 Abnehmern empfangen hat. Sie hat also, vorerst betrachtet, nichts weiter getan, als Güter (Waren) gegen angemessene Preise umgesetzt, und das ist gewiß an sich eine wirtschaftliche Tätigkeit. Allein die Beurteilung dieser Seite des Geschäfts, nämlich des Verhältnisses auf seiten des Verkäufers, kann nicht unbeeinflußt bleiben von der Art und Weise, wie ihm der Preis für seine Waren zukommt. Das geschieht hier dadurch, daß der Preis in der Hauptsache nicht von der Minderzahl der Gewinner, die hier (willkürlich gegriffen) auf 4000 angenommen sein mag, sondern von den anderen 16000 Abnehmern bezahlt wird, die nichts erhalten. Diese Art der Bezahlung der Waren nimmt ihrem Umsatz den Charakter der Wirtschaftlichkeit, sofern man hierunter solche wirtschaftliche Maßnahmen begreift, die vom Standpunkte der Volkswirtschaft aus billigenswert erscheinen. Die Sache liegt hier genau so wie bei der gewöhnlichen Ausspielung. Auch diese kann in ihrer Gesamtheit, also bei Zusammenfassung beider Seiten, nicht als ein wirtschaftliches Geschäft angesehen werden, obgleich der Veranstalter der Ausspielung Waren gegen Geld umsetzt. Aus der Unwirtschaftlichkeit dieses Geschäfts erklärt und rechtfertigt es sich, daß der Gesetzgeber es für geeignet befunden hat, den Gegenstand einer so hohen Besteuerung, wie 20 vom Hundert, zu bilden.[1]

Die vorstehenden Erörterungen ergeben, daß das Gellaverfahren, als Ganzes, sowie seinem inneren Wesen und dem Gesamtplan nach betrachtet, schon sachlich ohne weiteres seine Spielnatur zutage treten läßt, da es auf der Hand liegt, daß die Auswahl derer, die als Gewinner aus der Gesamtzahl der Abnehmer zum Erwerbe der ausgesetzten Gegenstände gelangen, der großen Menge nach nicht durch ihre, die der anderen Abnehmer übertreffende, besondere geschäftliche Tüchtigkeit und „akquisitorische“ Fähigkeit, sondern nur durch Umstände bestimmt sein kann, die von dem Willen und der Einwirkung der Gewinner unabhängig sind. Damit ist der Punkt berührt, der in den oben in Bezug genommenen Urteilen der Strafsenate des Reichsgerichts in den Vordergrund gestellt ist, und bezüglich dessen im einzelnen folgendes zu bemerken ist.

Soll der Erwerber einer Gellaurkunde den gewünschten größeren oder geringeren Gewinn machen können, so müssen zwei Voraussetzungen erfüllt sein: er muß erstens die erworbenen Coupons absetzen, und

[1] In einer gleichliegenden Sache, N. (Kl.) w. preußischen Fiskus (Bekl.), Rep. VII. 121/05, hat der VII. Zivilsenat in einem Urteil vom selbigen Tage (18. April 1905) sich über das Verhältnis von Wirtschaftlichkeit und Spiel folgendermaßen geäußert: „Aus dem Vorstehenden erhellt, daß das Verfahren des Klägers weder im allgemeinen noch in Rücksicht der einzelnen Seiten des Geschäfts als ein wirtschaftliches angesehen werden kann. Einer näheren Ausführung hierüber, die seitens des erkennenden Senats an anderer Stelle erfolgt ist, bedarf es in dieser Sache nicht. Es sei nur bemerkt, daß dieser Punkt immerhin für die Charakterisierung des ganzen Verfahrens nicht ohne Bedeutung ist. Wenn es in einer Entscheidung des Reichsgerichts (Entsch. in Straff. Bd. 34 S. 323) heißt, die Gegenüberstellung von Spiel und wirtschaftlicher Tätigkeit sei schief, so kann dahingestellt bleiben, ob dieser Ansicht unbedingt beizupflichten ist. Jedenfalls würde es erhebliche Bedenken gegen die Spielnatur des Verfahrens wecken, wenn die Tätigkeit der Teilnehmer am Verfahren, insbesondere die der Käufer von Bezugscheinen, sich in Wahrheit als eine wirklich wirtschaftliche darstellte; der Rückschluß, daß dann der Erfolg nicht auf den bloßen Zufall gestellt sein könnte, würde nicht fern liegen, da es im Begriff des Wirtschaftlichen liegt, daß dabei das in Aussicht genommene Ergebnis nicht ins Blaue hinein und auf „gut Glück“ erhofft wird, sondern daß seine Erreichung auf vernünftiger Berechnung und Berücksichtigung der dem Handelnden möglichen Einwirkung auf Dinge und Menschen beruht.“ D. E.

es müssen zweitens seine Abnehmer auf ihre Coupons wiederum Gellaurkunden entnehmen. Schon was den ersten Vorgang anlangt, spielt hier der Zufall in der Mehrzahl aller Fälle eine erhebliche Rolle. Gewiß wird es eine ganze Reihe von Personen geben, die sich vorsichtigerweise schon vor der Entnahme der Gellaurkunde durch zuverlässige Versprechungen oder Verpflichtungsübernahmen dritter Personen den Absatz der mit der Urkunde erworbenen Coupons an diese dritten Personen gesichert haben, und es würde über den Begriff des Zufalls hinausgehen, wenn man die Möglichkeit, daß selbst in solchen Fällen die dritten Personen aus irgendwelchen Gründen ihr Versprechen der Abnahme später nicht erfüllen können oder wollen, zu der Annahme verwerten wollte, daß der Verkauf auch in diesen Fällen auf Zufall beruhe. Allein es darf überhaupt nicht auf Fälle der vorstehenden Art Gewicht gelegt werden. Entscheidend ist, wie in der großen Mehrzahl aller Fälle sich der Verkauf der Coupons gestaltet. Faßt man dies ins Auge, so wird anerkannt werden müssen, daß die meisten Käufer, namentlich wenn der Absatz der Coupons in der betreffenden Gegend oder dem betreffenden Ort bereits einen großen Umfang angenommen hat, schon bei der Veräußerung ihrer Coupons im wesentlichen auf den Zufall angewiesen sind. Es kommt indessen auf diesen Teil des Verfahrens nicht viel an. Maßgeblich für den zu erreichenden Gewinn ist vielmehr, daß die Abnehmer des ersten Erwerbers ihrerseits wieder Gellaurkunden kaufen. Dies ist aber ein Vorgang, dessen Herbeiführung in der weitaus größten Zahl aller Fälle ganz außerhalb der bestimmenden Einwirkung des ersten Erwerbers liegt, und dessen Eintritt daher für ihn einen Zufall bedeutet; denn erstens ist, wie schon in der Entscheidung des I. Straffenats (a. a. O. S. 405) hervorgehoben worden, die freie Willensentschließung, d. h. hier das freie Spiel der Erwägungen in der Seele des Menschen, in der Regel und jedenfalls in Fällen solcher Art dem maßgebenden Einfluß anderer Personen überhaupt entzogen. Dazu tritt zweitens, daß die Entscheidung der Abnehmer wesentlich mit von tatsächlichen Verhältnissen und deren Wechsel abhängt, so unter anderem von der Gestaltung ihrer Aussichten oder Hoffnungen, ihrerseits wieder die zu erwerbenden Coupons absetzen zu können rc. In der Hauptsache ist hiernach allgemein das Ergebnis des Gellaverfahrens für fast alle daran Beteiligten von einer für sie nicht berechenbaren und von ihnen nicht bestimmbaren Kausalität, also vom Zufall, abhängig. Damit ist der Charakter des Gellaverfahrens als der einer öffentlich veranstalteten Ausspielung gegeben. Was gegen diese Auffassung vorgebracht ist, hat, soweit es sich um den angeblichen, der Spielnatur dieses Verfahrens widerstreitenden wirtschaftlichen Charakter desselben handelt, schon oben seine Widerlegung gefunden. Im übrigen kann in dieser Beziehung auf die durchschlagenden Ausführungen des Berufungsurteils verwiesen werden. Nur folgendes sei noch hervorgehoben.

Wenn der Berufungsrichter zur Widerlegung der Ansicht, daß jedes Spiel im Rechtssinne in einem dem Vergnügen, der Erholung, dem Zeitvertreib oder der Erregung dienenden Vorgang bestehen müsse, ausführt, Spiel sei jedes wesentlich aleatorische Rechtsgeschäft, so kann sich der Zweifel erheben, ob hier nicht eine durch den Gebrauch des lateinischen Ausdrucks an Stelle des deutschen verdeckte Tautologie vorliegt. Jedenfalls reicht schon der Hinweis auf die staatlichen oder staatlich genehmigten Lotterien, deren Spielnatur außer jeder Frage steht, hin, um die Unrichtigkeit der aufgestellten Ansicht zu erweisen. Daß der Begriff der „Ausspielung" in dieser Beziehung eine Besonderheit gegenüber dem allgemeinen Begriff des Spiels enthalte, kann nicht anerkannt werden. Zuzugestehen ist nur, daß *sehr oft* bei der Ausspielung die Entscheidung durch eine dem Vergnügen und der Zerstreuung dienende, in ihrem Erfolge wesentlich dem Zufall anheimgegebene Tätigkeit der dem Veranstalter der Ausspielung gegenüberstehenden Beteiligten erfolgt. Allein begriffsnotwendig ist dies für die Ausspielung nicht. Es erscheint ferner nicht richtig, wenn die Kläger glauben, für ihre Ansicht etwas Günstiges daraus herleiten zu können, daß der Inhaber einer Gellaurkunde die nicht abgesetzten Coupons bei Einkauf von Waren zum Mindestpreis von 12 ℳ oder zu einem das Mehrfache von 12 ℳ betragenden Preise mit 2 ℳ für das Stück in Zahlung geben könnte. Es ist dieser Umstand bereits oben gewürdigt worden, und dazu nur noch zu bemerken, daß die dadurch herbeigeführte teilweise Deckung oder Verhinderung eines weiteren Verlustes, die übrigens nur durch Aufwendung fernerer Barmittel ermöglicht werden kann, den erlittenen Verlust, nämlich den der ersten Einlage von 2 ℳ, nicht beseitigt. Dies setzt allerdings Nichteinlösung sämtlicher verkauften Coupons voraus.

Endlich ist dem Berufungsrichter auch darin zuzustimmen, wenn er die Ansicht des ersten Richters, daß die Besteuerung der Gellaurkunden mit dem Prinzip eines Rechtsstaates unvereinbar sei, weil das Unternehmen gegen die guten Sitten verstoße, als verfehlt zurückweist. Dieser Gesichtspunkt könnte, wenn überhaupt, doch nur Beachtung finden, wenn es sich um die Besteuerung eines erst zu veranstaltenden Unternehmens solcher Art handelte. Allein es ist, wie der Berufungsrichter mit Recht sagt, nicht abzusehen, weshalb ein schon veranstaltetes Spielunternehmen, wenn es gegen die guten Sitten verstößt, dadurch gegen andere Ausspielungen begünstigt werden soll, daß es von der Besteuerung frei bleibt."

---

94. 1. Unterbricht die Erhebung einer Teilklage die Verjährung wegen des nicht eingeklagten Restanspruchs?
2. Unterbricht der Antrag auf Abweisung einer negativen Feststellungsklage die Verjährung?

IV. Zivilsenat. Urt. v. 19. April 1905 i. S. R. (Kl.) w. S. (Bekl.). Rep. IV. 511/04.

I. Landgericht Münster.
II. Oberlandesgericht Hamm.

Am 5. März 1899 starb die 23jährige Anna B., Erblasserin der Beklagten. Mit der Behauptung, die B. seit mehreren Jahren ärztlich behandelt zu haben, beanspruchte der Kläger von der Beklagten mittels der am 30. Dezember 1899 zugestellten Klage vom 27. desselben Monats für die ärztliche Behandlung der B. in der Zeit vom 15. September bis Ende Dezember 1896 den Gesamtbetrag von 229 *M*, indem er der Klageschrift eine Rechnung beifügte, in der die in der Zeit vom 15. September bis Ende Dezember 1896 von ihm vorgenommenen Untersuchungen und Besuche näher angegeben waren. Die Beklagte beantragte Abweisung der Klage und erhob Widerklage dahin, den Kläger für nicht berechtigt zu erklären, aus seiner angeblichen Behandlung der Anna B.

an die Beklagte und Widerklägerin überhaupt Ansprüche zu erheben. Die Beklagte behauptete, der Kläger habe die Anna B. als seine Braut betrachtet und ihr seine Dienste schenkweise zugewendet. Jedoch erklärte sich die Beklagte bereit, 1000 *M* dem Kläger zu zahlen. Das Landgericht in Münster wies durch Urteil vom 15. Januar 1901 die Klage ab und erkannte auf die Widerklage, daß der Kläger für die ganze Zeit — ausgenommen die letzten Wochen vor dem Tode der Anna B. — nicht berechtigt sei, Ansprüche aus der ärztlichen Behandlung zu erheben. In der Berufungsinstanz erweiterte der Kläger seinen Klagantrag, indem er nicht nur um Abweisung der Widerklage bat, sondern auch beantragte, in erster Reihe, seinen Anspruch dem Grunde nach für gerechtfertigt zu erklären, in zweiter Reihe, die Beklagte zur Zahlung angemessener Vergütung für seine ärztlichen Bemühungen in den Jahren 1896, 1897 und 1898 zu verurteilen. Diese Erweiterung des Klagantrags geschah mittels des in den folgenden Verhandlungsterminen vorgetragenen schriftlichen Antrags vom 28. März 1903. Das Oberlandesgericht in Hamm wies durch Urteil vom 7. Juni 1904 die Berufung des Klägers zurück, beließ es aber im übrigen bei der Erklärung der Beklagten, dem Kläger für die ärztliche Behandlung der Anna B. 1000 *M* zahlen zu wollen.

Gegen das Berufungsurteil hat der Kläger Revision eingelegt. Er beschwert sich nur insoweit, als ihm der Anspruch auf Vergütung für die ärztliche Behandlung in der Zeit seit dem 10. September 1897 auf Grund der vom Berufungsrichter für durchgreifend erachteten Einrede der Verjährung aberkannt worden ist. Die Revision ist zurückgewiesen worden aus folgenden

Gründen:

„Das Berufungsgericht hat die von dem Kläger gegen die Beklagte als Erbin der Anna B. erhobenen Ansprüche auf Vergütung für ärztliche Behandlung der Erblasserin, soweit sie die Zeit vom 10. September 1897 bis zum 5. März 1899, dem Todestage der an Lungentuberkulose gestorbenen Anna B., betreffen, an sich für begründet, aber als verjährt erachtet, und zwar mit folgender Begründung:

Die sämtlichen Ansprüche des Klägers, welche nach Ablauf des Jahres 1896 entstanden seien, würden nach § 2 Nr. 2 und § 6 des preußischen Gesetzes vom 31. März 1838, bzw. § 196 Nr. 14 B.G.B. in Verbindung mit Art. 169 Abs. 2 Einf.-Ges. zum B.G.B. mit Ablauf des Jahres 1901 verjährt sein; eine Unterbrechung der Verjährung sei hinsichtlich dieser Ansprüche durch die Erhebung der Klage, welche am 30. Dezember 1899 zugestellt sei, nicht erfolgt, da die Klage sich lediglich auf die Ansprüche aus 1896 beschränke, die Erhebung der Widerklage eine Unterbrechung der Verjährung nicht zur Folge gehabt habe, eine Ausdehnung des Klageanspruchs auf die seit Beginn des Jahres 1897 erwachsenen Ansprüche aber erst durch den Antrag vom 28. März 1903 erfolgt sei.

Vgl. §§ 551 flg. A.L.R. I. 9; § 267 Z.P.O.; §§ 208 flg. B.G.B.; Entsch. des R.G.'s in Zivils. Bd. 39 S. 216 flg.

Diese Rechtsausführungen werden von der Revision vergeblich bekämpft. In der am 30. Dezember 1899 zugestellten Klage vom 27. desselben Monats werden lediglich 229 ℳ als Vergütung für ärztliche Behandlung während der Zeit vom 15. September bis zum 31. Dezember 1896 beansprucht. Auch die der Klage beigefügte und in der Klage in Bezug genommene Rechnung vom 12. November 1899 führt lediglich die in der genannten Zeit vom Kläger vorgenommenen Untersuchungen und Besuche auf. Der Kläger hat also nur wegen Vergütung der in die genannte Zeit fallenden ärztlichen Behandlung Klage erhoben. An dieser Tatsache wird dadurch nichts geändert, daß in der Klageschrift einleitend bemerkt wird, der Kläger habe die Anna B. seit mehreren Jahren ärztlich behandelt. Wenn die Revision behauptet, es sei in der Klage die Erweiterung des Klaganspruchs ausdrücklich oder doch stillschweigend vorbehalten, denn es sei die ganze Zeit angegeben, für die Vergütung verlangt worden sei, und es sei eine Rechnung für die ganze Zeit unter Angabe der einzelnen Posten überreicht, so trifft das tatsächlich und rechtlich nicht zu. Der Kläger hat weder eine solche Rechnung mit der Klage überreicht, noch sich darin die Einklagung des Restes seines Anspruchs — sei es ausdrücklich, sei es stillschweigend — vorbehalten. Aus der oben angegebenen Bemerkung, er habe die Anna B. seit mehreren Jahren ärztlich behandelt, kann ein Vorbehalt der Einklagung des Restanspruchs nicht entnommen werden, um so weniger als es in der Klage an jeglicher Andeutung dafür fehlt, wie hoch der Restanspruch zu berechnen sein möchte, und daß mit der Klage vorläufig nur ein Teil des ganzen Anspruchs verlangt werde.

Allerdings unterbricht nach preußischem Rechte die Einklagung eines Teiles des Anspruchs die Verjährung auch hinsichtlich des nicht eingeklagten Restanspruchs, falls, wie hier, die Klage im Laufe des Rechtsstreits erweitert wird. Dies setzt aber voraus, daß die Klage, was hier nicht der Fall, eine Betätigung des ganzen Rechtes enthält.

Vgl. § 570 A.L.R. I. 9; Entsch. des R.G.'s in Zivils. Bd. 22 S. 314, insbes. S. 318, Bd. 34 S. 260, Bd. 39 S. 216.

Ohne Rechtsirrtum hat das Berufungsgericht angenommen, der angestellten Klage komme eine die Verjährung des Restanspruchs unterbrechende Wirkung nicht zu. Da es sich um einen zur Zeit des Inkrafttretens des Bürgerlichen Gesetzbuchs noch nicht verjährten Anspruch handelt (§ 2 Ziff. 2 und § 6 des preußischen Gesetzes vom 31. März 1838), so hat das Berufungsgericht für die Frage der Unterbrechung der Verjährung durch die Klage zutreffend die bisherigen Gesetze angewendet (Art. 169 Abs. 1 Einf.-Ges. zum B.G.B.).

Die Revision meint ferner, die Verteidigung des Klägers gegen die Widerklage ergebe überall, daß er sein ganzes Recht zur Geltung habe bringen wollen, was dann auch in zweiter Instanz durch Erweiterung des Antrags der Klage geschehen sei. Auch dieser Angriff geht fehl. Insofern die Revision diesen Umstand als einen Beweisgrund dafür verwertet wissen will, daß der Kläger bereits durch Erhebung der Teilklage sein ganzes Recht habe betätigen wollen, findet die Rüge ihre Widerlegung in dem Vorhergesagten; denn das Berufungsgericht hat darnach das Vorhandensein jenes Betätigungswillens rechtlich bedenkenfrei verneint. Der Revisionsangriff hat jedoch noch eine weitere Bedeutung. Die Widerklage war auf Feststellung der Nichtberechtigung des Klägers, für die ärztliche Behandlung der Erblasserin der Beklagten überhaupt Vergütung zu verlangen, gerichtet. Mit Erhebung dieser auf Feststellung des Nichtbestehens einer Berechtigung gerichteten Widerklage wurde der ganze Anspruch des Klägers rechtshängig, also auch der mit der Klage nicht eingeklagte Restanspruch. Wäre die Widerklage nicht, wie hier, zugesprochen, sondern als sachlich unbegründet abgewiesen worden, so würde mit der Rechtskraft des Urteils die Berechtigung des Klägers, für die ärztliche Behandlung der B. während der ganzen Dauer ihrer Krankheit Vergütung fordern zu dürfen, festgestellt worden sein. Denn, wie das Reichsgericht wiederholt angenommen, schließt der Ausspruch, die negative Feststellungsklage sei sachlich unbegründet, die Feststellung des Bestehens des Rechtsverhältnisses in sich.

Vgl. Entsch. des R.G.'s in Zivils. Bd. 29 S. 345, Jurist. Wochenschr. 1892 S. 426 Nr. 3, 1894 S. 361 Nr. 8, Gruchot, Beiträge Bd. 40 S. 417, Bd. 45 S. 1107.

Allein der Antrag auf Abweisung der negativen Feststellungswiderklage und überhaupt die Verteidigung gegen diese stellt trotzdem keine die Verjährung unterbrechende gerichtliche Handlung dar. Die Abwehr der negativen Feststellungswiderklage enthält nicht die für die Unterbrechung der Verjährung erforderliche (positive) Betätigung des Rechts; denn dazu gehört eine Rechtsverfolgung, also eine auf Zusprechung eigenen Rechtes, nicht bloß auf Abwehr des gegnerischen Begehrens gerichtete Tätigkeit. Wenn auch mit der rechtskräftigen Abweisung einer negativen Feststellungsklage in bezug auf das Bestehen eines Rechtsverhältnisses derselbe Erfolg eintreten kann, der mit der rechtskräftigen Zusprechung der positiven Feststellungsklage erzielt wird, so darf diese Gleichheit des Erfolgs doch nicht dahin führen, beide Fälle in bezug auf die Unterbrechung der Verjährung einander gleichzustellen, um so weniger als die vom Gesetz anerkannten Unterbrechungshandlungen eine in sich geschlossene Gruppe bilden, die durch Verallgemeinerung nicht erweitert werden darf.

Außerdem ist zu berücksichtigen, daß der Kläger es unterlassen hat, vor Ablauf der Verjährungsfrist seinen Restanspruch zu beziffern und dessen tatsächliche Grundlagen darzulegen. Der Umstand, daß die Gegenpartei die ihr zugegangenen Rechnungen über Arztkosten vorgelegt hat, genügt allein nicht. Demzufolge würde, selbst wenn der Kläger der negativen Feststellungsklage gegenüber obgesiegt hätte, sein Restanspruch dem Betrage nach im ungewissen geblieben sein. Auch aus diesem Grunde kann seinem Verhalten im Rechtsstreite nicht die Wirkung der Unterbrechung der Verjährung beigelegt werden.

Endlich kann auch der Gesichtspunkt der Arglist, wie er z. B. in der Entsch. des R.G.'s in Zivils. Bd. 57 S. 372 (376) gegenüber der Einrede der Verjährung Beachtung fand, hier nicht in Frage kommen, weil der Kläger durch die Erhebung der Widerklage auf Feststellung des Nichtbestehens seines Rechts nicht gehindert wurde, die Leistungsklage zu erheben, bzw. die erhobene Leistungsklage zu erweitern. Für ihn fiel infolge Erhebung der Widerklage nur der Anlaß zur Erhebung einer positiven Feststellungsklage, deren Zulässigkeit im allgemeinen vorausgesetzt, hinweg." ...

---

95. Verletzung der Amtspflicht bei Bestimmung der Reihenfolge von Eintragungen in das Grundbuch.

G.B.O. §§ 12. 17. 18. 46.
B.G.B. §§ 879. 839.

V. Zivilsenat. Urt. v. 26. April 1905 i. S. H. (Kl.) w. preuß. Justizfiskus (Bekl.). Rep. V. 484/04.

I. Landgericht Dortmund.
II. Oberlandesgericht Hamm.

Der Müller H. bekannte in der seiner Unterschrift nach vom Notar B. beglaubigten Urkunde vom 1. Februar 1900, von der Firma C. H. H. ein Darlehn von 3000 ℳ erhalten zu haben, versprach dessen Verzinsung und Rückzahlung und beantragte und bewilligte die Eintragung ins Grundbuch von L. Bd. 6 Bl. 286. Der Notar B. reichte diese Urkunde mit dem Antrage, die bewilligte Eintragung für die Firma C. H. H. zu bewirken, bei dem zuständigen Amtsgericht D. am 8. Februar 1900 ein. Zunächst mit seinem Antrage zurückgewiesen, beantragte er in einem am 12. März 1900 beim Amtsgericht eingegangenen Schreiben vom 7. März 1900, unter Beilegung der Urkunde vom 1. Februar 1900, für den Kaufmann C. H. H. eine Hypothek von 3000 ℳ einzutragen. Durch Verfügung vom 15. März 1900 ersuchte der Grundbuchrichter den Notar B., durch Vorlegung des neuesten Auszugs aus dem Handelsregister nachzuweisen, daß die Firma C. H. H. eine Handelsgesellschaft sei; anderenfalls dem Antrage könne nicht stattgegeben werden. Eine Frist wurde nicht gestellt. Durch Schreiben vom 20. März 1900 ersuchte der Notar B. das Amtsgericht um Rückgabe seines Antragschreibens vom 7. März und der Urkunde vom 1. Februar 1900 mit der Begründung, daß der Stand des Gläubigers nicht richtig angegeben sei. Dem Notar wurde am 24. März die Urkunde vom 1. Februar 1900 zurückgeschickt. Auch jetzt wurde eine Frist nicht gestellt. Erst am 2. April wurde der Notar B. vom Grundbuchrichter an die Erledigung der Verfügung vom 15. März mit Frist von einer Woche erinnert. Am 11. April 1900 ging ein Antrag des Notars L. beim Amtsgericht O. ein, auf den Grundstücken des Müllers H. Bd. 6 Bl. 286 des Grundbuchs von L. für K. ein Darlehn von 2500 ℳ mit Zinsen und Rückzahlungsbedingungen einzutragen, und zwar gleichzeitig mit der Schuldverschreibung und dem gleichlautenden Antrage des Müllers H. Nach fruchtlosem Ablaufe der dem Notar B. gesetzten Frist wurde dieser durch Verfügung vom 9. April, die ihm am 12. April zuging, aufgefordert, die Schuldurkunde binnen einer Woche bei Vermeidung kostenpflichtiger Abweisung des Antrags wieder einzureichen. Hierauf reichte der Notar B. am 17. April die Schuldurkunde, in der er mit Genehmigung des Klägers und nach Benachrichtigung des Schuldners H. das Wort „Firma" in „Kaufmann" geändert hatte, dem Amtsgerichte mit der Erklärung ein, daß es in B. eine offene Handelsgesellschaft C. H. H. nicht gebe, daß in der Urkunde vom 1. Februar 1900 vielmehr der Kaufmann C. H. H. gemeint sei, und die Bezeichnung „Firma" auf einem Schreibfehler beruhe. Nunmehr trug der Grundbuchrichter am 17. April 1900 in das Grundbuch von L. Bd. 6 S. 286 in Abt. III unter Nr. 6 die Hypothek des K. und unter Nr. 7 die Hypothek des Klägers ein. Nachdem am 5. Juni 1901 die Zwangsversteigerung der Grundstücke Bd. 6 Bl. 286 beschlossen war, beantragte der Kläger die Eintragung eines Widerspruchs bei der Post Nr. 6. Dieser Antrag wurde vom Amtsgericht abgewiesen; die dagegen eingelegte Beschwerde und weitere Beschwerde wurden zurückgewiesen. Im Kaufgelderbelegungstermine vom 17. September 1901 kam die Hypothek des K. mit Kapital und

Zinsen voll zur Hebung und wurde ausbezahlt, während das unangefochtene Liquidat des Klägers von 3302,70 M nur mit 751,35 M zur Hebung gelangte und mit 2551,35 M ausfiel. Wäre der Kläger mit seiner Hypothek an der Stelle des K. unter Nr. 6 eingetragen gewesen, so würde er nur mit 51,73 M ausgefallen sein. Der Kläger war der Ansicht, er habe den Ausfall dadurch erlitten, daß der Grundbuchrichter bei Erledigung der beiden Eintragungsanträge seine Amtspflichten fahrlässig verletzt habe; deshalb sei der Grundbuchrichter schadensersatzpflichtig, da H. und K. unpfändbar seien. Er nahm auf Grund des § 12 G.B.O. und des § 839 B.G.B. den beklagten Fiskus mit dem Antrag in Anspruch, denselben zur Zahlung von 2492,92 M nebst Zinsen zu verurteilen. Nachdem der erste Richter das Unvermögen des Schuldners H. und des K. zum Ersatz des Schadens festgestellt hatte, erkannte er nach diesem Antrage. Die Berufung des Beklagten wurde zurückgewiesen. Seine Revision wurde ebenfalls zurückgewiesen aus folgenden

Gründen:

„Werden mehrere Eintragungen beantragt, durch die dasselbe Recht betroffen wird, so darf die später beantragte Eintragung nicht vor der Erledigung des früher gestellten Antrags erfolgen (§ 17 G.B.O.). Ein Eintragungsantrag gilt, abgesehen von seiner Zurücknahme, für erledigt: 1. wenn er, sei es sofort, oder nach erfolglosem Ablauf der dem Antragsteller zur Hebung eines der Eintragung entgegenstehenden Hindernisses gestellten Frist, zurückgewiesen wird; 2. wenn die beantragte Eintragung endgültig erfolgt oder, falls ihr ein Hindernis entgegensteht, zur Sicherung ihres Vorranges (§ 883 Abs. 3 B.G.B.) eine Vormerkung eingetragen wird (§ 18 G.B.O.). Sind in einer Abteilung des Grundbuchs mehrere Eintragungen zu bewirken, so erhalten sie die Reihenfolge, welche der Zeitfolge der Anträge entspricht (§ 46 Abs. 1 G.B.O.). Diese Vorschriften hat der Grundbuchrichter beim Amtsgericht O. unter fahrlässiger Verletzung seiner Amtspflichten nicht beachtet. Er hat deshalb dem Kläger den ihm daraus entstandenen Schaden, dessen in den Vorinstanzen festgestellte Höhe nicht beanstandet ist, zu ersetzen, da Kläger, wie erwiesen, auf andere Weise Ersatz nicht zu erlangen vermag und weder vorsätzlich noch fahrlässig unterlassen hat, den Schaden durch Gebrauch eines Rechtsmittels abzuwenden (§ 839 Abss. 1. 3 B.G.B.).

Seinen Schadensersatzanspruch macht der Kläger nach § 12 G.B.O. gegen den preußischen Staat, den preußischen Justizfiskus geltend.

Im einzelnen kommt folgendes in Betracht.

Als der Notar B. am 12. März 1900 die von ihm beglaubigte Urkunde vom 1. Februar 1900, worin der Schuldner H. die Eintragung der Darlehnshypothek für die Firma C. H. H. bewilligt und beantragt hatte, dem Amtsgerichte mit dem Antrage überreichte, die Hypothek für den Kaufmann C. H. H. einzutragen, durfte der Richter den Widerspruch, den die Urkunde und der Antrag bezüglich der Bezeichnung des Gläubigers aufwiesen, übersehen und die Eintragung für die in der Urkunde als Gläubiger bezeichnete Firma C. H. H., wenn sonst kein Hindernis entgegenstand, bewirken; denn der Notar gilt nach § 15 G.B.O. nicht als ermächtigt, Eintragungsanträge, die mit dem wesentlichen Inhalte der von ihm beglaubigten Urkunde im Widerspruche stehen, im Namen eines Antragsberechtigten zu stellen. Demnach war nur der in der Urkunde enthaltene Antrag des Schuldners H. für den Richter maßgebend. Ohne die Nichtübereinstimmung von Urkunde und Antrag in bezug auf die Person des Gläubigers zu rügen, forderte der Richter durch die Verfügung vom 15. März den Notar B. auf, durch Beibringung eines neuesten Auszugs aus dem Handelsregister nachzuweisen, daß die Firma C. H. H. eine Handelsgesellschaft sei, und gab damit zu erkennen, daß er die Eintragung einer Hypothek für die Firma eines Einzelkaufmanns nicht für zulässig erachte. Er stellte sich also bei der von jeher streitigen Frage, ob eine Hypothek für die Firma eines Einzelkaufmanns eingetragen werden darf (vgl. Turnau, G.B.O. Bd. 2 S. 202; Turnau u. Förster, Liegenschaftsrecht Bd. 1 S. 599), auf die Seite des Kammergerichts (Jahrb. Bd. 4 S. 133, Bd. 9 S. 3; Samml. des Reichsjustizamts Bd. 3 S. 156. 196) und derjenigen Autoren (Staub, Planck, Biermann, Turnau u. Förster, Kober, Oberneck), welche die Ansicht vertreten, daß ein Einzelkaufmann nur unter seinem bürgerlichen Namen, nicht unter seiner Firma als Gläubiger in das Grundbuch eingetragen werden darf. Hieraus kann ihm ein Vorwurf nicht gemacht werden, weil jene Frage bisher vom Reichsgericht, als der für die Praxis maßgebenden höchsten Instanz, noch nicht entschieden ist. Die Verfügung vom 15. März war für das Verfahren aber bedeutungslos, weil darin keine Frist für die

Hebung des Hindernisses bestimmt war. Auch in der Verfügung vom 24. März, mit der dem Notar B. auf sein Verlangen die Urkunde vom 1. Februar zurückgegeben wurde, ist keine Frist gestellt. Mit Unrecht sieht der Beklagte in dem Ersuchen des Notars um Rückgabe der Urkunde und seines Antrags eine Zurücknahme des Eintragungsantrags. Denn weder hat der Notar den Antrag zurückgenommen, noch durfte der Richter die Erklärung des Notars als Zurücknahme gelten lassen, da sie der Beglaubigung bedurfte, dieser aber ermangelte (§ 32 G.B.O.; Entsch. des Kammergerichts Jahrb. Bd. 28 S. A 89), noch hat sie der Richter, wie sich aus seinem weiteren Verfahren ergibt, als Zurücknahme angesehen. Erst als der Richter am 2. April den Notar B. an die Erledigung der Verfügung vom 15. März erinnerte, hat er ihm eine Frist von einer Woche bestimmt. Als auch diese Frist ergebnislos verstrichen war, hat der Richter nicht den Eintragungsantrag für den Kläger zurückgewiesen, sondern er ließ, obwohl dazu ersichtlich keine Veranlassung vorlag, die Sache in der Schwebe und stellte dem Notar B. eine zweite Frist von einer Woche, ohne zu bedenken, daß der § 18 G.B.O. eine Nachfristbestimmung nicht vorsieht (vgl. Turnau u. Förster, Liegenschaftsrecht Bd. 2 S. 111 Nr. 1). Als nun am 11. April der Antrag des Notars L. auf Eintragung der Hypothek für K. auf die auch dem Kläger verpfändeten Grundstücke Bd. 6 Bl. 286 des Müllers H., dessen Erledigung ein Hindernis nicht mehr entgegenstand, beim Grundbuchamt einging, war der Eintragungsantrag des Notars B. zugunsten des Klägers noch nicht erledigt; es war weder seine Zurückweisung, noch eine Eintragung erfolgt. Daß nicht schon durch den ergebnislosen Ablauf der Frist, sondern erst durch die ausdrückliche Zurückweisung des Antrags dessen Erledigung herbeigeführt wird, ergibt sich unmittelbar aus dem Wortlaute des § 18 G.B.O. Nachdem die zweite dem Notar B. gestellte Frist verlaufen war, ohne daß dieser den von ihm mit der Verfügung vom 15. März geforderten Auszug aus dem Handelsregister eingereicht hatte, hat der Richter seinen Eintragungsantrag wieder nicht gemäß § 18 Abs. 1 Satz 2 G.B.O. zurückgewiesen, sondern ihn durch Verfügung vom 9. April aufgefordert, die Schuldurkunde vom 1. Februar 1900 bei Vermeidung kostenpflichtiger Abweisung seines Eintragungsantrags einzureichen. Als dann der Notar B. zur Erledigung der ihm am 12. April zugegangenen Verfügung vom 9. April am 17. April die Schuldurkunde vom 1. Februar dem Amtsgerichte mit der Erklärung einreichte, daß er darin mit Genehmigung des Klägers und nach Benachrichtigung des Müllers H. das Wort „Firma" in „Kaufmann" geändert habe, da es in Bünde eine offene Handelsgesellschaft C. H. H. nicht gebe, und in der Urkunde vom 1. Februar die Bezeichnung „Firma" auf einem Schreibfehler beruhe, wurde der Grundbuchrichter vor die Frage gestellt, ob er den Eintragungsantrag zurückweisen solle, weil die in der Urkunde vom 1. Februar 1900 bei der Bezeichnung des Gläubigers vorgenommene Änderung nicht beglaubigt sei,

vgl. § 129 B.G.B.; § 183 Ges. über Angelegenheiten der freiw. Gerichtsbarkeit; Beschl. des Kammergerichts im preuß. Just.-Min.-Bl. 1903 S. 65 und im Jahrb. Bd. 22 A 125,

oder ob es angezeigt sei, dem Notar zur Hebung dieses Hindernisses unter gleichzeitiger Eintragung einer Vormerkung nach § 18 Abs. 2 G.B.O. eine Frist zu bestimmen, oder ob er die Urkunde trotz der unbeglaubigten Änderung als ausreichende Unterlage für die beantragte Eintragung ansehen und behandeln solle. Er hat der letzten Alternative den Vorzug gegeben, offenbar weil er, was der Sachlage hier auch wohl entsprach, die Änderung von „Firma" in „Kaufmann" für unwesentlich und einer Beglaubigung nicht bedürftig hielt. Nachdem der Richter sich nun hierfür entschieden hatte, lagen ihm zwei Eintragungsanträge vor, deren sofortiger Erledigung kein Hindernis mehr entgegenstand. Die endgültige Eintragung konnte auf beide Anträge erfolgen, und es lag daher keine Veranlassung zur Eintragung einer Vormerkung behufs Sicherung des Vorrangs der einen Hypothek vor der anderen mehr vor; der Vorrang mußte vielmehr durch die Reihenfolge beider Eintragungen bestimmt werden (§ 879 B.G.B.). In der bloßen Wiedereinreichung der geänderten Urkunde vom 1. Februar kann nicht eine Stellung eines neuen, von dem ursprünglich angebrachten Antrage verschiedenen Antrags erblickt werden. Denn sie erfolgte in dem Verfahren, das zur Hebung des in der Urkunde vom 1. Februar vom Richter gefundenen Hindernisses diente, und bezweckte lediglich die Hebung dieses Hindernisses, um den ursprünglichen Eintragungsantrag vom 7. März nunmehr bedenkenfrei zu gestalten und die am 12. März beim Grundbuchamte beantragte Eintragung möglich zu machen. Als der Richter am 17. April die endgültigen Eintragungen der beiden Hypotheken, der des Klägers und der des K., bewirkte, mußte er sie in der Reihenfolge vornehmen, welche der Zeitfolge des Eingangs der Anträge beim Amtsgericht entsprach (G.B.O. § 46 Abs. 1. § 13 Abs. 1 Satz 2). Der Eintragungsantrag für die Hypothek des Klägers war am 12. März 1900, der Eintragungsantrag für die Hypothek des K. am 11. April 1900 beim Amtsgericht O. eingegangen. Bei dieser Sachlage konnte gegenüber dem klaren und bestimmten Wortlaute des Gesetzes kaum ein Zweifel darüber aufkommen, daß die Hypothek des Klägers an der zunächst freien Stelle (Nr. 6), und die Hypothek des K. hinter dieser (unter Nr. 7) zur Eintragung gelangen müsse. Indem der Richter die Eintragungen in der umgekehrten Reihenfolge bewirkte, hat er fahrlässig die ihm obliegende Amtspflicht verletzt. Von seinen vielfachen Verfehlungen hat nur die zuletzt erwähnte den Schaden verursacht, da nur durch sie dem Kläger der Schaden, den er durch den Ausfall seiner Hypothek erlitten hat, entstanden ist." ...

---

96. **Unter welchen Voraussetzungen unterliegt ein privatschriftlicher Vertrag, durch den ein unter den Kontrahenten geschlossener Grundstückskauf nach Vornahme der Auflassung wieder aufgehoben wird, und der Käufer sich zur Rückauflassung verpflichtet, der Stempelpflicht nach dem preußischen Stempelsteuergesetze vom 31. Juli 1895?**

B.G.B. § 313.
Preuß. Stempelsteuergesetz Tarifst. 8. 32. 71.

VII. Zivilsenat. Urt. v. 28. April 1905 i. S. G. (Kl.) w. preuß. Justizfiskus (Bekl.). Rep. VII. 450/04.

I. Landgericht Naumburg a. S.
II. Oberlandesgericht daselbst.

Gründe:

„Durch mündliche Vereinbarung hat im Jahre 1901 die Klägerin ein Grundstück nebst Zubehör an den Brauereibesitzer B. für 27000 M verkauft, wovon 20000 M auf das Immobile und 7000 M auf den beweglichen Beilaß entfielen. Die Auflassung und die Eintragung der Eigentumsveränderung in das Grundbuch erfolgte am 24. Dezember 1901. Laut einer privatschriftlichen Urkunde vom 12. August 1902, in welcher zunächst der Inhalt jenes mündlichen Abkommens wiedergegeben ist, kamen die Beteiligten dahin überein: „die Kontrahenten heben diesen Kaufvertrag hiermit auf und verpflichten sich wechselseitig zur Rückauflassung." Diese Auflassung mit anschließender Eintragung in das Grundbuch fand am folgenden Tage statt, wobei die fragliche Urkunde überreicht, und auf dieselbe in dem Auflassungsprotokoll Bezug genommen wurde. Zu dem Dokument wurde vom Grundbuchamt ein Stempel von 1,50 ℳ erfordert, und zwar unter Anwendung der Tarifst. 71 Ziff. 1 Abs. 1 des Stempelsteuergesetzes vom 31. Juli 1895, wonach jener Stempelsatz bei Verträgen zur Anwendung kommt, durch welche ein früherer stempelpflichtiger Vertrag lediglich aufgehoben wird. Das mit der Beschwerde angerufene Landgericht bestätigte den Ansatz. Auf weitere Beschwerde sind jedoch diese Entscheidungen vom Kammergerichte in Berlin aufgehoben, indem ausgeführt ist, es sei in der in Rede stehenden Urkunde die Rückgewähr zum Gegenstand einer besonderen Vereinbarung gemacht, so daß die angezogene Bestimmung hier zessiere. Das Dokument enthalte ein Veräußerungsgeschäft, welches sich, wie der urkundliche Zusammenhang und die Eingehung wechselseitiger Verpflichtung ergeben, als ein lästiges darstelle. Das Geschäft unterliege daher der Tarifst. 32, und es sei, da anzunehmen, daß das Geschäft zum Gegenstande Werte von 20000, bzw. 7000 ℳ habe, ein Stempel von 223,50 ℳ zu erheben. Mit der gegenwärtigen Klage fordert die Klägerin, welche diesen Betrag erlegt hat, solchen bezüglich der Summe von 200 ℳ nebst Zinsen zurück.

Die Klage ist von den Vorinstanzen zurückgewiesen.

Die Revision kann keinen Erfolg haben.

In Übereinstimmung mit dem erwähnten Beschlusse des Kammergerichts, dessen Ausführungen das Landgericht gefolgt ist, muß angenommen werden, daß auf die fragliche Urkunde, als ein lästiges Veräußerungsgeschäft enthaltend, die Tarifst. 32 anzuwenden ist, und demnach jene der Verstempelung in der angegebenen Höhe unterliegt.

Zunächst ist davon auszugehen, daß hier eine besondere, auf Vereinbarung begründete Vertragsverpflichtung zur Rückgewähr vorliegt, wonach eine in dem Stempeltarif besonders aufgeführte Verhandlung in Frage steht. Es kommt daher nach Tarifst. 71 Ziff. 1 Abs. 2 derjenige Steuersatz zur Anwendung, welchem diese Verabredung unterliegt. Wie auch von den Vorinstanzen angenommen, muß hier eine andere Beurteilung eintreten, als solche seitens des erkennenden Senats in dessen Urteile vom 26. Oktober 1900 (Entsch. in Zivils. Bd. 47 S. 303) dem damals fraglichen Rechtsstreite zuteil geworden ist. Bei diesem handelte es sich um die beurkundete Regelung der Folgen der Vertragsaufhebung, auf welche der eine Teil ein gesetzliches Recht hatte. Es ist dann ausgesprochen, daß solchenfalls in der vertragsmäßig niedergelegten Abrede der Rückgabe ein lästiges Veräußerungsgeschäft nicht zu erblicken sei.

Für die gegenwärtige Beurteilung kommt sodann zunächst der § 313 Satz 1 B.G.B. in Betracht, der die gerichtliche oder notarielle Beurkundung der Verträge, durch welche die Verpflichtung zur Übertragung des Eigentums an einem Grundstück übernommen wird, vorschreibt. Es ergibt sich daraus, daß die in Frage stehende Urkunde, welche eine Verabredung jenes Inhalts bezielt, für sich betrachtet, da sie der vorgeschriebenen Form ermangelt, und sich daher das dokumentierte Abkommen als nichtig darstellt, einer Stempelabgabe nicht unterliegt. In dem Satz 2 des angezogenen Paragraphen wird nun aber weiter bestimmt: „Ein ohne Beobachtung dieser Form geschlossener Vertrag wird seinem ganzen Inhalte nach gültig, wenn die Auflassung und die Eintragung in das Grundbuch erfolgen." Daraus ist zu schließen, daß falls diese Voraussetzung vorliegt, der wegen Formmangels ungültige Vertrag, welcher der Auflassung und Eintragung zugrunde liegt, jedenfalls dann Gültigkeit erlangt und damit stempelpflichtig wird, wenn in dem über die Auflassung aufgenommenen Protokolle die überreichte Vertragsurkunde derart in Bezug genommen wird, daß daraus das Verhältnis des Urkundeninhalts zur Auflassung erhellt. Es liegt in solchem Falle urkundlich vor, daß dem in mangelhafter Form aufgenommenen Vertrage Rechtswirksamkeit zuteil geworden ist. Es ist auch die Stempelpflichtigkeit von privatschriftlichen Urkunden des fraglichen Inhalts für den Fall nachfolgender Auflassung und Eintragung ausgesprochen von dem Finanzminister in dem mit Zustimmung des Justizministers erlassenen Reskripte vom 12. Februar 1900 (J.M.Bl. S. 63), von Hummel und Specht (Komm. S. 513) und von Heinitz (Komm., 2. Aufl.

S. 291 und 292). Für die zu treffende Entscheidung kann es bei der Sachlage dahingestellt bleiben, ob, wie von dem Finanzminister sowie von Hummel und Specht, wenngleich von den letzteren nicht ohne Bedenken, angenommen wird, die Stempelpflicht der Privatschrift auch für den Fall vorliegt, daß solche nicht dem Grundbuchrichter überreicht, und auf sie auch nicht in dem Auflassungsprotokoll bezug genommen wird.

Die Vorinstanz findet ein Bedenken, sich der dargelegten Ansicht anzuschließen, darin, daß nach Tarifst. 8 Abs. 3 der Auflassungsstempel nicht zu erheben ist, wenn mit der Verlautbarung der Auflassung oder während einer nachfolgenden, näher bestimmten Frist die das Veräußerungsgeschäft enthaltende, in an sich stempelpflichtiger Form ausgestellte Urkunde vorgelegt wird. Es wird ausgeführt, daß es an solcher Form bei einer privatschriftlichen Urkunde fehle, deren Formmangel erst durch hinzutretende äußere Umstände, wie die Erwähnung im Auflassungsprotokoll, geheilt werde. Dem Bedenken ist keine Bedeutung beizumessen. Nachdem sich die Rechtslage, unter der die in Rede stehende Bestimmung erlassen wurde, durch den § 313 Satz 1 B.G.B. anders gestaltet hat, kann jene Vorschrift nur noch entsprechend Anwendung finden, dergestalt, daß es nunmehr genügt, wenn eine Beseitigung des Formmangels erst nach Vorlegung der Urkunde durch die Auflassung und die Eintragung in das Grundbuch erfolgt.

Nach den vorstehenden Erwägungen, und da ohne weiteres in Übereinstimmung mit dem Beschlusse des Kammergerichts und dem Urteile des Landgerichts anzunehmen ist, daß nach dem Inhalte der fraglichen Urkunde das darin niedergelegte Abkommen sich als ein lästiges Veräußerungsgeschäft darstellt, war zu erkennen, wie geschehen. Es erübrigte sich, auf die Begründung des Berufungsgerichts einzugehen, welches die Stempelpflicht der Klägerin aus der Verbindlichkeit derselben, den Auflassungsstempel zu erlegen, folgert."

---

97. Große Haverei. Einrede aus § 702 Abs. 3 H.G.B. Steht diese Einrede dem Reeder, welcher von dem Ladungsempfänger den Beitrag zur großen Haverei einfordert, dann entgegen, wenn der Frachtvertrag die Freizeichnung von der Haftung für nautisches Verschulden des Schiffers enthält?

I. Zivilsenat. Urt. v. 29. April 1905 i. S. F. M. & Co. (Bekl.) w. M. (Kl.). Rep. I. 604/04.

I. Landgericht Hamburg, Kammer für Handelssachen.
II. Oberlandesgericht daselbst.

Aus den Gründen:

... „Daß bei der in Rede stehenden Strandung des Dampfers „Rossija" im Kanale von Kertsch eine gemeinsame, unmittelbare und erhebliche Gefahr für Schiff und Ladung im Sinne des Art. 702 A.D.H.B., jetzt § 700 H.G.B., gegeben war, ist vom Berufungsgericht zutreffend dargelegt und von der Revisionsklägerin in der Revisionsinstanz nicht mehr in Zweifel gezogen worden. Die Aufwendungen, welche zur Errettung des Schiffes und der Ladung aus der gemeinsamen Gefahr gemacht wurden, sind nach Abs. 2 der erwähnten Gesetzesstelle als große Haverei von Schiff, Fracht und Ladung gemeinsam zu tragen, und zugleich ist durch Art. 704 Abs. 1 A.D.H.G., jetzt § 702 Abs. 1 H.G.B., für das deutsche Recht außer Zweifel gestellt, daß die Anwendung der Bestimmungen über große Haverei dadurch nicht ausgeschlossen wird, daß die Gefahr infolge des Verschuldens eines Dritten oder eines Beteiligten herbeigeführt wurde. Über die Tragweite dieser Bestimmungen und der an dieselben sich anschließenden Absätze 2 und 3 des Art. 704 A.D.H.B. geben die Protokolle der Kommission zur Beratung eines Allgemeinen Deutschen Handelsgesetzbuchs (Lutz, Protokolle Bd. 6 S. 2687 flg.) genügende Auskunft. Bei Erörterung der Frage, ob und inwieweit es auf die Anwendung der Grundsätze der großen Haverei von Einfluß sei, wenn die Gefahr eine verschuldete gewesen, wurde hervorgehoben: im allgemeinen scheine es gerechtfertigt, von der Ansicht auszugehen, es würden durch den Umstand, daß die Gefahr schuldhaft herbeigeführt sei, weder die Existenz noch die Wirkungen der großen Haverei aufgehoben. Gleichwohl könne ein solches Verschulden nicht unter allen Umständen ohne Einfluß bleiben; seine Wirkungen würden vielmehr nach allgemeinen Rechtsgrundsätzen folgende sein. Wenn einer derjenigen, welcher von der Gefahr oder dem zur Errettung aus derselben gebrachten Opfer betroffen worden sei, die Gefahr schuldhaft herbeigeführt habe, so könne er für den Nachteil, der ihm widerfahren sei, keinen Ersatz fordern, müsse vielmehr noch den anderen Betroffenen den ihnen entstandenen Schaden ersetzen. Sei die Gefahr durch den Schiffer oder die Mannschaft veranlaßt gewesen, so werde es sich fragen, ob der Reeder im Hinblick auf die entsprechenden Beschlüsse der Versammlung zu Art. 407 des preußischen Entwurfs nach den obwaltenden Umständen für dieses Verschulden aufzukommen habe, oder nicht. Wo dies der Fall sei, werde die Sache sich ebenso verhalten, als wenn der Reeder selbst das Verschulden begangen hätte; er werde somit seinen eigenen Schaden tragen und die anderen Beteiligten schadlos halten müssen. Habe endlich ein Dritter, der an Schiff und Ladung gar nicht beteiligt sei, die Gefahr schuldhaft herbeigeführt, so werde dies für das Verhältnis der Interessenten von Schiff und Ladung unter sich nicht anders zu beurteilen sein, als wenn die Gefahr durch Zufall entstanden wäre. Von diesen allgemeinen Rechtsgrundsätzen, die auch dem Entwurf nach Ausweis der Motive zum Grunde lägen, im Gesetze abzuweichen, sei kein genügender Grund vorhanden; namentlich fehle es an ausreichenden Motiven dafür, nach dem Beispiele des holländischen Rechts zu bestimmen, daß unter allen Umständen keine große Haverei vorhanden, wenn die Gefahr durch Verschulden des Schiffers oder der Mannschaft herbeigeführt sei. „Um jeden Zweifel darüber auszuschließen, daß die Versammlung es bei der eben dargelegten Anwendung allgemeiner Rechtsgrundsätze belassen wolle, werde beantragt, folgenden dem Entwurfe entsprechenden Zusatzartikel anzunehmen." Daraufhin wurde der Artikel, welcher seinem Inhalt nach im wesentlichen dem Art. 704 A.D.H.G.B. entsprach, „nach kurzer Diskussion einstimmig zum Beschlusse erhoben". Diese Entstehungsgeschichte des Art. 704 liefert den klaren Beweis dafür, daß bei der Einschaltung desselben lediglich beabsichtigt war, die Anwendung der allgemeinen Rechtsgrundsätze auch für den Fall sicherzustellen, daß die Gefahr, welche zur großen Haverei geführt hat, durch ein Verschulden herbeigeführt wurde. Für den vorliegenden Fall kommt lediglich das Verschulden einer Person der Schiffsbesatzung, des Schiffers, in Frage, und in dieser Beziehung ist durch Abs. 3 des Art. 704 bestimmt, daß, wenn die Gefahr durch eine Person der Schiffsbesatzung verschuldet ist, die Folgen dieses Verschuldens auch der Reeder nach Artt. 451 und 452 A.D.H.G.B., jetzt §§ 485. 486 H.G.B., trägt. Ist es nun aber hiernach gewiß, daß die Verantwortlichkeit des Reeders im Fall der großen Haverei, verschuldet durch eine Person der Schiffsbesatzung, von welcher der Abs. 3 a. a. O. spricht, keine andere ist, als diejenige Haftung, welche ihm in Artt. 451 und 452 A.D.H.G.B., jetzt §§ 485. 486 HGB., allgemein auferlegt ist, so ergibt sich daraus die unmittelbare Folgerung, daß der Reeder auch im Falle der großen Haverei überall von der Haftung für das Verschulden des Schiffers, welcher die zur großen Haverei führende Gefahr herbeigeführt hat, frei wird, wo er nach allgemeinen Rechtsgrundsätzen für den Schaden, der durch das Verschulden des Schiffers verursacht wurde, nicht einzustehen hat, weil er durch eine besondere gesetzlich zulässige Verabredung von der Haftung für den Schaden, welcher durch das Verschulden des Schiffers entstand, dem Ladungsempfänger gegenüber sich freigezeichnet hat. So liegt die Sache aber hier gegenüber der Beklagten als Ladungsempfängerin selbst, wie gegenüber allen Ladungsempfängern, welche sie vertritt.

Die in Betracht kommenden Konnossemente enthalten unstreitig sämtlich die Klausel, daß der Schiffer berechtigt ist, ohne Lotsen zu fahren, und daß die Haftung des Reeders ausgeschlossen ist für „Strandungen, Zusammenstöße und alle anderen Unfälle bei der Schiffahrt und alle Verluste und Schäden, die dabei verursacht wurden, sogar wenn sie sich ereignet haben durch Nachlässigkeit, Fehler oder Irrtum in der Beurteilung von seiten des Lotsen, des Kapitäns, der Schiffsmannschaft oder anderer Bediensteter des Schiffseigners". Auf diese vertragsmäßige Befreiung von der Haftung für das Verschulden des Schiffers kann sich der Kläger, wie das Berufungsgericht zutreffend angenommen hat, auch in diesem Strandungsfall berufen, weil es richtig ist, was auf Seite 6 des angefochtenen Urteils des Näheren ausgeführt ist, daß es sich bei den Vorwürfen, welche gegen die Führung des Schiffs unmittelbar vor der Strandung desselben am 28. Mai 1899 erhoben werden, überall um ein nautisches Verschulden des Schiffers handelt, welches er in Ausführung seiner Dienstverrichtungen auf sich geladen haben soll. Da der Klägerin kraft der Vertragsabrede ein derartiges Verschulden als ein solches, für welches sie zu haften hätte, nicht entgegengehalten werden kann, so erscheint die Klage auf Zahlung des Haveriekostenbeitrags, wie das Berufungsgericht zutreffend angenommen hat, als begründet.

Damit ist der Negligenzklausel keineswegs, wie die Revision meint, eine Ausdehnung gegeben, welche ihr nach ihrem Zweck und

Inhalt nicht zukäme; sie äußert vielmehr, wie dies nach ihrer Stellung im Frachtvertrage ihre Bestimmung ist, ihre Wirkung auf das ganze Rechtsverhältnis der vereinbarten Güterbeförderung von Anfang bis zu Ende und gewinnt eine besondere Bedeutung gerade dann, wenn der normale Verlauf der Güterbeförderung durch ein Ereignis unterbrochen wird, welches den gewöhnlichen Gang der Beförderung stört und die Frage veranlaßt, ob ein durch diese Störung verursachter Schaden, der an sich in großer Haverei zur Verteilung zu kommen hat, von dem Reeder aus dem Grunde nicht eingefordert werden kann, weil er nach allgemeinen Grundsätzen für ein Verschulden des Schiffers in Ausführung seiner Dienstverrichtungen nicht zu haften hat. Da nun aber eine Beschränkung der allgemeinen gesetzlichen Haftung des Reeders auf dasjenige Maß der Verantwortung, welches auch nach Vereinbarung der Negligenzklausel noch übrig bleibt, zulässig ist, würde es einer besonderen gesetzlichen Bestimmung bedurft haben, wenn die Wirkung der Vereinbarung bei einem durch nautisches Verschulden des Schiffers herbeigeführten Fall der großen Haverei nicht zur Geltung kommen dürfte. Der Umstand, daß die große Haverei ein selbständiges Rechtsinstitut ist, berechtigt noch keineswegs zu der Schlußfolgerung, daß die verabredeten Bedingungen der Güterbeförderung auf die im Verlaufe derselben eintretende Haveriegrosseverteilung ganz ohne Einfluß bleiben müßten.

Im vorliegenden Fall enthalten die Konnossemente aber auch noch eine besondere Bestimmung, welche den Schluß rechtfertigt, daß nach dem ausgesprochenen Willen der Beteiligten die Beschränkung der Haftung des Reeders aus dem Verschulden des Schiffers, die für die Beziehungen aus dem Frachtvertrage vereinbart war, auch im Falle des Eintritts einer großen Haverei, wenn sie durch ein nautisches Verschulden des Schiffers herbeigeführt war, ihre Wirkung beibehalten sollte. Die Konnossemente enthalten übereinstimmend die weitere Festsetzung:

„General Average payable according to York-Antwerp Rules 1890".
Es ist also des Falles, daß eine Verteilung in großer Haverei bei Ausführung des Frachtvertrages eintreten könnte, ausdrücklich gedacht. Und für diesen Fall hat man sich nicht etwa veranlaßt gesehen, die Befreiung des Reeders von der Haftung für nautisches Verschulden des Schiffers, wie sie allgemein für das Vertragsverhältnis

vereinbart war, außer Wirksamkeit zu setzen und eine besondere Bestimmung noch beizufügen, sondern man hat sich mit dem ausgesprochenen allgemeinen Grundsatz begnügt und es für angemessen befunden, in bezug auf die Einzelfragen, deren Regelung bei der Verteilung in großer Haverei in Betracht kommt, auf die Regeln zu verweisen, welche in den York-Antwerp Rules von 1890 enthalten sind. Wenn nun trotz dieser Erwähnung der großen Haverei und trotz der Verweisung auf die York-Antwerpener Regeln von 1890 im Frachtvertrage für den Fall, daß die große Haverei durch ein nautisches Verschulden des Schiffers eintrat, nichts Besonderes festgesetzt worden ist, so rechtfertigt dies den Schluß, daß die im Frachtvertrag vereinbarte Freizeichnung des Reeders für nautisches Verschulden des Schiffers nach dem Willen der Beteiligten auch für den Fall rechtswirksam bleiben sollte, daß die große Haverei durch ein Verschulden des Schiffers in Ausführung seiner Dienstverrichtungen herbeigeführt wurde. Die Beklagte ist demnach mit Recht zur Zahlung verurteilt worden." . . .

---

98. 1. Formelle Rechtskraft des auf einen im Zwangsvollstreckungsverfahren gestellten Strafantrag ergangenen Beschlusses.
2. Nähere Bestimmung des Begriffs des neuen selbständigen Beschwerdegrundes bei einer weiteren Beschwerde.

VI. Zivilsenat. Beschl. v. 1. Mai 1905 i. S. W. (Antragsteller) w. Sch. (Antragsgegner). Beschw.-Rep. VI. 85/05.

I. Landgericht Hamburg.
II. Oberlandesgericht daselbst.

Gründe:

„Der Antragsgegner hatte sofortige Beschwerde gegen den Beschluß des Landgerichts vom 14. Februar 1905 erhoben, durch den er wegen Zuwiderhandelns gegen die einstweilige Verfügung vom 15. Dezember 1904 zu einer Geldstrafe von 100 *M.* verurteilt ist. Durch den jetzt angefochtenen Beschluß ist diese Beschwerde als unbegründet zurückgewiesen worden. Der Antragsgegner hat nun den nach § 568 Abs. 2 Z.P.O. für eine weitere sofortige Beschwerde erforderlichen neuen selbständigen Beschwerdegrund darin finden wollen, daß seine hauptsächlichste rechtliche Einwendung vom Oberlandesgericht überhaupt nicht gewürdigt, und ihm also das rechtliche Gehör versagt worden sei. Dies ist ein ganz verfehlter Gesichtspunkt. Am wenigsten könnte von einer Versagung des rechtlichen Gehörs die Rede sein; aber daß überhaupt der Mangel an Begründung als solcher bei einem Beschluß keinen Beschwerdegrund bildet, ist von diesem Senate schon in dem am 20. Februar 1905 in demselben Rechtsstreit ergangenen Beschlusse ausgesprochen worden. Allerdings würde das völlige Übersehen eines erheblichen Parteivorbringens einen Verstoß gegen eine wesentliche Prozeßvorschrift darstellen, wie er nach den in den Entsch. des R.G.'s in Zivils. Bd. 42 S. 352 flg. dargelegten Grundsätzen eine weitere Beschwerde rechtfertigen würde. Aber ein solches Übersehen beim Oberlandesgerichte zu unterstellen, liegt kein Grund vor." (Dies wird näher dargelegt.) „Dagegen könnte eher noch die Frage entstehen, ob nicht das Oberlandesgericht ... dadurch, daß es den Inhalt jenes Vorbringens für durchaus unzutreffend hielt, dazu gebracht worden sei, eine wesentliche Prozeßvorschrift zu verletzen und dadurch dem Antragsgegner einen neuen selbständigen Beschwerdegrund an die Hand zu geben. Es handelt sich dabei um folgendes. Das Landgericht hatte am 21. Januar 1905 auf Antrag des Antragstellers den Antragsgegner wegen einer von ihm in seiner Zeitung vom 15. Januar 1905 bewirkten Veröffentlichung, worin eine Zuwiderhandlung gegen die einstweilige Verfügung vom 15. Dezember 1904 gefunden wurde, auf Grund der letzteren in eine Geldstrafe von 100 *M* verurteilt. Auf sofortige Beschwerde des Antragsgegners hatte am 27. Januar 1905 das Oberlandesgericht beschlossen, daß dieser Beschluß aufzuheben, und der Antragsteller mit den Kosten zu belasten sei, und zwar mit der Begründung, daß nach § 891 in Verbindung mit §§ 928 und 936 Z.P.O. die Verurteilung nicht ohne vorherige Anhörung des Antragsgegners hätte erfolgen dürfen. Nun trug der Antragsteller darauf an, den Antragsgegner über jenen seinen Strafantrag zu hören und dann nach dem letzteren zu erkennen, und darauf erging nach Anhörung des Antragsgegners der Landgerichtsbeschluß vom 14. Februar 1905, auf den sich das jetzige Beschwerdeverfahren bezieht. Es ist nun freilich wiederum eine unzutreffende Auffassung, wenn der Antragsgegner die Sachlage so darstellt, als hätte der Antragsteller wegen derselben Zuwiderhandlung vom 15. Januar 1905, in Ansehung deren sein „Strafanspruch" durch seinen früheren Strafantrag und den vom Oberlandesgerichte hernach aufgehobenen Beschluß des Landgerichts vom 21. Januar 1905 schon „konsumiert" gewesen sei, einen neuen, zweiten Strafantrag gestellt, infolgedessen die jetzt fragliche Verurteilung erfolgt sei; vielmehr ist nur das durch jenen früheren Strafantrag veranlaßte Verfahren nach dem Oberlandesgerichtsbeschlusse vom 27. Januar 1905 noch fortgesetzt worden. Es könnte sich aber doch wohl fragen, ob eben hiermit nicht gegen die formelle Rechtskraft des zuletzt genannten, nicht weiter angefochtenen Beschlusses verstoßen worden sei. Das Oberlandesgericht hätte ohne Zweifel von seinem Standpunkt aus auf die vom Antragsgegner gegen den Landgerichtsbeschluß vom 21. Januar 1905 eingelegte Beschwerde nicht nur diesen Beschluß aufheben, sondern auch die Sache zum weiteren Verfahren an das Landgericht zurückverweisen und andererseits nicht den Antragsteller in irgendwelche Kosten verurteilen sollen; nun lautete aber eben sein Beschluß anders, und es ist, namentlich wegen der in ihm enthaltenen Kostenentscheidung, sehr fraglich, ob er anders ausgelegt werden konnte, als dahin, daß durch ihn der Strafantrag wegen der Zuwiderhandlung vom 15. Januar 1905 zurückgewiesen sei. Sollte diese letztere Auslegung die richtige sein, so würde also jetzt ein Verstoß gegen eine wesentliche Prozeßvorschrift, nämlich die die formelle Rechtskraft der Entscheidungen betreffende, vorliegen. Insofern nun die Zulässigkeit der Beschwerde gegen den Landgerichtsbeschluß vom 14. Februar 1905 nicht erst durch diesen prozessualen Verstoß hervorgerufen sein würde, sondern sich ohne weiteres aus § 793 Z.P.O. ergab, könnte man etwa sagen wollen, für die *weitere* Beschwerde wäre dies ein neuer selbständiger Beschwerdegrund. Jedoch würde diese Auffassung der Sachlage keinen Beifall verdienen. Neu würde man diesen Beschwerdegrund deswegen doch nicht nennen können, weil er, *wenn es auf ihn angekommen wäre*, auch schon dem Beschlusse des Landgerichts gegenüber gegeben gewesen sein würde. Schon das Landgericht würde gegen die in Rede stehende Prozeßrechtsnorm verstoßen, und das

Oberlandesgericht würde nur nicht als Beschwerdegericht diesem Fehler abgeholfen haben.

Mithin mußte die jetzige Beschwerde nach § 574 Z.P.O. als unzulässig verworfen ... werden."

---

99. 1. Entsteht im Falle des § 15 Abs. 3 des Genossenschaftsgesetzes die Mitgliedschaft auch dann, wenn der Beitretende die vom Statut für die Aufnahme geforderten Eigenschaften nicht besitzt?

2. Bedarf es bei einem Beschlusse der Generalversammlung der Genossen, welcher nicht mit der nötigen Stimmenzahl gefaßt worden ist, der Anfechtung nach § 51 des Gesetzes, oder ist der Beschluß ohne weiteres nichtig?

I. Zivilsenat. Urt. v. 3. Mai 1905 i. S. Bo. Maschinenbauanstalt (Bekl.) w. St. (Kl.). Rep. I. 138/05.

I. Landgericht Braunschweig.
II. Oberlandesgericht daselbst.

Die Beklagte, eine Aktiengesellschaft, war der Klägerin, einer eingetragenen Genossenschaft m. b. H., nach der Anmeldung des Statuts zum Genossenschaftsregister als Mitglied beigetreten und in die Liste der Genossen eingetragen worden. Nach ihrem Beitritt beschloß die Generalversammlung die im Statut als zulässig vorgesehene Erhöhung des Geschäftsanteils. Der Klage auf Einzahlung des Erhöhungsbetrages stellte die Beklagte die Einwendung entgegen, daß sie nicht Mitglied der klagenden Genossenschaft geworden sei, weil nach § 7 des Statuts nur physische Personen Mitglieder werden könnten, und daß der Erhöhungsbeschluß ungültig sei, weil er nicht mit der erforderlichen Stimmenmehrheit gefaßt worden. Diese Einwendungen wurden in beiden Vorinstanzen für verfehlt erklärt. Die Revision ist zurückgewiesen worden, aus folgenden

Gründen:

..."Angefochten ist die Ablehnung des Einwandes, daß die Beklagte wegen § 7 des Statuts nicht Mitglied der Genossenschaft habe werden können. Der Angriff ist nicht begründet. Das Landgericht hat dem § 7 die Auslegung gegeben, daß dadurch die Mitgliedschaft nicht physischer Personen nicht ausgeschlossen werde. Diesen Standpunkt hat aber das Berufungsgericht nicht geteilt. Vielmehr unterstellt es den statutarischen Ausschluß der nicht-physischen Personen, wozu die Beklagte unzweifelhaft gehört, und gelangt trotzdem zu dem Ergebnisse, daß der Beitritt der Beklagten zu der Genossenschaft rechtswirksam erfolgt sei. Diese Auffassung entspricht dem Gesetz und ist nicht, wie die Revision meint, rechtsirrtümlich. Unbedenklich und außer Streit ist zunächst die tatsächliche Grundlage: die Beklagte ist der Genossenschaft beigetreten, nachdem das Statut zum Genossenschaftsregister angemeldet worden war; sie hat ihren Beitritt in der nach § 15 Abs. 1 des Genossenschaftsgesetzes (und damit übereinstimmend § 8 des Statuts) vorgeschriebenen Form erklärt; der Vorstand hat die Beitrittserklärung behufs Eintragung der Beklagten in die Liste der Genossen dem zuständigen Amtsgericht Stendal eingereicht, und dieses endlich hat die Eintragung vorgenommen. Auf Grund dieser Vorgänge erachtet das Berufungsgericht gemäß § 15 Abs. 3 des Gesetzes die Mitgliedschaft der Beklagten als entstanden. Es erwägt, daß der die Klägerin vertretende Vorstand die Beitrittserklärung der Beklagten durch die Einreichung an das Gericht stillschweigend angenommen habe, und daß damit zwischen den Parteien der Aufnahmevertrag zustande gekommen sei. Auf diesen Vertrag will es die Bestimmungen des Gesetzes in den §§ 24. 26. 27 zur Anwendung bringen, wonach der Vorstand die Genossenschaft vertritt, die Genossenschaft durch die vom Vorstand in ihrem Namen geschlossenen Rechtsgeschäfte berechtigt und verpflichtet wird, und dieser zwar der Genossenschaft gegenüber zur Einhaltung der statutarisch oder durch Beschlüsse der Generalversammlung festgesetzten Beschränkungen seiner Vertretungsbefugnisse verpflichtet ist, gegen dritte Personen aber eine solche Beschränkung keine rechtliche Wirkung haben soll. Das Berufungsgericht folgert daraus, daß sich der Vorstand der Klägerin durch die gegen das Statut erfolgte Aufnahme der Beklagten zwar der Genossenschaft gegenüber könne verantwortlich gemacht haben, daß aber infolge seiner nicht einzuschränkenden Vertretungsbefugnis die rechtliche Wirksamkeit der Aufnahme und der daraufhin geschehenen Eintragung nicht zu bezweifeln sei. Die Revision erklärt diese Ausführungen für rechtsirrig. Sie meint, daß der Beitritt zu einer Genossenschaft kein Rechtsgeschäft im Sinne des § 26 des Gesetzes sei. Es kämen dabei nicht bloß die Rechte und Pflichten der Genossenschaft als solcher in Betracht, sondern die eigentlichen Mitgliederrechte, also das Verhältnis der Genossen untereinander. Diese würden durch das Gesetz geregelt. Zu einer Abänderung des Statuts sei der Vorstand nicht befugt.

Die Einwendungen der Revision greifen nicht durch. Man müßte ihre Bedenken teilen, wenn es gesetzlich ausgeschlossen wäre, daß nicht physische Personen Mitglieder von Genossenschaften sein können. Allein ein solches Verbot besteht nicht. Auch dann würden Zweifel begründet sein, wenn die statutarischen Bestimmungen über die für die Zulassung erforderlichen Eigenschaften der Mitglieder die Bedeutung hätten, daß die Genossenschaft andere Mitglieder nicht aufnehmen könnte, ohne selbst eine andere zu werden. Ob unter besonderen Umständen solche Fälle denkbar wären, braucht hier nicht geprüft zu werden. Im allgemeinen darf jedenfalls diese Bedeutung nicht unterstellt werden, und dafür, daß der § 7 des klägerischen Statuts ausnahmsweise diesen Sinn haben sollte, fehlt es an jedem Anhalt. Trotz dem § 7 würde daher die Genossenschaft selbst nicht verhindert sein, bei der Aufnahme von Mitgliedern von dieser selbstgesetzten Beschränkung abzusehen, wobei es hier als unerheblich dahingestellt bleiben kann, auf welche Art und von welchen Organen dies korrekterweise geschehen müßte. Geht man aber hiervon aus, so sind die Ausführungen des Berufungsgerichts als zutreffende Folgerungen aus den Bestimmungen des Gesetzes anzuerkennen. Nach § 15 Abs. 3 des Gesetzes entsteht die Mitgliedschaft des nach der Anmeldung des Statuts zum Genossenschaftsregister Beitretenden zwar nicht schon allein durch seine Eintragung in die Liste der Genossen, sondern erst in Verbindung mit der Beitrittserklärung und deren Einreichung, „durch die Eintragung, welche auf Grund der Erklärung und deren Einreichung stattfindet". Die Führung der Genossenliste durch das Gericht und die Bedeutung, welche der Eintragung in diese Liste beigelegt wird, ist eine Neuerung gegenüber dem Gesetz vom 4. Juli 1868. Die ausgesprochene Absicht des Gesetzgebers bei dieser Änderung war, die Unsicherheit zu beseitigen, welche nach dem früheren, nur die materielle Seite berücksichtigenden Rechte — § 2 Abs. 4, § 38 des alten Gesetzes — über den wirklichen Bestand der Genossenschaftsmitglieder herrschte. Für den (späteren) Erwerb der Mitgliedschaft besteht jetzt eine doppelte Voraussetzung: die formelle der Eintragung und die materielle der Aufnahme des Beitretenden in die Genossenschaft, durch den mit demselben abgeschlossenen Vertrag. Eine besondere Nachweisung für den Aufnahmevertrag verlangt das Gesetz aber nicht. Es geht davon aus, daß diese sich schon aus der Einreichung der Beitrittserklärung durch den Vorstand der Genossenschaft bei dem Registergericht — § 15 Abs. 2 — genügend ergebe, und erklärt daher für entscheidend die Eintragung auf Grund der eingereichten Beitrittserklärung. Man ist dabei, wie die Begründung des Entwurfs — Nr. 28 der Schriftstücke des Reichstages 1888/89 S. 68 — hervorhebt, von der Ansicht ausgegangen, daß diese „zivilistische Konstruktion" in vollem Einklang stehe mit den Bestimmungen über die Vertretungsbefugnisse des Vorstandes, wonach die Einreichung durch den Vorstand rechtlich als eine Erklärung der Genossenschaft selbst behandelt werden könne. Es wird geltend gemacht, daß es nach diesen Bestimmungen unschädlich sei, wenn der Vorstand sich nicht an die internen Beschränkungen seiner Vollmacht gehalten habe; und es wird u. a. gerade auch auf den Fall hingewiesen, wo die Aufnahme des beitretenden Genossen entgegen den statutarischen Vorschriften erfolgt sei.

„Hat der Vorstand" — heißt es daselbst — „die Grenzen seines Auftrags gegenüber der Genossenschaft überschritten, Bestimmungen desselben, *insbesondere Bedingungen*, die von ihr für die *Zulassung aufgestellt* waren, unbeachtet gelassen, . . . so kann er sich der Genossenschaft verantwortlich gemacht haben; aber er hat die Erklärung kraft seiner nicht einzuschränkenden gesetzlichen Befugnis, die Genossenschaft zu vertreten, für diese abgegeben." Die sachliche Richtigkeit dieser Ausführungen der Begründung muß anerkannt werden. Unbedenklich ist zunächst, daß durch die Einreichung der Beitrittserklärung bei dem Registergericht zum Zwecke der Eintragung der Vorstand namens der Genossenschaft den Antrag des Beitretenden stillschweigend annimmt und damit den Aufnahmevertrag zum Abschlusse bringt (§ 151 B.G.B.). Darauf findet der § 26 des Genossenschaftsgesetzes Anwendung. Es ist nicht abzusehen, warum die Aufnahme des Beitretenden, wie die Revision meint, nicht ein Rechtsgeschäft im Sinne dieses Paragraphen sein sollte. Der Beitretende, der durch die Annahme seiner Beitrittserklärung als Genosse aufgenommen wird, ist aber auch, im Gegensatze zu der Genossenschaft selbst, als eine dritte Person anzusehen, gegen die nach § 27 daselbst die durch Statut oder durch Generalversammlungsbeschluß festgesetzte Beschränkung des Vorstandes in der Befugnis, die Genossenschaft zu vertreten, keine rechtliche Wirkung hat. Von einer Änderung des Statuts durch den Vorstand, wie die Revision glaubt, ist keine Rede; dieses bleibt nach wie vor in Geltung. Wohl aber kann im einzelnen Falle seine Wirkung durch rechtsgeschäftliche Handlungen des Vorstandes beseitigt werden. Das ist eine vom Gesetz ausdrücklich gewollte Folge der nach außen nicht beschränkbaren Vertretungsmacht des Vorstandes. Es kommt folgendes dazu.

Bei der Bestimmung im Abs. 3 des § 15 beschränkt sich das Gesetz nicht darauf, nur eine Schlußfolgerung aus anderen Vorschriften zu ziehen. Vielmehr stellt es diese Bestimmung selbständig auf, und zwar mit Absicht. Die Begründung weist a. a. O. darauf hin, daß sich die Bedeutung der vom Vorstand eingereichten Beitrittserklärung im allgemeinen schon aus diesen anderen Vorschriften ergeben würde; sie macht dann aber für den Abs. 3 des § 15 noch unabhängig davon den Grund geltend, daß „jedenfalls legislativ ein Zurückgehen auf jene internen Vorgänge, ... auf besondere etwa in den Statuten außer der Zulassung durch den Vorstand vorgesehene Bedingungen für den Erwerb der Mitgliedschaft nicht zu gestatten sei". Indem das Gesetz es nicht auf den Nachweis der erfolgten Aufnahme, sondern auf die Einreichung der Beitrittserklärung abstellt, bringt es zum Ausdrucke, daß es auf die internen Voraussetzungen nicht ankommen solle, sondern daß alle Mängel des Vertrages, welche durch die gesetzliche Vertretungsmacht des Vorstandes gedeckt werden könnten, auch wirklich gedeckt seien. Man müßte daher die Mitgliedschaft der Beklagten auf Grund des § 15 Abs. 3 des Gesetzes bejahen, auch wenn für sich allein genommen die Vorschriften der §§ 26. 27 noch nicht zur Annahme eines für die Genossenschaft verpflichtenden Aufnahmevertrages führen würden. ...

Der Beschluß der Generalversammlung vom 29. März 1903, wodurch die Erhöhung des Geschäftsanteils um 200 *M* festgesetzt worden ist, hat zwar dem vom Statut im § 32 aufgestellten Erfordernis entsprochen, aber, wie nicht streitig ist, gegen die Bestimmung des Gesetzes — § 16 Abs. 2 — verstoßen, daß es zu einem solchen

Beschluß einer Mehrheit von drei Vierteilen der in der Generalversammlung erschienenen Genossen bedürfe. Für die Erhöhung des Geschäftsanteils sind nur 69 Stimmen abgegeben worden, während die Dreiviertelmajorität $69^3/_4$, also 70 Stimmen betrug. Das Berufungsgericht will aber die Beklagte mit dem auf diesen Mangel gestützten Einwande nicht hören, weil sie die Ungültigkeit des Beschlusses nur auf dem Wege der Anfechtung nach § 51 des Gesetzes hätte geltend machen können und, da dies nicht geschehen, ihn auch für sich als verbindlich anerkennen müsse. Die Revision bekämpft diese Auffassung. Sie meint, daß es sich bei der Erhöhung des Geschäftsanteils um den Eingriff in ein Sonderrecht des Genossen handele, den sich dieser nur gefallen zu lassen brauche, wenn der Beschluß in Übereinstimmung mit den im Gesetz und im Statut aufgestellten Gültigkeitserfordernissen gefaßt worden sei. Beim Fehlen dieser Erfordernisse sei der Beschluß ipso jure nichtig und brauche nicht erst nach § 51 des Gesetzes angefochten zu werden. Der Auffassung der Revision kann nicht beigetreten werden. Es steht nicht ein Sonderrecht der Beklagten in Frage, über welches die Generalversammlung der klagenden Genossenschaft nicht beschließen konnte. Vielmehr ist im § 32 des Statuts ausdrücklich vorgesehen, daß die Erhöhung des Geschäftsanteils und der Haftsumme durch Beschluß der Generalversammlung erfolgen könne. Es handelt sich also bei der Erhöhung des Geschäftsanteils um eine *genossenschaftliche* Duldungspflicht, um ein Rechtsverhältnis, worüber entgegen dem Widerspruche des einzelnen durch Stimmenmehrheit entschieden wird. Dem hat sich die Beklagte durch Beitritt zu der Genossenschaft unterworfen. Allerdings stellt das Gesetz und das Statut für die Gültigkeit des Erhöhungsbeschlusses besondere Voraussetzungen auf. Aber gerade zum Schutze solcher gesetzlichen oder statutarischen Bestimmungen ist die Anfechtungsklage des § 51 gegeben, die im Umfange ihres gebotenen Anwendungsgebiets das ausschließliche Hilfsmittel ist. Der Erhöhungsbeschluß greift nicht deshalb, weil er formell mangelhaft war, in ein Sonderrecht der Beklagten ein, sondern er bleibt ein, wenn auch formell mangelhafter, Beschluß über genossenschaftliche Angelegenheiten. Die entgegengesetzte Ansicht der Revision würde dem § 51 fast alle Bedeutung entziehen; denn das gleiche, was bei einem Verstoße gegen die Majoritätserfordernisse zu gelten hätte, müßte auch bei jedem anderen Verstoße gegen eine gesetzliche oder statutarische Vorschrift gelten. Von einer Mangelhaftigkeit des Beschlusses der Art, daß überhaupt nicht mehr ein Generalversammlungsbeschluß gegeben wäre, kann im vorliegenden Falle keine Rede sein. Ebensowenig handelt es sich um einen Mangel, dessen Beachtung durch zwingende Rechtsnormen geboten wäre." . . .

---

100. Muß die Zustimmung des Gläubigers zur Schuldübernahme gemäß § 415 B.G.B. dieser immer nachfolgen?

V. Zivilsenat. Urt. v. 3. Mai 1905 i. S. C. u. Gen. (Bekl.) w. K. (Kl.). Rep. V. 520/04.

I. Landgericht I Berlin.
II. Kammergericht daselbst.

Es bestand Streit über die Zustimmung des Gläubigers zu einer Schuldübernahme von 2000 *M*. Unter Nichtberücksichtigung der Behauptung der Beklagten, daß die Schuldübernahme vom Kläger schon früher genehmigt worden sei, hatte der Berufungsrichter diesem den richterlichen Eid auferlegt:

„Es ist nicht wahr, daß ich mich am 11. Januar 1902 dem Buchhändler G. gegenüber unbedingt damit einverstanden erklärt habe, daß er an Stelle des Beklagten C. die streitige Schuld übernehme; vielmehr habe ich die Entlassung des Beklagten C. aus der Schuldverbindlichkeit von der Zustimmung des Rechtsanwalts L. W. abhängig gemacht."

Auf Revision der Beklagten wurde das Berufungsurteil aufgehoben, und die Sache an das Berufungsgericht zurückverwiesen.

Aus den Gründen:

„Der einzige Revisionsangriff, der sich dagegen richtet, daß der Berufungsrichter neben der von den Beklagten behaupteten nachträglichen Genehmigung der Schuldübernahme des G. durch den Kläger nicht auch ihre Behauptung eines von ihm dazu schon vorher erklärten Einverständnisses beachtet habe, ist begründet. Das Kammergericht geht auf diese Behauptung deshalb nicht ein, weil es eine vorgängige Zustimmungserklärung des Gläubigers zur Schuldübernahme gemäß §§ 414. 415 B.G.B. für rechtsunwirksam erachtet. Diese Ansicht ist rechtsirrtümlich. Es mag dahingestellt bleiben, ob nach der gegebenen Sachlage ein schon vor dem im Eidessatze erwähnten 11. Januar 1902 geschlossener Vertrag nach § 414 B.G.B. angenommen werden könnte; jedenfalls steht der § 415 daselbst der in Rede stehenden Behauptung einer schon vor dem 11. Januar 1902 erklärten Zustimmung des Klägers zur Schuldübernahme des G. nicht hindernd im Wege. Allerdings bestimmt Satz 1 des § 415, daß, wenn die Schuldübernahme von dem Dritten mit dem Schuldner vereinbart wird, ihre Wirksamkeit von der „Genehmigung" des Gläubigers abhängt, und es muß als unzweifelhaft zugegeben werden, daß nach dem Sprachgebrauch des Gesetzes — vgl. §§ 183. 184 B.G.B. — unter „Genehmigung" gewöhnlich die nachträgliche Zustimmung zu einem Rechtsgeschäft zu verstehen ist.

Indessen verfolgt der § 415 B.G.B. den Hauptzweck, bestimmte Vorschriften über die allgemeine und die schuldbefreiende Wirkung einer zwischen Schuldner und Drittem vereinbarten Schuldübernahme zu geben; er hat aber nicht den Sinn und die Absicht, daß jene Wirkung gerade an eine nachfolgende Zustimmung des Gläubigers geknüpft, und dessen vorgängige Einwilligung verboten und bedeutungslos sein soll. Ein solches Verbot würde der allgemeinen Bestimmung im § 182 B.G.B. widersprechen, wonach die Wirkungen von vorgängigen und nachträglichen Zustimmungserklärungen einander gleichgestellt werden, und es ist ohne zwingenden Grund nicht anzunehmen, daß der Gesetzgeber im § 415 eine Ausnahme von diesem Grundsatz festsetzen wollte. Hiernach muß also auch nach der letztgenannten Gesetzesstelle die vorherige Zustimmung (Einwilligung) des des Gläubigers genügen.

Vgl. Planck, Kommentar zum B.G.B. § 415 Bem. 1 Abs. 2."...

---

101. Verpflichtung zur Sicherheitsleistung nach § 843 Abs. 2 B.G.B.

VI. Zivilsenat. Urt. v. 4. Mai 1905 i. S. B. (Bekl.) w. W. (Kl.). Rep. VI. 385/04.

I. Landgericht Limburg.
II. Oberlandesgericht Frankfurt a. M.

Das Landgericht hatte durch Urteil festgestellt, daß der Beklagte verpflichtet sei, dem Kläger eine Rente bis zum Höchstbetrag von 1500 Mark jährlich für den Fall zu zahlen, daß der Kläger wegen der Folgen des durch die Schuld des Beklagten erhaltenen Schrotschusses seinen Beruf als Förster im Staatsdienst nicht ausüben könne und dadurch Schaden erleide; dagegen hatte es die Klage, soweit sie auf Verurteilung des Beklagten zur Leistung einer Sicherheit für die Erfüllung seiner Verpflichtung zur Rentenzahlung gerichtet war, abgewiesen. Auf die Anschlußberufung des Klägers verurteilte jedoch das Oberlandesgericht den Beklagten, für die Erfüllung seiner im landgerichtlichen Urteil festgestellten Verpflichtung zur Rentenzahlung dem Kläger Sicherheit in Höhe von 10000 Mark nach Maßgabe der Vorschriften der §§ 232 flg. B.G.B. zu leisten; diese Verurteilung stützte es auf § 843 Abs. 2 B.G.B. Auf die Revision des Beklagten ist das Berufungsurteil insoweit aufgehoben, und in der Sache selbst die Anschlußberufung des Klägers zurückgewiesen worden, aus folgenden

Gründen:

... „Das Bürgerliche Gesetzbuch kennt eine Verpflichtung des Schuldners, für die Erfüllung bedingter oder betagter Verbindlichkeiten dem Gläubiger Sicherheit zu leisten, im allgemeinen nicht. Der Gläubiger ist vielmehr darauf angewiesen, gegen seinen Schuldner einen Arrest auszubringen, falls dessen Voraussetzungen vorliegen. (§§ 916 flg. Z.P.O.). Nur in vereinzelten Fällen gibt das Bürgerliche Gesetzbuch einen im ordentlichen Rechtsweg verfolgbaren Anspruch auf Sicherheitsleistung, so insbesondere auch in dem Falle des § 843. Lediglich auf Grund dieser Vorschrift ist daher zu beurteilen, ob der vom Kläger geltend gemachte Anspruch gerechtfertigt ist. Der Abs. 2 des § 843, der die Verpflichtung zur Sicherheitsleistung behandelt, steht im engen Zusammenhang mit Abs. 1; nur für die Erfüllung des hier dem Verletzten gegebenen Anspruchs kann Sicherheit verlangt und zugesprochen werden; eine Ausdehnung dieser Vorschrift auf anders geartete Fälle ist wegen ihrer singulären Natur ausgeschlossen. Der Abs. 1 behandelt aber seinem Wortlaut und seinem Sinne nach nur den Fall der Entrichtung einer Geldrente, den Fall, in dem eine solche gefordert und zuerkannt wird; er darf daher nicht auf Fälle angewendet werden, in welchen lediglich die Feststellung der Verpflichtung zur Zahlung einer Geldrente gefordert und ausgesprochen wird. Hiernach erweist sich der auf Sicherheitsleistung gerichtete Anspruch als unbegründet, so daß unerörtert bleiben kann, ob, wenn eine Verurteilung zur Leistung einer Geldrente nur unter der Voraussetzung des Eintrittes eines noch ungewissen Ereignisses ausgesprochen wird, damit eine Verurteilung zur Sicherheitsleistung verbunden werden darf." ...

---

102. Sind zur Klage aus § 1 des Wettbewerbgesetzes nur diejenigen aktiv legitimiert, welche zur Zeit der vorgeworfenen Handlung das betreffende Gewerbe ausübten, und deshalb nur diejenigen Verbände zur Förderung gewerblicher Interessen, welche zu dieser Zeit bereits bestanden? Zum Begriff der Klagänderung nach § 268 Z.P.O.

I. Zivilsenat. Urt. v. 6. Mai 1905 i. S. Schutzvereinigung der Gewehrfabrikanten in S. (Kl.) w. B. (Bekl.). Rep. I. 547/04.

I. Landgericht Braunschweig, Kammer für Handelssachen.
II. Oberlandesgericht daselbst.

Aus den Gründen:

... „Die Klage aus § 1 des Wettbewerbgesetzes ist eine Deliktsklage zum Schutze des Gewerbebetriebes der derselben Geschäftsbranche angehörigen Mitbewerber. Die Motive (siehe Bachem u. Roeren, S. 30) sagen: „Jeder Mitbewerber soll als durch die trügerische Reklame verletzt angesehen werden und demnach aktiv legitimiert sein." Bedarf es somit des besonderen Nachweises einer Verletzung nicht, so wird doch eine solche vorausgesetzt und in der Erschwerung des Betriebes aller Mitbewerber durch die trügerische Reklame erblickt. Durch die Handlung des Täters können aber nur diejenigen verletzt werden, die zur Zeit dieser Handlung schon in dem betreffenden Gewerbe tätig sind; später in dasselbe Eintretende könnten höchstens unter den Nachwirkungen der Handlung leiden. Mit Recht wird daher allgemein angenommen, daß nur Inhaber von zur Zeit der Handlung bestehenden Betrieben zur Klage legitimiert sind. Daraus ergibt sich aber die Folgerung, daß auch die gleichfalls zur Klage berechtigten

„Verbände zur Förderung gewerblicher Interessen" zur Zeit derjenigen Handlung, die sie verfolgen wollen, bestanden haben müssen. Anderenfalls könnte das vorerwähnte Erfordernis durch Gründung eines solchen Vereins umgangen werden. Auch könnte auf diesem Wege die im § 11 des Gesetzes vorgesehene Verjährungsfrist von sechs Monaten willkürlich verlängert werden, da die Vertreter des Verbandes als solche immer erst nach Entstehung desselben von der Handlung oder der Person des Täters Kenntnis erlangen würden.

Unzweifelhaft enthält auch die in der Berufungsinstanz nachgeschobene Behauptung der Klägerin, daß Beklagter noch nach ihrer Gründung die fraglichen Preislisten versandt habe, nicht nur eine Klagerweiterung oder eine Ergänzung der tatsächlichen Anführungen ohne Änderung des Klagegrundes, sondern eine neue Klage. Wäre die Klägerin in bezug auf den vor dem Landgericht allein behaupteten Vorgang aktiv legitimiert gewesen, so hätte es weder der Heranziehung eines späteren gleichartigen Vorganges bedurft, noch hätte darauf eine Erweiterung der Klaganträge gestützt werden können. Indessen wäre in der neuen Behauptung nur eine Ergänzung, beziehungsweise, wenn der zuerst behauptete Vorgang etwa nicht hätte bewiesen werden können, eine Berichtigung der tatsächlichen Anführungen ohne Änderung des Klagegrundes zu erblicken gewesen. Anders liegt aber die Sache, wenn, wie hier, die Klage nach den zuerst aufgestellten Behauptungen rechtlich unbegründet erscheint, und nur Behauptungen substituiert werden sollen, die einer abweichenden rechtlichen Beurteilung unterliegen. In diesem Falle handelt es sich um eine Änderung des Klagegrundes." ...

---

103. Was gehört zur Klagebegründung, wenn der Konkursverwalter einen zu Unrecht als Masseschuld ausbezahlten Betrag für die Konkursmasse vom Empfänger zurückfordert?
B.G.B. §§ 812. 814.

VI. Zivilsenat. Urt. v. 8. Mai 1905 i. S. D. (Bekl.) w. H. Konkursverw. (Kl.). Rep. VI. 493/04.

I. Landgericht Passau.
II. Oberlandesgericht München.

Der frühere Verwalter im Konkurse über das Vermögen des Hotelbesitzers H. hatte an den Beklagten den Betrag von 4800 *M* als vermeintliche Masseschuld ausbezahlt; von ihm, bzw. dem nachmaligen Konkursverwalter wurde der Beklagte auf Rückzahlung des Empfangenen, soweit dieses die Konkursquote übersteigt, in Anspruch genommen. Das Berufungsgericht erkannte nach dem Klagantrage. Die Revision ist zurückgewiesen worden.

Aus den Gründen:

... „Die erhobene Klage ist eine solche wegen ungerechtfertigter Bereicherung im Sinne der §§ 812 flg. B.G.B. Zu ihrer Begründung hatte der Kläger darzutun, daß der Beklagte durch die von dem Konkursverwalter an ihn geleistete Zahlung den die Verteilungsquote übersteigenden Betrag auf Kosten der Konkursmasse ohne rechtlichen Grund erlangt habe. Den Nachweis hierfür hat das Berufungsgericht mit Recht als geführt angesehen.

Daß der Konkursverwalter H. die 4800 *M* dem Beklagten voll ausbezahlt hat, um damit eine vermeintliche Masseschuld zu erfüllen, ist außer Streit. Weiter aber steht fest, daß in Wahrheit eine Masseschuld bezüglich der 4800 *M* nicht begründet war. (Dies wird näher ausgeführt.)

Mit Unrecht verlangt die Revision weiterhin, daß der Kläger einen Irrtum des früheren Konkursverwalters habe darlegen und beweisen müssen. Das war dem Kläger auch dann nicht anzusinnen, wenn man die erhobene Bereicherungsklage als Rückforderung wegen Nichtbestehens einer Schuld, condictio indebiti, aufzufassen hat, und nicht, wie früher in ähnlichen Fällen angenommen wurde, selbst ohne den Nachweis der besonderen Voraussetzungen dieser Kondiktion eine Bereicherungsklage (gemeinrechtlich condictio sine causa, vgl. Entsch. des R.G.'s in Zivils. Bd. 23 Nr. 12 S. 61 flg.) zu gewähren ist. Denn nach dem Rechte des Bürgerlichen Gesetzbuchs ist der Irrtum nicht eine positive Voraussetzung der ersterwähnten Kondiktion; vielmehr ist es, wie aus der Fassung des § 814 B.G.B. und aus dessen Zusammenhang mit § 812 und § 813 erhellt, Sache des Bereicherten, zu beweisen, daß dem Leistenden das Nichtbestehen der Verbindlichkeit bekannt gewesen ist. Für die Begründung des Anspruchs genügt, daß der Kläger zum Zweck der Erfüllung einer Schuld geleistet, und daß diese nicht bestanden hat; daraus ergibt sich der Mangel eines rechtlichen Grundes der erfolgten Vermögensverschiebung, sofern jener Zweck des Rechtsgeschäfts vereitelt ist, die causa (solvendi) der Leistung sich als hinfällig erweist.

Vgl. Planck, B.G.B. zu § 813 Bem. 2, d; v. Staudinger, Kommentar zu § 814 Bem. 1, a; Goldmann u. Lilienthal B.G.B. 2. Aufl. Bd. 1 § 225 S. 869; Oertmann, Kommentar Bem. 1, a zu § 814; Jung, Bereicherungsansprüche § 10 S. 59 u. Anm. 99.

Übrigens ist im gegenwärtigen Falle nicht nur vom Kläger behauptet, sondern auch im Berufungsurteil deutlich genug festgestellt, daß und inwiefern der frühere Konkursverwalter sich in einem Irrtume befunden habe, nämlich in einer irrigen Auffassung hinsichtlich der Eintragung in der Konkurstabelle. Ob der Irrtum ein tatsächlicher oder ein Rechtsirrtum, ob er entschuldbar war oder nicht, ist nach dem jetzt geltenden Rechte ohne Bedeutung. Die Anfechtung einer Willenserklärung wegen Irrtums über deren Inhalt nach Maßgabe der §§ 119 und 121 B.G.B. konnte hier nicht in Frage kommen; der Irrtum, um den es sich bei der Rückforderung wegen Nichtbestehens einer vermeintlichen Schuld handelt, liegt auf einem ganz anderen Gebiete.

Daß der Beklagte durch den Empfang des Mehrbetrags auf Kosten der Konkursmasse, aus der er lediglich anteilsmäßige Befriedigung als Konkursgläubiger zu beanspruchen hatte, bereichert ist, hat das Berufungsgericht zutreffend angenommen." ...

---

104. Sind hölzerne Fensterläden Teile des Hauses, an dem sie angebracht sind?

B.G.B. §§ 836. 93 flg.

VI. Zivilsenat. Urt. v. 8. Mai 1905 i. S M. (Bekl.) w. M. (Kl.). Rep. VI. 388/04.

I. Landgericht Aachen.
II. Oberlandesgericht Köln.

Am Morgen des 18. Mai 1902 fiel einer der am Hause des Beklagten angebrachten hölzernen Fensterläden herunter und verletzte die am Hause vorübergehende Klägerin. Sie forderte vom Beklagten Entschädigung. Das Landgericht verurteilte diesen, und seine Berufung wurde zurückgewiesen. Auch seine Revision hat keinen Erfolg gehabt.

Aus den Gründen:

... „In den Vorinstanzen ist allerseits davon ausgegangen, daß der Fensterladen, durch dessen Loslösung die Klägerin verletzt worden ist, ein Teil des Hauses des Beklagten gewesen sei, und darum die Ersatzpflicht des letzteren nach den Grundsätzen des § 836 B.G.B. sich bestimme. Das Urteil des Berufungsgerichts hat deswegen auch nicht näher begründet, weshalb der Fensterladen ein Teil des Gebäudes gewesen sei. Die Revision hat aber jetzt die Richtigkeit dieser Annahme bestritten und auszuführen gesucht, daß nach dem festgestellten Sachverhalte der Fensterladen lediglich Zubehör des Gebäudes gewesen, und deshalb § 836 B.G.B. nicht anwendbar sei. Die erhobene Beschwerde ist jedoch nicht begründet.

Nach der Feststellung des Berufungsurteils waren die am Hause des Beklagten angebrachten Fensterläden, ähnlich wie Fenster, um Angeln drehbar, die in die Hauswand eingelassen waren, und auf die sie vermittelst der an die Läden angenagelten Ösen aufgesetzt waren. Sie konnten von den Angeln abgehoben werden, wenn Ausbesserungen u. dgl. dazu Anlaß gaben. Aber aus dieser Möglichkeit, sie von der Stelle zu entfernen, wo sie wegen ihrer Bestimmung angebracht waren, folgt nicht mit rechtlicher Notwendigkeit, daß sie nicht Teile des Hauses waren. Es braucht hier nicht entschieden zu werden, ob der im § 836 gebrauchte „Teil" gleichbedeutend ist mit dem, was an anderer Stelle, in den §§ 93 flg. B.G.B., „Bestandteil" genannt wird, oder ob er an der ersteren Stelle eine weitere Bedeutung hat, so daß auch eine bloß tatsächliche Verbindung eine Sache zu einem Teil des Gebäudes machen kann, wenn sie nur derartig ist, daß die dem Besitzer des Grundstücks obliegende Pflicht zur Beobachtung der im Verkehr erforderlichen Sorgfalt die Vermeidung einer fehlerhaften Einrichtung bei der Herstellung der Verbindung oder einer mangelhaften Unterhaltung während deren Dauer mitumfaßt. Denn im gegebenen Falle führt die Anwendung des § 94 Abs. 2 zu dem gleichen Ergebnis, weil nach dem festgestellten Sachverhalte der Fensterladen durch die Anbringung an der für ihn bestimmten Stelle eine zur Herstellung des Gebäudes eingefügte Sache geworden ist. Die Ausstattung des Hauses mit Fensterläden hat, wie das auch in den Vorinstanzen ersichtlich unterstellt ist, nach dem Willen des Herstellers eine bleibende Einrichtung sein sollen, und dafür sind die Läden in der Form mit dem Gebäude verbunden worden, wie Zweck und Art der Einrichtung sie forderten. Eine feste Verbindung mit den umschließenden Stücken wird in § 94 Abs. 2 nicht gefordert. Im Abs. 1 daselbst ist von fester Verbindung die Rede; im Abs. 2 dagegen wird das geringere Erfordernis der Einfügung als ausreichend hingestellt. Dieser Auffassung, die auch sonst überwiegend geteilt wird,

vgl. Tobias, im Archiv für die civilist. Praxis Bd. 94 S. 390 flg., und die dortigen Zitate; Turnau u. Förster, Liegenschaftsrecht 2. Aufl. Bd. 1 S. 24; Rehbein, B.G.B. Bd. 1 S. 85,

steht anscheinend ein Urteil des III. Zivilsenats vom 22. Dezember 1903 (Entsch. des R.G.'s in Zivils. Bd. 56 S. 228) entgegen, insofern dort eine feste Verbindung als erforderlich angesehen wird. Die Einholung einer Entscheidung der vereinigten Zivilsenate war jedoch nicht geboten, weil das erwähnte Urteil auf jenem Satze nicht beruht. Damals war nur zu entscheiden, ob eine lose im Gebäude aufgestellte, nur mit dem Schaltbrett durch Drähte verbundene Akkumulatorenbatterie dem Gebäude im Sinne des § 94 Abs. 2 „eingefügt" sei. Mit der Verneinung dieser Frage bleibt der erkennende Senat in Einklang, wenn er die in jenem Urteile hinzugefügte positive Begriffsbestimmung im obigen Sinne einschränkt. Hiernach hat das Berufungsgericht den § 836 B.G.B. mit Recht als anwendbar angesehen." ...

105. Kann der Rückgewährsanspruch aus § 7 des Anfechtungsgesetzes nach § 883 B.G.B. durch Eintragung einer Vormerkung in das Grundbuch des vom Anfechtungsgegner erworbenen Grundstücks gesichert werden?

B.G.B. § 883.

Z.P.O. § 866.

VII. Zivilsenat. Urt. v. 9. Mai 1905 i. S. W. (Antragsg.) w. W. u. N. (Antragst.). Rep. VII. 168/05.

I. Landgericht Leipzig.
II. Oberlandesgericht Dresden.

Der Antragstellerin steht gegen den Ehemann der Gegnerin eine Forderung von 9413,88 M zu. Sie hatte wegen dieses Anspruchs gegen ihren Schuldner am 4. Oktober 1904 ein Versäumnisurteil erwirkt, welches rechtskräftig geworden ist. Dieser verkaufte am 9. Oktober 1903 seine Grundstücke Blatt 485 und 329 des Grundbuchs für Taucha an seine Ehefrau, die am 20. desselben Monats als Eigentümerin eingetragen wurde. Durch einen am 3. Oktober 1904 zugestellten Schriftsatz kündigte die Antragstellerin der Gegnerin die Anfechtung des Kaufvertrages über die Grundstücke an. Ihr Schuldner ist zahlungsunfähig. Am 19. August 1904 erwirkte sie gegen die Ehefrau desselben eine einstweilige Verfügung dahin, daß zur Sicherung ihrer Ansprüche auf Einräumung einer Sicherungshypothek wegen ihrer Forderung von 9413,88 M eine Vormerkung auf den bezeichneten beiden Grundstücken eingetragen werde. Die Eintragung der Vormerkung ist erfolgt.

Bei der Verhandlung über die Rechtmäßigkeit der einstweiligen Verfügung vor dem Gerichte der Hauptsache beantragte die Antragstellerin, die erlassene einstweilige Verfügung aufrecht zu erhalten, und stellte ferner einen eventuellen Antrag, die einstweilige Verfügung dahin zu erlassen, daß auf den Blättern 485 und 329 des Grundbuchs für Taucha vorgemerkt werde der Anspruch der Antragstellerin gegen die Eigentümerin auf Rückgewähr des Eigentums am Grundstücke an deren Ehemann, den Vorbesitzer W., soweit es erforderlich sei, zur Befriedigung der Antragstellerin wegen ihrer gegen diesen bestehenden Forderung von 9413,88 M und weiter einer Kostenpauschalsumme von 500 M.

Durch Urteil des Landgerichts wurde die einstweilige Verfügung vom 19. August 1904 bestätigt.

Die von der Antragsgegnerin eingelegte Berufung blieb ohne Erfolg. Auf die von derselben eingelegte Revision wurde das Berufungsurteil aufgehoben, und unter Abänderung des Urteils des Landgerichts die einstweilige Verfügung aufgehoben, und die Löschung eingetragenen Vormerkung angeordnet.

Aus den Gründen:

„Der Berufungsrichter hat ausgeführt, die Antragstellerin erstrebe nicht eine vorläufige Sicherung ihres Rechts auf Eintragung einer Zwangshypothek auf den Grundstücken ihres Schuldners, sondern eine Sicherung ihres Anspruchs auf Rückgabe des von ihrem Schuldner in anfechtbarer Weise Veräußerten. Die Anfechtung auf Grund des Anfechtungsgesetzes wirke ebenso, wie die Anfechtung auf Grund der Konkursordnung, nicht dinglich, sondern gewähre den benachteiligten Gläubigern lediglich einen privatrechtlichen Anspruch gegen den Erwerber des vom Schuldner veräußerten Vermögensstückes, ihnen dieses zur Zwangsvollstreckung bereit zu stellen. Sei ein Grundstück vom Gläubiger veräußert worden, so sei dasselbe nicht etwa auf die Anfechtung hin von dem Erwerber in das Vermögen des Schuldners zurückzuübertragen; sondern der Erwerber sei verpflichtet, dem anfechtenden Gläubiger die Vornahme der Zwangsvollstreckung in das Grundstück, gleich als ob es noch dem Schuldner gehörte, zu gestatten, also, da diese gemäß § 866 Abs. 1 Z.P.O. durch Eintragung einer Sicherungshypothek vom Gläubiger bewirkt werden dürfe, auf dessen Verlangen die Eintragung einer solchen zu bewilligen. Dieser auf § 7 des Anfechtungsgesetzes beruhende persönliche Anspruch auf Einräumung eines Rechts an dem vom Anfechtungsgegner erworbenen Grundstücke könne nach § 883 B.G.B. durch Vormerkung gesichert werden.

Diese Ausführungen können in dem letzteren Teile nicht gebilligt werden. Die Vormerkung im Sinne des § 883 B.G.B. dient nur zur Sicherung des Anspruchs auf Einräumung oder Aufhebung eines Rechts an einem Grundstücke oder an einem das Grundstück belastenden Rechte oder auf Änderung des Inhalts oder des Ranges eines solchen Rechts. Die Gesetzesvorschrift betrifft lediglich privatrechtliche Ansprüche, denen die Verpflichtung gegenübersteht, die Eintragung des Rechts auf Verlangen des Berechtigten zu bewilligen und dadurch das Recht einzuräumen. Nur da, wo nach bürgerlichem Recht eine solche Verpflichtung und damit der Anspruch auf deren Erfüllung besteht, kann die Erfüllung durch Vormerkung gemäß § 883 B.G.B. gesichert werden (vgl. Entsch. des R.G.'s in Zivils. Bd. 56 S. 14. 15). Um einen derartigen materiellrechtlichen Anspruch handelt es sich hier nicht. Die Anfechtung auf Grund des Anfechtungsgesetzes ist nicht auf die Einräumung oder Aufhebung eines Rechts an dem durch die anfechtbare Handlung veräußerten Vermögensstücke, insbesondere nicht auf die Rückübertragung des Eigentums an veräußerten Gegenständen auf den Schuldner gerichtet; sie bezweckt nur die Gewährung der Möglichkeit zur Zwangsvollstreckung in dieselben und demgemäß die Verurteilung des Anfechtungsbeklagten zur Duldung der Zwangsvollstreckung. Eine Verpflichtung der Anfechtungsbeklagten zur Einräumung, also zur Bewilligung der Eintragung einer Zwangshypothek auf den etwa mittels der anfechtbaren Handlung erworbenen Grundstücken zugunsten des Anfechtungsberechtigten ist hierin nicht enthalten. Ein dahingehender Anspruch des Anfechtungsberechtigten würde, auch wenn sich etwa die Verpflichtung des Anfechtungsgegners zur Zahlung einer Geldsumme begründen ließe, auch aus § 866 Z.P.O. nicht hergeleitet werden können. Diese Bestimmung gewährt dem Gläubiger einer vollstreckbaren Forderung keinen Anspruch gegen den Schuldner auf Bestellung einer Sicherungshypothek, sondern das Recht auf deren Eintragung im Wege der Zwangsvollstreckung, wobei es der Mitwirkung des Schuldners, insbesondere also seiner Bewilligung der Eintragung, nicht bedarf. Der Gläubiger kann daher auch nicht auf Grund dieser Vorschrift die Eintragung einer Vormerkung fordern (vgl. die oben angeführte Reichsgerichtsentscheidung; Beschluß des Kammergerichts in Berlin vom 25. März 1901, mitgeteilt in der vom Reichsjustizamt aufgestellten Sammlung von Entscheidungen in Angelegenheiten der freiwilligen Gerichtsbarkeit Bd. 2 S. 93; Planck, B.G.B., 3. Aufl., Bem. 1a Abs. 3, Bem. 6 Abs. 2 zu § 883).

Die einstweilige Verfügung des Amtsgerichts in Taucha konnte hiernach nicht aufrecht erhalten werden. Der Eventualantrag der Antragstellerin, der sachlich dasselbe bezweckt, mußte gleichfalls aus den vorangegebenen Gründen für hinfällig erachtet werden." ...

---

106. Sind Bleistiftvermerke auf einem mit Vordruck und Tinte an sich vollständig hergestellten Wechsel als Teile der Wechselschrift zu behandeln? Welche rechtliche Bedeutung hat die unrichtige Angabe der Adresse des Bezogenen?

I. Zivilsenat. Urt. v. 10. Mai 1905 i. S. W. (Kl.) w. L. (Bekl.). Rep. I. 208/05.

I. Landgericht II Berlin, Kammer für Handelssachen.
II. Kammergericht daselbst.

Die vorliegende Wechselklage wurde in erster Instanz ohne Vorbehalt, in der Berufungsinstanz als in der gewählten Prozeßart unstatthaft abgewiesen. Letztere Entscheidung beruht darauf, daß auf dem vorgelegten Wechsel neben der Adresse „Herrn Geh. Kanzleirat A. L. in Groß-Lichterfelde Louisenstraße 23" sich der Bleistiftvermerk „Lankwitz" befand, und zwar durch mit Bleistift ausgeführte Bindestriche mit dem Worte „Groß-Lichterfelde" verbunden. Auch in der zum Wechselproteste gehörigen Wechselabschrift stand neben dem Worte „Groß-Lichterfelde" in der Adresse der Bleistiftvermerk „Lankwitz". Im übrigen waren Wechsel und Protest, soweit nicht formularmäßig vorgedruckt, mit Tintenschrift vollzogen. Der Berufungsrichter war der Ansicht, daß hiernach vorbehältlich des vom Kläger zu erbringenden Gegenbeweises anzunehmen sei, daß der Wechsel als Zahlungsort das gar nicht existierende Groß-Lichterfelde-Lankwitz bezeichne, da, wie gerichtskundig, Groß-Lichterfelde und Lankwitz verschiedene politische Gemeinden seien. Die Behauptung des Klägers, das Wort „Lankwitz" sei erst nach Protesterhebung in den Wechsel und in die Protesturkunde eingefügt worden, sei zwar erheblich, weil danach bei der Protesterhebung ein gültiger, den Kläger legitimierender Wechsel vorgelegen habe; indessen sei dafür kein im Wechselprozesse zulässiger Beweis angetreten. Beklagter hatte auch sachliche Einwendungen gegen den Wechselanspruch erhoben; die Verhandlung war jedoch auf Anordnung des Gerichts auf den formellen Einwand, daß der Wechsel unzulässigerweise zwei Zahlungsorte enthalte, beschränkt worden.

Auf die Revision des Klägers wurde das Berufungsurteil aufgehoben aus folgenden

Gründen:

... „Die angefochtene Entscheidung ist unhaltbar.

Wäre selbst im Wechsel und in der zum Proteste gehörigen Wechselabschrift als Zahlungsort mit Tinte „Groß-Lichterfelde-Lankwitz Louisenstraße 23" angegeben, so könnte doch nach Lage der Sache nicht mit dem Vorderrichter angenommen werden, daß inhalts des Wechsels die Zahlung an einem gar nicht existierenden Orte stattfinden sollte. Auch bei der Auslegung von Wechseln ist nicht die Buchstabeninterpretation anzuwenden, sondern es ist der Wille der Beteiligten aus der Urkunde und denjenigen Umständen, welche den Wechselnehmern mutmaßlich bekannt sind, oder von ihnen ohne Schwierigkeit in Erfahrung gebracht werden können, zu erforschen. Da nun, wie ein Blick auf die Karte zeigt, Lankwitz eine ganz kleine, dem bei weitem größeren Groß-Lichterfelde unmittelbar benachbarte und daher mutmaßlich wirtschaftlich von ihm abhängige Ortschaft ist; da ferner die Protesturkunde ergibt, daß ein Grundstück Louisenstraße 23 in Groß-Lichterfelde nicht vorhanden ist, dagegen feststeht, daß Beklagter in Lankwitz Louisenstraße 23 wohnte, so ergäbe sich unter der bezeichneten Voraussetzung mit voller Sicherheit, daß die ursprünglichen Wechselparteien Lankwitz als Zahlungsort hätten bezeichnen wollen, und nicht, was widersinnig gewesen wäre, einen gar nicht existierenden Ort. Der Vorderrichter hätte daher bei der von ihm angenommenen Prämisse, daß das Wort „Lankwitz" zum Wechsel gehöre, höchstens zu der Schlußfolgerung gelangen können, daß der Protest in Groß-Lichterfelde nicht am gehörigen Ort aufgenommen sei, und hätte daraufhin zwar einen Teil der Zinsen und der Wechselunkosten, nicht aber die Wechselsumme aberkennen können.

Die Richtigkeit dieser Prämisse kann aber auch gar nicht zugegeben werden. Gewiß trifft es theoretisch zu, daß ein Wechsel mit Bleistift geschrieben werden kann, wenngleich es schwer sein dürfte, einen solchen Wechsel, zumal über einen so hohen Betrag, wie er hier in Frage ist, in der Praxis nachzuweisen. Etwas ganz anderes ist es aber, ob bei einem an sich vollständigen, mit Vordruck und Tinte ausgefertigten Wechsel bei späterer Prüfung darauf sich findende Bleistiftvermerke als zum Wechselinhalte gehörig, oder ob sie als einseitige, unverbindliche Notizen irgendeines Wechselinhabers, sofern sie sich als solche erklären lassen, zu behandeln sind. Hier gilt für die Auslegung der Urkunde die allgemeine Regel, daß das Ungewöhnliche und Unvernünftige nicht zu vermuten ist. Es muß aber als absolut ungewöhnlich und unvernünftig bezeichnet werden, daß ursprüngliche Wechselkontrahenten einen bereits fertigen, in üblicher Weise mit dauerhaften Schriftzeichen ausgestellten, Wechsel durch Hinzufügung eines Bleistiftvermerks, der nicht nur leicht zu beseitigen oder undeutlich zu machen wäre, sondern über dessen Bedeutung auch spätere

Zweifel und Streitigkeiten fast mit Sicherheit erwartet werden müßten, in einem wesentlichen Punkte verändern wollten. Im vorliegenden Falle kommt noch hinzu, daß Beklagter gar nicht behauptet, der Vermerk „Lankwitz" sei schon bei der ursprünglichen Begebung auf dem Wechsel gewesen. Die in erster Instanz gemachte Angabe des Klägers, der Vermerk sei unmittelbar vor dem Proteste auf den Wechsel gesetzt worden, um dem protestierenden Beamten die Protesterhebung zu erleichtern, hat er nicht beanstandet; er hat nur bestritten, daß, wie Kläger in zweiter Instanz eventuell behaupten zu wollen erklärte, der Vermerk erst nach Protesterhebung auf den Wechsel gekommen sei. Ist hiernach davon auszugehen, daß der Bleistiftvermerk von den ursprünglichen Wechselparteien nicht vereinbart war, so würde der Zusatz, wollte man ihn als gewollte Ergänzung des Wechselinhalts auffassen, eine Fälschung bedeuten, und zwar eine Fälschung, die sich als solche durch die Benutzung des Bleistiftes sofort zu erkennen gäbe. Ob bei dieser Unterstellung nicht nach Maßgabe der in den Entsch. des R.G.'s in Zivils. Bd. 54 S. 386 aufgestellten Grundsätze die Gültigkeit des Wechsels nach seinem ursprünglichen Inhalte anzunehmen wäre, kann dahingestellt bleiben. Denn die bezeichnete Eventualität ist gegenüber der einfachen Erklärung, daß der Inhaber des Wechsels durch den Bleistiftvermerk nur auf den wirklichen Wohnort des Akzeptanten hat hinweisen wollen, eine so absolut fernliegende, daß sie ernstlich nicht in Betracht gezogen werden kann. Übrigens wird auch durch den Protest bewiesen, daß der Vormerk entweder erst nachträglich auf den Wechsel gekommen ist, oder daß es sich dabei, wie dem protestierenden Beamten bekannt war, nur um einen solchen, den Inhalt des Wechsels nicht berührenden Hinweis handelte. Denn die vorliegende Protesturkunde kann keinesfalls dahin ausgelegt werden, daß der Beamte selbst das Wort „Lankwitz" mit Bleistift darin aufgenommen hat, um ersichtlich zu machen, daß ein solcher Vermerk auch auf dem Wechsel stände. Ein solches Verfahren würde gegen alle Ordnung verstoßen, und es hätte alsdann der protestierende Beamte eine entsprechende deutliche Bekundung in den Text des Protestes aufnehmen müssen.

Der Bleistiftvermerk kann hiernach ebensowenig als Bestandteil des Wechsels, wie als Bestandteil des Protestes gelten. Wie derartige Zusätze im Geiste der Wechselordnung zu behandeln sind, dafür gibt

Art. 5 Abs. 1 daselbst einen Fingerzeig, wo sogar bei direkten, zweifellos in dem Wechsel selbst enthaltenen Widersprüchen in bezug auf einen wesentlichen Teil des Wechselversprechens, nämlich die Wechselsumme, die Gültigkeit des Wechsels eventuell auch für die höhere Summe anerkannt wird, weil eine tatsächliche Vermutung dafür streitet, daß im Zweifel die Buchstaben dem Willen der Kontrahenten besser entsprechen, als die Ziffern. In noch höherem Maße streitet eine tatsächliche Vermutung für die Annahme, daß Bleistiftzusätze auf einem vollständigen, mit dauerhaften Schriftzeichen hergestellten Wechsel keine Abänderung des Wechselinhalts bezwecken, sondern als unverbindliche Notizen gemeint sind. Wollte man dem Vorderrichter folgen, so müßte man im gegenwärtigen Falle auch annehmen, daß der Wechsel wegen des am Kopfe befindlichen Blaustiftvermerks „Groß-Lichterfelde" zwei Ausstellungsorte enthalte, und daß weder der Tag der Ausstellung, noch der Monat des Verfalls angegeben sei, weil diese beiden Daten durch den darüber abgesetzten Firmenstempel der Dresdener Bank als ausgestrichen erscheinen.

Ist der Vermerk „Lankwitz" als nicht zum Wechsel gehörig zu behandeln, so kann auch keine Rede davon sein, daß, wie das Landgericht, der Ausführung des Beklagten folgend, angenommen hat, der Wechsel zwei Zahlungsorte angebe, was ohnehin nach dem zu Eingang dieser Entscheidungsgründe Bemerkten für ausgeschlossen erachtet werden müßte.

Die unrichtige Angabe der Adresse des Bezogenen ist ebenfalls ohne Bedeutung für die Gültigkeit des Wechsels, und zwar auch dann, wenn, wie hier, ein an dem betreffenden Orte nicht existierendes Grundstück als Wohnung des Bezogenen bezeichnet ist. Nach Art. 4 Ziff. 8 W.O. konnte der protestierende Beamte Groß-Lichterfelde als Zahlungsort behandeln und dort protestieren. Hätte er nähere Erkundigungen über die Wohnung des Beklagten angestellt, und wäre er daraufhin in sachgemäßer Auslegung der Wechselurkunde zu dem Schlusse gelangt, daß in Wahrheit beabsichtigt gewesen sei, den Wechsel in Lankwitz Louisenstraße 23 zahlbar zu machen, so hätte nach den in den Entsch. des R.G.'s in Zivils. Bd. 32 S. 110 ausgesprochenen Grundsätzen der Protest auch dort rechtsgültig erhoben werden können. Der Beamte war aber zu solchen Nachforschungen nicht verpflichtet, sondern durfte die wörtliche Angabe des Zahlungsortes mit „Groß-Lichterfelde“ seinem Verfahren zugrunde legen.

Da hiernach Wechsel und Protest gültig sind, so ist die Klage mit Unrecht ohne Entscheidung über die sachlichen Einwendungen des Beklagten abgewiesen worden. Der Revision mußte somit stattgegeben, und die Sache zur Verhandlung und Entscheidung über diese Einwendungen an die Vorinstanz zurückverwiesen werden.“

---

107. Sind Beglaubigungen von Unterschriften unter Anträgen und Verhandlungen, die nach ihrem Inhalt ausschließlich zu einer Eintragung oder Löschung in außerpreußischen Grundbüchern erforderlich sind, nach der Befreiungsvorschrift unter lit. e der Tarifst. 77 des preuß. Stempelsteuergesetzes vom 31. Juli 1895 stempelfrei?

VII. Zivilsenat. Urt. v. 12. Mai 1905 i. S. M. (Kl.) w. preuß. Fiskus (Bekl.). Rep. VII. 479/04.

I. Landgericht I Berlin.
II. Kammergericht daselbst.

Der Kläger beglaubigte am 2. Juni 1901 die Unterschrift unter einer Abtretungserklärung nebst Umschreibungsbewilligung für eine Hypothek auf einem mecklenburgischen Grundstück, sowie am 24. November 1902 die Unterschrift unter einer die Eintragungsbewilligung enthaltenden Urkunde über Rangänderung, teilweise Löschung, Fälligkeit- und Zinsänderungen für Forderungen, die auf sächsischen Grundstücken eingetragen waren. Auf Erfordern der Stempelsteuerbehörde entrichtete der Kläger für diese beiden Beglaubigungen nach Tarifst. 77 des preuß. Stempelsteuergesetzes vom 31. Juli 1895 einen Stempel von je 1,50 *M*, zusammen 3 *M*, forderte alsdann aber diesen Betrag mit der erhobenen Klage vom Beklagten zurück, weil er der Meinung war, daß der Stempel auf Grund der Befreiungsvorschrift lit. e der Tarifst. 77 zu Unrecht von ihm verlangt worden sei. In den Instanzen wurde er mit der Klage abgewiesen. Die Revision ist erfolglos geblieben aus folgenden

Gründen:

... „Beide Vorinstanzen haben die Klage abgewiesen mit Rücksicht auf die Befreiungsvorschrift unter lit. e des Tarifsatzes 77 des Stempelgesetzes, auf welche sich der Kläger beruft, und welche bestimmt, daß Beglaubigungen von Unterschriften unter Anträgen und Verhandlungen, die nach ihrem Inhalt ausschließlich zu einer Eintragung oder Löschung in öffentlichen, das Eigentum oder die Belastung von Grundstücken feststellenden Büchern erforderlich sind, Stempelfreiheit genießen. Sie legen, in Übereinstimmung mit der in den Entscheidungen des Kammergerichts Bd. 16 S. 270 veröffentlichten Entscheidung des Kammergerichts, diese Bestimmung dahin aus, daß sie sich nur auf Eintragungen in preußischen Grundbüchern bezieht, also auf die vorliegenden Fälle unanwendbar ist. Diese Auslegung ist zutreffend und wird mit Unrecht von dem Kläger bekämpft. Schon eine einfache allgemeine Erwägung führt zu diesem Ergebnis. Das preußische Stempelgesetz vom 31. Juli 1895 ist ein Finanzgesetz, welches dem preußischen Staat Einnahmen zuführen soll. Wenn nun der preußische Staat auf Einnahmen, die ihm an sich nach diesem Gesetz zufließen müßten, auf Grund einer Befreiungsvorschrift verzichtet, so liegt auf der Hand, daß er — wenn nicht das Reichsinteresse oder etwaige Reziprozitätsverträge mit anderen Staaten etwas anderes bedingen, Fälle, die hier nicht vorliegen, — zu einem solchen Verzicht doch nur aus eigenen staatlichen Interessen bewogen sein kann. Dafür, daß er, abgesehen von den vorbezeichneten Fällen, lediglich aus Interesse für andere deutsche Staaten von einer ihm sonst zukommenden Einnahme absehen sollte, fehlt für den preußischen Staat jeder Anlaß. Bereits hieraus erhellt, daß die Befreiungsvorschrift nur in Hinblick auf Eintragungen in preußischen Grundbüchern gegeben sein kann. Dies wird denn auch positiv durch die Entstehungsgeschichte der Vorschrift bestätigt. Die Vorschrift entspricht, wie die Motive ausdrücklich besagen, der Bestimmung im § 2 Nr. 6 des Gesetzes vom 26. März 1873, betreffend die Aufhebung bzw. Ermäßigung gewisser Stempelabgaben (bzw. dem § 2 des Gesetzes vom 21. März 1882), d. h. sie ist hieraus übernommen. Diese Bestimmung, die erst im Plenum des Abgeordnetenhauses auf Antrag des Abgeordneten Bahlmann in jenes Gesetz aufgenommen wurde, verfolgte nach der ihm von diesem Abgeordneten gegebenen

Begründung (Stenographische Berichte des Abgeordnetenhauses Bd. 2 von 1873 S. 1071) einen doppelten Zweck. Sie sollte im Einklang mit der bei Erlassung der neuen Grundbuchgesetze bestehenden Absicht, die Kosten und Stempel nicht zu erhöhen, sondern möglichst herabzusetzen, verhindern, daß entgegen dieser Absicht durch die Stempelpflichtigkeit des Beglaubigungsvermerks die Kosten erhöht würden. Sie sollte aber vor allem verhindern, daß die Grundbuchämter mit der Aufnahme solcher Anträge überhäuft würden, da für die bei ihnen aufgenommenen Anträge der Stempel nicht zu erlegen war, während er ohne die Vorschrift bei den von den Notaren beglaubigten Anträgen zum Ansatz zu bringen war. Vom Landtage ist der Antrag angenommen worden, ohne daß von dessen Mitgliedern irgend ein Widerspruch gegen diese Begründung erhoben wurde. Der Regierungsvertreter erklärte, sich sachlich nicht äußern zu können. Die Staatsregierung hat aber späterhin nicht nur durch Annahme des Gesetzes vom 26. März 1873 in der durch diesen Zusatz vervollständigten Fassung, sondern auch durch Erlassung des Gesetzes vom 21. März 1882 und durch Aufnahme der Bestimmung in das Stempelgesetz vom 31. Juli 1895 dieser Begründung stillschweigend zugestimmt, da irgendein anderer Grund für die Befreiungsvorschrift sonst nicht erkennbar ist. Beide gesetzgebenden Faktoren sind hiernach bei Erlassung des Stempelgesetzes vom 31. Juli 1895 über diesen Sinn der Bestimmung einig gewesen, und damit ist dieser als maßgebend für die Auslegung festgelegt. Daß das Wort „preußisch" nicht ausdrücklich in der Bestimmung enthalten ist, ist gleichgültig. Für das Stempelgesetz gilt, wie für jedes andere Gesetz, der Auslegungsgrundsatz, daß nicht am Wort zu haften, sondern daß der Sinn zu erforschen ist, und daß daher auch eine den Wortlaut nach dem Sinn einschränkende Auslegung möglich und zulässig ist. Im übrigen versteht es sich von selbst, daß, wenn in einem für das preußische Staatsgebiet erlassenen Gesetze von staatlichen Einrichtungen die Rede ist, anzunehmen ist, daß der Gesetzgeber die preußischen Einrichtungen im Auge gehabt hat, nicht diejenigen anderer Staaten, es sei denn, daß ein besonderer, hier mangelnder, Nachweis für das letztere erbracht würde. Es bedurfte also gar nicht erst des Zusatzes „preußisch". Hieran ist durch die Einführung des Bürgerlichen Gesetzbuchs und der Reichs-Grundbuchordnung nichts geändert worden. Grund und Zweck der Befreiungsvorschrift haben, wie sich aus vorstehendem ergibt, nichts damit zu tun, ob in anderen deutschen Staaten öffentliche, das Eigentum und die Belastung von Grundstücken betreffende Bücher bestehen, deren Einrichtung, Führung und Bedeutung den in Preußen bestehenden Büchern dieser Art gleichen, und ob diese Übereinstimmung auf Landesgesetz oder Reichsgesetz beruht. Maßgebend ist allein der Gesichtspunkt, daß es sich hier um landesrechtliche Interessen und landesgesetzliche Bestimmungen handelt, da, abgesehen von den durch das Reichsstempelgesetz betroffenen Fällen, die Stempelgesetzgebung sowohl wie auch die Kostengesetzgebung in Sachen der freiwilligen Gerichtsbarkeit dem Landesrecht überlassen ist. Die getroffene Entscheidung müßte deshalb genau ebenso ausfallen, auch wenn das preußische Stempelgesetz erst nach Inkrafttreten des Bürgerlichen Gesetzbuchs erlassen wäre. Die entgegenstehende Ansicht im Kommentar von Heinitz zum Stempelgesetz kann nicht für richtig gehalten werden."

Register.

Die beigesetzten Zahlen beziehen sich auf die Seiten.

A. Sachregister.

A

H

J

K

L

M

N

O

T

B. Gesetzesregister.

1. Reichsgesetze.

a. Bürgerliches Gesetzbuch.

b. Einführungsgesetz zum Bürgerlichen Gesetzbuch.

c. Allgemeines Deutsches Handelsgesetzbuch.

d. Handelsgesetzbuch von 1897.

2. Französisches Recht (Bad. Landrecht).

3. Landesrecht.

Preußen.

a. Allgemeines Landrecht.

b Einzelne Gesetze und Verordnungen.

Bayern.

Hannover.

Oldenburg.

Königreich Sachsen.

C. Chronologische Zusammenstellung der Entscheidungen.

Zusammenstellung

der

im sechzigsten Bande, der neuen Folge zehnten Bande

mitgeteilten Entscheidungen

nach

Oberlandesgerichtsbezirken.

Berichtigungen.

Generalregister zu Band 1—30.

S. 430 Z. 3 und 6 v. o. statt „334" lies „434".

Dreiundfünfzigster Band.

S. 6 Z. 12 v. o. statt „119" lies „121".
„ 7 „ 11 v. o. statt „119" lies „121".

Neunundfünfzigster Band.

S. 52 Z. 8 v. u. statt „Vorzug" lies „Verzug".
„ 66 „ 8 v. o. statt „707 Abs. 3" lies „707 Abs. 2 S. 2".
„ 66 „ 2 v. u. statt „707 Abs. 3" lies „707 Abs. 2 S. 2".
„ 66 „ 7 v. u. statt „707 Abs. 3" lies „707 Abs. 2 S. 2".
„ 84 „ 18 v. o. statt „113" lies „133".
„ 169 „ 4 v. u. statt „Abs. 4" lies „Abs. 5".
„ 181 „ 10 v. u. statt „823" lies „832".
„ 347 „ 18 v. o. statt „Angeklagten" lies „Beklagten".

Sechzigster Band.

S. 24 Z. 9 v. o. statt „1904" lies „1905".
„ 81 „ 16 v. o. statt „197" lies „196".
„ 91 „ 10 v. u. statt „§ 252 I 6" lies „§ 252 I 5".
„ 210 „ 1 v. o. statt „25" lies „15".
„ 279 „ 12 v. u. statt „632" lies „932".
„ 298 „ 12 v. o. u. Z. 10 u. 13 v. u. statt „§" lies „Art.".
„ 299 „ 3 v. u. statt „§" lies „Art.".
„ 346 „ 16 v. o. statt „1904" lies „1905".

FSC
www.fsc.org
MIX
Papier | Fördert
gute Waldnutzung
FSC® C083411

Kolibri 360 GmbH
Ferdinand-Jühlke-Straße 7
99095 Erfurt, Deutschland
produktsicherheit@kolibri360.de